LER FREUD

Q7L Quinodoz, Jean-Michel
   Ler Freud : guia de leitura da obra de S. Freud / Jean-Michel Quinodoz ; tradução Fátima Murad. – Porto Alegre : Artmed, 2007.
   328 p. : il. ; 25 cm.

   ISBN 978-85-363-0866-1

   1. Psicanálise. 2. Freud, Sigmund S. I. Título.

   CDU 159.964.2(036)

Catalogação na publicação: Júlia Angst Coelho – CRB 10/1712

LER FREUD

Guia de leitura da obra de S. Freud

Jean-Michel Quinodoz

Membro Didata da Sociedade Suíça de Psicanálise.
Membro Honorário da Sociedade Britânica de Psicanálise.

Tradução:
Fátima Murad

Consultoria, supervisão e revisão técnica desta edição:
David E. Zimerman
Médico psiquiatra. Membro efetivo e psicanalista didata da Sociedade Psicanalítica de Porto Alegre (SPPA). Psicoterapeuta de grupo.

Reimpressão

2007

Obra originalmente publicada sob o título:
Lire Freud
ISBN 2-13-053423-6

© Presses Universitaires de France, 2004

Capa
Gustavo Macri

Preparação do original
Rubia Minozzo

Leitura final
Carla Rosa Araujo

Supervisão editorial
Mônica Ballejo Canto

Projeto gráfico
Editoração eletrônica

Reservados todos os direitos de publicação, em língua portuguesa, à
ARTMED® EDITORA S.A.
Av. Jerônimo de Ornelas, 670 - Santana
90040-340 Porto Alegre RS
Fone (51) 3027-7000 Fax (51) 3027-7070

É proibida a duplicação ou reprodução deste volume, no todo ou em parte,
sob quaisquer formas ou por quaisquer meios (eletrônico, mecânico, gravação,
fotocópia, distribuição na Web e outros), sem permissão expressa da Editora.

SÃO PAULO
Av. Angélica, 1091 - Higienópolis
01227-100 São Paulo SP
Fone (11) 3665-1100 Fax (11) 3667-1333

SAC 0800 703-3444

IMPRESSO NO BRASIL
PRINTED IN BRAZIL

SUMÁRIO

Nota explicativa 07
Ler Freud 09
Quadro cronológico 15

I. DESCOBERTA DA PSICANÁLISE (1895-1910)

Estudos sobre a histeria, por S. Freud e J. Breuer (1895d) 19
Cartas a Wilhelm Fliess (1887-1902) 31
"Projeto para uma psicologia científica" (1950c [1895]) 35
"As neuropsicoses de defesa" (1894a), "Sobre os fundamentos (...)
   'Neurose de angústia'" (1895b), "Observações adicionais sobre as neuropsicoses
   de defesa" (1896b), "A sexualidade na etiologia das neuroses" (1898a),
   "Lembranças encobridoras" (1899a) 41
A interpretação dos sonhos (1900a), *Sobre o sonho* (1901a) 47
Sobre a psicopatologia da vida cotidiana (1901b) 57
Os chistes e sua relação com o inconsciente (1905c) 63
Três ensaios sobre a teoria da sexualidade (1905d) 71
"Fragmento da análise de um caso de histeria (Dora)" (1905e) 81
Delírios e sonhos na "Gradiva" de Jensen (1907a) 89
"Análise de uma fobia em um menino de cinco anos (O pequeno Hans)" (1909b) 95
"Notas sobre um caso de neurose obsessiva (O homem dos ratos)" (1909d) 105
Uma recordação de infância de Leonardo da Vinci (1910c) 111

II. OS ANOS DA MATURIDADE (1911-1920)

"Notas psicanalíticas sobre um relato autobiográfico de um caso de paranóia
   (O caso de paranóia: O presidente Schreber)" (1911c) 117
Escritos sobre a técnica psicanalítica (1904-1919) 125
Totem e tabu (1912-1913a) 137
"Introdução ao narcisismo" (1914c) 145
Artigos sobre metapsicologia (1915-1917), *Lições de introdução à psicanálise* (1916-1917) 153
"História de uma neurose infantil (O homem dos lobos)" (1918b) 175
O estranho (1919h) 185
"Uma criança é espancada" (1919e), "A psicogênese de um caso
   de homossexualidade numa mulher" (1920a) 191

III. NOVAS PERSPECTIVAS (1920-1939)

Além do princípio do prazer (1920g) 205
Psicologia de grupo e a análise do ego (1921c) 215
O ego e o id (1923b) 225
"O problema econômico do masoquismo" (1924c) 233
Inibições, sintomas e ansiedade (1926d) 239
O futuro de uma ilusão (1927c), *A questão da análise leiga* (1926e) 249
O mal-estar na civilização (1930a), *Novas conferências introdutórias sobre psicanálise* (1933a) 257
"Neurose e psicose" (1924b), "A perda da realidade na neurose e na psicose" (1924e), "A negativa" (1925h), "Algumas conseqüências psíquicas da distinção anatômica entre os sexos" (1925j), "Fetichismo" (1927e), "A divisão do ego no processo de defesa" (1940e[1938]), *Esboço de psicanálise* (1940a [1938]) 265
"Análise terminável e interminável" (1937c), "Construções na análise" (1937d) 277
Moisés e o monoteísmo (1939a) 287
Ler Freud hoje? 297

Anexo 299
Bibliografia 301
Índice onomástico 315
Índice remissivo 319

NOTA EXPLICATIVA

TÍTULOS

Os livros são apresentados em *itálico*, por exemplo:

Sobre a psicopatologia da vida cotidiana ou SOBRE A PSICOPATOLOGIA DA VIDA COTIDIANA

Os artigos são apresentados com letra normal, entre aspas, por exemplo:

"Introdução ao narcisismo" ou "INTRODUÇÃO AO NARCISISMO"

REFERÊNCIAS BIBLIOGRÁFICAS

O nome de Freud é seguido da data da primeira edição da obra estudada, com referência à cronologia publicada em *Freud-Bibliographie mit Werkkonkordanz* (I. Meyer-Palmedo e G. Fichter, S. Fischer Verlag, 1989) e na *Standard Edition*, por exemplo: *Sobre a psicopatologia da vida cotidiana* (1901b)

Quando a data de publicação não corresponde à data em que foi escrita, indiquei em primeiro lugar a data da publicação, seguida da data de redação entre colchetes, por exemplo: *Esboço de psicanálise* (1940a [1939])

CITAÇÕES: PÁGINAS DE REFERÊNCIA ÀS OBRAS DE FREUD

As páginas de referência contêm em geral duas cifras: (p. 235 [132]). A primeira cifra – p. 235 – remete às páginas de uma tradução corrente de textos freudianos, a segunda – [132] – remete aos tomos já lançados de *Œuvres Complètes de Freud, Psychanalyse* [OCF.P].

QUADROS

 BIOGRAFIAS E HISTÓRIA

Elementos da vida pessoal de Freud em relação à obra estudada, assim como a biografia de alguns de seus primeiros discípulos, situados no contexto histórico da época.

PÓS-FREUDIANOS

Principais contribuições pós-freudianas inspiradas na obra estudada.

CRONOLOGIA DOS CONCEITOS FREUDIANOS

Menção aos principais conceitos introduzidos por Freud à medida que vão aparecendo no curso de suas obras, de maneira a fazer sobressair uma história das idéias.

EVOLUÇÃO DOS CONCEITOS FREUDIANOS

Estudos longitudinais de alguns conceitos freudianos essenciais que se desenvolveram ao longo de várias décadas, como o complexo de Édipo ou a transferência.

LER FREUD

O RESULTADO DE UM TRABALHO PESSOAL E COLETIVO

Ler Freud constitui o resultado de um longo percurso, ao mesmo tempo pessoal e coletivo. Trata-se, antes de tudo, de uma obra fundada em meu encontro pessoal com a psicanálise e em minha longa experiência de psicanalista na prática privada, com pacientes que buscam uma cura clássica, no divã, geralmente à razão de quatro sessões semanais. Minha experiência clínica mostrou-me que as idéias de Freud são teorias vivas que esclarecem o trabalho cotidiano com nossos pacientes e que ainda hoje inspiram os psicanalistas. *Ler Freud* é igualmente uma obra fundada em meu conhecimento de diferentes correntes psicanalíticas pós-freudianas contemporâneas. Tive a oportunidade de constatar sua diversidade e riqueza graças aos contatos que estabeleci com vários colegas no contexto de minha atividade de redator do *The International Journal of Psychoanalysis* para a Europa. *Ler Freud* é ainda uma obra fundada em meu conhecimento da língua alemã. A leitura dos textos originais de Freud me permite saborear a simplicidade da língua que ele utiliza, porque privilegia as expressões correntes e evita os neologismos. Na verdade, procurei escrever no mesmo espírito a fim de tornar as idéias de Freud acessíveis ao maior público possível, ciente de que é possível escrever com clareza e respeitando ao mesmo tempo a complexidade das idéias que se expõem. Finalmente, *Ler Freud* é o desfecho de um seminário de leitura cronológica da obra de Freud, que teve início no contexto da formação de futuros psicanalistas no Centro de Psicanálise Raymond Saussure, em Genebra, atividade que prossigo até hoje. Visto que esse seminário me serviu de base tanto para o conteúdo da obra quanto para sua forma, pareceu-me importante relatar essa experiência de grupo.

VÁRIAS MANEIRAS DE LER FREUD

A obra de Freud é imensa e complexa. Seus trabalhos psicanalíticos preenchem sozinhos 24 volumes, sem contar seus trabalhos pré-psicanalíticos e sua correspondência, que preenchem mais de uma centena de volumes. Como ter uma visão de conjunto de uma obra tão rica?

Há várias maneiras de ler Freud, cada uma com suas vantagens e seus inconvenientes, mas elas são complementares. Pode-se ler Freud de uma maneira pontual, selecionando *"à la carte"* um artigo ou um livro, ou escolhendo um tema e as obras relacionadas a ele. Uma abordagem de tipo pontual tem a vantagem de examinar uma obra nos detalhes, de se deter muito tempo nela, na medida em que os textos de Freud se prestam particularmente bem a uma leitura "talmúdica", isto é, a uma análise do sentido de cada frase, ou mesmo de cada palavra, relacionando-as com outros textos. Contudo, com esse tipo de abordagem, o leitor precisará de muitos anos para concluir esse programa.

Pode-se ler Freud também de maneira cronológica, isto é, ler sucessivamente seus principais estudos psicanalíticos, dos *Estudos sobre a histeria*, publicados em 1895, até *Esboço de psicanálise*, redigido em 1938, um ano antes de sua morte. Ler as obras de Freud na ordem de publicação, sem se deter demais, permite ao leitor perceber a evolução de seu pensamento ao longo das décadas. Para realmente tirar proveito de uma leitura cronológica, considero importante que, desde o início, se estabeleça um limite de tempo, mesmo que esse tipo de abordagem não permita consagrar a cada obra a análise detalhada que ela merece. O objetivo é que o leitor não perca a visão de conjunto, pois, quando se consegue ter uma vista panorâmica da obra freudiana, descobre-se que, muitas vezes, as diversas correntes psicanalíticas privilegiam certos aspectos em detrimento de outros. Constata-se ainda que essa focalização tende a se estreitar à medida que é transmitida de geração a geração, com o risco de obscurecer cada vez mais outros aspectos da obra de Freud igualmente preciosos.

Quer se leia Freud de maneira pontual, quer se leia de maneira cronológica, essas duas abordagens não se opõem, ao contrário, complementam-se, pois elas mostram, cada uma a seu modo, como Freud revisa constantemente suas formas de ver, aproveita suas hesitações e leva em conta a experiência clínica para aprofundar suas descobertas. É claro que uma pessoa pode lançar-se sozinha em uma tal empreitada, mas isso exige muito tempo e perseverança até completar o ciclo e chegar a uma visão de conjunto da evolução do pensamento de Freud. É por isso que, a meu ver, essa experiência no âmbito de um grupo de leitura, que permita um esforço sustentado a longo prazo, é muito mais estimulante.

LER FREUD: MODO DE USAR

Uma empreitada insana?

Durante muito tempo, não me ocorreu a idéia de escrever um livro apresentando o conjunto da obra de Freud, o que me parecia uma empreitada descomunal. Além disso, eu não imaginava como se poderia transpor a um texto escrito a abordagem que constitui a originalidade do seminário que coordeno – uma abordagem dos textos freudianos ao mesmo tempo cronológica e em rede. Até que um dia pensei em utilizar simultaneamente a tipografia, o grafismo, a paginação e a cor para representar visualmente a combinação de uma abordagem em rede e de uma visão cronológica da obra de Freud. Essa maquete gráfica me permitiu aplicar a cada capítulo o módulo de uma sessão consagrada à obra.

O módulo de organização de cada capítulo

Título do capítulo

Cada capítulo, salvo exceção, contém o título de apenas uma obra de Freud. Para diferenciar entre um livro e um artigo, coloquei os artigos entre aspas. O nome de Freud é seguido da data da primeira edição da obra estudada, em referência à cronologia publicada em *Freud-Bibliographie mit Werkkonkordanz* (I. Meyer-Palmedo e G. Fichter e S. Fischer Verlag, 1989) e na *Standard Edition*. Quando a data de publicação não corresponde à data em que foi escrita, segui a prática que recomenda indicar antes a primeira e depois a data de redação entre colchetes, por exemplo: *Esboço de psicanálise* (1940a [1939]). Alerto os leitores que na tradução em língua francesa das *Œuvres Complètes de Freud, Psychanalyse*, adotou-se a ordem inversa, o que modifica a ordem cronológica mais usual.

Texto introdutório

Cada capítulo é introduzido por um subtítulo evocativo e por uma breve apresentação da obra estudada. Minha intenção é oferecer um apanhado do conteúdo do capítulo e situar a obra sinteticamente em relação ao conjunto dos trabalhos freudianos.

Biografias e história

Esse quadro apresenta os elementos referentes à vida pessoal de Freud em relação à obra estudada, assim como o contexto histórico. Destaquei as principais influências que circundaram a redação da obra. Inclui nessa rubrica uma curta biografia dos mais importantes discípulos contemporâneos de Freud, assim como de seus principais pacientes.

Descoberta da obra

Referências

Para cada obra estudada, indiquei quase sempre dois textos de referência entre as traduções disponíveis em língua francesa. O primeiro texto de referência é aquele de onde extraí as citações de Freud indicadas em itálico: trata-se de traduções publicadas na "Bibliothèque de Psychanalyse" (Presses Universitaires de France), na coleção "Connaissance de l'inconscient" e "Folio, Essais" (Gallimard), e ainda na "Petite Bibliothèque Payot". Quando o texto estudado aparece em um dos volumes já lançados das *Œuvres Complètes de Freud, Psychanalyse* (ou *OCF.P*), indiquei entre colchetes um segundo texto de referência.

Assim, as páginas de referência contêm em geral duas cifras: (p. 235 [132]). A primeira cifra – p. 235 – remete às páginas de uma tradução corrente de textos freudianos, a segunda – [132] – remete aos tomos já lançados de *Œuvres Complètes de Freud, Psychanalyse [OCF.P]*.

O leitor encontrará na bibliografia as referências correspondentes aos volumes de *Sigmund Freud, Gesammelte Werke* (Frankfurt am Main: Fisher Verlag) e de *The standard edition of the complete psychological works of Sigmund Freud* (London: The Hogarth Press and the Institute of Psychoanalysis).

Que textos de referência eu deveria escolher?

Para cada obra, existem muitas traduções disponíveis em língua francesa em diversas edições, com datas diferentes, por tradutores diferentes. Além disso, as *Œuvres Complètes* estão em fase de publicação pelas Presses Universitaires de France, e até agora só foi lançada pouco mais da metade. Para fazer essa difícil escolha, apoiei-me na experiência adquirida com o seminário, levando em conta a constatação de que os participantes utilizavam preferencialmente os livros de bolso e as edições em brochura, por razões econômicas, mas também porque elas têm uma linguagem mais acessível.

Desatar o fio condutor da obra

Como apresentar uma obra sem ser simplificador ao resumi-la e, ao mesmo tempo, sem ser enciclopédico, abarrotando o leitor de referências? Diante desse dilema, optei por apresentar cada obra de maneira a despertar a curiosidade do leitor, para que deseje ler o texto completo, ou no original, ou em uma tradução. Procurei também comunicar o essencial, expressando-me em uma linguagem simples e o mais próxima possível da cotidiana.

Acompanhando o texto de Freud, encontra-se um pensamento em constante evolução, que abandona uma idéia anterior por uma nova e depois retorna à primeira, mesmo que essas posições sejam contraditórias. A leitura do texto original nos faz perceber também a que ponto a obra de Freud estimula nossa próprias reflexões e evoca outras e constitui verdadeiramente uma obra "aberta" no sentido de eco, como mostrou A. Ferro (2000). Freud escreve como um explorador que descobre paisagens desconhecidas, anota suas impressões de passagem, faz um esboço em seu caderno e, às vezes, se detém por mais tempo para armar seu cavalete e fixar a paisagem em uma obra-prima.

Privilegiar uma abordagem clínica

Ao redigir *Ler Freud*, privilegiei igualmente uma abordagem clínica tanto na minha própria leitura de Freud como nos diversos esclarecimentos. Acho importante ter sempre em mente que a psicanálise não é simplesmente uma teoria e um método de pesquisa do psiquismo humano, mas é sobretudo uma abordagem clínica e técnica que ainda hoje permite a inúmeros pacientes resolver conflitos inconscientes que não conseguiriam resolver por outros meios.

Cronologia dos conceitos freudianos

Ao final de cada capítulo, mencionei os principais conceitos que aparecem na obra estudada, na medida em que Freud lhes atribui o estatuto de um verdadeiro conceito psicanalítico. Mas essa maneira de apresentar um conceito situando-o em um período determinado da evolução de Freud não deixa de ser problemática. Por um lado, é quase sempre arbitrário fixar um momento preciso em que um conceito aparece em uma obra de Freud. Quando se faz uma leitura retrospectiva, descobre-se que Freud descreveu fenômenos que correspondem a um conceito psicanalítico muitas vezes e em momentos diferentes e que só mais tarde ele atribui um estatuto de conceito a esse fenômeno. Por exemplo, o termo "transferência" já aparece em *Estudos sobre a histeria*, em 1895, mas apenas 10 anos depois, em 1905, será definido como conceito psicanalítico, com o caso Dora.

Evolução dos conceitos freudianos

Alguns conceitos freudianos essenciais foram desenvolvendo-se ao longo de várias décadas. Por essa razão, dediquei um quadro aos mais importantes, como o complexo de Édipo, a transferência e alguns outros.

Pós-freudianos

Nessa rubrica, mencionei os principais desenvolvimentos das idéias de Freud feitos por seus discípulos imediatos e pelos principais psicanalistas que o sucederam até os nossos dias. Para evitar que o leitor se perca em um excesso de referências bibliográficas, limitei minhas escolhas às contribuições fundamentais, mencionando de passagem algumas referências que me tocam mais diretamente. Os desenvolvimentos pós-freudianos mostram como certas noções esboçadas por Freud foram retomadas em seguida por uma ou outra corrente de pensamento e enriquecidas por aportes inovadores. Nesse espírito, privilegiei uma abordagem internacional, com o objetivo de dimensionar a diversidade de correntes atuais entre os psicanalistas pertencentes à Associação Psicanalítica Internacional fundada por Freud.

UM SEMINÁRIO DE LEITURA CRONOLÓGICA DA OBRA DE FREUD

Gostaria de fazer uma breve apresentação desse seminário para mostrar o trabalho que foi produzido durante mais de 15 anos, pois foi ele que me forneceu o ponto de partida para redigir *Ler Freud*. Devo esclarecer que a forma que adotamos nesse seminário é apenas uma entre tantas outras possíveis e que cabe a cada um encontrar a maneira que lhe convém de abordar a leitura das obras freudianas.

Uma abordagem ao mesmo tempo cronológica e em rede

A aventura começou em 1988, quando a idéia de um tal seminário partiu de um grupo de candidatos de nossa Sociedade que estavam à procura de psicanalistas formadores que aceitassem coordenar um seminário de leitura cronológica da obra de Freud. Esse desafio me animou: julguei que eu mesmo aprenderia muito coordenando um seminário, pois embora lesse Freud assiduamente até então, fazia isso de maneira pontual e sem ordem. Mas a forma habitual de um tal seminário, baseada na comunicação informal das reflexões de cada um a partir de uma leitura individual, não me atraía. Tive então a idéia de propor que cada participante contribuísse para esclarecer a obra estudada de diferentes perspectivas – biografia, história das idéias, desenvolvimentos pós-freudianos, etc. Imaginava que esse método de trabalho ajudaria a completar a leitura da obra de Freud graças a uma dupla abordagem: um estudo cronológico de seus textos, não linear, e uma abordagem em rede. Esse projeto me agradou e achei que valia a pena topar o desafio, com a condição de que os participantes interessados estivessem dispostos a aceitar o método de trabalho que eu lhes propunha.

A importância do esquema do seminário

Aos poucos fui me dando conta da importância do esquema em que se desenvolve um seminário de leitura cronológica, depois que percebi que parte do êxito do seminário depende disso. Por exemplo, considero essencial que, desde a primeira sessão do seminário, os participantes sejam informados do programa dos próximos três anos para que tenham uma idéia da forma e da duração do trabalho que os aguarda. Dividi as principais obras de Freud em três períodos para serem lidas ao longo de três anos, e retomei esse plano de trabalho em *Ler Freud*. O seminário realiza-se a cada 15 dias, o que corresponde a cerca de 15 sessões por ano, e cada sessão dura uma hora e meia. O número de participantes geralmente é de 16 a 18, e o seminário funciona em grupo fechado, isto é, não aceitamos mais ninguém depois de iniciado o processo. A sessão de apresentação do programa permite que os participantes se engajem com conhecimento de causa e que avaliem se estão dispostos a dedicar o esforço necessário para atingir um objetivo importante e a sentir prazer nisso.

Participação ativa de cada um

É igualmente essencial que cada participante sinta que esse seminário lhe pertence, que não é um curso *ex cathedra* e que meu papel se limite a acompanhá-los em seu percurso por esse período limitado de três anos. Essa participação implica, ao mesmo tempo, um trabalho individual e uma coletivização. Ao longo do processo, percebi que quanto mais se pede uma participação ativa para a construção do seminário, mais os participantes o valorizam e tiram proveito dele. Isso se traduz nas poucas ausências e, no caso de impedimento, no fato de a pessoa ter a preocupação de me informar de sua ausência e de cuidar ela própria de arranjar um substituto para o trabalho que deveria apresentar.

O trabalho pessoal implica as seguintes atividades:

– *A leitura da obra escolhida*: espera-se que cada um tenha lido por conta própria, antes de uma sessão, a obra que está no programa e que coloque suas indagações durante a discussão.
– *A livre escolha da tradução*: cada um é livre para escolher o texto na língua que desejar e na tradução que preferir. Alguns lêem o texto original em alemão, uma grande parte dos participantes utiliza uma das traduções correntes em língua francesa, e outros lêem ainda em inglês, em italiano ou em espanhol. A diversidade de traduções dá uma idéia da complexidade de questões que enfrentam os tradutores de Freud.
– *A redação de uma rubrica*: cada participante redige na sua vez um texto curto, no máximo de uma página (cerca de 300 palavras), reportando-se a uma das seguintes rubricas: (1) *"Biografia e história"*: breve apresentação da vida de Freud em relação à obra estudada, situando-a no contexto histórico. (2) *"Cronologia dos conceitos freudianos"*: destacar na obra estudada os conceitos introduzidos por Freud à medida que aparecem, de maneira a fazer sobressair uma história das idéias. (3) *"Pós-freudianos"*: seleção das principais contribuições pós-freudianas na obra estudada, em uma perspectiva ao mesmo tempo histórica e internacional. (4) *"Minutas do seminário"*: redação do resumo da discussão que será distribuído na sessão seguinte.

A exposição do trabalho pessoal é feita durante a sessão do seminário. Esta geralmente começa com informações breves e com a distribuição dos textos das diversas rubricas. Em primeiro lugar, o participante lê em voz alta a rubrica consagrada à biografia de Freud, apresentação que é seguida de uma curta discussão. Em seguida, depois que outro participante lê publicamente a rubrica dedicada aos conceitos freudianos, inicia-se uma discussão geral e aberta. Dura cerca de 15 minutos e, em geral, é muito animada. Se a discussão demora a deslanchar, vou chamando um por um para que coloque uma questão que ele colocou a si próprio a propósito do texto, a fim de reativar a discussão geral. Na última parte do seminário, um terceiro participante lê em voz alta a rubrica dedicada às contribuições dos pós-freudianos, apresentação que é seguida de novos comentários e de uma retomada da discussão geral. Em outro texto, descrevi detalhadamente as etapas de uma sessão do seminário consagrado ao texto de Freud "Uma criança é espancada" (J.-M. Quinodoz, 1997b). O tempo muito curto dedicado a cada sessão constitui, paradoxalmente, um fator estimulante, pois as pessoas precisam pensar antes e expor de forma condensada as reflexões que decidam comunicar ao grupo.

Exigências elevadas: fator dinâmico

Tenho consciência de que não é pouco pedir aos participantes que não apenas leiam a maior parte das obras de Freud cada um por si, como também exponham suas reflexões e façam as pesquisas necessárias para a redação de uma das rubricas. A preparação das sessões requer uma grande disponibilidade, retirada do tempo reservado a uma vida profissional em geral já muito cheia, assim como da vida privada e familiar. Esse esforço só é possível se os encontros são também um momento de prazer compartilhado. Além disso, para que se conheçam melhor fora das reuniões de trabalho, propomos um encontro todo final de ano em um "bufê canadense", uma reunião festiva para a qual são convidados cônjuges e parceiros.

As exigências impostas pela participação ativa de todos revelaram-se um fator decisivo na dinâmica que vai instalando-se ao longo dos encontros. Esse *plus* de participação a serviço da construção do seminário cria um clima afetuoso no tempo delimitado que compartilhamos, sabendo que vamos nos separar dali a três anos. Em última análise, o seminário proporciona mais que um aumento dos conhecimentos, pois o trabalho coletivo permite que cada participante aprenda a se ouvir e a ouvir o que o outro tenta expressar e que evolua no contato com todos. É uma maneira de estar mais à escuta de Freud e de poder avaliar a diversidade de pontos de vista.

Tive a demonstração do papel estimulante que desempenham as exigências relativamente elevadas em favor do bom funcionamento do grupo quando renunciei a impô-las por ocasião do segundo ciclo de três anos. Na primeira sessão desse segundo ciclo de seminário, um participante opôs-se à forma de trabalho que eu propunha, criticou-a veementemente e se recusou a entrar em uma tal "maratona", conforme seus termos. Eu ainda não estava convencido da pertinência das exigências do seminário e submeti a questão ao voto. A oposição de apenas um conseguiu a adesão de outros, e acabei aceitando, a contragosto, que os participantes deixassem de realizar um trabalho pessoal de elaboração de rubricas; o único texto escrito que consegui obter foram as "minutas do seminário". Contudo, mantive o seminário. Durante esses três anos, a discussão geral foi a mais prejudicada, pois geralmente demorava a se instalar: mesmo que todos tivessem lido atentamente os textos de Freud, eu sentia que para criar um espírito de grupo faltava a estrutura de pensamento que vai construindo-se pouco a pouco ao longo do tempo, graças principalmente ao esforço pessoal que requer a redação de uma rubrica e sua exposição. Se voltasse atrás hoje, eu não cederia como na época, por falta de experiência.

AGRADECIMENTOS

Devo agradecer em primeiro lugar aos participantes do "Seminário de Leitura Cronológica da Obra de Freud". Sua participação ativa durante as discussões e as contribuições pessoais acumuladas desde 1988 me serviram de base em parte para redigir a rubrica "Biografias e história" e aquela dedicada aos "Pós-freudianos". Senti-me obrigado a mencionar seus nomes em anexo para expressar-lhes meu reconhecimento. Agradeço igualmente a Hanna Segal, André Haynal, Augustin Jeanneau, Christoph Hering, Juan Manzano e Paco Palacio, que se deram ao trabalho de comentar meu manuscrito, assim como a Maud Struchen que preparou a bibliografia.

Enfim, *last but not least*, dedico *Ler Freud* a Danielle, que foi quem primeiro me encorajou a me lançar nessa aventura.

Para concluir, desejo uma boa jornada ao leitor, lembrando que ler um guia jamais substitui a viagem!

Jean-Michel Quinodoz

QUADRO CRONOLÓGICO – SIGMUND FREUD (1856-1939)

Referências biográficas	Publicações
1856: no dia 6 de maio de 1856, nascimento de Freud em Freiberg (atual República Tcheca)	
1860: chegada a Viena da família Jakob Freud	
1873: início dos estudos de Medicina de Sigmund	
1876-1882: assistente no Instituto de Psicologia de Viena (Pr. E. Brücke)	Publicação sobre a descoberta dos testículos da enguia (1877)
1880: encontro com Dr. Joseph Breuer	
1881: título de doutor em medicina – Breuer trata Anna O.	
1882: noivado com Martha Barnays	
1883-1884: pesquisas sobre a cocaína	Publicações sobre a cocaína (1884)
1885: título de Privat-Docent – estadia com Charcot em La Salpêtrière, Paris	
1886: instalação em consultório privado em Viena – casamento com Martha Barnays	
1887: nascimento de Mathilde – encontro com Wilhelm Fliess, Berlim	Cartas a Wilhelm Fliess (1887-1902)
1888:	1877-1883: Publicações sobre células nervosas (peixe)
1889: nascimento de Martin – estadia em Bernheim, Nancy	1888-1893: Diversos artigos sobre a hipnose
1890-1891: mudança para Berggasse 19, Viena – nascimento de Oliver	"Estudo sobre a afasia" (1891b)
1892: nascimento de Ernst	"Paralisias cerebrais infantis" (1891c)
1893: nascimento de Sophie	"Comunicação preliminar" (Freud e Breuer, 1893)
1894:	"As neuropsicoses de defesa" (1894a)
1895: nascimento de Anna – primeiro sonho ("a injeção de Irma")	Estudos sobre a histeria (1895d) – "Sobre os fundamentos para destacar da neurastenia uma síndrome específica denominada 'Neurose de angústia'" (1895b)
	"Projeto para uma psicologia científica" (1950c [1895])
1896: morte de Jakob Freud, pai de Freud – ruptura com Breuer	"Observações adicionais sobre as neuropsicoses de defesa" (1896b)
1897: início da auto-análise (1896-1902) – abandono da teoria da sedução	"A sexualidade na etiologia das neuroses" (1898a)
1898: Édipo Rei, Hamlet	"Lembranças encobridoras" (1899a)
1899:	
1900: tratamento de Dora (Ida Bauer)	A interpretação dos sonhos (1900a)
1901: primeira viagem a Roma, com seu irmão Alexander	Sobre o sonho (1901a)
	Sobre a psicopatologia da vida cotidiana (1901b)
1902: funda a Sociedade das Quartas-Feiras – encontro com W. Steckel e A. Adler	
1903: título de Professor extraordinário, Faculdade de Medicina, Viena	
1904: começa a ser reconhecido internacionalmente	Os chistes e sua relação com o inconsciente (1905c)
1905: encontro com O. Rank	Três ensaios sobre a teoria da sexualidade (1905d)
1906:	"Fragmento da análise de um caso de histeria (Dora)" (1905e)
1907: encontro com C. G. Jung, K. Abraham, M. Eitigon	Delírios e sonhos na "Gradiva" de Jensen (1907a)
1908: encontro com S. Ferenczi. E. Jones, H. Sachs, P. Federn	

Continua

QUADRO CRONOLÓGICO – SIGMUND FREUD (1856-1939) (Continuação)

Referências biográficas	Publicações
1909: Sociedade Psicanalítica de Viena – encontro com o pastor O. Pfister	"Análise de uma fobia em um menino de cinco anos (O pequeno Hans)" (1909b) "Notas sobre um caso de neurose obsessiva (O homem dos ratos)" (1909d)
1910: fundação da Associação Psicanalítica Internacional (API) 1911: conflito na Sociedade de Viena – defecção de Adler	*Uma recordação de infância de Leonardo da Vinci* (1910c) "Notas psicanalíticas sobre um relato autobiográfico de um caso de paranóia (O caso de paranóia: o presidente Schreber)" (1911c)
1912: fundação do "Comitê secreto" – defecção de Steckel 1913: encontro com Lou Andreas-Salomé – ruptura com Jung 1914: início da Primeira Guerra Mundial – mobilização de Martin e Ernst 1915: análise de Ferenczi com Freud (em três partes), 1914-1916 1916: mobilização de Oliver 1917:	Escritos sobre a técnica psicanalítica (1904-1919) *Totem e tabu* (1912-1913a) "Introdução ao narcisismo" (1914c) *Artigos sobre metapsicologia* (1915-1917) *Lições de introdução à psicanálise* (1916-1917)
1918: fim da guerra – 1ª análise de Anna com seu pai	"História de uma neurose infantil (O homem dos lobos)" (1918b) *O estranho* (1919h)
1919: suicídio de Tausk – morte do mecenas A. von Freund	"Uma criança é espancada" (1919e) "A psicogênese de um caso de homossexualidade numa mulher" (1920a)
1920: morte de sua filha Sophie – Jones funda The International Journal of Psychoanalysis 1921: 1922:	*Além do princípio do prazer* (1920g) *Psicologia de grupo e a análise do ego* (1921c)
1923: primeira operação do câncer 1924: Rank publica *O traumatismo do nascimento* 1925: morte de Abraham – morte de Breuer 1926: 70 anos de Freud – defecção de Rank – chegada de M. Klein à Londres	*O ego e o id* (1923b) "O problema econômico do masoquismo" (1924c) *Inibições, sintomas e ansiedade* (1926d) *A questão da análise leiga* (1926e) *O futuro de uma ilusão* (1927c)
1927: Congresso de Innsbruck 1928: 1929: início da Grande Depressão econômica mundial	
1930: morte da mãe de Freud aos 95 anos – Freud recebe o Prêmio Goethe 1931: crescimento do anti-semitismo na Áustria e na Alemanha 1932: Congresso de Wiesbaden 1933: morte de Ferenczi – ascensão ao poder de Hitler 1934: 1935:	*O mal-estar na civilização* (1930a) *Novas conferências introdutórias sobre psicanálise* (1933a) *Escritos sobre a negação da realidade e clivagem do ego* (1924-1938)
1936: 80 anos de Freud – encontro com R. Rolland 1937: falecimento de Lou Andreas-Salomé 1938: ajudado por Jones e Marie Bonaparte, Freud deixa Viena rumo a Londres 1939: morte de Freud em Londres em 23 de setembro de 1939, aos 83 anos	"Análise terminável e interminável" (1937c) "Construções na análise" (1937d) *Moisés e o monoteísmo* (1939a) *Esboço de psicanálise* (1940a [1938])

PARTE I

**DESCOBERTA DA PSICANÁLISE
(1895-1910)**

ESTUDOS SOBRE A HISTERIA
S. FREUD e J. BREUER (1895d)

Uma descoberta essencial: os sintomas histéricos têm um sentido

Vamos começar pelos *Estudos sobre a histeria*, obra fundadora da psicanálise, na qual Freud e Breuer apresentam os êxitos que obtiveram no tratamento de sintomas histéricos, assim como suas primeiras hipóteses. A histeria era uma afecção bastante difundida no fim do século XIX, e indagava-se sobre sua origem: era orgânica ou psíquica? Os médicos estavam desconcertados diante da impossibilidade de encontrar sua verdadeira causa. Os fenômenos de conversão histérica representavam um desafio para a ciência médica, pois os sintomas não correspondiam a uma lesão anatômica localizável; além disso, eles apareciam e desapareciam de maneira totalmente aleatória. A impossibilidade de compreender esses sintomas, quase sempre espetaculares, irritava os médicos, que acabavam por rejeitar esses doentes – na maioria das vezes mulheres –, por considerá-los loucos ou simuladores.

É a partir de 1882 que Freud, encorajado pelos êxitos obtidos por seu colega vienense Breuer, passa a se interessar, por sua vez, pela sugestão e a hipnose no tratamento de doentes com sintomas atribuídos à histeria. Em *Estudos sobre a histeria*, obra que constitui o resultado de mais de 10 anos de trabalhos clínicos, os dois pesquisadores descrevem detalhadamente o tratamento de cinco doentes, e cada um dedica um capítulo teórico às suas hipóteses. O que foi escrito por Freud, intitulado "A psicoterapia da histeria", passou para a posteridade não apenas por seu valor histórico, mas também porque nele Freud assenta as bases clínicas e teóricas de uma nova disciplina: a psicanálise, ela própria derivada do método catártico. Utilizado entre 1880 e 1895, o "método catártico", criado por Breuer, era uma forma de psicoterapia que permitia ao doente evocar a lembrança de acontecimentos traumáticos ocorridos no passado, quando da aparição dos primeiros sintomas histéricos; Breuer, e depois Freud, observaram que esses sintomas desapareciam à medida que a paciente conseguia evocar essa lembrança e revivia com intensidade a emoção originária ligada ao acontecimento. Freud relata que, em um primeiro momento, recorreu à hipnose e à sugestão, como Breuer, para ajudar a doente a reencontrar suas lembranças patogênicas. Mas logo abandonou essas técnicas em proveito de uma mudança radical de perspectiva: Freud percebeu que se pedisse ao paciente para dizer livremente tudo o que lhe vinha à mente – método chamado de associação livre –, o curso espontâneo seguido por seus pensamentos lhe permitiria não apenas remontar às lembranças patogênicas até então reprimidas, como também identificar as resistências que se opunham a que o paciente encontrasse suas lembranças a fim de superá-las. Essa nova abordagem técnica leva a um interesse cada vez maior pelo papel que desempenham as resistências, a transferência, a simbólica da linguagem, assim como a elaboração psíquica, elementos próprios a toda cura psicanalítica, que já encontramos esboçados por Freud no Capítulo IV de *Estudos sobre a histeria*. Quanto à ab-reação, ela foi sendo abandonada pouco a pouco; contudo, a descarga emocional permaneceu como um elemento indissociável de toda a psicanálise.

Essas hipóteses apresentadas em 1895 estão superadas atualmente? Àqueles que fazem essa objeção, eu responderia que não fazem parte da psicanálise como também de outras descobertas essenciais: de fato, no fim do século XIX, surgiram inúmeras invenções contemporâneas da psicanálise, que depois foram aperfeiçoadas, mas, por ora, nenhuma nova descoberta revolucionária veio substituí-las.

Isso explica o grande interesse de começar pelo estudo da primeira obra psicanalítica que são os *Estudos sobre a histeria*, pois até hoje essa abordagem terapêutica preserva todo seu valor no seu campo próprio.

 BIOGRAFIAS E HISTÓRIA

A vida de Freud até a publicação de *Estudos sobre a histeria*, em 1895

Em 1895, Freud tinha 39 anos, era casado, pai de vários filhos, e já tinha atrás de si uma carreira médica reconhecida de pesquisador em neuropatologia e neurologista prático. Nasceu em 1856 em Freiberg (Morávia), filho de pais judeus; embora se declarasse liberal e ateu, sempre manteve uma ligação afetiva com o judaísmo. Em sua família, as relações entre gerações eram complexas. O pai de Freud, Jakob, casou-se aos 40 anos em segundas núpcias com uma moça de 20 anos, Amalia Nathanson, que tinha a mesma idade que os dois filhos do primeiro casamento de seu marido. Isso perturbava o pequeno Freud, que imaginava então ser filho de um casal jovem – sua mãe e um de seus meio-irmãos –, e não desse pai idoso. Sendo o mais velho de oito irmãos, Freud era o favorito de sua mãe, o que, sem dúvida, contribuiu para reforçar sua confiança no sucesso. Em 1860, sua família instalou-se em Viena. Ali Sigmund estudou medicina e trabalhou com professores de prestígio, como o fisiologista Ernst Brücke, médico positivista. Este foi o responsável pelo encontro de Freud com J. Breuer, fisiologista e prático vienense em evidência, 14 anos mais velho do que ele e que se interessava pelo tratamento da histeria.

No plano científico, o olhar inovador de Freud já se manifestara em diversas pesquisas que chamavam a atenção para ele. Assim, seu trabalho pioneiro sobre a unidade morfológica e fisiológica das células e das fibras nervosas fez dele um precursor reconhecido da teoria neuronal elaborada posteriormente por Walder, em 1891. Quanto às publicações de Freud sobre a afasia e sobre as paralisias infantis, lançadas em 1891, seu valor é reconhecido até hoje, em particular sua concepção funcional da afasia, que rompeu com a teoria das localizações corticais em vigor. Ele estudou ainda os efeitos farmacológicos da cocaína, inclusive sobre ele mesmo, mas a notoriedade de sua descoberta foi usurpada por um colega. Obteve o título honorífico de Privat-Docent em 1895.

Freud apaixonou-se por Martha Bernays em 1882, quando tinha 26 anos e ela 20. O noivado durou quatro anos, durante os quais eles trocaram cartas quase que diárias: nelas Freud se mostra quase sempre um noivo ansioso, apaixonado e tirânico, e Martha uma noiva forte e discreta, uma mulher "normal", como dirá mais tarde sobre ela E. Jones, que a admirava. Casaram-se em 1886, pouco depois de Freud ter aberto seu consultório. Tiveram seis filhos. Em 1891, mudaram para a Berggasse 19, em Viena, onde viveram até partir para o exílio em Londres, em 1938, para escapar as perseguições nazistas.

Freud e Breuer: uma colaboração decisiva

A atenção de Freud foi atraída pela primeira vez para as possibilidades da hipnose no tratamento de pacientes histéricos ao ouvir, em 1882, o relato de seu amigo e colega vienense Joseph Breuer sobre os êxitos obtidos no tratamento de sintomas histéricos de uma jovem paciente, Anna O. Quatorze anos mais velho do que Freud, Breuer teve um papel determinante no nascimento da psicanálise. Médico de origem judaica, era um eminente fisiologista e um brilhante especialista em clínica geral, dotado de uma grande cultura. Era também amigo e médico de família de numerosas personalidades da sociedade vienense, como o filósofo Franz Brentano e o compositor Johannes Brahms. Freud conheceu Breuer por intermédio de seu professor, Ernst Brücke, fisiologista de grande reputação junto ao qual realizou pesquisas em neurofisiologia de 1876 a 1882. Depois de instalar seu consultório privado, Freud aplicou a técnica de Breuer a vários pacientes e ficou impressionado ao constatar que as observações de Breuer se confirmavam com sua clientela. Mas Freud, cujo espírito investigativo estava sempre em busca de novas descobertas, logo procurou seguir seu próprio caminho.

Continua

> ● *Continuação*
>
> **Freud estuda com precursores: Charcot e Bernheim**
>
> Para aprender mais, decidiu fazer um estágio com Charcot em Paris, entre 1885 e 1886, e depois com Bernheim em Nancy, em 1889. Durante alguns meses, seguiu os ensinamentos de Charcot, que se ilustrara tentando resolver o problema que à histeria colocava para a medicina. Abandonando as teses da Antigüidade e da Idade Média que atribuíam à histeria a uma excitação de origem uterina ou à estimulação, Charcot conferiu a essa afecção o estatuto de uma entidade nosológica bem delimitada e fez dela um objeto de estudos e pesquisas. Classificou a histeria entre as doenças nervosas funcionais ou neuroses para distingui-las das afecções psiquiátricas de origem orgânica. Estabeleceu essa distinção observando que a distribuição das paralisias histéricas era aleatória e diferente da distribuição radicular observada nas paralisias neurológicas. Charcot procurava demonstrar que os distúrbios histéricos eram de natureza psíquica, e não orgânica, empregando a sugestão hipnótica para reproduzir os sintomas histéricos e fazê-los desaparecer. Ele lançou a hipótese de uma "lesão dinâmica" cerebral de origem traumática, que poderia ser a causa da histeria tento em mulheres como em homens.
> Mas Charcot empregava a sugestão hipnótica mais para fins de demonstração do que de tratamento. Assim, em 1889, Freud decidiu aperfeiçoar sua própria técnica junto a Bernheim em Nancy. Este último havia demonstrado que a hipnose era uma sugestão que passava antes de tudo pela palavra, e não pelo magnetismo do olhar, o que fez dessa abordagem uma verdadeira técnica psicoterapêutica que Freud passou a aplicar desde que retornou a Viena.
>
> ***Estudos sobre a histeria*: quinze anos de gestação**
>
> Freud levou muitos anos para convencer Breuer a reunir em uma obra comum as observações clínicas que tinham feito desde 1881, assim como suas respectivas hipóteses. Começaram a publicar conclusões provisórias sobre os resultados do método catártico em "Comunicação preliminar" (1893), que foi reproduzida em 1895 em *Estudos sobre a histeria*, constituindo seu primeiro capítulo.
> A publicação de *Estudos sobre a histeria* marca, porém, o fim colaboração dos dois autores, e a partir de 1896 Freud prosseguiu sozinho suas pesquisas, decepcionado com a falta de ambição de Breuer. Uma das causas do afastamento de ambos foi o fato de que Breuer não estava convencido da importância dos fatores sexuais na origem da histeria, que Freud enfatizava cada vez mais. Mas Breuer continuou acompanhando de longe o desenvolvimento das idéias de Freud. Este só ficou sabendo disso, para sua surpresa, por ocasião da morte de Breuer em 1925, quando seu filho Robert Breuer, em resposta à carta de condolências de Freud, falou-lhe do interesse permanente do pai por seus trabalhos (Hirschmüller, 1978).

DESCOBERTA DA OBRA

As páginas indicadas remetem ao texto publicado em S. Freud e J. Breuer (1895d), *Études sur l'hystérie*, trad. A. Berman, Paris, PUF, 1956.

O MECANISMO PSÍQUICO DOS FENÔMENOS HISTÉRICOS
por J. Breuer e S. Freud

O capítulo introdutório retoma o texto de "Comunicação preliminar", já publicada em 1893, na qual os autores descreveram as etapas sucessivas de suas condutas clínicas e que faz parte de suas primeiras hipóteses. Em geral, declaram eles, é uma observação fortuita que permite descobrir a causa ou, mais precisamente, o incidente que provocou pela primeira vez o sintoma histérico em um passado longínquo.

Essa causa escapa ao simples exame clínico e o próprio doente já não se recorda desse acontecimento. A ajuda da hipnose costuma ser necessária para despertar no paciente as lembranças da época em que o sintoma fez sua primeiras aparição: "*É só depois disso que se consegue estabelecer da forma mais nítida e mais convincente a relação em questão*" (p. 1). Na maioria das vezes, acontecimentos ocorridos na infância é que provocaram posteriormente manifestações patológicas mais ou menos graves.

Essas observações mostram que existe uma analogia entre a histeria e a neurose traumática, do ponto de vista da patogenia, e por isso pode-se considerar que os sintomas histéricos se devem a um *traumatismo psíquico*. Em seguida, o traumatismo psíquico e sua lembrança *"agem como um corpo estranho que, muito tempo após sua irrupção, continua desempenhando um papel ativo"* (p. 4). Segundo os autores, o desaparecimento dos sintomas que se segue à evocação da lembrança traumática vem confirmar essa hipótese. Passo a palavra a Freud e Breuer para a descrição de seu novo método terapêutico: *"Para nossa grande surpresa, descobrimos que, de fato, todos os sintomas histéricos desapareciam imediatamente e sem retorno quando se conseguia trazer à luz do dia a lembrança do incidente desencadeante e despertar o afeto ligado a ele e, depois disso, o doente descrevia o que lhe tinha acontecido de forma bastante detalhada e dando uma expressão verbal à sua emoção"* (p. 4). Mas, como advertem eles, era indispensável que o paciente revivesse a emoção original para que a evocação da lembrança tivesse um efeito terapêutico: *"Uma lembrança livre de toda carga afetiva é quase sempre totalmente ineficaz"* (p. 4). Essas observações reiteradas conduzem Freud e Breuer à afirmação que hoje se tornou célebre: *"O histérico sofre sobretudo de reminiscências"* (p. 5).

A linguagem desempenha um papel determinante no efeito *"catártico"*, prosseguem os autores, pois a obliteração de uma lembrança patogênica implica uma reação de descarga emocional, seja de lágrimas ou um ato de vingança: *"Mas o ser humano encontra na linguagem o equivalente do ato, equivalente graças ao qual o afeto pode ser verdadeiramente "ab-reagido" mais ou menos da mesma maneira. Em outros casos, são as próprias palavras que constituem o reflexo adequado, por exemplo, as queixas, a revelação de um segredo opressivo (confissão). Quando não ocorre esse tipo de reação pelo ato, pela palavra e, nos casos mais leves, pelas lágrimas, a lembrança do acontecimento preserva todo seu valor afetivo"* (p. 6).

Além disso, Freud e Breuer assinalam que a memória do doente não preserva nenhum traço dos incidentes originais, e que se trata quase sempre de lembranças penosas que ele *"guardava, repelia, reprimia, fora de seu pensamento consciente"* (p. 7). Os autores atribuem os fenômenos histéricos a uma *"dissociação do consciente"*, isto é, a uma *"dupla consciência"* ligada à presença de um *"estado hipnóide"* que constituiria o fenômeno fundamental da histeria. Em resumo, os sintomas histéricos seriam o resultado de um traumatismo grave – análogo ao de uma neurose traumática – que produziria uma repressão penosa – na qual o efeito sexual tinha um papel –, cujo efeito seria uma "dissociação" de grupos de representações patogênicas. Como age o procedimento terapêutico?, perguntam-se Freud e Breuer para concluir. *"Ele suprime efeitos da representação que não tinha sido primitivamente ab-reagida, permitindo ao afeto inibido extravasar-se verbalmente; leva a que essa representação se modifique por via associativa trazendo-a para o consciente normal (sob hipnose leve) ou suprimindo-a por sugestão médica, do mesmo modo que, no sonambulismo, suprime-se a amnésia"* (p. 13).

"HISTÓRIAS DE DOENTES": CINCO ÊXITOS DO MÉTODO CATÁRTICO

Os autores apresentam em seguida o relato de cinco observações clínicas, das quais somente a primeira é redigida por Breuer, enquanto as outras quatro se referem a pacientes tratados por Freud. Vamos recordá-las brevemente aqui, em linhas muito gerais, para destacar as etapas sucessivas percorridas por Breuer e Freud em suas respectivas pesquisas.

"Srta. Anna O." (J. Breuer): O primeiro caso

Quando J. Breuer viu pela primeira vez "Anna O." – cujo verdadeiro nome era Bertha Pappenheim –, a jovem paciente tinha 21 anos e sofria de uma tosse nervosa e de vários outros sintomas histéricos: variações do humor, distúrbios da visão, paralisia do lado direito, "ausências" povoadas de alucinações, distúrbios da linguagem, etc. No decorrer de seus freqüentes e longos encontros com ela, Breuer percebeu que certos sintomas desapareciam quando a jovem lhe relatava em detalhe a lembrança ligada ao momento de sua primeira aparição, ao mesmo tempo em que revivia intensamente a emoção que tinha sentido na época. Depois de fazer essas observações por acaso, Breuer repetiu a experiência de forma mais sistemática com outros sintomas e constatou que, ao interrogar Anna O. sobre as circunstâncias de sua primeira aparição, eles sempre desapareciam simultaneamente às respostas da paciente. Eis o que relata Breuer: "*Cada sintoma desse quadro clínico complicado foi tratado isoladamente; todos os incidentes motivadores vieram à tona na ordem inversa àquela em que se produziram, começando dos dias que precederam o adoecimento e remontando à causa da primeira aparição dos sintomas. Uma vez revelada essa causa, os sintomas desapareciam para sempre*" (p. 25). Além disso, Breuer observou que esse fenômeno ocorria quando a paciente se encontrava em um estado de consciência diminuído, próximo da auto-hipnose, estado secundário que ele chamou de "*estado hipnóide*". Em seguida, Breuer aperfeiçoou sua técnica hipnotizando ele mesmo sua paciente, ao invés de esperar que ela entrasse em auto-hipnose, o que lhe permitia ganhar tempo. A própria Anna O. usou a expressão *talking cure* (cura pela palavra) para qualificar esse procedimento de recuperação e designou pelo termo *chimney sweeping* (limpeza de chaminé) a rememoração dos acontecimentos ligados à aparição dos sintomas que permite a ab-reação.

Breuer prossegue citando uma longa lista de sintomas eliminados graças ao que ele chama de "*catarse*" (ou ab-reação) (p. 25-26) e cita vários exemplos. O êxito terapêutico mais importante é, sem dúvida, o que se refere à paralisia do braço direito de Anna O. A paciente estava sentada junto ao seu pai gravemente doente, quando, de súbito, teve uma espécie de alucinação em que via uma serpente aproximar-se de seu pai para mordê-lo, ao mesmo tempo em que se dava conta de que não conseguia mais mexer seu braço direito, que estava imobilizado no encosto de sua cadeira. Depois desse primeiro episódio, a alucinação angustiante se reproduzia constantemente, acompanhada da paralisia do braço direito e da impossibilidade de se expressar a não ser em inglês. Breuer conta que, no final do tratamento, Anna O. lhe fez um relato completo das condições em que a alucinação da serpente surgira. Quando ela conseguiu lembrar que tinha sido na noite dramática em que velava à cabeceira de seu pai doente, a paralisia do lado direito desapareceu e ela recuperou o uso da língua alemã: "*Imediatamente após esse relato, ele se expressou em alemão e a partir dali se livrou dos incontáveis distúrbios que a afetavam antes. Em seguida viajou, mas ainda precisou de um bom tempo antes de recuperar inteiramente seu equilíbrio mental. Desde então, gozou de plena saúde*" (p. 30).

PÓS-FREUDIANOS

Como Anna O. completou sua cura?

Breuer concluiu seu relato com uma nota mais otimista, declarando que a paciente ainda precisou de um bom tempo antes de recuperar inteiramente seu equilíbrio mental, mas que, desde então, "*gozou de plena saúde*" (p. 30), o que não é bem verdade, segundo pesquisas recentes. Freud, por sua vez, deu várias versões sobre o fim da análise de Anna O. Muito tempo depois, ele declarou que a cura fora interrompida porque Breuer não suportou a transferência amorosa de sua paciente e fugiu, conforme escreveu mais tarde: "*Apavorado, como qualquer médico não-psicanalista teria ficado em um caso como esse, ele fugiu, abandonando sua paciente a um colega*" [carta a Stefan Zweig de 2 de junho de 1932]. Em sua biografia de Freud, Jones (1953-1957) retoma uma dessas versões: no último dia do tratamento, segundo ele, Breuer teria sido chamado à cabeceira de Anna O. onde a encontrou em plena crise histérica, simulando o parto de uma criança que dizia ter tido com ele. Breuer teria fugido e viajado no dia seguinte com sua esposa para Veneza, onde conceberiam uma filha. Pesquisas históricas posteriores estabeleceram que, na realidade, a versão amplamente difundida por Jones foi uma construção posterior por parte de Freud e que não corresponde aos fatos. Assim, Hirschmüller (1978) mostrou que Breuer continuou tratando de sua paciente depois de concluir a cura catártica. O que houve, de fato, foi que certas manifestações da doença de Anna O. persistiram; além disso, ela sofria de dores nevrálgicas do nervo trigêmeo que foram tratadas à base de morfina, o que causou uma dependência. Em julho de 1882, ele

Continua

> **PÓS-FREUDIANOS • *Continuação***
>
> encaminhou a paciente a Ludwig Binswanger, diretor do sanatório de Kreuzlingen, para que prosseguisse o tratamento, e de lá ela saiu curada em outubro do mesmo ano. Depois, Anna O. foi viver em Viena, onde ainda foi tratada algumas vezes, e mais tarde mudou-se para Frankfurt. Na Alemanha, teve uma vida muito ativa como escritora e dedicou-se a obras sociais. À luz desses novos dados, R. Britton (2003) lançou uma série de hipóteses convincentes sobre a natureza do conflito histérico partindo do reexame desse primeiro caso.
> Alguns detratores da psicanálise se apoiaram no fato de os pacientes descritos em *Estudos sobre a histeria* não terem se livrado completamente de seus sintomas para contestar sua validade, acusando Freud e Breuer de mistificação e Anna O. de simulação. É verdade que, em seu entusiasmo, Breuer e Freud florearam um pouco o relato de seus casos clínicos, pois sua publicação destinava-se em parte a demonstrar que suas pesquisas eram anteriores às de Janet. Mas, para isso, não era preciso tapar o sol com a peneira, pois qualquer que tenha sido o resultado relativo dessa cura, o tratamento de Anna O. permanecerá nos anais como o primeiro êxito do método chamado de catártico e que deu a Freud o primeiro impulso em direção à descoberta da psicanálise.

"Sra. Emmy von N." (Freud): Freud utiliza o método catártico pela primeira vez

Do mesmo modo que se situou a descoberta do método catártico na cura de Anna O. por Breuer, situou-se na cura de Emmy von N. por Freud o abandono da hipnose em favor do método de associação livre. Essa mulher de 41 anos – cujo verdadeiro nome era Fanny Moser – era viúva de um rico industrial com quem teve duas filhas e sofria de graves fobias de animais. Ao longo dessa cura, que começou no dia 1º de maio de 1889 e levou seis semanas, Freud fez entrevistas com finalidade catártica, acompanhadas de massagens e de sessões de hipnose para estimular a rememoração. Mas ele percebeu, nas entrevistas, que bastava que a paciente falasse espontaneamente para trazer à tona as lembranças significativas e para que o efeito catártico viesse do simples fato de ela se descarregar espontaneamente por meio da palavra: "*É como se ela tivesse se apropriado do meu procedimento*", escreve Freud. "*Ela parece utilizar essa conversa aparentemente interrompida como complemento da hipnose*" (p. 42). Alguns dias depois, irritada com as perguntas de Freud, a paciente lhe pediu que não a interrogasse sem parar e "*que a deixasse contar o que ela tinha a dizer*" (p. 48). Freud concordou e acabou constatando que conseguia a rememoração desejada mesmo sem a hipnose que, no entanto, continuava a utilizar com essa paciente. Ela própria insistia com Freud para que não a tocasse quando às vezes era tomada de terror diante de suas lembranças: "*Fique tranqüilo!*", dizia ela. "*Não fale nada!... não toque em mim!*", e depois se acalmava. Freud concluiu que, no caso de Emmy von N., não se tratava de uma histeria de conversão, mas de sintomas psíquicos histéricos com angústias, depressão e fobias. Quanto à origem dessa histeria, Freud considerou que a repressão do elemento sexual teve um papel determinante, pois ela era "*mais capaz do que outras causas de traumatismos*" (p. 80).

"Miss Lucy R." (Freud): Freud abandona progressivamente a hipnose pela sugestão

Em dezembro de 1892, Freud tratou por nove semanas de uma jovem governanta inglesa que sofria de uma perda de odor e de alucinações olfativas e que era perseguida por cheiro de queimado e por distúrbios considerados sintomas histéricos. Depois de ter tentado em vão utilizar a hipnose com ela, Freud desistiu e passou a aplicar o chamado método de "*associação livre*", ajudando às vezes com uma leve pressão na testa da paciente com a mão quando as lembranças demoravam a surgir: "*e apoiava a mão na testa da paciente ou segurava sua cabeça com as duas mãos dizendo: 'Você se lembrará sob a pressão das minhas mãos. No momento em que a pressão parar, você verá alguma coisa à sua frente ou passará uma idéia por sua cabeça que é preciso captar, é ela que vamos perseguir. E então, você viu ou pensou?"* (p. 86). Esse tratamento confirmou a hipótese de que a lembrança de um incidente esquecido, mas fielmente conservado na memória, está na origem do efeito patogênico dos sintomas histéricos. Trata-se de um conflito psíquico, quase sempre de natureza sexual, cujo efeito patogênico se deve a que uma idéia incompatível é *"reprimida do consciente e exclui a elaboração associativa"* (p. 91). Nesse caso, os sintomas foram eliminados no momento em que Freud descobriu que Miss Lucy R. se apaixonara secretamente por seu patrão e em que ela admitiu ter reprimido esse amor porque não tinha esperança.

"Katharina" (Freud): Relato de uma breve terapia psicanalítica

Nesse relato, Freud faz uma demonstração curta e brilhante sobre o papel dos traumatismos sexuais na origem dos sintomas histéricos. Esse tratamento desenvolve-se em forma de uma entrevista de algumas horas entre Freud e essa moça de 18 anos, a quem ele concedeu uma consulta improvisada durante um passeio em suas férias na montanha, em agosto de 1893. Katharina era filha da dona da estalagem e, sabendo que Freud era médico, perguntou-lhe se poderia ajudá-la a resolver sintomas de sufocação acompanhados da visão de um rosto assustador. Em seus diálogos, reproduzidos fielmente por Freud, Katharina lembrou que seus sintomas tinham começado dois anos antes, quando presenciou uma relação sexual entre seu "tio" e sua prima Franziska, o que a deixara profundamente chocada. Essa lembrança recordou a Katharina que esse "tio" já tentara seduzi-la várias vezes, quando ela tinha 14 anos. Freud observa que, após o relato dos fatos, a moça se sente aliviada, pois, segundo suas palavras, a histeria foi *"em grande medida ab-reagida"* (p. 104). Freud viu nisso a confirmação de sua tese: *"A angústia que Katharina sente nesse acesso é uma angústia histérica, isto é, a repetição da angústia que surge em cada traumatismo sexual"* (p. 106). Em uma nota acrescentada em 1924, Freud revela que não se tratava do *"tio"* da menina, mas de seu próprio pai (p. 106, n. 1).

"Srta. Elisabeth von R." (Freud): Primeira análise completa de um caso de histeria

O quarto caso descrito por Freud é o de uma moça de origem húngara, de 24 anos, Elisabeth von R. – cujo verdadeiro nome era Ilona Weiss –, que ele tratou do outono de 1892 a julho de 1893. A moça sofria há dois anos de dores violentas nas pernas e de distúrbios inexplicáveis da marcha, distúrbios que tinham aparecido pela primeira vez quando ela cuidava de seu pai doente. Pouco antes da morte de seu pai, sua irmã ficou doente e também morreu, e essas duas perdas tiveram um papel determinante na causa da sintomatologia. O tratamento se desenvolveu em três fases, segundo Freud. A primeira fase foi dominada pela impossibilidade de estabelecer com essa paciente uma relação entre seus sintomas e a causa desencadeante. Ela se mostrou refratária à hipnose e Freud se contentou em mantê-la deitada, com os olhos fechados, mas com os movimentos livres. A despeito das tentativas de Freud, não se produzia o efeito terapêutico esperado. Então ele recorreu ao procedimento por pressão da mão sobre a cabeça, pedindo-lhe que falasse o que lhe viesse à mente. O primeiro pensamento de Elisabeth von R. foi a lembrança de um rapaz por quem se apaixonou quando seu pai estava doente. Devido à gravidade do estado de seu pai, ela renunciara definitivamente a esse amor. Ela se lembrou também que no momento em que apareceu o conflito interno, surgiu a dor nas pernas – mecanismo característico da conversão histérica, segundo Freud. O despertar desse fracasso amoroso levou a que a própria paciente descobrisse o motivo de sua primeira conversão: *"A doente surpreendeu-me primeiro ao dizer que agora sabia por que razão as dores partiam sempre de um determinado ponto da coxa direita e eram sempre mais violentas ali. Era justamente o lugar onde todas as manhãs seu pai repousava sua perna muito inchada quando ela tro-*

cava o curativo" (p. 117). Após esse período de *"ab-reação"*, o estado da paciente melhorou. Freud ganhou confiança em seu procedimento de pressão sobre a cabeça para provocar o aparecimento de imagens e de idéias, e não hesitava mais em insistir com a paciente quando ela afirmava não ter pensado em nada, sob o efeito das resistências: *"Durante esse trabalho penoso, aprendi a atribuir uma grande importância à resistência que a doente mostrava ao evocar suas lembranças (...)"* (p. 122).

Apenas na terceira fase dessa cura foi possível chegar à eliminação completa dos sintomas. Foi em decorrência de um episódio fortuito que Freud conseguiu descobrir o *"segredo"* que estava na origem das dores: durante uma sessão, a paciente pediu a Freud para sair porque tinha ouvido seu cunhado chamando-a do lado de fora. Ao voltar, após essa interrupção, sentiu novamente dores violentas nas pernas, e Freud decidiu ir até o fim desse enigma. A chegada do cunhado fez com que a paciente lembrasse que suas dores remontavam à morte de sua irmã, e que um pensamento inconfessável lhe atravessara o espírito ao entrar no quarto onde jazia a morta: a idéia de que a morte de sua irmã deixava seu cunhado livre, e que agora poderia casar com ele! Mas o amor por seu cunhado se chocava com sua consciência moral, e por isso ela tinha *"reprimido"* fora de sua consciência essa idéia intolerável. E assim se produziu o mecanismo de conversão: *"ela tinha produzido dores por uma conversão bem-sucedida do psíquico em somático"* (p. 124). O efeito dessa tomada de consciência teve como resultado a cura definitiva, o que Freud pôde confirmar um ano depois ao vê-la dançando em um baile. O êxito desse tratamento não impediu que ela fosse terrivelmente agressiva com Freud por ter revelado seu segredo.

CONSIDERAÇÕES TEÓRICAS (BREUER)

Em um capítulo teórico, Breuer desenvolve algumas hipóteses esboçadas na "Comunicação preliminar". Sua contribuição refere-se essencialmente ao "estado hipnóide" e à dissociação do psiquismo como resultado da presença de representações inconscientes que não podem se tornar conscientes e que por isso adquirem um caráter patogênico. Ele assinala que os distúrbios histéricos sobrevêm em personalidades que apresentam uma excitabilidade particular e uma tendência à auto-hipnose – que ele chama de *"hipnoidia"* –, o que facilita a sugestão. Ele mostra também que esses pacientes têm uma predisposição a rejeitar o que é sexual, particularmente no caso de conversão histérica: *"a maior parte das representações assim repelidas e convertidas têm um conteúdo sexual"* (p. 199). Mas, enquanto Breuer se contentava em aplicar o método catártico que havia descoberto sem tentar melhorá-lo, Freud descreve no último capítulo a maneira como o desenvolveu, o que confere ao capítulo de Breuer um interesse mais histórico do que teórico.

A PSICOTERAPIA DA HISTERIA (FREUD)

Da hipnose à associação livre

A partir de sua experiência clínica, Freud mostra que foi levado a modificar pouco a pouco a técnica catártica para chegar a uma abordagem terapêutica original, diferente da de Breuer, e examina as vantagens e os inconvenientes desta. Assim, na leitura desse capítulo fundamental, vemos esboçar-se sob a pena de Freud os contornos cada vez mais precisos do que será o método psicanalítico, com seus princípios constitutivos já delineados: nesse texto de 1895 encontram-se as novas noções de inconsciente, resistências, defesas, transferências e muitas outras.

Freud começa por recordar que foram as dificuldades e os limites encontrados na aplicação do método catártico que o incitaram a buscar meios mais eficazes para trazer à tona as lembranças patogênicas e a explorar novas técnicas que logo substituirão a anterior. De fato, tal como era aplicado, o tratamento catártico levava muito tempo e exigia total confiança no médico por parte do paciente para que a hipnose tivesse êxito. Porém, nem todos os pacientes tinham o mesmo grau de confiança. Ao invés de desanimar, Freud superou esse obstáculo encontrando um meio de permitir ao paciente recuperar suas lembranças patogênicas sem a hipnose. Essa foi uma de suas tiradas geniais. Ela notara que, deitando o paciente e lhe pedindo que fechasse os olhos e se concentrasse, e insistindo repetidamente, conseguia que surgissem novas lembranças. Mas, dado que esse procedimento ainda exigia muitos esforços e os resultados demoravam a aparecer, Freud pensou que isso talvez fosse sinal de uma *"resistência"* vinda do paciente. Cabia ao médico superar esses novos obstáculos que travavam a emergência dessas representações.

Foi assim que Freud descobriu o papel desempenhado pelas *resistências* e *defesas*, mecanismos psíquicos que impediam que as representações patogênicas chegassem ao *"ego"* (p. 217). Parecia-lhe que seu objetivo era *"rejeitar para fora do consciente e da lembrança"* as idéias inconciliáveis, sob a ação de uma força que chamou de censura: *"Tratava-se, portanto, de uma força psíquica, de uma aversão do ego, que provocara primitivamente a rejeição da idéia patogênica para fora das associações e que se opunha ao retorno desta na lembrança"* (p. 217). Segundo Freud, a representação patogênica sofreria uma rejeição no psiquismo que associou à *"repressão"* (p. 217). Mas se a emoção não eliminada ultrapassa os limites do que o paciente pode tolerar, a energia psíquica se *converteu* em energia somática e dá lugar a um *sintoma* histérico, conforme um mecanismo de *conversão*.

Freud fundamentara sua abordagem na insistência repetida com seus pacientes para que superassem suas resistências. Complementou-a acrescentando a isso o gesto técnico de uma pressão sobre sua testa com o objetivo de facilitar a emergência de lembranças patogênicas. Contudo, quando descobriu logo depois o método da associação livre, renunciou também ao gesto técnico. A descoberta da associação livre se deu progressivamente entre 1892 e 1898, e não temos como datá-la, mas Freud já faz menção a ela no caso de Emmy Von N., em que foi levado a dar lugar pouco a pouco à expressão espontânea de sua paciente.

Os *Estudos sobre a histeria* – particularmente as contribuições de Freud – são abundantes em comentários clínicos, técnicos e teóricos que abrem caminhos novos e constituem as bases sobre as quais se edificará depois a psicanálise. Entre os conceitos inéditos introduzidos aqui, três noções merecem um exame mais detido: a sexualidade, o simbolismo e a transferência.

O papel desempenhado pela sexualidade

Embora Freud tenha constatado desde muito cedo que os traumatismos de ordem sexual sobrevinham regularmente no relato das circunstâncias de aparição dos primeiros sintomas histéricos, de início ele se mostrou cético quanto a identificar ali uma relação de causa e efeito: *"Recém-saído da Escola de Charcot, eu enrubescia em face da conexão entre a histeria e o tema da sexualidade, que é mais ou menos o que ocorre com os pacientes em geral"* (p. 208-209). Mas, por força de verificar a presença reiterada de traumatismos de ordem sexual nos relatos de seus pacientes, ele se rendeu à evidência de que o fator sexual desempenhava um papel decisivo como ponto de partida de sua sintomatologia. Mais tarde, percebeu que esse fator não estava relacionado apenas à histeria, mas às neuropsicoses em geral. Por isso, chamou-as de *"neuroses sexuais"*.

Nos *Estudos sobre a histeria*, Freud fala relativamente pouco sobre isso; porém, expõe esse ponto de vista revolucionário em diversos artigos da mesma época, em que reafirma que nos casos de neurose e, em particular, na histeria, o traumatismo originário está sempre ligado a experiências sexuais realmente vividas na primeira infância, anteriores à puberdade. Essas experiências, que podem ir das simples investidas aos atos sexuais mais ou menos caracterizados, nas palavras de Freud, *"devem ser qualificadas como abusos sexuais no sentido estrito do termo"* (1897b, p. 209). Com a noção de um traumatismo sexual *real* ocorrido na infância precoce, Freud lançou uma hipótese que assumiu durante um curto período, entre 1895 e 1897. Note-se que, ao falar de traumatismo sexual real, Freud não fazia nenhuma referência à sexualidade infantil, isto é, ao fato de que a criança tem pulsões sexuais, como assinala R. Wollheim (1971, p. 39). Mas as novas observações clínicas fizeram com que Freud modificasse rapidamente seu ponto de vista. A partir dessa época, passou a duvidar da realidade da cena sexual relatada: será que ela não tinha sido imaginada, e não realmente vivida? Desde então, passou a considerar que o fator traumático determinante depende mais da *fantasia* e da *pulsão* do que da *realidade* da cena sexual. Voltaremos a essa questão mais adiante.

Símbolos e sintomas histéricos

Freud observou igualmente que havia um determinismo simbólico na forma assumida pelos sintomas, cuja conversão via mecanismo da simbolização constituía a expressão mais marcante. Ele dá vários exemplos dessa *"determinação pelo simbolismo"*, como o da dor de cabeça lancinante que uma paciente sentia, entre os dois olhos, e que desapareceu quando ela se lembrou do olhar tão *"penetrante"* de sua avó, cujo olhar, segundo ele *"se infiltrara profundamente em seu cérebro"* (p. 144). Ele afirma com muita pertinência que se trata *"em geral de jogos de palavras ridículos, de associações por consonância, que ligam o afeto e o reflexo entre si"* (p. 166). Finalmente, ele evoca a possibilidade de que a histérica devolva *"seu sentido verbal primitivo"* às suas sensações e às suas enervações, pois *"parece que tudo isso teve outrora um sentido literal"* (p. 145). Porém, nesse momento, ele não irá muito mais longe nas investigações da noção de *"símbolo mnésico"*, que retomará mais tarde.

Esboço da noção de transferência

Finalmente, descobre-se com surpresa que, desde seus primeiros escritos sobre a histeria, Freud havia descrito o fenômeno da transferência já utilizando esse termo. No início, refere-se a ele de forma indireta, da perspectiva da necessidade de estabelecer uma relação de confiança. Assim, quando descreve o procedimento catártico, assinala que o êxito da hipnose requer o máximo de confiança do paciente em relação ao médico e inclusive uma *"adesão total"* (p. 213). Posteriormente, quando aborda a maneira de eliminar as resistências, Freud chama a atenção para o papel essencial desempenhado pela personalidade do médico, pois *"em inúmeros casos, só ela será capaz de suprimir a resistência"* (p. 229).

Freud menciona de forma explícita a noção de transferência quando se aprofunda nos motivos de resistência do paciente, em particular nos casos em que o procedimento por pressão não funciona. Ele vê essencialmente dois obstáculos à tomada de consciência das resistências: em primeiro lugar, uma objeção pessoal em relação ao médico, fácil de resolver; em segundo lugar, o temor de se ligar demais a ele, obstáculo mais difícil de superar. Ele acrescenta depois um terceiro obstáculo à conscientização das resistências que surgem *"quando o doente teme reportar à pessoa do médico as representações penosas que emergem do conteúdo da análise. Esse é um fato constante em certas análises. A transferência ao médico se realiza por uma falsa associação"* (p. 245). Freud relata o breve exemplo de uma paciente que desejava ser abraçada e beijada por um homem de seu círculo. No final de sessão, ela foi tomada pelo mesmo desejo de ser abraçada e beijada por Freud, o que a deixou assustada. Quando Freud foi informado por ela da natureza dessa resistência, esta foi superada e o trabalho pôde prosseguir. Ele qualifica esse fenômeno de *desajuste* ou de *falsa relação*: *"Desde que soube disso, toda vez que minha pessoa é envolvida dessa maneira, consigo postular a existência de uma transferência e de uma falsa relação. O que é curioso*, acrescenta ele, *é que nesse caso os doentes estão sempre enganados"* (p. 245-246).

PÓS-FREUDIANOS

"A histeria cem anos depois"

Como os psicanalistas vêem a histeria atualmente? Ela desapareceu? Ainda sabemos como diagnosticá-la hoje? Essas perguntas foram feitas por E. Nersessian (New York) aos participantes de uma mesa redonda intitulada "A histeria cem anos depois" durante o Congresso Internacional de Psicanálise realizado em San Francisco, em 1995. Segundo o relato de J.-M. Tous (1996), os debates deram uma idéia geral das principais posições contemporâneas, que resumimos brevemente aqui.

Hoje, a maioria dos psicanalistas concorda em que a histeria repousa em um amplo leque de patologias que vai da neurose à psicose, passando pelos estados *borderline* e narcisísticos graves. Contudo, do ponto de vista da abordagem terapêutica, há duas tendências principais que se destacam, uma representada por psicanalistas franceses e outra por psicanalistas ligados à escola inglesa.

Para Janine Chasseguet-Smirgel (Paris), é essencial que o psicanalista não perca de vista a dimensão sexual da histeria e que não se limite a pensar que ela se fundamenta unicamente em uma patologia arcaica pré-genital. Evidentemente, a autora reconhece que o psicanalista muitas vezes se confunde diante da profusão de fenômenos clínicos que enfrenta com esse tipo de pacientes que evocam uma grande variedade de patologias primitivas. Mas, segundo ela, não se trata de minimizar o papel que tem a interpretação dos conflitos edipianos e da culpabilidade em face dos ataques destrutivos em relação à mãe. Quando se focaliza a atenção apenas nos aspectos arcaicos, há um risco muito grande de diluir a histeria como entidade clínica estreitamente ligada à identidade sexual e no nível edipiano. J. Chasseguet-Smirgel diz ainda que não é a única a manifestar esse tipo de preocupação, pois outros psicanalistas da escola francesa, como A. Green e J. Laplanche, manifestam o mesmo temor. Entretanto, ela considera que a histeria pertence ao "reino das mães", na medida em que o útero e a gravidez estão altamente implicados, seja na fantasia ou na realidade. Por essa razão, ela insiste no fator biológico na histeria: ele não deve ser subestimado, pois se trata de uma patologia psíquica que tem como cenário o corpo. Ao reafirmar o papel desempenhado pela dimensão corporal, J. Chasseguet-Smirgel se demarca de outros psicanalistas, que privilegiam a linguagem em detrimento do corpo.

Eric Brenman (Londres), representante da escola inglesa, expõe uma posição teórica e clínica muito diferente. Ele sustenta a idéia de que, já em suas primeiras relações de objeto, a criança pequena cria defesas contra as angústias que determinarão a maneira como irá geri-las na idade adulta. Sem dúvida, E. Brenman reconhece que a sexualidade desempenha um papel capital na histeria, mas, para ele, o que predomina em um paciente histérico é a luta incessante que trava contra angústias primitivas. Ele descreve como esses pacientes agem na transferência para a realidade psíquica do psicanalista e como procedem em face das angústias arcaicas, que são sentidas como angústias catastróficas e como perigos inexistentes. Geralmente, observam-se neles clivagens determinantes de estados psíquicos que decompõem todos os níveis de sua vida psíquica. Por exemplo, os pacientes histéricos procuram relações com objetos ideais, mas se decepcionam tão logo entram em contato com eles e, por isso, transitam permanentemente de um extremo a outro. Para E. Brenman, a histeria se deve, antes de tudo, a distúrbios psicóticos graves. Contudo, em cem anos, a psicanálise evoluiu na capacidade de conter as angústias psicóticas e de elaborá-las, de modo que hoje esses pacientes dispõem de melhores meios para superar suas angústias e enfrentar as vicissitudes da existência.

"O rubi tem horror do vermelho"

Esse é o título de um artigo em que Jacqueline Schaeffer (1986) descreve a relação que o histérico mantém com a sexualidade. A metáfora que utiliza é inspirada na definição que o mineralogista dá do rubi: "*O rubi é uma pedra que tem horror do vermelho. Ele absorve todas as outras cores do prisma e guarda-as para ele. Rejeita o vermelho, e é o que nos permite ver*" (p. 925). Do mesmo modo que o rubi, a histeria "cintila", diz J. Schaeffer: "*Haverá uma melhor ilustração do que o histérico nos permite ver: seu horror pelo vermelho, pela sexualidade, pela exibição de seu traumatismo? (...) Subterfúgio do ego que consiste em pôr adiante, em mostrar o que é mais ameaçador e mais ameaçado, o que é estranho, detestado, o que faz mal, e agredir com o que agride. Será que existe então, como para o rubi, algo precioso a guardar tão bem escondido?*" (p. 925).

CRONOLOGIA DOS CONCEITOS FREUDIANOS

Ab-reação – censura – conversão – defesa – fantasia – inconsciente – associação livre – método catártico – repressão – resistência – traumatismo sexual real

CARTAS A WILHELM FLIESS
S. FREUD (1950a [1887-1902] e 1985c [1887-1904])

Um testemunho das primeiras pesquisas e da auto-análise

As cartas que Freud escreveu a seu amigo W. Fliess durante 15 anos, entre 1887 e 1904, constituem uma valiosa fonte de informação: não apenas aprendemos muito sobre sua vida privada e profissional no dia-a-dia, como também assistimos à evolução de seu pensamento ao longo desse período particularmente fecundo e ao desenvolvimento de auto-análise. Dessa abundante correspondência, restam apenas as cartas de Freud, adquiridas por Marie Bonaparte em 1936 de um antiquário vienense. Em 1950, ela editou com Anna Freud e Ernest Kris extratos cuidadosamente selecionados de 168 cartas de um total de 284, sob o título *O nascimento da psicanálise*, acompanhadas de um manuscrito inédito de "Projeto para uma psicologia científica", que Freud não queria publicar. A totalidade das cartas só foi publicada em 1986, depois da morte de Anna Freud, quando venceu o prazo de confidencialidade.

● BIOGRAFIAS E HISTÓRIA

A amizade apaixonada entre Freud e Fliess

Freud conheceu Wilhelm Fliess em 1887, graças a Breuer. Fliess era médico otorrinolaringologista estabelecido em Berlim, defensor de teorias biológicas e matemáticas audaciosas e muito confiante em suas hipóteses. Nessa época, Freud era mantido à margem do meio médico vienense em razão de suas teorias sobre a etiologia sexual das neuroses, e acabou encontrando em Fliess um interlocutor privilegiado e estimulante. A amizade com Breuer foi pouco a pouco substituída pela amizade com Fliess, que se tornou durante muitos anos o confidente mais íntimo de Freud. Além de trocarem cartas, os dois amigos se encontravam eventualmente em "congressos", em que confrontavam suas hipóteses e elaboravam suas teorias. Freud fez assim de seu "queridíssimo Wilhelm" o testemunho ativo de suas descobertas e de suas contribuições científicas no momento entre a preparação de *Estudos sobre a histeria* até a publicação de *A interpretação dos sonhos*, em 1900. Na verdade, o encanto começou a se desfazer em 1897, Freud desidealizou progressivamente seu amigo, tornou-se menos dependente dessa relação intensa e reconheceu mais tarde o lado homossexual dessa amizade. No desenvolvimento de sua auto-análise, Freud descobrira paralelamente seu ódio pelo pai e seu ódio dissimulado por Fliess. Os dois amigos se desentenderam em um último "congresso", em 1900, Freud criticando a teoria da periodicidade de Fliess, e este acusando Freud de ler em seus doentes seus próprios pensamentos. A relação se deteriorou, as trocas de cartas se tornaram mais raras, até que ocorreu a ruptura definitiva em 1906. Depois disso, Freud destruiu todas as cartas de Fliess, tenha reconhecido posteriormente que devia a ele suas idéias sobre a bissexualidade.

DESCOBERTA DA OBRA

As páginas indicadas remetem ao texto publicado em S. Freud (1950a [1887-1902]), *La naissance de la psychanalyse, Lettres à Fliess, Notes et Plans (1887-1902)*, trad. A. Berman, Paris, PUF, 1956.

A leitura das cartas de Freud a Fliess, à primeira vista, tem um interesse limitado, mas para um leitor já familiarizado com as concepções freudianas, elas são uma fonte apaixonante de informações. Encontram-se ali, em estado nascente, as questões que Freud se coloca a propósito não apenas da histeria, mas também das neuropsicoses, da paranóia e da depressão (que ele chama de melancolia). Seguindo passo a passo o relato de suas preocupações cotidianas, de seus comentários sobre seus pacientes em tratamento ou de seus problemas familiares, surpreendemo-nos ao descobrir uma de suas intuições decisivas quando, por exemplo, ele menciona pela primeira vez a existência do complexo de Édipo. Deixarei que o leitor descubra essa correspondência, mas vou me deter em três momentos decisivos: o momento em que Freud descobre o papel das fantasias de sedução, aquele em que tem a intuição do complexo de Édipo durante sua auto-análise, e aquele em que renuncia a construir uma teoria que desse uma base "científica" à psicanálise.

Sedução real e fantasias de sedução

Como vimos no capítulo anterior, Freud atribuiu a origem da histeria a uma sedução realmente sofrida por parte de uma pessoa adulta do seu círculo ouvindo seus pacientes relatarem a lembrança de cenas reais de sedução ocorridas durante sua infância no momento em que apareceram os primeiros sintomas histéricos. Essa hipótese – chamada de "teoria da sedução" – foi elaborada em 1893 e assumida por ele até 1897. Nesse período, Freud ampliou sua hipótese, não mais limitando-a apenas à histeria, mas fazendo dela a causa das neuropsicoses em geral. Em sua mente, no entanto, essa teoria não se destinava simplesmente a estabelecer uma relação de causa e efeito entre a sedução real e os sintomas, e sim a explicar o mecanismo da repressão, como assinalam com muita propriedade J. Laplanche e J.-B. Pontalis (1967). É por essa razão que Freud passa a idéia de que esse processo se produz em dois momentos, separados pela puberdade: em um primeiro momento, a pessoa é incapaz de sentir uma emoção sexual, visto que ainda não atingiu a maturidade sexual suficiente, de modo que a cena não é reprimida; em um segundo momento, que Freud situa após a puberdade, um novo acontecimento vem despertar a lembrança antiga, o que causa então um impacto traumático muito mais importante que o incidente inicial, devido à maturidade sexual recém-adquirida; é então que a lembrança sofre a repressão em um *a posteriori*, noção que terá um lugar central na psicanálise.

Contudo, no decorrer de suas investigações clínicas, Freud começou a duvidar da veracidade das cenas de sedução que seus pacientes lhe relatavam, conforme revelou ao seu amigo Wilhelm em sua célebre carta datada de 21 de setembro de 1897: *"Preciso confiar-lhe imediatamente o grande segredo que, nestes últimos meses, foi se revelando aos poucos. Não acredito mais em minha neurótica"* (p. 190). Freud apresenta vários argumentos em apoio a essa mudança. Primeiro, ele duvida que atos perversos contra crianças sejam tão freqüentes assim; depois, postula explicitamente que, mais do que a vivência real, é a fantasia da sedução que desempenha o papel determinante: *"Há sempre uma solução possível, que é dada pelo fato de que a fantasia sexual gira sempre em torno do tema dos pais"* (p. 191); finalmente, ele chega à conclusão de que é difícil separar a realidade e a fantasia: *"(...) não existe no inconsciente um 'indicador de realidade', de modo que é impossível distinguir entre a verdade e a ficção investida de afeto"* (p. 191).

O papel da sexualidade infantil

Como Freud chegou a atribuir às fantasias um papel mais determinante que à realidade, a ponto de renunciar em grande parte às suas hipóteses iniciais? Foi ouvindo os relatos de lembranças e dos sonhos de seus pacientes e analisando os seus que Freud descobriu que as crianças também têm emoções, sensações e pensamentos de conteúdos sexuais, e que em geral é difícil para elas distinguir entre realidade e fantasia: *"Assim, por trás dessas fantasias, a vida sexual da criança revelou-se em toda sua amplitude"* (Freud, 1914d, p. 275). Ao contrário do que se pensava até então, esse domínio não era reservado apenas aos adolescentes e adultos. Mas, embora a descoberta da importância da sexualidade infantil na etiologia das neuroses o tenha levado a abandonar sua teoria inicial, é preciso esclarecer que ele continuou afirmando durante toda sua vida que cenas de sedução realmente vividas pelas crianças tinham um papel patogênico, e que a neurose que resultava disso não podia ser atribuída exclusivamente a fantasias. Ainda hoje, a questão está longe de ser resolvida, pois, em muitos casos, é difícil estabelecer a parte do real e da imaginação tanto para o próprio paciente como para o psicanalista.

O que se entende por "sexualidade infantil"? É preciso esclarecer desde já essa noção, pois geralmente ela é malcompreendida. O que os psicanalistas entendem por sexualidade infantil não inclui apenas as atividades eróticas mais diversas que se podem observar nas crianças pequenas, assim como os pensamentos e os desejos que elas expressam na mais tenra idade; o que se entende por sexualidade infantil designa igualmente o conjunto do processo de transformações psíquicas e corporais que se desenvolvem até a puberdade e a adolescência. Esse processo começa com as primeiras emoções sensuais sentidas pelo recém-nascido que suga o seio de sua mãe durante a amamentação e continua se organizando etapa por etapa até atingir a maturidade genital que caracteriza a idade adulta, assim como a personalidade do homem ou da mulher. É o conjunto desse processo durante o qual a sexualidade desempenha um papel organizador determinante que chamamos de sexualidade infantil, entendendo-se a noção de sexualidade em um sentido mais amplo. Alguns anos mais tarde, Freud fará uma síntese das reflexões já esboçadas na correspondência com seu amigo Fliess em *Três ensaios sobre a teoria da sexualidade* (1905d).

A auto-análise e a descoberta do complexo de Édipo

Pouco depois da morte de seu pai, ocorrida em 1896, Freud empreendeu sua própria psicanálise, durante um período que se situa aproximadamente entre 1896 e 1899. Sua *"auto-análise"* – como ele a qualifica em suas cartas a Fliess – fundamenta-se essencialmente na análise de seus próprios sonhos, e foram eles que o levaram a perceber não apenas o papel dos sonhos na vida psíquica como também a importância que teve a sexualidade em sua própria infância. *"Descobri igualmente que, mais tarde (entre 2 anos e 2 anos e meio), minha libido tinha despertado e se voltara à **matrem**, por ocasião de uma viagem de Leipzig a Viena que fiz com ela e durante a qual dormi em seu quarto e, com certeza, pude vê-la inteiramente nua"* (p. 194). Diz ainda, na mesma carta: *"Tudo me leva a crer também que o nascimento de um irmão um ano mais novo do que eu suscitara em mim desejos cruéis e uma verdadeira inveja infantil, e que sua morte (ocorrida alguns meses depois) deixara o germe do remorso"* (p. 194).

Uma semana depois, ele evoca pela primeira vez em sua auto-análise, aquilo que designará, mais de 10 anos depois, pelo nome de *"complexo de Édipo"* (1910h, p. 52): *"No momento, minha auto-análise é realmente o que há de mais essencial e promete ser da maior importância para mim, se eu conseguir concluí-la. (...) Encontrei em mim, assim como por toda parte, sentimentos de amor em relação à minha mãe e de inveja em relação a meu pai, sentimentos que acredito que sejam comuns a todas as crianças pequenas (...) Se isso é verdade, compreende-se, a despeito de todas as objeções racionais que se opõem à hipótese de uma fatalidade inexorável, o efeito impressionante de **Édipo Rei**"* (p. 198). Nessa carta, Freud se refere unicamente à forma direta do complexo de Édipo tal como se manifesta no menino, desejoso de usurpar o lugar do pai junto à mãe. Em seguida, ele descreverá igualmente o complexo de Édipo direto na menina – desejosa de tomar o lugar da mãe junto ao pai – e, mais tarde ainda, a forma inversa do complexo de Édipo tanto no menino como na menina. A descoberta de que existe simultaneamente, em um mesmo indivíduo, um complexo de Édipo direto, responsável pela identificação com o progenitor do mesmo sexo, e um complexo de Édipo inverso, responsável pela identificação com o progenitor do sexo oposto, permitirá a Freud, em *O ego e o id* (1923b), aplicar ao plano da fantasia a noção de bissexualidade psíquica que tomara emprestado de Fliess. Foi este último, de fato, que atraiu a atenção de Freud para o papel desempenhado pela bissexualidade na identidade masculina e feminina, não apenas no nível anatômico e biológico, mas igualmente no nível psicológico

Embora a auto-análise tenha permitido a Freud transpor etapas decisivas no conhecimento de si e aprofundar suas pesquisas sobre o funcionamento do psiquismo humano, ele percebeu que esse tipo de introspecção se chocava com limites intrínsecos que não conseguia ultrapassar. Julgou que era indispensável que um futuro psicanalista recorresse em primeiro lugar à pessoa de um outro psicanalista para superar suas próprias resistências inconscientes e elaborar a transferência. Finalmente, Freud afirma que, após concluir a análise, todo psicanalista deveria prossegui-la mediante uma auto-análise ao longo de toda vida.

Manuscritos anexos

Várias das cartas de Freud são acompanhadas de um anexo denominado "Manuscrito", seguido de uma letra maiúscula. Nessas comunicações curtas, ele apresenta uma primeira abordagem teórica de temas que serão retomados posteriormente, às vezes muitas décadas depois. Por exemplo, o "Manuscrito E" (p. 80) é dedicado à origem da angústia. Freud atribui a angústia a uma acumulação de tensão sexual física que não é descarregada – é sua primeira teoria da angústia, mas ele já percebe um mecanismo que, no caso de tensão excessiva, faz intervir a incapacidade do psiquismo de *"ligar"* a angústia, como mostrará em 1926 em *Inibições, sintomas e ansiedade*. O "Manuscrito G" é dedicado à melancolia, e nele Freud sugere que o afeto de luto que acompanha uma perda de objeto pode ser atribuído a uma *"perda da libido"* (p. 92). Segundo ele, *"uma **aspiração**, poderíamos dizer, **realiza-se no psiquismo** (...)"* (p. 97), processo semelhante a uma *"hemorragia interna"*, mecanismo que ele aprofundará em 1917 em "Luto e melancolia". Já o "Manuscrito H" é dedicado a um estudo da projeção como defesa.

PÓS-FREUDIANOS

Polêmicas em torno da teoria freudiana da sedução

Em 1984, J.-M. Masson, que teve acesso aos Arquivos Freud e editou a íntegra das cartas a Fliess, publicou *The Assault on Truth: Freud's Suppression of the Seduction Theory*, uma obra polêmica sobre as supostas "verdadeiras" razões que teriam levado Freud a abandonar a teoria da sedução. Segundo Masson, o único objetivo visado por Freud ao abandonar a teoria da sedução real seria ocultar a verdade e inventar uma teoria da sedução fantasiada para proteger os pais de acusações legítimas por parte de suas filhas.

Um acerto de contas salutar

Em sua revisão crítica da obra provocadora de J.-M. Masson, C. Hanly (1986) não apenas demonstra que os argumentos do autor são tendenciosos, como também que Freud nunca abandonou completamente sua teoria da sedução; ele se referiu a ela até o final de sua vida, assinalando que geralmente era difícil separar a realidade e a fantasia.

Nessa revisão crítica, C. Hanly faz um acerto de contas que reflete a opinião compartilhada atualmente pela maioria dos psicanalistas: 1) uma fantasia infantil particularmente intensa pode ter um impacto sobre o desenvolvimento psíquico comparável ao de uma experiência real; 2) experiências reais podem ter pouco ou nenhum efeito no momento em que se produzem, em geral antes da puberdade, mas adquirem um poderoso efeito retroativo a partir da adolescência, em conseqüência do desenvolvimento sexual; 3) durante a análise, às vezes é difícil saber se uma reconstrução sugerida pelo material associativo e pela transferência corresponde a uma fantasia fortemente investida, ou se é uma experiência alucinatória infantil; 4) um analista pode muito bem acreditar que fragmentos de cenas, restos de sonhos, etc. correspondem a experiências reais, quando na verdade elas provêm de alucinações ou de defesas contra desejos infantis perigosos; 5) é possível que um paciente sujeito a desejos infantis onipotentes e a fantasias agressivas tenha vivido também experiências reais de sedução patogênica; 6) a tarefa da análise consiste em ajudar o paciente a estabelecer uma diferença entre o que é fantasia e o que é realidade do passado.

CRONOLOGIA DOS CONCEITOS FREUDIANOS

Angústia – auto-análise – bissexualidade – bissexualidade psíquica – fantasias de sedução – melancolia (depressão) – sedução real – teoria da sedução

"PROJETO PARA UMA PSICOLOGIA CIENTÍFICA"

S. FREUD (1950c [1895])

Uma tentativa de fundar a psicanálise em dados científicos mensuráveis

Entre as cartas que Freud enviou ao seu amigo W. Fliess, descobre-se esse manuscrito inédito que indica a intenção de Freud de *"introduzir a psicologia no âmbito das ciências naturais"* (1950a [1887-1902], p. 315), ambição que será uma de suas preocupações constantes. O "Projeto" não é um texto essencial, mas é interessante sob dois aspectos principais. Em primeiro lugar, o leitor descobre ali, ainda em forma de esboço, algumas intuições novas e fundamentais referentes ao funcionamento psíquico, hipóteses originais que darão lugar a importantes desenvolvimentos psicanalíticos posteriores. Em segundo lugar, a redação do "Projeto" demonstra aos olhos de Freud que o projeto de dar uma base científica à psicanálise levava a um impasse, razão pela qual ele nunca quis publicar esse texto. Mas esse manuscrito será primordial na evolução de suas idéias, pois, ao renunciar a prosseguir nesse caminho, Freud teve a genialidade de instalar a psicanálise em um campo que lhe é próprio.

DESCOBERTA DA OBRA

As páginas indicadas remetem ao texto publicado em S. Freud (1950a [1887-1902]), *La naissance de la psychanalyse, Lettres à Fliess, Notes et plans (1887-1902)*, trad. A. Berman, Paris, PUF, 1956.

Intuições geniais disseminadas em um texto inacabado

Em "Projeto para uma psicologia científica", Freud justapõe noções extraídas da neurofisiologia, como a dos neurônios – descobertos em 1892 – e de transmissão sináptica, a fatos de observação clínica tirados de sua experiência recente no tratamento da histeria, de onde deduz hipóteses originais. Isso explica o interesse particular desse manuscrito do ponto de vista da história do desenvolvimento das idéias em Freud. Sem dúvida, várias passagens desse texto que permaneceram inacabadas parecem obscuras ou anacrônicas, mas o leitor também tem o prazer de descobrir instituições fundamentais, que continuam atuais depois de cem anos.

Em busca de um modelo integrado de funcionamento psíquico

Ainda fortemente influenciado por sua formação de pesquisador, Freud toma como ponto de partida os conhecimentos neurofisiológicos de sua época sobre os neurônios e os influxos nervosos com a intenção de construir um modelo integrado de funcionamento psíquico fundamentado em dados mensuráveis. Assim, a concepção que ele propõe no "Projeto" é construída essencialmente com base na noção de quantidade de energia circulante entre as cadeias de neurônios, o que lhe permite transpor em termos energéticos fatos de observação psicológica acumulados até então. Por exemplo, Freud considera que, nos casos patológicos, as quantidades de energia física que circulam no organismo podem escolher vias de descarga diferentes, psíquica ou somática, em função do grau de resistência ou de facilitação existente nas redes. Essa hipótese permitiria explicar que a conversão histérica e os atos compulsivos obsessivos seriam o resultado da descarga no corpo de uma quantidade excessiva de excitação que se torna incontrolável.

Freud estabelece em seguida uma série de equivalências entre os fenômenos fisiológicos e psicológicos. Assim, no nível fisiológico, ele coloca como princípio fundamental da função dos neurônios o *"princípio de inércia"*: os neurônios tendem a liberar os excessos de energia, que se tornam então *"energia livre"*. Transposto ao nível do aparelho psíquico, o princípio de inércia evoca a noção de *"processo primário"*, processo psíquico caracterizado pelo escoamento livre e sem retenção da energia psíquica. Mas o aparelho psíquico não poderia funcionar unicamente com base no princípio da descarga, pois é preciso que ele tolere uma certa quantidade de excitação. É por isso que Freud postula a existência de um sistema regulador do psiquismo capaz de resistir à descarga do excesso de energia psíquica e que tenha a propriedade de transformar os processos primários em processos secundários. Estes últimos caracterizam-se por sua capacidade de ligar a energia e de inibir os *"processos primários"*. O conjunto desse sistema regulador corresponde ao *"princípio de constância"*, cuja função é gerir os *"processos secundários"*. Por exemplo, na histeria, é o *"processo secundário"* que permite ao histérico conter em seu psiquismo a carga emocional, graças à possibilidade encontrada de rememorar e de verbalizar a lembrança traumática, o que evita que o excesso de excitação se converta em uma conversão somática sintomática. As noções de "processo primário" e "processo secundário", introduzidas em 1895, se tornarão dali em diante noções fundamentais na concepção freudiana de funcionamento psíquico.

Esboço da função do "ego"

Que papel desempenha o indivíduo nesses processos? Freud propõe chamar de *"ego"* uma instância que funciona simultaneamente em dois níveis: de um lado, esse *"ego"* funciona no nível fisiológico sob a forma de um grupo de neurônios investidos de forma permanente que mantêm a *"energia ligada"* e, de outro, esse *"ego"* funciona no nível psicológico como uma instância encarregada de estabelecer uma preponderância dos processos secundários sobre os processos primários. Uma outra função essencial do *"ego"* consiste na *"prova da realidade"* que permite ao indivíduo diferenciar entre percepção proveniente do exterior de uma alucinação ou de uma lembrança proveniente do interior. Mas, a noção de *"ego"* a que Freud se refere em 1895 em *Estudos sobre a histeria* é a de um ego consciente; ainda não tem o significado que passará a ter mais tarde em *O ego e o id* (1923b), quando postulará interações inconscientes entre ego, id e superego dentro do aparelho psíquico.

Plano geral sobre "a prova da satisfação"

Vamos focalizar nossa atenção por um instante em um ponto particular, quando Freud descreve *"a prova da satisfação"*, o que nos permitirá seguir sua conduta científica passo a passo. O que é *"a prova da satisfação"*? Freud entende por isso o processo complexo que parte da tensão interna desencadeada por uma necessidade pulsional, como, por exemplo, a fome em uma criança pequena ou o desejo sexual no adulto. Ele começa por descrever os fenômenos em termos de tensão e de descarga, tal como se desenvolvem no arco reflexo, e considera que os fenômenos neurofisiológicos (f) têm seu equivalente no nível psíquico (y). À medida que a necessidade aumenta, a tensão física e psíquica aumenta também, criando a expectativa de uma descarga a fim de obter a satisfação. Contudo, esta não pode se realizar sem a intervenção de uma pessoa de fora, alertada pelo grito do recém-nascido: "*Essa intervenção exige que se produza uma certa modificação no exterior (por exemplo, oferta de alimento, proximidade do objeto social)...*" (p. 336). Depois que essa pessoa executa a ação específica, a via de descarga adquire uma importância particular em dois níveis: por um lado, estabelece-se no pensamento do sujeito uma conexão entre a supressão do desprazer e a intervenção da pessoa, criando o sentimento de "*com-

preensão mútua" (p. 336); por outro lado, o indivíduo realiza no nível corporal aquilo que é necessário para a supressão do desprazer e põe em ação sua motricidade. *"Assim, a satisfação leva a uma facilitação entre as duas imagens mnemônicas..."* (p. 338), isto é, a do objeto desejado e a do movimento reflexo. Contudo, *"desde o desaparecimento do estado de tensão ou de desejo, a carga é transmitida também às duas lembranças e as reativa. É bem provável que essa imagem mnemônica do objeto seja a primeira a ser atingida pela reativação"* (p. 338).

O conjunto desse processo é chamado por Freud de *"fato de satisfação"*, e essa experiência desempenha um papel determinante na instauração da capacidade de um indivíduo de gerir suas necessidades pulsionais. Segundo Freud, é nesse nível que intervém o *"ego"*, cujo papel é tratar de se livrar das tensões buscando a satisfação, como também evitar a repetição de experiências e de afetos dolorosos por meio de mecanismos inibidores.

As ligações entre prazer/desprazer, afetos, ego e objetos

Freud complementa seus pontos de vista examinando *"a prova da dor"*: ele mostra que o aumento de tensão da necessidade que produz o desprazer não evoca apenas a lembrança da imagem da pessoa que proporcionou a satisfação, mas o desprazer desencadeia igualmente sentimentos hostis em relação a essa pessoa vista como frustrante e *"geradora da dor"*. Do mesmo modo, acrescenta Freud, quando a satisfação intervém, o prazer é atribuído à pessoa que está na origem da satisfação: *"A aparição de um objeto que veio substituir o objeto inimigo pode ter servido para nostrar que a experiência dolorosa terminou, e o sistema [símbolo] instruído pela experiência biológica busca reproduzir em [símbolo] o estado que marcou o fim da situação dolorosa"* (p. 340). Ao evidenciar a ligação entre os sentimentos agressivos e afetuosos em relação à pessoa a quem se atribui a frustração ou a satisfação, Freud introduz uma dimensão afetiva na relação de objeto que completa o princípio prazer/desprazer.

Em resumo, Freud mostra aqui que, desde o início da vida, a experiência da dor e da satisfação não são vivências isoladas, mas estão estreitamente ligadas à intervenção do objeto e determinam uma divisão primordial entre afetos negativos e afetos positivos. Em 1915, em "Pulsões e destinos das pulsões", retomará a idéia de que existe desde o início uma divisão fundamental de afetos, introduzindo a noção de "ego de prazer purificado", e prosseguirá com suas investigações sobre as vicissitudes do amor e do ódio em relação às sensações de prazer e de desprazer em um contexto de relações de objeto.

A noção de *a posteriori* e "próton-pseudos"

Para concluir, vale lembrar que Freud introduz igualmente o conceito de *"a posteriori"* no "Projeto", quando se pergunta por que, na histeria, a repressão incide principalmente sobre a sexualidade. A partir de um exemplo clínico, o caso de Emma, ele mostra que a repressão se realiza em dois momentos. O primeiro momento é o resultado de uma cena de sedução sexual que ocorre na infância – aos 8 anos, Emma tinha sido bolinada no armazém –, mas esse acontecimento não tem significado sexual traumático para a criança. O segundo momento vem mais tarde e desencadeia uma emoção sexual, porque o impulso sexual ligado à puberdade surge no intervalo e desperta a lembrança do primeiro acontecimento, que assume então um significado sexual traumático – cinco anos mais tarde, aos 13 anos, Emma teve uma reação de fuga diante do sorriso de dois vendedores de uma loja. Sem poder se defender desses afetos intoleráveis, o ego utiliza a repressão. Portanto, é o segundo acontecimento que determina o caráter patogênico do primeiro, e Freud chama esse fenômeno de *"a posteriori"*: *"Estamos sempre descobrindo que uma lembrança reprimida transformou-se **a posteriori** em traumatismo. A razão desse estado de coisas encontra-se na época tardia da puberdade em comparação com o restante da evolução dos indivíduos"* (p. 366). Ele qualifica de *"primeira mentira do histérico"* o fato de que o paciente não tenha conhecimento da natureza sexual do primeiro traumatismo, e utiliza o termo *"próton-pseudos"* que não significa uma "mentira inicial", como se compreende às vezes, mas que tem o sentido de um "erro inicial".

Um exemplo da conduta científica de Freud

A leitura do "Projeto" nos permite acompanhar mais de perto a rigorosa conduta científica adotada por Freud, que parte de fatos de observação neurofisiológicos e psicológicos para tirar conclusões de alcance geral. Em seguida, encontraremos essa mesma atitude científica ao longo de toda sua obra e, particularmente, em *Artigos sobre metapsicologia* (1915-1917). Porém, com uma diferença: após ter redigido o "Projeto", Freud renunciará definitivamente a fundar a psicanálise com base na neurofisiologia, e, por ter tido a audácia de renunciar a isso, pôde instalar a psicanálise num campo próprio, como ressaltou A. Green (1992). Quanto à ligação indissolúvel entre corpo e psiquismo, Freud continuou sustentando esse ponto de vista, mas adotou uma perspectiva diferente.

PÓS-FREUDIANOS

Modelos científicos contemporâneos e psicanálise

Como seria se, cem anos depois do "Projeto", os psicanalistas utilizassem os modelos científicos do fim do século XX para seguir uma conduta análoga à de Freud no fim do século XIX, em 1895? Alguns psicanalistas contemporâneos não hesitaram em refazer o exercício. Vejamos o que eles dizem.

Beneficiando-se de uma dupla formação em neuropsicologia e em psicanálise, M. Solms é particularmente qualificado para aprofundar o estudo das correlações entre psicanálise e neurociências (M. Solms e K. Kaplan-Solms, 2000). Suas pesquisas, fundadas na utilização da psicanálise como método de investigação em pacientes com lesões neuroanatômicas, lhe permitiram situar os fenômenos psíquicos no nível de um sistema funcional localizado no interior de uma constelação de estruturas anatômicas cerebrais. Esses trabalhos destacados não privilegiam os modelos neuroanatômicos em relação aos modelos psicológicos, ao contrário de numerosas pesquisas contemporâneas que tentam aproximar psicanálise e neurociências, com o risco de que essas disciplinas percam sua especificidade.

Os estudos de Solms têm a vantagem de não "reificar" o psiquismo, porque não o restringem unicamente ao funcionamento do cérebro, como assinala J. Roiphe (1995). Para Solms, os neurônios não são mais reais do que os pensamentos e as sensações, e por essa razão o conceito de inconsciente transcende o dualismo cartesiano corpo-espírito. Por exemplo, para Solms, assim como para Freud, a consciência é um órgão sensorial que apresenta duas superfícies de percepção, uma voltada para o mundo externo e a outra para o mundo interno. Se partirmos de um modelo freudiano, nossa consciência subjetiva é produzida pelo psiquismo inconsciente segundo um processo análogo àquele que resulta da percepção de objetos do mundo exterior, isto é, "*coisas que estão no mundo de fora*" (Freud, 1915e). Na perspectiva de Solms, as duas superfícies perceptivas registram uma realidade incognoscível que se situa aquém da percepção consciente de duas maneiras *qualitativamente diferentes*, mas *hierarquicamente equivalentes*. Em outros termos, aquilo que percebemos como nossa realidade psíquica subjetiva, isto é, nosso consciente, é correlativo à maneira como percebemos nosso corpo físico como se ele fosse visto de fora. Existem, portanto, dois tipos de percepções que chegam à nossa consciência: as primeiras provêm de objetos externos concretos, incluído o corpo de outro, e constituem as percepções da realidade externa; as outras provêm de experiências internas subjetivas, incluídos os psiquismos de outro, e constituem as percepções da realidade psíquica. Assim, as pesquisas originais de Solms vão no sentido de uma concepção psicanalítica unitária do psiquismo e do corpo, abrindo assim perspectivas promissoras.

G. Pragier e S. Faure-Pragier (1990), por sua vez, adotaram uma conduta diferente. Deixando de lado os modelos da física clássica, esses autores se apoiaram nos trabalhos recentes da física e da biologia para propor "novas metáforas" capazes de dar conta do funcionamento psíquico, tal como se observa na psicanálise. Por exemplo, G. Pragier e S. Faure-Pragier propuseram uma série de paralelos sugestivos entre, por um lado, os fenômenos ligados à aparição do "novo" na evolução de um sistema biológico que se auto-organiza em fases sucessivas e, por outro lado, a emergência do "novo" que surge dentro das associações livres em psicanálise. Do mesmo modo, esses autores propuseram estabelecer paralelos entre o caráter imprevisível dos fenômenos observados nos sistemas complexos e a natureza imprevisível de fenômenos psíquicos. De fato, nos sistemas complexos em que o número de variáveis é extremamente elevado – é o caso do psiquismo humano –, o determinismo linear clássico não funciona mais, e a teoria do caos determinista mostrou que, nos sistemas considerados complexos, toda previsão é rapidamente falseada pela sobrevivência inevitável de acontecimentos menores.

Continua

● *Continuação*

Quando se aplicam essas novas teorias à situação criada por um traumatismo psíquico, por exemplo, entende-se por que não é possível prever se um traumatismo terá conseqüências a longo prazo sobre o psiquismo, ou se terá poucas conseqüências ou nenhuma. Só é possível saber *a posteriori*. Por cautela, sem dúvida, G. Pragier e S. Faure-Pragier consideraram que suas comparações constituíam *metáforas*, situando-as em um plano estritamente lingüístico, o que, a meu ver, limita seu valor. Creio que essas comparações emergem de "modelos analógicos", e se pretendermos considerar o fato de que o funcionamento psíquico fundamenta-se em um funcionamento biofisiológico, é válido recorrer à noção de *abertura de caminho*, introduzida por Freud em 1905 (J.-M. Quinodoz, 1997a). Esse ponto de vista orienta-se no sentido de uma concepção unitária psique-soma postulada recentemente por M. Solms.

● **PÓS-FREUDIANOS**

As neurociências substituíram a psicanálise?

Freud preservou por toda a vida a idéia de que, em um futuro mais ou menos próximo, os progressos na biologia e nas neurociências permitiriam esclarecer melhor o funcionamento psíquico, tal como o concebe a psicanálise, e triunfar onde ele fracassou em seu "Projeto para uma psicologia científica": "*Sem dúvida, um dia haverá efetivamente uma 'bioanálise'...*", diz ele (1933c, p. 313). Ele evoca inclusive o advento de tratamentos psicotrópicos: "*O futuro nos ensinará, esperamos, a agir diretamente com a ajuda de certas substâncias químicas sobre as quantidades de energia e sua distribuição no aparelho psíquico*" (1940a [1939], p. 51).

E o que temos cem anos após o "Projeto"? A descoberta de medicamentos psicotrópicos a partir dos anos de 1950 e o entusiasmo que acompanhou o progresso na pesquisa em biologia e nas neurociências certamente têm contribuído para o declínio vivido pela psicanálise em todo o mundo no momento atual. Depois de ter conquistado uma posição de relevo entre os métodos psicoterapêuticos e no ensino universitário, particularmente nos Estados Unidos, a psicanálise passou a sofrer pressões crescentes. Não apenas a mentalidade geral evoluiu, exigindo métodos de tratamento cada vez mais rápidos e avaliações fundadas em resultados mensuráveis, como também se produziu uma articulação de pressões de ordem social, política e econômica para impor os tratamentos medicamentosos em detrimento das diversas abordagens psicoterapêuticas. A esses fatores, somaram-se as promessas vindas do meio científico, anunciando que as pesquisas em curso sobre o cérebro e a memória estavam prestes a enterrar definitivamente as abordagens fundadas na relação psicoterapêutica, pesquisas que ainda estão longe de ser aplicáveis na prática clínica.

Em 1998, Nancy Andreassen, cientista de renome mundial, lançou um grito de alerta para denunciar a enorme carência de psicoterapeutas enfrentada atualmente pela população dos Estados Unidos, depois de descobrir que as terapias medicamentosas também têm seus limites: "*(...) precisamos fazer um pesado investimento na formação de uma nova geração de verdadeiros especialistas na ciência e na arte da psicopatologia. Sem isso, nós, cientistas de alta tecnologia, corremos o risco de despertar daqui a 10 anos e descobrir que estamos diante de uma "primavera silenciosa"*.[1] *Aplicar a tecnologia sem que ela seja acompanhada por clínicos esclarecidos, com uma experiência específica em psicopatologia, se tornará uma tarefa solitária, estéril e provavelmente infrutífera*" (1998, p. 1659).

---

[1] Alusão à obra *Silent spring*, de Rachel Carson (1962), na qual a humanidade desperta em uma manhã de primavera e não ouve o canto dos pássaros, que desapareceram da superfície da terra.

● **CRONOLOGIA DOS CONCEITOS FREUDIANOS**

A posteriori – prova da realidade – prova da satisfação – modelos científicos – processo primário, processo secundário – princípio de constância – princípio de inércia – "próton-pseudos" – ciência

"AS NEUROPSICOSES DE DEFESA"

S. FREUD (1894a)

"SOBRE OS FUNDAMENTOS PARA DESTACAR DA NEURASTENIA UMA SÍNDROME ESPECÍFICA DENOMINADA 'NEUROSE DE ANGÚSTIA'"

S. FREUD (1895b)

"OBSERVAÇÕES ADICIONAIS SOBRE AS NEUROPSICOSES DE DEFESA"

S. FREUD (1896b)

"A SEXUALIDADE NA ETIOLOGIA DAS NEUROSES"

S. FREUD (1898a)

"LEMBRANÇAS ENCOBRIDORAS"

S. FREUD (1899a)

Um novo olhar sobre a psicopatologia

Entre 1895 e 1899, Freud esclarece em diversos artigos algumas noções já apresentadas em forma de esboço em seus trabalhos sobre a histeria; o primeiro e o terceiro artigo fazem uma seqüência e oferecem uma excelente demonstração da maneira como Freud evolui em sua pesquisa do mecanismo que produz os sintomas histéricos, as fobias e as obsessões; o segundo artigo delimita pela primeira vez a *neurose de angústia* como afecção específica – é o *ataque de pânico* de hoje – diferenciando-a da neurastenia; o quarto artigo destina-se a convencer o corpo médico vienense da validade de sua hipótese sobre a *etiologia sexual das neuroses*; finalmente, o quinto artigo introduz a noção de *lembranças encobridoras*, lembranças da infância aparentemente banais, mas que ocultam outras que foram reprimidas e que conservam seu poder patogênico no inconsciente.

DESCOBERTA DAS OBRAS

▶ "AS NEUROPSICOSES DE DEFESA" (1894a)
▶ "OBSERVAÇÕES ADICIONAIS SOBRE AS NEUROPSICOSES DE DEFESA" (1896b)

As páginas indicadas remetem ao texto publicado em S. Freud, "Les psychonévroses de défense" (1894a) e "Nouvelles remarques sur les psychonévroses de défense (1896b), in *Névrose, psychose et perversion*, trad. J. Laplanche, Paris, PUF, 1973, p. 1-14 e p. 61-81 *[as páginas indicadas entre colchetes remetem às OCF.P, III, 1-18 e 121-146]*.

No artigo publicado em 1894, Freud revela logo de início uma grande parte do mecanismo que está na origem dos sintomas histéricos, das fobias e das obsessões; ele complementa seus pontos de vista no artigo de 1896 e os arremata em 1915, em um capítulo de *Artigos sobre metapsicologia* intitulado "Repressão" (1915d).

Os sintomas histéricos: conversão somática da energia psíquica

Em "As neuropsicoses de defesa" (1894a), Freud toma como modelo a histeria e vai mais longe do que seus antecessores que se limitaram a considerar o estado de dissociação observado nos histéricos como a causa primária dos sintomas, que Janet chamou de *"clivagem de consciência"* e Breuer de *"estado hipnóide"*. Freud lança suas próprias hipóteses, demonstrando que a dissociação não é espontânea e que o paciente produz ativamente esse estado de dissociação do psiquismo por um *"esforço de vontade"*. A dissociação histérica pode ocorrer em uma pessoa que até então se encontrava *"em bom estado de saúde psíquica"* (p. 3 [5]), e sobrevém quando ela é confrontada de súbito com *"representações"* intoleráveis que despertam *"afetos"* dolorosos que gostaria de *"esquecer"*: *"A pessoa decidiu esquecer a coisa por não ter força para resolver mediante o trabalho de pensamento a contradição entre essa representação inconciliável e seu ego"* (p. 3 [5]). Como o ego consegue "esquecer" essas representações intoleráveis? A essa pergunta, Freud responde que o ego tenta atenuar a força dessas representações com um objetivo de defesa – daí a denominação *"neuropsicoses de defesa"* – sem conseguir suprimi-la. A excitação residual ressurge então sob a forma de sintomas patológicos e, no caso da histeria, essa excitação é convertida em sintoma somático: *"A soma de excitação é reportada no corporal, processo para o qual eu proporia o nome de conversão"* (p. 4 [7]).

Freud demonstra assim que os sintomas das neuropsicoses são a expressão de um distúrbio situado no nível psíquico e que eles não resultam de uma "degenerescência" pessoal ou hereditária como se acreditava até então. Sua hipótese explica igualmente a reversibilidade do processo e o efeito terapêutico: *"A ação do método catártico de Breuer"*, diz ele, *"consiste em provocar intencionalmente o retorno da excitação do corporal no psíquico, a fim de obrigar a que a contradição seja regulada pelo trabalho de pensamento e a excitação descarregada pela palavra"* (p. 5 [8]).

Transformação de pensamentos patogênicos em fobias, obsessões ou alucinações

Freud estuda em seguida sua hipótese acerca de formação de fobias e obsessões, assim como da psicose alucinatória. Nas neuropsicoses fóbicas e obsessivas, a aptidão à conversão somática que caracteriza a histeria está ausente, de modo que a representação enfraquecida subsiste no domínio psíquico sob a forma de pensamentos tormentosos que substituem os pensamentos patogênicos: *"A representação enfraquecida permanece na consciência, à parte de todas as associações,* **mas seu afeto liberado se liga a outras representações, em si mesmas não-inconciliáveis, que se transformam por essa 'falsa conexão' em representações tormentosas"** (p. 6 [9]). Quanto à psicose alucinatória, ela obedece ao mesmo mecanismo que o das neuropsicoses, mas, nesse caso, a dissociação é acompanhada de um tipo muito mais enérgico e eficaz de defesa: *"Ela consiste em que o ego rejeita ('verwirft') a representação insuportável ('unerträglich') ao mesmo tempo em que seu afeto, e se comporta como se a representação nunca tivesse chegado ao ego.* **Mas no momento em que isso se realiza, a pessoa se encontra em uma psicose que só pode ser classificada como uma 'confusão alucinatória'"** (p. 12 [15]). Consta-se que, desde o início de sua obra, Freud examina os mecanismos da neurose e da psicose, como fará em seguida.

Aqui é preciso fazer duas observações. De um lado, Freud fala do *"esforço de vontade"* que o paciente realiza para *"esquecer"*, *"recalcar"* ou *"reprimir"* as representações inconciliáveis, e, embora tenha a intuição de que o processo se desenvolve fora da consciência do paciente, ainda não fala do processo de repressão propriamente dito: *"(...) trata-se de processos que ocorrem sem consciência"* (p. 7 [4]). Ele introduzirá a noção de repressão no artigo de 1896. De outro lado, Freud afirma que a necessidade de recorrer a *"abstrações psicológicas"* para dar conta de suas observações em termos gerais, abordagem que ele qualificará mais tarde de ponto de vista "metapsicológico".

O papel do *a posteriori*

Nas "Observações adicionais sobre as neuropsicoses de defesa", lançadas em 1896, Freud completa suas idéias anteriores. Ele retoma a hipótese apresentada nos *Estudos sobre a histeria* (1895d), publicados um ano antes, segundo a qual as representações histéricas patogênicas estão ligadas a um traumatismo sexual que remonta à infância. Acrescenta que o núcleo da histeria está em que a pessoa *"esquece"* a experiência traumática *"reprimindo-a"* por um mecanismo inconsciente. Mas, segundo Freud, a ação do traumatismo por si só não é suficiente para explicar a repressão; ele fala de um processo em dois tempos que denomina de *"a posteriori"* (n. 2, p. 65 *[128]*), noção já mencionada no "Projeto". A formação das obsessões também passa pelo processo de repressão, seguido do retorno do reprimido, depois pela criação de representações de compromisso. Ele termina aplicando suas idéias a um caso de paranóia crônica que considera como uma "psicose de defesa" e que obedece aos mesmos mecanismos que as neuropsicoses de defesa.

Vinte anos mais tarde, em "Repressão" (1915d), Freud esclarecerá que a noção de *"repressão"* se aplica especificamente à representação, enquanto a noção de *"recalque"* se relaciona ao afeto.

▶ **"SOBRE OS FUNDAMENTOS PARA DESTACAR DA NEURASTENIA UMA SÍNDROME ESPECÍFICA DENOMINADA 'NEUROSE DE ANGÚSTIA'" (1895b)**

As páginas indicadas remetem ao texto publicado em S. Freud (1895b), "Qu'il est justifié de séparer de la neurasthénie un complexe symptomatique sous le nom de "névrose d'angoisse"", in *Névrose, psychose et perversion*, trad. J. Laplanche, Paris, PUF, 1973, p. 1-14 e p. 61-81 *[as páginas indicadas entre colchetes remetem às OCF.P, III, 29-58]*.

A síndrome conhecida com o nome de "neurastenia" apareceu durante os anos de 1880 para descrever uma afecção caracterizada por uma fadiga de origem *"nervosa"* e os sintomas mais variados. A primeira contribuição de Freud nesse sentido diz respeito à origem da neurastenia: ele afirma que, na fonte da neurastenia, assim como em outras afecções ditas "nervosas", encontra-se um distúrbio sexual. Sua segunda contribuição inovadora consiste em reunir sob o nome de "neurose de angústia" um grupo de sintomas que merecem um lugar mais específico dentro da neurastenia, quadro nosológico que recobria uma enorme diversidade de entidades clínicas. Na neurose de angústia, o principal sintoma é a angústia, assim como seus equivalentes somáticos, isto é, os tremores, palpitações, opressão, etc., e ainda a vertigem que, segundo ele, constitui um equivalente importante da angústia: "A *'vertigem'* ocupa um lugar eminente no conjunto dos sintomas da neurose de angústia; em suas formas mais leves, é mais correto chamá-la de 'aturdimento'; em suas manifestações mais severas, é o acesso de vertigem, com ou sem angústia, manifestações que fazem parte dos sintomas mais graves da neurose" (1895b, p. 20 *[36-37]*). Na época em que Freud reúne esses diversos sintomas sob uma mesma denominação, ele considera que os sintomas da neurose de angústia e seus equivalentes, incluída a vertigem sob suas diferentes formas, não derivam de uma fonte psicológica (D. Quinodoz, 1994). Freud supunha então que as manifestações de angústia provinham unicamente de uma energia física, inacessível no sentido simbólico e à análise, ao contrário da histeria, em que a energia psíquica pode ser convertida em sintoma somático (paralisia, etc.), mas reversível quando seu significado simbólico chega à consciência e se torna analisável.

Qual pode ser a origem da neurose de angústia? Freud observou em seus pacientes que os sintomas de angústia eram acompanhados de uma diminuição da libido, e atribuiu a origem desse tipo de neurose a uma acumulação excessiva de excitação sexual insatisfeita – como no caso da prática do coito interrompido –, tensão puramente física que se transformaria diretamente em angústia, por não poder ser elaborada no plano psíquico. Freud sustentará essa teoria, conhecida pelo nome de "primeira teoria da angústia", até substituí-la 30 anos mais tarde por sua "segunda teoria da angústia". A partir de 1926, ele afirmará que a angústia é determinada essencialmente pelo temor da perda e da separação do objeto, passando a situar sua origem no nível do psiquismo.

▶ "A SEXUALIDADE NA ETIOLOGIA DAS NEUROSES" (1898a)

As páginas indicadas remetem ao texto publicado em S. Freud (1898a), "La sexualité dans l'étiologie des névroses", in *Résultats, idées, problèmes I*, trad. J. Altounian e col., Paris, PUF, 1984, p. 75-97 *[as páginas indicadas entre colchetes remetem às OCF.P, III, 215-240]*.

Neste artigo, que foi também objeto de uma conferência que escandalizou o meio médico vienense, Freud afirma pela primeira vez a existência de uma sexualidade infantil autônoma, reunindo as idéias elaboradas no ano anterior. A partir de 1897 ele revisou sua teoria da sedução depois de ter escrito a Fliess que reconhecia que ela estava errada ("*Não acredito mais na minha neurótica*", carta de 21 de setembro de 1897), e que aquilo que tomara por uma sedução sexual da criança pelo adulto era na verdade apenas a expressão de desejos incestuosos das crianças em relação aos pais. Por força dessas descobertas, Freud considerou importante informar aos seus colegas médicos que a etiologia das neuropsicoses não repousa unicamente em fatores desencadeantes, como os abusos sexuais reais, mas também em experiências fantasiosas ligadas às forças pulsionais surgidas durante a infância e ao longo da puberdade. Nessa contribuição, ele apresenta também a noção de *a posteriori*, que significa que o poder patogênico de um acontecimento traumático da infância pode não se manifestar no momento em que se produz, mas retroativamente, quando se atinge uma etapa posterior do desenvolvimento sexual (puberdade, adolescência).

Freud leu esse trabalho em 1898 perante o Colégio dos médicos vienenses, leitura que chocou seus colegas, apesar do rigor estritamente científico com o qual expôs seu ponto de vista, ilustrando-o com exemplos clínicos. Suas idéias foram qualificadas de "conto de fada científico" por Krafft-Ebing, que no entanto era especialista em psicopatologia sexual. Freud, que esperava dessa comunicação um reconhecimento oficial de suas descobertas, saiu dali desencantado e reforçado em seu pessimismo. A hostilidade com que suas idéias foram recebidas teve como conseqüência, entre outras, adiar suas nomeação ao cargo de professor da Universidade.

▶ "LEMBRANÇAS ENCOBRIDORAS" (1899a)

As páginas indicadas remetem ao texto publicado em S. Freud (1899a), "Sur les souvenirs-écran", in *Névrose, psychose et perversion*, trad. D. Berger e col., Paris, PUF, 1973, p. 113-132 *[as páginas indicadas entre colchetes remetem às OCF.P, III, 253-276]*.

A lembrança encobridora é um conceito inédito: trata-se de uma lembrança de infância que ficou gravada na memória com uma intensidade particular, apesar de um conteúdo aparentemente insignificante. Como explicar esse paradoxo? Usando o exemplo de uma lembrança que ele atribuiu a um de seus pacientes – que é apenas um fragmento autobiográfico –, Freud analisa minuciosamente uma lembrança encobridora cuja elaboração lhe permite livrar-se de uma fobia passageira. Trata-se da lembrança de uma cena no campo da qual participam o protagonista, na época com 2 ou 3 anos, além de outras crianças da mesma idade e uma linda prima. Essa cena ficou em sua mente como uma lembrança indiferente até que um dia a lembrança de ter se apaixonado por uma moça de 17 anos veio esclarecer a lembrança de infância e despertar uma infinidade de outras lembranças reprimidas até então, descritas com um talento literário incontestável. A evocação da carga patogênica inconsciente contida nessas lembranças reprimidas permite a cura dessa fobia. Esse exemplo clínico, redigido como uma obra literária, é também a demonstração magistral de que a lembrança encobridora resulta de um *compromisso* entre duas forças psíquicas, uma guardando a lembrança banal na memória e a outra pondo em prática uma resistência que oculta o significado patogênico inconsciente: as duas forças opostas não se anulam, mas produzem um compromisso que compensa as duas lembranças, condensação que se exprime jogando com a polissemia das palavras: "*É a expressão verbal, sem dúvida, que estabelece uma ligação entre a lembrança encobridora e a que é encoberta*", observa Freud (p. 129 *[273]*), da mesma maneira que descreverá posteriormente o mesmo fenômeno nos lapsos ou atos falhos.

Mais tarde, ele reafirmará a importância da lembrança encobridora, que condensa numerosos elementos infantis ao mesmo tempo reais e fantasiosos: "*As lembranças encobridoras contêm não apenas alguns elementos essenciais da vida infantil, mas verdadeiramente todo o essencial. Só é preciso saber explicitá-las com a ajuda da análise. Elas representam os anos esquecidos da infância com a mesma precisão com que o conteúdo manifesto dos sonhos representa os pensamentos*" (Freud, 1914g, p. 107).

A noção de lembrança encobridora tem um alcance geral, pois implica um questionamento do valor das lembranças de infância, que não podem ser tomadas ao pé da letra. É sobre esse ponto que Freud conclui: "*Nossas lembranças de infância nos mostram os primeiros anos de nossa vida, não como eram, mas como apareceram ao ser evocados em épocas posteriores...*" (1899a, p. 132 *[276]*). Em outras palavras, acrescenta ele de forma humorada, jogando com as palavras, não podemos nos fiar demais em nossas lembranças, pois as lembranças conscientes que temos "*de*" nossa infância não seriam na verdade lembranças que temos "*sobre*" nossa infância, que estamos permanentemente retocando?

CRONOLOGIA DOS CONCEITOS FREUDIANOS

Afeto – *a posteriori* – compromisso – neurose – neurose de angústia – primeira teoria da angústia – neuropsicose – repressão – representação – sexualidade infantil – lembrança encobridora – traumatismo – vertigem

A INTERPRETAÇÃO DOS SONHOS
S. FREUD (1900a)

SOBRE O SONHO
S. FREUD (1901a)

> "*A interpretação dos sonhos* é a via régia que conduz ao conhecimento do inconsciente da vida psíquica" (Freud, 1900a, p. 517 [663]).

Em *A interpretação dos sonhos*, Freud lança as idéias inovadoras que não apenas vão revolucionar a compreensão dos sonhos que se tinha até então, como também proporcionarão um esclarecimento inédito sobre o funcionamento do pensamento e da linguagem. Freud defende ali a tese de que o sonho é uma atividade psíquica organizada, diferente da atividade da vigília, e que tem suas próprias leis, opondo-se tanto às concepções populares como à opinião científica. De um lado, ele se demarca dos métodos clássicos e populares utilizados para interpretar os sonhos desde a Antigüidade, que recorriam à decifração em função de chaves simbólicas culturais, visando a prever o futuro. De outro, ele se demarca dos cientistas de sua época para quem o sonho não tem nenhum significado psicológico e que vêem nele unicamente uma produção desorganizada, desencadeada por *estímulos* físicos – opinião que corre ainda hoje entre certos cientistas.

Freud traz um outro aspecto inovador em *A interpretação dos sonhos*, que é a demonstração de que o sonho é uma produção própria de quem sonha e que não provém de uma fonte estranha a ele, imposta de fora. Por muito tempo, acreditou-se que o sonho era uma mensagem auspiciosa ou nefasta dirigida à pessoa que sonha, vinda de forças superiores, deuses ou demônios. O que levou Freud a descobrir o objetivo e o significado dos sonhos foi o método psicanalítico da associação livre, o que lhe permitiu fazer a seguinte afirmação, citada com freqüência: "*A interpretação dos sonhos é via régia que conduz ao conhecimento do inconsciente da vida psíquica*" (1900a, p. 517 [663]). Portanto, essa obra fundamental, que Freud considerou por toda vida como sua obra mais importante, segundo seu biógrafo E. Jones, vai além de uma explicação do sonho noturno. Ao propor em *A interpretação dos sonhos* uma concepção geral do funcionamento psíquico, seja normal ou patológico, Freud estabelece os fundamentos da psicanálise sob seus diferentes aspectos – clínico, técnico e teórico.

Mais do que centenária atualmente, a concepção de vida onírica lançada por Freud em 1900 continua sendo *a* referência indispensável em seu campo próprio, o da psicanálise. Desde 1900 até o presente, os desenvolvimentos psicanalíticos pós-freudianos, assim como os progressos científicos em diversos domínios, em particular no das neurociências, ampliaram nosso conhecimento dos mecanismos envolvidos na formação dos sonhos, mas nenhuma nova teoria veio substituir a interpretação freudiana dos sonhos no seu campo próprio de aplicação, o campo psicanalítico. Além disso, se fosse o caso, os próprios psicanalistas não teriam sido os primeiros a se darem conta disso?

BIOGRAFIAS E HISTÓRIA

O livro do século
A partir de seus próprios sonhos

Freud parece ter-se interessado por seus sonhos desde a infância e menciona um caderno de anotações onde registra suas reflexões sobre esse tema em uma carta de 18 de julho de 1883 à sua noiva Martha. Mas seu interesse pelo estudo científico dos sonhos data da época em que passou a aplicar seu método de associação livre em pacientes histéricos, pois essa abordagem lhe permitiu descobrir as estreitas ligações existentes entre sonhos, fantasias e sintomas. Freud também estabeleceu aproximações entre seus próprios sonhos e os de seus pacientes e assim conseguiu dimensionar a importância do papel que a vida onírica desempenha não apenas na psicopatologia, mas também no funcionamento psíquico normal. No mês de julho de 1895, ele fez a análise completa de um de seus sonhos, "a injeção de Irma", primeiro sonho que examinou detalhadamente em *A interpretação dos sonhos*. Entusiasmado com as novas perspectivas abertas pelo estudo dos sonhos e pela recente descoberta dos neurônios, Freud tentou fazer uma síntese de tudo isso, e em 1895 lançou-se à redação do manuscrito de "Projeto para uma psicologia científica". Pressentindo que esse tipo de conduta levaria a um impasse, abandonou a idéia de fundar uma teoria geral do psiquismo com base em dados quantitativos mensuráveis e renunciou a publicar esse manuscrito. Virando as costas deliberadamente à neurofisiologia, optou por uma perspectiva que circunscrevia os fenômenos psíquicos ao campo da experiência subjetiva, que se tornou o da psicanálise. Por isso, situa-se o nascimento da psicanálise entre os anos de 1896 e 1899, período que coincide com a auto-análise de Freud e a gestação de *A interpretação dos sonhos*.

A morte do pai de Freud e o início da auto-análise

Ainda que as idéias de Freud sobre os sonhos já estivessem bem presentes em sua mente em 1895, a elaboração da obra propriamente dita levou quase quatro anos. Foi após a morte de seu pai, Jakob Freud, ocorrida em 1896, que ele iniciou pesquisas sistemáticas nesse domínio, analisando em particular seus próprios sonhos, trabalho de elaboração que serviu de fermento para sua auto-análise. O tema da morte de seu pai e as inúmeras lembranças relacionadas a ele apareceram de maneira recorrente em seus sonhos durante os meses que se seguiram. Foi um período difícil, e pode-se supor que Freud escreveu essa obra não apenas com um objetivo científico, mas igualmente para tentar superar a crise interior em que esse luto o submergiu. Mas foi um período fecundo, pois, graças à sua auto-análise e interpretando seus sonhos, Freud descobriu a técnica de interpretação específica da psicanálise.

Sua relação com Fliess teve igualmente um papel importante nesses anos. Por um lado, as cartas que Freud endereçava regularmente ao seu amigo constituem *a posteriori* um testemunho valioso das etapas que ele percorreu durante sua auto-análise, por exemplo, quando anuncia ter encontrado confirmação de que o motivo do sonho é a realização de um desejo: *"Antes de ontem, escreveu ao seu amigo, um sonho me ofereceu a confirmação mais curiosa de que o motivo do sonho é uma realização de desejo"* (carta de Freud a Fliess de 23 de setembro de 1895). Mas, além de ter sido um testemunho privilegiado, Fliess foi também um interlocutor no qual Freud podia projetar suas fantasias e seus afetos transferenciais. Contudo, essa relação de transferência e contratransferência inconsciente que se dava à revelia de ambos – embora Freud a tenha intuído – conduziria inevitavelmente a um impasse, por não ter se efetuado em condições que permitissem analisá-la e elaborá-la, isto é, com a ajuda de outro psicanalista. Essa foi, sem dúvida, uma das causas da ruptura entre Freud e Fliess que ocorreria pouco depois, quando ele terminou o período de auto-análise.

A interpretação dos sonhos (1900a)

Freud concluiu a redação da obra em setembro de 1899. Viveu momentos de inibição e momentos de exaltação, como aquele em que redigiu em duas semanas, em agosto de 1899, o famoso capítulo VII, dedicado à psicologia do sonho. A obra foi lançada em 4 de novembro de 1899, mas foi pós-datada de 1900 pelo editor. Freud esperava muito dessa publicação, principalmente o reconhecimento do valor de sua obra, mas os 600 exemplares da tiragem inicial levaram oito anos para serem vendidos. Pouco a pouco, o sucesso despontou, e o estudo dos sonhos foi uma preocupação constante por toda sua vida. Assim, ele fez várias modificações na obra à medida que foram sendo lançadas as oito edições em língua alemã que apareceram enquanto estava vivo, a última em 1930.

Continua

● *Continuação*

A obra-prima que constitui *A interpretação dos sonhos* contém 700 páginas na sua edição completa. Nelas Freud analisa quase 200 sonhos, dos quais 47 são seus, e os outros provêm de seu círculo e de colegas. Mas, embora o número de sonhos e a diversidade de hipóteses desenvolvidas nessa obra volumosa façam dela ainda hoje uma obra indispensável, essas qualidades a tornam igualmente uma obra de difícil acesso para o leitor não-esclarecido. Não poderíamos descrever melhor do que D. Anzieu a impressão que pode dar ao neófito a leitura de *A interpretação dos sonhos*. Assim, passo a palavra a ele: "*Die Traumdeutung* é um livro inspirado", escreve ele, "cheio de ardor, intrépido, mas que se tornou difícil pela originalidade das idéias que reúne, pela complexidade de sua arquitetura, pelo rigor e a multiplicidade de suas articulações teóricas, pela novidade dos conceitos, pela abundância de exemplos, pela concisão de seu estudo ou, inversamente, pela dispersão destes em diferentes capítulos, pela mistura de auto-observações de Freud e de observações da vida onírica de outro, pela incerteza sobre o gênero literário adotado pelo autor: tratado científico, diário íntimo, confissão, chave dos sonhos, viagem fantástica, busca iniciática, ensaio sobre a condição humana e, mais ainda, vasto afresco alegórico do inconsciente..." (1988a, p. 10)

Sobre o sonho (1901a)

A fim de tornar mais acessíveis ao público as idéias inovadoras contidas em *A interpretação dos sonhos*, o editor pediu a Freud que fizesse um resumo. Ele hesitou um pouco, mas acabou aceitando escrever *Sobre o sonho*, uma obra curta de vulgarização redigida em um estilo acessível, em um tom quase coloquial, e associando o leitor à busca do sentido dos sonhos à maneira de uma sondagem de romance policial. Freud acrescenta ali vários sonhos novos, dos quais o mais conhecido é o da "mesa de albergue", assim como um sonho que revela uma agressividade inconsciente em relação a Fliess, anunciando a ruptura próxima com seu amigo.
Como assinala com muita propriedade Anzieu, a escrita psicanalítica se coloca de imediato com os dois primeiros livros de Freud, pois essas obras tão diferentes mostram que a escrita psicanalítica oscilará sempre entre dois pólos: um pólo inspirado, como é *A interpretação dos sonhos* – obra "aberta" no sentido de Umberto Eco, escrita em um estilo "barroco" – e um pólo didático, como é *Sobre o sonho* – exposição destinada ao ensino, escrita em um estilo "clássico" (Anzieu, 1988a, p. 34).

DESCOBERTA DAS OBRAS

Para o leitor neófito, aconselho a começar lendo *Sobre o sonho* (1901a), antes de *A interpretação dos sonhos* (1900a), ainda que isso signifique inverter a cronologia. Depois de ler *Sobre o sonho*, o leitor se orientará mais facilmente na obra imensa e complexa que constitui *A interpretação dos sonhos*.

▶ SOBRE O SONHO (1901a)

As páginas indicadas remetem ao texto publicado em S. Freud (1901a), *Sur le rêve*, prefácio de D. Anzieu, trad. C. Heim, Paris, Gallimard, 1988.

O sentido dos sonhos é dado pelas associações livres da pessoa que sonha

Freud lembra que apenas recentemente o sonho passou a ser considerado como uma produção psíquica própria à pessoa que sonha e deixou de ser visto como uma mensagem auspiciosa ou nefasta "*de forças superiores, deuses ou demônios*", como nos tempos mitológicos (p. 45). Ele diz, no entanto, que muitos cientistas entre seus contemporâneos ainda pensam que o sonho possui unicamente uma função biológica e que seu conteúdo não tem nenhum significado psicológico.

É verdade que, quando se tenta compreender o conteúdo de um sonho tomado isoladamente, é difícil captar seu sentido, prossegue Freud. Ao contrário, isso é possível quando se aplica o novo método de investigação que ele aprimorou recentemente e a que deu o nome de "método de associação livre". Por esse método, descobriu que os sonhos têm um sentido, do mesmo modo que descobrira que os sintomas histéricos, as fobias, as obsessões e os delírios têm um sentido e podem ser interpretados.

Em *Sobre o sonho*, Freud optou por analisar em detalhe o sonho da *"mesa de estalagem"* que havia tido recentemente, em outubro de 1900. Começa por relatar seu sonho tal como se lembrava: uma mulher está sentada ao seu lado e pousa a mão familiarmente sobre o joelho de quem sonha; este afasta a mão de sua vizinha, que declara que ele tem belos olhos. Ao acordar, Freud fica surpreso, pois o sonho lhe parece obscuro e absurdo, visto que fazia muito tempo que não via essa pessoa. Ele procura então captar os pensamentos que lhe vêm à cabeça espontaneamente quando evoca cada detalhe do sonho, fiando-se em suas associações livres: *"mesa de albergue... dever dinheiro... fazer isso por seus belos olhos... ter gratuitamente..., etc.".* A partir de inúmeros fragmentos dispersos, Freud nos fornece as ligações que estabeleceu entre imagens, pensamentos e lembranças que se encadeiam sucessivamente e ganham sentido para ele. Assim, passo a passo, o leitor é instado a compartilhar com quem sonhou a convicção de que esse sonho, à primeira vista tão incompreensível, acaba por adquirir um sentido que só as associações de quem sonhou podem nos revelar: *"Seguindo as associações ligadas aos elementos isolados do sonho, arrancados de seu contexto*, diz ele, *cheguei a uma série de pensamentos e lembranças em que devo reconhecer expressões valiosas de minha vida psíquica"* (p. 57). Mas Freud não vai até o fim em sua demonstração e diz que sempre que analisa um de seus sonhos surgem pensamentos íntimos difíceis de confessar, mesmo a ele próprio. Nenhum sonho escapa a esse fenômeno, acrescenta ele, e é por isso que, quando relata um sonho, seja seu ou de qualquer outra pessoa, ele se obriga a respeitar seu caráter confidencial.

Conteúdo manifesto e conteúdo latente do sonho

Freud introduz em seguida uma distinção entre o *conteúdo manifesto do sonho*, isto é, o sonho tal como é relatado e cujo sentido geralmente é obscuro, e o *conteúdo latente do sonho*, cujo significado só aparece com toda sua clareza depois que o sonho é decifrado à luz de associações do paciente. Conteúdo manifesto e conteúdo latente estabelecem conexões estreitas a partir do significado que liga um ao outro e que a análise consegue revelar. Freud se indaga então sobre a natureza do processo psíquico que transforma o conteúdo latente em conteúdo manifesto e o torna irreconhecível, e também sobre a operação inversa realizada pela análise do sonho que decifra o sentido manifesto para descobrir seu sentido latente. Ele chama de *"trabalho do sonho"* o conjunto de operações psíquicas que transformam o conteúdo latente em conteúdo manifesto com o objetivo de torná-lo irreconhecível, e de *"trabalho de análise"* a operação inversa, que visa a encontrar seu sentido oculto a partir do conteúdo manifesto: *"A tarefa da interpretação dos sonhos é desfazer ('auflösen') o que o trabalho do sonho teceu"* (p. 60).

O sonho é a realização de um desejo inconsciente

A segunda tese central de Freud está contida em uma afirmação que já tinha sido feita em *A interpretação dos sonhos*: *"O sonho é a realização (dissimulada) de um desejo (reprimido, recalcado)"* (1900a, p. 145 [196]). Desse ponto de vista, existem sonhos límpidos em que a realização do desejo aparece claramente como já consumada, o que ocorre em particular nas crianças, e mais raramente no adulto. Freud cita exemplos que hoje se tornaram clássicos, como o da menina que sonha com os morangos que lhe recusaram no dia anterior, ou do menino que ganhou um cesto de cerejas: *"Na véspera, ele tinha ganhado de seu tio um cesto de cerejas frescas, mas só lhe permitiram saborear algumas. Ao acordar, ele diz todo contente: 'Hermann comeu todas as cerejas'"* (1901a, p. 66). Mas, na maioria das vezes, o conteúdo dos sonhos parece incoerente e à primeira vista não tem nenhum sentido, pois a realização do desenho é dissimulada: nesse caso, o *trabalho do sonho* transformou os pensamentos do sonho de tal modo que a realização do desejo não aparece no relato do sonho, e cabe ao *trabalho de análise* efetuar a operação inversa para recuperar o sentido dos pensamentos do sonho.

Os mecanismos em jogo na formação do sonho

Quais são os meios utilizados pelo trabalho do sonho para dissimular a realização do desejo a fim de que ele não apareça no conteúdo manifesto? Segundo Freud, o sonho utiliza cinco mecanismos principais para atingir seus objetivos, a saber:

A condensação – A condensação consiste em reunir em um único elemento vários elementos – imagens, pensamentos, etc. – pertencentes a diferentes cadeias de associação. É efetuando a análise de um sonho que se descobre o fenômeno de *"compressão"* ou *"condensação"* que o trabalho do sonho realizou para reunir fragmentos disparatados em uma unidade: *"Se comparamos, em um exemplo tomado ao acaso, o número de elementos de representação ou a importância de anotações a que conduz a análise, quando se anota um sonho ou os pensamentos dos quais encontramos alguma posta nos sonhos não podemos duvidar que o trabalho do sonho realizou uma compressão ou* **condensação** *significativa"* (p. 77). Quando se analisa um sonho em detalhe, observa-se que o processo de condensação se produz para todos os elementos do sonho, de maneira que cada elemento tomado em particular decorre de uma série de elementos que podem pertencer a domínios diferentes, o que significa que cada elemento do sonho é *sobredeterminado*. É o mecanismo de compressão que torna difícil a leitura do relato manifesto do sonho. A condensação constitui um dos mecanismos fundamentais do trabalho do sonho, mas a encontramos igualmente na formação de sintomas, de lapsos ou de chistes. Nestes últimos, a condensação cria atalhos entre diferentes pensamentos, procedendo a aproximações inesperadas, jogando, por exemplo, com as semelhanças entre as palavras para criar *"pensamentos intermediários, em geral bastante espirituosos"* (p. 77).

O deslocamento – Graças ao mecanismo de deslocamento, o trabalho do sonho substitui os pensamentos mais significativos de um sonho por pensamentos acessórios, de modo que o conteúdo importante de um sonho é desfocado e dissimula a realização do desejo. Por exemplo, a impressão de que um sonho traz um elemento altamente significativo pode ser substituída por uma impressão oposta, como a indiferença. Os mecanismos de condensação e de deslocamento podem combinar-se para formar um compromisso que é ilustrado no sonho *"da injeção de Irma"* que Freud evoca aqui. Nesse sonho, que trata de uma injeção de *propileno*, ele estabeleceu uma aproximação significativa entre o *amileno* e a lembrança dos *Propileus* que viu em um museu. Esse exemplo esclarece a formação do compromisso criado pelo termo *propileno*, fruto de uma condensação e de um deslocamento.

O procedimento de representação ou representabilidade ("Darstellbarkeit") – Trata-se da operação pela qual o trabalho do sonho transforma os pensamentos do sonho em imagens, sobretudo visuais. Eis como ele descreve esses processos: *"Imaginemos, por exemplo, que alguém nos pede para substituir as frases de um editorial político ou de uma defesa perante um tribunal por uma série de desenhos; com isso compreenderemos facilmente as modificações que o trabalho do sonho precisa fazer para captar a representabilidade do conteúdo do sonho"* (p. 92). Freud cita diversos meios utilizados pelo trabalho do sonho para transformar os pensamentos na forma de expressão visual própria do sonho.

A elaboração secundária – A elaboração secundária consiste em apresentar o conteúdo onírico sob a forma de um cenário coerente e inteligível. Trata-se de um mecanismo que acompanha a formação de um sonho em cada etapa, mas o efeito desse processo é mais visível no estado de vigília, quando a pessoa tenta lembrar o que sonhou ou relatar o sonho. Quando procuramos lembrar-nos de um sonho, tendemos a deformar seu conteúdo para lhe dar mais coerência e criar uma fachada racional. Mas a distorção que resulta da elaboração secundária não é anódina, pois acabamos descobrindo ali o cenário que tem a marca da realização de um desejo reprimido, verdadeira causa do sonho.

A dramatização – Finalmente, Freud acrescenta em 1901 o mecanismo de *dramatização*, que consiste em transformar um pensamento em uma situação, procedimento análogo ao trabalho que realiza o diretor de teatro quando transpõe um texto escrito para a representação.

Os restos da véspera

A formação de um sonho responde igualmente a um princípio fundamental segundo o qual o cenário do sonho se articula sempre em torno de acontecimentos ocorridos na véspera, que Freud chama de *"restos diurnos"*: *"Quando então se recorre à análise, pode-se demonstrar que todo sonho, sem exceção possível, está ligado a uma impressão que se teve dias antes – sem dúvida, seria mais correto dizer: do último dia antes do sonho (o dia do sonho)".* Esses restos diurnos têm uma relação mais ou menos próxima com o desejo inconsciente que se realiza no sonho.

O papel da censura

Para Freud, o principal motivo da deformação do sonho provém da *censura*. Ele afirma que se trata de uma instância particular, situada na fronteira entre consciente e inconsciente, que deixa passar unicamente o que lhe é agradável e retém o resto: o que é evitado pela censura encontra-se assim em estado de *repressão* e constitui o *reprimido*. Em certos estados, como o sono, a censura sobre um relaxamento, de modo que o reprimido pode surgir na consciência em forma de sonho. Mas, visto que a censura não é totalmente suprimida, mesmo no sonho, o reprimido deverá sofrer modificações para não se chocar com a censura, o que conduz à formação de *compromisso*. O processo de repressão, seguido de um relaxamento da censura e da formação de compromisso, não é exclusivo do sonho, mas ocorre em várias situações psicopatológicas onde se encontra a ação da condensação e do deslocamento.

Além disso, em razão da irrupção de desejos inconscientes não-censurados que podem despertar a pessoa, um sonho consumado constitui também a realização do desejo de dormir. Por isso, Freud considera que outra função do sonho é ser o guardião do sono: *"O sonho é o guardião do sono, e não um perturbador"* (p. 125).

A censura do sonho incide sobre os desejos sexuais infantis reprimidos

Se nos aprofundamos na análise dos sonhos, prossegue Freud, descobrimos quase sempre que seu conteúdo latente revela a realização de desejos eróticos. Essa observação confirma o papel desempenhado pela censura que incide sobre conteúdos sexuais, mais precisamente sobre os desejos sexuais infantis reprimidos, provenientes da sexualidade infantil, que *"fornecem as forças pulsionais mais numerosas e mais poderosas que concorrem para a formação dos sonhos"* (p. 134). A despeito do papel desempenhado pela sexualidade, salienta Freud, dificilmente o conteúdo manifesto de um sonho permite que a realização de um desejo de caráter sexual apareça como tal; geralmente é dissimulado, e cabe ao trabalho de análise de desvendá-lo. Em *Sobre o sonho*, Freud não fala do complexo de Édipo, embora ele já tenha sido mencionado um ano antes em *A interpretação dos sonhos* a propósito de sonhos típicos envolvendo *"a morte de pessoas queridas"* (1900a, p. 229 [303]).

O papel dos símbolos nos sonhos

A criação dos símbolos desempenha um papel central na formação do sonho, pois o símbolo permite à pessoa que sonha contornar a censura despojando as representações sexuais de sua inteligibilidade. Desse ponto de vista, Freud distingue dois tipos de símbolos: de um lado, os símbolos universais que decorrem da "chave dos sonhos" utilizada desde a Antigüidade e, de outro, os símbolos individuais, que decorrem da simbólica própria de quem sonha, tal como mostrou Freud. No que se refere à simbólica universal, Freud enumera vários símbolos universais que se pode traduzir de maneira quase unívoca: *"A maior parte dos símbolos do sonho serve para representar pessoas, partes do corpo e atividades marcadas por um interesse erótico; as partes genitais, em particular, podem ser representadas por um grande número de símbolos em geral bastante surpreendentes, e os objetos mais diversos são utilizados para designá-los simbolicamente"* (p. 136). À primeira vista, pode-se imaginar que basta possuir um bom conhecimento da simbólica universal para interpretar um sonho, sem recorrer às associações da pessoa. Mas isso não basta, como já dissera Freud em *A interpretação dos sonhos*, pois se o psicanalista quiser evitar as interpretações arbitrárias, é essencial que ele recorra a uma dupla abordagem e leve em conta ao mesmo tempo a simbólica universal e as associações livres da pessoa: *"Isso nos conduzirá a combinar duas técnicas: tomaremos como base as associações de idéias da pessoa e suplementaremos o que faltar com o conhecimento dos símbolos por parte do interpretador. Uma crítica prudente do sentido de símbolos, um estudo atento deles a partir de sonhos particularmente nos permitirão descartar qualquer acusação de fantasia e de arbítrio da interpretação"* (1900a, p. 303 *[398]*).

▸ *A INTERPRETAÇÃO DOS SONHOS* (1900a)

Por motivos didáticos, inverti a ordem cronológica dessas duas obras, apresentando em primeiro lugar *Sobre o sonho* (1901a), para que essa obra mais curta sirva de introdução à descoberta de *A interpretação dos sonhos* (1900a), da qual apresentarei em seguida apenas o plano, por falta de espaço.

As páginas indicadas remetem ao texto publicado em S. Freud, *L'interprétation des rêves*, trad. I. Meyerson, rev. D. Berger, Paris, PUF, 1967 *[as páginas indicadas em itálico e entre colchetes remetem às OCF.P, IV, 756 p.]*.

Uma obra em três partes

O Capítulo I, que constitui a primeira parte, é dedicado a uma revisão dos principais trabalhos científicos sobre o sonho publicados até então. Trata-se de uma compilação exaustiva, que Freud realizou a contragosto, mas que serve para demonstrar que seus predecessores não chegaram a descobrir o mistério do sentido dos sonhos.

A segunda parte é formada pelos Capítulos II a VI. No Capítulo II, Freud começa descrevendo o método de interpretação dos sonhos que aprimorou ao longo de sua autoanálise, e ilustra suas teses analisando em detalhe o sonho *"da injeção de Irma"*, que hoje se tornou célebre. Ele aplica à interpretação desse sonho o procedimento que utiliza para analisar os vários outros sonhos exemplificados nessa obra: ele anota cuidadosamente o material do sonho tal como foi relatado ao despertar; em seguida, decompõe-no em vários elementos; destaca as associações que surgem livremente a propósito de cada fragmento onírico e as anota; a partir daí, estabelece ligações entre os diferentes encadeamentos que se imporão como as possíveis interpretações do sonho. No Capítulo III, Freud demonstra sua tese central, segundo a qual um sonho expressa a realização de um desejo insatisfeito. Mas, muitas vezes, a realização de um desejo não aparece como tal no conteúdo onírico, pois está sujeita a deformações. Somente o trabalho de análise permite identificar a realização de um desejo. Em seguida, no Capítulo V, Freud examina as fontes do sonho, para saber se seu conteúdo resolveria enigmas até então não-resolvidos. No Capítulo VI, ele mostra como o trabalho do sonho se efetua por meio de mecanismos de condensação, de deslocamento, de inversão e de elaboração secundária e também da representação por símbolos.

A terceira parte constitui um ensaio por si só, o famoso Capítulo VII, no qual Freud estrutura uma concepção geral do aparelho psíquico e de seu funcionamento. Trata-se de um projeto ambicioso que visa explicar o funcionamento mental, tanto normal como patológico, a partir de suas observações clínicas sobre os sonhos e as neuroses. Aqui, é ainda o Freud cientista que ressurge, mas um novo Freud, que abandona resolutamente o terreno neurofisiológico do "Projeto" para propor um modelo espacial do aparelho psíquico. Pela primeira vez, ele define o *inconsciente*, o *pré-consciente* e o *consciente* como lugares (*topos*, em grego) específicos em que se localizam os fenômenos psíquicos, que se designou como a "primeira tópica" ou primeira divisão topográfica do aparelho psíquico. É entre o inconsciente e o pré-consciente que ele situa a ação da *censura*, precursor do conceito de superego, que controla a progressão entre inconsciente, pré-consciente e consciente. Entre as hipóteses fundamentais que Freud introduz nesse capítulo central que já anuncia a *Metapsicologia*, ele desenvolve também suas idéias sobre a oposição entre *processo primário* e *processo secundário* e ainda sobre a noção de *repressão*, anunciada nos *Estudos sobre a histeria*. Devido à regressão, os desejos reprimidos depositados no inconsciente juntam-se às *cenas infantis reprimidas*, e por isso o conteúdo destes últimos pode reaparecer nos sonhos, quando a censura está enfraquecida, ou ainda sob a forma de compromisso na formação de sintomas neuróticos.

A evolução das concepções freudianas do sonho após 1900

Freud permanecerá fiel à concepção da teoria dos sonhos tal como a formulou em 1900, modificando-a muito pouco posteriormente, ao contrário de outros aspectos de suas teorias. Entre os principais acréscimos que Freud fará à *A interpretação dos sonhos*, destacamos que, depois de ter introduzido a segunda tópica em 1923, ele substituiu a noção de "*censor*" do sonho pela de *superego*, concebendo o papel do sonho, a partir de então, como o de reconciliar as exigências do id e do superego (Freud, 1933a, [1932]). Mas, embora tenha introduzido sua segunda teoria das pulsões a partir de 1920, Freud não desenvolverá a idéia de que o trabalho do sonho tem como finalidade não apenas reconciliar o desejo proibido com o superego ou o ego, mas também encontrar um compromisso ou uma solução para o conflito fundamental entre as pulsões de vida e de morte, como se concebe atualmente (H. Segal, 1991; J.-M. Quinidoz, 2001).

PÓS-FREUDIANOS

Um estudo psicanalítico da auto-análise de Freud

Em sua obra intitulada *L'auto-analyse de Freud et la découverte de la psychanalyse*, D. Anzieu (1988b) adotou um procedimento original, utilizando a própria abordagem psicanalítica para estudar as condições do trabalho criador que levou Freud à descoberta da psicanálise entre 1895 e 1902. Para isso, apoiou-se na abundante documentação proporcionada por Freud, em que ele oferece, explicitamente ou à revelia, uma rica produção inconsciente suscetível de ser analisada: sonhos, lembranças de infância, atos falhos, esquecimentos ou lapsos. Graças a uma investigação minuciosa, Anzieu chegou a datar a maioria dos sonhos que Freud relata em *A interpretação dos sonhos* e a estudá-los na ordem cronológica, à luz de vários documentos auto-analíticos. Esse trabalho permite a Anzieu revelar o procedimento interior seguido por Freud durante esses anos decisivos nos quais ele descobriu sucessivamente o sentido dos sonhos, o complexo de Édipo, a fantasia da cena primária e a angústia de castração (D. Anzieu, 1959, 1988b).

A interpretação dos sonhos na clínica hoje

A interpretação dos sonhos suscitou e ainda suscita uma quantidade tão grande de publicações psicanalíticas e não-psicanalíticas a partir de Freud que é impossível relacioná-las aqui. Mas, apesar de sua riqueza e diversidade, as contribuições pós-freudianas sobre os sonhos jamais relegaram ao segundo plano a obra fundamental de Freud, como salienta A. Green. "*De todas as descobertas de Freud, a do sonho é provavelmente aquela em que as aquisições dos psicanalistas que deram continuidade ao trabalho a partir de* A interpretação dos sonhos *são menos importantes*" (1972, p. 179). É verdade que, quando se ensina a técnica de interpretação aos futuros psicanalistas, essa é a primeira obra a que se recorre, e não tanto por razões históricas, mas porque ela continua sendo uma obra singular, a única até hoje que apresenta uma visão de

Continua

● *Continuação*

conjunto sobre a questão. Mesmo assim, eu mencionaria, entre as obras gerais, a de E. Sharpe, *Dream Analysis*, que constitui uma introdução à interpretação dos sonhos na cura psicanalítica e que, embora tenha sido publicada em 1937, não perdeu em nada sua atualidade. Se as obras de alcance geral são raras, a maioria das contribuições pós-freudianas sobre a interpretação dos sonhos trata de aspectos parciais da teoria e da técnica, e as encontramos sob a forma de artigos de revista. Alguns artigos mais marcantes foram reunidos em obras coletivas, como *Essential Papers on Dreams* (R. Lansky, 1992), *The Dream Discourse Today* (S. Flanders, 1993), *Dreaming and Thinking* (R. J. Perelberg, 2001). Essas seleções de textos refletem os pontos de vista de psicanalistas ligados a diversas correntes psicanalíticas contemporâneas.

Temos de reconhecer, no entanto, que se lançamos um olhar retrospectivo sobre o conjunto dos trabalhos pós-freudianos sobre os sonhos, vemos um número relativamente pequeno de contribuições dedicadas à análise dos sonhos nas últimas três ou quatro décadas. Segundo Flanders, essa evolução se explicaria por um progressivo afastamento da técnica: durante os anos de 1920 e 1930, os primeiros psicanalistas tendiam a privilegiar a análise dos sonhos, enquanto a partir dos anos de 1930 eles passaram a dar uma importância crescente à análise da transferência. Flanders resume sutilmente essa evolução nos seguintes termos: "*A transferência tornou-se a via régia para a compreensão da vida emocional e psíquica do paciente*" (1993, p. 13). A despeito de uma diminuição do número de publicações dedicadas aos sonhos, é uma alegria constatar que a análise dos sonhos preserva todo seu valor na prática psicanalítica, como testemunha o fato de que a maior parte dos exemplos clínicos publicados atualmente é ilustrada pela análise de um ou vários sonhos relatados pelo paciente.

CRONOLOGIA DOS CONCEITOS FREUDIANOS

Censura – compromisso – condensação – conteúdo manifesto, conteúdo latente – deslocamento – dramatização – elaboração secundária – representabilidade (ou processo de representação) – resto diurno – sobredeterminação – simbólica do sonho – trabalho de análise – trabalho do sonho

SOBRE A PSICOPATOLOGIA DA VIDA COTIDIANA
S. FREUD (1901b)

Os atos falhos: manifestação do inconsciente no dia-a-dia do indivíduo normal

Ao redigir essa obra, Freud pretende trazer ao conhecimento do grande público a existência do inconsciente, tal como se pode entrevê-lo nos "deslizes" da repressão que são os "atos falhos". O que é um ato falho? Trata-se de uma manifestação não-intencional que sobrevém na vida de qualquer indivíduo normal, e não apenas em um neurótico. Freud salienta que, para pertencer a essa categoria, esse tipo de manifestação não deveria ultrapassar *"aquilo que chamamos de limites do estado normal"*, *"apresentar o caráter de um distúrbio momentâneo"* e *"ter-se realizado anteriormente de maneira correta"* (p. 275). Na língua alemã, o conceito de ato falho tem um sentido mais amplo do que na língua francesa; ele inclui um vasto leque de fenômenos de aparência anódina, como os gestos desencontrados, os lapsos, os esquecimentos, as negações ou os enganos, e não se limita a atos motores como a perda ou a quebra de um objeto significativo, como pretende o uso em língua francesa. Além disso, em língua alemã, todos esses deslizes do inconsciente têm o prefixo *"Ver-"*, o que tem a vantagem de reuni-los em um mesmo conjunto: *"das Vergessen (esquecimento), das Versprechen (lapsus linguae), das Verlesen (erro de leitura), das Verschreiben (lapsus calami), das Vergreifen (engano da ação), das Verlieren (fato de perder um objeto)"* (Laplanche e Pontalis, 1967, p. 6).

Em *Sobre a psicopatologia da vida cotidiana*, Freud descreve as diferentes formas de atos falhos e ilustra-os com vários exemplos. A despeito de sua diversidade, todos esses fenômenos obedecem a um mecanismo psíquico comum, semelhante àquele que determina o sonho: eles constituem a expressão manifesta de um desejo que até então estava reprimido no inconsciente, desejo que pode ser descoberto graças às associações livres. O sucesso da obra ultrapassou de longe as expectativas de Freud, e as idéias que ele expõe ali são, sem dúvida, as concepções psicanalíticas mais conhecidas ainda hoje. Quem nunca riu de um lapso ou de um ato falho, mostrando que percebe na mesma hora que um tal "acidente" trai uma intenção secreta de seu autor, expressão direta de seu inconsciente?

BIOGRAFIAS E HISTÓRIA

A obra mais popular e mais lida de Freud

Em 1899, quando Freud concluiu a redação de *A interpretação dos sonhos*, começou a acumular documentos que resultaram em três obras que expandem suas descobertas sobre o sonho a domínios próximos: *Sobre a psicopatologia da vida cotidiana* (1901b), *Os chistes e sua relação com o inconsciente* (1905c) e *Três ensaios sobre a teoria da sexualidade* (1905d). A auto-análise lhe permitira superar suas inibições pessoais e lhe proporcionara um maior equilíbrio emocional. Freud passou então a analisar sistematicamente seus próprios atos falhos, isto é, seus esquecimentos ou seus lapsos, da mesma maneira que havia analisado seus

Continua

> **BIOGRAFIAS E HISTÓRIA** • *Continuação*
>
> sonhos. Ele menciona pela primeira vez a questão dos "deslizes" do inconsciente em uma carta a W. Fliess de 26 de agosto de 1898, a propósito do esquecimento do nome do poeta Julius Mosen; em uma carta posterior, datada de 22 de setembro de 1898, ele cita o exemplo do esquecimento do nome de Signorelli – que é substituído em sua lembrança pelos nomes de Botticelli e de Boltraffio –, esquecimento que ocupa um lugar importante no primeiro capítulo de *Sobre a psicopatologia da vida cotidiana*. A obra é abundante em casos pessoais extraídos da vivência familiar e profissional de Freud, mas sua redação parece também estar intimamente ligada à deterioração de sua relação com Fliess, com quem ele rompe em 1902, ao mesmo tempo em que testemunha o papel que este desempenhou em sua vida até então: *"Há nesse livro um monte de coisas que lhe dizem respeito, coisas manifestas para as quais você me forneceu materiais e coisas ocultas, mas cuja motivação matou"* (Freud a Fliess, carta de 7 de agosto de 1901, p. 297).
>
> A obra apareceu primeiro em 1901, em forma de artigos, que posteriormente, em 1904, foram reunidos em um livro. As idéias que ele desenvolve ali sofreram duras críticas dos psicólogos, o que não impediu que conquistasse o público de imediato, a tal ponto que *Sobre a psicopatologia da vida cotidiana* passou a ter um poder de divulgação da psicanálise bem superior ao de *A interpretação dos sonhos*. A obra teve dez edições enquanto Freud viveu, e foi sendo enriquecida progressivamente por acréscimos do próprio autor e por contribuições provenientes de seus alunos. Enquanto a edição de 1904 continha 66 exemplos de atos falhos, dos quais 49 foram observados por Freud, a edição atual, datada de 1924, reúne 300, dos quais a metade foi fornecida por outros observadores além de Freud, o que quadruplica o tamanho da obra inicial. Em 1905, durante sua viagem para os Estados Unidos, Freud pôde confirmar a popularidade de seu livro, quando teve a feliz surpresa de descobrir um *maître* do navio mergulhado na leitura de *Sobre a psicopatologia da vida cotidiana*.

DESCOBERTA DA OBRA

> As páginas indicadas remetem ao texto publicado em S. Freud (1901b), *Psychopathologie de la vie quotidienne*, trad. S. Jankélévitch, Paris, Payot, 1922, 1967, 298 p.

O primeiro exemplo: o esquecimento do nome de Signorelli

O capítulo inicial é dedicado ao estudo minucioso do esquecimento de um nome próprio, o do pintor Signorelli, autor do afresco do *Juízo final* da catedral de Orvieto, esquecimento que já tinha sido objeto de uma pequena publicação anterior (1898b). Freud relata que, em uma conversa, ele não se lembrava mais do nome de Signorelli, mas que os nomes de outros dois pintores se impuseram em sua mente, Botticelli e Boltraffio, que ele reconheceu como incorretos. Refazendo o curso de seus pensamentos e de suas associações a propósito desses dois últimos nomes, segundo o procedimento adotado na análise de um sonho, conseguiu descobrir o motivo da repressão de seu esquecimento. De dedução em dedução, o nome de *Bo*tticelli acabou por lhe recordar a *Bó*snia, e o nome de Bol*traffio* o fez rememorar a cidade de *Trafoï*, duas localizações geográficas intimamente associadas a lembranças dolorosas acerca da sexualidade e da morte. Ele percebeu então que sexualidade e morte eram os temas principais de um afresco do *Juízo final* de Signorelli! O esquecimento do nome de Signorelli era, portanto, o resultado de um compromisso que permitira que a lembrança desagradável ficasse parcialmente esquecida, mas não verdadeiramente, pois ela reapareceu dissimulada sob os nomes de Botticelli e Boltraffio: *"Os nomes de substituição,* conclui Freud, *já não me pareciam tão injustificados quanto antes da explicação: eles me advertem (a partir de uma espécie de compromisso) tanto para o que eu tinha esquecido quanto para o que eu gostaria de lembrar, e me mostram que minha intenção de esquecer qualquer coisa nem se cumpriu totalmente, nem fracassou totalmente"* (p. 11).

Um estudo sistemático de diversas formas de atos falhos

Após esse capítulo dedicado ao esquecimento de nomes próprios, Freud passa em revista outras formas de esquecimento de palavras pertencentes a línguas estrangeiras, o esquecimento de nomes e de seqüências de palavras e o esquecimento de impressões e de projetos. Em seguida, retoma a questão das lembranças de infância e das "lembranças encobridoras", cuja formação é semelhante à dos atos falhos: quando o conteúdo de uma lembrança de infância encontra resistências, ela é reprimida e não aparece como tal, mas sob a forma substitutiva de uma "lembrança encobridora", desprovida de afetos perturbadores. O Capítulo 5, que se segue, é dedicado a um longo estudo dos lapsos, fenômeno bem conhecido no qual uma palavra é trocada por outra. Vamos citar um exemplo, entre muitos outros, extraído de um artigo que tinha sido publicado no jornal vienense *Neue Freie Presse*. O jornal relatou um lapso do presidente da Câmara dos Deputados da Áustria que tinha "*aberto*" solenemente a sessão declarando-a "*fechada*": "*A gargalhada geral provocada por essa declaração fez com que ele percebesse de imediato seu erro e o corrigisse. A explicação mais plausível nesse caso*, acrescenta Freud, *seria a seguinte: em seu foro íntimo, o presidente* **desejava** *poder enfim fechar essa sessão da qual não esperava nada de bom*" (p. 71-72).

Nos capítulos posteriores, Freud examina sucessivamente os erros de leitura e de escrita, os enganos e os gestos desastrados, os atos sintomáticos, assim como as associações de vários atos falhos. O capítulo final é dedicado ao determinismo, à crença no acaso e à superstição. Freud desenvolve a idéia de que os atos falhos não são fruto do acaso ou da desatenção, como o sujeito é tentado a pensar, mas que são produzidos pela intervenção de uma idéia reprimida que vem perturbar o discurso ou a conduta que a pessoa em questão costuma levar a bom termo. Esse ponto de vista leva Freud a concluir que existem dois tipos de acaso, um "acaso externo", ligado a causas que não pertencem ao domínio psicológico, e o "acaso interno", no qual o determinismo psíquico desempenha um papel central, na medida em que o ato falho é o produto de uma intenção *inconsciente* que substitui uma intenção *consciente*.

Como se forma um ato falho?

A despeito de sua variedade inesgotável, os atos falhos se baseiam em um mecanismo comum: todos são a expressão de um desejo reprimido no inconsciente ao qual se pode ter acesso graças ao trabalho de análise. Segundo Freud, um ato falho resulta de um compromisso entre uma intenção *consciente* do sujeito – no exemplo acima , "*abrir* uma sessão" do Parlamento era a intenção consciente do presidente da Câmara dos Deputados – e um desejo inconsciente ligado a ele – "*fechar* a sessão", que se impôs à sua revelia em seu discurso manifesto. Desse ponto de vista, todo ato falho apresenta uma dupla face, como salientam Laplanche e Pontalis: "*(...) nota-se que o chamado ato falho é um ato exitoso em um outro plano: o desejo inconsciente se realiza ali de uma maneira quase sempre muito evidente*" (1967, p. 6).

Os mecanismos envolvidos na formação de um ato falho são, portanto, os mesmos que determinam a formação dos sonhos e dos sintomas, mecanismos que foram descritos por Freud em *A interpretação dos sonhos*: condensação, deslocamento, substituição ou troca pelo seu contrário. Além disso, do mesmo modo que na análise de um sonho ou de um sintoma, descobre-se o sentido oculto de um ato falho recorrendo à livre associação. Quanto à relação entre a palavra intencional e a palavra emitida por substituição, ela se estabelece graças a diversos procedimentos, por exemplo, por contigüidade – "*fechar*" em lugar de "*abrir*" – ou por consonância – o nome *Signorelli* tem uma semelhança fonética com os nomes de *Botticelli* e *Bósnia*, de *Boltraffio* e *Traffio*. Essa relação pode ser estabelecida igualmente a partir de associações referentes à história individual do sujeito.

De que fontes provêm os atos falhos?

Segundo Freud, nosso espírito é permanentemente percorrido por pensamentos e associações dos quais em geral não temos conhecimento, e que são formados por complexos perturbadores que se destinam a ser reprimidos no inconsciente, mas estes podem irromper de súbito sob a forma de atos falhos. Resistências interiores se opõem a seu esclarecimento, e se as idéias reprimidas são às vezes fáceis de interpretar, o mais comum é que elas só se tornem decifráveis ao final de uma análise detalhada. Acrescentemos que se um ato falho costuma nos trair, Freud dá vários exemplos em que ele pode se mostrar útil: "*Esse exemplo nos coloca em presença de um desses casos que, de resto, não são muito freqüentes, nos quais o esquecimento se coloca a serviço de nossa prudência, quando estamos a ponto de sucumbir a um desejo impulsivo. O ato falho assume então valor de uma função útil. Uma vez desiludidos, vivemos esse movimento interno que, durante o tempo em que estivemos sob o domínio do desejo, não podia manifestar-se a não ser por um lapso, um esquecimento, uma impotência psíquica*" (p. 27).

Freud conclui mostrando que existe uma continuidade entre os fenômenos que se observam na vida psíquica normal e na psicopatologia: "*Ao colocá-los* [os atos falhos] *na mesma categoria que as manifestações das neuropsicoses, que os sintomas neuróticos, damos um sentido e uma base a duas afirmações que ouvimos com muita freqüência, ou seja, que entre o estado nervoso normal e o funcionamento nervoso anormal não existe um limite claro e rígido, e que todos somos mais ou menos nervosos* [neuróticos]" (p. 320).

Creio que as idéias e, sobretudo, os numerosos exemplos apresentados em *Sobre a psicopatologia da vida cotidiana* não poderiam ser resumidos mais que isto. Assim, deixo ao leitor o prazer de descobri-los.

PÓS-FREUDIANOS

Os atos falhos e as relações de transferência

Os esquecimentos, lapsos e outras formas de atos falhos são unicamente manifestações da vida ordinária do indivíduo normal ou eles têm um lugar no tratamento psicanalítico das neuroses? Embora Freud tenha concluído sua obra fazendo uma aproximação entre os atos falhos e os distúrbios de origem neurótica, ele não fala explicitamente sobre a maneira como os interpreta na situação psicanalítica. Porém, ele aborda indiretamente a questão ao mostrar as semelhanças que existem entre o mecanismo de formação dos atos falhos e o mecanismo de formação dos sonhos. Assim, ao mostrar que os atos falhos são a expressão de um desejo inconsciente reprimido e que o trabalho de análise permitia desvendar o significado latente, Freud abria caminho para a interpretação dos atos falhos na relação de transferência, do mesmo modo que a interpretação dos sonhos e dos sintomas.

Atualmente, os psicanalistas clínicos atribuem uma grande importância à interpretação dos atos falhos que surgem na relação de transferência e de contratransferência, seja na forma de "deslizes" no comportamento do paciente, seja de esquecimentos, lapsos ou erros de sua parte. Às vezes, esses atos falhos revelam de maneira ostensiva o desejo inconsciente do paciente – e às vezes também o desejo do psicanalista, ao revelar aspectos de sua contratransferência. Denomina-se correntemente *acting in* as ações falhas, no sentido estrito do termo, que ocorrem durante a sessão – como no caso em que o paciente chega atrasado ou dorme no divã –, e *acting out* os atos falhos que ocorrem fora da sessão, que devem ser compreendidos como deslocamentos em conexão com a transferência. As angústias de separação e de perda de objeto constituem uma das fontes mais freqüentes de atos falhos no quadro da relação entre analisado e analista (J.-M. Quinodoz, 1991). Por exemplo, um paciente falta a uma sessão depois de ficar perturbado involuntariamente diante de uma reação afetiva ligada ao analista: uma vez explicitado, o sentido desse ato falho pode revelar diversos sentimentos reprimidos, como uma hostilidade do paciente em relação ao psicanalista devido a uma decepção, que pode se manifestar sob a forma de um atraso na sessão. Somente as associações feitas pelo paciente estão aptas a indicar os verdadeiros motivos de um ato falho, se quisermos evitar interpretações arbitrárias e inapropriadas. Quanto aos lapsos que ocorrem durante a análise, que J. Lacan apontou reiteradamente, eles desvendam particularmente as relações entre estrutura da linguagem e estrutura do inconsciente, e constituem uma das vias que permitem ter acesso ao conhecimento do estado momentâneo da transferência inconsciente.

Continua

● *Continuação*

Devemos reservar a psicanálise unicamente àqueles que têm acesso ao sentido simbólico?

A tomada de consciência do sentido simbólico de um ato falho ou de um lapso não está ao alcance de todos: de fato, um ato falho ou um lapso tem um sentido sobretudo para o círculo da pessoa, mas não necessariamente para ela mesma, o que corresponde à própria definição do inconsciente: é inconsciente o que escapa à consciência do sujeito. Em geral, somente após um longo trabalho de análise é que uma pessoa consegue ir descobrindo pouco a pouco o significado de um ato falho ou de um lapso que lhe escapou, e de associá-lo às emoções ligadas à relação com o psicanalista.

A possibilidade de tomar consciência do significado de um ato falho ou de qualquer produção do inconsciente tem a ver, em parte, com a força que as resistências opõem à tomada de consciência, mas em parte também com a capacidade de um indivíduo de ter acesso ao sentido simbólico de seu discurso e de seus atos sintomáticos. De fato, essa capacidade de ter acesso ao sentido simbólico varia consideravelmente de um indivíduo a outro, o que levanta a questão da analisabilidade de uma pessoa, isto é, de avaliar em que medida uma pessoa será acessível ao trabalho de interpretação e, mais ainda, à interpretação da relação transferencial. Desse ponto de vista, as posições dos psicanalistas variam: para alguns deles, em particular na França, a cura psicanalista seria reservada essencialmente às pessoas que possuem de antemão o sentido simbólico de seu discurso, ou seja, às pessoas que apresentam uma organização de tipo neurótico (Gibeault, 2000). Ao contrário, para outros psicanalistas, como aqueles pertencentes à corrente kleiniana, existem dois níveis de simbolização; um nível primitivo, dominado pelo pensamento concreto – nível em que o psiquismo funciona em "equação simbólica" –, e um nível evoluído, dominado pela capacidade de representação simbólica – nível que corresponde à organização neurótica. Para estes últimos, há um vaivém incessante entre o nível primitivo e o nível evoluído de simbolização, de modo que é possível abrir o leque de possibilidades da cura psicanalítica não apenas aos pacientes neuróticos, mas igualmente aos pacientes *borderline* e psicóticos, sem contar a parte de funcionamento primitivo que se encontra em qualquer indivíduo, neurótico ou normal (M. Jackson e P. Williams, 1994).

CRONOLOGIA DOS CONCEITOS FREUDIANOS

Atos falhos – condensação – deslocamento – lapso – esquecimento de nomes – substituição

OS CHISTES E SUA RELAÇÃO COM O INCONSCIENTE
S. FREUD (1905c)

O que desencadeia o riso em um chiste?

Freud era um colecionador de chistes – em alemão "*Witz*" –, assim como de histórias judaicas, e tinha um grande senso de humor. Por isso, não é de se surpreender que ele tenha procurado descobrir os lugares secretos que desencadeiam o riso. Nessa obra, ele passa em revista de maneira sistemática a grande variedade de formas do cômico englobadas na noção geral de chiste e lança a hipótese de que o chiste revela o domínio inconsciente que governa sub-repticiamente a palavra e a linguagem. Nele, os mecanismos que produzem o efeito cômico apresentam inúmeras semelhanças com o trabalho psíquico que se realiza nos sonhos: observa-se a *condensação*, em outros termos, o dizer pouco para exprimir muito; encontra-se igualmente o procedimento de *deslocamento*, que permite contornar as proibições que a censura exerce sobre os conteúdos agressivos ou sexuais reprimidos, ao mesmo tempo em que possibilita seu retorno sob uma outra forma; finalmente, reconhecemos nele o procedimento de *representação*, que modifica a forma das palavras, criando duplos sentidos ou jogos de palavras, ou transforma o pensamento criando *nonsense* ou substituindo um pensamento por seu contrário. Mas, diferentemente do sonho, que Freud considera como um produto psíquico associal, o chiste constitui a mais social das atividades psíquicas: é um jogo elaborado que busca extrair um ganho de prazer, de modo que não se encontra nele o mecanismo da regressão, como no sonho. É certo que no sonho persiste uma busca de prazer, mas ele o encontra em uma regressão à satisfação alucinatória, a fim de evitar o desprazer.

BIOGRAFIAS E HISTÓRIA

Semelhanças entre sonhos, atos falhos e chistes

Freud, um homem muito bem-humorado

Fliess foi provavelmente o instigador dessa obra, pois quando leu as provas de *A interpretação dos sonhos* que Freud lhe enviara, constatou que os jogos de palavras retornavam com muita freqüência nos sonhos. Freud lhe respondeu: *"Todos os que sonham são igualmente galhofeiros insuportáveis, e isso por necessidade, pois se encontram em situação embaraçosa e a via direta está fechada para eles. [...] O caráter de pilhéria de todos os processos inconscientes está intimamente ligado à teoria do chiste e do cômico"* (Freud a Fliess, carta de 11 de setembro de 1899, p. 263). Em *Estudos sobre a histeria*, Freud revelara pela primeira vez o papel desempenhado pela simbolização e pela polissemia em um sonho de Frau Cecile M. (1895d, p. 145, n. 1), e em *A interpretação dos sonhos* dá vários exemplos disso. A publicação em 1898 da obra *Komik and Humor*, de Theodor Lipps, também ajudou Freud a tomar a decisão de escrever. A redação dessa obra densa e complexa sob vários aspectos levou muito tempo, ainda mais porque ele redigiu simultaneamente *Três ensaios sobre a teoria da sexualidade* e *Os chistes*, cada obra disposta em uma mesa diferente. Ambas foram lançadas ao mesmo tempo, em 1905.

Continua

> **BIOGRAFIAS E HISTÓRIA** • *Continuação*
>
> Mas o interesse de Freud pelos chistes não era unicamente científico, pois ele próprio era um homem muito espirituoso, e sua correspondência era pródiga em casos humorísticos. Muitos de seus contemporâneos destacaram sua capacidade de achar graça na maior parte das situações. Em 1938, quando Freud deixou a Áustria para se refugiar em Londres, o comentário que escreveu na declaração exigida pelas autoridades, certificando que não tinha sido maltratado, testemunha o humor que ele conseguiu demonstrar: *"Posso cordialmente recomendar a Gestapo a todos."*
>
> **As "Witz" são facilmente expatriadas**
>
> Mais do que qualquer outra obra de Freud, *Os chistes e sua relação com o inconsciente* coloca dificuldades de tradução, o que explica em parte que seja uma das menos lidas, fora o público de língua alemã. Já o próprio termo "Witz" – cuja consonância evoca em alemão "Blitz", isto é, relâmpago – não tem correspondência na maioria das outras línguas. Em francês, por exemplo, foi traduzida por "mot d'esprit" pelo tradutor D. Messier: "Esse termo designa tanto a palavra espirituosa, como o espírito, isto é, a faculdade de 'ser espirituoso'" (1988, p. 423). Os tradutores das *Œuvres Complètes de Freud*, ao contrário, julgaram incorreta a tradução anterior, e preferiram o termo "trait d'esprit" – tradução de "Witz" proposta por Lacan – pois "mot" não existe em "Witz" e "mot d'esprit" cria confusão com o alemão "Wortwitz" e "Gedankenwitz" (Bourguignon et al., 1989, p. 150). Além disso, como traduzir jogos de palavras que fazem rir em língua alemã quando não existem palavras equivalentes em outras línguas, o que torna grande parte dessa obra intraduzível? A maioria dos tradutores optou por acrescentar as explicações necessárias em notas de rodapé, na tentativa de tornar o mais acessível possível o pensamento de Freud, tão expressivo quando o descobrimos na língua alemã original.

DESCOBERTA DA OBRA

> As páginas indicadas remetem ao texto publicado em S. Freud (1905c), *Le mot d'esprit et sa relation à l'inconscient*, trad. D. Messier, Paris, Gallimard, 1988, 442 p.

A obra se divide em três partes: a primeira é dedicada à técnica do chiste, isto é, aos diferentes procedimentos utilizados pelo psiquismo para produzir o efeito cômico; a segunda parte examina os motivos dos chistes, em particular o papel desempenhado pelo prazer do ponto de vista da economia psíquica; a terceira parte estuda as relações entre chistes e sonho à luz da noção e "realização de desejo" e termina com um breve ensaio sobre as variedades de cômico.

▶ AS TÉCNICAS SUBJACENTES AO EFEITO CÔMICO DOS CHISTES

O efeito cômico dos chistes é obtido por duas técnicas distintas, segundo Freud: a primeira se fundamenta nas próprias *palavras* e depende da expressão verbal; a segunda se fundamenta no *pensamento* contido no chiste, e essa técnica é independente da expressão verbal.

As técnicas fundamentadas nas palavras

No que se refere aos chistes fundamentados nas palavras, Freud indica três procedimentos diferentes que utilizam uma técnica comum, a *condensação*, mecanismo característico do trabalho do sonho.

O primeiro procedimento consiste em *condensar duas palavras* ou dois *fragmentos de palavras*, de modo a criar um neologismo absurdo à primeira vista. Mas a palavra mista assume um significado cômico para um ouve. Por exemplo, Freud cita o chiste criado em torno do termo *"familionária"*, palavra insólita pronunciada por um personagem tirado de um romance de Heine. Nesse romance, o autor põe em cena um homem do povo que se gaba das relações que mantém com o rico barão Rothschild. Vangloriando-se diante do poeta de seu convívio prestigioso, o homem do povo lhe diz: "(..) *eu estava sentado ao lado de Salomon Rothschild e ele me tra-*

*tou totalmente como um igual, de uma maneira totalmente **familionária**"* (p. 56). Nesse caso, o cômico se deve à *palavra* formada pelo enunciado: a técnica utilizada é o encurtamento de duas palavras – "familiar" e "milionária" – que não teriam nada de cômico se fossem tomadas separadamente. Em seguida, essas palavras sofrem uma *condensação* para formar uma palavra mista – *"familionária"* – aparentemente incompreensível. Mas os ouvintes que conhecem o contexto captam de imediato o sentido, o que provoca sua gargalhada. Freud dá outros exemplos de cômico ligado à técnica de condensação seguida da formação de um substituto, como o da palavra *"Cléopold"* que ele decompõe da seguinte maneira: *"Dizem que um dia as más línguas da Europa mudaram o nome de um potentado chamado **Léopold** para **Cléopold**, por causa das relações que ele mantinha com uma mulher chamada **Cléo**..."* (p. 64).

O segundo procedimento consiste em *empregar uma única palavra com uma dupla utilização*. Freud dá um exemplo baseado na homofonia entre o nome *"Rousseau"* e as palavras *"roux"* e *"sot"*.* Esse chiste ocorreu a uma dona de casa, revoltada com a falta de educação de um rapaz a quem convidara. Ela se dirigiu a esse sujeito grosso, que tinha o nome de seu ancestral Jean-Jacques Rousseau e ostentava uma cabeleira ruiva, e lhe disse de forma bem humorada: *"Você me permitiu conhecer um jovem roux e sot,* exclamou ela, *mas não um **Rousseau**"* (p. 79). Aqui, a técnica do chiste consiste em que uma única palavra – *"Rousseau"* – aparece em uma dupla utilização, primeiramente inteira e depois decomposta em suas sílabas, à maneira de uma charada.

O terceiro procedimento utilizado pelo chiste consiste em tomar o *duplo sentido* ou o *múltiplo sentido* de uma mesma palavra, tal como se emprega nos *jogos de palavras*. Os jogos de palavras são considerados por Freud como o caso ideal de utilização múltipla de um mesmo material: *"(...) aqui, não se comete nenhuma violência contra a palavra, nenhuma fragmentação que destaque as diversas sílabas que a compõem (...); é à palavra como tal e exatamente como se apresenta na estrutura da frase que se permite enunciar, graças a certas circunstâncias, dois tipos de sentidos"* (p. 91). Freud ilustra essa técnica com o exemplo *"o primeiro vôo da águia"*, que ele relata nos seguintes termos: *"Como se sabe, um dos primeiros atos de Napoleão III, depois de sua ascensão ao poder, foi confiscar os bens da Maison d'Orléans. Nessa época, alguém fez o seguinte jogo de palavras: 'É o primeiro vôo da águia'"*** (p. 91).

Segundo Freud, o que preside a formação da condensação nos três procedimentos é a economia de meios, como no exemplo acima: *"vol"*, diz Freud, *significa tanto "vôo" como "roubo". Nesse caso, não haveria algo que foi condensado, economizado? Com certeza: a segunda idéia, que se lançou sem trocá-la por um substituto"* (p. 100). Ele conclui nos seguintes termos: *"Todas essas técnicas são dominadas por uma tendência à concentração ("zusammendrängende Tendenz") ou, mais exatamente, por uma tendência à economia"* (p. 100), isto é, uma economia em meios de expressão.

Quanto aos trocadilhos, eles são, sem dúvida, os chistes mais correntes, porém, constituem *"a variedade mais pobre do chiste fundamentada em palavras ("Wortwitze"), provavelmente porque permitem fazer piada "barata" com o mínimo de esforço possível"* (p. 104)

As técnicas fundamentadas no pensamento

Freud prossegue seu estudo detalhado de diversas técnicas passando em revista os chistes fundamentados no *pensamento*, isto é, aqueles que não têm a ver com a palavra propriamente, mas com a condução do pensamento, e que independem da expressão verbal. Nesse caso, o *trabalho do chiste* – como ele o denomina, em analogia o trabalho do sonho – se serve de condutas de pensamento que escapam ao raciocínio normal como meios técnicos para produzir a expressão espiritual; ele cita vários procedimentos, por exemplo, o do *deslocamento*, que utiliza a lógica para encobrir um erro de raciocínio, ou ainda o procedimento que utiliza o *nonsense* para criar um chiste.

N. de T. Em português, ruivo ("roux"*) e bruto (*"sot"*).

**N. de T. No original francês: *"C'este le premier vol d'aigle"*.

O que faz com que o *nonsense* se torne um chiste? Freud se diverte respondendo que *"num tal nonsense espiritual encontra-se um sentido, e esse sentido no nonsense cria um chiste"* (p. 123). Portanto, a técnica aqui consiste em dizer uma coisa estúpida, um *nonsense*, que tem como significado tornar perceptível uma outra coisa estúpida, um outro *nonsense*.

Chistes inocentes e tendenciosos

Em função da diversidade de reações que suscitam em quem os ouve, pode-se estabelecer uma distinção entre os chistes *inocentes* e os chistes *tendenciosos*. O chiste inocente é um fim em si mesmo e não se presta a nenhuma intenção particular. Ao contrário, o chiste tendencioso se coloca a serviço de uma intenção que obedece a diversos motivos, como a hostilidade (agressividade, sátira, cinismo), a obscenidade (que visa pôr a nu!), a licenciosidade, que acentua o sexual, e o ceticismo, sendo que este último, na opinião de Freud, constitui o pior dos motivos.

O chiste como fonte de prazer e como vínculo social

Na segunda parte, Freud indaga-se sobre o papel desempenhado pelo prazer no mecanismo dos chistes. Os mecanismos que subentendem o efeito de prazer se observam mais facilmente dos chistes tendenciosos do que nos chistes inocentes, porque nos primeiros uma tendência é satisfeita: a satisfação que é fonte de prazer. Mas essa tendência se choca com obstáculos que o chiste permite contornar, quer se trate de obstáculos externos (medo da pessoa a quem se dirige o insulto secreto) ou obstáculos internos ligados à educação. Nos dois casos de utilização do chiste tendencioso obtém-se prazer porque um ganho de prazer corresponde a uma *"economia realizada nos gastos de inibição ou de repressão"* (p. 226). No chiste inocente, é a própria técnica do chiste que constitui a fonte de prazer, como no jogo de palavras.

O chiste tendencioso tem uma dimensão social que o cômico não possui, pois o primeiro necessita de três pessoas: uma primeira que lança o chiste, uma segunda que é tomada como objeto de agressão hostil ou sexual e, finalmente, uma terceira que ouve o chiste e usufrui do prazer contido na intenção. Por que a presença de uma terceira pessoa é indispensável? Segundo Freud, o chiste visa a proporcionar prazer simultaneamente ao autor e à terceira pessoa que ouve: *"Assim, o chiste é em si um patife de duas caras que serve a dois mestres ao mesmo tempo"* (p. 282). Mas o prazer do autor do chiste é dissimulado, pois em geral ele próprio não ri, a não ser *"por tabela"* através da pessoa que ele fez rir (p. 283).

▶ ESPÍRITO, SONHO E VARIEDADES DO CÔMICO

A terceira parte compara o sonho e o chiste e termina com um ensaio sobre o cômico, o humor e o chiste.

Sonho, chiste e retorno ao inconsciente infantil

Freud compara inicialmente o sonho e o chiste procurando explicitar as semelhanças e as diferenças. O sonho é antes de tudo a expressão da realização de um desejo com o objetivo de evitar o desprazer, enquanto que o chiste serve para adquirir prazer. O chiste encontra esse prazer não apenas por meio de diferentes técnicas, mas também em um retorno ao inconsciente infantil, que é sua fonte originária. Na época em que a criança começa a manejar a linguagem, nota-se que ela joga com as palavras e as reúne sem se preocupar com seu sentido, buscando essencialmente o prazer ligado às sonoridades. Esse prazer será pouco a pouco inibido pela crítica interior – a censura –, e só serão autorizadas as reuniões de palavras com um sentido. Mais tarde, o adulto utilizará esse retorno aos jogos de palavras para reencontrar o prazer infantil e contornar a censura, em um movimento de revolta contra as imposições do pensamento e da realidade.

As variedades do cômico

Freud prossegue suas reflexões com um estudo das diferentes formas do cômico, como a imitação, a paródia, a caricatura, etc. Ele atribui a origem do prazer em certas formas do cômico à comparação entre a outra pessoa e nosso próprio ego. A obra termina com um ensaio dedicado ao humor, que ele distingue da ironia, texto que terá um prolongamento 20 anos mais tarde em um curto artigo intitulado "O humor" (1927d), no qual introduzirá a noção de superego.

PÓS-FREUDIANOS

Lacan: o chiste e os "relâmpagos" de tomada de consciência

"Retorno" aos primeiros escritos de Freud

No início dos anos de 1950, Jacques Lacan conclamou os psicanalistas a efetuar um *retorno a Freud*. O que significava esse retorno a Freud? Na verdade, não se tratava de refazer uma leitura do conjunto da obra de Freud, mas dos primeiros escritos teóricos freudianos que articulam o inconsciente em torno da linguagem: *A interpretação dos sonhos*, *Sobre a psicopatologia da vida cotidiana* e *Os chistes e sua relação com o inconsciente*. Escritas entre 1900 e 1905, essas três obras quase contemporâneas acentuam particularmente a linguagem como expressão dissimulada do inconsciente, e é dessa trilogia que Lacan extrai seus principais conceitos, particularmente o chiste, ao qual conferirá "*o estatuto de um verdadeiro conceito psicanalítico*" (Roudinesco e Plon, 1997).

O procedimento de Lacan desenvolveu-se em várias etapas. Em 1953, em seu "Discours de Rome", ele começou por preconizar um retorno ao sentido: "*O sentido de um retorno a Freud é um retorno ao sentido de Freud*", declarou então jogando com as palavras de forma bem humorada (1955, p. 406). Insistindo sobre o sentido, Lacan visava restaurar a experiência psicanalítica do inconsciente naquilo que considerava como a originalidade mais puramente freudiana, pois julgava que seus colegas contemporâneos tinham abandonado "*o sentido da palavra*" (1953, p. 243).

O inconsciente estruturado como uma linguagem

Desde 1956, Lacan centrou a experiência do inconsciente na dimensão simbólica, à luz das contribuições da lingüística, em particular na distinção das noções de "significante" e "significado", introduzidas pelo lingüista suíço F. de Saussure. Esse esclarecimento permitiu a Lacan evidenciar a "*primazia do significante sobre o significado*", proposição que ele vê como um dos ensinamentos fundamentais tirados de *A interpretação dos sonhos*. De fato, a aplicação do método de associação livre conduz pouco a pouco a cadeias de pensamento que, por sua vez, levam a cadeias de palavras, uma técnica que permite identificar a pista do significado perdido "*Para além dessa palavra, está toda a estrutura da linguagem que a experiência analítica descobre no inconsciente*" (Lacan, 1957, p. 494-495). Adotando uma perspectiva estrutural, Lacan reexaminou igualmente a noção de condensação comum ao sonho e ao chiste – traduzindo este último como "*traço de espírito*" –, e concluiu que o chiste era um significante que revelava através do jogo de linguagem uma verdade inconsciente que o sujeito tentava esconder.

A revisão feita por Lacan das noções de condensação e de deslocamento conduziu-o a enunciar sua famosa proposição segundo a qual "*o inconsciente é estruturado como uma linguagem*". Nessa proposição está condensada a hipótese lacaniana central, segundo a qual os mecanismos de formação do inconsciente são estritamente análogos aos mecanismos de formação do sentido na linguagem, como destaca Joël Dor: "*Podemos inclusive considerar essa hipótese como a mais fundamental para toda a elaboração teórica lacaniana, não apenas pelo que essa proposição pressupõe, mas também porque ela encarna o sentido do retorno a Freud que Lacan sempre prescreveu desde que começou a lecionar*" (1985, p. 17).

Divergências sobre a técnica, a teoria e a formação

Os trabalhos psicanalíticos de Lacan e, muito particularmente, aqueles que tratam da linguagem suscitaram e suscitam ainda hoje um interesse que vai muito além dos círculos psicanalíticos. Contudo, desde o

Continua

PÓS-FREUDIANOS • Continuação

primeiro momento surgiram divergências sobre pontos fundamentais entre Lacan e seus colegas pertencentes à Associação Psicanalítica Internacional (API). Esses desacordos culminaram com uma cisão em 1953, e em 1964 Lacan fundou "sozinho" a escola francesa de psicanálise, que resolveu dissolver pouco antes de sua morte, em 1980. A partir de então, o movimento lacaniano fragmentou-se em vários grupos. Do ponto de vista técnico, creio que o "retorno a Freud" preconizado por Lacan em 1953 focalizou a atenção sobretudo na neurose e na comunicação verbal, em detrimento dos trabalhos freudianos posteriores a 1915, justamente aqueles em que Freud explora as possibilidades de tratamento do psicanalítico de pacientes que apresentam distúrbios da comunicação verbal e da simbolização, como os depressivos e os psicóticos (J.-M. Quinodoz, 2000, 2002).

Além disso, Lacan concentrou sua atenção, cada vez mais, somente na palavra do analisado, essencialmente nos "relâmpagos"* de tomada de consciência do sentido simbólico do discurso do sujeito, que ele chama de "*buracos significantes do inconsciente*". Com o risco de usar e abusar dos jogos de palavras de valor interpretativo, essa técnica também fez com que Lacan encurtasse a duração das sessões, sem levar em conta o tempo necessário à elaboração da transferência e da contratransferência. Contudo, sobre esse ponto fundamental, creio que a tomada de consciência do sentido não é dada de antemão a cada pessoa, longe disso: trata-se de um processo lento, que se desenvolve progressivamente e que exige na maioria das vezes todo rigor do *setting* psicanalítico clássico para se desenvolver em um ritmo que deve ser respeitado até seu término.

A questão técnica ligada à prática de sessões mais curtas está longe de ser o único ponto de divergência entre psicanalistas lacanianos e psicanalistas pertencentes à Associação Psicanalítica Internacional (API). Como afirmou recentemente D. Widlöcher (2003), ainda persistem divergências incontornáveis sobre vários outros pontos, em particular sobre a utilização da contratransferência, cujo uso era fortemente rejeitado por Lacan e é ainda hoje por aqueles que se apóiam nele (F. Duparc, 2001).

No que se refere à formação de futuros psicanalistas, Lacan se opunha radicalmente à maneira como a formação era organizada dentro da API; ele contestava em particular a "pré-seleção" e a análise pessoal prévia chamada de "análise didática". A seu ver, a avaliação em diferentes etapas do processo e a organização hierárquica mantinham seus colegas em um estado de permanente submissão. Quando fundou sua própria escola, em 1963, estabeleceu como princípio que esta não autorizava nem proibia, e que a responsabilidade da cura era um problema exclusivamente do psicanalista, e daí o sentido de sua afirmação: "*O psicanalista só busca autorização em si mesmo*". Essa recusa de qualquer avaliação por outros que não ele próprio tem como conseqüência multiplicar o número de pessoas que se autodenominavam "psicanalistas" reportando-se a Lacan e sem que se soubesse qual era sua formação.

Alguns psicanalistas pertencentes à corrente lacaniana desejavam retornar à Associação Psicanalítica Internacional fundada por Freud. Contudo as posições teóricas e técnicas de uns e outros me parecem muito distantes.

A escola inglesa: do simbolismo primitivo à representação simbólica

A extensão da cura para além da neurose

Os psicanalistas pertencentes à escola inglesa também abordaram a questão do simbolismo, mas em uma perspectiva diferente, o que tornou possível o tratamento psicanalítico de pacientes que apresentavam dificuldades de se comunicar verbalmente, sendo a verbalização uma forma de simbolismo altamente evoluída. De todo modo, a cura psicanalítica não é reservada apenas aos pacientes neuróticos, capazes de se comunicar consigo mesmos e com outro por meio de palavras, mas igualmente aos pacientes nos quais predomina o pensamento concreto e que mesmo assim conseguem desenvolver sua função simbólica e sua capacidade de se comunicar verbalmente, graças ao trabalho de elaboração.

Já em 1916, E. Jones retomara a questão do simbolismo no prolongamento das idéias expressadas por Freud em *A interpretação dos sonhos* (1900a). Jones diferenciou o simbolismo consciente do simbolismo inconsciente e considerou a criação de um símbolo como o resultado de um conflito intrapsíquico e o próprio símbolo como representante do que foi reprimido.

M. Klein introduziu pouco a pouco uma nova abordagem da questão do simbolismo partindo de seu trabalho com as crianças e de sua compreensão do jogo na sessão como expressão simbólica dos conflitos inconscientes. Em seu artigo "A importância do símbolo na formação do ego" (1930), baseado na observa-

Continua

● *Continuação*

ção de Dick, um menino autista de 4 anos, M. Klein demonstra que a formação do símbolo pode ser inibida especificamente, e que os efeitos dessa inibição têm conseqüências graves para o desenvolvimento posterior do ego. Ela conclui que quando não ocorre o processo de simbolização, o conjunto do desenvolvimento é retido; e atribui essa inibição a uma angústia excessiva ligada às fantasias agressivas da criança em relação ao corpo da mãe e com um sentimento crescente de culpa.

Transição entre simbolização primitiva e simbolização evoluída

O fato de que o processo de formação do símbolo possa ser interrompido ao longo do desenvolvimento infantil levou H. Segal e W. R. Bion a se aprofundarem nas pesquisas iniciadas por M. Klein. Com isso, esses autores não apenas estabeleceram uma distinção entre uma forma primitiva de simbolismo e uma forma evoluída, como também revelaram os processos de transição entre essas duas formas de simbolização, considerados os conceitos de posição esquizoparanóide e de posição depressiva. Retomaremos de maneira mais detalhada seus pontos de vista examinando os desdobramentos do estudo que Freud dedicou às particularidades da linguagem do esquizofrênico em "O inconsciente" (*Artigos sobre metapsicologia*, 1915e).

Os trabalhos de Segal e de Bion, assim como os de H. Rosenfeld, sobre a transferência narcisista estão na origem do tratamento psicanalítico de pacientes psicóticos, narcisistas e *borderline* que hoje encontramos com mais freqüência em nossos divãs do que os pacientes neuróticos.

---

*A língua alemã permite um jogo de palavras divertido aproximando as palavras "*Blitz*" (relâmpago) e '*Witz*" (jogo de palavras), condensação e deslocamento que não têm um equivalente em língua francesa para exprimir o momento de "*Einfall*", segundo o termo de Freud (em inglês "*insight*").

● **CRONOLOGIA DOS CONCEITOS FREUDIANOS**

Mecanismos do sonho (condensação, deslocamento, realização de desejo) aplicados ao chiste, ao cômico e ao humor

TRÊS ENSAIOS SOBRE A TEORIA DA SEXUALIDADE

S. FREUD (1905d)

A descoberta da sexualidade infantil: revolução e escândalo

Publicada em 1905, a obra *Três ensaios sobre a teoria da sexualidade* é considerada por muitos como a mais importante de Freud depois de *A interpretação dos sonhos* (1900a) e a mais marcante sobre a sexualidade. Nela Freud desafia abertamente a opinião popular e os preconceitos vigentes sobre a sexualidade: por um lado, ele estendeu a noção de sexualidade para além dos limites estreitos em que era mantida por sua definição convencional; por outro lado, reportou o início da sexualidade à primeira infância, isto é, a um período muito mais precoce que se imaginara até então. Ele demonstra assim que a sexualidade não começa na puberdade, mas desde a infância precoce, e que ela segue um desenvolvimento em fases sucessivas até culminar na sexualidade adulta. Além disso, ele lança pontes entre as formas anormais de sexualidade e a sexualidade dita normal.

Utilizando uma linguagem simples e um vocabulário do dia-a-dia, Freud lança algumas proposições sobre a sexualidade que ninguém estava disposto a ouvir. Porém, não há nada que ele revele nessa obra que já não seja conhecido, em particular, não ensina nada de novo aos pais, aos educadores e aos escritores que o tempo todo observam e descrevem as manifestações da sexualidade infantil. De resto, as descrições da sexualidade que Freud apresenta nessa obra estão muito aquém das imagens obscenas publicadas alguns anos antes por sexólogos citados por Freud, como Krafft–Ebing ou Havelock Ellis, mas essas publicações não desencadearam o mesmo alarido. De fato, o público reagiu escandalizado à leitura dos *Três ensaios*, que tornaram Freud *"universalmente impopular"*, segundo Jones. A obra comprometerá por longo tempo as relações de Freud com o público. A partir dela, Freud passa a ser visto como uma mente obscena e perigosa, e mais ainda depois de chocar o mundo médico vienense ao publicar no mesmo ano o caso *Dora* sem a autorização da paciente. Por que se desencadeou tamanha hostilidade? Sem dúvida, Freud, que é um médico burguês e pai de família, assume grandes riscos abalando a moral quando se recusa a fazer um juízo de valor sobre as perversões. Porém, alheio às críticas, Freud parece mais determinado do que nunca a fazer com que o conhecimento científico triunfe sobre o obscurantismo.

BIOGRAFIAS E HISTÓRIA

O momento da descoberta da sexualidade infantil

Em seus trabalhos ao longo dos anos de 1890, Freud já suspeitava que fatores de natureza sexual que remontavam à infância podiam estar na origem dos sintomas histéricos. Entretanto, ele imaginava que era unicamente em conseqüência de um ato de sedução por um adulto que a sexualidade despertava prematuramente em uma criança. Mas, após a descoberta do complexo de Édipo durante sua auto-análise em

Continua

> **BIOGRAFIAS E HISTÓRIA** • *Continuação*
>
> 1897, ele chegou à conclusão que os impulsos sexuais estavam presentes desde muito cedo em todas as crianças e que se manifestavam independentemente de qualquer estimulação exercida por um terceiro. Em 1899, anunciou a Fliess que sua próxima obra trataria de uma teoria da sexualidade e que pretendia apenas que *"uma faísca venha pôr fogo no material reunido"* (Freud e Fliess, carta de 11 de novembro de 1899). Sem dúvida, Freud precisou superar fortes resistências internas antes de admitir a universalidade da sexualidade infantil e de realizar seu projeto, que desenvolveu paralelamente à redação de *Os chistes e sua relação com o inconsciente*, obra que também foi lançada em 1905.
>
> Esse foi um período de grande produtividade para ele, marcado pela ruptura definitiva com Fliess. A clientela privada preenchia todo seu tempo, e a maior parte de seus pacientes vinha da Europa Oriental. Ele prosseguiu durante três anos suas conferências na Universidade e o círculo da Sociedade das Quartas-Feiras se ampliou. O ano de 1905 corresponde igualmente ao início de sua fama internacional. Ele passou a viajar todo ano em companhia de sua cunhada Minna Barnays e de seu irmão Alexandre, ou para a Itália ou para a Grécia.
>
> **Freud: um pansexualista?**
>
> Em *Três ensaios*, Freud atribui um papel central à sexualidade infantil, afirmando principalmente que as pulsões reprimidas nos neuróticos são de natureza sexual e que a sexualidade do adolescente e do adulto fundamenta-se na sexualidade infantil. Mas ele foi mal compreendido, e o acusaram de "pansexualismo", isto é, de pregar uma teoria simplificadora segundo a qual todas as condutas humanas se explicam pelo sexo, ou seja, pela sexualidade no sentido mais estrito do termo. Embora tenha mostrado a importância da sexualidade na natureza humana, Freud sempre se defendeu da acusação de pansexualismo. Em uma carta ao Pr. E. Claparède, de Genebra (Freud, 1921e), ele protestou contra as críticas de pansexualismo que lhe eram dirigidas a propósito não apenas da teoria sexual, mas igualmente de sua teoria dos sonhos: *"Jamais afirmei que todo sonho tem o significado da realização sexual, e muitas vezes refutei isso. Mas não adiantou nada, e não cansam de repetir isso"* (Carta de Freud a Édouard Claparède, 25 de dezembro de 1920).

DESCOBERTA DA OBRA

> As páginas indicadas remetem ao texto publicado em S. Freud (1905d), *Trois essais sur la théorie sexuelle*, trad. P. Koeppel, Paris, Gallimard, 1987.

A obra é dividida em três partes: a primeira é dedicada às perversões, designadas pelo nome de aberrações sexuais, a segunda à sexualidade infantil e a terceira às metáforas da puberdade.

▶ **PRIMEIRO ENSAIO: AS ABERRAÇÕES SEXUAIS**

A origem infantil das perversões

No primeiro ensaio, Freud critica os preconceitos populares e contesta a opinião predominante entre os cientistas da época segundo a qual as perversões, como a homossexualidade, resultam de uma degenerescência ou são uma tara constitutiva. Ele propõe buscar a verdadeira origem na infância, isto é, no nível do desenvolvimento psicossocial. Começa passando em revista os desvios sexuais listados pelos sexólogos da época, entre os quais Krafft-Ebing e Havelock Ellis, e considera esses desvios de um ângulo inédito, o das relações destes com a norma aceita, isto é, com a sexualidade dita "normal".

Partindo das noções de *"pulsão"* e de *"objeto"* – conceitos que terão uma importância decisiva na psicanálise –, Freud introduz uma distinção dentro das perversões: ele diferencia na verdade *"os desvios sexuais em rela-*

ção ao objeto sexual", isto é, em relação à *pessoa* da qual emana uma atração sexual, e "*os desvios em relação à meta sexual*", isto é, em relação ao *ato* a que leva a pulsão. Devemos esclarecer que a psicanálise utiliza o termo "objeto" no sentido do francês clássico para designar "uma pessoa", e não "uma coisa", como Racine, cujo herói diz: "*Eis o objeto de minha chama*" ou "*o único objeto de meu ressentimento*".

O papel da bissexualidade

No que se refere aos "*desvios sexuais em relação ao objeto sexual*", Freud relaciona entre essas perversões as diversas formas de homossexualidade, assim como a pedofilia e a zoofilia. Ele considera que essas perversões decorrem de um componente adquirido da sexualidade humana, e não inata ou constitutiva, como se pensava até então. Mas, se a homossexualidade resulta de uma evolução que se produz ao longo do desenvolvimento psicossexual do indivíduo, é lícito perguntar quais são os fatores que levam certas pessoas a fazer uma escolha de objeto homossexual e outras a fazer uma escolha de objeto heterossexual. Freud resolve a questão recorrendo à *bissexualidade*, predisposição universal que fora postulada por Fliess, fundamentada no desenvolvimento embrionário do ser humano. Contudo, se Fliess revelou a bissexualidade biológica, Freud foi o primeiro a aplicar essa noção ao nível psicológico, postulando que tendências masculinas e tendências femininas coexistem desde a infância em todo indivíduo, de forma que a escolha de objeto definitivo depende da predominância de uma tendência em relação à outra.

As pulsões parciais

Freud aborda em seguida a questão dos "*desvios em relação à meta sexual*", nos quais a pulsão sexual se desintegra em diferentes componentes que ele chama de "*pulsões parciais*": as pulsões parciais têm como fonte de excitação sexual uma "*zona erógena*", de modo que as perversões se baseiam na dominação de uma pulsão parcial de origem infantil. Entre as formas de perversão ligadas às pulsões sexuais, umas utilizam partes do corpo ou objetos fetiches para fins de satisfação sexual, como substituto de zonas corporais normalmente destinadas à união sexual. Outras formas de perversão constituem fixações em metas sexuais preliminares, como as práticas eróticas ligadas à zona oral (felação, cunilíngua), o tocar ou olhar, ou ainda o sadismo e o masoquismo. Nesse caso, Freud esclarece: "*A tendência se atém aos atos preparatórios e a criar novas metas sexuais que podem substituir as metas normais*" (p. 66). Resumindo seu ponto de vista, podemos dizer que nas perversões a pulsão sexual se desintegra em vários componentes chamados de "pulsões parciais", enquanto na sexualidade normal as pulsões parciais se reúnem e se colocam a serviço da maturidade genital.

Perversão, neurose e normalidade

Freud chegou a duas conclusões que chocarão particularmente o público. Em primeiro lugar, ele afirma que os sintomas neuróticos não se criam unicamente em detrimento da pulsão sexual normal, mas em parte também em detrimento de uma sexualidade anormal. Ele sintetiza isso em uma frase célebre ao declarar: "*A neurose é por assim dizer o negativo da perversão*" (p. 80), metáfora tirada da fotografia que significa que o que é *agido* pelos perversos através de seus comportamentos sexuais aberrantes, os neuróticos *imaginam* em suas fantasias e em seus sonhos. Em segundo lugar, Freud conclui que a predisposição às perversões não é um traço excepcional, mas que pertence integralmente à constituição dita normal, cujo esboço podemos observar na criança: "*Essa constituição presumida, que contém os germes de toda perversão, só pode ser evidenciada na criança, ainda que as pulsões não possam se manifestar nela com toda intensidade*" (p. 89).

▶ SEGUNDO ENSAIO: A SEXUALIDADE INFANTIL

A amnésia infantil: esquecimento dos primeiros anos da infância

No segundo ensaio, Freud abala ainda mais a crença popular, segundo a qual a pulsão sexual está ausente durante a infância e aparece apenas na puberdade, como também os estudos científicos que ignoravam a existência de uma sexualidade na criança. Ele atribui essa ignorância ao que chama de "amnésia infantil", isto é, ao fato de que os adultos têm pouca ou nenhuma lembrança de seus primeiros anos de infância. Para Freud, tanto o esquecimento da amnésia infantil quanto o esquecimento da amnésia histérica têm como causa a repressão: do mesmo modo que o histérico reprime as pulsões sexuais ligadas à sedução, o adulto mantém à margem de sua consciência os inícios de sua vida sexual quando ainda era criança.

Segundo Freud, a vida sexual das crianças manifesta-se de uma forma observável por volta dos 3 ou 4 anos, mas as manifestações da pulsão sexual se chocam com obstáculos externos, como a educação, que é um fator de civilização, e com objetos internos, como a repulsa, o pudor e a moral, sendo que estes últimos constituem a expressão da repressão. Durante a fase de latência, nota-se que as forças pulsionais sexuais se desviam da metas sexuais para se dirigirem a outras metas, sob a forma de produções culturais, graças ao processo que Freud chama de *sublimação*. Mas ele reconhece que, às vezes, a pulsão sexual volta à tona durante o período de latência, seja de maneira episódica, seja de maneira duradoura, até a puberdade.

As manifestações da sexualidade infantil

Freud toma como modelo das manifestações da sexualidade infantil a *sucção* que aparece no bebê e pode persistir inclusive por toda a vida. Segundo ele, a criança que suga busca um prazer já vivido que se baseia na *"primeira e mais vital atividade da criança, o aleitamento no seio materno (ou em seus substitutos)"* (p. 105). Durante a amamentação, os lábios da criança têm o papel de *zona erógena* que está na fonte da sensação de prazer. Assim, *"a atividade sexual se apóia inicialmente em uma das funções que serve à conservação da vida"* (p. 105), e só mais tarde a satisfação sexual se separa da necessidade de alimentação e se torna independente. Mas, segundo Freud, essa propriedade erógena não se limita à zona oral e pode estar ligada a qualquer outra parte do corpo, que às vezes é dotada da excitabilidade dos órgãos sexuais.

Portanto, o caráter das pulsões sexuais é essencialmente *masturbatório* durante a infância. Entre as manifestações sexuais infantis, Freud situa não apenas as atividades masturbatórias orais, mas também as atividades masturbatórias ligadas à zona anal (prazer da retenção ou da expulsão ligada à função intestinal, etc.), assim como as atividades uretrais ligadas ao prazer da micção (tanto no menino como na menina) e aquelas ligadas às zonas genitais. Essas observações levam-no a distinguir três fases na masturbação infantil: a primeira fase é a do onanismo do bebê na época do aleitamento, a segunda aparece em torno dos 3 ou 4 anos e a terceira corresponde ao onanismo da puberdade, a única a ser levada em conta durante muito tempo.

A predisposição perversa polimorfa

A descoberta do papel precoce desempenhado pelas zonas erógenas levou Freud a considerar que existe na criança o que ele chama de uma *"predisposição perversa polimorfa"*. O que quer dizer isso? A expressão *"predisposição perversa"* significa que as diferentes partes do corpo da criança pequena apresentam desde o início da vida uma sensibilidade particularmente forte à erotização, aguardando que as zonas erógenas sejam submetidas à organização genital destinada a unificar a sexualidade. Quando ao termo *"polimorfa"*, ele destaca a grande diversidade de zonas erógenas suscetíveis de serem despertadas precocemente à excitação sexual. A existência de uma predisposição perversa polimorfa na criança pequena permitiu a Freud explicar o fato de que uma perversão organizada, tal como se encontra no adulto, resulta da persistência de um componente parcial da sexualidade infantil que permaneceu fixado a uma fase precoce do desenvolvimento psicossocial.

A noção freudiana de *"predisposição perversa polimorfa"* é ainda hoje uma fonte de escândalo para muitos, por ser mal compreendida. Na verdade, o fato de que uma criança obtenha um prazer sexual de suas zonas erógenas não significa necessariamente que ela seja "perversa" no sentido que se entende no adulto. Esse termo significa para Freud que a fase infantil da disposição perversa polimorfa é um estágio precoce de um desenvolvimento psicossexual que ainda não chegou à fase da sexualidade genital, em que ainda não se estabeleceu uma hierarquia dentro das zonas erógenas que as coloque a serviço da reprodução. É bem diferente da perversão no adulto, que consiste em um comportamento fortemente organizado no qual a satisfação parcial é obtida em detrimento de uma plenitude da sexualidade genital do indivíduo, e o prazer sexual é obtido com objetos sexuais do mesmo sexo, como na homossexualidade, ou exigindo condições particulares, como no fetichismo. Pode ocorrer que a criança apresente uma verdadeira fixação perversa, mas trata-se de casos excepcionais.

As teorias sexuais infantis

Entre as manifestações da sexualidade infantil, Freud evoca a curiosidade intensa que mostram as crianças em suas incansáveis perguntas sobre a sexualidade. De onde vêm os bebês? Como é que o papai e a mamãe os fazem? Essas perguntas constantes em todas as suas formas permitem entrever as teorias particulares que as crianças podem forjar a propósito da sexualidade, como, por exemplo, a convicção de que existe apenas um órgão na origem da diferença dos sexos: os meninos têm um pênis e as meninas são desprovidas dele. Outras teorias sexuais infantis dizem respeito às idéias que as crianças fazem sobre o nascimento (o bebê é evacuado pelo mesmo orifício que as fezes?, etc.), ou sobre as relações sexuais dos pais (fecundação ao beijar, concepção sádica de suas relações, etc.). Mas, quaisquer que sejam as fantasias conscientes das crianças, elas são essencialmente o reflexo de sua organização sexual inconsciente e da maneira como elas imaginam em suas fantasias as relações com as pessoas de seu meio.

As fases de desenvolvimento da organização da sexualidade

Em seis edições sucessivas, Freud introduziu conceitos novos e fundamentais, e a obra passou de 80 páginas em 1905 para 120 páginas na sexta e última edição, lançada em 1925, que englobava todos os acréscimos feitos. Na revisão de 1915, introduziu a noção de uma *"organização da libido em fases sucessivas"*, sendo que cada fase corresponderia ao primado de zonas erógenas. Assim, descreve a fase oral, a fase sádico-anal a fase genital. Ele sugere também a idéia de que o desenvolvimento da libido passa por uma sucessão de fases, cada uma correspondendo a uma das zonas erógenas prevalentes. Em 1923, acrescenta às fases descritas anteriormente a *"fase de organização fálica"*, que situa entre a fase anal e a fase genital, e explica que na fase fálica um único tipo de órgão é reconhecido: o pênis no menino e seu equivalente na menina, o clitóris. O desenvolvimento da sexualidade seguiria uma progressão a partir das fases pré-genital de organização da libido – oral, sádico-anal e fálica – até a organização genital, esta última instituindo-se na puberdade. Embora descreva o desenvolvimento psicossexual infantil em termos evolucionistas, Freud esclarece que essa progressão não é completamente linear e que os agrupamentos são numerosos e ainda que cada fase deixa marcas permanentes atrás de si.

▶ **TERCEIRO ENSAIO: AS METAMORFOSES DA PUBERDADE**

O auto-erotismo infantil oposto à escolha de objeto pós-puberdade

Na edição de 1905, Freud opõe categoricamente o funcionamento da sexualidade infantil, que ele considera como auto-erótica, e o da sexualidade pós-pubertária, que centra na "escolha de objeto", isto é na escolha da pessoa eleita como objeto de amor. De acordo com a primeira versão da obra, a etapa precoce da sexualidade não teria outro objeto a não ser o próprio corpo, enquanto a sexualidade pós-pubertária se fundamentaria na escolha de objeto, isto é, a pessoa amada e desejada depois que o indivíduo atingiu sua maturidade física e psíquica.

Contudo, Freud já descreve na primeira edição de *Três ensaios* uma relação de objeto parcial e uma relação de objeto total. Assim, quando afirma em 1905 que *"a figura da criança que suga o seio de sua mãe tornou-se o modelo de toda relação amorosa"* (p. 165) e se refere a esta como sendo *"essa relação sexual que é a primeira e a mais importante de todas"* (p. 165), ele evoca uma relação de objeto parcial, em que o seio materno é tomado pelo bebê como o substituto de sua mãe. Freud descreve igualmente a maneira como o bebê, depois de renunciar ao seio – relação de objeto parcial, diríamos hoje –, descobre a pessoa da mãe em sua totalidade: segundo Freud, essa passagem se efetua *"na época em que se torna possível à criança formar a representação global da pessoa à qual pertencia o órgão que lhe dava satisfação"* (p. 165). Freud descreve assim a passagem de uma relação de objeto parcial a uma relação de objeto total, noção que complementará em seguida ao introduzir o conceito de "pulsão parcial" em *Artigos sobre metapsicologia*, em 1915.

O papel dos afetos na relação de objeto

Seguindo os acréscimos sucessivos feitos a *Três ensaios*, contata-se que Freud atenua a oposição entre auto-erotismo infantil e escolha de objeto pós-pubertária. Assim, quando introduz em 1915 a noção de fases da libido, descreve para cada uma delas um tipo correspondente de relação de objeto. Na puberdade ocorre uma integração progressiva das pulsões parciais que culmina na escolha de objeto – total, diríamos nós –, característica da fase genital: *"O conjunto de aspirações sexuais se dirige a uma única pessoa, na qual buscam atingir suas metas"* (p. 166).

Na seqüência, Freud dará uma importância cada vez maior ao papel que desempenham os afetos de amor e de ódio nas relações de objeto ao longo do desenvolvimento. Assim, em 1912, quando introduz o conceito de ambivalência em "A dinâmica da transferência" (1912b), passará a considerar que a ambivalência amor-ódio caracteriza a relação de objeto no nível pré-genital. Ele introduz igualmente uma oposição entre, por um lado, uma *corrente terna*, característica das pulsões parciais infantis, e, por outro, uma *corrente sensual*, característica da escolha de objeto da puberdade. Para que se estabeleça a corrente sensual da escolha de objeto, é preciso que a criança tenha renunciado aos seus primeiros objetos incestuosos representados por seu pai e sua mãe, devido à proibição do incesto, e assim ela dirige sua escolha de objeto para outras pessoas. Contudo, essas novas escolhas de objeto ainda são influenciadas pelas escolhas precoces, de modo que persiste uma semelhança entre os objetos do desejo escolhidos no período pós-pubertário e as primeiras escolhas de objeto, isto é, os pais. Em outros termos, segundo Freud, ninguém escapa à influência das primeiras escolhas de objeto incestuosas da infância, que persistirá durante toda a existência: *"Mesmo quem conseguiu evitar a fixação incestuosa da libido não escapa totalmente à sua influência"* (1905d, p. 172). Posteriormente, Freud mostrará que a reunião da corrente terna e da corrente sensual se instala quando do estabelecimento da sexualidade genital, enquanto nos distúrbios neuróticos as duas correntes não chegam a se reunir: *"(...) [correntes] cuja reunião é a única a garantir um comportamento amoroso perfeitamente normal"* (1912d, p. 57).

Finalmente, no que diz respeito ao amor de objeto, Freud o considera igualmente em uma perspectiva de desenvolvimento e, segundo ele, a criança aprende a amar outras pessoas com base em um amor sexual que sentiu pelas pessoas que cuidaram dela a partir do período de latência. Para resumir o conjunto do desenvolvimento psicossexual da criança, a pulsão sexual se instala com objetos parciais de natureza essencialmente pré-genital e, depois de uma lenta evolução, chega a uma síntese de correntes libidinosas e afetivas em uma escolha de objeto de amor. Quanto à noção de *"escolha de objeto"*, Freud reserva esse termo para a relação de objeto de amor que se dirige a uma pessoa sentida como uma pessoa total, modo de relação em que intervém um outro par de opostos, aquele que contrapõe o amor ao ódio, como mostrará em 1915 em "Pulsões e destinos das pulsões": *"(...) os termos amor e ódio não devem ser utilizados para as relações de pulsões com seus objetos, mas reservadas para as relações do ego total com os objetos"* (1915c, p. 61). Mas Freud reconhece que a maturidade sexual descrita nesses termos raramente é atingida e, reafirmando o papel decisivo desempenhado pela sexualidade infantil no futuro normal e patológico do indivíduo, afirma que *"todos os distúrbios patológicos da vida sexual podem ser considerados com razão como inibições do desenvolvimento"* (1905d, p. 144).

 EVOLUÇÃO DOS CONCEITOS FREUDIANOS

O complexo de Édipo: as etapas sucessivas de uma descoberta
Embora a noção de complexo de Édipo ainda não apareça como tal na primeira edição de *Três ensaios sobre a teoria da sexualidade* em 1905, mas apenas em acréscimos posteriores, vamos descrever suas principais etapas desde esse momento. De resto, essa noção foi evoluindo progressivamente ao longo de sua obra, e Freud jamais dedicou um trabalho conjunto ao complexo de Édipo.
O complexo de Édipo é uma descoberta freudiana essencial que aparece durante o desenvolvimento da criança e constitui o organizador central da vida psíquica em torno da qual se estrutura a identidade sexual do indivíduo. Para Freud, esse complexo é universal, como afirma em *Três ensaios*: "*Todo ser humano se vê confrontado com a tarefa de dominar o complexo de Édipo*" (1905d, p. 187, nota 2 acrescentada em 1920). Além disso, o complexo de Édipo não diz respeito apenas ao desenvolvimento do indivíduo normal, mas está presente também no cerne da psicopatologia e forma "*o complexo nuclear das neuroses*".

O complexo de Édipo em sua forma simples (ou positiva)
No decorrer de sua auto-análise, Freud foi levado a reconhecer o amor por sua mãe e a inveja em relação a seu pai que sentiu na infância, e a estabelecer uma ligação entre esse conflito de sentimentos e o mito do Édipo "*Encontrei em mim e em toda parte sentimentos de amor em relação a minha mãe e de inveja em relação a meu pai, sentimentos que, suponho, são comuns a todas as crianças pequenas (...) sendo assim (...) compreende-se o efeito incrível de* **Édipo Rei**" (Freud a Fliess, carta de 15 de outubro de 1897). Esse tema foi retomado em *A interpretação dos sonhos*: "*O Édipo que mata o pai e casa com a mãe apenas realiza um dos desejos de nossa infância*" (1900a, p. 229 *[303]*). Nos anos seguintes, Freud referiu-se com freqüência à noção de complexo de Édipo em seus trabalhos clínicos, como o caso "*Dora*" em 1905 ou o do "*pequeno Hans*" em 1909. Mas apenas em 1910, em "Um tipo especial da escolha de objeto feita pelos homens" (1910h), é que a noção de "*complexo de Édipo*" aparece pela primeira vez como tal, sendo que o temo "*complexo*" vem de Jung.
No início, Freud descobre a forma simples do complexo de Édipo (chamado também de complexo de Édipo positivo ou direto) e descreve a evolução desse complexo tal como ocorre durante o desenvolvimento psicossexual do menino. Este tem como primeiro objeto de afeição sua mãe que ele deseja ter somente para si, mas entre 3 e 5 anos o amor que o menino sente por pela mãe o leva a rivalizar com o pai que ele passa a odiar. Teme então ser castrado pelo pai – ser privado de seu pênis – por causa dos desejos incestuosos que sente em relação à mãe e de seu ódio contra ele. Sob o efeito da angústia desencadeada por essa ameaça de castração, o menino acaba por renunciar à realização de seus desejos sexuais incestuosos em relação à mãe e entra no período de latência.
Freud pensava originalmente que existia uma simetria completa entre o desenvolvimento psicossexual do menino e o da menina e que, do mesmo modo que o menino se apaixonava pela mãe e odiava o pai, a

Continua

EVOLUÇÃO DOS CONCEITOS FREUDIANOS • *Continuação*

menina se apaixonava pelo pai e odiava a mãe. Mais tarde, porém, percebeu que o percurso seguido pela menina não era o mesmo que o do menino.
Em 1913, em *Totem e tabu*, Freud procura explicar o caráter universal do complexo de Édipo e, particularmente, o papel estruturante que ele desempenha na constituição da personalidade de cada indivíduo. Ele tenta responder a isso lançando a hipótese do assassinato do pai da horda originária pelos filhos, desejosos de conquistar as mulheres que ele possuía. Segundo Freud, esse crime originário seria transmitido em seguida de geração em geração via filogênese, e a culpa ligada a esse assassinato inicial reapareceria em cada indivíduo sob a forma do complexo de Édipo.

A forma completa do complexo de Édipo: uma descoberta tardia

Só muitos anos mais tarde, em *O ego e o id* (1923b), Freud acrescentou à noção de complexo de Édipo positivo (ou direto) a de complexo de Édipo negativo (ou invertido), noção fundada na existência de uma constituição bissexual física e psíquica de todo indivíduo desde a infância. Enquanto no complexo de Édipo positivo o menino deseja casar com a mãe a matar o pai, no complexo de Édipo negativo o menino deseja casar com o pai e eliminar a mãe, que é vista como rival. Ao contrário da forma positiva do complexo de Édipo, em que o menino se identifica com seu rival e que ser "*como*" seu pai, na forma negativa ou invertida do complexo, o menino deseja "*ser*" sua mãe por via de uma regressão à identificação, que constitui, segundo Freud, a forma mais precoce de amor pelo objeto. Os desejos passivos femininos que o menino sente em relação a seu pai levam-no a renunciar aos seus desejos heterossexuais em relação à sua mãe, como também ao desejo de identificação masculina com o rival paterno, como Freud ilustra em seu estudo sobre "O caso Schreber" em 1911, ou no caso do "Homem dos lobos" em 1918. Para Freud, as duas formas do complexo de Édipo coexistem no psiquismo de todo indivíduo, de forma que o complexo de Édipo completo implica agora quatro pessoas: de um lado, o pai e a mãe, de outro, a disposição ao mesmo tempo masculina e feminina da criança (menino ou menina), fundada na "bissexualidade psíquica" própria a todo ser humano. A proporção entre essas duas tendências varia, e a identidade sexual de um indivíduo resulta da prevalência de uma sobre a outra, sendo que o desenvolvimento psicossexual dito normal é o resultado de uma predominância do complexo de Édipo positivo sobre o complexo de Édipo negativo.
Em 1923, em "A organização genital infantil" (1923e), Freud acrescenta uma quarta fase pré-genital, a "fase fálica", que vem se somar às fases oral, anal e genital que introduzira em 1915 em uma revisão de *Três ensaios*. A partir de então, ele passa a considerar que o desenvolvimento psicossexual da criança se centra essencialmente no primado do pênis como zona erógena determinante e no complexo de Édipo no nível de relações de objeto. Ele esclarece também que essa contribuição do complexo de Édipo atinge seu ápice entre 3 e 5 anos, isto é, na fase fálica, ao mesmo tempo em que os desejos sexuais pelo progenitor do sexo oposto são mais fortes e a angústia de castração é mais intensa.
Em 1924, em seu artigo "A dissolução do complexo de Édipo" (1924d), Freud descreve a maneira com o complexo de Édipo "*se dissolve*" ou "*desaparece*". Mas, ao contrário do que leva a crer o título de sua contribuição, o que se dissolve é o conflito edipiano tal como se observa em toda a sua acuidade na criança entre 3 e 5 anos. Porém, a situação edipiana propriamente dita subsiste no inconsciente tal como se constituiu, como organizador central da vida psíquica do indivíduo, perdendo, poderíamos dizer, o caráter patogênico ligado à noção de "complexo"
Em 1925, Freud retoma a descrição do desenvolvimento sexual da menina em um artigo intitulado "Algumas conseqüências psíquicas da distinção anatômica entre os sexos" (1925j). Nesse meio tempo, ele constatara que se o menino e a menina têm o mesmo objeto no início da vida, isto é, a mãe, posteriormente o desenvolvimento da menina se diferenciará do desenvolvimento do menino; na verdade, ela é levada a mudar de objeto e passar do amor pela mãe ao amor pelo pai. Contudo, como veremos mais adiante a propósito de suas concepções sobre a feminilidade, Freud continuará sustentando que o desenvolvimento psicossexual da menina se faz sob o domínio da inveja do pênis que a criança desejosa do pai toma como substituto. Freud permanecerá sempre fiel à sua teoria conhecida pelo nome de "monismo fálico", que podemos considerar como um resto de ligação a uma teoria sexual infantil. Finalmente, em um artigo intitulado "Sexualidade feminina" (1931b), ele confirmará a importância que atribui à ligação precoce da menina à sua mãe e à dificuldade que decorre para a menina de mudar de objeto, isto é, de passar da mãe para o pai durante seu desenvolvimento psicossexual.

CRONOLOGIA DOS CONCEITOS FREUDIANOS

Amnésia infantil – auto-erotismo – bissexualidade – escolha de objeto – complexo de Édipo – desenvolvimento psicossexual (do menino, da menina) – apoio – objeto – objeto total, objeto parcial – perversões – predisposição perversa polimorfa – pulsão – fase do desenvolvimento: oral, anal, fálica, genital – teorias sexuais infantis – zona erógena

"FRAGMENTO DA ANÁLISE DE UM CASO DE HISTERIA (DORA)"

S. FREUD (1905e)

A descoberta da transferência

O relato da cura psicanalítica de Dora tem um interesse particular, porque nele Freud descreve a descoberta da transferência. Quando Dora começou sua cura, Freud pensou ter encontrado nessa paciente a confirmação do acerto de suas idéias sobre a origem sexual dos fenômenos histéricos e sobre o papel desempenhado pelos sonhos na representação dos sintomas: foi um choque quando ele assistiu impotente ao abandono prematuro de Dora, depois de apenas 11 semanas de tratamento. Mas Freud teve a intuição de tirar partido desse fracasso terapêutico ao perceber de imediato que uma resistência ligada à transferência se manifestara involuntariamente. Em vez de parar nisso, Freud concluiu que, se tivesse identificado a tempo esse obstáculo, poderia tê-lo interpretado e, sem dúvida, evitado que a paciente interrompesse a análise: *"A transferência, destinada a ser o maior obstáculo à psicanálise, torna-se seu mais poderoso auxiliar sempre que se consegue desvendá-la e traduzir seu sentido para o doente"* (1905e, p. 88). Contudo, Freud não parou por ali com Dora, e 20 anos mais tarde deu um retoque importante no quadro de transferência esboçado em 1905, quando percebeu que a interrupção dessa cura não se devia unicamente à transferência paterna de Dora, mas também à transferência materna, isto é, à persistência de uma forte atração homossexual da moça por sua mãe.

Se Freud realmente descobriu a transferência em 1905 com Dora, o desenvolvimento dessa idéia se estendeu por várias décadas ao longo de sua obra. Finalmente, destacamos que a noção de contratransferência, mencionada apenas duas vezes por Freud, foi objeto de relevantes trabalhos de psicanalistas pós-freudianos, que abriram novas perspectivas acerca dos laços indissociáveis que unem transferência e contratransferência.

BIOGRAFIAS E HISTÓRIA

A genialidade de ter tirado proveito de um fracasso terapêutico

Em 1900, Freud acabara de publicar *A interpretação dos sonhos* e mergulhava na redação de *Sobre a psicopatologia da vida cotidiana* quando Dora, uma moça de 18 anos – cujo verdadeiro nome era Ida Bauer –, veio consultá-lo enviada por seu pai. Freud começou seu tratamento no mês de outubro de 1900, mas Dora interrompeu-o bruscamente apenas três meses depois de iniciá-lo. No início Freud ficou muito decepcionado, mas superou sua primeira reação e na seqüência redigiu em duas semanas essa primeira observação sobre a transferência.

Ele escreveu a Fliess que essa breve cura foi para ele a oportunidade de duas descobertas: a primeira se referia à importância do papel desempenhado pelas zonas erógenas, particularmente a zona oral, na origem da tosse nervosa de Dora (erotização da zona bucal); a segunda se referia ao papel desempenhado pela bissexualidade psíquica no conflito de Dora, dividida entre a atração pelos homens e a atração pelas mulheres. Foi a primeira vez que Freud aplicou na clínica a noção de bissexualidade que devia a Fliess. Já

Continua

> **BIOGRAFIAS E HISTÓRIA • *Continuação***
>
> no que diz respeito à interrupção da cura, Freud confessou ao seu amigo que não conseguiu controlar a transferência porque não foi capaz de percebê-la a tempo e de interpretá-la. Mas as conseqüências que soube tirar desse fracasso fizeram dessa observação magistral um de seus principais escritos sobre a transferência. Por motivos de confidencialidade, Freud retardou sua publicação até 1905, mas mesmo assim seus detratores lhe fizeram duras críticas por tê-la tornado pública sem a autorização de paciente. O que aconteceu com Dora nos anos subseqüentes? Em 1903, ela se casou com Ernest Adler, com quem teve um filho, Kurt Herbert, que se tornou diretor da companhia da Ópera de San Francisco. Em 1923, Dora foi vítima de crises de angústia e de sentimentos de perseguição em relação aos homens, que a levou a consultar o psicanalista Félix Deutsch, que reconheceu nela a paciente de Freud. Depois disso, ela viveu em Viena até o final dos anos de 1930 e tornou-se grande amiga de Peppina – aliás, "Frau K." que aparece em 1905 no caso Dora! Importunada pelos nazistas que estavam à caça de seu irmão, um político conhecido por suas idéias marxistas e ex-primeiro ministro da Áustria, Dora emigrou para os Estados Unidos. Morreu em Nova York, em 1945.

DESCOBERTA DA OBRA

As páginas indicadas remetem ao texto publicado em S. Freud (1905e), "Fragment d'une analyse d'hystérie (Dora)", trad. M. Bonaparte e R. Loewenstein, in *Cinq psychanalyses*, Paris, PUF, 1954, p. 1-91.

De uma tentativa de sedução real...

Dora veio consultar Freud depois que seu pai teve um caso com Frau K. A intriga teve como cenário Merano, cidade turística onde se encontraram dois casais vienenses pertencentes ao meio burguês: o casal Philip e Katherina, pais de Dora, e o casal Hans e Peppina Zellenka, aliás Herr K. e Frau K. ("K" por causa de Zellenka). Para resumir, recordamos que o pai de Dora teve um caso com Frau K., e seu marido, furioso por ter sido enganado, passou a cortejar Dora, filha de seu rival. Mas ela estava secretamente apaixonada por Herr K., pois ele lhe lembrava seu pai. Um dia, aproximando-se de Dora de surpresa, Herr K. abraçou-a e beijou-a na boca. Chocada, ela lhe de um tapa e o repeliu. Durante o tratamento, ela confessou a Freud que sentiu uma nítida excitação sexual no contato com Herr K. por causa da "*pressão do membro ereto contra ela*" (1905e, p. 19), o que a deixou confusa e envergonhada. A partir desse incidente, Dora passou a sentir repulsa e horror pelos homens, sinais que Freud considerou como sintomas histéricos característicos. Pouco depois do incidente com Herr K., Dora tentou se abrir com seu pai, mas este e Herr K. a acusaram injustamente de ter inventado essa tentativa de sedução. Dora foi embora mais cedo da cidade turística, sem revelar o verdadeiro motivo de sua fuga. Vendo que ela padecia cada vez mais de distúrbios nervosos e de depressão, a ponto de ameaçar suicidar-se, sua família encaminhou-a a uma consulta com Freud.

... à fantasia inconsciente de sedução na transferência

A exposição das sessões com Dora reflete o interesse de Freud por um relato que confirme suas hipóteses tanto sobre a origem sexual dos sintomas histéricos quanto sobre o papel do sonho como revelador de conflitos inconscientes. Com um entusiasmo indisfarçável, Freud se lança à análise detalhada de uma problemática neurótica de Dora e relaciona as interpretações que lhe são transmitidas simultaneamente. Determinado a convencer sua paciente da coerência de suas deduções, Freud conversa com Dora com uma segurança como nunca se tinha visto antes, sobretudo se comparamos com o tom cheio de hesitação e de prudência adotado em *Estudos sobre a histeria*, em 1895.

Na época da cura de Dora, as interpretações de Freud visavam essencialmente a reconstruir a cadeia de acontecimentos que tinham levado ao aparecimento dos sintomas, baseando-se nas associações, nos sonhos e nas lembranças de infância fornecidas pela paciente. Freud procede da mesma maneira com Dora quando, por exemplo, analisa seu primeiro sonho em que ela foge da casa que está sendo destruída por um incêndio. Freud revela à paciente os diversos aspectos inconscientes de suas fantasias, tanto a fuga de Dora para seu pai quando sente medo do homem que a seduz quanto a atração dela por seu pai quando o sonho revela seu desejo inconsciente de substituir o sedutor por ele. Procedendo assim, passo a passo, Freud procura tornar conscientes as cadeias inconscientes que subentendem a formação dos sintomas. Mas, mergulhado na busca das lembranças de Dora na sua reconstrução, ele não percebeu as resistências subterrâneas que suas *"explicações"* despertavam em sua paciente. Então se deu conta de que não bastava comunicar a Dora representações reconstruídas, mas era preciso comunicar igualmente afetos vividos na relação presente com ele.

Assim, foi com a maior surpresa que Freud viu Dora interromper as sessões depois de apenas três meses de tratamento. Utilizando as anotações que tinha guardado, ele começa a escrever o relato dessa cura, e encontra no material clínico das sessões vários prenúncios da interrupção. Por exemplo, a partir do cheiro de fumaça que apareceu nos sonhos de Dora, ele percebeu que o pai de Dora, Herr K. e ele próprio eram três fumantes inveterados, e tira a seguinte conclusão, relacionando-a *a posteriori* à transferência que lhe escapara: *"Se eu reunir ao final todos os sinais que tornam provável uma transferência sobre mim, dado que também sou fumante, chego a pensar que um dia, durante a sessão, sem dúvida ela pode ter desejado que eu a beijasse"* (p. 54). Do mesmo modo, Freud se reprova por não ter conseguido interpretar essa transferência a tempo: *"Quando ocorreu o primeiro sonho, em que ela me prevenia que desejava abandonar o tratamento, como outrora abandonara a casa de Herr K., eu deveria ficar alerta e lhe dizer: 'Você está fazendo um transferência de Herr K. a mim. Por acaso notou qualquer coisa que a fizesse pensar que haja de minha parte más intenções semelhantes às de Herr K (...)?'"* (p. 88-89). É como se Dora tivesse sentido em seu inconsciente não apenas emoções amorosas e eróticas perturbadoras em relação a Freud, parecidas com as que sentira em relação a Herr K., mas também um desejo de se vingar de seu sedutor.

A transferência: deslocamento de uma figura do passado para o psicanalista

Foi assim que a força da transferência se revelou a Freud, transferência que podemos definir como um drama que se representa durante o tratamento com uma figura importante do passado que é projetada no presente na pessoa do psicanalista. No caso de Dora, não havia apenas uma figura do passado transferida a Freud, pois este não representava somente Herr K., mas igualmente a figura de um sedutor mais antigo, o pai de Dora, por sua vez substituído por Herr K. Dessa maneira, no transcorrer da análise, um acontecimento real recente da vida de Dora remeteu-a um passado anterior ao incidente, isto é, à fantasia de ter sido seduzida por seu pai, que remontava à infância. Esse acontecimento ligado à situação edipiana na infância de Dora teve uma importância infinitamente maior na organização de seu psiquismo do que o incidente real com Herr K.

Um retoque tardio: a transferência homossexual de Dora

Quando publica esse caso em 1905, Freud atribui a resistência de Dora à sua ligação amorosa e aos seus desejos sexuais em relação aos homens representados por Herr K., por seu pai e por ele próprio. Nessa época, Freud identifica unicamente a dimensão heterossexual da transferência e imagina que Dora só consegue ver nele um homem, isto é, um substituto de Herr K. ou de seu pai: *"No início,* escreve Freud, *parecia claramente que eu substituía seu pai no imaginário dela (...)"* (p. 88). Entretanto, em uma nota acrescentada em 1923, mais de 20 anos depois do fim do tratamento, Freud reconhece que minimizou a força da ligação homossexual de Dora a Frau K.: *"Eu falhei ao não descobrir a tempo e comunicar à doente que seu amor homossexual (ginecófilo) por*

Frau K. (...) era sua tendência psíquica inconsciente mais forte"; e Freud conclui assim sua nota: *"Até que reconhecesse a importância das tendências homossexuais nos neuróticos, eu fracassava nos tratamentos ou ficava completamente confuso"* (p. 90, nota 1 acrescentada em 1923).

Para concluir, é interessante destacar que, no tratamento de Dora, Freud estava envolvido apenas como homem em 1905, como substituto de Herr K. e do pai da paciente. Mas, quando em sua densa nota de 1923 ele explicita a ligação de Dora a Frau K., ele não envolve a si próprio como figura feminina de transferência, como substituto de Frau K. ou da mãe de Dora. Assim, parece que Freud ainda não se deu conta verdadeiramente de que um analista, qualquer que seja seu sexo, pode representar um personagem masculino ou feminino na transferência. Por exemplo, um analista homem pode desempenhar o papel transferencial de uma mulher ou de um homem e, do mesmo modo, uma analista mulher pode representar um homem ou uma mulher em diferentes momentos da transferência. Essa ainda é uma dimensão da relação de transferência e de contratransferência difícil de compreender para um jovem psicanalista.

EVOLUÇÃO DOS CONCEITOS FREUDIANOS

A transferência nos escritos sucessivos de Freud

Assim como a noção de complexo de Édipo, a noção de transferência apareceu por etapas na obra de Freud, ao longo de vários decênios. Assim, ela já está presente em 1895, em *Estudos sobre a histeria*, mas é a partir da observação de Dora, em 1905, que a transferência assume seu verdadeiro significado aos olhos de Freud. Em seguida, ele complementará suas idéias em vários artigos curtos dedicados a diversos aspectos da transferência. Proponho fazer um breve acompanhamento de suas grandes etapas cronológicas.

O caso Anna O. e a suposta fuga de Breuer

A transferência, sem dúvida, tem seu mito de origem na maneira como Freud reportou, alguns anos mais tarde, as condições em que Breuer teria finalizado o tratamento de Anna O., em 1881. De fato, com base nos relatos de Freud, acreditou-se por muito tempo que Breuer desistiu bruscamente do tratamento porque ela se apaixonou por ele; segundo Freud, Breuer teria fugido em face do caráter sexual da transferência de Anna O.: *"Apavorado, como qualquer médico não-psicanalista teria ficado em um caso como esse, ele fugiu, abandonando sua paciente a um colega"* (Freud a Stefan Zweig, carta de 2 de junho de 1932, 1987c [1908-1938]). De acordo com pesquisas históricas recentes, parece que a suposta fuga de Breuer, tal como é relatada por Freud, se reporta menos a fatos reais do que a lembranças que ele retocou posteriormente ligadas às relações conflituosas que teve com seu colega da primeira hora a propósito do papel da sexualidade na histeria.

Ao utilizar pela primeira vez o termo transferência em 1895, em *Estudos sobre a histeria*, ele a considera como uma forma de resistência entre outras, sem lhe dar ainda a importância que lhe atribuirá mais tarde. Trata-se então, para ele, de um fenômeno limitado que impede o estabelecimento da relação de confiança necessária ao bom desenrolar do tratamento. Como exemplo, ele menciona as mágoas que o paciente possa sentir involuntariamente em relação ao médico ou a ligação excessiva a ele. Aconselha a trazer à tona os motivos inconscientes dessas resistências para que o paciente possa superá-los, do mesmo modo que se procede com qualquer sintoma.

A transferência descoberta após o abandono de Dora

A noção de transferência aparece no pleno sentido do termo com o caso de Dora, em 1905, quando Freud percebe que a paciente interrompeu seu tratamento em razão de sentimentos amorosos e eróticos que reportava inconscientemente a ele. Ele define então a transferência como um deslocamento para a pessoa do analista de sentimentos, desejos, fantasias ou mesmo de cenários inteiros que são a reprodução de experiências já vividas anteriormente com pessoas importantes do passado, em particular da infância. Mas, embora Freud tenha percebido *a posteriori* que a transferência teve um papel decisivo na ruptura com Dora, ele não a considerava ainda como o verdadeiro motor da dinâmica do processo psicanalítico. Eis como ele a define então: *"O que são essas **transferências**? São edições, cópias de tendências e de fanta-*

Continua

● *Continuação*

sias que devem ser despertadas e tornadas conscientes pelos progressos da análise , e cujo traço característico é substituir uma pessoa que se conheceu antes pela pessoa do médico. Em outras palavras, um número considerável de estados psíquicos anteriores é revivido não como estados passados, mas como relações atuais com a pessoa do médico" (p. 87). Freud acrescenta alguns esclarecimentos quanto à natureza da transferência, declarando que "*não se pode evitar a transferência*" e que esta "*deve ser descoberta sem o concurso do doente*" (p. 87).

Ele se dirige a Freud dizendo: "Meu capitão!"

Em "Notas sobre um caso de neurose obsessiva (O homem dos ratos)" (1909d), Freud dá um belo exemplo de um deslocamento transferencial para sua pessoa e do caráter estereotipado da transferência: as obsessões desse paciente – conhecido pelo nome de "Homem dos Ratos" – tinham começado no exército, no dia em que ouviu um capitão descrever com deleite um suplício chinês em que ratos penetravam no ânus de um supliciado. Depois de ter ouvido o relato de seu paciente, Freud tentou lhe explicar detalhadamente já na segunda sessão que seus sintomas tinham uma origem sexual, quando ouviu o "Homem dos Ratos" dirigir-se a ele várias vezes chamando-o de "*Meu capitão!*".

Projeções no psicanalista de figuras do passado infantil

Em "A dinâmica da transferência" (1912b), primeiro artigo dedicado inteiramente à transferência, Freud adota o termo "*imago*" – noção proposta por Jung – para designar as figuras interiores do passado que são objeto de deslocamentos para a pessoa do analista. Freud leva em conta igualmente o papel dos afetos transferenciais de amor e de ódio evidenciados por Ferenczi em 1909, depois de observar que os pacientes tendiam a colocar o médico no papel das figuras parentais ao mesmo tempo amadas e temidas. Portanto, não basta falar simplesmente de "*transferência*", esclarece Freud, mas o psicanalista deve considerar também as qualidades afetivas inerentes à transferência; por isso, ele passa a distinguir uma transferência "*positiva*", dominada por sentimentos ternos, e uma transferência "negativa", dominada por sentimentos hostis. Segundo ele, os sentimentos ternos ligados à transferência positiva têm um fundamento erótico, em parte consciente e em parte inconsciente, pois as primeiras relações da infância sempre se estabelecem com objetos sexuais. Conseqüentemente, a transferência para o analista tem sempre um duplo componente, positivo e negativo, e quando é acompanhada de sentimentos hostis ou de elementos eróticos reprimidos, a transferência se transforma em resistência. Essa dupla corrente de afetos leva Freud a adotar a noção de ambivalência introduzida por Bleuler em 1911. Ele esclarece que a ambivalência, evidentemente, pode ter um caráter normal, mas quando é excessiva, em particular na psicose, pode induzir no paciente uma transferência negativa em relação ao analista suscetível de impedir o êxito do tratamento.

Transferência e repetição

Em "Recordar, repetir e elaborar" (1914g), Freud vai ainda mais longe. Ele enfatiza a dimensão de repetição da transferência e constata que quanto maior a resistência, mais o paciente tende a repetir sua problemática através de manobras, em vez de se lembrar; "*Vejamos um exemplo: o analisado não diz que se recorda de ter sido insolente e insubmisso em relação à autoridade parental, mas se comporta dessa maneira em relação ao analista. (...). Ele não se lembra mais de ter sentido uma enorme vergonha de certas atividades sexuais e de ter ficado com medo que fossem descobertas, mas mostra que tem vergonha do tratamento a que é submetido e faz de tudo para mantê-lo em segredo, e assim por diante*" (p. 109). Nesse artigo, Freud consegue explicar melhor do que antes o que diferencia "*as transferências*" que encontramos nas relações da vida cotidiana, particularmente na vida amorosa, e "*a transferência*" propriamente dita que aparece na cura psicanalítica em relação à pessoa do analista: ele chama esse último tipo de transferência de "*neurose de transferência*" e a descreve como uma "doença artificial" que se desenvolve na situação analítica. O *setting* psicanalítico tal como preconiza oferece, segundo ele, as condições de segurança que permitem ao paciente dar livre curso às suas fantasias transferenciais, das quais poderá ser curado pelo trabalho terapêutico: "*É no manejo da transferência que se encontra o principal meio de conter o automatismo de repetição e de transformá-lo em uma razão de se lembrar*" (p. 113).

Continua ●

EVOLUÇÃO DOS CONCEITOS FREUDIANOS • Continuação

O amor de transferência: uma forma obstinada de resistência

Em um outro escrito técnico, "Observações sobre o amor transferencial" (1915a [1914]), Freud se indaga sobre a atitude a adotar quando uma paciente se apaixona pelo analista. Interromper o tratamento não seria uma solução, pois, segundo ele, por se tratar de um fenômeno transferencial, ele tenderia a se reproduzir inevitavelmente com o próximo terapeuta, e assim por diante, em razão do fenômeno de repetição. E o médico também não poderia considerar esse amor como um amor verdadeiro, e explica: "*No que se refere à análise, satisfazer a necessidade de amor da doente é tão desastroso e temerário quanto sufocá-lo*" (1915a p. 124). Em uma situação como essa, Freud alerta o terapeuta para que desconfie de uma possível "*contratransferência*" (p. 118). Em outros termos, o amor da paciente por seu terapeuta é a expressão de uma resistência que se opõe ao desenvolvimento da transferência, e por isso é importante reconduzi-la às suas origens inconscientes. Segundo Freud, esse estado amoroso nada mais é do que uma reedição de certas situações passadas e de reações infantis que determinam seu caráter compulsivo e patogênico, e fazem dele uma fonte de resistências que é preciso analisar. Quando o analista se vê diante do amor de transferência, é importante que adote uma atitude feita de reserva e de abstinência: "*(...) o analista está proibido de ceder. Qualquer que seja o valor que atribua ao amor, ele deve tentar mais ainda aproveitar a oportunidade que se oferece para ajudar sua paciente a atravessar uma das fases mais decisivas de sua vida*" (p. 129). Apenas nessas condições, conclui Freud, o analista possibilitará à paciente "*adquirir essa maior liberdade interior que distingue a atividade psíquica consciente (...) da atividade inconsciente*" (p. 129).

Transferência, compulsão de repetição e pulsão de morte

Em 1920, em *Além do princípio do prazer*, Freud constata em alguns pacientes que a transferência conserva um caráter repetitivo insuperável e que, em vez de progredir, eles continuam a repetir seus fracassos ou seus sintomas, por não rememorar e elaborar. Observando que o comportamento desses pacientes está em contradição com a primeira teoria das pulsões, segundo a qual o psiquismo humano tem como objetivo essencialmente a busca do prazer e a evitação do desprazer, Freud põe em questão sua teoria. E lança a hipótese de que uma força psíquica inexorável condena certos pacientes a cair repetidamente em situações de sofrimento e de fracasso, sem conseguir superá-las. A fim de distinguir esse fenômeno clínico da simples "*repetição*", ele o chama de "*compulsão de repetição*", pois o paciente demonstra incapacidade de escapar a essa força pulsional compulsiva que qualifica de "*diabólica*". Assim, Freud teve a audácia de postular a existência, além do princípio do prazer, de um conflito fundamental, ou seja, um conflito entre dois grupos de pulsões, a pulsão de vida e a pulsão de morte. Essas novas idéias lhe permitem diferenciar entre os pacientes neuróticos, que apresentam uma "*neurose de transferência*" e obedecem ao princípio prazer/desprazer, e os pacientes que sofrem de depressão, de perversão ou de psicose, que apresentam uma "*neurose narcisista*" e uma transferência hostil, baseada no conflito fundamental pulsão de vida/pulsão de morte.

A contratransferência em Freud

O conceito de contratransferência aparece raramente nos escritos de Freud. Ele o define em 1910, em "As perspectivas futuras da terapêutica psicanalítica", como "*a influência que o paciente exerce sobre os sentimentos inconscientes de sua análise*"; e para que o próprio médico "*reconheça e domine essa contratransferência*", recomenda não apenas uma análise prévia, como também que prossiga sua autoanálise (1910d, p. 27). Em uma carta de 20 de fevereiro de 1913 a L. Binswanger, Freud sustenta que a contratransferência está "*entre os problemas técnicos mais complicados da psicanálise*". Ele adverte o analista contra a tentação de comunicar seus afetos ao paciente de imediato, e recomenda que identifique sua contratransferência a fim de elaborá-la: "*O que se dá ao paciente nunca pode ser justamente afeto imediato, mas sempre afeto conscientemente consentido, e isso mais ou menos de acordo com a necessidade do momento. Em certas circunstâncias, pode-se conceder muito, mas jamais tirando de seu próprio inconsciente. Essa seria a fórmula para mim. Portanto, a cada vez é preciso reconhecer sua contratransferência, e superá-la.*" Finalmente, em seu artigo sobre o amor de transferência, como vimos, Freud também aconselha o médico a "*desconfiar de uma possível contratransferência*" (1915a, [1914]).
Freud não mencionará mais a contratransferência, e essa noção será para ele essencialmente uma reação inconsciente do psicanalista "contra" a transferência do paciente, isto é, uma reação que se opõe ao desdobramento da transferência quando ela não é suficientemente elaborada pelo analista. Caberá aos psicanalistas pós-freudianos desenvolver mais amplamente a noção de contratransferência, que se tornará então um instrumento decisivo na elaboração da transferência dentro da relação analítica.

PÓS-FREUDIANOS

O desenvolvimento da contratransferência após Freud
Paula Heimann e Heinrich Racker: novas perspectivas
A partir dos anos de 1950, a noção de contratransferência ampliou-se a ponto de se tornar uma ferramenta essencial na compreensão da comunicação entre paciente e analista, tal como se concebe no momento atual. Deve-se em primeiro lugar a Paula Heimann, de Londres, e a Heinrich Racker, de Buenos Aires, a ênfase dada ao fato de que as reações contratransferenciais do analista fornecem indicações valiosas sobre o que o paciente está vivendo. Devemos esclarecer que o ponto de partida dessas perspectivas inovadoras é, sem dúvida, a descrição da identificação projetiva por Klein, em 1946, embora ela não tenha feito o mesmo uso desta que se fez posteriormente na análise da contratransferência durante a sessão.
Em 1950, Paula Heimann chamou a atenção para a importância da resposta emocional do analista ao paciente em seu artigo "A propósito da contratransferência", mostrando que esta pode se tornar um verdadeiro instrumento de pesquisa no interior do inconsciente do paciente. Ela distinguia esse uso da contratransferência na situação analítica da reação inconsciente da análise ligada a sua própria neurose. Na mesma época, Racker mostra que os sentimentos contratransferenciais experimentados pelo analista poderiam constituir indicadores válidos sobre o que se produzia no paciente. Racker distinguia dois tipos de contratransferência: de um lado, a "contratransferência concordante", que está na base da empatia, na qual o analista se identifica conscientemente a aspectos da personalidade de seu paciente; de outro lado, a "contratransferência complementar", que é uma reação na qual o analista projeta inconscientemente seus objetos internos no paciente, estabelecendo assim uma transferência na direção do paciente (1953). É preciso salientar que, na mesma época, a importância da contratransferência aparecia igualmente em alguns outros psicanalistas mais ou menos próximos da corrente kleiniana, entre os quais Winnicott (1947) ou M. Little (1951). Finalmente, vale a pena mencionar que M. Neyraut (1974) estendeu a noção de contratransferência para além do que sente o psicanalista, incluindo o conjunto de suas referências psicanalíticas pessoais e sua própria metapsicologia.

Contratransferência "normal" e identificação projetiva: Wilfred R. Bion
No final dos anos de 1950, Bion contribuirá para estender a noção de contratransferência ao revelar uma forma normal de contratransferência, tomando como base a distinção que estabeleceu entre a identificação projetiva patológica e a identificação projetiva normal (1959). Essas contribuições permitirão examinar as trocas entre paciente e analista à luz de novos conceitos, particularmente em termos de "relação continente-conteúdo", assim como a capacidade maior ou menor de tolerar a angústia e de transformá-la. A partir de então, a transferência e a contratransferência serão consideradas em um conjunto indissociável, que podemos entender como uma "situação total" (B. Joseph, 1985).

A contra-identificação projetiva: Léon Grinberg
Apoiando-se nas distinções estabelecidas por Racker e nas idéias de Bion, Léon Grinberg (1962) dará uma contribuição original ao descrever a "contra-identificação projetiva", que é uma resposta específica inconsciente à identificação projetiva do paciente, na qual o analista se identifica inconscientemente com o que foi projetado nele. A contra-identificação projetiva independe de conflitos internos do paciente, segundo Grinberg, e é isso que a diferencia da contratransferência complementar de Racker. Quando é submetido a uma identificação projetiva excessiva, o analista pode ceder "passivamente" à força das projeções do paciente, acreditando que se trata de fantasias dele, psicanalista. Mas se o psicanalista consegue conter as emoções assim projetadas nele, diferenciá-las e reconhecê-las como sendo do paciente, a contra-identificação projetiva pode se tornar um instrumento técnico muito útil para entrar em contato com os níveis mais profundos do material fantasioso dos analisandos.
Os desdobramentos que teve o conceito de contratransferência durante a segunda metade do século XX influenciaram fortemente a maneira como a técnica é praticada atualmente, não apenas pelos psicanalistas kleinianos e pós-kleinianos, mas também pela maior parte dos psicanalistas pertencentes às correntes contemporâneas ligadas à Associação Psicanalítica Internacional. Contudo, as posições variam bastante quanto à utilização da contratransferência na clínica cotidiana em função das preferências de cada psicanalista.

Continua

PÓS-FREUDIANOS • *Continuação*

Posições extremas em relação à contratransferência

Eu não poderia encerrar este breve circuito sem mencionar que a contratransferência determinou duas posições extremas entre os práticos.

A primeira diz respeito à técnica chamada de *"countertransference self disclosure"*, que consiste em que o analista revele (ou divulgue, desvende) sua própria vivência para o paciente, a fim de lhe mostrar a diferença entre o que o analista está vivendo e o que o paciente está vivendo. Essa técnica pode ser utilizada para o melhor, como salienta Cooper (1998), mas também para o pior, quando o que se revela da contratransferência não é elaborado pelo analista antes de ser restituído ao paciente. Alguns psicanalistas norte-americanos fizeram desse uso da *"self disclosure"* uma verdadeira técnica, mas isso implica uma concepção diferente das trocas entre paciente e analista em relação àquela em que se situa classicamente a noção de contratransferência na relação psicanalítica.

Encontramos uma outra posição igualmente extrema em relação à contratransferência, mas totalmente oposta: é a recusa completa de levá-la em conta, posição adotada pela maior parte dos psicanalistas que seguem o ponto de vista de Lacan. Para este, de fato, a contratransferência é não apenas uma resistência ao tratamento, mas *a resistência última do analista*. Essa é uma das principais divergências teórica e técnica entre os psicanalistas lacanianos contemporâneos e os psicanalistas pertencentes à Associação Psicanalítica Internacional, como ressalta J. A. Miller quando de seu debate com D. Widlöcher (2003): "*(...) se procuramos descobrir o que separa os lacanianos e os outros*, afirma Miller, *contatamos o seguinte: o manejo da contratransferência está ausente da prática analítica lacaniana, ela não é tematizada, e isso é coerente com a prática lacaniana da sessão breve e com a doutrina lacaniana do inconsciente.*"

CRONOLOGIA DOS CONCEITOS FREUDIANOS

Transferência – transferência heterossexual – transferência homossexual – transferência maternal – transferência paternal

DELÍRIOS E SONHOS NA "GRADIVA" DE JENSEN
S. FREUD (1907a)

Um estudo clínico da psicose através de um personagem de romance

Trata-se do primeiro ensaio que Freud dedica ao estudo de uma obra literária, ao qual se seguirão outros consagrados tanto à literatura quanto às artes plásticas, inaugurando o que é chamado hoje de psicanálise aplicada. Com essa obra publicada em 1907, Freud procura ampliar seu público, com a esperança de encontrar uma acolhida mais favorável ao mostrar que uma obra literária como *Gradiva* confirma muitas de suas observações clínicas. Esse romance se presta particularmente bem à demonstração, pois as aventuras vividas pelo herói, o arqueólogo Hanold, através de seus sonhos e delírios, podem ser lidas como se fossem a evolução de um caso clínico, tal como um psicanalista poderia observar em um paciente. Além disso, ficamos surpresos com a analogia entre o procedimento seguido por Hanold ao longo da narrativa e o trabalho de pesquisa nos estratos do inconsciente feito pelo psicanalista, trabalho que Freud comparou muitas vezes com o do arqueólogo.

Nesse texto, descobrimos também o dom de observação clínica particularmente desenvolvido em Freud. Em 1907, ele descreve em Hanold alguns fenômenos psicopatológicos, como a negação da realidade e a clivagem do ego, sem ter compreendido ainda que esses mecanismos são específicos da psicose e da perversão. Apenas 20 anos mais tarde, ele designará a negação da realidade e a clivagem do ego como sendo as defesas características da psicose, distinguindo-os da repressão, que reservará a partir de então para a neurose.

BIOGRAFIAS E HISTÓRIA

Freud, Pompéia e a Gradiva

Foi Carl Gustav Jung que chamou a atenção de Freud para o interesse que poderia ter para a psicanálise o romance publicado em 1903 por Wilhelm Jensen. Freud ficou entusiasmado com a leitura e redigiu seus comentários em 1906, durante suas férias de verão; a obra foi lançada em 1907. A propósito de Gradiva, recordamos que Freud visitara Pompéia em 1902 com Alexander, seu irmão 10 anos mais novo, e que ele afirmou, já no fim da vida, ter lido mais obras de arqueologia do que de psicologia. Em setembro de 1907, pouco depois da publicação de seu livro, Freud voltou a Roma, onde pôde ver, no museu do Vaticano, o baixo-relevo que tinha inspirado o romance de Jensen. Adquiriu uma reprodução que pendurou em seu gabinete, junto ao divã, e que levou com ele ao emigrar para Londres em 1938. O ano de 1907 foi particularmente marcante para a história da psicanálise, pois Freud teve três encontros decisivos, sendo o primeiro com Jung. O segundo encontro foi com Max Eitigon que, durante longos passeios com Freud em Viena, empreendeu a primeira psicanálise didática. Finalmente, o terceiro encontro foi com Karl Abraham, que acabara de se instalar em Berlim, depois de passar três anos no serviço de E. Bleuler em Zurique.

Continua

BIOGRAFIAS E HISTÓRIA • *Continuação*

Carl Gustav Jung (1875-1961)

Psiquiatra suíço, Jung foi o fundador da psicologia analítica. Nasceu em 1875 em uma família protestante de Zurique, e seu pai era pastor. Em 1895, iniciou estudos de medicina em Bâle, e em 1900 ingressou como assistente na clínica psiquiátrica do Burghölzli em Zurique, dirigida por Eugen Bleuler. Desde cedo se interessou pelo espiritismo, e publicou em 1902 uma tese intitulada *Fenômenos ocultos*. Jung desenvolveu nessa clínica um teste psicológico fundado nas associações de palavras e introduziu o termo "complexo" para designar o conjunto de imagens e de fantasias que suscitava nas pessoas que eram submetidas a ele. Ele o utilizou também com pacientes psicóticos, e em 1907 publicou uma obra que se tornou um clássico, *Psicologia da demência precoce*. Foi então que empreendeu uma correspondência com Freud, que encontrou pela primeira vez em fevereiro de 1907.

Essa relação assumiu desde o início uma grande importância, pois Freud e Jung dispunham de um intérprete na clínica de Bleuler em Zurique, um dos hospitais psiquiátricos mais respeitados da época. Além disso, a presença de Jung, que pertencia a uma família protestante de Zurique, evidenciava a dimensão não confessional da psicanálise. A propósito de Jung, Freud escreverá a Karl Abraham: *"Somente após sua chegada, a psicanálise escapou do perigo de se tornar uma questão do povo judeu [...] nossos colegas arianos são indispensáveis para nós"*. Freud sentia uma forte simpatia por Jung, e às vezes o chamava de seu "herdeiro", convencido de que ele era o homem que poderia sucedê-lo. Com isso, será que estaria reportando em parte a Jung a idealização que fizera antes de Fliess? Em 1909, Freud foi para os Estados Unidos a convite da Clark University em companhia de Jung e de Ferenczi. Logo depois, Jung foi designado como primeiro presidente da Associação Psicanalítica Internacional e tornou-se redator-chefe do *Jahrbuch*. No mesmo ano, abriu um consultório particular em Küssnacht, perto de Zurique, onde passaria o resto de seus dias.

Foi por volta de 1912 que o conflito entre Freud e Jung se tornou agudo. Os principais pontos de desacordo referiam-se ao fato de que Jung recusava a teoria da libido e o papel desempenhado pela sexualidade infantil postulados por Freud. Pouco depois de publicar *Metamorfoses e símbolos da libido*, em 1912, Jung abandonou definitivamente o movimento psicanalítico e se demitiu de seu posto na Universidade de Zurique. Passou por uma fase de descompensação durante a qual sofria de angústias e alucinações. Dedicou-se então a uma auto-análise aprofundada que denominou em sua biografia de "confrontação com o inconsciente", e foi nessa época que elaborou a maior parte das noções que pertenciam à sua própria concepção de vida psíquica: inconsciente coletivo, arquétipos, individuação, interpretação junguiana dos sonhos, assim como sua própria abordagem terapêutica que chamou de "psicologia analítica".

Desde então, Jung seguiu seu próprio caminho e, durante seu período pós-freudiano, foi se tornando pouco a pouco chefe de escola e conquistando uma grande platéia internacional. Em 1921, publicou *Tipos psicológicos*, em que propunha uma tipologia do desenvolvimento psicológico fundado no conceito de individuação. Mas suas idéias sobre a psicologia dos povos levaram-no a assumir às vezes posições racistas, inclusive anti-semitas, e a adotar uma atitude ambígua em relação às teses nacionais socialistas. Durante a guerra de 1939-1945, retirado a maior parte do tempo em uma torre que mandou construir em Bollingen, Jung se dedicou à sua prática psicoterapêutica, assim como à redação de suas obras. Suas pesquisas abordam vários temas de investigação, como a alquimia, a espiritualidade e a mística, campos que ele tentou articular com sua concepção fenomenológica da evolução da psique mediante a individuação. Jung morreu em 1961 em Küssnacht. Como situar Jung e sua obra atualmente? Segundo Eugene Taylor (2002), Jung era visto pelos historiadores do século XX sobretudo como um acólito de Freud, e a teoria junguiana foi considerada como uma dissidência com relação à teoria psicanalítica. Contudo, pesquisas recentes sobre a história da psicologia das profundezas permitiram situar Jung como um autêntico representante da corrente da "hipótese simbólica" em continuidade com as psicologias da transcendência do século XIX, ao mesmo tempo em que se reconhece sua dívida com Freud. Segundo Taylor, essa influência continua sendo importante até hoje: "Pode-se atribuir às suas raízes mais antigas o interesse crescente pelas idéias de Jung dentro da contracultura psicoterapêutica dos países ocidentais. Contudo, os analistas junguianos reconhecidos ainda consideram seu vínculo identitário como uma variante de Freud e buscam sua legitimidade dentro da corrente ampliada da psicologia e da psiquiatria, tentando colonizar o terreno da psicanálise, embora possuam uma herança que lhe é própria, mas que ainda não reivindicaram" (Taylor, 2002, p. 300).

DESCOBERTA DA OBRA

As páginas indicadas remetem ao texto publicado em S. Freud (1907a), *Le délire et les rêves dans "La Gradiva"* de Jensen, trad. J. Bellemin-Noël, Paris, Gallimard, 1986. (Esse volume é composto de duas partes: a primeira contém o texto original do romance do escritor alemão Willhelm Jensen, intitulado *"Gradiva, fantaisie pompéienne"*,* e a segunda parte contém o comentário de Freud intitulado: *Le délire et les rêves dans "La Gradiva" de Jensen*.)

O argumento de *Gradiva*

O herói do romance, Hanold, um arqueólogo apaixonado por seu trabalho e que adorava viajar, levava uma vida mais ou menos normal, ainda que lhe ocorresse ter um "*delírio episódico*" (p. 214). Na infância, Hanold amava ternamente uma menina, sua vizinha Zoé *Bertgang* ("*Bertgang*" significa "aquela que anda" em alemão). Mas, entrando na adolescência e perturbado por sua sexualidade crescente, ele se afastou da menina e das mulheres em geral, a ponto de ignorar sua existência. Contudo, Hanold vira em um museu um baixo-relevo representando uma menina antiga, e ficou fascinado com sua postura elegante e com a posição particular de seu pé. Adquiriu uma reprodução que pendurou na parede de casa, e batizou a menina de "*Gradiva*" (aquela que anda). A atração que essa jovem romana misteriosa exerce sobre ele invadia cada vez mais seu espírito. Uma noite, sonhou que estava em Pompéia, pouco antes da erupção do Vesúvio, e que encontrava Gradiva: no sonho, ele tentava avisá-la do perigo que ela corria, mas em vão. Ao despertar, movido por um ardoroso desejo inconsciente, Hanold partiu para Pompéia.

Chegando lá, ele encontrou nas ruínas da cidade soterrada uma moça que imaginou ser Gradiva, mas que na realidade não era outra senão Zoé, sua vizinha e amiga de infância, que também estava visitando Pompéia. O escritor descreve então com muito talento as peripécias dos encontros sucessivos entre os dois heróis, e conduz sutilmente o leitor a compartilhar as dúvidas de Hanold, até seu delírio: essa moça que ele vê por alguns instantes, de modo fugaz, seria ou não essa Gradiva que viveu há 2 mil anos? É então que intervém o papel salvador de Zoé, aliás, Gradiva, como a descreve Jensen; esta, à maneira de um terapeuta, entrará em parte no delírio de Hanold, mas sem se iludir; de fato, mediante um discurso de duplo sentido, ela conversa com ele cautelosamente e aos poucos leva-o a enfrentar suas idéias delirantes até abandoná-las. No final, o herói consegue reconhecer na Gradiva a pessoa de Zoé, pela qual estava apaixonado sem saber, e desiste de deslocar essa amor para a mulher representada no baixo-relevo antigo. No final, a narrativa de Jensen nos deixa a surpresa de descobrir um elemento particularmente significativo do ponto de vista psicanalítico: a busca de Hanold era determinada inconscientemente por um desejo infantil ainda mais antigo e mais escondido, o de sair à procura de sua mãe que morreu quando ele era criança, como se a lembrança perdida da mãe estivesse soterrada no esquecimento desde o cataclismo psicológico comparável à erupção de um vulcão.

Personagens de ficção como casos clínicos

Em seu comentário do relato de Jensen, Freud estuda os personagens de ficção como se fossem casos clínicos. Assim, ele mostra que os sonhos, as fantasias e o delírio de Hanold podem ser analisados pelo mesmo método terapêutico que os sonhos e as fantasias de pacientes em análise. Por exemplo, quando Hanold sonha que encontra Gradiva em Pompéia, o conteúdo de seu sonho se revela como a realização do desejo inconsciente reprimido de encontrar a mulher amada e desejada, conforme sua teoria sugerida em *A inter-*

---

*N. de T. Na tradução brasileira, *Gradiva. Uma fantasia pompeiana*, lançada pela Jorge Zahar.

pretação dos sonhos (1900a). Contudo, sob o efeito da repressão de pulsões sexuais inaceitáveis para sua consciência, Hanold se afasta daquela que ama na realidade, Zoé, para se voltar a uma mulher mítica, Gradiva. Posteriormente, o retorno de suas pulsões sexuais reprimidas levará Hanold a empreender sua viagem patológica a Pompéia, a ter a alucinação da presença de Gradiva e a não reconhecer Zoé. Em outras palavras, a tese do romancista vem referendar a de Freud, pois sua narrativa mostra que o que determina tanto o sonho como o delírio em Hanold é a repressão de suas pulsões sexuais. Além disso, Freud demonstra que os sonhos que os escritores atribuem aos seus heróis podem ser interpretados da mesma maneira que os sonhos dos pacientes em psicanálise. Finalmente, Freud revela a semelhança entre o papel terapêutico do psicanalista e aquele que Jensen atribui a Zoé, pois é ela que permite a Hanold diferenciar, pouco a pouco, alucinação e realidade e assumir conscientemente seu desejo por ela, Zoé, uma mulher bem real, cujo nome significa "vida".

EVOLUÇÃO DOS CONCEITOS FREUDIANOS

Freud e a criação literária e artística

É em 1907 que, pela primeira vez, Freud examina uma obra literária à luz da psicanálise. Assim, vamos nos deter um instante nas relações que ele manteve com a criação artística. As obras artísticas, em particular as obras literárias, sempre despertaram o interesse de Freud e dos psicanalistas, intrigados com a capacidade do artista de suscitar a emoção do espectador ou do leitor. Nas obras literárias, a escolha de temas como o complexo de Édipo em Sófocles ou do personagem de Hamlet de Shakespeare permitiu estabelecer paralelos reveladores entre as intrigas descritas nos personagens de ficção e os conflitos que se observam nos pacientes em psicanálise. Essas aproximações permitiram aos psicanalistas, em primeiro lugar Freud, examinar os personagens literários como se fossem casos clínicos.

Freud se indagou sobre o que leva o artista a produzir uma obra de arte e sobre as causas do impacto emocional que esta produz no espectador ou leitor. Para ele, o artista busca a fonte de criatividade em seu próprio inconsciente e projeta seu mundo de fantasias interior em sua obra, o pintor em sua tela, o escritor em seus personagens: "*Já o escritor procede de outra maneira; é em sua própria alma que ele dirige a atenção ao inconsciente, que ele perscruta suas possibilidades de desenvolvimento e lhe atribui uma expressão artística, ao invés de reprimi-la por uma crítica consciente. Assim, ele extrai de si mesmo e de sua própria experiência aquilo que nós aprendemos com os outros: a que lei deve obedecer a atividade do inconsciente*" (1907a, p. 243). É isso que permite analisar não apenas a obra de arte, mas também o próprio autor.

Quanto ao impacto que uma obra literária ou artística produz no leitor ou espectador, é mediante a identificação, segundo Freud, que a obra age sobre ele. Essa identificação seria produzida pelos desejos reprimidos do artista, ocultados na forma dada à obra de arte, como também na intenção do artista de despertar em quem a contempla a mesma atitude emocional que o inspirou (1907a, p. 243).

Depois de Freud, muitos psicanalistas deram sua contribuição ao estudo das obras de arte. Entre os trabalhos recentes, eu mencionaria o estudo de H. Segal (1991), que vai mais longe que Freud: para ela, o artista não procura somente comunicar um desejo inconsciente através de sua arte, mas ele também está em busca de uma *solução fantasiosa* para um problema inconsciente e tenta comunicar por meio de sua obra a *necessidade de reparação* que estimula seu impulso criador. Segal ainda estabelece um paralelo entre o sonho e a obra de arte; porém, diferentemente dos sonhos, as obras de arte têm a propriedade de "encarnar" na realidade material, e é por isso que seu impacto estético depende em parte da maneira como os artistas utilizam o suporte material concreto para expressar simbolicamente suas fantasias: "*[O artista] não é apenas um sonhador, é um artesão supremo. Um artesão pode não ser um artista, mas um artista deve ser um artesão*". (Segal, 1991, p. 176).

PÓS-FREUDIANOS

Neurose e psicose justapostas em Gradiva?

Delírios e sonhos na "Gradiva" de Jensen tem interesse não apenas do ponto de vista da psicanálise aplicada a uma obra literária, mas igualmente do ponto de vista clínico e teórico. No que se diz respeito à clínica, Freud descreve com um dom de observação incomparável um amplo leque de sintomas que atribui à neurose, como a inibição do herói em relação às mulheres e seu delírio alucinatório episódico. Contudo, Freud fala unicamente de "delírio" quando evoca as alucinações de Hanold e não utiliza o termo "psicose". Mas, será que se pode falar de psicose nesse caso?

Os comentários dos psicanalistas pós-freudianos variam quanto a esse ponto. Para os psicanalistas que se atêm ao texto de Freud, o delírio de Hanold provém essencialmente de um distúrbio de consciência passageiro, não-psicótico, que se pode observar em uma personalidade neurótica (Jeanneau, 1990). Para outros psicanalistas pós-freudianos que fazem uma leitura de *Gradiva* levando em conta os últimos trabalhos de Freud sobre a negação da realidade e a clivagem do ego, pode-se considerar que as alucinações de Hanold pertencem à parte de seu ego que nega uma realidade insuportável, enquanto que a outra parte do ego a aceita. Desse ponto de vista, a cura ocorre quando essa última aceita a realidade e toma a frente da parte do ego que a nega. Assim, para F. Ladame (1991), o delírio e as alucinações do herói seriam típicos da psicopatologia que se encontra na adolescência, que qualificaríamos hoje de uma descompensação psicótica, cujos destinos são vários. Por sua vez, D. Quinodoz (2002) evidenciou a maneira como Freud nos oferece um modelo que ensina ao psicanalista "*como falar à parte "louca" de nossos pacientes sem ignorar o resto de sua pessoa*" (p. 60). Segundo a autora, o fato de Hanold ter um delírio e ao mesmo tempo levar uma vida mais ou menos normal implica uma clivagem do ego, como se encontra hoje com muita freqüência em pacientes que ela chama de "*heterogêneos*". A coexistência em uma mesma pessoa de uma parte que delira e de uma outra parte que leva em conta a realidade conduz a uma abordagem técnica particular pelo psicanalista. Assim, embora Zoé não se deixe levar pelo delírio de Hanold, ela evita lhe dizer imediatamente: Zoé utiliza "*um discurso de duplo sentido*" que pode ser compreendido pela parte delirante de Hanold, mas também por sua parte que leva em conta a realidade.

Se fizermos uma leitura dos textos de Freud à luz de seus trabalhos do último período, poderemos observar uma justaposição de mecanismos decorrentes da psicose e mecanismos decorrentes da neurose na maioria dos casos clínicos que ele descreve, mas ainda sem conceituar, desde *Estudos sobre a histeria*, em 1895, até "O homem dos lobos", em 1918. De fato, Freud mostra em *Esboço de psicanálise* (1940a [1938]) que a parte do ego que nega a realidade e a parte do ego que a aceita são encontradas em proporções variáveis não apenas na psicose, mas também na neurose e mesmo no indivíduo normal.

Finalmente, alguns comentadores enfatizaram a problemática do fetichismo onipresente nesse texto freudiano, como destacou J. Bellemin-Noël (1983), do fetichismo do pé ao do andar de Gradiva.

CRONOLOGIA DOS CONCEITOS FREUDIANOS

Delírio alucinatório – alucinação – neurose – psicanálise aplicada a uma obra literária – psicose

"ANÁLISE DE UMA FOBIA EM UM MENINO DE CINCO ANOS (O PEQUENO HANS)"

S. FREUD (1909b)

A primeira psicanálise de criança

Esse estudo de caso constitui o relato do primeiro tratamento psicanalítico de uma criança. A cura do menino, o "pequeno Hans", ou Herbert Graf, foi conduzida por seu pai, Max Graf, prática que não era rara na época. A análise se desenvolveu de janeiro a maio de 1908 e foi supervisionada por Freud com base nas anotações que o pai fazia regularmente e lhe transmitia, mas ele só interveio pessoalmente uma vez, durante uma entrevista decisiva com o pai da criança. Freud escreveu um relato dessa cura, que publicou em 1909 com a autorização do pai. Essa contribuição de Freud inaugurou a nova revista psicanalítica, *Jahrbuch für psychoanalytische und psychopathologische Forschungen*, cuja criação fora decidida no ano anterior no Primeiro Congresso de Psicanálise em Salzburg. Essa revista efêmera foi publicada até a véspera da Primeira Guerra Mundial.

O que nos ensina esse estudo de caso? Em primeiro lugar, o caso do "pequeno Hans" proporcionou a Freud a "prova" que ele tanto buscava de suas hipóteses sobre a existência de uma sexualidade na criança em geral; em segundo lugar, a cura desse caso de fobia veio ilustrar de forma magistral as possibilidades terapêuticas da psicanálise não apenas no adulto, mas também na criança.

BIOGRAFIAS E HISTÓRIA

O "pequeno Hans": uma carreira brilhante como diretor de ópera

Os pais do pequeno Hans não eram estranhos para Freud, pois sua mãe, Olga Graf, tinha sido analisada por ele alguns anos antes. Quanto ao pai de Hans, Max Graf, compositor e crítico musical, ele conhecera Freud em 1900, e sendo apaixonado pelas descobertas da psicanálise, participou regularmente das reuniões da Sociedade Psicanalítica das quartas-feiras até 1913. Desde 1906, quando Hans tinha menos de 3 anos, Max Graf transmitiu regularmente a Freud observações que fazia sobre seu filho. Ele respondia assim ao apelo de Freud que exortara seus discípulos mais próximos a tomar notas sobre tudo o que pudesse estar relacionado com a sexualidade infantil a fim de confirmar as hipóteses que sugerira em *Três ensaios sobre a teoria da sexualidade* em 1905. Freud utilizou certas observações feitas pelo pai do pequeno Hans em dois artigos: "O esclarecimento sexual das crianças" (1907c) e "Sobre as teorias sexuais das crianças" (1908c). Quanto ao caso do "pequeno Hans", publicado em 1909, trata-se de um relato do trabalho de interpretação e de elaboração realizado até a eliminação parcial dos conflitos subjacentes à origem do sintoma fóbico.

Depois disso, Freud perdeu de vista o menino assim como seus pais, mas em um posfácio acrescentado em 1922 ele conta que nesse ano recebeu a vista de um jovem que se apresentou como o pequeno Hans descrito por ele no artigo de 1909. Freud ficou feliz por saber que a criança para quem "se previra todo tipo de desgraça" (p. 198 [*129*]) estava muito bem e não sofria mais de inibição. Ele soube também que seus

Continua

> **BIOGRAFIAS E HISTÓRIA** • *Continuação*
>
> pais tinham-se divorciado e que ambos tinham se casado novamente. Finalmente, Freud se surpreendeu ao constatar que o jovem não tinha guardado nenhuma lembrança de sua cura psicanalítica.
> Herbert Graf, que tinha como padrinho o compositor Gustav Mahler, se tornaria mais tarde um diretor de ópera reconhecido. Comandou, entre outras, a Metropolitan Opera de New York, tendo retornado à Europa onde terminou sua carreira como diretor de Grand Théâtre de Genebra. Mas, apesar da trajetória profissional brilhante, sua vida pessoal foi marcada por fracassos conjugais que o levaram a retomar uma psicanálise em 1970, com Hugo Solms, em Genebra. Graf morreu nessa cidade em 1973. Chegou a publicar quatro entrevistas com o jornalista F. Rizzo, lançadas com o título *Memórias de um homem invisível* (1972), em que se revela publicamente como o "pequeno Hans". Porém, não tem o mesmo interesse pela psicanálise que seu pai, Max Graf, a quem se deve a publicação póstuma de um artigo de Freud, "Personagens psicopáticos no palco" (1942 [1905-1906]), que lhe foi presenteado em 1906.

DESCOBERTA DA OBRA

As páginas indicadas remetem ao texto publicado em S. Freud (1909b), "Analyse de la phobie d'um garçon de cinq ans (Le petit Hans)", in *Cinq psychanalyses*, trad. M. Bonaparte e R. Loewenstein, Paris, PUF, 1954, p. 93-198 [as *páginas indicadas entre colchetes remetem às* OCF.P, IX, p. 1-130].

A confirmação da importância da sexualidade em uma criança pequena

O relato de Freud contém duas partes: uma curta introdução, que reúne as observações feitas pelo pai do "pequeno Hans" quando ele tinha entre 3 e 5 anos, período que precedeu o aparecimento da fobia; e uma segunda parte, que relata o desenvolvimento da cura, seguido de comentários de Freud.

Transcritas fielmente por seu pai, as palavras ditas pelo menino sobre questões sexuais demonstraram que a cabeça do "Pequeno Hans" estava tomada de preocupação pelos enigmas da sexualidade sob todas as suas formas. Além disso, o que se observou nessa criança podia ser generalizado a todas as crianças desde seus primeiros anos, e não se tratava de um caso patológico. Finalmente, essas observações feitas em Hans vinham fundamentar hipóteses que Freud formulara em *Três ensaios sobre a teoria da sexualidade* sobre a existência de uma sexualidade infantil, hipóteses que tinha deduzido essencialmente a partir de lembranças surgidas durante a análise de pacientes adultos.

Manifestações precoces da sexualidade infantil no "pequeno Hans"

Freud encontra nas anotações feitas pelo pai a confirmação do interesse particularmente intenso desse menino por seu próprio corpo, e sobretudo por seu pênis que ele chama de seu *"faz-xixi"*. Esse órgão é objeto de uma curiosidade ilimitada e constitui para ele uma fonte de prazer e de angústia. Por isso, não para de fazer perguntas às pessoas de seu convívio: *"Papai, você também tem um faz-xixi?"*, indaga ao pai, que responde afirmativamente. Mas as respostas que recebe às vezes são ambíguas, sobretudo quando se trata de questões relacionadas à sua mãe e às meninas. Um dia, enquanto observa sua mãe se despindo, ela lhe pergunta: *"O que você está olhando desse jeito?"* – *"Eu só quero ver se você também tem um faz-xixi"* – *"Então,* responde a mãe, *isso quer dizer que você não sabia?"* (1909b, p. 96 *[8]*). Em sua resposta ambígua, será que a mãe de Hans quis dizer simplesmente que ela tinha um orifício para urinar, ou deu a entender que também tinha um pênis? Para Freud, é a segunda possibilidade que tem mais importância aos olhos do menino, e essa idéia forma em sua mente uma *"teoria sexual infantil"*, segundo a qual as mulheres têm pênis como os homens. Freud ficou impressionado com a firmeza dessa convicção em uma criança pequena, convicção que pode ser reforçada pelas palavras de sua mãe, não obstante as afirmações contrárias do pai, que insiste em dizer que as meninas não têm pênis. Eis um trecho desse tipo de diálogo entre pai e filho

"Hans tinha prometido ir comigo a Lainz no domingo seguinte, 15 de março, escreve o pai. No começo ele resiste um pouco, mas acaba indo. (...) No caminho eu lhe explico que sua irmã não tem um faz-xixi como o seu. As meninas e as mulheres não têm faz-xixi, mamãe não tem, Anna também não, e assim por diante.

Hans – E você, tem um faz-xixi?
Eu [o pai] – Claro, o que é que você acha?
Hans [após um silêncio] – Então, como as meninas fazem xixi se elas não têm um faz-xixi?
Eu – Elas não tem um faz-xixi como o seu. Você nunca viu quando a gente dá banho na Anna?" (p. 112 [27]).

Nesse mesmo texto, Freud estranha que as crianças manifestem tão comumente uma percepção errônea sobre essa questão e não levem em conta o que vêem, por exemplo, que uma menina não tem "faz-xixi", o que as levará a viver suas primeiras angústias de castração. O pai conta que um dia, quando Hans tinha 3 anos e meio, a mãe o surpreende com a mão no pênis: *"Se você fizer isso, lhe diz ela, vou chamar o Dr. A. e ele vai cortar seu faz-xixi. E aí como é que você vai fazer xixi? – Com o meu bumbum!"*, respondeu o menino (p. 95 [7]). Diante de uma tal ameaça, diz Freud, o menino adquire um "complexo de castração", que tem um papel tão determinante na aparição de uma neurose.

Quanto mais avançamos no relato, mais nos surpreendemos com a pertinência das questões de Hans e, sobretudo, com sua busca de verdade, em particular quando seu pai ou sua mãe lhe dá respostas que não o satisfazem. Por exemplo, o nascimento de sua irmã Anna, em outubro de 1906, quando ele tem 3 anos e meio, constitui o grande acontecimento de sua vida.

"14 de abril. O tema Anna ocupa o primeiro plano, escreve o pai para Freud. *Como o senhor deve se lembrar dos relatos anteriores, ele manifestara uma forte aversão contra a criança recém-nascida que lhe roubou uma parte do amor de seus pais – aversão que ainda não tinha desaparecido completamente e que fora compensada apenas em parte por uma afeição exagerada. Ele já expressara claramente esse desejo: 'A cegonha não devia trazer outra criança, a gente devia lhe dar dinheiro para ela não tirar mais nenhuma da* **caixa grande** *onde ficam as crianças e trazer para cá'"* (p. 140 [60]). Hans compreendeu que Anna estava presente e que tinha saído como um *"lumpf"* (termo inventado por ele para designar as fezes). Nos meses que se seguem ao nascimento da irmã, Hans não apenas se mostra enciumado como muitas vezes deseja sua morte, ao mesmo tempo em que declara abertamente sua afeição por ela.

A situação edipiana e o conflito de ambivalência em relação ao pai

Freud comemora por ver confirmado *"da maneira mais clara e mais perceptível"* tudo o que antecipara em *A interpretação dos sonhos* e em *Três ensaios sobre a teoria da sexualidade*: "É verdadeiramente um pequeno Édipo, que queria "deixar de lado" seu pai, livrar-se dele para ficar sozinho com sua linda mãe, para dormir com ela" (p. 172 [98]). O desejo de Hans de dormir com sua mãe e de receber dela *"pequenas carícias"* apareceu nas férias de verão, durante as ausências de seu pai, quando o menino expressou o desejo de que seu pai *"vá embora"* e *"fique lá"*, chegando a manifestar o desejo de que ele *"morra"*. Para Freud, esse desejo de morte em relação ao pai pode ser encontrado em todo menino e faz parte da situação edipiana normal; mas quando é exacerbado, esse desejo pode se tornar fonte de sintomas, como no caso de Hans. Assim, o conflito de ambivalência amor/ódio passa a ser uma peça central na situação edipiana: *"Entretanto, esse pai, que Hans não podia deixar de odiar como um rival,* prossegue Freud, *era o mesmo que Hans sempre amara e que continuaria amando; esse pai era seu modelo, tinha sido seu primeiro companheiro de jogo e cuidara dele desde pequeno: eis o que dá origem ao primeiro conflito afetivo, à primeira vista insolúvel*" (p. 188 [117-118]).

Freud observa também que, nessa idade, Hans é tão apegado aos meninos quanto às meninas, e que *"é homossexual como possivelmente toda criança é, o que condiz com algo que não de pode perder de vista: **ele só conhece um tipo de órgão genital**, um órgão como o seu"* (p. 171 [97]). Nesse texto, assim como nos escritos posteriores, Freud atribui um papel central ao pênis no desenvolvimento psicossocial tanto do menino como da menina; contudo, ele evoca aqui a idéia de que o menino possa conceber a existência de uma vagina: "*Mas, embora as sensações experimentadas em seu pênis o conduzissem a postular uma vagina, ele não conseguia resolver o enigma, pois não tinha conhecimento da existência de nada semelhante ao que seu pênis reclamava; ao contrário, a convicção de que sua mãe possuía um "faz-xixi" como o seu barrava o caminho para a solução do problema.*" (p. 189 [118]). Ainda que Freud mencione várias vezes nesse texto fantasias ligadas especificamente à sexualidade feminina, ele não as associa explicitamente a uma concepção da sexualidade feminina, equivalente à sexualidade masculina: essa tarefa caberá aos seus continuadores, em particular às psicanalistas. A concepção que Freud tinha da sexualidade será sempre "falocêntrica", isto é, fundada na idéia de que a diferença dos sexos reside essencialmente na posse ou não um pênis; essa concepção equivale, a meu ver, à persistência em Freud de uma teoria sexual infantil sobre a questão da diferença dos sexos, como vimos mais acima.

O processo de cura pela psicanálise de uma fobia infantil

A análise do pequeno Hans foi motivada pelo aparecimento de uma fobia importante: o menino começou a se recusar a sair de casa e a andar na rua, com medo de ser mordido por um cavalo ou de ser derrubado pelo animal. Freud explica a constituição desse sintoma fóbico como resultado de um compromisso: segundo ele, o medo de Hans de ser mordido por um cavalo decorre de um deslocamento para o animal de uma angústia inconsciente de ser castrado por seu pai. Mas, de onde provém essa angústia de castração? O material clínico demonstrou que esse temor de Hans tinha como origem a impossibilidade para ele de resolver o conflito edipiano: por um lado, Hans sentia um forte apelo incestuoso por sua mãe, a ponto de expressar o desejo de dormir com ela e de eliminar seu pai, desejos intoleráveis para uma criança; por outro lado, o menino sentia um forte apego por seu pai e ao mesmo tempo odiava-o como um rival que lhe barrava o caminho que conduzia à sua mãe, o que era igualmente insuportável. Para Freud, foi a conjunção do desejo incestuoso de Hans por sua mãe e de um sentimento de culpa por odiar um pai tão amado que desencadeou o temor de ser punido com a castração por seus desejos proibidos.

Mas, será que até então não se observa uma situação edipiana análoga à de Hans em qualquer menino pequeno, por menos que se dê atenção a isso? O que é que nos permite diferenciar entre uma situação edipiana normal e uma situação edipiana patológica, entre uma angústia de castração normal e uma angústia de castração que determina um sintoma fóbico? Naturalmente, pode-se imaginar que o nascimento de uma irmãzinha, quando Hans tinha três anos e meio, tenha intensificado nele o conflito edipiano, aumentando seu ciúme em relação à irmã, como também sua cólera contra a mãe e o pai que a geraram.

Para Freud, o fator patológico que cria a fobia não deve ser buscado nos desejos de morte de Hans em relação à sua irmã, porque ele os expressava abertamente. A verdadeira causa da fobia deve ser buscada nos desejos de morte que Hans experimentava em relação a seu pai, pois estes foram reprimidos no inconsciente: sentir um tal ódio por um pai amado era inaceitável para o consciente da criança, e assim suas pulsões agressivas foram reprimidas, e a angústia de ser castrado pelo pai foi deslocada sob a forma do medo de ser mordido ou derrubado por um cavalo. Esse compromisso sintomático permite então ao pequeno Hans conservar um amor consciente por seu pai e evitar sentir um ódio intolerável em relação a ele, situação que levava a um impasse que ele não conseguia resolver.

Quando o tratamento chegou a esse ponto crucial, a cura parou de avançar, e por isso Freud decidiu intervir. Ao receber o menino e o pai, percebeu que alguns detalhes na aparência dos cavalos que assustavam o pequeno Hans com certeza lhe recordavam os óculos e o bigode de seu pai, e comunicou essa descoberta ao menino. Essa foi uma guinada decisiva que abriu caminho para a cura. Na verdade, Freud interveio oferecendo uma interpretação da transferência do menino para o pai, e a explicação que deu permitiu que ele tomasse consciência das razões que o levaram a deslocar para o animal tanto seus desejos de morte em relação a seu pai quanto seu temor de ser castrado por este.

Vale acrescentar que a análise desse caso de criança permitiu a Freud mostrar que não existe uma diferença fundamental entre as manifestações patológicas da sexualidade infantil e suas manifestações normais. Por exemplo, a angústia de castração assim como as pulsões incestuosas libidinais ou agressivas estão presentes tanto em uma criança que sofre de fobia sintomática quanto em uma criança cujo desenvolvimento pode ser considerado como normal. O que faz a diferença entre o patológico e o normal é, antes de tudo, um fator quantitativo: quando a situação interna produz um excesso de angústia que não pode ser elaborado, isso determina o aparecimento de um compromisso sintomático. Finalmente, Freud considera essa neurose infantil como um modelo que pode ser generalizado, pois ela demonstra que a neurose do adulto está estreitamente ligada ao mesmo complexo infantil que descobrimos na fobia do pequeno Hans. Em 1926, em *Inibições, sintomas e ansiedade*, Freud reexaminará esse caso e modificará sua teoria da angústia à luz da introdução da noção de superego, que ainda não tinha conceitualizado em 1909.

PÓS-FREUDIANOS

As tendências passivas e as tendências ativas do "pequeno Hans" reexaminadas *a posteriori*

O caso do "pequeno Hans" deu margem a numerosos comentários dos quais eu destacaria os seguintes. Alguns psicanalistas assinalaram com razão que Freud só levou em conta em suas interpretações as fantasias ligadas ao desejo de Hans de se identificar com seu pai tornando-se o marido de sua mãe e tomando o lugar dele, e desse modo privilegiou o complexo de Édipo direto ou positivo em detrimento do complexo de Édipo invertido ou negativo. Porém, para Silverman (1980) e Frankiel (1991), Freud fornece elementos indicativos de que Hans era tomado igualmente pelo desejo de se identificar com sua mãe com o objetivo de tomar o lugar dela: por exemplo, o relato revela o apego erotizado do filho por seu pai, seu desejo de trazer seus bebês como a mãe, sua identificação com a mãe grávida e ao mesmo tempo sua cólera e seus sentimentos de rivalidade em relação a esta. Pode-se perguntar por que Freud não utilizou esse material, embora já começasse a perceber a importância da bissexualidade e a necessidade de interpretar não apenas os desejos e as defesas ligadas ao complexo de Édipo direto, mas também aquelas ligadas ao complexo de Édipo invertido para eliminar a neurose. Entre os motivos dessa abstenção, vale salientar que na época do tratamento do "pequeno Hans", Freud utilizava a noção de bissexualidade constitutiva, mas ainda não havia introduzido a noção de bissexualidade psíquica, que aparecerá em 1923, juntamente com a de complexo de Édipo negativo ou invertido. Além disso, pode-se presumir ainda que se Freud falou pouco sobre o conflito do menino com sua mãe, foi sem dúvida por razões de confidencialidade, pois a mãe de Hans tinha feito análise com ele. Finalmente, constata-se que Freud descreve de forma magistral muitos fenômenos clínicos que só posteriormente serão conceitualizados, seja por ele, seja pelos psicanalistas que o sucederam. É por isso que o leitor de hoje mostra um interesse sempre renovado pela releitura de sua obra.

Examinando detidamente as anotações feitas por Max Graf sobre seu filho durante dois anos, P. Mahony (1993) foi o primeiro a se indagar sobre as deformações inevitáveis produzidas pela transcrição desse material clínico. Ele considera que sua redação teve um papel transferencial determinante na cura do menino e que houve uma guinada decisiva na cura a partir do momento em que o "pequeno Hans" começou a se envolver ativamente no processo de escrita, principalmente quando passou a ditar a seu pai o que desejava transmitir a Freud: "*Se eu escrever tudo ao Professor, será que a minha besteira vai passar logo?*" (Freud, 1909b, p. 135). Jogando com a polissemia dos termos, P. Mahony intitula seu artigo "The dictator and his cure" para expressar de maneira condensada a determinação autoritária do menino e sua participação ativa na redação dos relatos, que se tornam "*sua própria* atividade" (Mahony, 1993, p. 1250).

BIOGRAFIAS E HISTÓRIA

As primeiras psicanalistas de crianças
Hermine Hug-Hellmuth (1871-1924)

Hermine Hug-Hellmuth é pouco conhecida ainda hoje, embora tenha sido historicamente a primeira psicanalista de crianças. Em 1910, depois de ter feito uma psicanálise com I. Sadger, ela decidiu abandonar seu ofício de professora da educação infantil para se consagrar inteiramente à psicanálise de crianças. Em 1913, foi admitida como membro da Sociedade Vienense e participou das sessões da Sociedade das quartas-feiras. Publicou vários artigos em que remontava às primeira semanas da vida o início do desenvolvimento intelectual e afetivo da criança, assim como suas primeiras emoções sexuais e a masturbação. Hermine Hug-Hellmuth foi também a primeira psicanalista a chamar a atenção para o interesse do jogo na criança, mas unicamente com o objetivo de observar seu desenvolvimento; a utilização do jogo na técnica terapêutica propriamente dita será desenvolvida mais tarde por M. Klein, e depois por A. Freud. No Congresso de Haia de 1920, Hermine Hug-Hellmuth insistiu na necessidade de considerar a dimensão "pedagógica" e "educativa" na análise da criança (C. e P. Geissmann, 1992). Morreu em 1924, assassinada por seu sobrinho Rolf que ela tinha analisado em razão de seus distúrbios de comportamento. Esse assassinato foi destacado pelos detratores da psicanálise que denunciaram publicamente os riscos que ela implicava para crianças e adolescentes.

Melanie Klein (1882-1960)
Perdas, lutos e depressão

Nascida em Viena em 1882, Melanie Klein enfrentou o luto desde muito cedo, aos 4 anos, quando perdeu sua irmã mais velha. Ela tinha relações bastante ambivalentes com sua mãe, descrita como possessiva e invasiva, e atravessou períodos de profunda depressão. Em 1902, aos 20 anos, perdeu também seu irmão Emmanuel, de quem gostava muito. Um ano depois, em 1903, casou com Arthur Klein, um engenheiro, com quem teve três filhos: Melitta, nascida em 1904, Hans, em 1907, e Eric, em 1914, um ano após a morte da mãe de Melanie. Em 1914, ela fez uma primeira análise com Sándor Ferenczi em Budapeste, e este a encorajou a se dedicar às fantasias precoces e à análise de crianças. Em 1919, ela apresentou uma comunicação intitulada "O desenvolvimento de uma criança" (Klein, 1921) que relatava suas primeiras observações sobre um menino, na verdade seu filho Eric, e tornou-se membro da Associação Psicanalítica Húngara. Nesse mesmo ano, Melanie Klein deixou a Hungria em razão de distúrbios políticos e do anti-semitismo, e fixou-se em Berlim com os filhos, enquanto seu marido foi se instalar na Suécia. O casal divorciou-se em 1923.

A técnica da psicanálise de crianças

Em Berlim, ela aperfeiçoou sua *"técnica de observação das crianças de um ponto de vista estritamente psicanalítico"*, segundo suas próprias palavras. Fez então uma segunda análise com Karl Abraham, cujo pensamento exerceu forte influência sobre ela, e a partir daí sempre o invocou em seu apoio, considerando sua obra como uma continuação da obra dele (H. Segal, 1979). Mas sua análise foi interrompida pela morte de Karl Abraham em dezembro de 1925. No mesmo ano, Melanie Klein foi convidada a fazer uma série de conferências em Londres, onde encontrou um grande respaldo, coisa que lhe faltava em Berlim desde a morte de Abraham. Assim, em setembro de 1926, atendendo a um convite de Jones para passar um tempo na Inglaterra, deixou Berlim e decidiu se instalar definitivamente em Londres. Melanie Klein publicou, em 1932, *A psicanálise de crianças*, obra na qual faz uma exposição de suas novas idéias sobre o desenvolvimento precoce da menina e do menino.

Os conflitos com Anna Freud

Inicialmente, Melanie Klein foi bem aceita por seus colegas britânicos. Mas, a partir de 1927, Anna Freud desenvolveu uma concepção diferente da análise de crianças e passou a criticar Melanie Klein de maneira cada vez mais virulenta (P. Grosskurth, 1986). Klein, no entanto, era considerada como uma figura de proa e uma inovadora por seus colegas da Sociedade Britânica de Psicanálise, tanto que sua maneira de trabalhar foi fortemente influenciada por ela (R. Hinshelwood, 2002). Ela começara a redigir seu artigo-chave sobre a depressão, que foi lançado em 1935, quando perdeu seu filho Hans, com 26 anos, em um acidente na montanha em abril de 1934. Esse foi um ano particularmente triste para Klein, ainda mais porque teve de

Continua

● *Continuação*

suportar os violentos ataques de E. Glover, analista de sua filha Melitta Schmideberg e também dela própria. Entre outras coisas, Mellita acusava a mãe de ter sido a causa do "suicídio" de seu irmão, embora se tratasse de fato de um acidente. Mas a oposição mais intensa se organizaria a partir de 1938 com a chegada em Londres de Anna Freud, que tinha fugido com seu pai diante da escalada do nazismo. A fim de confrontar as várias posições teóricas e explicitar as concepções de cada um, a Sociedade Britânica organizou em plena guerra, em 1943, uma série de conferências conhecidas com o nome de "Grandes controvérsias", que suscitarão trabalhos notáveis (P. King, R. Steiner, 1991). Graças a um *gentleman's agreement*, esses debates culminaram com a formação de três grupos psicanalíticos dentro da Sociedade Britânica: foi criada uma escola por Anna Freud, outra por Melanie Klein e um terceiro grupo reuniu a maioria dos membros da Sociedade que não tomaram partido, o "*Middle Group*", que se tornaria o "Grupo dos Independentes" após a morte de Melanie Klein. Esses grupos subsistem ainda hoje, mas as divergências científicas entre os membros se aplacaram (P. King e R. Steiner, 1991).

A técnica inovadora da análise pelo jogo

Melanie Klein foi a criadora de um novo método de psicanálise de crianças. No plano técnico, trata-se antes de tudo da técnica do jogo que ela desenvolveu com base na análise de crianças, e não apenas como técnica de observação. *"A genialidade de Klein foi notar que o modo natural de expressão da criança era o jogo, e que portanto o jogo podia ser utilizado como um meio de comunicação com a criança. Para a criança, o jogo não é simplesmente um jogo, mas é também um trabalho. Não é apenas um meio de dominar ou de explorar o mundo exterior, mas também um meio de explorar e de dominar as angústias pela expressão e a elaboração de fantasias. Pelo jogo, a criança põe em cena suas fantasias inconscientes e, ao fazer isso, elabora e integra seus conflitos."* (H. Segal, 1979, p. 32). Em outras palavras, o jogo na criança revela as mesmas fantasias que o sonho, mas, diferentemente deste último, ele já é uma prova de realidade.

Melanie Klein considera ainda que a criança faz uma transferência imediata e muito intensa para o psicanalista, e que é preciso igualmente interpretar a transferência negativa, ao contrário de Anna Freud, que acha que é necessário primeiro preparar a criança para a análise criando uma aliança terapêutica. Além disso, afirma que os métodos educativos preconizados por Hermine Hug-Hellmuth ou Anna Freud não têm lugar na abordagem psicanalítica da criança e que só servem para perturbá-las. Para ela, uma verdadeira situação psicanalítica deve ser realizada por meios analíticos. Pouco a pouco, de 1919 a 1923, Melanie Klein definirá o *setting* específico da análise de crianças, determinando um horário estrito, cada criança tendo sua caixa de jogos composta de casinhas, personagens dos dois sexos de tamanhos diferentes, animais, massa de modelar, lápis, barbante, tesoura. Para Winnicott, essa escolha foi *"o avanço mais significativo nesse campo"* (H. Segal, 1979, p. 38).

No plano teórico, a experiência adquirida por Melanie Klein com a análise de crianças permitiu-lhe lançar hipóteses que ampliaram consideravelmente o campo de nossos conhecimentos, em particular no que diz respeito às fases precoces do desenvolvimento infantil. Desse ponto de vista, era possível afirmar que se Freud havia descoberto a criança no adulto, coube a Melanie Klein a descoberta do bebê na criança.

Comparações entre Freud e Klein

Em muitos aspectos, Melanie Klein situa-se na continuidade do pensamento freudiano e está de acordo com os postulados psicanalíticos de base colocados por Freud, como a existência do inconsciente, o papel desempenhado pela sexualidade infantil, o complexo de Édipo, a transferência e outros pontos essenciais. Contudo, em outros aspectos, as idéias de Klein diferem das de Freud, e ela chega a conclusões que foram contestadas por muito tempo. Hoje, no entanto, numerosos psicanalistas consideram como adquiridas muitas das hipóteses lançadas por ela.

Vejamos alguns pontos em que Klein difere de Freud. Por exemplo, ela postulou muito cedo que o objeto é conhecido desde o início da vida, pondo em dúvida a posição de Freud, que considerava que o bebê só descobria o objeto mais tardiamente (hipótese do narcisismo primário). Melanie Klein mostrou também que o complexo de Édipo operava bem antes do que Freud imaginava, e que existia um "complexo de Édipo precoce" (1928). Segundo ela, esse complexo arcaico era baseado nas pulsões orais e anais, e não apenas nas pulsões genitais, e se constituía de objetos parciais e não ainda de objetos totais. Assim, Melanie Klein fazia do complexo de Édipo precoce um elemento importante de sua teorização das relações de objeto arcaicas. Ela proporciona

Continua

BIOGRAFIAS E HISTÓRIA • *Continuação*

ainda uma descrição do desenvolvimento psicossexual do menino e da menina mais completa que a de Freud. Atribui mais importância do que ele à fixação do menino pequeno à mãe, fixação que Freud vê apenas na menina. Sua concepção da sexualidade também difere da de Freud, pois esta não é para ela o equivalente "castrado" da sexualidade masculina, mas uma sexualidade com uma realidade específica, fundada em um conhecimento precoce da existência da vagina nos dois sexos. Klein descreve ainda a angústia fundamental da menina, que é seu medo de ser despojada e esvaziada do interior de seu corpo (1932).

Melanie Klein identificou a existência de um superego precoce extremamente severo, cuja constituição era anterior ao complexo de Édipo, e não posterior, como havia postulado Freud. Em uma nota de 1930, Freud fez uma referência explícita ao ponto de vista de Klein. *"A experiência nos ensina, entretanto, que a severidade do superego que uma criança elabora não reflete de modo nenhum a severidade dos tratamentos que ela recebeu"* (Freud, 1930a [1929], p. 98, n. 1). Isto a levará a propor noções originais, como a de posição depressiva (1935, 1940) e mais tarde de posição esquizoparanóide, seguindo-se a de identificação projetiva (1946), noções que levaram muito tempo para serem compreendidas e aceitas.

Finalmente, vale destacar que Klein partilhava as hipóteses de Freud acerca da existência de uma pulsão de morte, e acrescentou a elas uma contribuição importante com o conceito de "inveja primária", mais precoce que o ciúme (Klein, 1957). A noção de inveja permite aplicar na prática clínica as conseqüências produzidas pelo conflito entre pulsão de vida e pulsão de morte, noção que permaneceu essencialmente teórica até os desenvolvimentos kleinianos e pós-kleinianos.

Anna Freud (1895-1982)

A análise com seu pai

Anna Freud, terceira filha de Sigmund e Martha Freud e a mais nova de seis irmãos, foi igualmente uma pioneira da psicanálise de crianças. Desde a adolescência, manifestou forte interesse pela psicanálise, mas formou-se antes como professora de primário, função que exerceu até 1920. Na puberdade, começara a ter fantasias de fustigação, e esse sintoma foi uma das razões principais para fazer sua primeira psicanálise de 1918 a 1922, seguida de uma segunda em 1924. Ela empreendeu essas curas com seu pai, prática que não era excepcional na época, pois ainda não se tinha idéia dos inconvenientes disso para a relação de transferência e de contratransferência. Em 1922, Anna Freud apresentou um relato clínico sobre as fantasias de fustigação e foi admitida como membro da Sociedade Vienense de Psicanálise aos 27 anos.

A psicanálise de crianças segundo Anna Freud

Em 1925, Anna Freud abre um seminário consagrado à psicanálise de crianças em Viena. Dois anos mais tarde, apresenta suas idéias pessoais em uma obra intitulada *O tratamento psicanalítico de crianças* (1927). Em sua técnica, ela preconiza a utilização de sonhos e de desenhos da criança, assim como do jogo, essencialmente visando à observação. Ela estima igualmente que o analista deveria adotar uma atitude educativa associada à atitude psicanalítica, mas modificou seus pontos de vista quando descobriu o papel desempenhado pelos mecanismos de defesa, o que abriu a possibilidade de interpretar as primeiras resistências na criança. Nesse trabalho, Anna Freud faz também suas primeiras críticas a Melanie Klein. Na época, as divergências diziam respeito principalmente ao aparecimento da transferência, que Klein considerava como precoce enquanto Anna a via como tardia; outras divergências referiam-se ao jogo assim como à natureza do superego, julgado primitivo e cruel por Klein, enquanto Anna Freud avaliava que ele ainda não tinha sido integrado em razão da imaturidade do ego.

No final dos anos de 1920, Anna Freud começa a se interessar também pelos processos de maturação do ego e pelo problema da adaptação, ela trabalha com Heinz Hartmann, um dos fundadores da psicologia do ego, até ele deixar Viena e emigrar para os Estados Unidos. Vale lembrar, no entanto, que Anna Freud sempre manteve distância em relação à *Ego Psychology* e que ela utilizava em seu trabalho terapêutico tanto o primeiro quanto o segundo tópico, orientando sua escolha em função do que acreditava ser melhor para o paciente.

Continua

Continuação

O ego e os mecanismos de defesa

Para compreender o que as contribuições de Anna Freud acrescentaram à psicanálise, é essencial levar em conta certos aspectos de sua personalidade que marcaram profundamente sua vida profissional. De fato, a obra de Anna Freud reflete ao mesmo tempo uma forte identificação com seu pai à qual ela jamais renunciou e uma capacidade de desenvolver idéias pessoais e originais (A.-M. Sandler, 1996).

Em sua obra *O ego e os mecanismo de defesa* (1936), Anna Freud examina a maneira como o ego entra em interação com o id, o superego e a realidade externa. Ela demonstra que, na patologia, o uso excessivo de defesas pode causar um empobrecimento do ego e deformar a percepção da realidade. Além dos mecanismos de defesa já conhecidos, Anna Freud descreve outras duas formas: "a identificação com o agressor", que combina uma identificação e uma projeção, e a "rendição altruísta" (altruistic surrender), em que o sujeito abandona seus próprios desejos e os vive através de outro. Na mesma obra, Anna Freud estabelece uma distinção entre as defesas ditas primitivas e as defesas mais elaboradas, sendo que estas últimas exigiriam um nível superior de maturidade do ego.

A observação direta da criança

Em seus primeiros trabalhos, Anna Freud atribuiu uma grande importância à observação direta da criança, mesmo que esta se realize através de um olhar de psicanalista. Ela acreditava que esse tipo de observação não apenas permitia compreender melhor o que uma criança vive desde muita pequena, como os resultados dessas investigações podiam ser muito úteis para esclarecer a teoria e a técnica psicanalíticas.

Além disso, sua preocupação em ampliar o campo da psicanálise deu origem à criação de instituições psicanalíticas como lugares de pesquisa e de tratamento. Assim, em 1925, ela criou um estabelecimento para crianças carentes em colaboração com Dorothy Burlingham que a acompanhou ao longo de toda sua vida. Os dois filhos desta última foram os dois primeiros casos de análises de crianças feitas por Anna Freud em 1923. Em Londres, onde se refugiou com o pai e com toda a família em 1938, Anna criou também com Dorothy Burlingham a "War Nurseries", para cuidar de crianças separadas de seus pais. Assim como J. Bowlby, Anna Freud se preocupou muito com o papel da separação entre mãe e criança e, após a guerra, lutou para que as crianças pequenas pudessem receber a visita de seus pais no hospital e que as mais novas pudessem ter a mãe ao lado delas. Há razões para acreditar que a tendência acentuada de Anna Freud de cuidar de crianças carentes e abandonadas estivesse relacionada ao seu sentimento de ter sido a última criança da família, relegada pelos maiores. Provém daí, provavelmente, sua preocupação de realizar um trabalho de prevenção com os pais e as pessoas próximas das crianças.

A noção de "linha de desenvolvimento"

A abordagem teórica e técnica de Anna Freud está enraizada igualmente em uma perspectiva fundada em um conceito de desenvolvimento, mas considerada em uma base mais ampla do que aquela definida pela teoria clássica. De fato, por muito tempo o desenvolvimento estava estritamente ligado à noção de fases libidinais descritas por Freud em 1905, mas pouco a pouco se impôs a necessidade de incluir no desenvolvimento infantil as noções de agressividade, de relações objetuais e de relações entre ego, id e superego, para mencionar alguns aspectos. Nessa perspectiva, Anna Freud introduziu a noção original de "linhas de desenvolvimento" em sua obra *O normal e o patológico na criança* (1965). Esse conceito fundamenta-se na idéia de que uma pessoa que recebeu uma formação psicanalítica pode se basear em uma observação cuidadosa do comportamento de uma criança para deduzir daí informações válidas sobre o funcionamento do mundo interno infantil.

A partir da noção de linha de desenvolvimento, Anna Freud se preocupou em como dar conta da complexidade de fenômenos que se desenvolvem simultaneamente durante o desenvolvimento da criança e do adolescente até a idade adulta. Entre essas mudanças, vale mencionar, a título de exemplo, o estudo da evolução dos diferentes tipos de angústia em função da idade, o estudo das transformações associadas às modificações das funções corporais – alimentação, asseio, etc. –, assim como o estudo da passagem da dependência do recém-nascido à aquisição de autonomia. Anna Freud insistiu na importância de examinar a evolução individual em seu

Continua

BIOGRAFIAS E HISTÓRIA • *Continuação*

conjunto e, para ela, a idéia central do trabalho psicanalítico era ajudar a criança a encontrar seu lugar no desenvolvimento normal do indivíduo.

Formar futuros psicanalistas de crianças

No final da Segunda Guerra Mundial, vários de seus colaboradores das "War Nurseries" desejavam ter um ensino mais rigoroso para se tornarem psicoterapeutas de crianças, e por isso Anna Freud criou em 1947 seu próprio ciclo de formação. Em 1952, inaugurou a "Hampstead Child Therapeutic Course and Clinic", conhecida hoje com o nome de "The Anna Freud Center". Nessa instituição, a observação se limita a crianças com menos de 5 anos, e constitui uma parte relativamente modesta da formação de futuros "psychoanalytically trained child therapists". Em 1970, a British Psychoanalytical Society reconheceu a formação dada no "The Anna Freud Center", que é aberta atualmente aos candidatos que desejam se formar como analistas de crianças

 CRONOLOGIA DOS CONCEITOS FREUDIANOS

Angústia de castração – curiosidade infantil – neurose infantil – fobia infantil – psicanálise de crianças

"NOTAS SOBRE UM CASO DE NEUROSE OBSESSIVA (O HOMEM DOS RATOS)"

S. FREUD (1909d)

Os sintomas obsessivos também têm um sentido e podem ser resolvidos pela psicanálise

A cura psicanalítica de Ernst Lanzer, apelidado de "Homem dos Ratos", proporcionou a Freud a confirmação de que graves sintomas obsessivos podem ser curados pela psicanálise utilizando o mesmo procedimento provado com êxito no caso de histeria. A neurose obsessiva – ou "doença da dúvida", como também é conhecida – caracteriza-se por distúrbios compulsivos espantosos que produzem sérias limitações: ruminações, idéias obsessivas, compulsão a cumprir atos indesejáveis, rituais variados destinados a lutar contra esses pensamentos e esses atos, etc. Por exemplo, Ernst Lanzer vivia terrificado pela idéia obsessiva de que o suplício dos ratos fosse infligido a seu pai, e daí o apelido que recebeu de Freud. Em razão da natureza invalidante dos sintomas obsessivos, até então essa afecção era considerada como sinal de uma degenerescência ou de uma debilidade orgânica do psiquismo. Mas o êxito obtido nessa cura permite a Freud demonstrar que a neurose obsessiva é uma afecção de origem psíquica e que, assim como a histeria, tem sua origem em conflitos inconscientes de origem sexual e afetiva; além disso, quando se consegue, mediante a análise, tornar consciente a lembrança de conflitos significativos surgidos na infância, obtém-se a resolução dos sintomas. Esse tratamento permite a Freud evidenciar igualmente o papel determinante desempenhado pelo erotismo anal na neurose obsessiva e pelo conflito amor-ódio que será chamado de "conflito de ambivalência" em 1912.

Vários psicanalistas comentaram esse relato clínico, sobretudo depois que as anotações integrais de Freud se tornaram acessíveis. Isso permitiu conhecer mais de perto a técnica de Freud e destacar seus pontos fortes e fracos à luz da experiência atual.

 BIOGRAFIAS E HISTÓRIA

Ernst Lanzer ou "O Homem dos Ratos"

Ernst Lanzer, um jurista com 29 anos, veio consultar Freud porque sofria de obsessões múltiplas que lhe causavam sérias inibições. Levou 10 anos para concluir seu curso de Direito, e estava tendo uma enorme dificuldade para se inserir na vida profissional; quanto à sua vida sentimental, insistia muito na idéia de se casar. Lanzer já tinha consultado sem sucesso vários psiquiatras famosos antes de iniciar sua análise com Freud, no dia 1º de outubro de 1907. Freud compreendeu imediatamente o grande interesse científico que poderia ter o tratamento com um paciente que considerava dotado. Além disso, ele parece ter simpatizado muito com Lanzer, a ponto de tê-lo convidado para um jantar familiar, fato não usual e que rompia com as normas éticas que preconizava. Durante essa cura, Freud apresentou em quatro ocasiões relatórios sobre a evolução de seu paciente perante seus colegas da Sociedade Psicanalítica de Viena nas reuniões das quartas-feiras. Em 1908, fez uma outra exposição notável durante o I Congresso Internacional de Psicanálise em Salzburg. Seu biógrafo, Ernest Jones, que o encontrou ali pela primeira vez, relata a forte impressão que essa apresentação magistral produziu sobre nele.

Continua

> **BIOGRAFIAS E HISTÓRIA** • Continuação
>
> Além do relato dessa cura publicado por Freud em 1909, dispomos de suas anotações cotidianas manuscritas sobre esse caso, o que é excepcional, pois Freud tinha o hábito de destruí-las. Essas preciosas anotações evidenciam as qualidades literárias da escrita de Freud que, para além do texto propriamente dito, permite ao leitor sentir as angústias do Homem dos Ratos, assim como sua empatia com esse paciente. Essas anotações foram publicadas parcialmente na *Standard Edition* em 1955 (S. Freud, 1909d, "Addendum: Original Record of the case", SE, X, p. 253-318), e a íntegra do texto alemão com sua tradução em francês foi publicada em 1974 por E. R. Hawelka.
>
> Freud ficou muito satisfeito com os resultados terapêuticos obtidos, e o paciente, que antes de vir consultá-lo estava incapacitado de trabalhar, arranjou emprego após a cura. Em agosto de 1914, Ernst Lanzer foi convocado para lutar na Primeira Guerra Mundial, caiu prisioneiro das tropas russas, e acabou morrendo em novembro de 1914, logo após o início dos conflitos.

DESCOBERTA DA OBRA

As páginas indicadas remetem ao texto publicado em S. Freud (1909d), "Remarques sur um cas de névrose obsessionelle (L'Homme aux rats)", trad. M. Bonaparte e R. Loewenstein, in *Cinq psychanalyses*, Paris, PUF, 1954, p. 199-261 [*as páginas indicadas entre colchetes remetem às* OCF.P, IX, *p. 131-214*].

Uma série impressionante de obsessões

Quando Ernst Lanzer veio consultar Freud, ele descreveu uma série impressionante de sintomas obsessivos que tinham se agravado progressivamente a ponto de impedi-lo de trabalhar nos últimos dois meses: medo irracional de que acontecesse algo com seu pai amado assim como à sua *"mulher"* amada, temor de ser tomado do impulso de cortar a própria garganta com uma navalha, interferências absurdas que invadiam cada vez mais seu espírito, a ponto de paralisar seu pensamento e seus atos.

Inicialmente, Freud propôs a Ernst Lanzer seguir a regra da associação livre, que é ainda hoje a regra fundamental da análise: *"No dia seguinte, ele concorda em respeitar a única condição proposta para a cura: dizer tudo o que lhe vem à mente, ainda que isso seja penoso, ainda que seu pensamento lhe pareça **sem importância, insensato e sem relação** com o problema. Deixo que ele escolha o tema pelo qual deseja começar"* (p. 203 [*139*]). Assim, desde a primeira sessão, Freud livrou seu paciente da obsessão de ver mulheres nuas e da idéia da morte de seu pai ou de sua *"mulher"*. De fato, o paciente relatou espontaneamente a Freud que essa obsessão voyeurista começara por volta dos 6 e 7 anos, época em que uma governanta muito bonita o levava para sua cama e permitia que ele a acariciasse. Essas experiências sexuais precoces, acompanhadas de uma grande excitação e de um sentimento de culpa intolerável, criaram no espírito do menino um conflito psíquico insolúvel: *"Temos assim uma pulsão erótica e um movimento de revolta contra ela; um desejo (não ainda obsessivo) e uma apreensão (já com um caráter obsessivo); um afeto penoso e uma tendência a atos de defesa. É o inventário completo de uma neurose"* (p. 205 [*142*]).

A grande obsessão dos ratos

Mas é a análise da grande obsessão dos ratos que permite a Freud ir mais longe na investigação das verdadeiras causas dessa neurose obsessiva e das possibilidades de eliminar seus sintomas. Tudo começara recentemente, no mês de agosto anterior, quando o paciente estava no exército e ouviu um capitão relatando um suplício oriental atroz, no qual se fixava no traseiro de um condenado um recipiente contendo ratos que penetravam em seu ânus perfurando-o. Desde o momento em que ouviu esse relato, o paciente ficou terrificado com a idéia obsessiva de que essa punição fosse infligida a seu pai e depois à sua mulher. E para afastar esse pensamento intolerável, repetia um gesto acompanhado de uma palavra encantatória: *"Vamos ver o que é que você vai achar disso"*.

Freud revelou ainda que a cada momento importante do relato, esboçava-se no rosto do paciente uma expressão bizarra que parecia traduzir *"o horror de um prazer que ele próprio desconhecia"* (p. 207 [146]).

Esse relato foi o ponto de partida da análise detalhada dos múltiplos pensamentos e ações obsessivas que perturbavam o paciente, utilizando sistematicamente o método de associação livre. No final desse trabalho de descondensação minuciosa, Freud conseguiu eliminar uma após a outra cada idéia e cada conduta obsessiva de seu paciente.

A luta impiedosa entre o amor e o ódio e o erotismo anal

Na análise do Homem dos Ratos, Freud focalizou suas interpretações principalmente na reconstrução de dois conflitos fundamentais: de um lado, um conflito triangular entre ele, seu pai e sua mulher, conflito visto sob o ângulo da relação edipiana com seu pai; de outro lado, um conflito entre o amor e o ódio, dado que as obsessões resultam de um desequilíbrio afetivo ligado ao fato de que o ódio é mais forte que o amor: *"Nesse amoroso, desencadeia-se uma luta entre o amor e o ódio, sentidos pela mesma pessoa"* (p. 223 [164]). Além disso, conflito edipiano e conflito amor-ódio estão fortemente entrelaçados, formando a rede quase inextrincável que caracteriza a neurose obsessiva e seus sintomas.

Ao longo do relato dessa cura, Freud nos permite acompanhar o percurso complexo que seguiu para desfazer esses imbróglios. Retomando pacientemente uma a uma cada idéia e cada ação obsessiva, ele tenta descobrir seu significado, geralmente absurdo à primeira vista, de modo a torná-las compreensíveis para seu paciente. Depois, ele procura recolocar cada elemento em uma rede de significações mais ampla, rede que se estende à medida que o trabalho de análise avança, até chegar a uma visão de conjunto do quadro psicopatológico. Freud recorre principalmente à reconstrução a partir de associações livres de seu paciente, procurando convencê-lo do valor de suas descobertas, e criando assim uma aliança terapêutica que contou muito para o êxito da cura. Contudo, ele utiliza pouco a transferência, embora revele elementos desta em várias situações, particularmente quando o paciente sonha com sua filha, ou quando dirige insultos a ele em seus sonhos, ou ainda quando se dirige a seu analista em uma sessão de explicação sobre a transferência chamando-o de *"Meu capitão!"*.

Interpretações de sintomas e de atos compulsivos

Como Freud analisou os pensamentos e os atos compulsivos de seu paciente? Vamos tomar só um exemplo, o da compulsão que se apoderava do Homem dos Ratos de retirar uma pedra do caminho onde sua mulher deveria passar a fim de protegê-la e de recolocá-la em seguida no lugar. Para Freud, o gesto compulsivo de tirar e depois recolocar a pedra no caminho parece muito significativo de um ponto de vista simbólico, pois o paciente expressa por esses atos contraditórios a dúvida que sente quanto ao amor por sua mulher: tirar a pedra do caminho para protegê-la é um ato fundado no amor, enquanto recolocar a pedra no caminho é um ato fundado no ódio, porque significa recriar um obstáculo no qual sua mulher poderia machucar-se. Assim, ele descreve clinicamente o que será designado mais tarde pelo nome de "anulação retroativa", esse tipo de ato compulsivo em dois tempos, em que o segundo anula o primeiro.

Assim, segundo Freud, o verdadeiro significado desses atos vem do fato de que o sintoma obsessivo justapõe duas tendências contraditórias, o amor e ódio, de forma que ambas encontram simultaneamente sua realização. Mas o componente de ódio escapa à consciência do paciente, que justifica sua ação mediante racionalizações, isto é, mediante justificativas pouco verossímeis que visam a mascarar o ódio a fim de que ele permaneça reprimido no inconsciente. O que caracteriza esse tipo de neurose, como diz Freud, é que: *"O amor não extinguiu o ódio, mas só o reprimiu no inconsciente, e lá, protegido contra a destruição pela consciência, ele pode subsistir e mesmo crescer"* (p. 254 [206]).

Se o tema do erotismo anal é onipresente ao longo dessa cura, Freud se limita a mencioná-lo, sem lhe conferir ainda o papel que será atribuído posteriormente na neurose obsessiva. Por exemplo, ele se refere a isso quando elucida a obsessão dos ratos que evoca em seu paciente a lembrança de um intenso erotismo na sua infância, do prazer que tinha sentido durante vários anos por uma irritação da zona retal causada por vermes. Freud evoca igualmente as múltiplas significações simbólicas que existem entre o dinheiro e o erotismo anal e determinam os traços de caráter particulares das neuroses obsessivas: por exemplo, a compulsão ao asseio ligada a um temor obsessivo de uma contaminação, a equivalência entre o dinheiro e os excrementos, a equivalência entre os ratos e as crianças, ou ainda a crença sexual infantil de que as crianças nascem pelo ânus.

Elementos neuróticos e psicóticos lado a lado

Freud fala de *"neurose"* a propósito do diagnóstico do Homem dos Ratos, mas observa-se que em várias ocasiões ele destaca elementos que, a meu ver, decorrem mais da psicose do que da neurose, e que, no entanto, coexistem ao lado de elementos neuróticos. Por exemplo, quando o paciente imagina que os pais lêem seus pensamentos, Freud se pergunta que são pensamentos delirantes: *"Há alguma coisa mais, uma espécie de **formação delirante** de conteúdo bizarro: os pais do menino conheceriam seus pensamentos, pois este os expressava sem que ele próprio conseguisse entender suas palavras"* (p. 205 [143]). Freud utiliza igualmente o termo *"delírio"* (p. 243 [192]) quando descreve a compulsão do paciente a interromper seu trabalho à noite e a abrir a porta na expectativa da chegada de seu pai, mesmo sabendo que ele já tinha morrido há nove anos. Esse tipo de crença constitui uma negação da realidade característica do pensamento psicótico. Contudo, Freud hesita em considerar como *"um delírio que ultrapassa os limites de uma neurose obsessiva"* ou como uma crença ligada à megalomania infantil, a *"onipotência dos pensamentos"* (p. 251 [201]) que ele identifica no Homem dos Ratos. Ele descreve ainda o *"alto grau de superstição"* que constata em Ernst Lanzer, assim como sua crença nos presságios e nos sonhos proféticos, ao mesmo tempo em que ressalta que ele não era totalmente supersticioso: *"Assim, sendo supersticioso e ao mesmo tempo não sendo, ele se distinguia claramente das pessoas supersticiosas incultas cuja convicção é inabalável"* (p. 248 [198]). Em outras palavras, Freud assinala que o Homem dos Ratos não apenas *acredita e não acredita* simultaneamente na superstição, como também *acredita e não acredita* na morte de seu pai.

EVOLUÇÃO DOS CONCEITOS FREUDIANOS

A neurose obsessiva segundo Freud: 30 anos de pesquisas

Freud foi o primeiro a isolar a neurose obsessiva como entidade psicopatológica específica durante os anos 1895-1896. Contudo, em 1909, na época da análise de Ernst Lanzer, chamado de "Homem dos Ratos", ele ainda tinha uma visão apenas parcial da psicopatologia dessa afecção. E levou 30 anos para conseguir apresentar um quadro de conjunto desta. Retomemos brevemente essas etapas sucessivas. Em 1895, em uma carta a W. Fliess, Freud pressente pela primeira vez que a origem das idéias e das ações obsessivas de seus pacientes deve ser buscada em um traumatismo sexual situado na infância: *"Será que já revelei para você, oralmente ou por escrito, o grande segredo clínico? A histeria resulta de um **choque sexual** pré-sexual, a neurose obsessiva, de uma **volúpia sexual** pré-sexual transformada posteriormente em sentimento de culpa"* (Freud a Fliess, carta de 15 de outubro de 1895, p. 113). Em uma série de artigos publicados entre 1895 e 1896, Freud apresenta suas hipóteses sobre o mecanismo em jogo nas obsessões e começa por demonstrar sua origem psíquica (1894a); pouco depois, ele reúne sob o nome de *"neurose obsessiva"* um conjunto específico de sintomas (idéias e atos obsessivos, dúvida patológica, etc.) que tinham sido relacionados até então a patologias diversas, que iam da degenerescência mental à psicastenia (1895c, 1895h, 1896b). Ao introduzir o conceito de neurose obsessiva, Freud rompe com a tradição psiquiátrica de sua

Continua

● *Continuação*

época, atribuindo a origem dessa síndrome a conflitos intrapsíquicos, do mesmo modo que a histeria, a outra grande entidade clínica à qual ele foi o primeiro a atribuir uma origem psíquica.
Em 1905, quando introduziu a noção revolucionária de sexualidade infantil em *Três ensaios sobre a teoria da sexualidade* (1905d), Freud mencionou o papel que desempenha o erotismo anal na masturbação na criança, assim como o papel do sadismo anal que predomina na organização pré-genital, ambos estreitamente ligados ao conflito amor-ódio, que será descrito depois com o nome de "conflito de ambivalência".
A análise de Ernst Lanzer, o Homem dos Ratos, realizada entre 1907 e 1908, é que permitirá a Freud verificar a pertinência de suas hipóteses sobre a importância central do conflito entre o amor e o ódio na psicogênese dos sintomas obsessivos, abrindo novas possibilidades terapêuticas (1909d). No relato dessa cura, ele descreve o papel do erotismo anal nos sintomas e no caráter de seu paciente. Em dois trabalhos da mesma época, Freud desenvolve temas ligados à neurose obsessiva; de um lado, em "Atos obsessivos e práticas religiosas" (1907b), ele estabelece um elo entre a compulsão da neurose obsessiva e a prática religiosa, ambas podendo ter o significado simbólico de um cerimonial de proteção para lutar contra o sentimento de culpa consciente; de outro lado, em "Caráter e erotismo anal" (1908b), Freud estabelece um vínculo entre o erotismo anal – que aparece quando as funções corporais associadas à zona anal são fortemente erotizadas durante a infância – e os traços típicos de caráter observados em um adulto acometido de neurose obsessiva – necessidade de ordem, meticulosidade, obstinação ou avareza quanto à retenção de excrementos.
Em 1913, em um adendo a *Três ensaios sobre a teoria da sexualidade* (1905d), Freud introduziu uma nova fase de desenvolvimento que chamou de "fase anal", em que predominam o erotismo anal e as pulsões sádicas, fase que ele situa entre a fase oral e a fase fálica: a partir de então, segundo ele, a fase anal constitui o ponto de fixação ou de regressão característica da neurose obsessiva.
Em 1917, em "As transformações da pulsão exemplificadas no erotismo anal" (1916-1917e), Freud se indaga sobre a evolução das pulsões ligadas ao erotismo anal quando se estabelece o primado da organização genital. Por exemplo, o interesse pelo dinheiro resulta do interesse pré-genital pelo excremento, segundo ele, enquanto que o desejo de ter um filho e a inveja do pênis encontram igualmente seu fundamento no erotismo anal: de fato, o paciente estabelece inconscientemente uma equivalência no nível simbólico entre esses três termos – excremento = filho = pênis, de modo que esse "*símbolo comum*" (p. 111 *[61]*) subsiste no psiquismo na fase genital.
Finalmente, Freud introduz em 1923 (1923b) a noção de superego que, em sua forma primitiva, se mostra extremamente severo em relação ao ego e dá conta do sentimento de culpa excessiva observada em numerosos pacientes, em particular naqueles que sofrem de sintomas obsessivos e se sentem oprimidos por autocondenações e necessidade de punição. Ele complementou essas idéias em 1924 desenvolvendo a noção de masoquismo erógeno e as relacionou com o conflito fundamental entre pulsão de vida e pulsão de morte.

● **PÓS-FREUDIANOS**

Neurose ou psicose? Neurose e psicose?

Do mesmo modo que a propósito do "delírio" de Hanold, o herói de *Gradiva* (1907a), coloca-se a questão de saber se uma parte da sintomatologia de Ernst Lanzer decorre da neurose ou da psicose. Mas, nesse caso, trata-se de um paciente autêntico, e não de psicanálise aplicada a uma obra literária. Como destaquei em meus comentários a propósito de *Gradiva*, alguns psicanalistas consideram essas manifestações como um distúrbio de consciência passageiro, não-psicótico, que pode ser observado em um paciente neurótico. Outros psicanalistas, ao contrário, consideram que Freud descreve no Homem dos Ratos mecanismos característicos da neurose que se justapõem a mecanismos característicos da psicose, como a negação da realidade, a idealização ou a onipotência do pensamento. A meu ver, pode-se efetivamente constatar a justaposição desses dois tipos de mecanismos no material clínico descrito por Freud em Ernst Lanzer, e o mesmo ocorre em outros casos apresentados por ele desde *Estudos sobre a histeria* (1895d) até "A psicogênese de um caso de homossexualismo numa mulher" (1920a). Já encontramos indicações dessa

Continua ●

PÓS-FREUDIANOS • *Continuação*

diferenciação em Freud em "Formulações sobre os dois princípios do funcionamento mental" (1911b), onde ele diferencia o princípio do prazer e o princípio da realidade, até seus últimos escritos, onde ele enfatiza a negação da realidade e a clivagem do ego, como em "Fetichismo" (1927e) e em *Algumas lições elementares de psicanálise* (1940 [1938]). É com base nessas contribuições freudianas do último período que M. Klein e W. Bion aprofundarão a distinção que se pode estabelecer entre os mecanismos de defesa ligados à neurose e aqueles ligados à psicose.

A técnica de Freud com o "Homem dos Ratos": críticas e comentários

Os homens predominam no caso publicado por Freud, como destacaram K. H. Blacker e R. Abraham (1982), enquanto as mulheres são onipresentes em suas notas de trabalho. Esses autores consideram que o conflito de ambivalência em relação ao pai do paciente, apontado por Freud, remete a um conflito de ambivalência em relação à sua mãe, que ele não percebeu bem durante a análise. Segundo eles, certas passagens ao ato contratransferenciais de Freud seriam uma indicação do papel importante que teria desempenhado essa transferência materna ignorada, como por exemplo o fato de ter convidado o "Homem dos Ratos" para um jantar familiar, gesto essencialmente maternal ligado à oralidade.

P. Mahony (1986, 2002) assinala que a despeito das insuficiências manifestas que se pode perceber posteriormente nessa cura, ela foi um sucesso terapêutico: "*Contudo, diz ele, ao insistir demais e ao negligenciar todas as reações transferenciais possíveis, sobretudo negativas, ao deixar de lado o papel das mulheres nessa cura e ao enfatizar essencialmente a relação edipiana que o Homem dos Ratos mantinha com seu pai, ele [Freud] consegue efetivamente obter resultados terapêuticos de boa qualidade*" (2002, p. 1435). Examinando a técnica utilizada por Freud na época dessa cura em 1907, H. R. Lipton (1977) constata que ele adotou a chamada técnica "clássica", que será sua marca durante os 40 anos seguintes, e que seus escritos técnicos publicados entre 1912 e 1914 apenas confirmaram. Segundo Lipton, pode-se considerar que a técnica freudiana "clássica" envolve de maneira implícita dois elementos distintos: de um lado, uma abordagem instrumental interna à situação analítica e, de outro, uma relação pessoal que se estabelece entre paciente e analista, exterior à situação psicanalítica. Quanto à técnica "moderna" praticada pelos psicanalistas pós-freudianos atuais, ela se diferenciaria da técnica clássica em relação ao uso extensivo da transferência e da contratransferência, segundo Lipton, pois esta última implica a relação pessoal entre paciente e analista em seu conjunto. Quando Lipton fala aqui de técnica moderna, ele se refere explicitamente à corrente psicanalítica ligada à psicologia do Ego, e implicitamente à corrente kleiniana e pós-kleiniana.

 CRONOLOGIA DOS CONCEITOS FREUDIANOS

Atos compulsivos – ambivalência – analidade – anulação retroativa – caráter anal – conflito amor-ódio – erotismo anal – obsessões, pensamentos obsessivos – onipotência do pensamento

UMA RECORDAÇÃO DE INFÂNCIA DE LEONARDO DA VINCI

S. FREUD (1910c)

Freud no espelho de Leonardo

Freud ficou fascinado desde o início pelo enigma que a vida e a obra de Leonardo da Vinci, gênio universal do Renascimento, representavam para a psicanálise. O estudo que dedicou a ele em 1910 permitiu-lhe introduzir vários conceitos psicanalíticos fundamentais, como de *sublimação* e *narcisismo*, e descrever uma forma particular de homossexualidade.

Ele tomou como ponto de partida de seu estudo alguns dados surpreendentes sobre Leonardo relatados por seus biógrafos: como se explica, por exemplo, a coincidência entre o desenvolvimento desmesurado de sua paixão de inventor e a renúncia progressiva de sua atividade de pintor, até abandoná-la? Para Freud, o impulso que leva ao conhecimento tem sua fonte na curiosidade sexual infantil, isto é, no desejo que todos sentem de saber de onde vêm os bebês e que papel desempenham o pai e a mãe. Porém, quando a sexualidade infantil sofre uma repressão excessiva, como no caso de Leonardo, a libido se transforma em uma curiosidade intelectual sem conteúdo sexual, mediante um processo que Freud chama de *sublimação*. Freud analisa em seguida a única lembrança de infância relatada por Leonardo, a de um abutre que teria aberto sua boca, acariciando-a com a cauda, quando ele estava no berço. Essa lembrança permite a Freud revelar uma fantasia inconsciente de felação que dava conta da formação precoce do tipo de personalidade de Leonardo e de seus modos particulares de relação. Finalmente, considerando o amor que o artista dedicava aos jovens dos quais se cercava, Freud descreveu um tipo particular de escolha de objeto homossexual; segundo sua hipótese, amando esses garotos à maneira de uma mãe, Leonardo se identificaria com uma mãe amorosa, amando a si próprio através deles. Freud qualifica esse amor por si mesmo de *"narcísico"*, noção que utiliza pela primeira vez aqui.

BIOGRAFIAS E HISTÓRIA

Afinidades entre dois gênios

Freud expressou seu interesse por Leonardo da Vinci pela primeira vez em uma carta a Fliess (carta de 9 de outubro de 1898), mas só começou a se aprofundar nesse tema em novembro de 1909, quando voltou dos Estados Unidos. Antes de iniciar a tarefa, consultou várias obras e se inspirou na leitura do romance de Dimitri Marejkowski, escrito em forma de um diário fictício mantido por um jovem discípulo do mestre, que descrevia dia a dia a vida atormentada do criador genial que foi Leonardo. Freud publicou sua obra em maio de 1910, mas Ferenczi ficou preocupado com a acolhida que teve, pois achava a coisa mais chocante escrita desde o pequeno Hans. Até mesmo seus simpatizantes ficaram horrorizados por ele ter ousado falar em felação e homossexualidade. Freud ficou satisfeito com essa obra. Entretanto, concordou em substituir o termo homossexualidade por inversão na edição seguinte. Uma terceira edição foi lançada em 1923, mas metade dos exemplares foi queimada pelos nazistas em 1938.

Continua

> **BIOGRAFIAS E HISTÓRIA • *Continuação***
>
> Quais foram os motivos que levaram Freud a se identificar com Leonardo, criador de gênio por quem sentia tanta afinidade? Em primeiro lugar, Freud compartilhava com Leonardo da Vinci a mesma paixão pelo conhecimento: ambos eram pesquisadores incansáveis, sempre em busca de novas descobertas e que não hesitavam em explorar os domínios mais variados, freqüentemente em ruptura com seu tempo. Por outro lado, esse período de vida de Freud correspondia a uma evolução interior durante a qual ele tomou mais consciência de tendências homossexuais e paranóicas inconscientes que às vezes se apoderavam dele durante sua longa amizade com Fliess; mas, ao mesmo tempo, tendências idênticas voltavam a se manifestar nas relações com seus novos alunos, em particular com C. G. Jung e S. Ferenczi. Vale recordar que o trabalho sobre Leonardo antecedeu um pouco o que Freud dedicou ao Presidente Schreber em 1911, no qual mostrou que a paranóia está fundada em grande medida em uma repressão da homossexualidade. Freud descobriu também na biografia de Leonardo semelhanças entre a infância do artista e sua própria infância: assim como ele, Freud teve uma mãe muito jovem e um pai relativamente mais velho, com uma perturbação da ordem de gerações. Mas, diferentemente de Freud, Leonardo era filho ilegítimo, o que foi motivo de sofrimento durante toda a vida. Finalmente, Freud observou na vida de Leonardo da Vinci certas manifestações psicopatológicas que lhe recordarão as neuroses obsessivas que acabara de estudar em "O Homem dos Ratos": ambivalência inata, ruminações até a obsessão, desejo de perfeição a tal ponto que Leonardo nunca conseguiu concluir suas obras.
>
> Em 1910, quando completou 54 anos, Freud saiu de seu isolamento e sua fama era crescente, embora suas idéias ainda fossem muito contestadas. Nesse ano, fundou a Associação Psicanalítica Internacional, que teve como primeiro presidente Jung. Esse foi também o momento das primeiras dissensões entre seus alunos, razão pela qual Freud cedeu a A. Adler a presidência do grupo de Viena para tentar aliviar as tensões, mas sem sucesso. Esses anos foram igualmente aqueles de um homem de uma força criadora excepcional, complementado por sua vida familiar. Mais tarde, ele se referirá a esse período como o mais feliz de sua existência.

DESCOBERTA DA OBRA

As páginas indicadas remetem ao texto publicado em S. Freud (1910c), *Um souvenir d'enfance de Léonard de Vinci*, trad. J. Altounian et al., Paris, Gallimard, édition bilingue, 1991 [*as páginas indicadas entre colchetes remetem às* OCF.P, X, *p. 79-164*].

Um gênio de condutas enigmáticas

Freud começa por recordar que Leonardo ficou conhecido primeiramente como pintor que teve uma grande influência sobre seu tempo, pois seus dons de inventor, que aparecem em seus *Cadernos*, permaneceram desconhecidos de seus contemporâneos. Ele pintou obras-primas como *Mona Lisa* e a *Santa Ceia*, mas com uma lentidão proverbial, e raramente concluía os quadros que tinha começado, sem se preocupar muito como o futuro deles. Leonardo acabou abandonando a pintura, e Freud vê nisso um sintoma de suas inibições. Paralelamente, Leonardo sentia uma necessidade insaciável de conhecer tudo, e sua atividade desmesurada de pesquisador acabou por esmagar o artista. Freud observa também que Leonardo gostava de se cercar de belos jovens e fez de um deles seu único herdeiro, mas nada indica que tenha mantido relações homossexuais com eles. Quanto às mulheres, de acordo com seus biógrafos, ele nunca teve relações sexuais ou amorosas com nenhuma delas. Freud ficou surpreso ainda com o fato de um grande artista como Leonardo se mostrar tão pouco sensível ao erotismo, ele que pintava a beleza feminina com talento, e tão indiferente aos sentimentos de amor e ódio, que aparentemente eram substituídos pelo desejo de conhecimento.

A sublimação: "*Faziam-se investigações, ao invés de amar*" (p. 85 [100])

Freud se pergunta de onde provém em Leonardo essa paixão pela pesquisa a ponto de sufocar o artista, tanto em sua vida afetiva como sexual. Ele postula então que a energia que Leonardo dedicou à sua paixão pelo conhecimento vem da persistência nele da curiosidade em relação à sexualidade observada nas crianças pequenas que querem saber de onde vêm os bebês, curiosidade frustrante porque nunca é satisfeita. No adulto, quando a sexualidade infantil é reprimida de maneira excessiva, como foi o caso de Leonardo, Freud acredita que a pulsão sexual trocou sua meta sexual por uma meta não-sexual pelo mecanismo da *sublimação*: "*Assim, por exemplo, esse homem faria investigação com o devotamento apaixonado que um outro dedica ao seu amor, e poderia fazer investigação ao invés de amar*" (p. 93 [102]). Quando a repressão é excessiva, três possibilidades se abrem para o destino da pulsão sexual: ou a pesquisa e a sexualidade causam uma inibição generalizada do pensamento, característica da neurose; ou a pesquisa é "sexualizada", ou seja, o pensamento erotizado torna-se um equivalente da atividade sexual que ela substitui, como na neurose obsessiva; ou, finalmente, a libido se transforma em desejo de saber, mas evita temas sexuais, o que teria sido o caso de Leonardo da Vinci, segundo Freud.

Freud se indaga em seguida sobre a infância de Leonardo a partir de uma única lembrança precoce descoberta nos *Cadernos*, a propósito de seu estudo sobre o vôo dos pássaros: "*(...) me vem à mente como a lembrança mais remota que estando ainda no berço, um abutre desceu até mim, abriu minha boca com sua cauda e tocou meus lábios várias vezes com essa mesma cauda*" (p. 109 [107]). Para Freud, essa lembrança proporciona um esclarecimento altamente significativo sobre a maneira como a personalidade de Leonardo se organizou desde a infância. De fato, essa lembrança evocando uma felação remete a uma vivência infantil ainda mais precoce, que remonta aos primeiros momentos da vida, antes mesmo que a criança pudesse constituir uma lembrança; segundo Freud, trata-se do traço sensorial que deixa no bebê a experiência de mamar no seio de sua mãe: "*A impressão orgânica que esse primeiro gozo vital produz em nós sem dúvida permaneceu indelevelmente marcado*" (p. 123 [111]). Freud acrescenta que essa fantasia oral – pênis e boca – implica igualmente uma fantasia homossexual passiva, relacionada à idéia de que se trata de uma mãe que possui os dois sexos. Ele julga ter encontrado na biografia de Leonardo a confirmação dessa idéia: durante seus primeiros anos de vida ele fora criado apenas por sua mãe e não chegou a ser reconhecido oficialmente por seu pai. Freud completa sua argumentação mencionando a mitologia egípcia, em particular a deusa "*Mut*", divindade feminina homossexual, portadora de um pênis em ereção.

Uma forma de homossexualidade fundada em uma identificação narcísica

A partir dessa fantasia de felação descoberta na lembrança, Freud descreve ainda um tipo particular de homossexualidade em Leonardo: durante sua infância precoce, uma ligação erótica intensa transformou o amor pela mãe em identificação com ela, ligação reforçada pela ausência do pai; assim, ao tomar o lugar de sua mãe, o indivíduo ama a si mesmo amando os jovens. Freud qualifica de "*narcísica*" essa escolha de objeto homossexual – é a primeira vez que ele utiliza o termo narcisismo –, pois essa escolha de objeto se realiza conforme o modelo de Narciso, personagem da mitologia grega que se apaixona por sua própria imagem refletida na água, acreditando em se tratar de um outro. Esse tipo particular de escolha de objeto homossexual parece ter-se confirmado na vida de Leonardo, que se cercava de jovens a quem amava como uma mãe e com os quais não parece ter tido relações homossexuais propriamente ditas. Além disso, destacamos que, nesse estudo, Freud associa o narcisismo ao processo de identificação, de modo que a primeira teoria freudiana do narcisismo não implica apenas a noção de amar a si mesmo, mas também a idéia de se identificar com a mãe e de se amar como a mãe o ama. Mais tarde, Freud tenderá a deixar de lado a dimensão de "identificação narcísica", noção que, embora constitua um aspecto do narcisismo, terá um outro desdobramento com o conceito de identificação projetiva introduzido por M. Klein em 1946.

O sorriso enigmático da *Gioconda*

Para Freud, a pintura de Leonardo também expressa a intensidade da relação precoce com sua mãe, o que seria comprovado, por exemplo, pelo sorriso enigmático da *Gioconda*, às vezes chamado de "sorriso leonardesco". No quadro que figura a Virgem e o Menino com Sant'Ana, Freud vê a representação das duas mães de Leonardo, a mãe verdadeira, Catarina, que o criou durante seus primeiros anos, e a jovem esposa de seu pai, que cuidou dele depois. Foi nesse quadro que, em 1913, O. Pfister chamou a atenção para a imagem do abutre na dobra da vestimenta usada por Maria, o que foi interpretado por ele como uma *"imagem-adivinhação"* (n. 1, p. 211 *[141]*, ver também Fig. 2, p. 213). Mas, nem por isso Freud esquece do pai. Assim, ele evoca a identificação de Leonardo com seu pai, por exemplo, no fato de que o pintor negligenciava tanto suas obras quanto o pai negligenciara seu filho, com base nas fontes biográficas disponíveis. Freud considera ainda que a audácia e a independência do pesquisador são a conseqüência da falta de apoio paterno que Leonardo teve de enfrentar desde muito cedo, como também a manifestação de uma rebeldia com relação a seu pai e à autoridade em geral, particularmente no que diz respeito aos ensinos dogmáticos da Igreja.

● **PÓS-FREUDIANOS**

"Abutre" em lugar de "milhafre": conseqüências de um erro de tradução

Um erro de tradução invalidaria o conjunto de hipóteses freudianas? Em 1923, o correspondente de uma revista foi o primeiro a destacar um erro de tradução na lembrança de infância de Leonardo da Vinci, que levou Freud a falar de "*abutre*" em lugar de "*milhafre*". Parece que Freud se fiou em uma versão alemã da tradução dos *Cadernos* em que a palavra italiana "*nibbio*" foi traduzida inadvertidamente em alemão como "*Geier*" (abutre). O erro levou esse correspondente a levantar dúvidas quanto à validade da interpretação feita por Freud. Em 1956, Shapiro, eminente historiador da arte, publicou um estudo documentado confirmando o erro de Freud, que ele atribuiu a uma leitura superficial dos *Cadernos* de Leonardo; além disso, ele demonstrou que o tema do quadro em que Sant'Ana figura como terceira era representado com freqüência no Renascimento, contradizendo Freud, que acreditava tratar-se de uma exceção. Esse erro de tradução foi utilizado posteriormente de forma abusiva pelos detratores da psicanálise que se utilizaram dele não apenas para questionar as interpretações de Freud a respeito de Leonardo, mas também para pôr em dúvida a validade do conjunto da psicanálise freudiana. Em um estudo publicado em 1961, K. Eissler, responsável pelos Arquivos Freud, procurou reabilitar a conduta de Freud mostrando que a troca do milhafre pelo abutre não a invalidava em nada.

Lendo atentamente uma nota acrescentada por Freud em 1919, fiquei surpreso ao constatar que ele próprio havia considerado a idéia de que talvez não se tratasse de um abutre, antes que a questão se tornasse pública em 1923. Em 1910, Havelock Ellis havia feito uma crítica a esse respeito, a que Freud respondeu alguns anos mais tarde nos seguintes termos: "*Com certeza, o grande pássaro poderia não ser exatamente um abutre*" (1910c, *[107, n. 2]*, p. 91, nota 2, acrescentada em 1919). Freud se questiona, nessa mesma nota, sobre a própria natureza da lembrança de Leonardo: será que se trata da lembrança de um acontecimento real, ou seria a marca deixada em sua memória de um relato repetido por sua mãe, que depois ele teria confundido com a lembrança de um acontecimento real? Diante desse dilema, Freud se atém firmemente à preeminência da fantasia sobre a lembrança real. Atualmente, em razão das polêmicas em torno da lembrança de infância de Leonardo, privilegia-se o papel da fantasia em detrimento da lembrança de um acontecimento real, mesmo porque esta última sofreu incessantes modificações *a posteriori*.

● **CRONOLOGIA DOS CONCEITOS FREUDIANOS**

Escolha de objeto homossexual – homossexualidade – narcisismo – sublimação

PARTE II

OS ANOS DA MATURIDADE
(1911-1920)

"NOTAS PSICANALÍTICAS SOBRE UM RELATO AUTOBIOGRÁFICO DE UM CASO DE PARANÓIA (O CASO DE PARANÓIA: O PRESIDENTE SCHREBER)"

S. FREUD (1911c)

Após as neuroses, o estudo das psicoses

Depois de ter-se empenhado em descobrir a origem das neuroses, em especial da neurose histérica e da neurose obsessiva, Freud parte para a pesquisa de um mecanismo específico na origem da psicose. Ele ficou impressionado com as analogias entre o conteúdo psicossocial dos delírios produzidos pelos pacientes paranóicos e o conteúdo psicossexual reprimido pelas neuroses, como se os primeiros expressassem abertamente as fantasias que os segundos ocultam em seu inconsciente. A partir de 1907, Freud se indaga sobre as possíveis relações entre a paranóia e a demência precoce ou esquizofrenia e, na época de suas discussões com K. Abraham e C. G. Jung, ele toma conhecimento da existência de *Memórias de um doente dos nervos*, obra autobiográfica de Daniel Paul Schreber, publicada em 1903. Freud encontra nesse texto um material clínico particularmente valioso, o de um delírio paranóico exposto com talento pelo próprio doente. O estudo de caso baseado unicamente em um documento autobiográfico – pois Freud nunca se encontrou com Schreber – lhe permite fazer uma demonstração admirável que a angústia persecutória e o delírio paranóico decorrem de uma defesa contra desejos homossexuais reprimidos. Quanto ao mecanismo da paranóia, ele seria o produto de uma transformação do amor (homossexual) em ódio, segundo Freud, ódio que depois seria desviado por projeção para um perseguidor externo.

Visto que o estudo sobre o Presidente Schreber constitui a principal exposição teórico-clínica de Freud sobre a psicose, examinaremos brevemente as tentativas que realizou ao longo de várias décadas para descobrir seu mecanismo específico. Embora Freud tenha descrito em Schreber diversos mecanismos psíquicos relacionados à organização psicótica, ele considera que os pacientes psicóticos não estabelecem transferência e, por essa razão, não são analisáveis, ponto de vista não-compartilhado hoje principalmente pelos psicanalistas kleinianos e pós-kleinianos que desenvolveram a análise desses pacientes.

BIOGRAFIAS E HISTÓRIA

A história da doença de Schreber tal como Freud a conhecia

Freud utilizou unicamente as informações biográficas fornecidas pelo próprio Schreber em suas *Memórias* para redigir seu estudo e, não obstante uma tentativa junto às pessoas próximas dele, não obteve outras informações sobre sua infância. Apresentamos a seguir um resumo do que ele sabia.
A primeira afecção em Daniel Paul Schreber apareceu em 1884, sob a forma de um episódio depressivo hipocondríaco, pouco depois do fracasso de sua candidatura como deputado do Reichstag, quando ele tinha 42 anos e era um simples magistrado. Foi tratado na clínica do Professor Flechsig em Leipzig, psiquiatra e anatomista

Continua

> **BIOGRAFIAS E HISTÓRIA** • *Continuação*
>
> do cérebro de renome internacional, a quem se deve a descoberta dos feixes cerebelares da medula espinal que levam seu nome. Após alguns meses de tratamento, Daniel Paul saiu curado. A segunda afecção começou alguns anos mais tarde, em 1893, pouco após sua nomeação para o importante cargo de presidente da Corte de Apelação de Saxe, quando ela estava com 53 anos. Sofrendo de um delírio alucinatório agudo, foi novamente hospitalizado na clínica de Flechsig e transferido seis meses depois para Dresden, para uma outra clínica dirigida pelo Dr. Weber. Permanecerá ali por oito anos até obter autorização de saída advogando em causa própria junto ao Tribunal de Dresden. Foi no âmbito desse procedimento que Daniel Paul Schreber escreveu *Memórias de um doente dos nervos* (1903), onde descreve em detalhe o curso de sua doença, de seu delírio e de suas alucinações, para fundamentar seu pedido de liberação; ele pretendia com isso demonstrar ao tribunal que se tornara socialmente adaptado e que sua afecção não seria mais um motivo jurídico suficiente para manter sua internação. O pedido foi aceito em 1902. O juiz observou em seus considerandos que o paciente já não representava um perigo para ele próprio e para outros, mas que sua loucura se mantinha. Daniel Paul Schreber retirou-se em Dresde com sua mulher e sua filha adotiva, porém, cinco anos depois teve uma recaída depressiva psicótica e precisou ser internado em um hospital psiquiátrico em Leipzig onde ficou por quatro anos, até sua morte em 14 de novembro de 1911, mesmo ano em que foi lançada a obra de Freud.
>
> Em seu estudo, Freud menciona brevemente que o pai de Daniel Paul, o Dr. Daniel Gottlieb Moritz Schreber, era um médico famoso por ter estimulado a juventude a manter um corpo sadio e publicado um método de ginástica terapêutica. Quanto à mãe de Daniel Paul, este não a menciona em suas *Memórias*, e Freud, curiosamente, tampouco se refere a ela.

DESCOBERTA DA OBRA

As páginas indicadas remetem ao texto publicado em S. Freud, "Remarques psychanalytiques sur l'autobiographie d'un cas de paranoïa (*Dementia paranoïdes*) (Le President Schreber)", in *Cinq psychanalyses*, trad. M. Bonaparte e R. Loewenstein, Paris, PUF, 1954, 422 p. [as páginas indicadas entre colchetes remetem às OCF.P, X, *p. 225-304*].

Da angústia de ser transformado em mulher à missão redentora

Em sua fase aguda, o delírio paranóico e alucinatório de Daniel Paul Schreber era na sua essência um delírio persecutório muito angustiante, centrado na idéia de que ele seria imperiosamente emasculado e transformado em mulher, não podendo escapar a esse abuso sexual. No início, o perseguidor era o Professor Flechsig, médico que tratava dele, instigador desse "assassinato da alma" e do complô que transformaria seu corpo em um corpo de mulher para "(...) ser entregue então a um homem para abusos sexuais e depois largado, ou seja, abandonado com certeza à putrefação" (p. 271 [241]). Depois, o próprio Deus tomou o lugar de Flechsig. Daniel Paul Schreber teve a prova dessa perseguição ao ouvir vozes que lhe falavam e através de experiências de destruição de alguns de seus órgãos, como o estômago ou o intestino.

Posteriormente, esse delírio persecutório de base sexual transformou-se em um delírio de redenção, de modo que a fantasia angustiante de emasculação vinculou-se à idéia de que havia agora uma missão divina a ser cumprida: a idéia obsessiva de ser transformado em mulher passava a fazer parte então de um projeto místico, o de ser fecundado pelos raios divinos a fim de gerar novos seres humanos. Ele associava essa missão a Deus, por quem sentia uma mistura de veneração e revolta, em particular porque este exigia de Schreber, homem de alta moralidade, um gozo sexual voluptuoso como só uma mulher pode experimentar. Essa transformação do delírio levou Freud a afirmar que *"o que vemos como uma produção mórbida, a formação do delírio, é na realidade a tentativa de cura, a reconstrução"* (p. 315 [293-294]).

A paranóia: uma defesa contra um desejo homossexual reprimido

Visto que a doença de Daniel Paul Schreber começou com um delírio persecutório, Freud deduziu daí que o autor de todas as perseguições seria com certeza o Professor Flechsig, que, ao longo de toda a doença, permanecerá como o primeiro sedutor. Mas, indaga-se Freud, por que Flechsig se tornou um perseguidor, ele que havia curado Daniel Paul Schreber de sua primeira afecção e que obtivera seu profundo reconhecimento? Para Freud, o fato de que justamente a pessoa de quem ele gostava antes, que admirava e a quem atribuía uma grande influência se torne o perseguidor decorre de uma reversão do amor em ódio. Por que essa reversão de sentimentos? Porque o sentimento de reconhecimento de Schreber em relação a Flechsig estava fundado em um apego erótico intenso em relação à pessoa desse médico: foi esse apego que levou Schreber a desejar se tornar a mulher de um ser tão maravilhoso quanto Flechsig: *"Como deve ser bom ser uma mulher submetida a uma cópula"* (p. 290 [264]). Em outras palavras, *"a doença de Schreber eclodiu quando da explosão da libido homossexual"* (p. 293 [268]). Durante uma transformação posterior do delírio, o perseguidor Flechsig, por sua vez, foi substituído por Deus, de modo que a fantasia homossexual ficou mais aceitável para Schreber, pois a emasculação e a transformação em mulher passavam a fazer parte de um plano divino graças a um processo de "racionalização": *"Assim*, diz Freud, *as duas partes presentes conseguem se satisfazer. O ego é compensado pelo delírio de grandeza, enquanto que a fantasia de desejo feminino emerge e se torna aceitável"* (p. 295-296 [271]).

Freud vai mais longe ainda e atribui a simpatia de Schreber por Flechsig a um *"processo de transferência"*, postulando que essa transferência para a pessoa do médico é com certeza o resultado de um deslocamento do amor intenso que Daniel Paul deve ter sentido por seu pai ou por um irmão mais velho. Sem possuir nenhuma informação biográfica sobre a família de Schreber, Freud supôs que, se o doente tinha investido tão intensamente um pai ou um irmão, era provavelmente porque eles já tinham morrido, suposição que se confirmará logo depois.

O complexo paterno

Ao chegar a esse ponto da demonstração, Freud pode invocar a relação infantil com o pai: *"Portanto, no caso Schreber, estamos mais uma vez no terreno familiar do complexo paterno"* (p. 302 [279]). Segundo ele, a análise revela que o conflito de Daniel Paul Schreber com Flechsig e com Deus está fundado em um conflito infantil com seu pai, de modo que o que determinou o delírio foi um mecanismo análogo ao mecanismo que produz uma neurose: Freud postula que o pai de Schreber era visto por este como uma figura severa e imponente que proíbe a satisfação sexual auto-erótica do menino e ameaça puni-lo com a castração. Em outras palavras, o desejo de ser transformado em mulher que compõe o núcleo do delírio de Daniel Paul não é senão o produto do medo de ser castrado por seu pai por causa da masturbação infantil, o que leva o menino a adotar uma posição homossexual passiva ou "posição feminina" no complexo paterno, constituído de uma mistura de submissão e revolta.

A fase narcísica do desenvolvimento infantil

Freud ressalta que não é a fantasia do desejo homossexual ligada ao complexo paterno que caracteriza a paranóia, pois esse complexo é encontrado igualmente na neurose em estado latente e no indivíduo normal, como Schreber nos período em que estava bem. O que é paranóico nesse caso, segundo Freud, é o fato de o paciente ter reagido com um delírio persecutório para se defender contra uma fantasia de desejo homossexual que não conseguiu manter no inconsciente.

Prosseguindo suas reflexões, Freud formula uma outra hipótese, a de que a homossexualidade se situa em uma *fase* da evolução infantil qualificada de *fase narcísica* do desenvolvimento, intermediária entre o auto-erotismo e o amor de objeto: *"Essa fase consiste no seguinte: o indivíduo em via de desenvolvimento reúne em uma unidade suas pulsões sexuais, que até então agiam de forma auto-erótica, a fim de conquistar um objeto de amor, e primeiro toma a si mesmo, toma seu próprio corpo como objeto de amor, antes de passar à escolha objetal de uma pessoa estranha"* (p. 306 [283]). Conseqüentemente, segundo Freud, quando a escolha de objeto heterossexual é atingida ao longo da evolução normal, as tendências homossexuais não desaparecem completamente: elas se tornam por "*apoio*" a base da amizade e da camaradagem com pessoas do mesmo sexo.

Ao contrário, nos casos patológicos, a fase narcísica do desenvolvimento infantil pode constituir um "*ponto de fixação*" ou um "*ponto de regressão*" em alguns indivíduos e se estabelecer como um "*ponto fraco*" de sua personalidade que os sensibiliza à paranóia provocando angústias persecutórias.

O mecanismo da paranóia

Freud conclui seu estudo reunindo as diversas formas de paranóia em uma proposição comum: "*Eu o amo (ele, o homem)*". Mas essa proposição não é aceitável para o consciente do sujeito, e então se transforma em seu contrário: "*Eu não o amo, eu o odeio!*". Em seguida, esse sentimento de ódio intolerável é reprimido no interior e depois projetado em uma pessoa no exterior: "*Eu o odeio*" torna-se então "*Ele me odeia (ou me persegue), o que justifica então o ódio que tenho por ele*". Assim, o sentimento inconsciente de ódio pertencente ao sujeito ressurge sob a forma de uma percepção externa: "*Eu não o amo! – eu o odeio! – porque ele me persegue!*" e Freud acrescenta: "*A observação não deixa nenhuma dúvida a esse respeito: o perseguidor é sempre um homem antes amado*" (p. 308 [285]). Ele conclui aplicando essa fórmula a todas as formas de delírio que inclui na paranóia: o delírio persecutório, e também a erotomania, o delírio de ciúme no homem e na mulher, assim como o delírio de grandeza.

EVOLUÇÃO DOS CONCEITOS FREUDIANOS

Freud em busca de um mecanismo específico da psicose

O estudo do caso Schreber insere-se em uma linha de pesquisa permanente de Freud cuja meta é descobrir o mecanismo específico da psicose. De maneira geral, ele está menos interessado em determinar critérios descritivos que permitam uma classificação sistemática das formas delirantes do que em especificar quais são seus mecanismos subjacentes. Sem entrar no detalhe dessas distinções complexas, é preciso situar a noção de paranóia tal como Freud a utiliza em diferentes momentos de sua evolução.

O que Freud entende por "paranóia" ou "delírio paranóico"?

No final do século XIX, a psiquiatria alemã englobava no termo "paranóia" o conjunto de delírios, enquanto Freud, em seus primeiros trabalhos, utiliza-o em um sentido amplo. Posteriormente, Emil Kraepelin introduziu uma distinção fundamental, nas diferentes formas de delírio, entre a demência precoce, cuja evolução conduz à demência, e o delírio sistematizado da paranóia sem deterioração mental. No que se refere à demência precoce, essa noção foi substituída pela de "esquizofrenia" a partir dos trabalhos de Eugen Bleuler que mostrou o papel central da "*dissociação*" (*Spaltung*) nessa afecção. Quanto à paranóia, Freud agrupa sob essa denominação não apenas os delírios persecutórios, mas também a erotomania, o delírio de ciúme e o delírio de grandeza. Depois de 1911, Freud permaneceu fiel à distinção feita por Kraepelin entre demência precoce (esquizofrenia) e paranóia, discordando da posição de Bleuler, seu aluno, que não aceitava essa distinção, pois, para ele, a dissociação podia ser encontrada tanto na esquizofrenia como na paranóia. Finalmente, em seu estudo da paranóia de Schreber, Freud reconheceu a existência de inúmeras combinações entre essas formas de psicopatologia.

O papel da projeção

Freud já abordara a questão da paranóia em sua correspondência com W. Fliess (Rascunho H. de 24 de janeiro de 1894 e Rascunho K. de 1º de janeiro de 1896) e também em sua análise de um caso de paranóia crônica (1896b). Em seus primeiros textos, ele enfatiza sobretudo o mecanismo da projeção característico da psicose, que significa, para ele, pôr para fora instantaneamente uma percepção interior intolerável, uma espécie de evacuação pura e simples. Mas, pouco a pouco, em particular quando estuda as *Memórias* de Schreber, Freud percebe que a projeção não é uma simples evacuação do conteúdo reprimido para o exterior, mas que, ao contrário, o que retorna "*do exterior*" tem como origem o que foi suprimido "*no*

Continua

● *Continuação*

interior": "*Não era correto dizer que o sentimento reprimido dentro era projetado para fora*", esclarece ele; "*deveríamos dizer, como constatamos hoje, que o que foi abolido dentro vem de fora*" (p. 315 *[294]*). A partir do estudo de Schreber, Freud considera que as diversas modalidades delirantes da paranóia têm como base uma defesa contra a homossexualidade reprimida e que a projeção não é o apanágio da psicose.

Do "desinvestimento da realidade" à "negação da realidade"

Em 1911, Freud descrevera o papel que desempenha o desinvestimento da realidade exterior na paranóia de Schreber, bem antes de introduzir as noções de "*perda da realidade*", em 1924 e, posteriormente, de "*negação da realidade*", em 1927. A retirada de investimento que Freud descreve em Schreber em 1911 se aplica tanto às pessoas do seu círculo quanto ao mundo real: "*O doente retirou das pessoas de seu círculo e do mundo exterior em geral o investimento libidinal que até então dirigia a eles; com isso, tudo se tornou indiferente e desprovido de relação para ele (...)*" (p. 314 *[292-293]*). Schreber experimenta assim um sentimento de fim de mundo que Freud atribui à catástrofe interior que significa esse forte desinvestimento sentido como uma perda de amor. Ainda segundo Freud, o delírio se constituiria para recuperar esses investimentos exteriores perdidos, o que reforçava a idéia de que o delírio do paranóico era uma tentativa de cura, ponto crucial ao qual ele voltará freqüentemente: "*O que vemos como a produção da doença, a formação delirante, é na realidade a tentativa de cura, a reconstrução*" (p. 315 *[293-294]*).

Schreber: uma descrição clínica magistral dos fenômenos psicóticos

Como ocorre sempre que descreve pela primeira vez um conceito, Freud descobre primeiro na psicopatologia fenômenos que depois se constata estarem presentes também na neurose e no indivíduo normal, embora em menor grau. Por exemplo, bem antes de introduzir a noção de "clivagem do ego" que separa o ego em duas partes, uma que nega a realidade e outra que a aceita (1940a *[1938]*), Freud descreve em Schreber um fenômeno análogo ao falar de uma "*divisão da personalidade*" em duas partes, uma delirante e outra adaptada: "*Por um lado, ele tinha construído um engenhoso sistema delirante, que é do maior interesse para nós*, diz Freud, *e por outro lado, sua personalidade se reedificara, e se mostrara à altura dos deveres da vida, à parte alguns distúrbios isolados*" (p. 267 *[236]*). Considerando o delírio em seu conjunto, Freud observa que quanto mais a doença avança, mais "*o perseguidor se decompõe*", e descreve diferentes modalidades dessas clivagens entre um "*Deus superior*" e um "*Deus inferior*", entre "*Flechsig*" e "*Deus*", ou ainda entre um "*pai venerado*" e um "*pai odiado*". Freud fala explicitamente aqui de um fenômeno de "*clivagem*" como um mecanismo específico da psicose paranóica: "*Uma tal divisão é efetivamente característica das psicoses paranóides*, escreve ele. *Estas dividem, enquanto a histeria condensa. Ou melhor, essas psicoses resolvem de novo em seus elementos as condensações e identificações realizadas na imaginação inconsciente*" (p. 297 *[272]*).

Entretanto, ainda que Freud descreva com um enorme senso de observação vários mecanismos que entram em jogo na psicose, como nesse ensaio sobre Schreber, caberá aos psicanalistas pós-freudianos diferenciar melhor os mecanismos fundados nas defesas primitivas que decorrem da psicose dos mecanismos fundados na repressão que decorrem da neurose. A partir dessa distinção, é possível empreender o tratamento psicanalítico de psicoses, tanto nos adultos como nas crianças, e obter êxitos terapêuticos a despeito das dificuldades ligadas a esse tipo particular de transferência.

● **PÓS-FREUDIANOS**

Reexame das teses lançadas por Freud sobre o caso Schreber

A tradução em língua inglesa das *Memórias* de Daniel Paul Schreber em 1955 (I. Macalpine e R. A. Hunter, 1955) permitiu aos psicanalistas anglófonos ter acesso ao texto em que Freud se baseara, e como conseqüência levou a um reexame das teses lançadas por ele em 1911. Alguns questionaram a hipótese segundo a qual a psicose era unicamente resultado da repressão da homossexualidade. Assim, para R. D. Fairbairn (1956), a homossexualidade estaria ligada antes de tudo à rejeição agressiva do progenitor do sexo oposto – em particular a mãe, ausente das *Memórias* de Schreber –, e se a criança escolhe como perseguidor o progenitor

Continua

PÓS-FREUDIANOS • *Continuação*

do mesmo sexo, segundo esse autor, é para evitar uma angústia de perseguição ainda mais forte, proveniente da relação primitiva com a mãe. I. Macalpine e R. A. Hunter (1955) remeteram a psicose a uma fase ainda mais precoce, qualificada de anobjetal, ponto de regressão que afeta a própria identidade do sujeito. De maneira geral, os psicanalistas de orientação kleiniana achavam que Freud tinha insistido demais no complexo paterno em Schreber, enquanto para eles a origem da psicose deve ser buscada antes na relação precoce da criança com a mãe.

A influência do pai no delírio de Daniel Paul: realidade ou fantasia?

A partir dos anos de 1950, diversos autores realizaram pesquisas históricas aprofundadas sobre a infância de Daniel Paul Schreber e sobre sua família. A principal descoberta foi a de que seu pai tinha sido o inventor de uma quantidade imensa de aparelhos ortopédicos destinados a corrigir a má postura das crianças, cujas ilustrações, publicadas em diversas obras, causavam forte impressão. Com base nesses novos dados, W. G. Niederland (1963) considerou, por exemplo, que o delírio persecutório de Schreber decorria sem dúvida de um traumatismo infantil sofrido pelo filho submetido ao sadismo e à sedução de um pai dominador e tirânico. Por sua vez, P.-C. Racamier e J. Chasseguet-Smirgel (1966) destacaram o papel desempenhado pela personalidade psicótica do pai, que ocupou inteiramente o papel de uma mãe que se deixara absorver por ele, mãe jamais mencionada nas *Memórias*. Mais recentemente, H. Israels (1981) e Z. Lothane (1992) puseram em questão o papel traumático que diversos psicanalistas haviam atribuído ao pai de Schreber, considerando que essas conclusões não tinham um fundamento histórico. Mas, a meu ver, mesmo não se dispondo de elementos biográficos suficientemente válidos para apoiar a idéia de que o pai de Daniel Paul foi efetivamente um educador tirânico, esse argumento não invalida em nada as hipóteses acerca da influência exercida pelas fantasias sádicas e sedutoras presentes das teorias educativas de Daniel Gottlieb Moritz Schreber e no delírio paranóico de seu filho, Daniel Paul Schreber.

A forclusão do Nome-do-Pai: uma concepção teórica da psicose

Em 1955, J. Lacan, por sua vez, estudou a paranóia de Schreber com base na tradução inglesa das *Memórias* e, em seu seminário *As psicoses* (1955-1956; Lacan, 1981), introduziu dois conceitos em sua teorização da origem das psicoses, a "forclusão" e o "Nome-do-Pai". Segundo ele, a forclusão consiste em uma rejeição primordial de um significante fundamental para fora do campo do "Simbólico" que, não podendo integrar-se ao inconsciente do sujeito, retorna ao seio do "Real" sob forma de alucinação. De acordo com Lacan, a estruturação do sujeito não chega a se estabelecer na psicose, porque o pai não pode intervir junto à criança assegurando a função simbólica paterna que lhe compete, a de lhe dar um nome a fim de que ele adquira sua identidade. O significante Nome-do-Pai é então excluído – pois o que deveria ser simbolizado não foi – e retorna ao "Real" sob a forma de um delírio paranóico. Em outras palavras, Lacan considera que o delírio persecutório de Schreber de ser transformado em mulher resultou da incapacidade do filho de perceber o caráter simbólico da ameaça de castração proveniente do pai, de modo que esta é experimentada como um perigo proveniente da realidade exterior, isto é, de um "Real" inacessível à análise. Embora Lacan tenha afirmado que a forclusão caracteriza a psicose, ele nunca disse como concebia a transformação inversa da forclusão. Assim, sua posição acerca do tratamento da psicose permaneceu puramente especulativa (G. Diatkine, 1997).

Melanie Klein: as bases do tratamento psicanalítico das psicoses

A partir da psicanálise de criança, M. Klein trouxe contribuições clínicas e teóricas decisivas que permitiram desenvolver a análise das psicoses: de um lado, ela diferenciou os mecanismos de defesa primitivos ligados à psicose e os mecanismos de defesa evoluídos ligados à neurose, introduzindo as noções de posição esquizoparanóide e de posição depressiva; de outro lado, considerou que os pacientes psicóticos estabeleciam uma transferência e que esta era analisável, ao contrário do que pensava Freud. M. Klein considerava que o funcionamento psicótico se baseava em uma *fixação* na posição esquizoparanóide e na recorrência a uma identificação projetiva excessiva. Ela não se deu conta de que existe uma forma normal e uma forma patológica da posição esquizoparanóide, do mesmo modo que existe uma forma normal e uma forma patológica da identificação projetiva. Mas, depois dela, Rosenfeld, Segal e Bion examinaram mais de perto a psicopatologia da posição esquizoparanóide, e foram esses psicanalistas que distinguiram uma forma nor-

Continua

● *Continuação*

mal e uma forma patológica da posição esquizoparanóide, assim como uma forma normal e uma forma patológica da identificação projetiva. Assim, diferentemente de M. Klein, que via nisso uma fixação à posição esquizoparanóide, esses autores consideram a psicose como uma *regressão a uma posição esquizoparanóide patológica* e que é a *identificação projetiva patológica* que caracteriza essa regressão psicótica. Os desdobramentos da concepção kleiniana das relações de objeto primitivas tiveram repercussões consideráveis sobre a técnica psicanalítica e constituem uma parte essencial do trabalho de elaboração psíquica não apenas nos analisandos psicóticos e narcísicos, mas também nos analisandos menos perturbados.

CRONOLOGIA DOS CONCEITOS FREUDIANOS

Delírio como defesa contra a homossexualidade – narcisismo, fase narcísica do desenvolvimento psicossexual – paranóia – ponto de fixação – ponto de regressão – projeção – racionalização

ESCRITOS SOBRE A TÉCNICA PSICANALÍTICA (1904 A 1919)

"O MÉTODO PSICANALÍTICO DE FREUD" (1904a)
"SOBRE A PSICOTERAPIA" (1905a)
"AS PERSPECTIVAS FUTURAS DA TERAPÊUTICA PSICANALÍTICA" (1910d)
"PSICANÁLISE "SILVESTRE" (1910k)
"O MANEJO DA INTERPRETAÇÃO DE SONHOS NA PSICANÁLISE" (1911e)
"A DINÂMICA DA TRANSFERÊNCIA" (1912b)
"RECOMENDAÇÕES AOS MÉDICOS QUE EXERCEM A PSICANÁLISE" (1912e)
"SOBRE O INÍCIO DO TRATAMENTO" (1913c)

"RECORDAR, REPETIR E ELABORAR"
S. FREUD (1914g)

"OBSERVAÇÕES SOBRE O AMOR TRANSFERENCIAL"
S. FREUD (1915a)

"LINHAS DE PROGRESSO NA TERAPIA PSICANALÍTICA"
S. FREUD (1919a)

Uma série de recomendações para a prática

Freud nunca levou adiante seu projeto de redigir uma obra inteiramente dedicada ao método psicanalítico a fim de responder à demanda crescente de pessoas interessadas que não podiam ir a Viena para aprender diretamente com ele. Contudo, encontramos o essencial de suas idéias sobre a técnica em uma série de artigos curtos publicados entre 1904 e 1919. Em um tom familiar, Freud expõe ali sem muita ordem sua longa experiência de prático em forma de recomendações. Através dessa abordagem prática, apresenta os elementos que constituem o fundamento do método psicanalítico, tal como é aplicado ainda hoje, pelo menos por psicanalistas filiados à Associação Psicanalítica Internacional que ele fundou em 1910. Já em 1903, Freud havia instituído as bases necessárias ao estabelecimento e à conduta da cura psicanalítica, reunindo em um conjunto coerente o *setting* divã/poltrona, a freqüência elevada de sessões e o processo. Desde então, a técnica sofreu uma evolução considerável, e suas possibilidades de ação terapêutica estenderam-se para além da neurose, incluindo a psicose e ao mesmo tempo cobrindo todo o leque de idades da vida, da psicanálise de criança à psicanálise da idade avançada. A despeito das descobertas recentes provenientes das neurociências e da psicofarmacologia, é forçoso reconhecer que nenhuma descoberta inovadora veio substituir a psicanálise no campo de atividade que lhe é próprio: aliás, se isso tivesse ocorrido, os psicanalistas não seriam os primeiros a se dar conta e a tirar conseqüências terapêuticas disso?

Quando o leitor atual percorre os escritos sobre a técnica psicanalítica redigidos por Freud entre 1904 e 1919, surpreende-se ao constatar que inúmeras questões levantadas por ele há um século continuam sem resposta até o presente. Por exemplo, consideradas as recentes aquisições terapêuticas disponíveis, poderíamos dispensar a psicanálise hoje? Podemos oferecer mais do que antes a "prova" científica que demonstraria a eficácia da psicanálise? Os métodos terapêuticos que têm a pretensão de ser mais rápidos e mais baratos do que a cura psicanalítica oferecem resultados comparáveis a longo prazo? Todas essas questões já foram colocadas por Freud, e ele esperava que se conseguisse dar respostas satisfatórias a elas em um futuro não muito distante.

PÓS-FREUDIANOS

Raros são os tratados dedicados à técnica psicanalítica

Os psicanalistas pós-freudianos parecem ter sentido a mesma dificuldade que Freud para reunir em uma obra as questões ligadas à técnica. De fato, existem poucos tratados dedicados a esse tema, tendo em vista o número considerável de artigos publicados. Entre as obras clássicas mais conhecidas, embora já antigas, vale mencionar as de Otto Fenichel (1941), de Edward Glover (1955) e de Ralph R. Greenson (1967). O tratado publicado em 1991 por R. Horacio Etchegoyen, *The fundamentals of psychoanalytic technique*, constitui sem dúvida uma contribuição importantíssima de interesse internacional, pois é apresentado em forma de manual de grande erudição e ao mesmo tempo é agradável de ler e de consultar. O autor apresenta uma visão de conjunto das contribuições dedicadas à técnica psicanalítica desde Freud até os autores contemporâneos, seguindo de perto a evolução das idéias, desenvolvimento histórico a que ele próprio assistiu e do qual participou em alguma medida. Etchegoyen também estuda as diversas técnicas em função da maior variedade de pontos de vista teóricos adotados pelos psicanalistas de Klein a Lacan, passando pelos principais autores europeus, latinos e norte-americanos e pondo em relevo as vantagens e os inconvenientes das respectivas abordagens à luz de sua própria experiência clínica.

DESCOBERTA DAS OBRAS

▶ ESCRITOS SOBRE A TÉCNICA PSICANALÍTICA (1904 a 1913)

As páginas indicadas remetem aos textos publicados em S. Freud (1904-1913), *La technique psychanalytique*, trad. A. Berman, Paris, PUF, 1953 (1ª éd.)*[as páginas indicadas entre colchetes remetem às OCF.P, X e XI]*.

"La méthode psychanalytique de Freud" (1904a, p. 1-8). "De la psychothérapie" (1905a, p. 9-22). "Perspectives d'avenir de la thérapeutique psychanalytique" (1910d, p. 23-24 *[OCF.P, X, 61-73]*). "À propos de la psychanalyse dite 'sauvage'" (1910k, p. 35-42 *[OCF.P, X, 205-213]*). "Le maniement de l'interprétation des rêves en psychanalyse" (1911e, p. 43-49 *[OCF.P, X, 41-48]*). "La dynamique du transfert" (1912b, p. 50-60 *[OCF.O, X, 105-116]*). "Conseils aux médicins sur le traitement psychanalytique" (1912e, p. 61-71 *[OCF.P, XI, 143-154]*). "Le début du traitement" (1913c, p. 80-104).

O método e suas indicações

Freud começa por recordar em que consiste a psicanálise e afirma seu valor científico. Ele explica a diferença entre as diversas formas de psicoterapia e seu próprio método, a psicanálise, que é, segundo ele, "(...) o que penetra mais profundamente, o que tem o maior alcance, aquele mediante o qual os doentes têm maior possibilidade de ser transformados. (...) É, de todos os métodos, o mais interessante, o único capaz de nos informar sobre a origem das manifestações mórbidas e sobre as relações existentes entre elas" (1905a, p. 12). Ele justifica, assim, seu interesse privilegiado pela própria abordagem em relação às outras psicoterapias, sem com isso desautorizar estas últimas: "Não rejeito nenhum desses métodos, e os utilizaria se surgisse uma ocasião favorável. É por motivos puramente subjetivos que realmente me consagrei a uma única forma de tratamento, aquela que Breuer chamou de "catártica" e que, da minha parte, prefiro qualificar de "analítica"" (1905a, p. 12).

Quanto às indicações, Freud diz que a psicanálise se destina particularmente a tratar das neuropsicoses e explica: *"Esses doentes não seriam curáveis por medicamentos, mas pelo médico, isto é, pela personalidade deste, na medida em que, através desta, ele exerce sua influência"* (1905a, p. 11). Exigem-se algumas condições por parte do paciente, como *"uma certa dose de inteligência natural, um certo desenvolvimento moral"* (1904a, p. 7). Contudo, Freud desaconselha empreender uma cura em um paciente com mais de 50 anos, pois, segundo ele: *"As pessoas que já atingiram ou passaram dos 50 anos não têm mais a plasticidade dos processos psíquicos em que se apóia a terapêutica (...)"* (1905a, p. 17-18). Essa limitação de idade não existe mais hoje, e a criatividade de que Freud é testemunho até os 83 anos demonstrou que a idade avançada não provoca necessariamente uma diminuição de plasticidade psíquica, como ele imaginava aos 48 anos ao redigir essa recomendação. Freud reconhece ter utilizado até então seu procedimento terapêutico essencialmente em doentes *"muito seriamente afetados, em casos quase desesperadores"*, mas com êxito, o que lhes permitiu *"encontrar uma possibilidade de viver"* (1905a, p. 16). Além disso, ele adverte os terapeutas sem experiência suficiente para não subestimarem as dificuldades encontradas na análise das resistências: *"de fato, não é uma coisa fácil lidar com o instrumento psíquico"* (1905a, p. 15).

O processo e o *setting*

O *setting* da cura psicanalítica "clássica" não mudou fundamentalmente desde que Freud o elaborou no início do século XX, pelo menos no que diz respeito à prática da cura clássica, isto é, ao uso da posição "divã/poltrona", com o paciente deitado no divã e o analista sentado atrás dele. Freud dedicava uma hora por dia a cada um de seus pacientes, e os recebia cinco vezes por semana. Nesses textos, Freud não aborda a questão das técnicas decorrentes da psicanálise, como as psicoterapias de orientação psicanalítica e outras abordagens; refere-se unicamente à prática psicanalítica dita clássica.

No que se refere ao desenrolar do processo propriamente dito, Freud assinala que, dada sua complexidade, ele escapa a qualquer descrição e o compara a um jogo de xadrez: *"Aquele que tenta aprender nos livros o nobre jogo de xadrez não tarda a descobrir que as manobras do início e do fim só permitem fazer uma descrição esquemática completa, enquanto que sua imensa complexidade, desde o momento em que a partida se inicia, opõe-se a qualquer descrição"* (1913c, p. 80).

Freud descreve em seguida sua maneira de trabalhar e as condições em que se desenvolve a cura. Assim, no início de cada tratamento, ele começa por pedir ao seu paciente que siga fielmente a *"regra fundamental da psicanálise"*, isto é, que comunique ao analista tudo o que lhe vier à cabeça, *"renunciando a toda crítica e a toda escolha"*. Ao mesmo tempo, ele recomenda ao analista que adote uma atenção *"flutuante"* e evite tomar notas durante a sessão a fim de não perturbar sua escuta (1912e, p. 62 [146]). Ele salienta que não se pode dar muito valor ao *"mais fiel relato estenografado"*, pois, segundo ele, as observações analíticas escritas são forçosamente comprometidas por uma precisão que é apenas aparente e não substituem *"a presença nas sessões de análise"* (1912e, p. 64 [148]).

Deixar-se surpreender

Conforme Freud aprimora sua técnica, constata-se que ele tende a confiar mais no curso natural e espontâneo dos pensamentos do paciente e que renuncia pouco a pouco a tirar do material associativo aquilo que interessa mais a ele próprio, na tentativa de chegar a uma reconstrução interpretativa. Ele parece ter dado essa guinada capital quando da análise do Homem dos ratos, em 1907. Essa mudança de perspectiva implica que o analista renuncia a um resto de atitude "ativa", impondo suas próprias reconstruções ao paciente, ao invés de confiar no desenrolar do processo psicanalítico. Freud preconiza essa mudança de atitude nos seguintes termos: *"Os melhores resultados terapêuticos, ao contrário, são obtidos quando o analista age sem ter traçado um plano prévio, quando se deixa surpreender por qualquer fato inesperado, conserva uma atitude distanciada e evita qualquer idéia preconcebida"* (1912e, p. 65 [148]).

Dar-se todo o tempo necessário

Na medida em que se confia em que o paciente encontrará por si mesmo o caminho que leva à solução de seus conflitos, concebe-se que *"a psicanálise exige muito tempo – mais do que o doente gostaria"* (1913c, p. 88), como Freud repete insistentemente em seus escritos técnicos. Ele considera ainda que *"o desejo de abreviar o tratamento é plenamente justificável"* e acrescenta que, infelizmente, *"um fator muito importante contraria essas tentativas: a lentidão das modificações psíquicas profundas e em primeiro lugar, sem dúvida, a "intemporalidade" de nossos processos inconscientes"* (1913c, p. 89).

Freud expressa claramente por que o psicanalista não tem outra escolha a não ser respeitar o desenrolar do processo psicanalítico depois de iniciado: *"Uma vez desencadeado, o processo segue em frente seu caminho, e sua direção não pode ser modificada nem seu curso desviado, e a ordem das diferentes etapas permanece a mesma. O poder do analista sobre os sintomas é de algum modo comparável à potência sexual; mesmo o homem mais forte, capaz de criar um filho inteiro, não poderia produzir no organismo feminino uma cabeça, um braço ou uma perna isoladamente e nem escolher o sexo da criança. A única coisa que lhe é permitida é deslanchar um processo extremamente complexo, determinado por uma série de fenômenos e que culmina com a separação da criança de sua mãe. A neurose tem a mesma característica de um organismo..."* (1913c, p. 89). Ele acrescenta que, em face do gasto de tempo e de dinheiro que representa uma psicanálise, alguns se contentariam em se livrar de um único sintoma, mas considera que o método psicanalítico deve ser tomado em sua totalidade, visto que constitui um conjunto indissociável: *"O psicanalista deve dar preferência aos que aspiram à cura total na medida em que podem conseguir isso e que dedicam todo o tempo necessário ao tratamento. É preciso dizer que são raros os casos em que se apresentam conjunturas tão favoráveis"* (1913c, p. 90).

O estabelecimento do *setting* psicanalítico

Para criar as condições ótimas para o desenvolvimento desse processo, há algumas exigências particulares. Eis as que Freud propõe aos seus pacientes: *"Dedico a cada um de meus doentes uma hora de minha jornada de trabalho; essa hora lhe pertence e é debitada em sua conta mesmo que não faça uso dela"* (1913c, p. 84). Freud pede ao paciente que deita no divã, e se senta atrás dele. Dedica uma sessão diária a cada paciente, ou seja, seis sessões por semana e, embora admita fazer exceções, isso não costuma ocorrer: *"Para os casos leves ou para aqueles cujo tratamento já está bem avançado, três horas por semana são suficientes. De resto, não é interesse nem do médico nem do doente que o número de horas seja reduzido, e essa redução deve inclusive ser proscrita no início do tratamento"* (1913c, p. 85).

Quanto à duração da cura, Freud estima que é quase impossível determiná-la por antecipação. Naturalmente, o paciente tem total liberdade de interromper sua cura a qualquer momento, afirma, mas ele corre o risco de um agravamento. Freud menciona várias vezes as pressões que vêm de todos os lados visando a abreviar a duração da psicanálise sob os pretextos mais variados: *"Como conseqüência da incompreensão dos doentes, à qual se alia a insinceridade do médico, requer-se da análise que ela satisfaça às exigências mais desmesuradas no prazo mais curto"* (1913c, p. 86). A questão do encurtamento da duração da análise é recorrente, lembra Freud, que responde com humor a esse tipo de objeção: *"Evidentemente, ninguém imaginaria que é possível erguer uma mesa pesada só com dois dedos, como se fosse um banquinho, ou construir uma casa enorme no mesmo lapso de tempo que uma pequena cabana de madeira. No entanto, quando se trata da neurose (...), mesmo as pessoas inteligentes esquecem que existe necessariamente uma proporção entre o tempo, o trabalho e o resultado"* (1913c, p. 87). Quanto à confidencialidade, Freud esclarece que o tratamento é *"um assunto entre o médico e a pessoa e que não deve haver a participação de terceiros, mesmo que sejam íntimos ou estejam muito curiosos"* (1913c, p. 96). Freud aborda igualmente a questão do pagamento de honorários e salienta a significação sexual inconsciente que o dinheiro costuma ter nas trocas entre paciente e analista; ele recomenda ao analista que exija o pagamento regularmente e que não deixe que se acumulem as somas devidas. Ele menciona a questão dos tratamentos gratuitos que praticou por muito tempo, assinalando que eles aumentam bastante as resistências, e discute a questão do acesso à análise para as pessoas pobres e para as de classe média.

A transferência e a contratransferência

Freud salienta que a transferência não é o apanágio da psicanálise, que aparece também em outras circunstâncias da vida, ê que ela só pode ser elaborada no *setting* da análise. Ele descreve dois tipos de transferência: a transferência *"positiva"*, baseada em sentimentos ternos, e a transferência *"negativa"*, baseada em sentimentos hostis: *"Quando 'liquidamos' a transferência tornando-a consciente, nós simplesmente afastamos da pessoa do médico esses dois componentes da relação afetiva"* (1912b, p. 57 [114]).

Em seguida, ele chama a atenção do analista para o que designa pela primeira vez como a *"contratransferência"* que pode estabelecer-se no médico *"como resultado da influência que o paciente exerce sobre os sentimentos inconscientes de seu analista"* (1910d, p. 27 [67]). O que ele entende por "contratransferência"? Freud toma essa noção aqui em um sentido restrito com relação aos desenvolvimentos que serão trazidos mais tarde pelos psicanalistas pós-freudianos: para ele, trata-se essencialmente de reações inconscientes que o analista sente "contra" a transferência do paciente, e daí o termo "contratransferência". Essas reações dependem da personalidade do analista e opõem-se à elaboração da transferência na medida em que não são superadas. É por isso que Freud exige do analista um conhecimento e um domínio de sua contratransferência que ele só pode adquirir mediante sua própria experiência de análise e a auto-análise: *"(...) advertimos que um analista só pode levar a bom termo seus tratamentos à medida que seus próprios complexos e suas resistências interiores o permitam. É por isso que exigimos que ele comece por se submeter a uma análise e que a aprofunde incessantemente, mesmo quando estiver tratando de outros. Quem não consegue realizar essa auto-análise fará melhor se desistir, sem hesitação, de tratar doentes analiticamente"* (1912c, p. 27, [67]). Ele prossegue manifestando o desejo de que todo futuro psicanalista faça primeiramente uma *"análise didática"* (1912e, p. 27 [67]).

Freud insiste igualmente para que o futuro analista se familiarize com a técnica, a fim de evitar erros como a *"psicanálise selvagem"*, que consiste em *"jogar bruscamente na cabeça do paciente, na primeira consulta, os segredos que o médico adivinhou"* (1910k, p. 41, [212]). Ele evoca ainda a tentação do analista de participar ao paciente seus próprios conflitos e suas próprias deficiências para ajudar a romper as resistências: *"Todo jovem analista zeloso certamente ficará tentado a pôr sua própria individualidade em jogo a fim de treinar o paciente, de elevá-lo acima dos limites de sua estreita personalidade. Poderia até parecer admissível, ou mesmo desejável, que lhe permitíssemos lançar um olhar sobre nossas próprias deficiências psíquicas e nossos conflitos, conduzindo-a assim, mediante confidências íntimas, a estabelecer um paralelo"* (1912e, p. 68, [151-152]). Mas, segundo Freud, a experiência mostra que essa técnica não produz os resultados esperados, ao contrário: *"O paciente, na verdade, normalmente tenta reverter a situação por achar que a análise do médico é mais interessante do que a sua. Do mesmo modo, a liquidação da transferência – uma das tarefas mais importantes no tratamento – torna-se mais difícil por causa da intimidade estabelecida pelo médico. (...) Portanto, não hesito em rejeitar essa técnica errônea. Para o analisado, o médico deve permanecer impenetrável e, à maneira de um espelho, refletir apenas o que lhe mostram"* (1912c, p. 69, [152]).

Como qualquer outra técnica médica, aprende-se a psicanálise com *"aqueles que já a dominam a fundo"* (1910k, p. 41, [212]). É com o objetivo de preservar os doentes o máximo possível dos perigos que poderiam implicar para eles as intervenções por parte de analistas *"selvagens"* que Freud menciona o fato de ter fundado em 1910 uma Associação Psicanalítica Internacional (API), organização que se desenvolveu e tem um papel importante em nossos dias: *"Os membros reconhecem sua filiação a ela autorizando que se publiquem seus nomes, o que nos permite declinar de qualquer responsabilidade no que diz respeito à maneira de proceder daqueles que não são os nossos, mas que pretendem dar ao seu método o nome de 'psicanálise'"* (1910k, p. 42, [213]).

PÓS-FREUDIANOS

O *setting* psicanalítico: um estabelecimento lento e progressivo

O que é o "setting" psicanalítico?

Chamamos de *setting* psicanalítico o conjunto de condições necessárias para assegurar o desenrolar ótimo do processo psicanalítico. Essas condições são estabelecidas em comum acordo entre paciente e analista, se possível desde as entrevistas preliminares. Na psicanálise clássica, o paciente deita no divã e o psicanalista fica sentado atrás, fora do campo de visão do paciente, de maneira que este dirija seu olhar para o mundo interno, e não para a pessoa real do analista. Respondendo à "regra fundamental" da análise, que espera do paciente que ele comunique ao analista tudo o que lhe vem à cabeça, essa disposição favorece o curso das associações livres, assim como as projeções no analista de papéis variados que lhe são atribuídos em fantasia. A duração da sessão geralmente é fixada em quarenta e 45 ou 50 minutos, e elas são distribuídas à razão de quatro ou cinco encontros semanais, ou excepcionalmente três, em algumas regiões; a duração e a freqüência das sessões constituem um fator de estabilidade psíquica para o paciente na medida em que estas, uma vez fixadas, não dependem do humor ou da avaliação do momento.

Os contatos pessoais e sociais entre paciente e analista devem ser evitados, mesmo fora das sessões. Além disso, por razões de confidencialidade, o analista não fornece nenhuma informação a terceiros e não entra em contato com pessoas próximas do paciente, salvo em caso excepcional e de comum acordo com ele. Desse ponto de vista, um dos grandes paradoxos da situação psicanalítica é constatar que os limites éticos estritos que paciente e analista se impõem em sua relação real constituem a garantia que lhes permite transpor livremente esses limites em pensamento e em fantasia. Assim, o *setting* constitui uma espécie de "anteparo" que representa no nível simbólico a proibição do incesto.

O resultado de uma longa evolução

Embora Freud tenha pressentido desde o início a necessidade de instaurar um *setting* para a cura e tenha definido seus principais elementos por volta de 1903, os psicanalistas levaram muitos anos para compreender o verdadeiro significado do *setting* psicanalítico em relação ao processo psicanalítico. Em *Estudos sobre a histeria*, em 1895, Freud explica como começou a substituir a sugestão pela técnica da associação livre, estabelecendo assim os primeiros fundamentos do *setting* psicanalítico. Depois disso, apesar das recomendações que publicou em 1904 e em seus estudos posteriores sobre a técnica, ele cometeu inúmeras infrações às regras estritas que tinha se imposto sem ainda avaliar seus inconvenientes: por exemplo, ele falava sobre seus analisandos em suas cartas designando-os pelo nome, sem ocultar sua identidade, recebia alguns analisandos para jantar em sua casa e inclusive analisava pessoas próximas a ele, como Ferenczi e mais tarde sua própria filha Anna. Isso mostra que os limites do *setting* psicanalítico permaneceram pouco precisos por um longo tempo; foi somente após a Segunda Guerra Mundial, a partir do momento em que se passou a enfatizar cada vez mais a relação de transferência e de contratransferência, que os psicanalistas sentiram a necessidade de manter um *setting* rigoroso a fim de conter melhor a intensidade das trocas emocionais entre paciente e psicanalista.

As ligações indissociáveis entre setting e processo psicanalítico

Os primeiros psicanalistas enfatizaram inicialmente a elaboração do processo, isto é, a evolução interior seguida pelo paciente, sem se preocupar muito com o *setting*, que era visto basicamente do ângulo das disposições materiais adequadas para viabilizar o processo. Por volta dos anos 1950, surgiram as primeiras tentativas de conferir ao *setting* psicanalítico uma base teórica. Assim, os trabalhos de W. R. Bion (1962) permitiram estabelecer uma analogia entre a situação analista-analisando em sessão e a situação mãe-filho, e considerar que o *setting* está para o processo assim como o "continente" para o "conteúdo". Por sua vez, J. Bleger (1967) procurou demonstrar que havia uma etapa anterior à posição esquizoparanóide de Klein, constituída segundo ele por "núcleos de aglutinação" ego-objeto criando uma ligação simbiótica: segundo Bleger, essa ligação se expressa através da relação íntima que o paciente mantém com o *setting* psicanalítico, até conseguir se diferenciar dele. Posteriormente, numerosos autores contribuíram para aprofundar as relações entre *setting* e processo, entre os quais D. W. Winnicott com a noção de "*holding*" e D. Anzieu com a de "eu-pele".

Continua

● *Continuação*
Compreender de dentro o sentido do setting
Essas pesquisas ajudaram a compreender melhor o sentido que assume o *setting* psicanalítico em relação ao processo. De fato, o quadro costuma ser mal compreendido, tanto pelas pessoas exteriores à psicanálise quanto pelos pacientes, e às vezes inclusive pelos próprios psicanalistas. Por exemplo, na visão do grande público, o *setting* geralmente é assimilado à sua caricatura, isto é, à cena do paciente deitado no divã e o psicanalista sentado em sua poltrona, de tal modo que, esvaziada de seu verdadeiro sentido, a situação psicanalítica parece absurda. Os pacientes, por sua vez, geralmente levam muito tempo para compreender o sentido das modalidades do *setting* que lhe são propostas no início, por exemplo, a necessidade de sessões regulares, a freqüência elevada de encontros semanais, o pagamento dos honorários, sobretudo quando se trata de entender por que o analista cobra pelas sessões em que faltou por qualquer motivo. Essas condições parecem totalmente sem sentido à primeira vista, até que o paciente descubra por si mesmo seu significado e compreenda de dentro que um *setting* rigoroso é indispensável para o bom andamento do processo.

Um aspecto importante da formação consiste em que o futuro psicanalista consiga interiorizar o sentido do *setting* psicanalítico e se apropriar dele. Isso começa com a experiência pessoal adquirida através de sua própria análise e das supervisões posteriores com colegas experientes, a fim de que o quadro não seja sentido como um conjunto de regras rígidas impostas arbitrariamente pelo analista ou pela instituição.

Desse ponto de vista, o *setting* analítico só tem valor na medida em que cada uma das disposições assuma um significado no contexto da situação analítica. Por exemplo, a prática mostra que a relação que o paciente mantém com o *setting* é muitas vezes um meio de comunicação não-verbal entre analisando e analista; e esta pode ser, em particular, a expressão de resistências transferenciais inconscientes passíveis de interpretação e de elaboração. Assim, com o avanço da cura, o paciente, ajudado pelo analista, consegue descobrir pouco a pouco o significado das diferentes modalidades do *setting* e relacioná-las com o processo de transferência.

Os fundamentos do setting da psicanálise clássica
Na medida em que *setting* e processo formam um todo indissociável, a psicanálise com uma freqüência elevada de sessões semanais continua sendo a referência em matéria psicanalítica para os práticos pertencentes à API que seguem nisso o ensinamento de Freud. Encontros freqüentes favorecem a tomada de consciência e a elaboração de interpretações. As ligações indissociáveis entre *setting* e processo permitem igualmente estabelecer uma distinção entre processo psicanalítico e processo psicoterapêutico, distinção que não pode ser demonstrada com base em dados mensuráveis, de acordo com critérios científicos clássicos. Pessoalmente, gosto de recorrer a metáforas, como aquela proposta por J. Laplanche (1987) que comparava a energia psíquica e a energia atômica: desejamos que ela seja liberada em forma de uma reação em cadeia incontrolável, ou queremos canalizá-la por meio de um cíclotron? Gosto também de comparar a fotografia e o cinema. Essas duas técnicas fundamentam-se em um processo idêntico, a imagem fotográfica, mas a diferença está na freqüência com que essas imagens desfilam: abaixo de 18 imagens por segundo, percebem-se imagens isoladas, enquanto a uma freqüência acima de 18 imagens por segundo, percebe-se o movimento, característico do cinema.

Uma "arte" mais do que uma "técnica" no sentido da ciência determinista
A natureza do trabalho terapêutico do psicanalista e seu objeto, o psiquismo humano, fazem com que o estabelecimento do *setting* não seja uma garantia absoluta do êxito de um processo psicanalítico. Esse fato é usado como argumento por certos críticos para pôr em dúvida a validade do método psicanalítico, baseando-se em um modelo científico fundado no determinismo. A objeção merece que nos detenhamos nisso por um instante. Eu começaria a responder dizendo que, em matéria de psiquismo humano, falar em termos de uma simples oposição entre êxito e fracasso revelaria uma visão reducionista, pois significaria não considerar o psiquismo como um sistema complexo. Hoje sabemos que nesse tipo de sistema não se pode esperar que uma determinada ação produza um determinado resultado: as leis do determinismo linear não se aplicam mais. De um ponto de vista científico, lembro que um sistema complexo, pelo fato de ser constituído por um número infinito de variáveis, comporta-se de maneira "imprevisível" a longo prazo. De fato, a menor perturbação é capaz de modificar a qualquer momento a evolução do sistema, o que torna impossível prever sua evolução. Além disso, se consideramos que o psiquismo humano se comporta com base no modelo de um sistema complexo tal como o descreve a teoria do caos determinista, temos motivos para pensar que os fenômenos

Continua ●

PÓS-FREUDIANOS • *Continuação*

psíquicos se comportam de maneira imprevisível a longo prazo e não obedecem ao modelo científico "clássico", segundo o qual uma determinada ação produz um determinado resultado (G. Pragier e S. Faure-Pragier, 1990; J.-M. Quinodoz, 1997a).

No que diz respeito à impossibilidade de prever com segurança o êxito de uma cura psicanalítica, penso que se pode responder a essa objeção também de um ponto de vista metodológico. Assim, para G. Vassali (2001), a técnica freudiana não é uma "*técnica*" tal como se entende hoje, mas uma "*technè*" no sentido de Aristóteles, isto é, uma "*arte*". Conseqüentemente, o produto que resulta dessa atividade não é da ordem da certeza e do necessário – conforme as leis do determinismo linear –, mas da ordem do "provável" e do "possível". O ofício do psicanalista é, portanto, uma arte, e não opera com base em provas, mas com base em indícios, deduções, idéias intuitivas, procedimento que Freud designa pelo termo *erraten* ao tratar do procedimento do psicanalista (*erraten* foi traduzido de maneira pouco satisfatória em francês como *deviner* e em inglês como *to guess*). Se adotamos esse ponto de vista e consideramos o trabalho do psicanalista como uma "*technè*", isso significa, por um lado, que o trabalho de pensamento interpretativo não se realiza concebendo de maneira racional, mas de maneira conjetural; por outro lado, significa que não se pode determinar com certeza se a arte de curar exercida pelo psicanalista conduzirá necessariamente ao êxito. Segundo Vassali, isso tem a ver com a própria natureza do objeto da psicanálise, cuja complexidade torna legítima uma abordagem conjetural. Além do mais, a técnica da interpretação não é por acaso o único meio de que dispomos para explorar – com grande esperança de êxito – um objeto que jamais pôde ser representado: o inconsciente?

BIOGRAFIAS E HISTÓRIA

Sándor Ferenczi (1873-1933)

Não poderíamos abordar a questão técnica sem evocar o papel pioneiro de Sándor Ferenczi, médico e psicanalista húngaro que trouxe contribuições clínicas, técnicas e teóricas fundamentais. Por muito tempo, ocupou um lugar privilegiado ao lado de Freud, mas no final da vida de Ferenczi estabeleceu-se entre os dois homens uma profunda discordância acerca de questão controversa da técnica "ativa".

Nascido na Hungria, onde passou toda sua existência, Ferenczi obteve seu diploma de médico em Viena, em 1896. em 1907, descobriu *A interpretação dos sonhos* e conheceu Jung, que o apresentou a Freud em 1908. No ano seguinte, Ferenczi acompanhou Freud e Jung aos Estados Unidos. Desde então, criou-se uma relação complexa entre Freud e Ferenczi, e este último foi se tornando pouco a pouco o aluno, o amigo, o íntimo da família, o confidente e mesmo o analisado de Freud. Desde seu encontro com Freud em 1908, Ferenczi participou ativamente da expansão do movimento psicanalítico não apenas na Hungria, mas em todo o mundo, e foi ele que lançou a idéia de uma Associação Psicanalítica Internacional, que acabou sendo fundada em 1910, tendo Jung como primeiro presidente. A partir de 1912, fez parte do "comitê secreto" formado depois da partida de Jung com o objetivo de proteger Freud de qualquer envolvimento em conflitos políticos.

Quanto às suas publicações, Ferenczi lançou em 1909 seu artigo mais conhecido, intitulado "Introjeção e transferência", no qual introduziu a noção de introjeção que se tornou um conceito fundamental na psicanálise. Publicou vários outros textos que impressionam por sua originalidade e sua riqueza clínica. Ele também compartilhou com Freud o interesse pelo papel desempenhado pela transmissão telepática e pela hipótese filogenética segundo a qual lembranças traumáticas datadas de tempos pré-históricos e transmitidas hereditariamente estariam na origem das neuroses. Além disso, os trabalhos que Ferenczi consagrou às neuroses de guerra contribuíram para popularizar as idéias psicanalíticas durante o pós-guerra 1914-1918.

Ferenczi foi analisado por Freud, mas teve de insistir muitas vezes para que este o aceitasse, depois de muita vacilação. Essa análise se desenvolveu em três períodos, o primeiro em 1914 e os outros dois em 1916, cada qual com uma duração média de três semanas, e um com duas sessões por dia. O problema de Ferenczi girava essencialmente em torno de sua ambivalência, em particular quando, durante a análise, ele se envolveu em uma confusão sentimental, e hesitava entre se casar com Gisella, sua amante, e a segunda filha desta,

Continua

● *Continuação*

Elma. Acabou se casando com Gisella, em 1919, mas logo se arrependeu de sua decisão e passou a acusar Freud de tê-lo pressionado. Ele condenava Freud sobretudo por não ter analisado suficientemente sua transferência negativa. Este, por sua vez, se defendeu em seu artigo "Análise terminável e interminável" (1937c). Em 1918, por ocasião do V Congresso Internacional realizado em Budapeste, Ferenczi foi eleito presidente da Associação Psicanalítica Internacional, mas em razão de distúrbios sociopolíticos que irromperam na Hungria, teve de passar o cargo a Jones. No ano seguinte, em 1919, Ferenczi se demitiu de seu posto de professor de psicanálise da Universidade e passou a se dedicar aos seus pacientes, assim como aos seus trabalhos sobre a técnica

Nos anos de 1920, Ferenczi orientou suas pesquisas na direção de uma técnica psicanalítica "ativa", que levou ao extremo. Essa abordagem visava estimular o desenvolvimento da dimensão afetiva da transferência em pacientes que apresentavam uma forte regressão ligada a traumatismos precoces, o que os colocava em situação de impasse na cura. Em 1924, Ferenczi e Rank, que era igualmente um defensor da técnica ativa, publicaram *Perspectivas da psicanálise*, obra que continha alguns pontos de vista que se antecipavam à sua época. Entre estes, Ferenczi e Rank defenderam a importância da análise da transferência negativa dentro da relação entre paciente e analista, e evidenciaram o papel materno na transferência, enquanto Freud enfatizava sobretudo o papel paterno. Mas os meios propostos para limitar a duração da cura foram fortemente contestados, primeiro por Abraham e Jones e depois por Freud. A partir desses trabalhos, Ferenczi elaborou um procedimento técnico que tinha como objetivo proporcionar o amor que faltara na infância desses pacientes, aceitando contatos físicos entre paciente e analista, até a troca de carícias e beijos, e propôs uma técnica de análise mútua entre os dois parceiros da relação analítica. Pressentindo o perigo da transgressão incestuosa na relação transferencial, Freud acusou seu discípulo de ultrapassar os limites éticos e de proporcionar esse amor através de gratificações reais, em contradição com o método psicanalítico que situa as trocas unicamente no nível das fantasias e dos afetos, e em que paciente e analista se abstêm de qualquer contato físico.

Durante os 25 anos em que estendeu sua relação, Freud e Ferenczi trocaram mais de 1.200 cartas até a morte de Ferenczi, ocorrida em 1933, e essa correspondência constitui uma valiosa fonte de informações sobre um período decisivo para a história da psicanálise. Mesmo depois que seu desentendimento os afastou no final dos anos de 1920, a ruptura nunca foi total, e em sua homenagem fúnebre a Ferenczi, Freud (1933c) reconheceu tudo o que a psicanálise devia a seu discípulo.

Em conseqüência da polêmica sobre a técnica ativa Ferenczi foi injustamente esquecido durante várias décadas pela comunidade psicanalítica freudiana, mas trabalhos recentes o reabilitaram em seu papel histórico e reavivaram o interesse que ele merece por suas idéias inovadoras (Haynal, 1986, 2001). Embora Ferenczi tenha sofrido um longo eclipse, é preciso esclarecer que sua influência se perpetuou através dos psicanalistas renomados que ele analisou, entre os quais Jones, Klein, Rickman, Roheim, Balint e Groddek. Além disso, suas pesquisas sobre a técnica ativa influenciaram igualmente os trabalhos posteriores de Balint, seu aluno direto, como também os de Winnicott, Khan, Kohut e Modell.

▶ "RECORDAR, REPETIR E ELABORAR" (1914g)

As páginas indicadas remetem ao texto publicado em S. Freud (1914g), "Remémoration, répétition et élaboration", in *La technique psychanalytique,* trad. A. Berman., Paris, PUF, 1953 (1ª éd.), 1970, p. 105-115.

Este artigo técnico é de uma importância capital para a compreensão da transferência: Freud mostra que alguns pacientes não têm a capacidade de se lembrar do passado e de comunicar verbalmente essas experiências. Mas essas lembranças aparentemente esquecidas reaparecem sob a forma de comportamentos e se reproduzem em atos na relação com o psicanalista. Eis um breve exemplo para ajudar a compreender o que Freud entende por "repetir" em vez de "se lembrar": pode ocorrer que um paciente que foi abandonado na infância não se lembre disso e não fale a respeito, e que se observe que na sua vida adulta ele sempre acaba separando-se das pessoas com quem se envolve, seja um amigo ou um empregador; o paciente não tem consciência de que alguma coisa que ele faz nessa relação levará a que seja abandonado mais uma vez, sem saber por quê: a situação de abandono se repete com base no mesmo modelo, e o paciente não percebe conscientemente que se trata da repetição de uma situação já vivida no passado, e nada impede que essa situação se repita. O que o paciente "repete" nesse caso? *"Bem*, diz Freud, *ele repete tudo aquilo que, emanado de fontes do reprimido, já impregna toda sua personalidade: suas inibições, suas atitudes inadequadas, seus traços de caráter patológicos. Ele repete seus sintomas também durante o tratamento"* (p. 110). Essa *"coação à repetição"* está ligada à transferência e à resistência: de um lado, está ligada à transferência na medida em que essa repetição de um passado em atos acontece com a pessoa do analista, de forma que *"a própria transferência é apenas um fragmento da repetição"* (p. 109); de outro lado, essa repetição está ligada à resistência, a tal ponto que *"quanto maior for a resistência, mais a perpetração em atos (a repetição) substituirá a lembrança"* (p. 109). Por isso, o psicanalista deverá tratar a doença não como um acontecimento do passado – do qual o paciente não se lembra – mas *"como uma força em ação atualmente"* (p. 110), antes de conseguir ligá-la conscientemente ao passado.

Freud observa ainda que a intensidade da repetição é proporcional à qualidade afetiva da transferência: quando a transferência é positiva, o paciente tende a se lembrar, ao passo que, quando a transferência é negativa e a resistência se reforça, a tendência à repetição em atos se acentua. Nos casos extremos, a própria relação de transferência pode enveredar na repetição: *"O ato interativo provoca a ruptura do vínculo que une o paciente ao tratamento"* (p. 113). Contudo, graças ao manejo da transferência, o analista consegue *"conter o automatismo de repetição e transformá-lo em uma razão dessa lembrança"* (p. 113). Mas não basta que o analista *"dê um nome"* à resistência, pois *"com isso não fazemos com que ela desapareça imediatamente. É preciso dar tempo ao doente para que conheça bem essa resistência que ele ignorava,* para "elaborá-la interpretativamente" *(durcharbeiten), para vencê-la e prosseguir, apesar dela e obedecendo à regra fundamental, o trabalho iniciado"* (p. 114). Esse respeito do analista pelo tempo de que o paciente necessita para realizar por si mesmo o trabalho de elaboração constitui um elemento determinante do processo psicanalítico.

▶ **"OBSERVAÇÕES SOBRE O AMOR TRANSFERENCIAL"** (1915a)

As páginas indicadas remetem ao texto publicado em S. Freud (1915a), "Observations sur l'amour de transfert", in *La technique psychanalytique*, trad. A. Berman., Paris, PUF, 1953 (1ª éd.), 1970, p. 116-130.

Que atitude tomar quanto o analista se vê diante de uma transferência amorosa para não ter de interromper o tratamento? Por exemplo, como reagir quando um paciente experimenta um sentimento amoroso em relação ao seu analista que é a reprodução do amor que experimentava por sua mãe, ou por seu pai, quando criança? Segundo Freud, não se trata de evocar a moral para condenar isso, nem de recomendar ao paciente para *"sufocar sua pulsão"*, o que seria o oposto de uma atitude analítica; ele desaconselha também *"(...) pretender compartilhar os sentimentos ternos da paciente, mas evitando todas as manifestações físicas desta, até que seja possível reconduzir a situação em uma trilha mais calma e situá-la em um nível mais elevado"* (p. 122). Na verdade, essa atitude não é isenta de perigo, pois: *"Será que a pessoa está tão segura de si a ponto de não ultrapassar os limites que se fixou?"*. O perigo de uma tal atitude estaria em que as investidas da paciente encontrassem eco no analista, pois isso significaria para ela *"traduzir em atos, reproduzir na vida real, aquilo que ela só deveria se recordar e que convém manter no terreno psíquico como conteúdo mental"*. Por isso, é essencial que o tratamento seja praticado na abstinência – noção que ele explicará no artigo seguinte – e ao mesmo tempo deixe subsistir no paciente necessidades e desejos que são as *"forças motrizes"* que favoreçam a mudança.

PÓS-FREUDIANOS

Questões de ética psicanalítica

As questões de transgressão do *setting* psicanalítico é extremamente complexa, pois está ligado a inúmeros fatores, como mostraram Glen O. Gabbard e Eva Lester em sua obra *Boundaries e Boundary Violations in Psychoanalysis* (1995). De fato, durante o processo psicanalítico corre-se o risco de se deparar não apenas com transgressões de ordem sexual a que Freud se refere em "Observações sobre o amor transferencial", mas também com transgressões não-sexuais que, segundo esses autores, é preciso minimizar. Estas últimas assumem formas variadas e constituem rupturas do *setting* ligadas a perpetrações em ato contratransferenciais: por exemplo, quando o analista cobra honorários muito baixos ou, ao contrário, muito elevados, uma disponibilidade excessiva, ou quando ele se torna disponível dia e noite aos chamados do paciente, etc. Do lado do psicanalista, existe uma grande quantidade de razões pelas quais ele pode não respeitar o *setting* estabelecido com seu paciente, e esses autores constataram que geralmente um psicanalista passa ao ato por ocasião de dificuldades pessoais. Gabbard e Lester insistem sobre a necessidade de estabelecer meios de prevenção em diferentes níveis. No que diz respeito à formação do futuro psicanalista, trata-se de estar atento à forma como ele terminou sua análise pessoal e de avaliar sua capacidade de analisar suas próprias reações contratransferenciais. No plano clínico, a supervisão constitui um lugar privilegiado para examinar os problemas técnicos ligados à manutenção de um *setting* rígido, garantia do bom andamento do processo psicanalítico: "*O melhor presente e o mais eficaz que podemos oferecer a um paciente é o próprio setting psicanalítico*" (Gabbard e Lester, p. 147). Além disso, esses autores consideram que o isolamento no qual o psicanalista trabalha em seu consultório é um fator de risco, e recomendam que o psicanalista, por mais experiente que seja, dedique um tempo para discutir com um colega gabaritado questões relativas à sua contratransferência. Finalmente, Gabbard e Lester consideram que todo Instituto e toda Sociedade Psicanalítica deveriam criar uma comissão ética independente. Esta deveria estar preparada para acolher com toda confidencialidade não apenas os pacientes ou terceiros que queiram ser ouvidos, mas também os psicanalistas em dificuldades. Segundo sua experiência, há uma forte tendência a encarar os problemas de transgressão do *setting* psicanalítico sob o ângulo moral ou ignorá-los, embora seja essencial adotar medidas que assegurem uma ajuda terapêutica às pessoas que os enfrentam.

▶ **"LINHAS DE PROGRESSO NA TERAPIA PSICANALÍTICA" (1919a)**

As páginas indicadas remetem ao texto publicado em S. Freud (1919a), "Les voies nouvelles de la thérapeutique psychanalytique", in *La technique psychanalytique*, trad. A. Berman., Paris, PUF, 1953 (1ª éd.), 1970 *[as páginas indicadas entre colchetes remetem às OCF.P, XV, p. 97-108]*.

Freud explica nesse artigo o que ele entende por "*conduzir o tratamento psicanalítico em estado de frustração e de abstinência*". Isso não significa privar o paciente de satisfação, nem proibi-lo de qualquer relação sexual, mas evitar dois tipos de perigo suscetíveis de ameaçar o curso do tratamento: o primeiro diz respeito à tentação do paciente de buscar satisfações substitutivas, por exemplo, realizar com uma pessoa do círculo próximo o que espera do analista, pois tais satisfações correm o risco de assumir o lugar dos sintomas: o segundo perigo consiste em encontrar uma satisfação substitutiva na própria relação de transferência, com a pessoa do analista. É por isso que o analista deve cuidar para que o paciente conserve "*suficientes desejos irrealizados*" mediante a imposição de um certo grau de frustração, mesmo que "*nos vejamos obrigados também a nos colocar de tempos em tempos como educador ou conselheiro*", acrescenta Freud (p. 138 *[105]*).

Para concluir, Freud encara o futuro da psicanálise imaginando uma evolução da técnica que permitiria aplicar esse tratamento à psicose, e não apenas à neurose. Ele antevê igualmente a possibilidade de que as camadas sociais carentes da população possam por sua vez ter acesso a uma forma adaptada de tratamento psicanalítico, até mesmo à sua gratuidade: "*Tudo leva a crer que, em vista da ampla aplicação de nossa terapêutica, seremos obrigados a misturar o ouro puro da análise a uma quantidade considerável do chumbo da sugestão direta. Em alguns casos precisaremos inclusive, como no tratamento das neuroses de guerra, fazer uso da influência hipnótica. Contudo, qualquer que seja a forma dessa psicoterapia popular e de seus elementos, as partes mais importantes, as mais ativas continuarão sendo aquelas que foram emprestadas da psicanálise estrita desprovida de qualquer prejulgamento*" (p. 141 *[108]*).

PÓS-FREUDIANOS

O papel atual da Associação Psicanalítica Internacional

Em 1910, durante o Congresso de Nuremberg, Freud fundou a Associação Psicanalítica Internacional (API) com o objetivo de salvaguardar a psicanálise que ele havia criado. Composta de 240 membros em 1920, a organização conta atualmente com pouco mais de 10 mil membros distribuídos em 30 países, principalmente na Europa, América do Norte e América Latina. A atividade da API consiste em estabelecer diretrizes comuns para a formação, organizar conferências e congressos internacionais e promover o desenvolvimento da clínica, do ensino e da pesquisa. Ela coordena os aspectos internacionais da vida profissional da psicanálise e supervisiona igualmente a criação de novos grupos, em particular nos países que manifestam um interesse novo pela psicanálise, como é o caso hoje dos países da Europa Oriental e de muitos outros. A partir dos anos de 1920, diante do crescimento do número de centros de atividade psicanalítica em todo o mundo, procurou-se estabelecer critérios internacionais a fim de assegurar a transmissão da psicanálise nas melhores condições. A formação é confiada às diversas sociedades que compõem a API e funciona em forma de uma auto-regulamentação interna à Associação para evitar obstáculo de uma avaliação impossível do futuro psicanalista por uma instância "externa". Essa formação se baseia essencialmente em três vertentes complementares: *a experiência pessoal* da análise – a análise "didática"; *a supervisão* das primeiras curas psicanalíticas por um psicanalista experiente; *a aquisição de conhecimentos fundamentais*, em primeiro lugar o da obra de Freud. Com o tempo, a Associação Psicanalítica Internacional procurou estabelecer recomendações mínimas referentes às condições a serem preenchidas pelas pessoas que desejam ter acesso à formação, como também obter o título de membro, e depois de membro encarregado da formação. Em cada uma dessas etapas, a avaliação é feita em geral com base em uma série de encontros da pessoa interessada com analistas experientes que procuram verificar se ela já adquiriu as qualidades requisitadas, seja para conduzir uma cura psicanalítica ou, na outra eventualidade, para formar futuros psicanalistas. Essas recomendações são o resultado de um consenso a que chegaram as várias sociedades da API. Por exemplo, as diretrizes publicadas no fim dos anos de 1980 especificam que a análise pessoal do futuro psicanalista deveria se desenvolver com uma freqüência semanal suficientemente elevada para assegurar o desenvolvimento de uma experiência analítica aprofundada, como recomendava Freud e como requer hoje a maioria das sociedades, no mínimo quatro ou cinco sessões semanais (excepcionalmente três em algumas); recomenda-se ainda que o psicanalista tenha realizado com sucesso pelo menos duas curas psicanalíticas sob a supervisão de um analista formador. Entretanto, ainda que essas recomendações mínimas continuem a ser seguidas pela maioria das sociedades, há uma pressão cada vez maior não apenas de fora, mas também por parte de membros da própria API, no sentido de encurtar a duração da formação e de que as exigências de acesso à formação sejam menos elevadas, de maneira a permitir que mais terapeutas tenham acesso à prática da psicanálise.

Pessoalmente, acho que será sempre difícil encontrar um equilíbrio entre, de um lado, a necessidade de manter as aquisições fundamentais da psicanálise que são por si mesmas exigentes em face da natureza do trabalho do psicanalista e do processo psicanalítico, e, de outro lado, o desejo de abrir a psicanálise a um número maior de pessoas sem correr o risco de que a psicanálise perca sua especificidade.

CRONOLOGIA DOS CONCEITOS FREUDIANOS

Abstinência – amor de transferência – *setting* psicanalítico – contratransferência – processo psicanalítico – rememoração – repetição, coação de repetição – técnica psicanalítica – transferência positiva, transferência negativa

TOTEM E TABU
S. FREUD (1912-1913a)

Obra visionária ou obra superada?

Com essa obra fundamental, que merece ser mais valorizada do que foi até hoje, Freud desenvolve uma visão psicanalítica admirável da natureza humana, abrindo perspectivas mais amplas em relação aos seus trabalhos precedentes. Ele se apóia em pesquisas de etnólogos e antropólogos para estabelecer paralelos com as descobertas psicanalíticas, em particular com elementos pertencentes ao complexo de Édipo, como a proibição do assassinato do ancestral – o pai ou seu representante – e a proibição do incesto – isto é, de esposar a mulher do pai. Contudo, o complexo de Édipo não poderia nascer de novo com cada indivíduo, a cada geração. Assim, Freud sugere uma hipótese audaciosa que suscita pesadas críticas: segundo ele, traços ancestrais que remontam às origens influenciariam a constituição desse complexo. Freud acredita que é possível descobrir esses traços arcaicos nos sentimentos fortemente ambivalentes que todo indivíduo experimenta em relação ao próprio pai – ele não fala da mãe – e no sentimento de culpa inconsciente que recai pesadamente sobre cada um, de uma geração a outra. Para Freud, não resta nenhuma dúvida de que esse sentimento de culpa constitui o resíduo de uma falta originária cometida quando de uma refeição totêmica durante a qual os irmãos, reunidos no ódio ao seu pai, o teriam devorado para ocupar seu lugar. Desse ato canibalesco ancestral decorreria não apenas um sentimento de culpa individual, mas igualmente as diferentes fases da organização social da humanidade, desde o totemismo dos primitivos até a moral coletiva que assegura a vida em sociedade. A religião seria uma outra forma de expressão, desde a religião totêmica das origens até o cristianismo, este último fundado no pecado original cometido pelos primeiros homens contra o Deus Pai. As diversas hipóteses apresentadas poder Freud em *Totem e tabu* suscitaram inúmeras críticas provenientes de todos os horizontes, mas ele também levanta questões fundamentais, suscetíveis de *"tirar o sono dos humanos por muito tempo"*, como havia pressentido. Talvez essa seja uma razão suficiente para explicar em parte o desinteresse atual por *Totem e tabu*.

● BIOGRAFIAS E HISTÓRIA

O enigma da origem das religiões

A questão da origem das religiões sempre preocupou Freud, que era um judeu não praticante. Mas os trabalhos de Jung sobre a mitologia e o misticismo reativaram seu interesse. A partir de 1911, Freud mergulhou em uma abundante documentação sobre as religiões e a etnologia, em particular nas obras de Frazer e de Wundt e ficou fascinado. Durante quase dois anos, dedicou-se quase que exclusivamente à redação dos quatro ensaios que constituem *Totem e tabu*, que foram lançados em seqüência em 1912 e 1913, e depois sob a forma de livro. A obra foi mal recebida fora dos círculos psicanalíticos, em particular pelos antropólogos que criticaram Freud por

Continua

> **BIOGRAFIAS E HISTÓRIA • *Continuação***
>
> ter interpretado erroneamente os fatos e contestaram a universalidade de suas teses. Porém, Freud jamais renunciou às suas conclusões e não fez nenhuma modificação na obra. Ao contrário, retomou as mesmas teses em seus trabalhos posteriores sobre a psicologia coletiva e em 1939 reafirmou sua posição: *"Mas, antes de tudo, não sou etnólogo, sou psicanalista, eu tinha o direito de extrair da literatura etnológica tudo o que pudesse ser útil para o trabalho analítico"* (Freud, 1939a, p, 236).
>
> **A caminho da ruptura com Carl Gustav Jung**
>
> Em 1911, o movimento psicanalítico começava a ganhar maior projeção. Dentro da Sociedade de Viena surgiram conflitos, às vezes intensos, ligados a discordâncias e a ciúmes que foram se acentuando com certos alunos. Adler demitiu-se em 1911, dado que sua evolução teórica o levara a abandonar as noções de inconsciente, de repressão e de sexualidade infantil, imprescindíveis na psicanálise. Em 1912, foi a vez de Steckel se retirar, para o alívio de Freud. Quanto a Jung, que durante algum tempo chegou a ser considerado por Freud como seu *"delfim"*, o caso foi diferente. A colaboração entre os dois homens durou seis anos consecutivos, mas pouco depois de seu encontro em 1907 já começaram a surgir divergências de opinião. Isso não impediu que Jung se tornasse o primeiro presidente da Associação Psicanalítica Internacional em 1910 e redator-chefe do *Jahrbuch* e que acompanhasse Freud em sua viagem aos Estados Unidos a convite da Clark University em 1909. Na mesma época, Jung começou a estudar a mitologia, mas sua divergência sobre a questão do significado que se deveria atribuir à noção de "libido" se cristalizou: ao contrário de Freud, que via na libido a expressão apenas das pulsões sexuais, Jung acreditava que a libido não podia ser reduzida à sexualidade e que ela tinha o sentido de uma pulsão em geral, incluindo as pulsões de autopreservação. Jung publicou em 1912 *Metamorfoses e símbolo da libido,* obra na qual ele desenvolveu suas idéias sobre a natureza da libido, sobre a mitologia e sobre o sentido simbólico do incesto. Foram as idéias contidas nessa obra, que tornavam mais patentes as divergências científicas, que levaram Freud a sugerir que Jung abandonasse o movimento psicanalítico. Vários episódios anedóticos anteriores já anunciavam a proximidade de sua ruptura, particularmente certos atos falhos por parte de Jung e um desmaio de Freud em Munique, na presença de Jung; este último incidente fez com que Freud tomasse consciência de seus desejos de morte em relação ao seu antigo discípulo, e despertou nele a lembrança de que, ao 19 anos, já tinha sentido desejos de morte em relação ao seu irmão caçula. A ruptura definitiva de Freud com Jung ocorreu em setembro de 1913, durante o Congresso de Weimar.

DESCOBERTA DA OBRA

> As páginas indicadas remetem ao texto publicado em S. Freud (1912-1913a), *Totem et tabou*, trad. S. Jankélevitch, 1923, revista em 1965, Paris, Payot, 1923, 1965, 241 p. *[as páginas indicadas entre colchetes remetem às OCF.P, IX, p. 189-385].*

O temor do incesto

Freud se propõe nessa obra a demonstrar algumas semelhanças entre a psicologia dos povos primitivos, tal como ensina a etnologia, e a psicologia dos neuróticos, tal como concebe a psicanálise. Seu ponto de partida o totemismo, praticado em particular pelos aborígines da Austrália, entre os quais cada tribo adota o nome de seu totem, em geral um animal como o canguru ou a ema. O totem é hereditário e seu caráter é associado a toda a linhagem envolvida. Por toda a parte, onde vigora um totem existe também uma lei, diz Freud, *"(...) segundo a qual os membros de um único e mesmo totem não devem ter relações sexuais entre eles, e conseqüentemente não podem casar entre eles"* (p. 15 [200]). A transgressão dessa proibição é sancionada com uma punição severa, aparentemente para afastar um perigo que ameaça toda a tribo. Assim, esses povos primitivos revelaram um grau particularmente elevado de temor do incesto, e Freud dá outros exemplos extraídos de trabalhos etnológicos. A esse temor da transgressão associa-se uma série de *"costumes"* que têm como objetivo evitar a intimidade entre os indivíduos pertencentes ao mesmo totem. O mais difundido e mais rigoroso diz respeito à evitação entre sogra e genro. De um ponto de vista psicanalítico, Freud considera que essa evitação recíproca está fundada em uma relação "ambivalente", isto é, sobre a coexistência recíproca de sentimentos ternos e hostis, estreitamente ligados ao temor do incesto.

Segundo ele, o temor do incesto associado ao totem que encontramos nos *"selvagens"* está presente também na vida psíquica dos neuróticos, na qual constitui um traço infantil: *"A psicanálise nos mostrou que o primeiro objeto a que se dirige a escolha sexual do menino é de natureza incestuosa, condenável, pois esse objeto é representado por sua mãe ou por sua irmã, e nos mostrou também o caminho seguido pelo menino, à medida que cresce, para escapar da atração do incesto"* (p. 33 [218]). Conseqüentemente, as fixações ou as regressões incestuosas inconscientes da libido desempenham um papel central na neurose, de modo que o desejo incestuoso em relação aos pais constitui o *"complexo nuclear da neurose"*. A revelação pela psicanálise da importância do temor do incesto no pensamento inconsciente dos neuróticos chocou-se com a incredulidade geral, o que, para Freud, é a prova da angústia generalizada que ela desencadeia em qualquer indivíduo: *"Somos obrigados a admitir que essa resistência decorre sobretudo da profunda aversão que o homem sente por seus desejos incestuosos de outrora, hoje completamente e profundamente reprimidos. Assim, não deixa de ser importante poder mostrar que os povos primitivos sentem ainda de uma maneira perigosa, a ponto de se verem obrigados a se defenderem contra eles por medidas extremamente rigorosas, os desejos incestuosos destinados a se perderem um dia no inconsciente"* (p. 34 [218]).

O tabu e a ambivalência de sentimentos

Freud prossegue examinando a noção de tabu, palavra polinésia cujo significado é duplo, pois ela contém, de um lado, a idéia de sagrado, de consagrado e, de outro, a de inquietante, perigoso, proibido. As proibições ligadas ao tabu não fazem parte de um sistema moral ou religioso, mas são proibições em si; o tabu nasceu primeiro do medo das forças demoníacas, e depois também se tornou demoníaco. Sua fonte é uma força de encantamento que se associa a pessoas em um estado de exceção – reis, padres, mulheres menstruadas, adolescentes, etc. –, ou a lugares, e, seja qual for, o tabu desencadeia ao mesmo tempo um sentimento de respeito e de inquietação. Na psicanálise, encontramos pessoas que se infligem tabus como os *"selvagens"*: são os neuróticos obsessivos. Essas pessoas estão convencidas intimamente – por uma impiedosa *"consciência moral"* – que se transgredirem certas proibições enigmáticas, ocorrerá uma desgraça. O temor ligado à proibição não impede que se observe nos povos primitivos, do mesmo modo que nos neuróticos, um *"prazer-desejo"* de transgredir o tabu, e Freud acrescenta que o desejo de transgredir o proibido é altamente contagioso.

Em seguida, Freud procura estabelecer uma semelhança entre os tabus de tribos primitivas e aqueles dos neuróticos obsessivos, e a encontra na ambivalência de sentimentos. Nos primitivos, nota-se um alto grau de ambivalência nas inúmeras prescrições que acompanham os tabus. Temos exemplos na maneira de tratar os inimigos quando sua morte é acompanhada de prescrições de expiação, ou no tabu dos soberanos, em que o rei venerado pelos súditos é ao mesmo tempo enclausurado por eles em um sistema cerimonial coercitivo, sinal de ambivalência em relação ao enviado privilegiado.

A presença regular de sentimentos de ambivalência nos tabus conduz Freud a examinar mais de perto o papel que desempenham alguns mecanismos psíquicos fundamentais. Por exemplo, ele estabelece um paralelo entre o sentimento persecutório experimentado por um primitivo em relação ao seu soberano e o delírio do paranóico: ambos seriam fundados na ambivalência de sentimentos de amor e de ódio que a criança experimenta em relação ao seu pai, como ele já mostrara a propósito do complexo paterno de Schreber. No que se refere ao tabu dos mortos, Freud chama a atenção para o fato de que as acusações obsessivas que se inflige o sobrevivente após um falecimento, por se sentir culpado pela morte da pessoa amada, decorrem igualmente de uma forte ambivalência: *"Encontramos a mesma hostilidade, dissimulada por trás de um amor terno, em quase todos os casos de fixação intensa do sentimento em uma pessoa determinada: é o caso clássico, o protótipo da ambivalência da afetividade humana"* (p. 91 [267]). Mas, então, o que é que distingue um neurótico obsessivo de um homem primitivo? Freud responde que no neurótico obsessivo a hostilidade em relação ao morto é inconsciente, pois é a expressão de uma satisfação condenável provocada pelo falecimento; mas o mecanismo é diferente, pois no primitivo sua hostilidade é objeto de uma *"projeção"* no morto: *"O sobrevivente se defende de nunca ter experimentado um sentimento hostil em relação ao morto querido; ele acha que é a alma do desaparecido que nutre esse sentimento que ela procurará saciar durante o período de luto"* (p. 92 [268]). E Freud destaca também a *"cisão"* que observa nos sentimentos ambivalentes, antecipando seus trabalhos posteriores sobre a clivagem: *"Aqui também as prescrições tabu têm um duplo significado, assim como os sintomas dos neuróticos: se, de um lado, essas expressam, pelas restrições que impõem, o sentimento de dor que se experimenta diante da morte de um ser amado, de outro lado deixam transparecer o que gostariam de ocultar, ou seja, a hostilidade em relação ao morto à qual atribuem agora um caráter de necessidade"* (p. 92 [268]).

A compreensão do tabu esclarece também a noção de *"consciência moral"* ou *"consciência de culpa"* que Freud começa a esclarecer. Ele define essa consciência moral como a percepção de um julgamento interior de condenação por desejos sentidos pelo neurótico, sentimento horripilante que não se diferencia do *"mandamento de sua consciência moral"* ligada ao tabu no selvagem, cuja violência faz emergir *"um terrível sentimento de culpa"* (p. 101 [276]). Para ele, sentimento de culpa e temor da punição fundamentam-se na ambivalência de sentimentos, tanto no neurótico quanto no primitivo; mas o que diferencia o primeiro do segundo é que o tabu não é uma neurose, mas uma formação social. Esses argumentos antecipam a noção de superego que será definida 10 anos mais tarde, em 1923.

Animismo, magia, onipotência dos pensamentos

O animismo é particularmente desenvolvido nos primitivos, que imaginam o mundo povoado por uma infinidade de seres espirituais benevolentes ou mal-intencionados em relação a eles, e acreditam que esses espíritos são responsáveis por fenômenos naturais. Segundo Freud, a humanidade conheceu ao longo de sua história três principais visões do mundo: a anímica (mitológica), a religiosa e a científica. A primeira visão foi o animismo, que nada mais é do que uma teoria psicológica; além disso, o animismo é acompanhado do encantamento e da magia, sendo que o encantamento é a arte de influenciar os espíritos e a magia constitui a técnica própria ao animismo. De fato, a magia serve para submeter os processos naturais à vontade do homem, e para proteger o indivíduo contra inimigos e perigos, ao mesmo tempo em que lhe dá a força para derrotar seus inimigos. Nessa visão do mundo, a sobrestimação excessiva do pensamento ofusca a percepção da realidade, de modo que o princípio que rege a magia é o da onipotência do pensamento: *"O princípio que rege a magia, a técnica do modo de pensamento animista, é o da 'onipotência das idéias'"* (p. 123 [295]).

No neurótico, a psicanálise evidenciou o modo primitivo de funcionamento que constitui a onipotência dos pensamentos, em particular na neurose obsessiva, na qual a sobrestimação do processo de pensamento suplanta a realidade, como na obsessão dos ratos no "Homem dos ratos". A sobrestimação do poder que um indivíduo atribui ao seu próprio pensamento, ainda segundo Freud, é um elemento essencial do *"narcisismo"*, fase do desenvolvimento na qual as pulsões sexuais já encontraram um objeto, mas esse objeto, mas esse objeto continua sendo o ego do indivíduo. Desse modo, pode-se considerar que a onipotência dos pensamentos nos primitivos corresponde a uma fase precoce do desenvolvimento libidinal – um *"narcisismo intelectual"* – a que o indivíduo neurótico chegou, por sua vez, ou por regressão ou por fixação patológica. Finalmente, Freud retoma a idéia de que, no animismo, os espíritos e demônios que povoam o mundo são apenas *"projeções"* de sentimentos e pessoas importantes para o indivíduo em questão, que encontra seus processos psíquicos no exterior de si mesmo, da mesma maneira que Schreber os encontrava no conteúdo de seu delírio paranóico.

O retorno infantil do totemismo

Totem e Édipo

Apoiando-se em trabalhos como os do etnólogo Frazer, que mostravam que o animal totem era visto em geral como o ancestral da tribo e que o totem era transmitido hereditariamente, Freud sugere a hipótese de que o totemismo e a exogamia teriam uma origem ancestral, reforçando a idéia de Darwin sobre a existência de uma horda primitiva originária tanto nos primatas como no homem. A partir desse postulado, Freud estabelece uma aproximação entre o animal totem e a fobia infantil, pois nesta última o objeto costuma ser um animal. Segundo ele, o animal totem, assim como o objeto da fobia, seria representante do pai temido e respeitado, como demonstrara a fobia do cavalo no "pequeno Hans". A presença de sentimentos ambivalentes em relação ao pai nas duas situações permite a Freud chegar à conclusão de que o totem e o complexo de Édipo têm uma mesma origem: *"Se o animal totem nada mais é do que o pai, temos de fato o seguinte: os dois mandamentos capitais do totemismo, as duas prescrições tabu que formam como que seu núcleo, a saber, a proibição de matar o totem e a proibição de casar com uma mulher pertencente ao mesmo totem, coincidem quanto ao conteúdo com os dois crimes de Édipo, que matou com o pai e casou com a mãe, e com os dois desejos primitivos da criança que, por não serem suficientemente reprimidos ou por despertarem, talvez constituam o núcleo de todas as neuroses"* (p. 186 [349]).

A refeição totêmica e o assassinato do pai

Prosseguindo sua investigação acerca de outras características do totemismo, particularmente a suposta existência de uma "refeição totêmica" originária, Freud lança uma hipótese audaciosa segundo a qual o pai da horda primitiva teria sido morto e devorado por seus filhos na origem dos tempos, em uma refeição sacrificial: *"Um dia, os irmãos expulsos se reuniram, mataram e comeram o pai, o que pôs fim à horda paterna. Reunidos, eles se tornaram valentes e puderam realizar o que cada um, tomado individualmente, teria sido incapaz de fazer"* (p. 199 [361]). A cerimônia de refeição totêmica das tribos primitivas seria uma lembrança comemorativa: *"A refeição totêmica, que é talvez a primeira festa da humanidade, seria a reprodução e uma espécie de festa comemorativa desse ato memorável e criminoso que serviu de ponto de partida para tantas coisas: organizações sociais, restrições morais, religiões"* (p. 200-201 [361]). Tendo assim saciado seu ódio, os filhos começaram a sentir a consciência de culpa e o desejo de se reconciliarem com o pai ofendido. Desse sentimento de culpa decorreria a religião totêmica acompanhada de seus dois tabus fundamentais, a proibição de matar o animal totem, representante do pai, e a proibição do incesto. Segundo Freud, essa consciência de culpa estaria não apenas na origem da religião totêmica, mas também na origem de todas religiões, da sociedade e da moral: *"A sociedade repousa agora sobre uma falta comum, sobre um crime cometido em comum; a religião, sobre o sentimento de culpa e sobre o arrependimento; a moral, sobre as necessidades dessa sociedade, de um lado, e sobre a necessidade de expiação engendrada pelo sentimento de culpa, de outro"* (p. 205 [365]).

O sacrifício totêmico na origem das religiões

Freud vai mais longe e mostra que a religião constitui a expressão extrema da ambivalência com relação ao pai: de fato, a eliminação do pai – e sua incorporação pelos irmãos para que tornassem semelhantes ao pai – teria sido sucedida de uma exaltação do pai morto, idealizado e transformado em deus da tribo. Assim, a lembrança do primeiro grande ato sacrificial estaria perpetuada de maneira indestrutível, e os vários desdobramentos posteriores do pensamento religioso seriam uma forma de racionalizá-lo. Ele vê a demonstração disso no cristianismo, em que Cristo sacrificou sua própria vida para redimir seus irmãos do pecado original: *"No mito cristão, o pecado original resulta incontestavelmente de uma ofensa contra o Deus Pai"* (p. 230 [374]).

Para concluir, Freud se indaga sobre a maneira como se perpetuou durante milênios a consciência de culpa ligada à morte do pai, à revelia de indivíduos e de gerações. Ele supõe que exista uma *"alma do grupo"* ou *"psique de massa"* análoga à *"alma individual"* ou *"psique individual"* que se perpetua de uma geração a outra para além da *"comunicação direta e da tradição"*. Esse processo ainda é pouco conhecido: *"Em geral, a psicologia de grupo se preocupa muito pouco em saber por que meios se dá a continuidade da vida psíquica das sucessivas gerações. Essa continuidade é assegurada em parte pela hereditariedade das disposições psíquicas que, no entanto, precisam ser estimuladas por certos acontecimentos da vida individual para se tornarem eficazes. Assim, é preciso interpretar o verso do poeta: 'Aquilo que herdaste de teus pais conquista-o para fazê-lo teu'"* (Goethe, *Faust I*, v.682-683; La Nuit (monólogo de Fausto) (p. 222 [379]). Freud termina sua obra estabelecendo uma distinção entre o neurótico e o primitivo: *"No neurótico,* diz ele, *a ação é completamente inibida e totalmente substituída pela idéia. O primitivo, ao contrário, não conhece entraves à ação; suas idéias transformam-se imediatamente em atos; poderíamos dizer inclusive que o ato substitui a idéia, e por isso (...) podemos arriscar esta afirmação: 'No princípio era o ato'"* (p. 225-226 [382]).

PÓS-FREUDIANOS

Uma obra visionária que provocou as críticas

Embora esta obra tenha provocado inúmeras críticas desde seu lançamento, tanto por parte dos antropólogos como dos psicanalistas, os debates ainda hoje estão longe de se esgotarem, como revelam as citações a seguir extraídas de uma literatura particularmente abundante sobre a questão.

Críticas das hipóteses etnológicas

Em 1920, o etnólogo Kroeber foi um dos primeiros a levantar objeções em relação a *Totem e tabu*. Ele contestou tanto sua metodologia quanto suas conclusões teóricas, e rejeitou a hipótese de uma origem sociorreligiosa da civilização sugerida por Freud. Contudo, mostrou-se aberto à utilização das descobertas da psicanálise na pesquisa antropológica. Outros críticos se voltaram contra a própria pessoa de Freud, como D. Freeman (1967), para quem a teoria do assassinato original era essencialmente a expressão da ambivalência de Freud em relação à figura de seu pai. De maneira geral, as posições tomadas por Freud foram contestadas não apenas em razão do "darwinismo social" em que se inspirou, mas também porque a maior partes dos especialistas rejeitou as bases etnológicas e antropológicas em que se apóia *Totem e tabu*.

A filogênese, uma questão polêmica

Uma das principais críticas às teses apresentadas por Freud em *Totem e tabu* partiu dos próprios psicanalistas, e vale a pena examiná-la aqui, pois, depois de ter lido o conjunto da obra de Freud, estou convencido de que ele continua sendo um precursor iluminado por ter mostrado a importância da transmissão filogenética. Essa questão controversa diz respeito à hipótese da transmissão de traços mnésicos por gerações sucessivas, desde as origens da humanidade, concepção a que Freud recorre na maior parte de seus trabalhos. De fato, ele distingue o processo de desenvolvimento individual da infância à idade adulta – a ontogênese – e o processo evolutivo do gênero humano, das origens aos nossos dias – a filogênese. Segundo ele, traços de acontecimentos traumáticos ocorridos ao longo da história da humanidade ressurgiriam em cada indivíduo e contribuiriam para estruturar a personalidade. Por exemplo, em *Totem e tabu* ele considera que o complexo de Édipo e o sentimento de culpa de cada indivíduo estariam fundados em elementos pessoais, ligados ao contexto familiar, aos quais se acrescentaria o traço "histórico" do assassinato do pai da horda primitiva, remontando à origem da humanidade.

Ainda hoje, numerosos psicanalistas rejeitam a hipótese de uma transmissão filogenética que implicaria ao mesmo tempo a biologia e a genética. Alguns apelam a argumentos de ordem técnica, dizendo que, em relação à sua prática cotidiana, pouco importa a origem das pulsões e dos conflitos: qualquer que seja a parte do adquirido e a parte do inato, isso não muda em nada a interpretação, de modo que, para eles, essa distinção é puramente teórica. Outros apelam a um argumento de ordem psicológica, e afirmam que Freud recorre a esse tipo de explicação filogenética sempre que sua compreensão pela ontogênese topa com a *"rocha biológica"*, como ele próprio reconhece em seus momentos de dúvida. Contudo, estou convencido da intervenção de uma

Continua

● *Continuação*

causalidade psíquica pela filogênese, como sustenta, entre outros, D. Braunschweig (1991), ainda que não se disponha de conhecimentos suficientes no que se refere às bases biológicas sobre as quais se efetua uma transmissão filogenética. Estou certo de que Bion abriu um caminho na psicanálise ao introduzir a noção de "preconcepção", que ele entende como uma capacidade inata de ter experiências psicológicas. A preconcepção ainda "não experimentada" espera unir-se a uma "realização", a partir da qual se torna uma "concepção".

Há algumas décadas, contata-se um interesse crescente pelos trabalhos psicanalíticos pós-freudianos acerca de um aspecto particular da transmissão, a transmissão transgeracional, fenômeno observado com freqüência em clínica. Essa transmissão se desenvolve através de processos psíquicos de identificação inconsciente, passando sucessivamente de uma geração a outra, e tomando caminhos diferentes daqueles postulados na forma de transmissão filogenética.

De resto, acho que seria desejável que os psicanalistas se inspirassem igualmente em fenômenos de transmissão da pulsão que se verifica nos animais, como Freud sugere em 1939 em *Moisés e o monoteísmo*. Desse ponto de vista, estou convencido de que os psicanalistas contemporâneos tirariam proveito de um melhor conhecimento das descobertas recentes da etnologia que não dominam suficientemente, e que esses novos dados contribuiriam para aproximar disciplinas complementares que têm como objetivo comum conhecer melhor a natureza humana (R. Schaeppi, 2002).

Por uma psicologia psicanalítica

A despeito de seus aspectos contestados, há fortes razões para se considerar *Totem e tabu* como o ponto de partida de uma verdadeira antropologia psicanalítica e de uma etnopsicanálise. Várias obras testemunham a riqueza desses desenvolvimentos. A. Kardiner (1939), psicanalista americano, procurou conciliar psicanálise e antropologia social, e elaborou a noção de "personalidade de base", que concebeu como uma integração de normas sociais no nível subconsciente. G. Roheim (1950), antropólogo e psicanalista húngaro, foi o primeiro a entrar nesse terreno ao introduzir na pesquisa antropológica não apenas a noção de complexo de Édipo, mas também o conjunto de concepções psicanalíticas. Ele analisou os sonhos dos indígenas, seus jogos, seus mitos, suas crenças, tornando-se o pioneiro dessa disciplina. Se, para G. Roheim, a universalidade dos mecanismos psíquicos em todas as culturas não deixa dúvida, outros autores compartilham seus pontos de vista, como W. Münsterberger (1969), Hartmann, Kris e Loewenstein, assim como P. Parin e F. Morgenthaler (*in* Münsterberger, 1969). Em compensação, antropólogos como Malinowski e M. Mead põem em dúvida a universalidade do complexo de Édipo, mas esse tema ainda é controverso. Quanto a G. Devereux (1972), ele adota uma posição "complementarista": para ele, a psicanálise e a antropologia apresentam pontos de vista diferentes mas complementares sobre uma mesma realidade, sendo que uma a observa de dentro e a outra de fora. Os desenvolvimentos teóricos de Devereux culminaram em uma clínica etnopsicanalítica que leva em conta as particularidades contratransferenciais na prática da psicanálise transcultural.

CRONOLOGIA DOS CONCEITOS FREUDIANOS

Ambivalência – amor-ódio – animismo – consciência moral – magia – assassinato do pai – filogênese – sentimento de culpa – tabu do incesto – onipotência do pensamento – transmissão filogenética

"INTRODUÇÃO AO NARCISISMO"

S. FREUD (1914c)

Um conceito com múltiplas implicações

O termo "narcisismo" foi introduzido na psicanálise para designar o amor que um indivíduo sente por si mesmo, em relação ao mito grego de Narciso. Esse personagem apaixonou-se por outro sem saber que se tratava de sua própria imagem refletida na água. Freud utiliza pela primeira vez o termo "narcisismo" em 1910, para descrever a escolha de objeto feita pelos homossexuais que escolhem um parceiro à sua imagem, de forma que através deste *"tomam a si mesmos como objeto sexual"* (1905d; nota acrescentada em 1910, p. 50). Pouco depois, Freud fez do narcisismo uma *fase* intermediária do desenvolvimento psicossocial infantil, situada entre o auto-erotismo, cujo modelo é a masturbação, e a fase evoluída, caracterizada pelo amor de objeto (1911c, 1912-1913a).

Em 1914, ao escrever esse ensaio, Freud vai bem além de introduzir o narcisismo; ele examina questões que essa noção coloca para o conjunto da teoria psicanalítica. Isso torna sua leitura difícil, tanto mais quanto a noção de narcisismo, em particular a de narcisismo primário, conhece acepções muito diversas em Freud e nos psicanalistas pós-freudianos. Nessa contribuição, Freud reafirma a natureza aparentemente sexual da libido e descreve um narcisismo primordial, que chama de *narcisismo primário*, no qual a criança toma a si mesma como objeto de amor e como centro do mundo, antes de se dirigir a objetos exteriores. A capacidade de amar por elas mesmas pessoas percebidas como separadas e diferentes de si constitui um progresso na vida relacional, pois o indivíduo consegue amar a si mesmo como retorno por amar outro: é esse retorno do investimento sobre si, que Freud chama de *narcisismo secundário*. No desenvolvimento normal, o narcisismo secundário estabelece o fundamento da auto-estima e coexiste com o amor de objeto. Mas existem formas patológicas do narcisismo caracterizadas por distúrbios da personalidade de gravidade variável, podendo chegar ao delírio de grandeza no caso da psicose. Além disso, as implicações do narcisismo para a vida relacional são múltiplas, e Freud distingue dois tipos principais de escolha de objeto: *a escolha de objeto por apoio*, no qual se funda o pleno amor de objeto reconhecido como distinto de si, e *a escolha de objeto narcísico*, fundado no amor que o indivíduo dirige essencialmente a si mesmo. Ele dá vários exemplos disso.

O recolhimento em si das personalidades narcísicas leva Freud a pensar que esses indivíduos são inaptos para a análise porque não estabelecem transferência, ao contrário dos neuróticos. Porém, trabalhos de psicanalistas pós-freudianos mostraram que a transferência narcísica era analisável, abrindo caminho para um dos maiores avanços da psicanálise.

EVOLUÇÃO DOS CONCEITOS FREUDIANOS

O narcisismo: um conceito difícil de circunscrever em Freud

Os termos "narcisismo", "narcisismo primário" e "narcisismo secundário" têm acepções muito diversas, e isso tanto na obra de Freud como na literatura psicanalítica, de modo que é difícil defini-los. Como observam J. Laplanche e J.-B. Pontalis, o conceito de narcisismo secundário, tal como aparece em Freud, oferece menos dificuldade que o de narcisismo primário. De fato, Freud definiu o narcisismo secundário como *"um retorno ao ego da libido despojada de seus investimentos objetais"*; quanto ao narcisismo primário, esse conceito designa em Freud *"um estado precoce em que a criança investe toda a libido nela mesma"* (1967, p. 263). Esses autores assinalam que, quando se procura especificar o momento de constituição de um tal estado, encontram-se grandes variações em Freud: assim, em seus textos de 1910-1915, ele localiza a fase narcísica entre a do auto-erotismo e a do amor de objeto; posteriormente, em seus textos de 1916-1917, ele remete a noção de narcisismo a um estado primitivo da vida, anterior até mesmo à constituição de um ego, cujo arquétipo seria a vida intra-uterina. Laplanche e Pontalis destacam ainda que esta última acepção do narcisismo primário costuma designar no pensamento psicanalítico *"um estado rigorosamente 'anobjetal' ou pelo menos 'indiferenciado', sem clivagem entre um sujeito e um mundo exterior"* (p. 264). Em sua discussão acerca dos diversos pontos de vista psicanalíticos sobre o narcisismo, eles observam que essa concepção do narcisismo primário perde de vista a referência a uma imagem de si, alusão à relação especular evidenciada na noção de "fase de espelho" por J. Lacan.

Para Freud, os pacientes narcísicos são inaptos à transferência

Por sua tendência a se retraírem em si mesmos e a se esquivarem das relações com pessoas do meio exterior, Freud julgava que os pacientes que apresentavam uma "neurose narcísica" não eram analisáveis, pois, segundo ele, não estabeleciam transferência. Entre os pacientes inaptos à transferência, ele situava as psicoses e os estados maníaco-depressivos na categoria das "neuroses narcísicas" em oposição aos pacientes neuróticos aptos a estabelecer uma "neurose de transferência" suscetível de ser analisada. Retrospectivamente, podemos supor que a maneira como Freud concebia a transferência com certeza o impedia de vislumbrar a análise da transferência negativa. De fato, Freud havia descrito a transferência positiva e a transferência negativa, mas via na transferência negativa apenas uma forma de resistência que se opunha ao desenvolvimento da transferência positiva, e por isso não via possibilidade de analisar essa resistência como parte integrante da transferência. Mais tarde, os trabalhos de psicanalistas pós-freudianos permitiram considerar a transferência em sua totalidade e abordar sua elaboração em função de suas próprias referências teóricas e técnicas.

DESCOBERTA DA OBRA

As páginas indicadas remetem ao texto publicado em S. Freud (1914c), "Pour introduire le narcissisme", trad. D. Berger, J. Laplnache et al., in *La vie sexuelle*, Paris, PUF, 2ª ed., 1970, p. 81-105.

Do narcisismo primário ao narcisismo secundário

Freud começa por definir a noção de narcisismo em clínica, tal como tinha sido introduzida alguns anos antes por sexólogos: o narcisismo designa *"o comportamento mediante o qual um indivíduo trata seu próprio corpo de maneira semelhante a como se costuma tratar o corpo de um objeto sexual: contempla-o portanto extraindo dele um prazer sexual, o afago, a carícia, até chegar por essas práticas à satisfação completa"*. No entanto, a psicanálise mostrou que esse investimento sexual do próprio corpo não se encontra apenas na psicopatologia, mas também durante o desenvolvimento psicossexual normal de todo indivíduo, e com isso ampliou consideravelmente o campo de seu estudo do narcisismo.

Freud parte então da experiência psicanalítica que mostrou que certos pacientes, em particular os esquizofrênicos, manifestam um *"comportamento narcísico"* em relação ao analista: esses doentes retiraram seu interesse pelas pessoas e pelas coisas do mundo exterior, de modo que esse retraimento de libido os torna inacessíveis à análise, como observara K. Abraham já em 1908. Mas então, pergunta-se Freud, qual é o destino da libido no esquizofrênico? Segundo ele, esta se retira do mundo externo e se refugia na megalomania do delírio de grandeza: *"A libido, retirada do mundo exterior, foi transportada ao ego, ao mesmo tempo em que apareceu uma atitude que chamamos de narcisismo"* (p. 82). O delírio de grandeza, entretanto, não surgiu do nada; ele é resultado da extensão de um estado que já existia antes, explica Freud, que designa esse estado pela expressão *narcisismo primário*. Em oposição, chama de *narcisismo secundário* o retorno dos investimentos de objeto ao ego: *"Esse narcisismo que apareceu causando o retorno dos investimentos de objeto, e portanto somos levados a concebê-lo como um estado secundário construído com base em um narcisismo primário que foi obscurecido por múltiplas influências"* (p. 82).

No delírio de grandeza do esquizofrênico, a psicanálise encontra características semelhantes às que já havia descoberto no pensamento primitivo da criança, como a onipotência do pensamento, a magia e a megalomania. Freud postula então que existe na criança no início da vida um investimento originário do ego – chamado de narcisismo primário – do qual uma parte será cedida posteriormente aos objetos, isto é, dirigida às pessoas do mundo exterior; mas, fundamentalmente, acrescenta ele, esse investimento do ego persiste durante toda a vida *"e se comporta em relação aos investimentos de objeto como o corpo de um animálculo protoplásmico em relação aos pseudópodes que emitiu"* (p. 83). Opondo assim a libido do ego e a libido de objeto, Freud estabelece um balanço entre duas direções de investimento, afirmando que *"quanto mais uma absorve, mais a outra se empobrece"* (p. 83).

Ao reafirmar que a libido tem sempre um conteúdo sexual, Freud prossegue sua controvérsia com C. G. Jung, a quem critica por ter esvaziado o conceito de sua substância transformando-o em um simples interesse psíquico em geral. Em apoio às hipóteses acerca do papel central da libido na vida psíquica, Freud insiste muito em dizer que sua teoria da libido é fundada essencialmente na biologia, embora a ciência da época não lhe desse ainda o respaldo esperado: *"Como não podemos esperar que uma outra ciência nos brinde com argumentos decisivos para a teoria das pulsões, é bem mais oportuno descobrir que luz pode ser lançada sobre esses enigmas fundamentais da biologia para uma síntese dos fenômenos psicológicos"* (p. 86).

Variedade de manifestações do narcisismo

Embora o exame da psicose constitua a principal via de acesso para o estudo psicanalítico dos fenômenos narcísicos, em particular do narcisismo primário, ela não é única: podemos assim abordá-la através da doença orgânica, da hipocondria e da vida amorosa, segundo Freud.

Na doença orgânica, é um fato bem conhecido que o indivíduo que sofre de uma dor orgânica retira seu interesse pelo mundo exterior, assim como seus sentimentos libidinais por seus objetos de amor, e que os restabelece depois de curado. De maneira análoga, isso ocorre no sono: *"O estado de sono representa um retraimento narcísico de posições da libido na própria pessoa ou, mais exatamente, no único desejo de dormir"* (p. 89).

Quanto ao doente hipocondríaco, constata-se que ele também retira seu interesse e sua libido em relação ao mundo exterior e os concentra no órgão que o preocupa e que o faz sofrer. Mas o investimento libidinal narcísico de uma parte do corpo não é encontrada apenas na hipocondria, como também na neurose, pelo fato de que qualquer parte do corpo pode adquirir a propriedade de uma zona erógena e se comportar como o substituto de um órgão sexual: *"a cada uma dessas modificações da erogenidade nos órgãos corresponde uma modificação paralela do investimento da libido no ego"* (p. 90). Desse modo, todo investimento libidinal de uma zona erógena corresponderia a um investimento libidinal do ego e decorreria do narcisismo primário.

A aproximação que Freud estabelece entre hipocondria e esquizofrenia lhe permite ir mais longe ainda e introduzir uma noção nova, a de uma *"estase da libido"* consecutiva à sua *"introversão"* durante a regressão patológica. Essa estase da libido estaria na origem do delírio de órgão na hipocondria e do delírio de grandeza na esquizofrenia. Com a noção quantitativa de estase libidinal, Freud acrescenta uma dimensão *econômica* à natureza do narcisismo, diferente da noção de narcisismo como fase evolutiva do desenvolvimento que ele havia introduzido em seu estudo sobre Schreber em 1914, completando a oposição entre libido do ego e libido de objeto.

No que diz respeito à vida amorosa, esta oferece inúmeros exemplos de investimentos libidinais fundados no narcisismo. Freud lembra que as primeiras satisfações sexuais da criança são vividas em relação ao exercício das funções vitais em que se apóiam – ser alimentada, receber cuidados, etc. – e que mais tarde esse apoio continua a se revelar no fato de que as pessoas que alimentaram e cuidaram da criança se tornaram seus primeiros objetos sexuais, como a mãe ou seu substituto. Ele propõe chamar de *"escolha de objeto por apoio"*, o tipo de escolha de objeto que, no adulto, se apóia nas primeiras escolhas de objeto da infância. Mas outros indivíduos, como os perversos e os homossexuais, não escolhem seu objeto de amor a partir o modelo de sua mãe, mas de sua própria pessoa, que Freud chama de *"escolha de objeto narcísica"*. Mas Freud logo relativiza seu pensamento e declara que a diferença entre esses dois tipos de escolha de objeto não é tão nítida como dissera, pois *"as duas vias que conduzem à escolha de objeto estão abertas para todo ser humano, de modo que uma ou outra pode ter a preferência"* (p. 94). Como conseqüência, acrescenta ele, *"o ser humano tem dois objetos sexuais originários: ele próprio e a mulher que cuida dele; nisso pressupomos o narcisismo primário de todo ser humano, narcisismo que eventualmente pode se expressar de forma dominante em sua escolha de objeto"* (p. 94).

Em seguida, Freud esboça um rápido retrato dos diversos tipos de escolha de objeto. O pleno amor de objeto, segundo o tipo de escolha de objeto por apoio, é característico do homem. Freud permanece fiel à sua concepção segundo a qual o estado amoroso constitui um estado patológico, quando afirma que a paixão amorosa na qual o homem superestima a mulher amada constitui um *"complexo neurótico"* que causa *"um empobrecimento do ego em libido em proveito do objeto"* (p. 94). Quanto ao tipo de escolha de objeto na mulher, ele pensa que muitas delas fundam suas relações no modelo da escolha de objeto narcísico. Ele reforça sua tese argumentando que a formação dos órgãos sexuais na puberdade *"provoca um aumento do narcisismo originário"*, de modo que a mulher geralmente exerce sobre o homem um encanto de ordem narcísica: *"Essas mulheres só amam, no sentido estrito do termo, a elas mesmas, quase tão intensamente quanto os homens as amam. Sua necessidade não as conduz a amar, mas a serem amadas..."* (p. 94). Contudo, ele se diz prestes a admitir que muitas delas amam segundo o tipo masculino e desenvolvem a superestimação sexual própria desse tipo de escolha de objeto. Outras mulheres narcísicas se afastam dos homens e procuram uma via indireta que as conduza ao pleno amor de objeto, que é o amor que sentem pela criança que trazem ao mundo. Freud examina com perspicácia os motivos pelos quais as personalidades narcísicas exercem uma forte atração sobre seu meio e deduz que as pessoas que se deixam fascinar por elas são *"aquelas que se despojaram inteiramente de seu próprio narcisismo e estão em busca do amor de objeto"* (p. 94). Ele encerra essa parte do trabalho evocando o narcisismo primário da criança, que se deixa seduzir facilmente pela atitude dos pais: estes superestimam o filho, atribuem-lhe todas as perfeições e desejam uma vida melhor para ele, considerando-o como *"His Majesty the Baby"* (p. 96).

Do narcisismo infantil à formação dos ideais no adulto

Freud se pergunta em seguida o que acontece com o amor desmesurado por si mesma que caracteriza o narcisismo primário da criança quando, depois de adulta, se depara com as frustrações do mundo exterior. Freud julga que o ser humano não pode dispensar o desejo de perfeição narcísico de sua infância: este não desaparece, mas é substituído pela constituição de uma instância intrapsíquica, que ele chama tanto de *"ego ideal"* (*"Idealich"*) como de *"ideal do ego"* (*"Ichideal"*), noções que irá esclarecer nos anos seguintes. Em outras palavras, aquilo que o adulto projeta diante dele como seu ideal nada mais é que *"o substituto do narcisismo perdido de sua infância; nessa época, ele era seu próprio ideal"* (p. 98).

Mas a formação de um ideal com que o indivíduo está sempre medindo seus pensamentos e suas ações produz um aumento das exigências em relação ao ego, e Freud presume que esse papel é desempenhado pela *"consciência moral"* que ele identificou várias vezes na origem da repressão: *"Não seria surpreendente se encontrássemos uma instância psíquica particular que cumprisse a tarefa de zelar para que seja assegurada a satisfação narcísica proveniente do ideal do ego, e que, com essa intenção, observe permanentemente o ego e o meça com o ideal"* (p. 99). Segundo ele, esse tipo de exigência em relação ao ego é encontrado não apenas sob uma forma patológica, como no delírio de observação, em que o doente imagina que as pessoas leiam seus pensamentos e vigiem suas ações, mas também em qualquer indivíduo normal, pois existe no espírito de todos *"uma força desse tipo que observa, conhece, critica nossas intenções"* (p. 100). Essa consciência moral é formada primeiramente pela influência da crítica dos pais sobre a criança, e depois dos educadores, e estende-se à sociedade em geral. A *"censura do sonho"* que ele havia descrito em 1900 é outra de suas formas. Além de seu aspecto individual, esse ideal tem uma faceta social que é o ideal comum de uma família, de uma classe ou de uma nação, tema que Freud desenvolverá logo depois ao estudar mais de perto os mecanismos envolvidos na psicose coletiva.

PÓS-FREUDIANOS

Os fenômenos transferenciais narcísicos revelam-se analisáveis

Desde o final dos anos de 1920, alguns psicanalistas mostraram que os pacientes que /Freud classificava entre os "neuróticos narcísicos" apresentavam indiscutivelmente fenômenos transferenciais, ao contrário do que pensava Freud. Esses analistas, entre os quais R. Mack-Brunswick, M. Klein, H. S. Sullivan e P. Federn, sustentaram a idéia de que nesses pacientes a transferência negativa tendia a predominar sobre a transferência positiva, mas que mesmo assim eles eram acessíveis à análise. A partir desses trabalhos desses pioneiros, tornou-se possível a abordagem psicanalítica de pacientes dentro de um amplo espectro psicopatológico que até então eram considerados inaptos à análise da transferência. Assim, desenvolveu-se não apenas a análise de psicoses na criança e no adulto, como também a análise de estados maníaco-depressivos e de perversões e ainda a análise de novas afecções que se situam hoje entre as patologias *borderline*, os estados-limite e os distúrbios narcísicos e de personalidade. De maneira geral, abandonou-se a distinção feita por Freud entre as neuroses narcísicas e as neuroses de transferência, pois se observa que os pacientes considerados até então como puramente neuróticos não estão isentos de distúrbios narcísicos e vice-versa. Com isso, o psicanalista se vê constantemente confrontado com pacientes "heterogêneos" (D. Quinodoz, 2001, 2002), cuja transferência se compõe ao mesmo tempo de elementos evoluídos de ordem neurótica e de elementos primitivos, sendo que estes últimos se compõem de elementos psicóticos, perversos ou narcísicos em proporções variáveis.

O tratamento psicanalítico dos distúrbios narcísicos: duas grandes tendências
Duas concepções diferentes dos distúrbios narcísicos

Existe atualmente uma grande diversidade na maneira com os psicanalistas concebem o narcisismo, seja do ponto de vista teórico ou técnico, e sua abordagem terapêutica varia em conseqüência disso. Não me foi possível expor detalhadamente todas essas tendências que recorrem a terminologias diferentes e a abordagens clínicas muito diversas. Contudo, pode-se considerar que existem duas grandes tendências terapêuticas entre os psicanalistas em função da concepção de narcisismo a que se referem. De um lado, encontram-se psicanalistas que seguem Freud na sua concepção do narcisismo primário e pensam que existe no início da vida uma fase em que a criança ainda não conhece o objeto: trata-se para eles de uma fase normal do desenvolvimento infantil. De outro lado, estão os psicanalistas que consideram que desde o início da vida se estabelece uma relação de objeto, e nisso seguem M. Klein; para estes últimos, não existe na criança uma fase narcísica primordial no sentido em que Freud entendia, mas apenas "fases narcísicas". Esses modelos diferentes dão lugar a abordagens técnicas diferentes no tratamento psicanalítico dos distúrbios narcísicos.

Continua

PÓS-FREUDIANOS • Continuação

Os defensores de uma fase sem objeto no início da vida

Do ponto de vista técnico, os psicanalistas que consideram o narcisismo primário – ou "anobjetal" – como uma fase normal do desenvolvimento tendem a ver os fenômenos narcísicos que surgem na cura como relativamente normais, e por isso dão pouca atenção aos aspectos conflituosos da transferência narcísica em suas interpretações, como observou F. Palácio Espasa (2003). Entre estes, podemos situar Anna Freud e M. Mahler, assim como Winnicott, Balint e Kohut.

Adotando os pontos de vista de seu pai, Anna Freud (1965) considera que o recém-nascido e a criança pequena conhecem no início da vida uma fase narcísica indiferenciada em que não existe objeto e chama essa primeira fase do psiquismo infantil de "fase simbiótica". Posteriormente, ao longo de seu desenvolvimento, o interesse da criança se volta progressivamente para o objeto, e o processo de desenvolve por uma sucessão de fases.

M. Mahler tem uma outra concepção. Para ela, a relação de objeto desenvolve-se a partir do narcisismo infantil simbiótico ou primário e evolui paralelamente à realização do que chama de "*processo de separação-individuação*" (M. Mahler. F. Pine e A. Bergman, 1975). Ela introduz igualmente o conceito de "psicose simbiótica" a partir de suas observações sobre o pânico de crianças psicóticas em face do sentimento da percepção de ser separadas; ela se apóia nesse conceito para postular a existência de uma "*fase simbiótica normal*" no desenvolvimento psíquico de toda criança. As idéias de Mahler foram retomadas pelos psicanalistas ligados à corrente da *Ego Psychologie* e aplicadas no tratamento psicanalítico de crianças e adultos. Por sua vez, D. W. Winnicott (1955-1956) adere igualmente à idéia de que a identificação primária reina no início da vida, e a criança acredita que forma uma unidade com sua mãe e que sua mãe forma uma unidade com ela, mas ele raramente utiliza a expressão "narcisismo primário". Nessa fase, o bebê tem a ilusão de que criou seu objeto, e a função da mãe é manter essa ilusão até que a criança seja capaz de renunciar a ela. Em caso de evolução desfavorável, observam-se distúrbios do "*desenvolvimento emocional primitivo*". Assim, nesses pacientes, a meta da cura psicanalítica consiste em permitir que regressem a uma fase de dependência infantil precoce, em que analisando e *setting* se fundem em um narcisismo primário a partir do qual o "verdadeiro *self*" poderá se desenvolver. Quanto a M. Balint (1952), a necessidade de contato corporal manifestada por certos analisandos corresponde à necessidade de um retorno ao "*amor objetal primário*", que para ele é o equivalente a um retorno ao narcisismo primário: o processo psicanalítico permite o retorno a essa situação de maneira a "*regressar para progredir*".

Entre os partidários dessa fase narcísica anobjetal, eu mencionaria ainda as posições adotadas por B. Grunberger e H. Kohut. Grunberger (1971) considera que o narcisismo é uma verdadeira instância psíquica, e faz da "relação analítica narcísica" um motor essencial da cura. Já Kohut (1971) adotou uma abordagem original do tratamento psicanalítico dos distúrbios narcísicos, distinguindo duas fases na cura de pacientes que apresentam uma transferência idealizante: uma fase inicial de regressão ao narcisismo primitivo, seguida de uma fase de elaboração ou de *working through* desse tipo de transferência quando o equilíbrio inicial começa a se romper.

Os defensores de uma percepção do objeto desde o início da vida

Por sua vez, os psicanalistas que sustentam que o ego do recém-nascido percebe imediatamente o objeto consideram os fenômenos narcísicos como a expressão de pulsões libidinais e agressivas, e de defesas que são erigidas no momento em que o objeto é percebido como separado e diferente de si. Conseqüentemente, os psicanalistas que pertencem a esse segundo grupo tendem a considerar que os fenômenos narcísicos podem ser interpretados de maneira detalhada no *hic et nunc* da relação transferencial, e atribuem uma importância particular à interpretação das angústias de diferenciação e de separação que surgem na relação com o analista (J.-M. Quinodoz, 1991). Entre os principais defensores dessa tendência, mencionamos M. Klein e os psicanalistas pós-kleinianos H. Rosenfeld e H. Segal, cujos trabalhos foram seguidos em parte por A. Green e O. Kernberg. Para M. Klein não existe uma fase de narcisismo primário, e o recém-nascido tem uma percepção imediata do objeto desde o nascimento, ponto que constitui, sem dúvida, sua divergência mais acentuada em relação a Freud. Contudo, a noção de narcisismo está presente nela, mas só aparece em 1946 com a noção de identificação projetiva, depois com a de ciúme (1957): essas noções permitiram esclarecer de uma maneira inova-

Continua

● *Continuação*

dora o papel desempenhado pelo narcisismo como defesa contra a percepção de objeto separado e diferente. Esse ponto de vista levou os analistas kleinianos a falar de "estados" narcísicos, e não de "fase" narcísica,. É com base nessas concepções que H. Rosenfeld, H. Segal e W. Bion (1957, 1967) empreenderam desde o final dos anos de 1940 os primeiros tratamentos psicanalíticos de pacientes psicóticos mantendo um enquadre estritamente psicanalítico. Em seguida, seus trabalhos clínicos permitiram o desenvolvimento de uma abordagem especificamente kleiniana do tratamento psicanalítico da dimensão narcísica da transferência.
Creio que é importante examinar brevemente a contribuição fundamental de H. Rosenfeld, que teve uma grande influência sobre as possibilidades de analisar a transferência narcísica. Rosenfeld estima que os fenômenos descritos por Freud como experiências de narcisismo primário, anteriores à percepção do objeto, deveriam ser considerados como autênticas relações de objeto de tipo primitivo. Segundo ele, o narcisismo se baseia na onipotência e na idealização do *self* obtidas por meio da identificação introjetiva e projetiva com o objeto idealizado. Essa identificação com o objeto idealizado levou a negar a diferença e a fronteira entre o eu e o objeto. Por isso, diz ele, "*nas relações de objeto narcísicas, as defesas contra qualquer reconhecimento da separação entre o eu e o objeto desempenham um papel determinante*" (1964, p. 221). Rosenfeld atribui igualmente um papel essencial à inveja nos fenômenos narcísicos. Prosseguindo suas pesquisas à luz do conflito entre pulsão de vida e pulsão de morte, ele introduziu em 1971 uma distinção entre o narcisismo libidinal e o narcisismo destrutivo. Ele revela que, quando a posição narcísica em relação ao objeto é abandonada, o ódio e o desprezo em relação a este se tornam inevitáveis, pois o paciente se sente humilhado ao perceber que o objeto externo possui qualidades. Quando se consegue analisar o rancor, observa-se que o paciente supera sua transferência hostil: "*O paciente toma consciência de que o analista é uma pessoa do mundo exterior preciosa para ele*" (1971, p. 213). Mas quando os aspectos destrutivos predominam, a inveja se apresenta como o desejo de destruir o progresso da análise e de atacar o analista, porque ele representa o objeto que é a verdadeira fonte do que é vivo e bom. Segundo Rosenfeld, qualquer que seja a força das pulsões destrutivas, é essencial em clínica encontrar um acesso à parte libidinal dependente, de maneira a atenuar a influência do ódio e da inveja e, assim, permitir ao paciente estabelecer boas relações de objeto. Pode-se chegar a isso graças à análise detalhada do vaivém incessante entre posições narcísicas, em que o objeto é negado, e posições relacionais objetais, em que o objeto é reconhecido.
Os pontos de vista de H. Segal (1986) são próximos aos de H. Rosenfeld, e ela considera que o conceito de pulsão de vida e pulsão de morte pode ajudar a resolver o problema da hipótese freudiana do narcisismo primário. Para ela, o narcisismo pode assumir a forma de idealização da morte e de um ódio da vida em alguns pacientes, com o risco de provocar neles o desejo de aniquilar não apenas o objeto, mas também o próprio *self*, desejo que surge como uma defesa contra a percepção do objeto. Como emergir do narcisismo?, pergunta-se H. Segal. A seu ver, não se consegue emergir dessas estruturas narcísicas e estabelecer relações de objeto estáveis , não narcísicas, a não ser "negociando" a posição depressiva.
A. Green retomou à sua maneira idéias desenvolvidas por Rosenfeld, em particular na obra que intitula *Narcisismo de vida e narcisismo de morte* (1983). Em seus trabalhos, Green mostra o efeito de desligamento que produz a pulsão de morte em todas as formas de ligação com o objeto, efeito que chama de "*função desobjetalizante*" da pulsão de morte (Green, 1986). Ele mostra ainda que, na psicose, a pulsão de morte pode ser a causa da extinção da atividade projetiva e do desinvestimento na origem do "*branco*" de pensamento. Encerremos este breve apanhado mencionando a posição de O. Kernberg (1975) que em sua abordagem teórica do narcisismo tenta integrar as idéias de Freud, e também as dos defensores de relações de objeto, como Klein e Bion. Kernberg vê no narcisismo patológico uma estrutura específica que se fixou na infância, e considera que os distúrbios narcísicos de personalidade têm semelhanças com os distúrbios de personalidade *borderline*, mas variam em sua gravidade. Para ele, as personalidades narcísicas apresentam um *self* grandioso mais coerente que o das personalidades *borderline*, mas esse *self* é patológico e oculta uma difusão do sentimento de identidade.

● **CRONOLOGIA DOS CONCEITOS FREUDIANOS**

Escolha de objeto por apoio – escolha de objeto narcísico – ideal do ego – narcisismo – narcisismo primário – narcisismo secundário – estase da libido

ARTIGOS SOBRE METAPSICOLOGIA
S. FREUD (1915-1917)

"PULSÕES E DESTINOS DAS PULSÕES" (1915c)
"REPRESSÃO" (1915d)
"O INCONSCIENTE" (1915e)
"COMPLEMENTO METAPSICOLÓGICO À TEORIA DOS SONHOS" (1917d)
"LUTO E MELANCOLIA" (1917e [1915])
"VISÃO DE CONJUNTO DAS NEUROSES DE TRANSFERÊNCIA" (1985a, [1915])

LIÇÕES DE INTRODUÇÃO À PSICANÁLISE
S. FREUD (1916-1917 [1915-1916])

Um Ponto de Chegada e um Ponto de Partida

O que é a "metapsicologia"? É um termo inventado por Freud para designar uma teoria do funcionamento psíquico baseada em uma experiência psicanalítica de mais de 30 anos antes. Segundo seus próprios termos, a metapsicologia é para a observação de fatos psicológicos o mesmo que a metafísica é para a observação de fatos do mundo físico. Freud passa assim de um nível clínico descritivo para um nível de abstração teórica e propõe modelos de funcionamento do psiquismo humano suscetíveis de ter um alcance geral. Vejamos, por exemplo, a noção de "pulsão". Freud introduz o termo "pulsão" para descrever os impulsos que conduzem o ser humano a se alimentar e a procriar e chama os primeiros de "pulsões de autoconservação", e os segundos de "pulsões sexuais". Dado que a pulsão é uma noção abstrata, nunca encontramos uma pulsão como tal, mas a percebemos indiretamente através dos efeitos que ela produz ou daquilo que a representa: assim uma pulsão sexual pode se manifestar de maneira variada através das emoções nascidas de um desejo erótico em relação a uma pessoa, através das palavras para expressar esse desejo, ou figurar no cenário de um sonho. Em *Artigos sobre metapsicologia*, Freud se exprime essencialmente em termos gerais e abstratos, o que em geral torna a compreensão desse texto difícil para os leitores pouco familiarizados com a experiência clínica. Assim, quando o acompanhamos em sua trajetória, jamais perdemos de vista que a ligação entre teoria e clínica é uma constante no espírito de Freud.

Do ponto de vista da evolução do pensamento freudiano, *Artigos sobre metapsicologia* é antes de tudo o resultado de uma lenta evolução que o conduziu a propor um modelo sintético do funcionamento psíquico normal e patológico, conhecido pelo nome de "primeiro tópico" freudiano – fundado na distinção entre inconsciente, pré-consciente e consciente – e de "primeira teoria das pulsões" – fundada no princípio de prazer-desprazer. Porém, a *metapsicologia* é ao mesmo tempo o ponto de partida de novas perspectivas que vão implicar a consideração de relações de objeto, de identificações, de afetos de amor e de ódio, e do sentimento de culpa inconsciente. Essas novas pistas culminam alguns anos mais tarde em um "segundo tópico" freudiano e em uma "segunda teoria das pulsões".

> **BIOGRAFIAS E HISTÓRIA**
>
> **Anos difíceis; porém, produtivos**
> *Os anos de guerra (1914-1918)*
>
> Durante os anos da Primeira Guerra Mundial e do imediato pós-guerra, Freud atravessou um período difícil, porém fecundo no plano científico. Quando da declaração das hostilidades, em julho de 1914, Anna ficou momentaneamente bloqueada na Inglaterra, mas ela também conseguiu voltar a Viena graças à ajuda de E. Jones. A família Freud ficou muito preocupada com a sorte de seus dois filhos mobilizados, Martin na Rússia e Ernst na Itália. Em novembro de 1915, Freud ficou muito abalado com o falecimento aos 81 anos de seu meio-irmão Emmanuel, na mesma idade que seu pai. No ano seguinte, em 1916, foi a vez de Oliver ser alistado no exército. Em razão das dificuldades decorrentes da guerra, os pacientes em tratamento rarearam, o correio tornou-se irregular e as visitas eram excepcionais; a sobrevivência dos periódicos psicanalíticos estava ameaçada, e Freud teve de assumi-las. Contudo, ele prosseguiu uma correspondência intensa com K. Abraham, em particular a propósito da melancolia, e também com Ferenczi e Lou Andreas-Salomé.
>
> *Um balanço às vésperas dos 60 anos*
>
> Em 1915, Freud começou a redigir os 12 ensaios teóricos que constituem *Artigos sobre metapsicologia*, como se fosse estabelecer um balanço de sua obra. Sentindo a proximidade dos 60 anos, ele acreditava que lhe restavam poucos anos de vida. A guerra e as desgraças que ela provocou só vieram reforçar suas preocupações com relação à morte. Freud pensava em publicar esses ensaios após o final das hostilidades em uma obra intitulada *Zur Vorbereitung einer Metapsychologie* (*Preliminar a uma metapsicologia*). Provisoriamente, publicou em separado os três primeiros textos em 1915 – "Pulsões e destino das pulsões", "Repressão" e "O inconsciente" – e em 1917 publicou os dois seguintes – "Complemento metapsicológico à teoria dos sonhos" e "Luto e melancolia". De acordo com sua correspondência, ele havia redigido os sete artigos restantes mas desistiu de publicá-los, de modo que a obra que projetou jamais veio à luz. Contudo, em 1983 foi encontrada nos papéis deixados por S. Ferenczi uma cópia do 12º texto inédito, intitulado "Visão de conjunto das neuroses de transferência", acompanhado da carta de Freud submetendo seu texto à apreciação de Ferenczi (I. Gubrich-Simitis, 1985). Os outros textos certamente foram destruídos por Freud.

DESCOBERTA DAS OBRAS

▶ "PULSÕES E DESTINOS DAS PULSÕES" (1915c)

As páginas indicadas remetem ao texto publicado em S. Freud (1915c), "Pulsions et destins des pulsions", trad. J. Laplanche e J.-B. Pontalis, in *Métapsychologie*, Paris, Gallimard "Folio", 1968, p. 11-43 *[as páginas indicadas entre colchetes remetem às OCF.P, XIII, p. 161-185]*.

Características gerais das pulsões

Antes traduzido por "instinto", o termo "pulsão" é a tradução atual em língua francesa do termo alemão *Trieb*, termo que Stranchey traduziu em inglês por "instinto" na Standard Edition. Retomando seus pontos de vista expostos em *Três ensaios sobre a teoria da sexualidade* (1905a), Freud define a pulsão como um impulso dinâmico que tem uma *fonte*, uma *finalidade* e um *objeto* e descreve suas implicações. A pulsão age como uma força constante, comparável a uma "*necessidade*" que não pode ser suprimida a não ser pela "*satisfação*" que corresponde à finalidade da pulsão. Ele vê modelos do que entende por "pulsão" na necessidade de se alimentar e na busca de satisfação sexual que habitam todo indivíduo. Se a *finalidade* da pulsão é sempre a de obter a satisfação, o *objeto* da pulsão – isto é, aquilo em que ou pelo que a pulsão pode atingir sua finalidade – é dos mais variáveis: pode ser um objeto exterior, isto é, uma pessoa do meio, mas pode ser também uma parte do próprio corpo. De maneira geral, constata-se que esse objeto é contingente, ou seja, não é único, mas substituível: "*Ele* [o objeto da pulsão] *pode ser substituído à vontade ao longo dos destinos que conhece a pulsão*" (p. 19 [*168*]). Finalmente, como "*fonte*" do impulso pulsional "*entende-se o processo somático que é localizado em um organismo ou em uma parte do corpo e cuja excitação é representada na vida psíquica pela pulsão*" (p. 19 [*168*]). Em suma, não podemos conhecer a fonte da pulsão a não ser de maneira indireta: "*A pulsão, só podemos conhecer, na vida psíquica, por suas finalidades*" (p. 19-20 [*168*]).

Cabe ao sistema nervoso a tarefa de dominar as excitações pulsionais, isto é, "*a função de descartar as excitações sempre que elas o atingem, de conduzi-las ao nível mais baixo possível*" (p. 16 [*166*]). No que diz respeito à regulação do funcionamento do aparelho psíquico, Freud afirma nesse período de sua obra que ele é submetido ao *princípio do prazer* e modulado automaticamente pelas sensações da série prazer-desprazer: "*a sensação de desprazer está relacionada a um crescimento da excitação, e a sensação de prazer com uma diminuição desta*" (p. 17 [*167*]). A partir dessas premissas, Freud redefiniu o conceito de pulsão como "*um conceito limite entre o psíquico e o somático, como o representante psíquico das excitações, oriundas do interior do corpo e que chegam ao psiquismo, como uma medida da exigência de trabalho que é imposto ao psíquico em conseqüência de sua ligação com o corporal*" (p. 17-18 [*167*]).

As pulsões de autoconservação e as pulsões sexuais

Existem vários tipos de pulsões, mas Freud os reduz a dois grupos originários: o grupo das *pulsões do ego* ou *pulsões de autoconservação* – cujo modelo é a fome e a função de alimentação – e o grupo das *pulsões sexuais*. Ao longo do desenvolvimento, as pulsões sexuais se apóiam nas pulsões de autoconservação, que lhe fornecem uma fonte orgânica, uma direção e um objeto; elas só se tornam autônomas quando o objeto exterior é abandonado. Por exemplo, no prazer sentido na sucção do seio, a satisfação da zona erógena – a boca – é um prazer erótico ligado à necessidade de alimento, e só mais tarde o prazer sexual ligado à sucção se separa dela. Freud vê igualmente na oposição entre pulsões de autoconservação e pulsões sexuais a origem do conflito nas neuroses de transferência, como tinha mostrado antes: segundo ele, o conflito resulta do fato de que as pulsões sexuais que podem ser satisfeitas em forma de fantasia e obedecer ao princípio de prazer se chocam com o princípio de realidade representado pelas pulsões de autoconservação, que só podem ser satisfeitas através de um objeto real: "*Uma parte essencial da predisposição psíquica à neurose reside portanto no fato de que, na via que conduz a levar em conta a realidade, a educação da pulsão sexual sofre um atraso (...)*" (Freud, 1911b, p. 140 [*18*]). Posteriormente, Freud dará menos importância à distinção entre esses dois tipos de pulsões e ao conflito que resulta disso na neurose.

A síntese progressiva das pulsões

Uma característica geral das pulsões sexuais, prossegue Freud, é que elas são numerosas, provêm de fontes somáticas múltiplas e parciais, e vão se unificando progressivamente até a maturidade sexual: "*Primeiro elas se manifestam independentemente umas das outras e só mais tarde se reúnem em uma síntese mais ou menos completa. A finalidade perseguida por cada uma delas é a obtenção do **prazer de órgão**; só depois de realizada a síntese é que elas se colocam a serviço da função de reprodução, e é assim que elas geralmente se revelam como pulsões sexuais*" (p. 23-24 [*171*]).

Quais são os destinos das pulsões sexuais?

Freud esclarece, antes de tudo, que entende por "*destinos*" os diversos modos de defesa que são erigidos contra as pulsões a fim de impedir sua ação. As pulsões sexuais, segundo ele, sofrem os seguintes destinos: a transformação no contrário, o retorno à própria pessoa, a repressão e a sublimação. A transformação no contrário e o retorno à própria pessoa são processos distintos, mas é impossível descrevê-los separadamente, explica ele. O primeiro destino diz respeito à finalidade da pulsão, que pode se transformar em seu contrário, o segundo destino diz respeito ao objeto, que pode ser uma pessoa independente ou a própria pessoa. Assim, se consideramos o retorno do sadismo em masoquismo, observa-se que o masoquismo implica uma passagem da atividade à passividade e uma inversão de papéis entre quem inflige o sofrimento e quem sofre. Da maneira como concebe sua gênese, em 1915, Freud acredita que o sadismo é anterior ao masoquismo no curso do desenvolvimento e que não existe um masoquismo originário, como postulará em 1924 (1915c, n. 1, p. 26 [172]). Nesse texto, ele designa o sadismo como uma agressão em relação a outro no qual não existiria prazer sexual, e é somente no momento masoquista que o sofrimento é acompanhado de excitação sexual; e se o sádico experimenta um prazer sexual em causar dor, é por identificação com o objeto que sofre: "*Então, provocando essas dores em outros, a própria pessoa sente prazer de forma masoquista na identificação com o objeto que sofre. Naturalmente*, acrescenta ele, *nos dois casos sente-se prazer, não pela dor em si, mas pela excitação sexual que a acompanha, o que é particularmente cômodo na posição do sádico*" (p. 28 [174]). Freud examina igualmente as transformações análogas que sofre o voyeurismo-exibicionismo.

O amor e o ódio: quais as relações com as pulsões?

Freud aborda a questão do amor e do ódio através da ambivalência. Pouco a pouco, ele pôde observar que esse afeto complexo desempenha um papel determinante nos conflitos psíquicos desses pacientes: "*Amor e ódio quase sempre se dirigem simultaneamente ao mesmo objeto, e essa coexistência fornece também o exemplo mais importante de uma ambivalência do sentimento*" (p. 33 [178]). Mas logo levanta uma objeção essencial: visto que o amor e o ódio são *sentimentos* e não *pulsões*, qual é então seu estatuto em relação a estes últimos? Quais são também os processo que presidem o desenvolvimento do amor e do ódio? Como as formas primitivas do amor chegam ao amor como expressão "*da tendência sexual total*" (p. 34 [178])? Essas perguntas levam Freud a escrever algumas páginas que considero particularmente inspiradas, e das quais não se poderia extrair uma frase sem quebrar seu encantamento. Contudo, apresentarei suas linhas gerais.

O amor e o ódio no início da vida

Se examinamos os destinos do amor e do ódio, podemos destacar três polaridades que dominam na vida psíquica, segundo Freud: 1. a *polaridade ego-não ego* (ou *polaridade sujeito-objeto*) conforme as excitações que atingem o ego tenham uma origem externa ou interna; 2. a *polaridade prazer-desprazer* conforme a qualidade da sensação; 3. a *polaridade ativo-passivo*, que é subjacente à oposição masculino-feminino, segundo Freud. Como essas três polaridades se organizam no início da vida psíquica da criança?

Na origem, o ego é investido pelas pulsões e ele próprio satisfaz em parte suas pulsões, o que constitui um estado narcísico originário em que o ego não tem necessidade do mundo exterior porque ele é auto-erótico: "*Nessa época, o ego-sujeito coincide com o que é prazeroso, o mundo exterior com o que é indiferente (eventualmente com aquilo que, como fonte de excitação, é desprazeroso)*" (p. 36 [180]). Depois, quando o ego não consegue evitar sentir excitações externas desprazerosas – como a fome e a necessidade de ser alimentado por uma intervenção externa – ele é obrigado a abandonar seu auto-erotismo e ir ao encontro dos objetos. O impacto que os objetos do mundo exterior produzem no ego leva então a um rearranjo fundamental em função da polaridade prazer-desprazer: "*Ele (o ego) acolhe em si, na medida em que são fontes de prazer, os objetos que se apresentam, introjeta-os (segundo a expressão de Ferenczi) e, ao mesmo tempo, expulsa para fora de si aquilo que, em seu interior, provoca o desprazer*" (p. 37 [180]).

Uma divisão primordial a partir do "ego de prazer" purificado

Conseqüentemente, opera-se uma divisão primordial do ego, que não é mais uma simples divisão entre interior (ego-sujeito) e o exterior (indiferente ou desprazeroso), mas entre um *"ego de prazer"* que inclui os objetos que trazem a satisfação e um *mundo externo* que se torna uma fonte de desprazer, por ser percebido como estranho: *"O ego-realidade do início, que distinguiu interior e exterior com a ajuda de um bom critério objetivo, transforma-se assim em um **ego de prazer** purificado que situa o caráter de prazer acima de qualquer outro. O mundo externo se decompõe para o ego em uma parte 'prazer', que ele incorporou, e um resto que lhe é estranho"* (p. 37 [180-181]). Em outras palavras, a intervenção do objeto na fase do narcisismo primário instala então o *"odiar"* que se opõe a *"amar"*: *"O exterior, o objeto, o odiado seriam idênticos no início. Quando mais tarde o objeto se revela como uma fonte de prazer, ele é amado, mas também incorporado ao ego, de modo que, para o ego de prazer purificado, o objeto coincide de novo com o estranho e o odiado"* (p. 38 [181]).

O amor, expressão da tendência sexual total

Quando o objeto é fonte de prazer, dizemos então que *"amamos"* o objeto, e quando ele é fonte de prazer nós o *"odiamos"*. Mas, indaga-se Freud, será que se pode dizer que uma pulsão, na linguagem corrente, *"ama"* o objeto? Certamente não, responde ele, assim como não se pode dizer que uma pulsão *"odeia"* o objeto. É por isso, insiste ainda, que *"os termos 'amor' e 'ódio' não devem ser utilizados para a relação das pulsões com seus objetos, mas reservados para as relações do ego-total com os objetos"* (p. 39 [182]). No máximo podemos utilizar os termos *"eu gosto, eu aprecio"* no que refere aos objetos que servem para a conservação do ego (alimentação, etc.).

Qual é então o estatuto da palavra *"amar"* quando ela é plenamente realizada? Para Freud, o amor aparece inequivocamente na fase genital, quando se estabelece a síntese das pulsões parciais dentro de um *"ego-total"* (p. 39 [182]): *"O emprego mais adequado da palavra 'amar' encontra-se na relação do ego com seu objeto sexual: isso nos ensina que o emprego dessa palavra para uma tal relação só pode começar com a síntese de todas as pulsões parciais da sexualidade sob o primado dos órgãos genitais e a serviço da função de reprodução"* (p. 40 [182]).

No que se refere ao emprego da palavra *"ódio"*, ela não tem uma relação tão íntima com o prazer sexual quanto o amor, e apenas a relação com o desprazer parece determinante: *"O ego odeia, detesta, persegue com a intenção de destruir todos os objetos que são para ele fontes de desprazer, que significam uma frustração da satisfação sexual ou da satisfação das necessidades de conservação"* (p. 40 [183]). Segundo Freud, a origem do ódio deveria ser buscada na luta do ego pela autoconservação, isto é, no ódio sentido em relação ao objeto que não satisfaz as pulsões de autoconservação, mais do que na vida sexual. Lá, no nível da autoconservação, se encontraria, segundo Freud, a origem do conflito de ambivalência, particularmente manifesta nas neuroses.

A gênese do amor e do ódio ao longo do desenvolvimento

Na origem, diz Freud, o ego é capaz de satisfazer em parte suas pulsões auto-eróticos, e, portanto, o amor é narcísico. Depois, o ego se dirige para os objetos: *"Na origem, o amor é narcísico, pois ele se estende aos objetos que foram incorporados ao ego ampliado, e expressa a tendência motriz do ego a esses objetos na medida em que eles são fontes de prazer"* (p. 41 [183]). Freud descreve em seguida as fases preliminares do amor, começando pela primeira finalidade, que é *incorporar* ou *devorar*, fase ambivalente por excelência em que o indivíduo não sabe se destrói o objeto por amor ou por ódio; depois, vem a fase pré-genital sádica anal e, finalmente, a fase anal: *"Foi só com a organização genital que o amor se tornou o oposto do ódio"* (p. 42 [184]). Ele conclui que o ódio é definitivamente mais antigo que o amor e que o amor aparece depois, quando o ego se torna um ego total.

É isso que explica também a natureza da ambivalência, isto é, do ódio justaposto ao amor em relação ao mesmo objeto: *"O ódio mesclado ao amor provém em parte de fases preliminares do amor, não totalmente superadas, e em parte se funda na recusa das pulsões do ego, reações que, nos freqüentes conflitos entre os interesses do ego e os do amor, podem invocar motivos reais e atuais. Assim, nos dois casos, esse elemento de ódio encontra sua fonte nas pulsões de conservação do ego"* (p. 42 *[184]*). Finalmente, Freud evoca o sentimento de ódio que pode aparecer depois de uma ruptura de relação de amor, destacando que nesses casos *"temos então a impressão de ver o amor se transformar em ódio"* (p. 43 *[184]*), mas não explica melhor o que entende por essa transformação. Ele termina esse trabalho mencionando a possibilidade de que o ódio assuma um caráter erótico quando regressa à fase sádica, anunciando assim futuros desenvolvimentos sobre o sadomasoquismo como também sobre o conflito fundamental entre pulsão de vida e pulsão de morte.

▶ "REPRESSÃO" (1915d)
As páginas indicadas remetem ao texto publicado em S. Freud (1915d), "Le refoulement", trad. J. Laplanche e J.-B. Pontalis, in *Métapsychologie*, Paris, Gallimard, 1968, p. 45-63 *[as páginas indicadas entre colchetes remetem às OCF.P, XIII, p. 187-201]*.

O papel da repressão

Uma pulsão está essencialmente em busca do prazer da satisfação, de acordo com a "primeira teoria das pulsões" à qual Freud adere em 1915. Mas, em sua busca de prazer, a pulsão se choca com resistências que tentam torná-lo ineficaz. Entre essas resistências, a repressão ocupa um lugar particular por se tratar de um compromisso entre a fuga – impossível em face de uma pulsão vinda de dentro – e a condenação. Por que uma pulsão deveria ser reprimida, visto que ela está em busca do prazer da satisfação? Porque, embora a satisfação da pulsão produza o prazer em uma parte do psiquismo, esse prazer parece inconciliável com as exigências de uma outra parte do psiquismo, e é, então, que intervém o *"julgamento pela condenação"* que desencadeia a repressão: *"A essência da repressão consiste exatamente nisto: afastar e manter à distância do consciente"* (p. 47 *[190]*). Portanto, a repressão não é um mecanismo de defesa presente na origem, mas se instala só depois que se estabelece a separação entre consciente e inconsciente. Com essa separação, Freud lança a hipótese de que outros mecanismos de defesa contra as pulsões estão ativos, como a transformação em seu contrário ou o retorno à própria pessoa.

O destino da representação

Freud retoma aqui, sem mencioná-las explicitamente, as hipóteses que lançara em seus artigos de 1894 e 1896 sobre as neuropsicoses de defesa. Ele distingue dois elementos no representante psíquico da pulsão que podem sofrer a repressão: a representação e o afeto, sendo que cada um sofre um destino diferente. No que diz respeito à representação, existe segundo Freud uma repressão originária: *"Primeira fase da repressão que consiste em que o representante psíquico (representante-representação) da pulsão se depara com a recusa de ser assumido no consciente"* (p. 48 *[191]*). Por exemplo, no pequeno Hans, a angústia de ser mordido pelo cavalo oculta a angústia inconsciente de ser castrado pelo pai, sendo a idéia de "pai" a representação reprimida. A segunda fase da repressão, a repressão propriamente dita, *"refere-se aos derivados psíquicos do representante reprimido, ou então essas cadeias de pensamento que, vindas de outra parte, estabeleceram relações associativas com ele"* (p. 48 *[191]*). A repressão refere-se, portanto, não apenas à representação propriamente dita, mas também aos *derivados* do inconsciente, isto é, às produções em conexão, mais ou menos afastadas do que é reprimido, que por sua vez são objeto de defesas. Desse ponto de vista, os sintomas são igualmente derivados do reprimido. Mas a repressão da pulsão não desaparece, longe disso, continua a se organizar no inconsciente, a produzir derivados e *"a se proliferar na obscuridade"* (p. 49 *[192]*). Esse processo contínuo tem como consequência que a repressão propriamente dita é uma repressão *a posteriori*, explica Freud. Por exemplo, no pequeno Hans, a angústia do cavalo, a incapacidade de sair na rua ou a lembrança da queda do cavalo de um colega, etc., são todos derivados do reprimido.

Esses derivados inconscientes podem ter livre acesso à consciência quando estão suficientemente afastados do conteúdo reprimido. É então que o psicanalista consegue circunscrevê-los através das associações livres do paciente.

As características da repressão

Segundo Freud, a repressão trabalha *"de maneira inteiramente individual"* (p. 52 *[194]*), tratando cada derivado psíquico em particular. Além disso, a repressão é extremamente móvel e exige um gasto de energia incessante, de modo que dependerá do fator *quantitativo* a manutenção no inconsciente do conteúdo psíquico reprimido da pulsão, ou sua reaparição no consciente: *"Mas o fator quantitativo se mostra decisivo para o conflito: desde que a representação chocante em seu conteúdo se reforça além de um certo grau, o conflito se torna atual, e é precisamente a reativação que causa a repressão"* (p. 54 *[195]*).

O destino do afeto

Depois de ter mostrado o destino da representação, Freud mostra agora o que sofre o afeto. Segundo ele, o afeto – ou, mais precisamente, o *"quantum de afeto"* constitui o elemento quantitativo da pulsão submetida à repressão: *"Ele corresponde à pulsão na medida em que esta se separa da representação e encontra uma expressão correspondente à sua quantidade nos processos que são sentidos sob a forma de afetos. Daqui em diante, na descrição de um caso de repressão, será preciso buscar separadamente o que advém da representação por ter sido reprimido e o que advém da energia pulsional associada a ela"* (p. 55 *[195]*). Se retomamos o exemplo do pequeno Hans, o afeto submetido à repressão é o impulso hostil da criança em relação ao seu pais, desejo assassino que pertence ao complexo de Édipo.

O destino do representante-representação da pulsão é ser afastado do consciente, como vimos anteriormente, mas o do fator quantitativo do representante da pulsão pode ser tripla: a pulsão pode ser reprimida e não deixar nenhum traço, pode se manifestar com uma coloração quantitativa, ou pode se transformar em angústia. Dado que a finalidade da repressão é evitar o desprazer, *"o resultado disso é que o destino do quantum de afeto pertencente ao representante é de longe maior que o da representação: é ela que decide o julgamento que fazemos sobre o processo de repressão"* (p. 56 *[196]*). Freud observa em seguida que a repressão é acompanhada de formação de substitutos e de sintomas e se pergunta se estes últimos seriam o produto de um retorno do reprimido por vias muito diferentes. Ele termina com uma demonstração muito esclarecedora para a prática clínica descrevendo em detalhe a ação da repressão nas três maiores neuropsicoses. Na histeria de angústia (ou fobia), assim como na fobia de animais, a repressão fracassa, e no máximo consegue substituir a representação por uma outra, sem conseguir suprimir a angústia. Na verdadeira histeria de conversão, a repressão consegue eliminar completamente o *quantum* de afeto, o que explica a "bela indiferença histérica"; mas é ao preço de importantes formações de substitutos sintomáticos que atraem por condensação a totalidade do investimento. Finalmente, na neurose obsessiva, é a hostilidade em relação à pessoa amada que é reprimida, mas a repressão não persiste e o afeto retorna em forma de intermináveis auto-recriminações.

EVOLUÇÃO DOS CONCEITOS FREUDIANOS

O que é um afeto?

Quando se procura definir o que é um afeto, logo se topa com problemas complexos, pois esse é um termo que assume significados muito diversos em psicanálise. O afeto é uma noção presente desde o início em Freud, e ele a utiliza em duas acepções principais: em sentido amplo, o afeto designa um estado emocional em geral, de qualidade e intensidade variáveis, enquanto em sentido estreito o afeto constitui a expressão quantitativa da pulsão, em uma teoria que leva em conta a intensidade da energia pulsional. É em *Estudos sobre a histeria* (1895d) que o afeto adquire uma importância central, na medida em que Freud atribui a origem dos sintomas a

Continua

> **EVOLUÇÃO DOS CONCEITOS FREUDIANOS • *Continuação***
>
> um "afeto imobilizado" que não pôde ser descarregado. A finalidade da ação terapêutica é a descarga dessa emoção com a volta de um acontecimento traumático esquecido, descarga que constitui a ab-reação. Desde então, Freud atribui dois destinos diferentes à representação e ao afeto, e destacará a dimensão econômica do afeto referindo-se a "*quantum* de afeto" em *Artigos sobre metapsicologia* em 1915.
>
> Posteriormente, a noção de afeto terá uma extensão mais ampla, passando a englobar uma grande variedade de afetos, como a angústia, o luto, o sentimento de culpa, o amor e o ódio, etc., sobretudo a partir de *Inibições, sintomas e ansiedade* (1926d). Apenas alguns desses efeitos serão objeto de estudos mais detalhados por parte de Freud, que estabelecerá uma estreita relação entre eles e o desenvolvimento do ego, sendo que para ele o ego é verdadeiramente o lugar do afeto. Contudo, se a noção de afeto adquiriu uma acepção que ultrapassa amplamente a perspectiva energética compreendida na expressão "quantum de afeto", ela ainda está longe de ser explicitada na teoria psicanalítica atual.

▶ "O INCONSCIENTE" (1915e)

As páginas indicadas remetem ao texto publicado em S. Freud (1915e), "L'Inconscient", trad. J. Laplanche e J.-B. Pontalis, in *Métapsychologie*, Paris, Gallimard, 1968, p. 65-121 (os subtítulos a seguir são os mesmos utilizados por Freud *[as páginas indicadas entre colchetes remetem às OCF.P, XIII, p. 203-242]*.

Justificação do inconsciente

Freud dedica este capítulo a demonstrar a existência do inconsciente, afirmando que a psicanálise evidenciou processos psíquicos que são "*inconscientes em si*", e quando são percebidos pela consciência pode-se comparar sua percepção à percepção do mundo externo pelos órgãos dos sentidos. Ele lembra igualmente que o processo de repressão não consiste em suprimir uma representação da pulsão, mas em impedir que ela se torne consciente, de modo que continua produzindo efeitos que atingem a consciência, enquanto ela própria permanece inconsciente.

O ponto de vista tópico

Até então, Freud se interessara sobretudo pelo "ponto de vista dinâmico", isto é, pela natureza dos conflitos na origem da neurose, como, por exemplo, quando atribui a fobia do pequeno Hans à angústia inconsciente de ser castrado por seu pai. Com a introdução de uma distinção entre inconsciente, pré-consciente e consciente, ele passa a se interessar pelos processos psíquicos de um novo ângulo, o de sua localização em lugares topográficos distintos do aparelho psíquico, e daí o nome "*ponto de vista tópico*" (*tópos*, termo grego que significa lugar, por exemplo, geográfico). Mas Freud deixa claro que essa localização em diversas regiões psíquicas não tem nada a ver com a anatomia.

O que leva Freud a introduzir o conceito de *pré-consciente* (Pcs) é o fato de que um "*ato psíquico*" passa por suas fases antes de se tornar verdadeiramente consciente. Ele observa de fato que entre essas duas fases intercala-se "*uma espécie de prova (censura)*" (p. 76 [212]); a primeira censura se opera entre o inconsciente e o consciente e pode impedir o ato psíquico de "se tornar consciente", mas se acaso ele chega à consciência, choca-se com uma segunda censura antes de se tornar plenamente consciente. É nesse nível que Freud situa o pré-consciente: "*Ele* [o ato psíquico] *ainda não é consciente, mas sim suscetível de se tornar consciente* (...)" (p. 76 [212]).

Freud procura explicar em seguida o modo de passagem de uma representação inconsciente a uma representação consciente e mostra que o processo se desenvolve em dois momentos. De fato, a experiência clínica mostra que não basta que uma representação reprimida anteriormente se torne consciente para que seus efeitos sejam suprimidos: "*Se comunicamos a um paciente uma representação que ele reprimiu em um determinado momento e que nós adivinhamos, isso de imediato não muda em nada seu estado psíquico. E, particularmente, não é porque a representação antes inconsciente agora se tornou consciente que a repressão é suspensa e seus efeitos suprimidos, como talvez se poderia esperar. Ao contrário, não se conseguirá inicialmente senão uma recusa renovada da representação reprimida"* (p. 79-80 [215]). Para Freud, o paciente possui uma representação sob uma dupla forma, uma forma acústica que se torna consciente graças à interpretação do analista, e uma forma inconsciente, que é a lembrança inconsciente do que foi vivido. Conseqüentemente, *"a supressão da repressão não intervém até que a representação consciente, uma vez superadas as resistências, tenha estabelecido uma ligação com os traços mnésicos inconscientes. Apenas quando estes últimos também se tornam conscientes é que se obtém êxito"* (p. 80 [215]). Contudo, Freud não se satisfaz em distinguir a representação consciente da representação inconsciente unicamente sobre essa base.

Sentimentos inconscientes

Freud começa por lembrar que a pulsão jamais poderia se tornar objeto da consciência, pois ela só pode se tornar consciente de duas maneiras, seja estando ligada a uma representação, seja estando ligada a um afeto: *"Se a pulsão não estivesse ligada a uma representação ou não aparecesse sob a forma de estado de afeto, não poderíamos saber nada sobre ela"* (p. 82 [216]).

Ele se pergunta em seguida se as sensações, os sentimentos e os afetos podem ou não ser inconscientes, como no caso das representações. Se consideramos que sensações, sentimentos e afetos são da ordem do que é percebido, Freud deduz que eles não podem em nenhuma hipótese ser *"inconscientes"*. Mas, indaga ainda, declarar que os sentimentos são unicamente conscientes não estaria em contradição com o hábito que temos em psicanálise de falar de amor, de ódio e de raiva inconscientes, como também de *"sentimento de culpa inconsciente"* Freud procura resolver essa contradição reservando exclusivamente à representação o destino de se tornar inconsciente por meio da repressão, ao mesmo tempo em que considera que as sensações, os sentimentos e os afetos estão submetidos a variações de ordem essencialmente quantitativa: se um afeto ou um sentimento desaparece, segundo ele, é pertinente afirmar que é *"desconhecido"* ou *"recalcado"* ou que *"seu desenvolvimento foi fortemente impedido"*, mas pode-se dizer que ele foi "reprimido" (p. 83 [217]).

Ele admite, no entanto, que o afeto pode se tornar inconsciente, mas por outras vias, como, por exemplo, associando-se a uma outra representação que, por sua vez, pode sofrer a repressão, ou ainda pela transformação do afeto em angústia. Embora Freud reafirme que *"não existem, em sentido estrito, afetos inconscientes como existem representações inconscientes"* (p. 84 [217]), ele relativiza sua afirmação: *"Mas pode muito bem existir no sistema Ics formações de afetos que se tornam conscientes com os outros. Toda a diferença decorre do fato de que as representações são investimentos – fundados em traços mnésicos – enquanto os afetos e sentimentos correspondem a processos de descarga cujas manifestações finais são percebidas como representações"* (p. 84 [217]). Se a posição de Freud quanto ao estatuto a ser atribuído ao afeto é hesitante em 1915, nos anos seguintes ele reconhecerá que o afeto ocupa um lugar importante no inconsciente.

Tópica e dinâmica da repressão

Freud se indaga em seguida sobre o mecanismo que mantém no inconsciente o investimento da representação reprimida. De fato, quando da repressão, observa-se uma retirada do investimento da representação, mas ela continua a ser ativa desde sua posição inconsciente. Como explicar também que a representação inconsciente não retorne no pré-consciente/consciente? Para entender esse processo complexo, não basta dar conta dos deslocamentos da energia de investimento, mas é necessário ter uma abordagem multifocal e se perguntar também em que sistema ocorre a retirada e a partida do investimento: no sistema inconsciente, pré-consciente ou consciente? Freud põe em jogo então um outro fator, o *"contra-investimento"* (p. 88 [220]), que é uma defesa pela qual o sistema pré-consciente se protege contra o impulso da representação inconsciente. Por exemplo, o medo fóbico do cavalo constitui para o pequeno Hans um contra-investimento consciente que toma o lugar de sua angústia em face do pai, representação cujo investimento permanece reprimido. No caso da *repressão propriamente dita* (repressão *a posteriori*), o objetivo do contra-investimento é manter a representação reprimida, enquanto, no caso da *repressão originária*, seu objeto é constituir a repressão e fazer com que perdure.

É essa abordagem multifocal que Freud chama de *"metapsicologia"*, que é a maneira como o psicanalista examina os fenômenos psíquicos de um triplo ponto de vista: tópico, econômico e dinâmico. No caso do contra-investimento, o ponto de vista *tópico* dá conta dos sistemas de onde partem os investimentos, conforme eles partam do inconsciente, do pré-consciente ou do consciente; o ponto de vista *econômico* dá conta da quantidade de energia psíquica em jogo; o ponto de vista *dinâmico* dá conta do conflito entre a energia pulsional – o desejo – que força a representação a emergir fora do inconsciente – e a defesa que provém de ego e luta contra o surgimento da representação reprimida. Freud mostra como ele aplica seus pontos de vista nas neuroses fóbicas, histéricas e obsessivas, de uma maneira muito didática para o clínico.

As propriedades particulares do sistema inconsciente

No sistema inconsciente, não há *"nem negação, nem grau de certeza"* (p. 96 [225]) e a grande mobilidade dos investimentos produz fenômenos de deslocamento e de condensação que caracterizam o *processo primário*; por outro lado, os processos inconscientes são intemporais e submetidos ao princípio do prazer, de modo que eles não dão conta da realidade e não conhecem sua contradição. Inversamente, o *processo secundário* reina no sistema pré-consciente e se caracteriza por uma inibição da tendência à descarga das representações investidas. Freud estabelece também uma distinção entre a *memória consciente*, que depende totalmente do pré-consciente, e os *traços mnésicos* nos quais se ficam as experiências vividas do inconsciente.

As relações entre os sistemas Ics, Pcs e Cs

O inconsciente assim como o pré-consciente e o consciente não são sistemas isolados, mas estão em estreita relação e influenciam um ao outro incessantemente. Freud examina suas relações mútuas, destacando o que pertence especificamente ao inconsciente e permanece reprimido e mostrando os dois níveis em que age a censura: *"A primeira censura funciona contra o próprio **Ics**, a segunda contra os derivados **Pcs** do **Ics**"* (p. 105 [231]). Voltando à questão do processo de tomada de consciência, que não se resume a uma simples passagem do *Ics* ao *Cs*, Freud lança a idéia de que a verdadeira tomada de consciência daquilo que apareceu no pré-consciente implicaria um superinvestimento: *"A existência da censura entre **Pcs** e **Cs** nos adverte que o tornar-se consciente não é um puro e simples ato de percepção mas é também verdadeiramente um **superinvestimento**, um novo progresso na organização psíquica"* (p. 105-106 [232]). Finalmente, Freud acrescenta duas observações importantes: a primeira diz respeito à comunicação de inconsciente a inconsciente, fenômeno que ele qualifica de *"incontestável"* do ponto de vista descritivo: *"É muito relevante que o **Ics** de um homem pode reagir à **Ics** de um outro homem revertendo o **Cs**"* (p. 106 [232]); a segunda observação diz respeito à dificuldade para o consciente (*Cs*) de influenciar o inconsciente (*Ics*) ao longo da cura psicanalítica, processo que demanda muito tempo e energia.

O reconhecimento do inconsciente

O inconsciente pode ser abordado por uma via ainda mais direta do que pela via da neurose, e é ela que mostra a esquizofrenia, pois o inconsciente se revela ali sem o obstáculo criado pela repressão. Freud observa de fato que os esquizofrênicos apresentam uma linguagem *"maneirista"* e uma alteração particular da linguagem cujo conteúdo geralmente tem a ver com os órgãos corporais, que ele chama de *"linguagem de órgão"* (p.112 *[236]*). Além disso, ele nota que nos esquizofrênicos as palavras são submetidas a um mecanismo de condensação análogo ao processo primário que produz a imagem do sonho, de modo que *"o processo pode ir tão longe que uma única palavra, apta para isso em razão de múltiplas relações, assume a função de toda uma cadeia de pensamentos"* (p.113 *[237]*). Finalmente, nesses pacientes, as *palavras* têm mais importância que as coisas que designam, ou seja, observa-se nos esquizofrênicos uma predominância da relação de *palavra*, de modo que a semelhança entre as expressões verbais precede a relação de *coisa*. Por exemplo, um paciente de Tausk, citado por Freud, ficava inibido com a idéia de que suas meias tivessem *"buracos"*: na verdade, embora a palavra "buraco" represente duas coisas diferentes – o buraco das meias e a abertura do sexo da mulher –, a simples evocação da palavra "buraco" se tornava uma fonte de pavor porque a palavra "buraco" condensava os dois significados. Observa-se assim que um paciente esquizofrênico exprime sem resistência a significação simbólica inconsciente de sua inibição, de modo que o psicanalista tem acesso direto ao conteúdo de seu inconsciente, ao contrário dos pacientes histéricos e obsessivos, cujo acesso ao sentido inconsciente se tornou difícil devido à ação da repressão. Em outros termos, pode-se caracterizar o modo de pensamento dos esquizofrênicos *"dizendo que eles tratam das coisas concretas como se elas fossem abstratas"* (p.121 *[242]*).

Freud procura compreender em seguida o fato de que, nos esquizofrênicos, as representações da *palavra* são tratadas como representações de *coisa*, por exemplo, quando a *palavra* "buraco" se torna o equivalente da *coisa* – "o sexo da mulher" –, como vimos no paciente de Tausk. Ele introduz então uma nova distinção no nível da representação consciente entre a *representação de palavra* e a *representação de coisa*: a representação de coisa é essencialmente visual e a representação de palavra é essencialmente acústica. A representação de palavra é então integrada em uma nova conceituação, que liga a verbalização e a tomada de consciência. Segundo ele, a representação inconsciente seria constituída unicamente pela representação da coisa, e isso seria anterior ao aparecimento da linguagem, de modo que a linguagem verbal passará a ter um papel privilegiado no processo do tornar-se consciente quando da cura psicanalítica. Freud expressa isso nos seguintes termos: *"A representação consciente compreende a representação de coisa – mais a representação de palavra que lhe corresponde – , a representação inconsciente é a representação de coisa sozinha"* (p.117 *[240]*). Deve-se à propriedade particular da linguagem a transição do processo primário ao processo secundário, assim como a instalação do sistema *Pcs* que Freud qualifica de *"organização psíquica mais elevada"*. Assim, na neurose de transferência, é precisamente a representação de palavra que é recusada pela repressão, de maneira que o processo da cura consistirá em substituir as palavras pelos atos: é por isso que o pensamento verbal constitui a ferramenta privilegiada da experiência analítica.

Retomando a questão da esquizofrenia, Freud esclarece que o investimento preponderante da representação de palavra nos esquizofrênicos seria o resultado de uma tentativa de cura: com a retirada de investimento pulsional de representações de objeto inconscientes – característica das neuroses narcísicas –, haveria nesses pacientes um superinvestimento de representações de palavra. Esse processo significaria uma tentativa de *"recuperar os objetos perdidos"*, e, para isso, tomariam *"o caminho do objeto passando por seu elemento palavra"*, o que seria uma tentativa de cura. Contudo, acrescenta ele, os esquizofrênicos seriam levados a *"se contentar com palavras em lugar de coisas"* (p.120 *[242]*). Freud termina esse ensaio nos alertando contra a tendência a cultivar um pensamento excessivamente abstrato: *"Quando pensamos abstratamente, corremos o risco de subestimar as relações de palavras com as relações de coisas inconscientes, e não se pode negar que nossa filosofia, em sua expressão e em seu conteúdo, adquire uma semelhança indesejada com a forma como operam os esquizofrênicos"* (p.121 *[242]*).

PÓS-FREUDIANOS

A primeira tópica e a primeira teoria das pulsões: especialidades francesas?

A corrente psicanalítica de língua francesa é, sem dúvida, a que mais se inspirou na obra de Freud do primeiro período, do qual resultaram, entre outras coisas, os três primeiros ensaios de *Artigos sobre metapsicologia*. É por isso que essa corrente de pensamento se caracteriza por uma abordagem da psicanálise fundada essencialmente nas aquisições da primeira tópica – inconsciente, pré-consciente e consciente – e da primeira teoria das pulsões baseada no princípio do prazer-desprazer. Esse interesse privilegiado manifestou-se através de numerosos trabalhos em continuidade a *Artigos sobre metapsicologia*, do qual carregam a marca do estilo abstrato adotado por Freud. Sobre esse ponto, as contribuições dos psicanalistas franceses contrastam com as contribuições dos psicanalistas anglo-saxões, na medida em que a referência clínica tende a ser implícita nos primeiros, enquanto nos segundos geralmente é explícita. Sem dúvida, uma tradição filosófica marcou a forma de pensar dos psicanalistas francófonos, às vezes com o risco de se afastar da experiência clínica em proveito da especulação, como lembrou Pierre Luquet (1985): "*A psicanálise é resultado de trabalho cotidiano de reconhecimento de fatos e não de especulações. Em seguida se estuda e se filosofa*".

Essa importância atribuída à primeira tópica e à primeira teoria freudiana das pulsões tem causas variadas. Uma das principais decorre, sem dúvida, do fato de que as obras de Freud do início foram as primeiras a ser traduzidas em língua francesa, ainda que parcialmente, enquanto que as obras do segundo período só foram mais tarde. Além disso, essa preferência pela metapsicologia foi reforçada pela influência do "retorno a Freud" preconizado por J. Lacan (1955). Contudo, esse retorno a Freud não foi um retorno ao conjunto da obra freudiana, mas aos seus primeiros trabalhos, centrados essencialmente na neurose, como *A interpretação dos sonhos* (1900a) e *Os chistes e sua relação com o inconsciente* (1905c). Esse interesse focalizado em uma parte da obra de Freud teve vantagens e inconvenientes: a vantagem foi estimular o estudo dos escritos de Freud do início, e o inconveniente foi minimizar o valor dos trabalhos freudianos posteriores, em particular aqueles dedicados à depressão, à psicose e à perversão. Porém, essas perspectivas inovadoras já são decifráveis em 1915, principalmente em "Pulsões e destinos das pulsões" e em "Luto e melancolia", e foram elas que conduziram Freud a introduzir uma segunda teoria das pulsões e uma segunda tópica.

A partir dos anos de 1970, um número crescente de psicanalistas franceses sentiu a necessidade de ampliar o campo de aplicação da psicanálise além da neurose e de se dedicar ao tratamento de pacientes ditos "difíceis", cuja problemática predomina no nível narcísico. E então, pouco a pouco, o interesse voltou-se aos desenvolvimentos freudianos posteriores a 1915, isto é, à segunda teoria das pulsões, à segunda tópica, assim como aos mecanismos de defesa primitivos, sem com isso abandonar as contribuições freudianas anteriores. Nessa perspectiva, vale destacar os trabalhos de A. Green sobre os estados-limite, de D. Anzieu sobre o ego-pele, os de J. McDougall e de J. Chasseguet-Smirgel sobre as perversões, e ainda as pesquisas de P.-C. Racamier sobre a psicose, para citar os mais conhecidos em nível internacional.

O afeto indissociável da representação

No final dos anos de 1960, A. Green reagiu vigorosamente contra a evolução das idéias de J. Lacan que, ao excluir o papel dos afetos e do corpo de sua conceituação psicanalítica, ameaçava reduzir a análise a um jogo intelectual de significantes lingüísticos. Por isso, A. Green publicou *O discurso vivo* (1973) com a intenção de restituir à dimensão afetiva e corporal da experiência o lugar que ela merece, não apenas na teoria mas também na vivência da cura psicanalítica.

Nessa obra, Green começa por fazer uma releitura cronológica da obra de Freud que põe em evidência o papel central ocupado pelo afeto na concepção freudiana ao lado da representação. Green opõe seu ponto de vista ao de Lacan, que minimizou o papel do afeto a ponto de lançar a idéia de que não existe afeto no inconsciente, mas apenas representações e significantes verbais, desprezando o papel desempenhado pelos afetos transferenciais-contratransferenciais. Green admite que Freud, sem dúvida, hesita quanto ao estatuto a ser atribuído aos afetos no inconsciente ao escrever *Artigos sobre metapsicologia*. Contudo, em trabalhos posteriores, o próprio Freud suprimirá progressivamente essas ambigüidades: ele acaba por considerar que existem muitos afetos inconscientes – como o sentimento de culpa inconsciente –, mas não lhes atribui o mesmo estatuto que a representação reprimida. Green vai mais longe ainda ao propor distinguir o "representante-representação" e o "representante-afeto" da pulsão. Além disso, o afeto tem uma dupla dimensão, segundo ele: de um lado, o afeto está próximo do corpo – "*o afeto é olhar para o corpo emocionado*", observa Green (p. 221) – e desempenha um papel de descarga do ponto de vista econômico; de outro lado, o afeto

Continua

● *Continuação*

tem uma dimensão psíquica e se dota de uma "*qualidade*" ligada ao prazer-desprazer – "*o corpo não é o sujeito de uma ação, mas o objeto de uma paixão*" (p. 220). Finalmente, Green distingue a *linguagem* no sentido puramente lingüístico do termo – que "*só se refere a ele mesmo (...)*", acrescenta parafraseando Lacan (p. 239) – e o *discurso* que ele descreve como um "*retorno da matéria corporal na linguagem*" (p. 239), discurso que reúne ao mesmo tempo pensamentos, representações, afetos, atos e estados do próprio corpo. Depois disso, Green não desenvolverá mais seus pontos de vista acerca do papel do afeto além daqueles que apresentou em *O discurso vivo* e, por isso, sua concepção se inscreve essencialmente no prolongamento da primeira tópica freudiana.

O discurso vivo constituiu uma guinada importante na psicanálise francesa porque as idéias de Green permitiram a numerosos psicanalistas que se sentiram tentados a seguir incondicionalmente as idéias de Lacan a retornarem não somente ao seio de uma oposição à prática lacaniana de sessões curtas, mas também a uma tradição freudiana teórico-clínica enriquecida.

▶ "COMPLEMENTO METAPSICOLÓGICO À TEORIA DOS SONHOS" (1917d)

As páginas indicadas remetem ao texto publicado em S. Freud (1917d), "Complément métapsychologique à la théorie du rêve", trad. J. Laplanche e J.-B. Pontalis, in *Métapsychologie*, Paris, Gallimard, 1968, p. 123-143 *[as páginas indicadas entre colchetes remetem às OCF.P, XIII, p. 242-258].*

Escrito em 1915 e publicado em 1917, esse quarto ensaio tem como objetivo integrar na teoria dos sonhos as noções recentemente desenvolvidas por Freud. Por exemplo, ele explica a distinção que propôs entre uma *regressão temporal* (ou regressão na história do desenvolvimento) que restabelece o narcisismo primitivo – como se vê no desejo do sonho – e a "*regressão tópica*", que é um "*retorno à fase antiga da realização alucinatória do desejo*" (p.132 *[250-251]*). Mas então, se o desejo do sonho é uma regressão à alucinação e à crença na realidade da realização do desejo, qual é a diferença entre o sonho e outras formas de alucinação, a confusão alucinatória aguda (de Meynert) ou a fase alucinatória da esquizofrenia? Freud põe em jogo aqui a *prova da realidade* que proporciona ao ego a capacidade de distinguir percepção e representação, interior e exterior. Ele examina em seguida como a prova da realidade pode ser abolida na patologia e no sonho. No que se refere ao sonho, suas características são determinadas pelo estado de sono que produz um desinvestimento dos sistemas consciente, pré-consciente e inconsciente, e conduz ao abandono da prova de realidade, abrindo caminho para que a excitação regresse à "*psicose alucinatória do desejo do sonho*". Esse texto traz esclarecimentos suplementares à teoria do sonho formulada em *A interpretação dos sonhos* (1900a), mas não uma concepção fundamentalmente nova.

● **BIOGRAFIAS E HISTÓRIA**

Karl Abraham (1877-1925): um pioneiro na pesquisa psicanalítica

As hipóteses que Freud apresenta em "Luto e melancolia" inscrevem-se no prolongamento dos trabalhos pioneiros de Karl Abraham, uma figura marcante nos primórdios da história da psicanálise. Médico alemão, Abraham formou-se em psiquiatria em Berlim, e em 1907 foi para Zurique para se aperfeiçoar junto a Eugen Bleuler, diretor da clínica do Bürghölzli, onde C. G. Jung era chefe de clínica. Abraham descobriu os trabalhos de Freud durante sua estadia na Suíça. No mesmo ano, abriu um consultório em Berlim e foi a Viena para se encontrar com Freud. Seu encontro foi o início de uma amizade profunda entre os dois homens e de um

Continua

> **BIOGRAFIAS E HISTÓRIA** • *Continuação*

longo intercâmbio científico, como testemunha uma abundante correspondência entre 1907 e 1925. De imediato instalou-se um conflito de rivalidade entre Jung e Abraham, conflito em parte incitado por Freud que, na época manifestava sua preferência por Jung, a quem considerava como seu delfim, e contava com ele para difundir a psicanálise nos meios psiquiátricos internacionais e nos círculos não judaicos. Mas as relações entre Freud e Jung logo se deterioraram, pois Jung rejeitou a teoria freudiana da libido, enquanto que Abraham tornou-se seu defensor convicto. Desde então, Abraham conquistou a inteira confiança de Freud e desempenhou um papel importante no desenvolvimento da psiquiatria, em particular ao fundar em 1910 o Instituto Psicanalítico de Berlim. Posteriormente, sucedeu Jung como presidente da Associação Psicanalítica Internacional e como editor de várias revistas psicanalíticas, entre as quais o *Jahrbuch für Psychoanalyse*. Ele foi também analista didático de vários psicanalistas renomados, como Hélène Deutsch, Édouard Glover, James Glover, Karen Horney, Melanie Klein, Sándor Rado e Theodor Reick. Morreu prematuramente de uma doença pulmonar, aos 48 anos, o que representou uma perda cruel para todo o movimento psicanalítico.

Abraham adotou de imediato as idéias de Freud, ao mesmo tempo em que trilhou seu próprio caminho, às vezes com o risco de se opor ao mestre. Seus inúmeros escritos impressionam pelo rigor e pela clareza. Vamos nos deter aqui sobretudo em seus trabalhos fundamentais sobre os distúrbios maníaco depressivos e sobre as fases do desenvolvimento libidinal. Ele foi de fato o primeiro psicanalista a tratar de pacientes com distúrbios maníaco-depressivos e mostrou em um artigo de 1911 que os pacientes depressivos apresentavam uma paralisia de sua capacidade de amar em razão da violência de suas fantasias sádicas e de uma *"disposição hostil excessiva da libido"* (1911, p. 104). Ele lançou então a hipótese de que a depressão provém da repressão do sadismo e assinalou que melancolia e mania eram oriundas de um mesmo complexo, em face do qual o doente reagia diferentemente. Abraham postulava ainda a idéia de que a depressão do adulto se fundamentava em uma depressão de base na criança, mas não chegou a verificar isso; foi Melanie Klein quem ofereceu sua demonstração clínica, descoberta que ele comunicou imediatamente a Freud (Abraham a Freud, carta 423A de 7 de outubro de 1923).

Em 1924, Abraham publicou uma vasta síntese de suas idéias em que procurava situar os pontos de fixação das diversas afecções mentais em diversas fases do desenvolvimento libidinal. Para isso, apoiava-se na teoria freudiana clássica de fases da libido (Freud, 1905a) e incorporava várias inovações, distinguindo particularmente duas subfases na fase sádico-anal e duas subfases na fase oral. Segundo ele, a fase sádico-anal se divide, de um lado, em uma fase anal precoce ligada à evacuação e à destruição do objeto – ponto de fixação da depressão – e, de outro lado, em uma fase tardia *l*igada à retenção e à dominação do objeto – ponto de fixação da neurose obsessiva. Na depressão, o ponto de fixação pode ser ainda mais precoce que a primeira subfase sádica de expulsão, e nesse caso Abraham remonta fixação à fase oral. Na fase oral, ele distingue igualmente duas subfases: uma *fase oral precoce* de sucção ambivalente pré-ambivalente e uma *fase sádico-oral tardia* que corresponde ao aparecimento dos dentes e determina a ambivalência sugar-morder. Paralelamente, Abraham descreveu a evolução dos afetos de amor e de ódio em função das relações de objeto até chegar ao amor de objeto total que surge na fase genital: *"É somente na etapa genital do desenvolvimento da libido que se adquire a plena aptidão ao amor"* (1924, p. 260). Os trabalhos de K. Abraham tiveram uma enorme influência, em particular sobre sua aluna Melanie Klein *"cujas teorias não podem ser compreendidas sem as bases lançadas por Abraham – incidentemente, com a aprovação e em acordo com Freud"*, como assinalam A. Haynal e E. Falzener (2002, p. XXVIII).

▶ **"LUTO E MELANCOLIA"** (1917e [1915])

As páginas indicadas remetem ao texto publicado em S. Freud (1917e [1915]), "Deuil et mélancolie", trad. J. Laplanche e J.-B. Pontalis, in *Métapsychologie*, Paris, Gallimard, 1968, p. 145-171 *[as páginas indicadas entre colchetes remetem às OCF.P, XIII, p. 262-278]*.

Luto normal e luto patológico

Em "Luto e melancolia", Freud se indaga sobre as reações do indivíduo em decorrência de uma perda real ou de uma decepção vinda de uma pessoa amada ou da perda de um ideal: por que certas pessoas reagem com um afeto de luto que será superado depois de algum tempo, enquanto outras sucumbem em um estado depressivo? Esclareço que na época de Freud denominava-se "melancolia" o que hoje é chamado de depressão, enquanto o termo "melancolia" é reservado à sua forma grave, psicótica (M. Bonaparte, A. Freud, E. Kris, 1956; J. Strachey, 1957; J. Laplanche, 1980). Freud constata que, diferentemente do luto normal, cujo processo se situa principalmente no nível consciente, o luto patológico se desenvolve no nível inconsciente, pois a melancolia, diz ele, *"não consegue captar conscientemente o que perdeu"* (p.149 *[263]*). O luto normal e o luto patológico têm em comum uma inibição e uma ausência de interesse que se explicam pelo trabalho do luto que absorve o ego. Mas há algo mais na melancolia, prossegue Freud, que é a extraordinária diminuição da auto-estima: *"No luto, o mundo se tornou pobre e vazio, na melancolia foi o próprio ego"* (p. 150 *[264]*). No luto patológico, é a aversão do doente em relação ao seu próprio ego que aparece no primeiro plano sob a forma de auto-recriminações e de autodepreciação. Como se explicam essas auto-acusações que podem levar até à espera delirante de um castigo?

Na melancolia, "Eu sou um incapaz!" significa na verdade: "Você é um incapaz!"

Freud teve, então, uma intuição genial: ele percebe que as auto-acusações do depressivo são na verdade heteroacusações dirigidas contra uma pessoa importante *"perdida"*, geralmente uma pessoa do seu círculo (p. 160 *[270]*). Assim, diz ele: *"A mulher que lamenta em voz alta que seu marido tenha se ligado a uma mulher tão incapaz, deseja, na verdade, se queixar contra a incapacidade de seu marido em todos os sentidos do termo"* (p. 154 *[267]*). Em outras palavras, quando essa mulher acusa a si mesma dizendo: *"Eu sou uma incapaz!"*, essa auto-acusação se revela como uma acusação destinada inconscientemente ao seu marido: *"Você é um incapaz!"*. Como Freud expressa tão bem em língua alemã ao falar desses doentes: *"Ihre Klagen sind Anklagen"*, isto é: "Suas *queixas* são *queixas contra*", jogando com a condensação das palavras *Klagen* (queixas no sentido de "se queixar") e *Anklagen* (antigo termo jurídico que significa "prestar queixa *contra* alguém").

Seguindo em sua intuição, Freud percebe que as palavras utilizadas pelo paciente melancólico quando expressa suas auto-acusações – quando a paciente diz, por exemplo: *"Eu sou uma incapaz!"* – revelam ponto por ponto a estrutura de seu conflito interno: *"O que devemos reter antes de tudo,* prossegue Freud, *é que ele* [o melancólico] *nos descreve corretamente sua situação psicológica"* (p. 152 *[264]*). Considerando o fato de que a estrutura lingüística particular das auto-acusações remete à organização do conflito interno do melancólico, Freud começa a passar em revista sistematicamente os diferentes elementos envolvidos ali, decompondo-os um a um: ele descreve sucessivamente a introjeção oral do objeto perdido, a identificação com ele por regressão do amor ao narcisismo, o retorno contra o próprio sujeito do ódio dirigido ao objeto, etc., o que examinaremos a seguir. A compreensão desses processos exige muita atenção por parte do leitor, na medida em que a clínica a que Freud se refere permanece mais implícita do que explícita. Contudo, tentarei apresentar brevemente suas linhas gerais.

Ruptura com o mundo externo e retraimento narcísico

Freud começa por explicar o que subentende a substituição do *"Eu"* pelo *"Você"* quando a melancólica se acusa explicitamente nestes termos: *"Eu sou uma incapaz!"* querendo implicitamente acusar outro: *"Você é um incapaz!"*. Quais são os processos psíquicos que correspondem às transformações psíquicas assim expressadas verbalmente? Freud explica isso mostrando que em caso de perda de objeto existe uma diferença fundamental entre o luto normal e o luto patológico que decorre da mudança na direção do investimento da libido: no luto normal, o sujeito é capaz de renunciar ao objeto "perdido" e de retirar sua libido, de modo que a libido libertada pode ser substituída por um novo objeto; ao contrário, na melancolia, o sujeito não retira sua libido do objeto perdido, seu ego "sufoca" esse objeto em fantasia para não se separar dele e para unificar-se a ele, seguindo pela via de uma *identificação narcísica*: "*A sombra do objeto abate-*

se assim sobre o ego que pôde então ser julgado por uma instância particular como um objeto, como o objeto abandonado. Dessa maneira, a perda do objeto se transformou em uma perda do ego, e o conflito entre o ego e a pessoa amada em uma cisão entre a crítica do ego e o ego modificado por identificação" (p. 156 *[268]*). É essa mudança de direção do investimento de objeto para o próprio ego confundido com o objeto que explica o desinteresse do melancólico pelas pessoas do seu meio e o conseqüente retraimento "narcísico" na própria pessoa; o doente se preocupa tanto consigo mesmo que é como se fosse aspirado pelo turbilhão de suas auto-recriminações.

Além disso, esse retorno das recriminações para a própria pessoa implica uma clivagem do ego, confundindo-se com o objeto perdido, enquanto o outro exerce sua crítica erigindo-se em uma instância que Freud chama de *"consciência moral"*: *"Vemos nele como uma parte do ego se opõe à outra, dirige a ela uma apreciação crítica, toma-a por assim dizer como objeto"* (p. 153 *[266]*). Essa instância crítica é a precursora da noção de superego.

O amor regride à identificação narcísica e o ódio se volta contra o próprio sujeito

A forte tendência autodestrutiva do depressivo, ainda segundo Freud, resulta de um reforço da ambivalência do amor e do ódio em relação ao objeto e ao ego, afetos que se dissociam e sofrem destinos diferentes. De um lado, o sujeito continua amando o objeto, mas à custa do retorno a uma forma primitiva de amor que é a identificação na qual "amar o objeto" é "ser o objeto": *"A identificação narcísica com o objeto torna-se então o substituto do investimento de amor, o que tem como conseqüência que, apesar do conflito com a pessoa amada, a relação de amor não deve ser abandonada"* (p. 156 *[268]*). Trata-se aqui de uma regressão da libido à fase oral canibalesca em que o sujeito incorpora o objeto "devorando-o". De outro lado, em razão da identificação narcísica do ego com o objeto amado, o ódio do sujeito dirigido ao objeto no mundo externo retorna contra seu próprio ego unificado ao objeto: *"Se o amor pelo objeto, que não pode ser abandonado, enquanto que o próprio objeto é abandonado, refugiou-se na identificação narcísica, o ódio entra em ação sobre esse objeto substitutivo injuriando-o, rebaixando-o, fazendo-o sofrer e extraindo desse sofrimento uma satisfação sádica"* (p. 159 *[270]*).

As auto-recriminações manifestas: recriminações latentes em relação a outro

Freud destaca um outro ponto decisivo ao demonstrar que as auto-acusações do melancólico constituem simultaneamente uma agressão dirigida ao objeto, o que significa que o retraimento narcísico do paciente não exclui a permanência de uma relação de objeto inconsciente. De fato, Freud observa que o paciente melancólico, assim como o obsessivo, sente *"prazer"* em exercer simultaneamente tendências sádicas e odiosas em relação a si mesmo e em relação a outro, sendo que este último é geralmente uma pessoa do seu círculo: *"Normalmente, nas duas afecções, os doentes, pelo retorno da autopunição, ainda conseguem se vingar dos que o amam e a torturá-los por meio de sua doença, depois se refugiarem na doença para não ser obrigados a manifestar diretamente sua hostilidade contra eles"* (p. 160 *[270]*).

Assim, ao assinalar que as auto-agressões do melancólico são um meio de agredir seu objeto e de exercer uma vingança em relação a ele, Freud mostra que esses pacientes, ao lado de seu narcisismo, ainda mantêm uma relação de objeto com seu círculo, que se fundamenta no ódio e na agressividade. Sem dúvida, o fato de Freud ter enfatizado o retraimento narcísico nos pacientes maníaco-depressivos levou-o a pensar que esses pacientes eram incapazes de estabelecer uma transferência e que não eram acessíveis à análise, o que explica sua designação de neuroses narcísicas. Os psicanalistas pós-freudianos mostraram que, na verdade, esses pacientes estabelecem uma transferência e que essa transferência é analisável, mesmo que se trate de uma transferência em que predomina a hostilidade em relação ao analista.

EVOLUÇÃO DOS CONCEITOS FREUDIANOS

Os desenvolvimentos posteriores feitos por Freud em "Luto e melancolia"
Para compreender melhor os mecanismos psíquicos da depressão descritos por Freud é preciso considerar os importantes desenvolvimentos feitos por ele posteriormente. Eis alguns pontos de referência aos quais retornaremos ao abordar as obras em questão.

A introdução do conflito entre pulsão de vida e pulsão de morte (1920)
O papel central desempenhado pelas pulsões autodestrutivas nos pacientes depressivos foi um dos fatores que conduziram Freud a rever sua primeira teoria das pulsões fundada no princípio do prazer, tal como ele havia formulado em 1915: de fato, se a finalidade da pulsão é essencialmente a busca de satisfação, como explicar que um depressivo seja levado ao suicídio? Para responder a esse tipo de questão, Freud introduziu em 1920 uma nova teoria das pulsões, baseada no conflito fundamental entre pulsão de vida e pulsão de morte, concepção que ele aplicará a numerosas situações psicopatológicas, entre as quais a melancolia.

O conflito entre ego, id e superego (1923)
Em 1915, em "Luto e melancolia", Freud atribui as auto-acusações do melancólico à "*crítica*" que uma parte do ego exerce sobre a outra, evocando uma "*consciência moral*" análoga à "*voz da consciência*". Em 1923, ela fará dessa "crítica" uma verdadeira instância psíquica que chamará de *superego*, e a colocará em estreita relação com outras duas instâncias recém-definidas, o *ego* e o *id*. Segundo ele, em condições normais o *superego* exerce uma função reguladora em relação ao *ego*, que por sua vez se confronta com as exigências pulsionais do *id*. Contudo, na melancolia, Freud constata que o superego exerce um sadismo excessivo em relação ao ego, pois nessa afecção, segundo ele, "[o superego] *investe contra o ego com uma violência impiedosa, como se estivesse possuído por todo o sadismo disponível no indivíduo. (...) O que agora reina no ego é, por assim dizer, uma pura cultura da pulsão de morte, e de fato ela consegue quase sempre levar o ego à morte, se este não se defender de seu tirano a tempo transformando-o na mania*" (1923b, p. 268 [296]).

A clivagem do ego (1927)
A noção de clivagem do ego já está presente em Freud em "Luto e melancolia", e ele utiliza explicitamente ora o termo "*clivagem*", ora "*cisão*" do ego, particularmente quando descreve a severidade com que a "*consciência moral*" critica o ego no melancólico. Mais tarde, em "Fetichismo" (1927e), ele completará suas hipóteses sobre a clivagem do ego considerando que, no caso da depressão, ela é conseqüência da negação da perda de objeto; ele ilustra esse ponto de vista mencionando a análise de dois irmãos que na infância haviam "*escotomizado*" a morte de seu pai, mas que não se tornaram psicóticos: "*Havia apenas uma corrente de sua vida psíquica que não reconhecia essa morte; uma outra corrente admitia-a plenamente; as duas posições, a que se fundava no desejo e a que se fundava na realidade, coexistiam. Essa clivagem, para um de meus dois casos, era a base de uma neurose obsessiva medianamente grave*" (p.137). Em outros termos, no luto patológico, a noção de clivagem dá conta de que uma parte do ego nega a realidade da perda, enquanto que a outra a aceita. Em seus últimos trabalhos, Freud atribuirá uma importância cada vez maior aos fenômenos de negação da realidade e de clivagem do ego.

 PÓS-FREUDIANOS

Os desenvolvimentos kleinianos e pós-kleinianos a partir de *Artigos sobre metapsicologia*
M. Klein começou por desenvolver seus pontos de vista partindo da teoria freudiana clássica e, posteriormente, introduziu suas próprias idéias. Entre os conceitos freudianos fundamentais nos quais se apoiou, muitos foram expostos em *Artigos sobre metapsicologia*, particularmente em "Pulsões e destinos das pulsões" (1915c), em "O inconsciente" (1915e), como também em "Luto e melancolia" (1917e [1915]).
Ela não falou de "metapsicologia", mas essencialmente apresentou seus conceitos em termos clínicos, atribuindo um papel central às noções estruturais de posição esquizoparanóide e de posição depressiva, e ainda ao conceito de identificação projetiva. Vamos começar por uma breve rememoração.

Continua

PÓS-FREUDIANOS • Continuação

Uma concepção estrutural do funcionamento psíquico e da mudança

Ao introduzir a noção de "posição", M. Klein pôde não apenas distinguir dois estados fundamentais na estrutura do psiquismo, a posição esquizoparanóide e a posição depressiva, como também entender as mudanças estruturais que se observam do longo do processo psicanalítico. A noção de posição é diferente da noção de fase cronológica do desenvolvimento libidinal, como a fase oral ou a fase fálica, pois se trata de um conceito estrutural destinado a refletir o estado momentâneo da organização psíquica e as transições entre as duas fases.

Inúmeros fatores estão envolvidos na constituição da posição esquizoparanóide e da posição depressiva e na transição de uma a outra, entre os quais: o grau de coesão do ego conforme esteja fragmentado ou integrado, a natureza das relações de objeto conforme sejam parciais ou totais, o nível de defesas conforme sejam primitivas ou evoluídas, etc. Vale acrescentar que durante a transição entre a posição esquizoparanóide e a posição depressiva assiste-se à passagem do complexo de Édipo precoce, que pertence ao primeiro desenvolvimento infantil segundo Klein, para o complexo de Édipo tardio, tal como o descreveu Freud. Em outros termos, com o conceito estrutural de posição, M. Klein conseguiu mostrar que a transição da posição esquizoparanóide à posição depressiva constitui a passagem fundamental de um funcionamento psicótico a um funcionamento sadio.

Do "ego de prazer purificado" à integração do amor e do ódio

Tomando como modelo a noção de "ego de prazer purificado" exposta por Freud em 1915 em "Pulsões e destinos das pulsões", assim como as de projeção e introjeção associadas a ela, M. Klein descreve em toda criança pequena a evolução dos afetos a partir das primeiras relações de objeto parciais até a relação com o objeto separado e total. Lembro os termos em que Freud descreve a noção de *"ego de prazer purificado"*: *"Ele (o ego) acolhe em si, na medida em que são fontes de prazer, os objetos que se apresentam, introjeta-os (segundo a expressão de Ferenczi) e, ao mesmo tempo, expulsa para fora de si aquilo que, em seu interior, provoca o desprazer"* (p. 37 *[80-81]*). A partir daí, M. Klein explicitará a natureza da primeira relação do bebê e mostrará que ela se constitui com um objeto parcial, o seio da mãe, que se encontra clivado em seio ideal, objeto de todas as expectativas , e seio persecutório, objeto de ódio e de medo, situação que chama de posição esquizoparanóide. Em seguida, ela descreverá a evolução que se produz à medida que a integração do ego e dos objetos avança, quando o bebê começa a perceber sua mãe e a amá-la como uma pessoa total, mudança definida como o início da posição depressiva.

Quando se lê o que Freud escreveu em 1915 à luz das concepções kleinianas, contata-se que ele intuiu que há uma mudança na qualidade dos afetos e das relações de objeto, mas não conceituou explicitamente essa transição em termos de integração e de amor e ódio e de passagem de uma relação de objeto parcial para uma relação de objeto total. Eis como ele descreve essa mudança: *"Poderíamos dizer rigorosamente que uma pulsão "ama" o objeto ao qual se dirige para sua satisfação. Mas dizer que uma pulsão "odeia" um objeto nos choca e por isso nos faz crer que os termos "amor" e "ódio" não devem ser utilizados para a relação das pulsões com seus objetos, mas reservados para as relações do ego-total com os objetos"* (Freud, 1915e, p. 39 *[82]*). Posteriormente, caberá a M. Klein completar as idéias que Freud havia esboçado sobre os destinos do amor e do ódio de maneira a aplicá-los na clínica.

O luto e os estados maníaco-depressivos

Klein também se inspira nas noções introduzidas por Freud em "Luto e melancolia" ao edificar sua própria teoria dos estados maníaco-depressivos (1935). Ele descobriu, de fato, que os conflitos entre a agressividade e a libido, tal como Freud os descreveu em 1917 na depressão do adulto, tinham uma origem precoce, e que o ponto de fixação da depressão se situava já na infância. Estendendo as idéias freudianas sobre o papel desempenhado pela agressividade e pelo sentimento de culpa no afeto depressivo, M. Klein atribuiu uma grande importância à noção de separação, isto é, ao desejo de restaurar o objeto que foi danificado pelas fantasias agressivas e destrutivas. Ela distingue então dois tipos de reparação: uma reparação normal, criadora, que surge na posição depressiva e que está ligada ao amor e ao respeito pelo objeto, e uma reparação patológica, que pode assumir formas diversas. Por exemplo, a reparação maníaca, fundada na negação triunfal dos sentimentos depressivos, ou a reparação obsessiva, fundada na compulsão a eliminar magicamente a angústia depressiva.

Continua

Continuação

Defesas mais primitivas do que a repressão

Além disso, M. Klein foi levada a rever as idéias de Freud sobre a repressão quando ele acreditava que existiam mecanismos de defesa que entrariam em jogo antes que se constituísse a repressão propriamente dita. Assim, ela estabelece uma distinção entre os mecanismos de defesa primitivos, que afetam a estrutura do ego e o fragmentam, e a repressão, que incide sobre aos conteúdos psíquicos, sem alterar a estrutura do ego. A diferença entre eles está na violência da repressão que exercem sobre a realidade externa e sobre a realidade psíquica. Entre as defesas primitivas, cinco ocupam um lugar especial na concepção kleiniana: a negação, a clivagem, a projeção, a introjeção e a onipotência. A essas defesas, M. Klein acrescentará em 1946 o mecanismo da identificação projetiva que resulta da projeção primitiva: na identificação projetiva, não é apenas a pulsão que é projetada, mas podem-se projetar também partes do ego no objeto de uma forma fantasiosa. A identificação projetiva diz respeito não apenas à expulsão de partes más e indesejáveis de si mesmo para controlar o objeto, mas inclusive de partes boas. Mais tarde, W. R. Bion (1959) diferenciará uma forma patológica e uma forma normal de identificação projetiva, de maneira que esse se tornará um dos conceitos centrais na psicanálise kleiniana e posterior.

Transição entre simbolismo patológico e simbolismo normal

Tomando como base "O inconsciente" (1915e), onde Freud expõe suas idéias sobre a linguagem do esquizofrênico, e inspirando-se nos primeiros trabalhos de M. Klein (1930) sobre o simbolismo, H. Segal e W. R. Bion desenvolveram suas próprias concepções sobre a função simbólica e sobre a transição entre o simbolismo patológico e o simbolismo normal.

H. Segal: da equação simbólica ao simbolismo verdadeiro ou representação simbólica

Em 1957, H. Segal diferencia dois tipos de formação de símbolos e de função simbólica: a "equação simbólica" e o simbolismo verdadeiro ou representação simbólica. Ela mostra igualmente que a formação de símbolos é estreitamente dependente de transições entre as posições esquizoparanóide e depressiva, como também da intensidade da identificação projetiva. Assim, quando se produzem perturbações esquizóides nas relações de objeto e a identificação projetiva aumenta, uma parte do ego se identifica com o objeto de maneira concreta e o símbolo se torna de tal modo equivalente ao objeto simbolizado que ambos são sentidos como idênticos; é isso o que justifica a expressão "equação simbólica".

A equação simbólica subentende o pensamento dos esquizofrênicos e é encontrada também no processo de identificação com o objeto perdido que caracteriza o luto patológico. Apenas quando aparece a posição depressiva, que é acompanhada da vivência de estar separado, o símbolo representa o objeto, mas não é inteiramente equivalente a ele: é então que entra em jogo o símbolo verdadeiro ou representação simbólica. Acrescentemos que no início Segal falava de simbolismo concreto como de uma regressão à posição esquizoparanóide, mas depois, quando Rosenfeld, Bion e ela própria diferenciam uma forma normal e uma forma patológica dentro da posição esquizoparanóide, ela esclarece que era na patologia da posição esquizoparanóide que situava o simbolismo concreto.

Segundo Segal (1991), o processo de formação de símbolos é crucial, na medida em que o símbolo rege a capacidade de comunicar e toda comunicação se realiza por meio de símbolos, não apenas na comunicação com o mundo, mas também na comunicação interna.

W. R. Bion: criação do aparelho de pensar os pensamentos

A distinção introduzida por W. R. Bion em 1962 entre os elementos á e os elementos â permitiu abordar a questão do simbolismo e das transições de um simbolismo patológico para um simbolismo normal sob um ângulo diferente, mas complementar em relação às idéias de H. Segal. A noção de função á nasceu das pesquisas de Bion sobre as dificuldades do esquizofrênico de dar um significado ás suas vivências e a comunicá-las, a fim de entender o processo pelo qual os dados brutos provenientes dos sentidos se convertem em conteúdos psíquicos suscetíveis de adquirir um significado, de ser pensados e sonhados. Segundo Bion, para que um pensamento possa ser utilizado pelo psiquismo – processo análogo à função de simbolização –, é necessário que uma "preconcepção" se una a uma "realização" a fim de criar uma "concepção". Essa união de dois elementos para criar um terceiro está na base da formação de pensamentos e de teorias. Assim como Segal, Bion considera que os processos de pensamento estão estreitamente ligados a processos emocionais, processos que podem ser exprimidos em termos de posição esquizoparanóide e depressiva. Quando a função á é perturbada, os dados dos sentidos podem ser transformados, e persistem no psiquismo sob a forma de elementos β não-assimilados que são então expulsos por identificação projetiva.

▶ "VISÃO DE CONJUNTO DAS NEUROSES DE TRANSFERÊNCIA" (1985a, [1915])

BIOGRAFIAS E HISTÓRIA

Um manuscrito inédito descoberto em 1983

Esse ensaio ocupa uma posição especial, pois foi descoberto casualmente em 1983 por I. Grubrich-Simitis nos documentos confiados por Ferenczi a M. Balint, acompanhado da carta de Freud de 28 de julho de 1915 em que ele pedia sua opinião. Trata-se do esboço do décimo segundo ensaio de *Artigos sobre metapsicologia*, do próprio punho de Freud, o único que escapou dos sete ensaios não publicados da obra que ele projetara. Dos 12 ensaios que deviam compor esse livro, Freud só lançou os cinco primeiros em 1915 e 1917, sob a forma de artigos de revista. Mas sua correspondência revela que ele havia escrito os outros sete e supunha-se que os tivesse destruído. Foi por isso que a descoberta de *"Visão de conjunto das neuroses de transferência"* causou surpresa.

Nesse ensaio, que testemunha sua estreita colaboração com Ferenczi, Freud dá continuidade ao tema da filogênese esboçada em *Totem e tabu* (1912-1913a), tema que desde então perpassará toda sua obra. Segundo ele, a vida psíquica do homem de hoje traz marcas indeléveis de uma herança arcaica, e aquilo que se considera como as fantasias originárias da realidade psíquica não é senão a marca deixada por acontecimentos traumáticos reais, que remontam a épocas pré-históricas como a era glacial.

DESCOBERTA DA OBRA

As páginas indicadas remetem ao texto publicado em S. Freud (1985a [1915]), "Vue d'ensemble sur les névroses de transfert, Um essai métapsychologique", edição bilíngüe de um manuscrito encontrado e editado por I. Grubrich-Simitis, trad. P. Lacoste, seguido de "Commentaires" de I. Grubrich-Simitis e P. Lacoste, Paris, Gallimard-NRF, 1986 *[as páginas indicadas entre colchetes remetem às OCF.P, XIII, p. 279-300]*.

A primeira parte do texto, escrito em um estilo telegráfico, é um breve apanhado dos principais mecanismos em jogo nas três *"neuroses de transferência"*: histeria de angústia, histeria de conversão e neurose obsessiva. Freud evoca o papel da repressão, do contra-investimento, da formação de substituto e de sintoma, etc. A segunda parte do ensaio se distancia do conteúdo anunciado pelo título, pois Freud desenvolve ali mais do que em qualquer outra parte sua hipótese filogenética, que ele chama às vezes de sua *"fantasia"* filogenética. Essa parte foi redigida quase inteira, ao contrário da primeira. Freud procura estabelecer alguns paralelos entre os fatores na origem das neuroses – tanto as neuroses de transferência como as neuroses narcísicas – e a história do desenvolvimento da humanidade, referindo-se no caso a um trabalho precursor de S. Ferenczi (1913) sobre esse tema. Freud revela que ainda não existe um outro meio de pesquisa que não seja partir da observação das neuroses: *"Porém, temos a impressão aqui de que a história do desenvolvimento da libido repete uma seqüência muito mais antiga do desenvolvimento (filogenético) do que a história do desenvolvimento do ego (...) a primeira possivelmente repete as condições de desenvolvimento da ramificação dos vertebrados, enquanto que a segunda é subordinada à História da espécie humana"* (p. 30-31 (p. *[290]*)). Assim, Freud se indaga sobre o impacto que os traumatismos sofridos pelos homens nos tempos originários poderiam ter sobre as neuroses, juntamente com fatores ligados à pulsão. Por exemplo, ele pensa que *"(...) algumas crianças trazem ao nascer a ansiedade que vem do início da era glacial e que essa ansiedade induz essas crianças desde cedo a tratar a libido insatisfeita como um perigo externo"* (p. 35 (p. *[293]*)). Freud também retoma nesse texto a tese do assassinato do pai originário pela horda primitiva, considerando esse evento como a origem do sentimento de culpa e da civilização, tema já presente em *Totem e tabu* em 1912-1913.

▶ **LIÇÕES DE INTRODUÇÃO À PSICANÁLISE** (1916-1917a [1915-1916])

Durante os invernos de 1915-1916 e 1916-1917, Freud faz uma série de conferências que atraem um público considerável e que serão publicadas em *Lições de introdução à psicanálise*. Essa obra, escrita em um estilo oratório, contém numerosos casos e exemplos clínicos demonstrativos. Logo se torna um grande sucesso e é, sem dúvida, junto com *Sobre a psicopatologia da vida cotidiana* (1901b), a obra mais difundida de Freud. Visto que *Lições de introdução* faz uma recapitulação do essencial das contribuições da psicanálise desde suas origens até 1915, deixei de apresentar essa obra cujo conteúdo se sobrepõe em grande parte ao de outras obras já abordadas aqui, com exceção de alguns acréscimos que trazem esclarecimentos sobre alguns pontos de interesse de exegetas, mas não conceitos psicanalíticos verdadeiramente novos.

CRONOLOGIA DOS CONCEITOS FREUDIANOS

Afetos – ambivalência – amor – auto-recriminações – consciência – crítica, crítica do ego – luto normal – depressão – luto patológico – ódio – identificação com o objeto perdido – identificação narcísica – inconsciente – incorporação – introjeção – linguagem de órgão – mania – masoquismo – melancolia (depressão) – metapsicologia – "ego de prazer purificado" – filogênese – pré-consciente – pulsões – pulsões do ego – pulsões originárias – repressão – regressão temporal – regressão tópica – derivado do inconsciente – representação – representante-representação – representação de coisa – representação de palavra – sadismo – sentimentos – sentimento de culpabilidade – simbolismo

"HISTÓRIA DE UMA NEUROSE INFANTIL (O HOMEM DOS LOBOS)"

S. FREUD (1918b)

Zoom em uma cena primitiva, núcleo de uma neurose infantil

Essa narrativa apaixonante constitui o relato do tratamento psicanalítico mais longo que temos de Freud. Trata-se da análise de um jovem de 23 anos acometido por distúrbios psíquicos graves e supostamente incuráveis, que Freud considerou como completamente restabelecido após quatro anos e meio de um tratamento bastante difícil. Em seu relato, Freud fala pouco da transferência, mas o que ele escreve a Ferenczi no início da cura diz muito sobre a violência da transferência negativa que enfrentou: *"Um rico jovem russo, que recebi por causa de uma paixão amorosa compulsiva, confessou, após a primeira sessão, as seguintes transferências: judeu escroque, ele adoraria me pegar por trás e cagar na minha cabeça"* (Freud a Ferenczi, carta de 13 de fevereiro de 1910). Embora os aspectos psicóticos da personalidade de Sergeï não lhe tenham escapado, Freud focaliza seu relato essencialmente na neurose infantil, preocupado em demonstrar através desse caso que a neurose do adulto está fundada em uma neurose infantil, e que a sexualidade desempenha um papel determinante nisso. Ele convida o leitor a acompanhá-los ao longo de suas descobertas, explorando o passado de Sergeï camada por camada.

Ele começa com um plano panorâmico dos protagonistas de várias cenas de sedução datadas de sua infância, que levam o paciente a se lembrar de um sonho de angústia fóbica, o famoso sonho dos lobos que teve com 4 anos. Freud interpretou esse sonho como a reativação *a posteriori* de uma cena originária – um coito *a tergo* entre seus pais – que ele assistiu com 1 ano e meio. Prosseguindo sua investigação, Freud examina em planos aproximativos sucessivos as múltiplas facetas dessa cena e termina com um plano geral no encontro entre criança e pênis do pai no ventre da mãe. Ele faz dessa cena originária, tal como ela aparece nas fantasias inconscientes da criança, o ponto de partida das perturbações que condicionarão posteriormente a neurose do jovem ao se tornar adulto. Analisando de forma minuciosa as teorias sexuais de Sergueï, Freud evidencia o conflito entre as tendências passivas femininas do menino, correspondentes ao complexo de Édipo invertido, e suas tendências masculinas, correspondentes ao complexo de Édipo positivo ou direto. Essas tendências masculinas, depois de terem sido elaboradas, acabarão por se sobrepor às tendências homossexuais inconscientes, levando o paciente à cura. Mas nem por isso os aspectos psicóticos da personalidade de Sergueï ficaram esquecidos. Eles reapareceram em 1926, quando de uma descompensação hipocondríaca delirante, mas foi possível elaborar essas tendências em uma outra análise com Ruth Mack-Brunswick, e o doente se restabeleceu novamente. No entanto, Sergueï permaneceu identificado até o fim de sua vida como "o famoso paciente de Freud", mais conhecido pelo nome de "Homem dos Lobos".

BIOGRAFIAS E HISTÓRIA

Sergeï Constantinovitch Pankejeff (1887-1979) chamado de "Homem dos Lobos"
A primeira análise com Freud
Sergeï Constantinovitch Pankejeff, que será conhecido mais tarde como Homem dos Lobos, tinha 23 anos quando foi se consultar com Freud pela primeira vez, em janeiro de 1910. Esse jovem, que pertencia a uma família aristocrática russa muito rica, era um caso sem esperança. A afecção que motivou sua consulta havia começado alguns anos antes com uma depressão, seguida de uma blenorragia contraída aos 18 anos. Sua depressão se agravara sucessivamente com o suicídio de seu pai em 1906 e o de sua irmã Anna, que tinha um papel muito importante em sua vida, em 1908. Sua doença psíquica o tornava dependente e incapaz a ponto de não se deslocar sozinho, mas só acompanhado de um criado e de seu médico pessoal. Havia consultado em vão os mais eminentes psiquiatras da época e fora internado várias vezes em hospitais psiquiátricos na Alemanha. Freud iniciou de imediato sua análise em fevereiro de 1910, recebendo-o cinco vezes por semana durante quatro anos e meio. A análise terminou nos mês de julho de 1914, prazo que foi fixado antecipadamente por Freud. Alguns dias depois seu término, eclodiu a Primeira Guerra Mundial. Sergeï voltou para casa em Odessa, casou-se com Teresa e concluiu seu curso de direito. Freud considerou que a cura do paciente foi completa.

A serviço de uma demonstração brilhante
Satisfeito com esse êxito terapêutico, Freud redigiu o relato dessa cura em novembro e dezembro de 1914, centrando sua narrativa unicamente na neurose infantil do paciente e no papel pela sexualidade; ele renunciou explicitamente a escrever sua história completa: "*Apenas essa neurose infantil será objeto de minhas comunicações*", escreve ele de início (p. 6 [6]). Por que essa escolha? Porque Freud pretendia fazer desse caso uma demonstração em apoio às suas hipóteses. Ele queria oferecer a prova da eficácia da psicanálise aos olhos de seus detratores, e visava os psiquiatras que haviam considerado o caso de Sergeï sem esperança, particularmente Theodor Ziehen, de Berlim, e Emil Kraepelin, de Munique, que figuravam entre os mais eminentes da época. Além disso, Freud queria demonstrar a alguns de seus discípulos que duvidavam disso o papel determinante desempenhado pela neurose infantil e pela sexualidade no adulto neurótico. Visava aqui tanto a Jung quanto a Adler, que discordavam desse ponto considerado fundamental por Freud.

O início das desgraças do Homem dos Lobos
A revolução bolchevique, que eclodiu em 1917, arruinou completamente Sergeï, que abandonou a Rússia com sua mulher para se instalar em Viena, onde viveu com dificuldades até o fim da vida. Deprimido, sem recursos e sem trabalho, ele voltou a se consultar com Freud, que retomou a análise de novembro de 1919 a fevereiro de 1920. Ele acabou conseguindo um emprego modesto em uma empresa de seguros ao mesmo tempo em que recebia apoio financeiro de Freud e seus colegas vienenses. Mas suas desgraças não terminaram ali. Em conseqüência de uma descompensação que apareceu em 1926 sob a forma de uma paranóia aguda, foi encaminhado por Freud a uma de suas alunas que se interessava pela psicanálise das psicoses, Ruth Mack-Brunswick, que tratou dele (ver o Quadro "Pós-freudianos").

DESCOBERTA DA OBRA

As páginas indicadas remetem ao texto publicado em S. Freud (1918b [1914]), "Extraits d'une névrose infantile (L'Homme aux loups", trad. M. Bonaparte e R. Loewenstein, in *Cinq psychanalyses*, Paris, PUF, 1954, p. 325-420 *[as páginas indicadas entre colchetes remetem às OCF.P, XIII, p. 1-118]*.

Um tratamento de longa duração, cujo término foi fixado por antecipação

Em seu preâmbulo, Freud nos oferece algumas reflexões retrospectivas. Destaca inicialmente o desafio que foi para ele assumir o tratamento de um doente tão grave, em quem os psiquiatras diagnosticaram uma "loucura maníaco-depressiva", julgando-o incurável. Por não encontrar elementos que confirmassem esse diagnóstico, Freud deduz *a posteriori* que o doente sofria, na verdade, de uma neurose obsessiva que surgiu na infância e desapareceu por volta dos 8 anos, de modo que ele pôde levar uma vida normal até os 18 anos, quando começou a afecção atual. Freud esclarece de início que centrará sua atenção unicamente na neurose infantil, renunciando a descrever a doença em seu conjunto: *"Assim, minha exposição será de uma neurose infantil, analisada não enquanto ela estava em curso, mas apenas quinze anos após sua resolução"* (p. 326 [6]).

Essa cura, que durou quatro anos e meio e terminou com êxito, merece da parte de Freud duas importantes observações de ordem técnica. A primeira diz respeito à duração do tratamento psicanalítico, que é necessariamente proporcional à gravidade: *"Só entenderemos o novo mediante análises que apresentam dificuldades particulares, dificuldades que exigem portanto muito mais tempo para superar. Apenas nesses casos conseguiremos descer às camadas mais profundas e mais primitivas da evolução psíquica e encontrar as soluções de problemas que nos propõem as formações posteriores"* (p. 327 [7]). No fim das contas, a paciência do psicanalista é recompensada assim pelas revelações que o paciente acaba fazendo: *"Por isso, afirma-se que, estritamente falando, apenas uma análise que tenha penetrado tão fundo merece esse nome"* (p. 327-328 [8]). A segunda observação técnica diz respeito à necessidade que Freud se impôs de fixar um término para essa análise, o que não é um procedimento usual; ele estava impressionado com a falta de participação do paciente: *"Ele escutava, compreendia – e não se permitia uma aproximação maior"* (p. 328 [9]), de modo que *"os primeiros anos da cura só levaram a uma mudança insignificante"* (p. 328 [8]). Freud arriscou-se, então, a fixar com um ano de antecedência a data do fim da cura e não abriu mão da decisão. Ele teve o prazer de constatar que a proximidade do prazo fez ceder a resistência: *"(...) e a análise ofereceu então em um curto período de tempo, desproporcional ao seu ritmo anterior, todo o material necessário para curar as inibições e suprimir os sintomas do paciente"* (p. 329 [9]). Freud mostra o quanto ele próprio ficou surpreso com o êxito obtido, e diz compreender a incredulidade dos leitores que não tiveram a oportunidade de conhecer pessoalmente essa experiência, única maneira de se convencer disso.

As transformações sucessivas de uma neurose infantil

Freud começa por descrever a situação tal como foi lhe apresentada pelo paciente no início da cura, resumindo a doença infantil e situando os principais protagonistas. Ele procederá dessa maneira ao longo de todo relato, de maneira a nos permitir compartilhar suas descobertas, etapa por etapa, mantendo o suspense. Freud ficou sabendo que o jovem vivera até os 5 anos de idade em uma suntuosa propriedade no campo com seus pais e sua irmã Anna, dois anos mais velha do que ele, e depois a família se mudou para a cidade. Seu pai era depressivo e sua mãe tinha uma natureza doentia, o que o paciente só percebeu durante a análise. Ele se lembrou também de uma empregada que cuidava dele com carinho durante seus primeiros anos de vida, chamada Nania.

O primeiro incidente significativo que chamou a atenção de Freud foi uma súbita mudança de caráter ocorrida no menino quando ele tinha 3 anos e meio. Até então, tinha sido uma criança muito doce, e depois se tornou irritável, violento e mesmo sádico em relação ao seu círculo e em relação aos animais, mudança que coincidiu com a chegada de uma governanta inglesa. Uma segunda mudança ocorreu por volta dos 5 anos: a criança apresentou sintomas de angústia e fobias, antes de tudo o medo de ser devorado por um lobo, medo que sua irmã explorava, e medo também de lagartas e de outros animais. Finalmente, uma terceira mudança sobreveio quando os sintomas fóbicos foram substituídos por manifestações de uma neurose obsessiva de conteúdo religioso, acompanhadas de rituais de preces que se alternavam com injúrias contra Deus. Contudo, as obsessões diminuíram espontaneamente, e por volta dos 8 anos desapareceram, de modo que a criança pode levar uma vida quase normal. Freud propõe-se assim a descrever unicamente a análise dessa neurose infantil.

O efeito dominó de uma cena de sedução

Visto que a primeira mudança de caráter do menino coincidiu com a chegada da governanta inglesa, as suspeitas de Freud logo se dirigiram a ela. Duas lembranças que vieram à cabeça do paciente pareciam confirmar a hipótese de uma sedução precoce. A primeira lembrança estava ligada a ameaças verbais de castração proferidas pela governanta, a segunda aos jogos sexuais com sua irmã, que se divertia com o membro de Serguei. Prosseguindo sua investigação, Freud analisa, então, minuciosamente as conseqüências desses dois episódios e julga que essa mudança de caráter pode ser o efeito imediato disso. Em seguida, ele analisa a cascata de acontecimentos que se seguem, mostrando sucessivamente como o menino se afasta de sua irmã, primeira sedutora, para se aproximar de Nania, a governanta. Um dia, quando ele lhe exibiu seu membro, ela o repreendeu e disse que as crianças que faziam isso podiam ter uma "ferida" nesse lugar, ameaça que provocou no menino o medo de perder seu pênis. Essa angústia de castração foi reforçada quando se deu conta de que as meninas eram desprovidas de pênis, depois de ver sua irmã e uma outra menina urinando.

Mas o efeito dominó desencadeado pela primeira sedução não deteve o medo de castração. Esse efeito prosseguiu seu percurso pouco a pouco, causando uma regressão à fase sádico-anal que não podia compensar o desenvolvimento ainda insuficiente de sua sexualidade genital. Freud esboça então um quadro surpreendente da *"posição passiva feminina"* assumida pelo menino, associada à fase sádico-anal, posição que ele adotou primeiro em relação às mulheres, suas primeiras sedutoras, e depois em relação ao seu pai: *"A sedução por sua irmã parece tê-lo forçado a um papel passivo e imposto um papel sexual passivo. Sob a influência persistente desse acontecimento, ele percorreu então um caminho que levava de sua irmã para sua Nania até seu pai, da atitude passiva em relação à mulher para a atitude passiva em relação ao homem, ao mesmo tempo reatando com a fase anterior e espontânea de seu desenvolvimento"* (p. 341 [25]). Freud acrescenta que, durante o período de problemas de caráter, a *"maldade"* do menino tinha como único objetivo ser punido por seu pai, e que seus gritos de raiva não passavam de tentativas de sedução em relação a ele, a fim de atraí-lo em uma relação sadomasoquista. Nesse ponto, Freud alerta pais e educadores para que não caiam na armadilha lançada por certas crianças cujos distúrbios de comportamento ocultam às vezes um desejo inconsciente de ser punidas. Se a mudança de caráter encontrou sua explicação na regressão à fase sádico-anal, como entender a mudança seguinte, quando surgem a angústia e as fobias?

O sonho dos lobos e a cena originária

O incidente que coincidiu com a aparição da angústia por volta dos 4 anos não foi um incidente vindo de fora, mas um sonho angustiante: *"Sonhei que era noite e que eu estava deitado na minha cama (...) De súbito a janela se abre sozinha e para meu grande terror vejo que na grande nogueira em frente à janela há vários lobos brancos sentados. Eram 6 ou 7. Os lobos eram inteiramente brancos e se pareciam mais com raposas ou pastores alemães, pois tinham longos rabos como as raposas e as orelhas em pé como os cães quando estão atentos a qualquer coisa. Em face de um grande terror, evidentemente o de ser comido pelos lobos, eu gritei **e acordei**"* (p. 342 [26-27]). O paciente garantiu que esse sonho remetia a um acontecimento que tinha realmente ocorrido quando era muito pequeno, pequeno demais para se lembrar. À medida que o jovem ia fazendo associações, Freud conseguiu estabelecer um paralelo entre o conteúdo do sonho e a natureza do acontecimento do qual o paciente não se lembrava mais. Eis as peças do quebra-cabeça que ele justapôs a essa fase da análise, esperando encontrar um significado para ela: *"Um acontecimento real – datado de uma época muito longínqua – olhar – imobilidade – problemas sexuais – castração – o pai – algo de terrível"* (p. 347 [32]).

Freud descreve em detalhe o encadeamento de deduções que o levam a pensar que certamente a criança tinha observado o coito de seus pais mais cedo ainda, quando tinha apenas 1 ano e meio, esclarecendo inclusive que devia se tratar de uma cópula por trás, de modo que a criança poderia ter visto o sexo da mãe e do pai. Segundo Freud, a visão dessa cena originária não teria tido um efeito patogênico no momento em que foi observada, isto é, com 1 ano e meio, mas somente mais tarde, aos 4 anos, quando o desenvolvimento sexual da criança permitiu reativá-lo por efeito de um *a posteriori*.

Mas, então, o que explica que esse sonho tenha desencadeado tanta angústia? Para Freud, esse excesso de angústia se devia sem dúvida à recusa do desejo de ser penetrado por trás pelo pai, a fim de tomar o lugar da mãe, atitude passiva em relação ao pai que foi reprimida, enquanto que a angústia diante do pai foi deslocada sob a forma da fobia do lobo. Ele diz em resumo: "*A angústia era um repúdio do desejo de ser satisfeito sexualmente pelo pai, desejo que inspirou o sonho. A expressão dessa angústia, o medo de ser comido pelo lobo, nada mais era do que uma transposição – regressiva, como veremos – do desejo de servir ao coito do pai, isto é, de ser satisfeito à maneira de sua mãe. Seu objetivo sexual último, a atitude passiva em relação ao pai, sucumbira à repressão, e o medo do pai ocupou seu lugar sob a forma da fobia de lobos*" (p. 357 [43]). Contudo, ao de identificar com a mãe, o menino se identificava com uma mãe castrada, outro perigo contra o qual seu lado masculino se rebelava, o que Freud interpreta da seguinte maneira: "*Se você quer ser satisfeito sexualmente por seu pai*, teria dito a si mesmo pouco depois, '*é preciso aceitar, como sua mãe, a castração. Mas eu não quero!' Em suma, um evidente protesto de virilidade!*" (p. 358 [45]).

Cena real ou cena imaginada?

Será que essa cena originária poderia realmente ter sido observada por uma criança de idade tão precoce ou foi imaginada em uma fantasia retroativa? Freud explora em todos os sentidos essa questão fundamental, "*a mais espinhosa de toda a doutrina psicanalítica*" (n. 1, p. 404 [100]), mas ele acredita que, se a análise penetra suficientemente nas profundezas, o analista acabará convencendo-se de que a percepção de uma tal cena com 1 ano e meio é totalmente impossível. Contudo, nessa idade precoce, a criança ainda não dispõe dos meios suficientes para compreender, e conseguirá elaborar suas primeiras impressões "*a posteriori*", diz Freud (p. 359 [46]), quando tiver avançado em seu desenvolvimento psicossexual. Do ponto de vista técnico, Freud acrescenta que durante o tratamento o analista pode tomar como verdadeiras essas fantasias e que "*apenas no final da análise, depois de atualizadas essas fantasias, é que se manifestaria uma diferença*" (p. 360 [47]); em outros termos, trata-se de esperar que o paciente tenha adquirido uma capacidade suficiente de distinguir entre realidade e fantasia. Mas, qualquer que seja a parte de real e de fantasia, Freud parece supor que essa cena pertence verdadeiramente ao passado do indivíduo, ontogênico ou filogênico, e que ela é anterior a qualquer significado que poderia adquirir só depois. Além disso, segundo ele, não se poderia falar de "*lembrança*" a propósito dessas cenas e seria melhor que se evitasse utilizar o termo, pois, quando elas surgem na cura, resultam essencialmente da construção: "*Quero dizer simplesmente que certas cenas, como a que oferece o caso de meu paciente, cenas situadas em um tempo tão precoce da vida da criança e possuindo um conteúdo análogo, cenas que podem depois pretender um significado tão extraordinário na história do caso, em geral não são reproduzidas em forma de lembranças, mas devem passo a passo e com toda dificuldade ser adivinhadas – reconstruídas – a partir de um agregado de indicadores*" (p. 361 [48]).

Da fobia à neurose obsessiva

A terceira mudança – a transformação dos sintomas fóbicos em sintomas obsessivos de temática religiosa aos 4 anos e meio – foi causada pela intervenção de um fator suplementar. Segundo Freud, a temática religiosa que caracterizou o período de neurose obsessiva foi sem dúvida tomada dos relatos da história sagrada que sua mãe lhe contava, de modo que o menino deslocou para a relação entre o Cristo e Deus Pai a atitude masoquista e ambivalente que tivera em relação ao seu próprio pai. Aos 10 anos, passou a ter um preceptor alemão que exerceu uma grande influência sobre ele. O preceptor não se deixava impressionar pelas obsessões do menino e elas foram diminuindo pouco a pouco, até desaparecerem completamente. Contudo, a repressão da posição homossexual deixou marcas, impedindo que se constituíssem as sublimações e inibindo sua inteligência durante a adolescência. Quando a análise com Freud permitiu suprimir a repressão, essas inibições foram abolidas, de modo que o paciente pôde sublimar suas pulsões homossexuais colocando-os a serviço de uma vida social até então muito limitada.

Erotismo anal, dinheiro e identificação feminina

Nesse capítulo, Freud empreende uma dupla demonstração: a primeira refere-se às relações entre o dinheiro e o erotismo anal, aos diversos aspectos da posição feminina passiva do paciente em relação aos seus distúrbios intestinais.

Freud começa por estabelecer uma série de aproximações entre a maneira como o paciente dispunha de seu dinheiro e o comportamento particular que ele manifestava em relação ao seu intestinos e às suas produções intestinais. Por exemplo, esse paciente muito rico tinha uma atitude paradoxal em face do dinheiro. Ele se mostrava ora pródigo, ora avaro, comportamento que coincidia com uma constipação persistente que exigia lavagens constantes. Esse comportamento em relação ao seu intestino e às suas produções anais se traduzia no nível de seu caráter por uma atitude dominada pela dúvida, em particular quanto á psicanálise, dúvida que segundo Freud *"é a arma mais poderosa do doente, seu meio predileto de resistência"* (p. 381 [72]).

Em seguida, Freud descreve brilhantemente a maneira como o menino construiu uma imagem perturbadora da sexualidade dos adultos, assim como da sua, percebendo-a através das lentes deformadoras de uma teoria sexual infantil colorida pelo erotismo anal.

Em primeiro lugar, o paciente se lembra de seu temor de contrair uma disenteria quando era criança, pois às vezes aparecia sangue nas fezes. Freud interpretou esse temor como a expressão do desejo de se identificar com sua mãe, estabelecendo uma equivalência entre o sangue nas fezes e os sangramentos menstruais. A seqüência das associações conduziu o paciente a fazer uma nova aproximação entre a posição particular da mulher na cena originária e a intensidade da fixação erótica anal, que se exprimia através de seus distúrbios intestinais: *"O órgão pelo qual a identificação com a mulher, a atitude homossexual passiva em relação ao homem, podia expressar-se era a zona anal*, interpreta Freud. *Os distúrbios na função dessa zona tinham adquirido agora o significado de pulsões femininas de ternura, que foram mantidas durante a doença nervosa posterior"* (p. 383 [75]).

Em segundo lugar, Freud observou que, no espírito do paciente, a mulher era castrada, e que a função da vagina era equivalente à função intestinal. Em outros termos, a criança tinha adquirido uma concepção da cena originária essencialmente fundada em uma *"teoria da cloaca"* (p. 384 [76]), por não ter conseguido desenvolver um conhecimento suficiente da diferença dos sexos e do papel da sexualidade genital na mulher. A idéia de que a mulher possa ser castrada aumentou no menino a angústia de castração em relação ao próprio pênis, o que reforçou sua identificação com a mulher assim como sua posição passiva feminina em relação ao homem. A tendência homossexual foi então reprimida, mas ressurgiu sob uma outra forma, a dos distúrbios intestinais fortemente erotizados: *"A atitude feminina em relação ao homem, repudiada por causa do ato da repressão, refugiou-se, por assim dizer, na sintomática intestinal, e se manifestou nas diarréias, constipações e dores intestinais que eram tão freqüentes no tempo da infância"* (p. 385 [77]).

Em terceiro lugar, Freud deu um passo adiante ao estabelecer uma equivalência entre produção intestinal, presente e criança. Tomando suas precauções – *"O paciente concordou com essa conclusão da cena, reconstruída por mim"* (p. 385 [77]) –, Freud chegou a postular que, no momento da cena originária, o menino de 1 ano e meio, muito excitado, teria interrompido os movimentos de seus pais defecando, o que o teria levado a gritar. A produção dessas fezes não seria apenas um sinal de agressão contra os pais, mas teria também o sentido de um presente, e mesmo de um bebê-presente oferecido ao pai, lembrando-se que presente e bebê costumam ser tratados como equivalentes na linguagem comum. Finalmente, o abandono das fezes poderia ser considerado ainda como o protótipo da castração, como acrescenta Freud, preço a pagar para obter o amor do pai, fantasia que recorda o delírio do Presidente Schreber, disposto a aceitar a castração para se tornar a mulher de Deus Pai.

Depois de discorrer longamente sobre as tendências homossexuais inconscientes do paciente, Freud conclui esse capítulo enfatizando as tendências heterossexuais concomitantes. Ele mostra que, em última análise, a ameaça de castração provém do pai e que ela é ao mesmo tempo fonte de uma hostilidade inconsciente em relação a ele, que chega ao desejo de que ele morra, e de um sentimento de culpa ligado ao carinho que sente por seu pai. Essa via seguida pelo menino não é senão a do complexo de Édipo positivo, segundo Freud, a mesma seguida por todo neurótico.

Uma cena de sedução pode ocultar uma outra

Depois de fixado por antecipação o término da análise, os últimos meses trouxeram elementos inéditos, que vieram completar o conjunto do quadro clínico, como é comum ocorrer quando se aproxima do fim de uma análise. O paciente se lembrou de uma cena de sedução da qual nunca tinha falado antes, que teria acontecido antes dos 2 anos com Grouscha, uma babá que antecedeu a chegada de Nania. Lembrou-se que ao ver Grouscha agachada lavando o chão e com as nádegas à mostra, ele urinou, e, diante disso, a babá o teria ameaçado de castração. Para Freud, estabeleceu-se então no espírito do paciente uma ligação entre a moça agachada e a posição da mulher na cena do coito, de modo que a babá se tornou uma substituta da mãe, e o menino se identificou com seu pai: "*A excitação sexual se apoderou dele, que se comportou em relação a ela como macho, como seu pai, cuja ação ele só pudera entender na época como uma micção*" (p. 396 [90]). Segundo Freud, essa lembrança e as fantasias associadas a ela estariam na origem da atração particular do jovem pelas nádegas de suas parceiras e pelo rebaixamento de seus objetos de amor, que ele escolhia normalmente entre mulheres de condição inferior.

A partir da convicção expressada pelo paciente de que chegaria à cura se conseguisse retornar ao aconchego da mãe para renascer, Freud conclui esse *travelling* com um plano geral que capta a cena primitiva, visualizando inclusive o interior do ventre da mãe. Freud tem a ousadia de considerar que esse desejo não expressa apenas a vontade de entrar ali para renascer, mas também para ter um coito com o pai: "*O paciente deseja voltar ao corpo da mãe, não simplesmente para renascer, mas para encontrar seu pai ali durante o coito, para obter dele a satisfação sexual e para lhe dar um filho*" (p. 403 [98]). Examinada aqui de forma bastante amplificada, a cena originária não se realiza com pessoas totais, como anteriormente, mas se realiza agora com objetos parciais – pênis paterno no ventre da mãe –, tal como aparecem nas fantasias precoces de uma criança: "*Deseja-se estar no corpo da mãe a fim de substituí-la no coito, a fim de tomar seu lugar junto ao pai*" (p. 403). "*Man wünscht sich in der Situation zurück, in der man sich in den Genitalien der Mutter befand, wobei sich der Mann mit seinem Penis identifiziert, durch ihn vertreten lässt*" (GW XII, p. 136); "*Deseja-se colocar na situação em que se encontrava nos orgasmos genitais da mãe, em que o homem se identifica com seu pênis, se faz substituir por ele*" [OCF.P, p. 99]). Esse desejo de um retorno ao ventre materno se produz no registro da bissexualidade psíquica, explica Freud, e se dirige tanto ao pai quanto à mãe: "*As duas fantasias se revelam então como sendo simétricas, que expressam, segundo a atitude masculina ou feminina de cada um, o desejo de relações sexuais com o pai ou com a mãe*" (p. 403 [99]). Freud considera inclusive que "*os dois desejos incestuosos*" estariam reunidos no espírito do paciente. Após a análise detalhada de diversas modalidades que implicam essas duas tendências no paciente, Freud mostra que a tendência heterossexual predominará, pois a identificação da criança com o pai conduz à liquidação do complexo de Édipo positivo, e o fim da repressão das tendências homossexuais permitirá agora sua sublimação, o que conduz o paciente à cura.

Apenas uma palavra sobre a transferência

Até então, Freud havia centrado o conjunto de seu relato em uma sucessão de construções e reconstruções, e somente quanto chega a esse ponto é que ele menciona explicitamente a transferência. Freud nota que a cada dificuldade encontrada na cura, o paciente fazia uma ameaça de devoração dirigida ao analista, logo seguida de uma ameaça de maltratá-los. Freud considera que a vontade de devoração contém o desejo inconsciente de devorar o analista tanto por amor como por ódio, sob o efeito da ambivalência, e não fala mais sobre a transferência. Freud indaga-se ainda sobre o que causa a repressão, e pensa que o conflito entre as tendências masculinas e as tendências femininas não basta para explicá-la. Finalmente, ele presume que a repressão provém mais do conflito entre o "ego" e as "tendências sexuais", isto é, a libido.

Freud conclui o conjunto de seu trabalho recolocando a hipótese filogenética e se pergunta se a repressão seria o sinal de um retorno a um *"saber instintivo"* arcaico que escaparia a qualquer representação e corresponderia a *"(...) uma espécie de saber difícil de definir, algo como uma presciência, que nesse caso age na criança"*. Mas acrescenta que, no momento, *"somente dispomos para esse efeito de uma única, porém excelente, analogia: o saber **instintivo** – tão desenvolvido – dos animais"* (p. 419 [117]). E acrescenta: *"Se o homem também possui um patrimônio instintivo dessa ordem, não é de se surpreender que esse patrimônio se refira particularmente aos processos da vida sexual, embora não deva de modo nenhum se limitar a eles"* (p. 419 [117]). Se prosseguirmos essa hipótese, acrescenta ele, *"a repressão seria o retorno a essa fase instintiva"*, que testemunharia uma fase preliminar anterior de tipo instintivo. Ele termina considerando as reservas que podem ser feitas a propósito das hipóteses filogenéticas: *"Julgo-as admissíveis apenas quando a psicanálise respeita a ordem das instâncias e, depois de ter atravessado as camadas sucessivas do que foi adquirido individualmente, reencontra enfim os vestígios daquilo que o homem herdou"* (p. 420 [117]).

PÓS-FREUDIANOS

As análises posteriores do "Homem dos Lobos"
A parte da análise com Ruth Mack-Brunswick

Em 1926, após alguns anos de interrupção, Sergueï foi acometido por uma crise de paranóia aguda. Ele voltou a consultar Freud que o encaminhou então a Ruth Mack-Brunswick, uma psicanalista de origem americana em análise com ele. A análise durou cinco meses e terminou em fevereiro de 1927: "*Depois desse tratamento*, declara ela mais tarde, *sua saúde melhorou e ele foi capaz de desempenhar um trabalho administrativo relativamente modesto*" (1971 [1928], p. 269). Em 1928, Mack-Brunswick publicou um artigo relatando essa cura, em estreita colaboração com Freud. Ela descreveu o estado alarmante em que veio procurá-la o homem que ela foi a primeira a chamar de Homem dos Lobos, apelido que ficou associado a ele: "*Durante suas horas de análise*, relata ela, *falava como um louco, abandonando-se sem freios às suas fantasias, tendo perdido qualquer vínculo com a realidade. Ele ameaçava matar Freud e a mim (...)*" (p. 295). Ele sofria de uma idéia fixa hipocondríaca desde uma lesão que teria sido causado pela intervenção de um dermatologista, e estava convencido de ter um buraco em seu nariz e de que estava definitivamente mutilado. Apesar das dificuldades apresentadas por essa cura que trouxe à tona o delírio de perseguição e a hipocondria delirante, ela conseguiu analisar o componente psicótico de sua personalidade que não tinha sido descrito por Freud em seu relato de 1918. Mack-Brunswick permite também que seu paciente elabore a transferência não liquidada com Freud, assim como sua ambivalência em relação àquele que sem dúvida admirava, considerando-se como seu "filho predileto", mas que também odiava e acusava de tê-lo arruinado. Ela analisou igualmente a transferência negativa do Homem dos Lobos, em particular seu desprezo em relação a ela quando necessitava compará-la desfavoravelmente com Freud. Em sua paranóia, ele achava que a gratuidade de seu tratamento atual se devia a ela, assim como a ajuda financeira que recebia regularmente de Freud e dos psicanalistas.

Pouco a pouco, Ruth Mack-Brunswick pôde analisar o delírio persecutório, graças particularmente a um sonho do paciente no qual os lobos reapareciam sob a forma de perseguidores ameaçando aniquilá-lo. Finalmente, um último sonho revelou uma ligação entre a doença atual de Sergueï e a gonorréia que havia deslanchado a neurose aos 18 anos, o que permitiu atribuir sua angústia de castração à relação com seu pai. Após essa

Continua

● *Continuação*

interpretação, acrescenta ela, "*o paciente renunciou completamente e definitivamente ao seu delírio*" (1971 [1928], p. 301). Em uma nota acrescentada em 1945, Ruth Mack-Brunswick esclarece que seguiu irregularmente a análise de Sergueï durante vários anos a partir de 1928, e que os resultados terapêuticos foram excelentes e duradouros, a despeito de crises pessoais e de acontecimentos ligados à Segunda Guerra Mundial (1971 [1928], p. 268).

Ruth Mack-Brunswick se especializara no estudo da psicose, e essa foi sem dúvida uma das razões que levaram Freud a encaminhar-lhe Sergueï. Além disso, ela tinha um interesse particular pelas relações precoces entre o filho e sua mãe, e foi uma das precursoras a utilizar em seus trabalhos o termo "*pré-edipiano*", adotado depois por Freud. Embora ela própria sofresse de sérias perturbações psíquicas, foi sua experiência profissional com pacientes acometidos de psicose que permitiu livrar mais uma vez o Homem dos Lobos, o que reflete bem seu relato de 1928.

Muriel Gardiner e o "Homem dos Lobos"

Em 1926, Muriel Gardiner, psicanalista americana que também estava sendo analisada por R. Mack-Brunswick, encontrou Sergueï e se interessou por sua sorte, interesse que manterá até a morte do Homem dos Lobos. Em 1938, outra desgraça aconteceu na vida de Sergueï: sua mulher suicidou-se quando da anexação da Áustria pela Alemanha nazista. A partir de 1945, aquele que se identificava cada vez mais como o paciente histórico de Freud continuou a ser acompanhado não apenas por M. Gardiner, que o convenceu a publicar suas *Memórias* em 1971 (M. Gardine (dir.) [1971]), mas também pela comunidade psiquiátrica internacional, particularmente por Kurt Eissler, responsável pelos Arquivos Freud. Sergueï morreu em Viena em 1979. Após a morte do Homem dos Lobos, M. Gardiner (1981) publicou o relato de seus últimos encontros com ele e, em uma nota anexa, contestou o retrato que fez dele, a seu ver deformado, a jornalista Karin Obholzer em 1980.

● **CRONOLOGIA DOS CONCEITOS FREUDIANOS**

Ambivalência amor/ódio – a posteriori – castração (angústia de) – erotismo anal – homossexualidade inconsciente – neurose infantil – obsessões religiosas – fobias – posição passiva feminina – cena primitiva – cenas de sedução – término da análise – transferência

O ESTRANHO
S. FREUD (1919h)

Mil e uma facetas de um sentimento paradoxal

Em língua alemã, o termo *"das Unheimliche"* tem múltiplas consonâncias que não possui em muitas outras línguas. De fato, o adjetivo *"unheimlich"*, de uso corrente, revela sentimentos paradoxais, e alia o familiar – *heimlich* – e o não-familiar – *un-heimlich* –, ou seja, o estranho. Embora a tradução em língua francesa não restitua a não ser em parte a poesia desse texto amplamente inspirado em obras literárias, o leitor é tomado de vertigem diante da infinita variedade de emoções que suscita o sentimento de *unheimlich*, e pela variedade de interpretações sugeridas por Freud. Além disso, esse texto já menciona a noção de "compulsão de repetição" que ele está elaborando como expressão na clínica do conflito fundamental entre pulsão de vida e pulsão de morte, noção que se tornará central a partir de *Além do princípio do prazer* (1920g).

 BIOGRAFIAS E HISTÓRIA

A guerra 1914-1918 e o pós-guerra
Um período de privação e isolamento para Freud

Os anos de guerra foram extremamente duros para Freud e para sua família. Ele sofreu muito de fome e de frio, a ponto de não conseguir segurar a pena no inverno, como escreveria a seus correspondentes, e sentia muita falta do tabaco. Os pacientes se tornaram raros, e às vezes inclusive havia apenas um. Ele se recusou a emigrar para Londres, como lhe sugeriu Jones. Embora seu irmão tenha lhe enviado uma ajuda financeira da América – que Freud se apressará em reembolsar após a guerra –, o essencial de sua energia era absorvido pela tarefa de encontrar meios de atender às necessidades de sua família. Esses anos foram pouco fecundos no plano científico. Ele não tinha mais coragem de lutar e declarou esperar a morte com resignação. A esperança começou a renascer quando Anton Von Freund, um rico cervejeiro de Budapeste e antigo paciente, fez uma doação importante destinada á criação de uma editora psicanalítica. Ela surgiu com o nome de "Internationaler Psychoanalytischer Verlag" e nos anos seguintes lançou 5 revistas, mais de 150 obras e ainda as *Obras completas* de Freud em 11 volumes. Em setembro de 1918, Freud e Ferenczi organizaram um Congresso Internacional em Budapeste, que suscitou um grande interesse nas autoridades austro-húngaras, em particular pelos trabalhos psicanalíticos sobre as neuroses de guerra.

Reencontros em um difícil pós-guerra

A vida após o armistício de 1918 continuou difícil para os habitantes de Viena, quase tanto quanto nos anos de guerra. O tratado assinado em Versailles em 1919 levou ao desmantelamento dos territórios que pertenciam ao antigo Império Austro-Húngaro, e a revolução bolchevique subverteu a geografia política do Leste. A fronteira entre Viena e Budapeste foi fechada, o que causou uma ruptura de comunicação com Ferenczi. A depreciação galopante fez com que a moeda austríaca perdesse todo seu valor, de modo que Freud só aceitava pacientes que pudessem pagar em moeda estrangeira, sobretudo dos americanos e ingleses. Em setembro de 1919, após cinco anos de afastamento em razão de hostilidades, Freud voltou a receber uma visita de Jones. O ano de 1919 marcou também o casamento de seu filho Martin, e Freud foi visitar sua filha Sophie-Halberstadt-Freud em Hambugo, quando ela deu à luz um filho – o futuro "menino do carretel". Mas em 1920 Sophie foi levada pela gripe epidêmica que se alastrou após a guerra, e seu pai mergulhou em uma profunda dor. Em setembro de 1920, realizou-se o IV Congresso Internacional de Psicanálise em Haia com a presença de 57 participantes, e Jones foi confirmado em suas funções de presidente da Associação Psicanalítica Internacional.

DESCOBERTA DA OBRA

As páginas indicadas remetem ao texto publicado em S. Freud (1919h), *L'inquiétante étrangeté et autres essais*, trad. B. Féron, Paris, Gallimard, 1985, p. 209-263 *[as páginas indicadas entre colchetes remetem às OCF.P, XV, p. 145-188].*

Em busca de uma angústia específica

Freud diz que há muito tempo está intrigado com os sentimentos que se ocultam por trás da expressão *unheimlich*. À primeira vista, o termo se refere ao assustador, à angústia ou ao pânico. Mas, para ele, *unheimlich* não remete apenas a um sentimento de angústia, e deve conter um *"núcleo"* mais específico que sem dúvida se oculta no inconsciente. Freud busca esse *"núcleo"* em duas direções, primeiro na etimologia e depois nas situações que desencadeiam esse tipo de impressão. Ele começa por revelar que o termo é de uso corrente na língua alemã e que não tem um verdadeiro equivalente nas outras línguas. Abro um parêntese para assinalar aqui uma dificuldade para os tradutores em língua francesa: M. Bonaparte traduziu *Das Unheimlich* por *L'Inquiétant étrangeté*, termo retomado por B. Féron na presente tradução, enquanto que os tradutores de *Œuvres complètes de Freud* optaram por *L'Inquiétant**.

Em língua alemã, ainda segundo Freud, o estudo etimológico revela que *unheimlich* é o oposto de *heimlich*, e *heimlich* é o familiar, o íntimo, o conhecido, que evoca o lar. Mas o termo *heimlich* tem também o significado de secreto, oculto, dissimulado, e mesmo perigoso, de modo que a acepção acaba por incorporar seu contrário *unheimlich*. De fato, designa-se igualmente como *unheimlich* o que deveria permanecer secreto mas que emerge, manifesta-se. Assim, na linguagem corrente, passamos imperceptivelmente de *heimlich* para o seu contrário *unheimlich* : "**Heimlich** *é portanto uma palavra cujo significado evolui em direção a uma ambivalência, até acabar por coincidir com seu contrário* **unheimlich**. *Unheimlich é de algum modo uma espécie de* **heimlich**" (p. 223 *[159]*).

Da sensação de estranho à angústia de castração

Freud se pergunta em seguida quais são as pessoas, as situações ou as coisas suscetíveis de despertar em nós a impressão de *"estranho"*. Segundo ele, o caso por excelência se produz quando não sabemos se estamos lidando com um ser vivo ou morto, e muitos contos fantásticos se fundamentam nesse sentimento inquietante. Por exemplo, *O homem de areia*, de E. T. A. Hoffmann, é particularmente ilustrativo desse ponto de vista, pois vemos ali o herói, Nathanael, apaixonar-se pela boneca de cera Olímpia, que ele não sabe se é um ser vivo ou inanimado, tema retomado por Offenbach em sua ópera *Os contos de Hoffmann*. Além disso, Nathanael experimenta a mesma incerteza angustiante em relação a Copelius, pois não sabe se Copelius é também o temido Homem de Areia, a tal ponto que o herói do conto tem um ataque de loucura quando vê Copelius voltando: e então, tomado de angústia, ele se mata, jogando-se do alto de uma torre. Porém, segundo Freud, a mais forte impressão de "estranho" nesse conto fantástico se refere ao personagem do Homem de Areia, porque ele ameaça arrancar os olhos das crianças. O temor de perder a vista não é apenas uma impressão intelectual; de um ponto de vista psicanalítico, trata-se mais da lembrança de uma angústia infantil terrificante ligada à angústia de castração. Em outras palavras, o Homem de Areia representa para Nathanael o pai assustador

---

*No Brasil, optou-se pela tradução *O Estranho*.

cujo filho teme a castração, tema que remete ao mito do Édipo no qual este se pune furando os olhos.

Da duplicação narcísica à duplicação do ego, precursor do superego

O paradoxo contido no sentimento de *unheimlich* é igualmente explorado com talento por Hoffmann que, em sua narrativa, utiliza a noção de duplicação em suas modalidades mais diversas. Por exemplo, Freud observa que em Nathanael a imago do pai sofre uma série de *"duplicações"* e *"clivagens"* entre opostos, em particular entre um pai assustador que ameaça o filho de castração e um pai *"bom"* que o protege disso (p. 232, n. 1 *[166, n. 1]*). Ainda segundo Freud, essas duplicações e essas clivagens se reproduzem em inúmeras condições psíquicas tal como se observa em psicanálise, por exemplo, na figura do *"duplo narcísico"*, que visa, entre outros objetivos, assegurar que uma parte do ego escape à morte. O motivo do duplo também é encontrado sob formas muito variadas, em particular nos fenômenos de transmissão imediata de processos psíquicos de um personagem a outro, fenômenos próximos da telepatia, que implicam para Freud *"a identificação com uma outra pessoa de modo a não se saber mais ao que se ater quanto ao próprio ego – portanto, desdobramento do ego, divisão do ego, permutação do ego – e finalmente, retorno permanente do mesmo, da repetição dos mesmos traços faciais, caracteres, destinos, atos criminosos, e mesmo nomes, através de várias gerações sucessivas"* (p. 236 *[168]*).

Por último, Freud descreve uma outra forma de duplicação, a que resulta do abandono de uma instância específica que ele chama de *"censura psíquica"* ou *"consciência moral"*, que é *"capaz de tratar o resto do ego como se fosse um objeto, o que significa que o homem tem capacidade de observar a si mesmo..."* (p. 237 *[169]*). Em 1923, Freud atribuirá um estatuto específico a essa noção quando a designará pelo nome de *"superego"*.

Da repetição do mesmo à "compulsão à repetição"

Além disso, o motivo do duplo, gerador da sensação de estranho, encontra-se também nos fenômenos ligados à "repetição do mesmo", isto é, em situações inquietantes que se revelam ao mesmo tempo estranhas e familiares. É uma angústia que se experimenta, por exemplo, no nevoeiro, quando se imagina estar distante do ponto de partida mas se descobre com impaciência que não se saiu do lugar, que se andou em círculo sem perceber. Existe ainda uma forma de repetição mais inquietante, a que resulta do que Freud chama da *"compulsão à repetição"*: *"No inconsciente psíquico, de fato, consegue-se discernir a dominação de uma **compulsão à repetição** que emana de movimentos pulsionais, que depende sem dúvida da natureza mais íntima das próprias pulsões, que é suficientemente forte para se situar além do princípio do prazer, que confere a certos aspectos da vida psíquica um caráter demoníaco, que se manifesta ainda mais nitidamente nas tendências da criança pequena e domina uma parte do desenvolvimento da psicanálise do neurótico"* (p. 242 *[172]*). Aqui, ele apenas menciona esse tema fundamental em que está começando a trabalhar e que será o tema de *Além do princípio do prazer* (1920g).

Para concluir, Freud evoca algumas situações psicopatológicas suscetíveis de desencadear o sentimento paradoxal de familiar e não-familiar. Entre elas, cita a perda de capacidade de distinguir entre a realidade e a fantasia, entre a loucura e a sanidade, etc., fenômenos aos quais se associa a crença na onipotência mágica do pensamento que, de maneira análoga, exagera o poder da realidade psíquica sobre a realidade concreta. Finalmente, conclui Freud, o sentimento de *unheimlich* constitui uma das características típicas do reprimido, pois, indaga, o reprimido que parece estranho a nós mesmos não se deixa reconduzir a um complexo infantil outrora familiar, que se encontra reavivado? Além disso, é sobre o reprimido de cada indivíduo que se apóia a criação literária quando utiliza todos os meios que a imaginação do autor permite para produzir no leitor um efeito fascinante de estranheza.

PÓS-FREUDIANOS

A duplicação de imagos parentais no complexo de Édipo

Não é de se surpreender que a riqueza e a variedade de temas literários e psicanalíticos abordados por Freud em *O estranho* tenham inspirado vários desdobramentos por parte dos psicanalistas pós-freudianos. Entre eles, eu destacaria a duplicação de imagos dos pais que constitui um aspecto desconhecido do complexo de Édipo. De fato, quando se fala do complexo de Édipo em referência ao *Édipo Rei* de Sófocles, geralmente se evoca um único casal de pais, o dos reis de Tebas, Laio e Jocasta. Mas tende-se a esquecer que, depois de ter sido abandonado por eles, Édipo foi recolhido e adotado por outro casal, os reis de Corinto, Pólibo e Mérope, como assinalou D. Quinodoz (1999, 2002). Assim, no mito de Édipo, o herói é dotado de dois casais de pais, os pais biológicos e os pais adotivos, estabelecendo-se uma duplicação de *imagos* parentais em "*pais que abandonam*" e "*pais que adotam*".

Conseqüentemente, se analisamos o mito de Édipo à maneira de um sonho criado por um paciente, como propõe D. Quinodoz, compreende-se que essa duplicação tenha levado Édipo a "malograr" seu complexo. Quando Édipo fica sabendo da morte natural de seu pai adotivo, Pólibo, acredita ter escapado ao oráculo: *"Tu matarás teu pai e desposarás tua mãe."* Mas então descobre que Pólibo e Mérope são seus pais adotivos, e que Laio e Jocasta são seus verdadeiros pais: "*Foi justamente porque seu casal parental era duplicado que Édipo conseguiu realizar seus desejos inconscientes, nada o impedia de passar aos atos: ele podia matar Laio e desposar Jocasta, pois não eram o pai e a mãe que amava. Duplicando a imago parental em dois casais de pais separados, Édipo escapava à complexidade da relação triangular; mas, evitando colocar os termos de seu complexo, ele o malograva, deixando se elaborá-lo*" (p. 78). D. Quinodoz observa que certos pacientes duplicam inconscientemente suas imagos parentais a fim de evitar muitas angústias, como a angústia de castração, a ambivalência ou o sentimento de solidão, o que impede a resolução de seu conflito edipiano.

BIOGRAFIAS E HISTÓRIA

Ernest Jones (1879-1958)

Testemunho privilegiado da vida de Freud, de quem foi o biógrafo, Jones desempenhou um papel importante no desenvolvimento da psicanálise, particularmente no mundo anglófono: foi presidente da Associação Psicanalítica Internacional por muito tempo, e fundou a British Psycho-Analytical Society, assim como *The International Journal of Psycho-Analysis*. Foi ele também que ajudou Melanie Klein a se instalar na Grã-Bretanha e posteriormente desempenhou o papel de mediador entre ela e Anna Freud durante as Grandes Controvérsias.

Jones nasceu em 1879 no País de Gales e fez seu curso de Medicina em Londres. Descobriu as obras de Freud em 1906, quando se mudou para Munique a fim de se aperfeiçoar em neurologia e aprender alemão para ler *A interpretação dos sonhos*. Em 1908, encontrou-se com Freud em Viena e mantiveram uma correspondência regular até a morte deste. No Congresso de Salzburg de 1908, Jones apresentou a noção psicanalítica de "racionalização", que se tornou clássica, mecanismo de defesa no qual o sujeito apresenta uma explicação lógica e coerente para uma atitude ou uma opinião cujos verdadeiros motivos lhe escapam. Em 1909, após uma denúncia feita contra ele pelo irmão de uma paciente, enfrentou problemas com a justiça inglesa. Apesar da absolvição, sua carreira médica foi interrompida, e ele deixou Londres com sua companheira Loe Kann, indo para Toronto, onde permaneceu por cinco anos. No Canadá, entrou em contato com psicanalistas americanos e criou a American Psychoanalytic Association (APA). Em 1913, retornando à Europa, foi primeiro para Budapeste, onde fez uma curta psicanálise com Ferenczi, e em seguida retornou à Grã-Bretanha. Na mesma época, Freud passou a analisar Loe, mas logo ela abandonou Jones e em 1914 casou-se com outro homem em Budapeste, casamento no qual Freud esteve presente. Em junho de 1914, Anna Freud, então com 18 anos, visitou Londres, onde foi cortejada por Jones. Ao saber disso, Freud escreveu à filha para que desse um basta à situação, acrescentando que Jones não seria um bom marido para ela. Anna obedeceu. Em 1916, Jones casou com uma jovem artista que morreu dois anos depois.

Continua

● *Continuação*

Durante a Primeira Guerra Mundial, de 1914-1918, Jones exerceu a psicanálise em Londres e contribuiu para tornar conhecidas as idéias de Freud proferindo inúmeras conferências para médicos, bastante reticentes, e também para o grande público. Como continuava publicando artigos em língua alemã, foi acusado pelo jornal *Times* de colaborar com a Alemanha e o Império Austro-Húngaro, mas após um processo em que foi absolvido, ele obteve permissão para receber periódicos científicos de língua alemã, o que lhe permitiu, particularmente, manter o contato com Freud. Em 1919, Jones casou-se com Katherine Jolk, uma vienense com quem teve quatro filhos. No mesmo ano, fundou a British Psycho-Analytical Society, e em 1920 criou a editora International Psychoanalytical Press, junto com a Hogarth Press. Ainda em 1920, foi nomeado pela primeira vez presidente da Associação Psicanalítica Internacional (API), cargo que manteve por quatro anos, e lançou o *The International Journal of Psycho-Analysis*, do qual será redator até 1939. Ele foi também o instigador da *Standard Edition* das obras completas de Freud.

Jones desempenhou igualmente um papel histórico quando ajudou Melanie Klein a se instalar na Grã-Bretanha em 1926. Ele defendeu as idéias de Klein contra as críticas de Freud e de Anna Freud, mas mesmo assim continuou amigo e colaborador de Freud (R. Steiner, 2002). Em 1932, Jones foi eleito pela segunda vez presidente da API, e ocupou esse posto até 1949. No fim dos anos de 1930, facilitou a emigração para a Grã-Bretanha e a América do Norte de vários psicanalistas judeus que viviam em Berlim, Viena e Budapeste, e quando Freud e a família deixaram Viena fugindo do nazismo, Jones organizou sua saída em colaboração com Marie Bonaparte, e depois sua instalação em Londres. Durante a Segunda Guerra Mundial, ao longo das Grandes Controvérsias que tiveram lugar na Sociedade Britânica, Jones atuou como mediador entre Anna Freud e Melanie Klein.

Em 1946, Jones se retirou para dedicar os últimos dez anos de sua vida a redigir a biografia de Freud, *A vida e a obra de Sigmund Freud* (1953-1957), assim como sua autobiografia, intitulada *Free Associations* (1959). Ao longo de sua carreira, Jones publicou um número considerável de contribuições psicanalíticas clínicas e teóricas, sendo que as mais importantes tratam da "Teoria do simbolismo" (1916), assim como da sexualidade feminina, em particular "O Desenvolvimento precoce da sexualidade feminina" (1927) e "Sexualidade feminina primitiva" (1935). Deve-se a Jones a abertura de um debate sobre a sexualidade feminina durante o Congresso de Berlim em 1922, debate que posteriormente oporia os partidários da escola inglesa e os da escola vienense. Foi ele também que introduziu a noção psicanalítica de "afânise", palavra que expressa o desaparecimento do desejo sexual nos dois sexos, temor mais fundamental, segundo ele, do que a angústia de castração (Jones, 1927). Morreu em Londres em 1958.

CRONOLOGIA DOS CONCEITOS FREUDIANOS

Clivagem – compulsão de repetição – duplicação – duplo – duplo narcísico – estranho (sensação de) – repetição – repetição do mesmo

"UMA CRIANÇA É ESPANCADA. UMA CONTRIBUIÇÃO AO ESTUDO DA ORIGEM DAS PERVERSÕES SEXUAIS"

S. FREUD (1919e)

"A PSICOGÊNESE DE UM CASO DE HOMOSSEXUALIDADE NUMA MULHER"

S. FREUD (1920a)

Primeiros estudos sobre as perversões e o sadomasoquismo

Esses dois estudos permitem a Freud demonstrar que o complexo de Édipo desempenha um papel central nas perversões, assim como nas neuroses. Ele mostra igualmente que tanto as perversões como as neuroses têm sua origem na neurose infantil. Finalmente, Freud destaca o importante papel da bissexualidade psíquica, isto é, da presença de um componente psíquico masculino e feminino, tanto na patologia quanto no indivíduo normal.

Em "Uma criança é espancada", Freud observa que, na fantasia de fustigação, o prazer sexual encontrado na dor – que caracteriza o masoquismo – está intimamente ligado à erotização de objetos incestuosos. Para Freud, a fantasia de ser espancada na menina constitui um substituto do desejo incestuoso inconsciente em relação ao pai; além disso, a propósito da fantasia de fustigação, Freud descreve no homem uma "posição feminina" que se revela como o substituto de uma relação erótica passiva em relação ao pai, expressão característica do masoquismo masculino.

Em "A psicogênese de um caso de homossexualidade numa mulher", Freud descreve o tratamento abreviado de uma moça apaixonada por uma mulher. Trata-se do último caso clínico publicado por Freud, que não os divulgará mais por motivos de confidencialidade. É a oportunidade para ele de abordar a sexualidade feminina que tinha sido pouco estudada pelos psicanalistas, sem dúvida porque ela é *"bem menos chamativa"* que a homossexualidade masculina, diz ele, embora seja igualmente freqüente (p. 245 [235]). Esse tratamento foi de curta duração, pois a paciente ouvia as construções de Freud sem se sentir envolvida pessoalmente. Quando Freud percebeu que sua resistência decorria de uma transferência hostil em relação a ele – reproduzindo na transferência com Freud o desejo de se vingar de seu pai –, ele pôs um fim a essa cura, aconselhando-a a prosseguir a análise com uma mulher. Na gênese da homossexualidade dessa paciente, Freud dá mais ênfase ao complexo de Édipo positivo, isto é, ao conflito em relação a seu pai, e fala pouco do papel determinante que desempenha o amor pré-edipiano da menina por sua mãe, como ele perceberá a partir dos anos de 1930.

Para finalizar o capítulo, examinarei as etapas percorridas por Freud em suas concepções da feminilidade.

BIOGRAFIAS E HISTÓRIA

As análises de Anna Freud com seu pai
Anna Freud e a fantasia de fustigação

Embora Freud tenha mantido discrição sobre esse ponto, é quase certo para os biógrafos que o caso de sua filha Anna estava entre aqueles a que Freud se refere em "Uma criança é espancada" (E. Young-Bruehl, 1988, p. 94). Anna sofria efetivamente de fantasia de fustigação, e esse foi um dos sintomas que a levaram a fazer uma primeira análise entre 1918 e 1922 com seu próprio pai. Essa prática era comum na época, pois não se tinha avaliado ainda suas conseqüências nocivas. Ao final dessa análise, em 1922, Anna redigiu uma memória clínica que descrevia as fantasias de fustigação em uma menina de 15 anos, memória que apresentou para ser admitida como membro da Sociedade Psicanalítica de Viena, e publicou-a posteriormente com o título "Fantasias de fustigação e devaneios diurnos" (1923). Mas nem por isso Anna se livrou das fantasias de fustigação. Em 1924, de fato, o recrudescimento dessas fantasias levou-a a realizar uma segunda seqüência de análise, novamente com seu pai. Em 5 de maio de 1924, ela escreveu a Lou Andreas-Salomé: "*A razão para continuar foram (...) [as] intrusões episódicas e indesejáveis de sonhos diurnos associados a uma alergia crescente – às vezes física, mas também mental – às fantasias e fustigação e às suas conseqüências (onanismo) que eu não conseguia evitar*" (citado por E. Young-Bruehl, 1988, p. 111).

Repercussões sobre as concepções freudianas da feminilidade

O fato de Freud ter analisado sua própria filha sem dúvida influenciou profundamente sua maneira de pensar a sexualidade feminina. Assim, do mesmo modo que a primeira análise de Anna estava estreitamente ligada à publicação por Freud de "*Uma criança é espancada*", a segunda análise com seu pai inspirou o conteúdo de "*Algumas conseqüências psíquicas da distinção anatômica entre os sexos*" (S. Freud, 1925j), embora para o segundo artigo não exista nenhum documento que permita afirmar isso (E. Young-Bruehl, 1988, p. 114). Nesse texto de 1925, Freud centra o desenvolvimento da menina na inveja do pênis, e nota que no desenvolvimento normal a renúncia ao pai leva ao desejo de um bebê, que representa o substituto do pênis do qual se sente despossuída; ao contrário, quando a inveja do pênis é excessiva, a via da renúncia fracassa e pode então "*ceder diante de uma identificação com o pai pela qual a filha retorna ao complexo de masculinidade ao qual ela eventualmente se fixa*" (Freud, 1925j, p. 130). Esse retraimento na identificação com o pai converge não apenas com as conclusões a que chegou Freud em "Uma criança é espancada", mas também com as de Anna em "*Fantasias de fustigação e devaneios diurnos*" (1923), mas essa identificação com o pai marca igualmente a vida da própria Anna Freud, com sua forte identificação masculina, seu ascetismo, sua renúncia a uma vida sexual feminina ativa, suas dificuldades de relação com os homens, assim como sua longa amizade com Dorothy Burlingham.

Lou Andreas-Salomé (1861-1937)

Íntima de Freud e de sua família, Lou Andreas-Salomé testemunhou de perto o período de análise de Anna Freud com seu pai. De fato, Freud expunha em suas cartas a Lou as dificuldades que enfrentava na análise de sua filha, e Lou, por sua vez, ouvia as confidências de Anna enquanto ambas preparavam a conferência de admissão sobre o tema das fantasias e fustigação e os devaneios diurnos.

Antes de se dedicar inteiramente à psicanálise, Lou Andreas-Salomé teve uma vida sentimental muito movimentada. Ela nasceu em 1861 em São Petersburgo, em uma família germano-francesa, e seu pai era general do tsar. Muito jovem, Lou se libertou do meio familiar, e aos 19 anos partiu para Zurique onde estudou filosofia e história da arte. Aos 21 anos, conheceu em Roma dois filósofos, Paul Rée e Friedrich Nietzsche, com quem formou um triângulo amoroso. Depois disso, teve várias outros casos, entre outros com o jovem poeta Rainer Maria Rilke, mas continuou sendo por toda sua existência "*(...) a musa e a mãe atenta do grande poeta (...)*", como Freud em 1937 dirá a respeito dela. Em 1887, Lou casou-se com um orientalista alemão, Friedrich-Carl Andreas, professor da Universidade de Göttingen.

Lou Andreas-Salomé conhecera Freud em 1911, durante o Congresso de Weimar, e logo se apaixonou pela psicanálise, que praticou com assiduidade, sendo uma das primeiras mulheres a exercê-la. No ano

Continua

● *Continuação*

seguinte, em 1912, instalou-se em Viena e foi introduzida na família de Freud, tornando-se amiga íntima de Anna. Desde 1912, Lou manteve uma correspondência permanente com Freud que, através de sua correspondência, também supervisionava seus casos de análise. Lou participava regularmente das reuniões de quarta-feira, e não demorou a ser admitida entre os membros da Sociedade Psicanalítica de Viena. Em seguida, como prova de fidelidade à causa psicanalítica, Freud enviou-lhe um dos anéis reservados apenas aos membros do "Comitê Secreto". A partir do momento em que se lançou na psicanálise, Lou Andreas-Salomé abandonou pouco a pouco a carreira de romancista e ensaísta que abraçara até então para privilegiar a escrita psicanalítica, estudando as relações entre corpo e psique, mostrando a complementaridade entre homem e mulher e introduzindo seu ponto de vista feminino no pensamento psicanalítico. Apesar da ascensão do nazismo nos anos de 1930, ela não deixou a Alemanha, e morreu em Göttingen em 1937.

▸ "UMA CRIANÇA É ESPANCADA. UMA CONTRIBUIÇÃO AO ESTUDO DA ORIGEM DAS PERVERSÕES SEXUAIS." (1919e)

DESCOBERTA DA OBRA

As páginas indicadas remetem ao texto publicado em S. Freud (1919e), "Um enfant est battu. Contribuition à la genèse des perversions sexuelles", trad. D. Guérineau, in *Névrose, psychose et perversion*, Paris, PUF, 1973, p. 219-243 *[as páginas indicadas entre colchetes remetem às OCF.P, XV, p. 115-146]*.

Uma fantasia obsessiva com masturbação compulsiva

Freud empreende aqui a análise de uma fantasia erótica obsessiva encontrada em seis de seus pacientes, quatro mulheres e dois homens. A fantasia, em sua fase paroxística, é acompanhada de uma satisfação masturbatória compulsiva irrefreável e de perturbações na vida sexual na idade adulta. Ele observa que é uma fantasia difícil de confessar e que opõe uma forte resistência ao tratamento psicanalítico em razão de sentimentos de vergonha e de culpa que a acompanham. A fantasia de "Uma criança é espancada" aparece muito cedo na infância, em geral antes da idade escolar, e é reforçada quando a criança assiste a cenas reais de fustigação, por exemplo, na escola, ou quando mais tarde sente prazer na leitura de obras que descrevem cenas desse tipo. Os adultos que sofrem dessa fantasia não foram espancados, ou foram apenas raramente, em sua infância; além disso, na maioria das vezes, eles são incapazes de dar detalhes sobre seu conteúdo: quem é a criança espancada? por quem?, etc.

Fixação infantil, perversão no adulto

Uma fantasia de fustigação, sobretudo quando é acompanhada de satisfação auto-erótica, organiza-se como *"perversão infantil"* e constitui uma fixação em uma fase precoce, o que entrava parcialmente o desenvolvimento psicossexual posterior da criança. Essa fixação em uma fase pré-genital não é necessariamente definitiva, e pode evoluir em diversas direções, inclusive em um desenvolvimento normal. Mas ela também pode ser reprimida e reaparecer como formação reativa – vários pacientes estudados por Freud apresentam uma neurose obsessiva –, ou ser transformada por sublimação. Ele observa igualmente que o acesso terapêutico à fantasia "uma criança é espancada" é particularmente difícil, e descreve a maneira como o psiquismo afasta a fantasia da consciência para se defender dela: "(...) *[o médico analista] deve admitir que essas fantasias permanecem a maior parte do tempo afastadas do resto do conteúdo da neurose e não têm um lugar específico na sua trama; mas, como me ensina minha experiência pessoal, é muito comum ignorarmos essas impressões*" (p. 223 *[123]*). Mais tarde, em

1927, ele atribuirá esse fenômeno a uma *"clivagem do ego"* e o descreverá como uma característica essencial de organizações perversas.

No plano da técnica, Freud insiste na necessidade de que o analista dedique todo o tempo que for preciso até chegar à supressão da amnésia infantil, a fim de que o paciente recupere as lembranças do período entre 2 e 4-5 anos, quando aparece esse tipo de fantasia. Nesse ponto, ele alerta os psicanalistas contra tratamentos excessivamente curtos: *"Gostaríamos muito de obter resultados práticos em um tempo mais curto e com menos esforço"* (p. 223 [124]). Ele insiste igualmente na importância de analisar as primeiras experiências vividas, sem com isso subestimar as experiências mais tardias: *"(...) e aquele que negligencia a análise da infância sucumbirá inevitavelmente aos erros de conseqüências mais graves"* (p. 223 [124]).

Freud trata em seguida do estudo detalhado da fantasias de fustigação durante o desenvolvimento infantil, e assinala que se trata de uma representação fantasiosa que sofre várias transformações. Ele começa por estudá-la no caso de suas quatro pacientes mulheres, e depois examina a situação em seus dois pacientes homens de forma mais sucinta. É preciso deixar claro que Freud insiste em que as interpretações que propõe nesse artigo estão longe de ser exaustivas e que referem-se apenas aos casos estudados por ele.

A fantasia de fustigação na menina

Na primeira fase, a fantasia da menina tem como conteúdo: *"O pai espanca uma criança"*. Ela se apresenta sob a forma de um devaneio diurno consciente, surgido na infância, cujos personagens não são determinados. O autor da fantasia não é a criança espancada, mas em geral um irmão ou uma irmã, e a cena não tem um caráter sexual. Freud deduz que *"o pai espanca uma criança"* significa, do ponto de vista afetivo: *"O pai espanca uma criança **odiada por mim**"* e, se levamos a análise ainda mais longe: *"O pai não ama essa outra criança, **ele só ama a mim**"* (p. 227 [128]).

A segunda fase tem como conteúdo: *"Eu fui espancada pelo pai"*, que se revela uma fantasia inconsciente e resulta da reconstrução ao longo da análise. Após a transformação, o autor da fantasia se torna a criança espancada, e o pai continua sendo o que espanca. Para Freud, *"eu fui espancada pelo pai"* resulta da repressão do desejo incestuoso edipiano da menina em relação ao pai (complexo de Édipo direto ou positivo). Em outros termos, o prazer que acompanha a fustigação corresponde a uma fantasia de caráter masoquista, que possui um prazer oculto no sofrimento de duplo significado: de um lado, esse prazer oculto no sofrimento assegura a punição da menina por seu desejo culposo em relação ao pai – *"consciência de culpa"* (p. 228 [130]); de outro lado, constitui um substituto regressivo da relação erótica incestuosa com o pai, por retorno à fase pré-genital sádico-anal da organização psicossexual: *"O fato de ser espancado é agora um componente de consciência de culpa e de erotismo; ela [a fantasia] já não é apenas a punição para a relação genital proibida, mas também o substituto regressivo desta"* (p. 229 [131]).

Finalmente, a terceira fase da fantasia tem como conteúdo: *"Um substituto do pai (professor) espanca uma criança (geralmente um menino)"*. Essa fantasia é portadora de uma forte excitação sexual que conduz à satisfação masturbatória compulsiva. Aqui, a menina a quem pertence a fantasia não é mais espancada, mas se torna observadora de uma cena sádica (voyeurismo), e a pessoa que espanca não é o pai. Na fantasia, a menina tende então a se identificar com o menino, reforçando assim suas tendências masculinas em detrimento de suas tendências femininas: *"Quando elas se afastam do amor genital incestuoso pelo pai, as meninas rompem com seu papel feminino com a maior facilidade do mundo, dando vida ao seu "complexo de virilidade" (Van Ophuijsen), e agora só querem ser meninos"* (p. 231 [133]).

A fantasia de fustigação no menino

No material clínico proporcionado por dois homens em análise, Freud se surpreendeu de não encontrar as três fases observadas na menina. Primeiro ele constata que não existe no menino um equivalente da fantasia consciente – "Uma criança é espancada" – que aparece na primeira fase na menina. Depois, na segunda fase, ele descobre na análise que a fantasia inconsciente do menino é: *"Eu fui espancado pelo pai"*, e não, como seria de se esperar, *"Eu fui espancado pela mãe."* Em outras palavras, nessa fase, o menino apresenta a mesma fantasia inconsciente que a menina. Finalmente, na terceira fase consciente, aquela que é acompanhada de uma excitação masturbatória ou de relações sexuais masoquistas, a fantasia do menino se torna *"Eu fui espancado pela mãe (ou por seu substituto)"*. Segundo Freud, essa fantasia masoquista se explica por uma reversão da fantasia incestuosa do menino que se transforma em uma fantasia masoquista: abandonando a posição ativa, o menino adota então uma posição passiva em relação à pessoa que espanca, posição que Freud chama da "posição feminina do menino".

Freud procura explicar a diferença que observa entre a menina e o menino da seguinte maneira: se nos dois sexos a fantasia da fustigação tem como ponto de partida o complexo de Édipo, na menina a fantasia é oriunda do complexo de Édipo *"direto"* (ou *"positivo"*), pois a fantasia *"Eu fui espancada pelo pai"* é um substituto de uma relação incestuosa (heterossexual) com ele, enquanto no menino a fantasia *"Eu fui espancado pelo pai"* é oriunda do complexo de Édipo *"invertido"* (ou *"negativo"*). É portanto um substituto de uma relação incestuosa (homossexual) do filho com o pai, em que o menino assume o lugar da mãe (pré-genital) e se identifica com ela. Freud assinala que no menino, nas duas fases da fantasia, trata-se de uma fantasia passiva, *"(...) efetivamente oriunda da posição feminina em relação ao pai"* (p. 238 [141]), mesmo com a mudança de sexo da pessoa que espanca – o *pai* na fantasia inconsciente e a *mãe* na fantasia consciente. Em suma, trata-se de uma fantasia masoquista comum a ambos os sexos: *"Na menina, a fantasia masoquista inconsciente vem da posição edipiana normal; no menino, vem da posição revertida que toma o pai como objeto de amor"* (p. 238 [141]).

Complexo de Édipo, perversão e masoquismo

Esse estudo permite a Freud dar um passo adiante na compreensão da psicogênese das perversões e do masoquismo e de demonstrar *"pela primeira vez"*, segundo ele, que a perversão no adulto encontra seu fundamento na sexualidade infantil, e que está *"relacionada com objetos de amor incestuosos da criança, com seu complexo de Édipo"* (p. 232 [134]). Em outros termos, o complexo de Édipo está na origem não apenas das neuroses, mas também das perversões. No que diz respeito à gênese do masoquismo, Freud retoma a tese que lançara em *Três ensaios sobre a teoria da sexualidade* (1905a), de que o masoquismo provém de um retorno do sadismo contra a própria pessoa. Mas, em "Uma criança é espancada", ele acrescenta que essa transformação se faz sob a influência da consciência de culpa, que contribui para a repressão e obriga a organização genital a *"uma regressão à fase anterior sádico anal"* (p. 234 [136]). De onde provém a consciência de culpa? Ele atribui a *"essa instância crítica que, como consciência moral crítica, se opõe ao resto do ego (...)"* (p. 234 [136]), e descreve a função da instância que ela chamará mais tarde de superego. Finalmente, Freud mostra que a segunda fase da fantasia, de longe a mais importante, é a fantasia inconsciente: *"Eu fui espancado pelo pai"*. De fato, ela determina no indivíduo em questão, menina ou menino, uma atitude de vítima em relação a pessoas de seu círculo que representam o pai: *"Assim, eles procuram sua realização na situação fantasiada, a saber, que foram espancados pelo pai para sua grande infelicidade"* (p. 235 [137]). Por último, a análise detalhada de diversos aspectos da fantasia de fustigação destaca o papel desempenhado pela bissexualidade psíquica, isto é, a componente masculina e feminina presente em todo indivíduo, nos dois sexos.

PÓS-FREUDIANOS

O sentimento de culpa da menina em relação à mãe

Enquanto alguns psicanalistas pós-freudianos afirmam que nunca se defrontaram com a fantasia "Uma criança é espancada" em seus pacientes, outros puderam constatá-la tal como foi descrita por Freud. É o caso de R. Lax (1992), que estudou a fantasia de fustigação em quatro mulheres em análise, nas quais a fantasia inconsciente "*Eu fui espancado por meu pai*" corresponde à segunda fase descrita por Freud. Mas, diferentemente de Freud, R. Lax contata que o sentimento de culpa em relação à mãe desempenha um papel muito mais importante em seus pacientes do que o sentimento de culpa em relação ao pai. A mãe é vista como um juiz extremamente severo, proibindo o desejo incestuoso da filha em relação ao pai e ameaçando-a de privá-la de seus órgãos sexuais femininos, ameaça equivalente à angústia de castração proveniente do superego paterno no menino. Esse artigo muito intenso mostra a evolução do superego materno nesses pacientes à medida que as tendências heterossexuais se reforçam e que as fantasias masturbatórias masoquistas diminuem de intensidade ao longo da análise. Contudo, os quatro casos descritos por R. Lax me parecem presentes mais como organizações neuróticas com aspectos perversos masoquistas moderados do que como organizações perversas fortemente organizadas, tal como veremos no caso a seguir.

A fantasia perversa do espelho, defesa contra um surto psicótico

Em um artigo clínico notável, R. Riesenberg Malcom (1988) descreve a reviravolta decisiva na análise de uma paciente que apresentava uma perversão masoquista grave, cuja vida sexual fora dominada até os 20 anos por fantasias perversas sadomasoquistas e uma masturbação compulsiva, e por constantes mudanças de parceiros homens. Ela teve de ser hospitalizada várias vezes por descompensações psicóticas antes de empreender uma longa análise. Durante vários anos, a paciente nunca falou à sua analista nem sobre suas fantasias perversas, nem sobre sua atividade masturbatória. Foi a analista que descobriu esses elementos por meio de sua contratransferência. De fato, a analista tinha observado que sua paciente lhe contava freqüentemente cenas da vida cotidiana de uma maneira que a fascinavam e excitavam sua curiosidade, a ponto dela própria sentir vontade de participar dessas cenas.

Tomando consciência pouco a pouco da intensa curiosidade que a invadia, R. Riesenberg Malcom interpretou isso como o resultado de um desejo da paciente de excitar a curiosidade da analista. Essa interpretação remeteu a paciente à sua própria curiosidade em relação à sua analista – particularmente exacerbada durante as separações nos fins de semana –, e foi então que ela confessou envergonhada que passava muito tempo se masturbando, por se sentir excluída em relação aos pais representados por sua analista, e pela primeira vez ela lhe contou a fantasia do espelho. Nessa fantasia, a paciente via um espelho no interior do qual se desenrolavam cenas sexuais violentas, sádicas e humilhantes. Os participantes eram casais homo e heterossexuais incestuosos, e seus jogos duravam horas. A paciente imaginava que era alternadamente um ou outro parceiro dessas cenas sexuais brutais. Ao mesmo tempo, enquanto a fantasia do espelho se desenvolvia, a paciente imaginava que os espectadores assistiam a cena lutando com a própria excitação sexual, pois se sucumbissem cairiam no espelho.

A interpretação feita pela analista a propósito de sua curiosidade permitiu mobilizar a situação transformando-a, de modo que, em vez de ser agida inconscientemente na transferência, com o risco de criar um impasse, ela pôde ser verbalizada e elaborada. Ao longo da análise, acaba-se descobrindo que a fantasia do espelho tem uma dupla função, a de impedir a paciente de abrir caminho e de elaborar a situação edipiana e, ao mesmo tempo, a de impedi-la de regredir mais e de se descompensar de um modo psicótico, como ocorrera antes de sua análise. Em sua discussão desse trabalho, H. Segal (1995) destacou que o essencial nesse caso é que a analista pôde ajudar a paciente a transformar seu *voyeurismo perverso* em *curiosidade infantil normal*, mudança que foi possível a partir do momento em que a analista conseguiu transformar seu próprio voyeurismo contratransferencial em curiosidade permitida em relação à sua paciente. Desse modo, desencadeou-se nesta um processo de identificação com a analista que constituiu o fundamento de uma bissexualidade psíquica, garantia do acesso a uma psicossexualidade feminina mais bem integrada.

▸ "A PSICOGÊNESE DE UM CASO DE HOMOSSEXUALIDADE NUMA MULHER" (1920a)

DESCOBERTA DA OBRA

As páginas indicadas remetem ao texto publicado em S. Freud (1920a), "Sur la psychogenèse d'um cas d'homosexualité féminine", trad. D. Guérineau, in *Névrose, psychose et perversion*, Paris, PUF, 1973, p. 245-270 *[as páginas indicadas entre colchetes remetem às OCF.P, XV, p. 233-262]*.

O êxito terapêutico depende em parte da motivação

A moça fora trazida por seus pais, preocupados por ela estar apaixonada por uma "senhora" de costumes duvidosos, dez anos mais velha, que vivia com uma mulher casada e mantinha relações amorosas com vários homens. A despeito da oposição de seus pais, a moça perseguia a mulher, que se mantinha indiferente às suas investidas. Um dia, quando estava nos braços dessa mulher, a moça encontrou seu pai e, imaginando seu olhar furioso, jogou-se nos trilhos de trem. Uma vez recuperada de seu gesto suicida, a moça ficou ainda mais apaixonada pela mulher, e seus pais a encaminharam a Freud em desespero de causa. Dado que a moça se mostrava pouco motivada e não escondia que só tinha aceitado o tratamento para fazer a vontade de seus pais, e não por interesse, Freud começou por discutir de um modo mais geral as condições indispensáveis para o êxito de uma psicanálise. Ele considera necessário particularmente que um paciente sinta a necessidade de ser ajudado pelo psicanalista e que seu estado lhe cause sofrimento a ponto de querer superar suas dificuldades. No que se refere aos pacientes homossexuais, segundo Freud, o psicanalista deve se apoiar em tendências heterossexuais já suficientemente fortes para contrabalançar o impacto de tendências homossexuais, tanto nas mulheres quanto nos homens.

Da heterossexualidade à homossexualidade

Em seguida, Freud procura reconstruir o curso seguido pelo desenvolvimento libidinal da moça desde sua infância, mas ela não tinha guardado nenhuma lembrança. Contudo, ela recorda que aos 13-14 anos teve vontade de ser mãe e de ter um bebê, e Freud deduz que ela passou por um complexo de Édipo feminino normal. Pouco depois, a jovem adolescente começou a sentir atração por mulheres maduras, e ao longo da análise constatou-se que essas tendências homossexuais tinham surgido por ocasião de uma nova gravidez de sua mãe e do nascimento de um terceiro irmão. Freud explica isso da seguinte maneira: aos 16 anos, quando ocorreu a gravidez de sua mãe, a jovem tinha sentido um desejo claramente consciente de ter um bebê, que correspondia a um desejo inconsciente de ter um bebê de seu pai, se possível um menino: *"Acontece que não foi ela que teve o bebê, mas a concorrente que odiava inconscientemente: a mãe. Indignada e amarga, ela se afastou de seu pai e dos homens em geral. Após esse primeiro grande fracasso, ela rejeitou sua feminilidade e procurou um outro lugar para sua libido"* (p. 256 [246]).

Entre as evoluções possíveis evocadas por Freud, a escolha inconsciente da moça recaiu sobre uma identificação masculina: *"Ela se transformou em homem e tomou a mãe, em vez do pai, como objeto de amor"*; depois, dirigiu uma ternura apaixonada a uma substituta materna representada pela *"senhora"*. Essa posição foi reforçada quando ela percebeu que o pai reprovava sua paixão pela mulher; desde então, perseguindo a mulher com suas investidas, *"ela sabia como feri-lo e como se vingar dele. Agora ela permanecia homossexual para desafiar seu pai"* (p. 258 [248]). Finalmente, Freud acrescenta que a atração da moça por um tipo de mulher masculina contribuiu para satisfazer suas tendência bissexuais: *"O objeto que ela acabou escolhendo não correspondia apenas ao seu ideal feminino, mas também ao seu ideal masculino, ele unificava a satisfação da orientação homossexual de seus desejos com a de sua orientação heterossexual"* (p. 255 [245]).

Identificação masculina e identificação melancólica

Aprofundando a análise, Freud estabelece uma aproximação entre a identificação masculina adotada pela moça em relação à senhora que ela cortejava como faria um homem, e um tipo particular de escolha de objeto própria a certos homens que escolhem como objetos de amor mulheres de vida dissoluta (Freud, 1910h). De fato, Freud encontra nessa paciente uma tendência a querer *"salvar"* a mulher de sua vida dissoluta, análoga à tendência desse tipo de homem a *"querer "salvar" a amada de sua condição indigna"* (p. 260 [251]).

Quanto ao motivo da tentativa de suicídio, Freud o vê antes de tudo na manifestação de desespero da moça diante da idéia de que seu pai a obrigasse a abandonar sua amada. Porém, em um nível mais profundo, a tentativa de suicídio se revelou ao mesmo tempo como uma realização da punição (autopunição) e uma realização de desejo. *"Desse último ponto de vista,* explica Freud, *ela significa a vitória do desejo cuja frustração a empurrou para a homossexualidade, ou seja, o desejo de ter um filho de seu pai, pois agora ela 'caía' pela falha de seu pai"* (p. 260-261, o tradutor esclarece na nota 1, p. 26: "O verbo niederkommen, literalmente, 'vir abaixo', significa ao mesmo tempo 'cair' e 'dar à luz', 'parir'" [p. 251, n.1]). Quanto à tentativa de suicídio como autopunição, eis como Freud a interpreta: *"Como autopunição, a ação da moça nos assegurou de que ela tinha desenvolvido em seu inconsciente intensos desejos de morte contra uma ou outra metade do casal parental. Talvez fosse por vingança contra o pai que destruiu seu amor, mas provavelmente também contra a mãe, no dia em que ela engravidou de seu irmãozinho"* (p. 261 [252]). Finalmente, entre os motivos da tentativa de suicídio, Freud encontra na moça o mecanismo próprio ao suicídio do depressivo já descrito por ele (1917e [1915]): *"De fato, a análise nos forneceu essa explicação para o enigma do suicídio, que talvez ninguém encontre a energia psíquica para se matar se, em primeiro lugar, não matar do mesmo golpe um objeto com o qual se identificou e, em segundo lugar, não voltar contra si mesmo um desejo de morte que era dirigido contra uma outra pessoa"* (p. 261 [252]).

Permito-me abrir um parêntese para fazer um esclarecimento. No caso da homossexualidade feminina, como daquela moça, a inveja e o ódio da mulher homossexual são dirigidos para os pais genitais, isto é, para a mãe *genital* e o pai *genital*; desse modo, quando a mulher homossexual afirma que "ama as mulheres", não é a mãe *genital* que ela ama através delas, mas a mãe *pré-genital*; ao mesmo tempo, ela deseja eliminar o pai a fim de se apoderar de seu pênis e de se identificar com ele, como objeto parcial pré-genital (J.-M. Quinodoz, 1989).

A transferência hostil a Freud: repetição da vingança em relação ao pai

Durante seu tratamento com Freud, a moça não tem consciência do papel desempenhado por seu pai nesse conflito. No entanto, Freud observa que, de um ponto de vista inconsciente, *"é a ele que cabe o papel principal"* (p. 361 [252]), tanto no processo do tratamento quanto no seu resultado. De fato, por trás de fachada de uma moça submissa a seu pai, ocultava-se uma posição de desafio e vingança em relação a ele. Essa atitude se exprimiu de maneira diferente em duas fases da análise. Na primeira fase, tudo parecia transcorrer sem resistência, e a moça se mostrava cooperativa, mas Freud foi percebendo pouco a pouco que ela não achava que as construções lhe diziam respeito, e que seus progressos na compreensão analítica não eram acompanhados da mudança esperada. Durante a segunda fase, Freud compreendeu que a *"fria reserva"* da paciente provinha da vingança dirigida contra seu pai e transferida para ele: *"Na realidade, ela transferiu para mim a recusa radical do homem pelo qual era dominada desde que seu pai a decepcionara. Em geral, o rancor contra o homem se satisfaz facilmente junto ao médico: ela não tem necessidade de provocar tempestades de manifestações sentimentais, ela se manifesta simplesmente em que a paciente torna inúteis todos os esforços do praticante e se mantém solidamente em seu estado mórbido"* (p. 262-263 [254]). Ao tomar consciência dessa transferência negativa para ele, Freud encerra essa análise, aconselhando-a a prossegui-la com uma médica, ao passo que hoje se analisaria a dimensão negativa da transferência da mesma maneira que a transferência positiva.

Freud observa também que a transferência positiva da moça manifestou-se uma única vez, no início da cura, e que se expressou através de sonhos que *"antecipavam a cura da inversão do tratamento"*, segundo ele, revelando seu desejo nostálgico de ser amada por um homem e de ter filhos. Mas, em estado de vigília, a moça expressava conscientemente o desejo de se casar apenas para escapar à tirania do pai e poder ter relações sexuais ao mesmo tempo com um homem e com uma mulher. Freud considerou então que se tratava de sonhos *"enganosos"* (p. 264 [255]), pois, segundo ele, continham uma parte de sedução: enganar o pai e agradar o pai provindo do mesmo complexo. Observa-se aqui que o tom adotado por Freud indica uma atitude de superego em relação à sua paciente, o que atualmente seria evitado por qualquer psicanalista.

Homossexualidade, heterossexualidade e bissexualidade psíquica

O estudo psicanalítico desse caso clínico permite explicar *a posteriori* o caminho seguido pelo desenvolvimento psíquico da paciente, partindo de uma posição edipiana normal para chegar à homossexualidade. Porém, embora se possa remontar à contracorrente os sucessivos encadeamentos, não é possível percorrer o caminho no sentido inverso e prever o rumo que seguirá uma evolução: *"Mas nunca sabemos por antecipação quais desses fatores determinantes se mostrarão mais fracos ou mais fortes. Somente no final dizemos que aqueles que se impuseram eram os mais fortes. Assim, a casualidade no rumo da análise sempre pode ser conhecida, enquanto que sua previsão no rumo da síntese é impossível"* (p. 266 [258]). Em outras palavras, seria incorreto, segundo Freud, deduzir desse estudo que toda moça que tivesse uma decepção edipiana durante sua puberdade poderia se tornar homossexual.

Esse estudo nos revela igualmente que as amizades e paixões homossexuais que surgem durante a adolescência *"são coisas absolutamente corriqueiras em um e outro sexo"* (p. 267 [258]). No caso dessa moça, as tendências homossexuais eram conscientes, enquanto as tendências correspondentes ao complexo de Édipo normal eram inconscientes, o que leva Freud a pensar que sua libido homossexual pertencia à corrente mais superficial, e que essa corrente *"era provavelmente a continuação direta, não modificada, de uma fixação infantil na mãe"* (p. 267 [259]). Embora ele mencione o papel desempenhado pela relação da filha com a mãe, ele não fala mais nada a respeito nessa contribuição. Por último, Freud observa que o *"complexo de virilidade"* era bastante acentuado nessa moça, e ele o associa a uma forte inveja do pênis, o que determina uma autodepreciação de sua feminilidade e de seu desejo de maternidade. Tais conclusões são possíveis porque se fundamentam na existência da bissexualidade psíquica postulada pela psicanálise: *"Todos os indivíduos normais apresentam ao lado de sua heterossexualidade manifesta uma proporção muito considerável de homossexualidade latente ou inconsciente"* (p. 269 [261]).

EVOLUÇÃO DOS CONCEITOS FREUDIANOS

A evolução das concepções freudianas da feminilidade
O "monismo fálico" de Freud

Nestes dois textos, "Uma criança é espancada" e "A Psicogênese de um caso de homossexualidade numa mulher", Freud se refere ainda à sua primeira concepção de desenvolvimento infantil, segundo a qual o desenvolvimento psicossexual da menina está em simetria com o do menino, e inscreve-se no quadro do complexo de Édipo simples ou direto: o menino deseja casar com sua mãe e eliminar seu pai, enquanto que a menina deseja casar com seu pai e eliminar sua mãe.

Continua

EVOLUÇÃO DOS CONCEITOS FREUDIANOS • *Continuação*

Para Freud, o desenvolvimento psicossexual na menina está centrado essencialmente em uma teoria sexual infantil comum aos dois sexos, **teoria** "*que consiste em* **atribuir a todos os humanos, incluídos os seres femininos, um pênis***, como o que o menino pequeno conhece a partir de seu corpo*" (1908c, p. 19). Nessa ótica, quando a menina chega à fase fálica que constitui o momento determinante, ela desenvolve um interesse pelo pênis, do mesmo modo que o menino. Mas, em vista desse órgão, a menina logo percebe que é privada dele, o que determina nela um "*complexo de castração*", e não uma angústia de castração, pois a menina não pode experimentar a angústia da perda de um órgão que ela não tem, como dirá mais tarde Freud (1933a, p. 119 *[170]*). Esse complexo provoca na menina a aparição de uma "*inveja do pênis*": ela se sente em desvantagem em relação aos meninos, de modo que preferiria ser um menino, e deduz da diferença de tamanho do clitóris e do pênis que já é castrada. A supervalorização do órgão masculino, associada à idéia de que a mãe possui um pênis como o homem, tem como conseqüência impedir na menina – e igualmente no menino – a descoberta da existência da vagina, facilitando "*a rejeição e o esquecimento desta*" (1908c, p. 21). Freud funda o destino posterior da menina na evolução por que passa o complexo de castração, pois este pode levar à inveja de um menino. Contudo, se não consegue superar esse complexo, a menina "*se considera em forte desvantagem em relação ao homem devido à falta de um grande pênis visível, pois ela inveja esse atributo no menino, e é essencialmente por esse motivo que ela desenvolve a vontade de ser um homem, vontade que reacenderá mais tarde na neurose que sobrevém em razão da reversão de seu papel feminino*" (1916-1917 *[p. 327]*). Essa concepção do desenvolvimento foi chamada de "monismo fálico" freudiano, porque ele centra o desenvolvimento psicossexual essencialmente no fato de possuir ou não um pênis, tanto no menino como na menina, e porque caracteriza que a essência da libido é unicamente masculina.

Quanto ao complexo de Édipo, essa é uma noção já presente de forma implícita antes de aparecer explicitamente em 1910. Em seus primeiros escritos sobre a questão, Freud o considera como simétrico no menino e na menina com base no seguinte modelo: enquanto o menino sente um forte apego por sua mãe e a necessidade de eliminar seu pai, a fim de tomar seu lugar junto a ela, a menina sente um forte apego por seu pai e a necessidade de eliminar sua mãe, a fim de tomar seu lugar junto a ele.

Além disso, Freud estabelece nessa época uma oposição acentuada entre o masculino-ativo e o feminino-passivo, oposição que ele atenuará mais tarde: "*Posso imaginar as dificuldades que reserva ao leitor a separação rígida, não habitual, mas indispensável, entre ativo- masculino e passivo-feminino*" (1918b, p. 411 *[108]*). Finalmente, quando descreve a "*posição feminina no homem*" e o "*masoquismo feminino no homem*", como em "Uma criança é espancada" (1919e), Freud parece referir-se ao que constitui a essência da perversão masoquista, mas suas palavras geralmente são ambíguas em relação à natureza específica da feminilidade. De fato, ele reafirmou várias vezes a natureza masoquista da feminilidade, por exemplo, quando considera o masoquismo explicitamente "*como expressão do ser da mulher*" (1924c, p. 289 *[13]*).

O papel da relação precoce entre filha e mãe

Se em um primeiro momento Freud postula uma simetria rigorosa no desenvolvimento do complexo de Édipo, a partir de 1920 sua posição evolui em alguns pontos.

Já em 1919, em "Uma criança é espancada" e "A psicogênese de um caso de homossexualidade numa mulher", Freud menciona a eventualidade de uma fixação infantil da menina na relação com a mãe, mas sem desenvolver esse aspecto. Pouco depois, em uma nota acrescentada em 1923, quase vinte anos depois de ter publicado o caso Dora em 1905, ele reconhece que havia interpretado unicamente a transferência paterna e ocultado a transferência materna, isto é, o "*amor homossexual*" de Dora por Frau K. Pela segunda vez tirando partido magistralmente do fracasso do tratamento, Freud começa a perceber a importância que assume o apego precoce da menina à sua mãe quando afirma que o apego homossexual de Dora era "*sua tendência psíquica inconsciente mais forte*". Ao que acrescenta: "*Antes de reconhecer a importância das tendências homossexuais nos neuróticos, eu geralmente fracassava nos tratamentos ou então ficava completamente desorientado*" (1905e, p. 90, nota acrescentada em 1923).

No mesmo ano, em *O ego e o id* (1923b), Freud descreve as duas formas que assume o complexo de Édipo: em razão da bissexualidade psíquica, existe tanto no menino quanto na menina um complexo de Édipo direto ou positivo, correspondente às tendências heterossexuais, e um complexo de Édipo invertido ou negativo, correspondente às tendências homossexuais.

Continua

● *Continuação*

Em 1925, Freud constata que o complexo de Édipo tal como o descrevera até o momento tem uma "*pré-história*", o amor pré-edipiano do menino e da menina pela mãe, que se torna o primeiro objeto de amor, o que constitui uma etapa prévia à situação edipiana. O reconhecimento de uma importante ligação amorosa com a mãe na fase precoce conduz Freud a estabelecer uma distinção entre o desenvolvimento psicossexual do menino e o da menina. A conseqüência disso é que o menino, diferentemente da menina, não precisa mudar de objeto quando tem de renunciar ao seu amor pré-edipiano pela mãe, e se volta para uma mulher que será o substituto de sua mãe. Ao contrário, quando a menina renuncia ao seu amor pré-edipiano pela mãe e se volta para o pai, e em seguida para o homem que será o substituto do pai, ela se confronta com uma tarefa suplementar: precisa mudar de objeto, o que complica a passagem do amor por sua mãe ao amor por seu pai.

O que faz com que a menina se desligue de sua mãe para se voltar ao pai? Freud recorre mais uma vez à sua teoria do monismo fálico para explicar isso: ele retoma a idéia de que é a inveja do pênis que conduz a menina a se voltar ao seu pai, mas acrescenta um elemento novo, ao considerar que o bebê desejado do pai constitui o substituto do pênis. Essa substituição do pênis pelo bebê se realiza em virtude do que ele chama de "*a equação simbólica: pênis = bebê (...)*" (" *(...) längst der vorgezeichneten symbolischen Gleichung Penis = Kind (...)*") (1925j, GW XIV, p. 27). p. 411 *[108]*). Graças a essa equivalência, "*ela [a menina] renuncia ao desejo do pênis para substituí-lo pelo desejo de um bebê e, com esse **desígnio**, ela toma o pai como objeto de amor*" (1925j, p. 130 *[201]*). Essas novas visões levam Freud a uma conclusão paradoxal: "*Enquanto o complexo de Édipo sucumbe sob o efeito do complexo de castração, o da menina se torna possível e é introduzido pelo complexo de castração*" (1925j, p. 130 *[200]*).

Em seu artigo "Sexualidade feminina" (1931b), Freud confirma a importância que atribui à primeira ligação com a mãe e ao papel que essa ligação desempenha na passagem da mãe para o pai – isto é, na mudança de objeto que surge ao longo do desenvolvimento da mulher. Contudo, vale observar que ele também não estabelece aqui uma distinção entre a "mãe pré-genital" e a "mãe genital", ou seja, aquela que forma um par com o pai "genital". Além disso, Freud persistirá até o fim em sua convicção do papel primordial da inveja do pênis na mulher e da impossibilidade para a menina – e para o menino – de chegar a um conhecimento precoce da vagina e dos órgãos femininos (1940a [1938]). É por isso que Freud não reconhece na mulher uma angústia específica de perda em relação aos seus próprios órgãos, angústia que seria equivalente à angústia de castração no homem, e no lugar desta ocorre a perda de amor "*que é visivelmente um prolongamento da angústia do bebê quando sente a falta da mãe*" (1933a, p. 119 *[170]*).

A meu ver, no que diz respeito às contribuições de Freud sobre a sexualidade feminina, é importante não perder de vista que a primazia que ele atribui ao pênis em relação ao desenvolvimento psicossexual é apenas um aspecto parcial do desenvolvimento psicossexual tanto da menina como do menino: trata-se essencialmente de uma teoria sexual infantil que deverá ser superada para chegar à sexualidade adulta genital. Aliás, o próprio Freud reconheceu que havia muitas lacunas nos seus conhecimentos acerca da sexualidade da mulher: "*Se vocês quiserem saber mais sobre a feminilidade, interroguem suas próprias experiência de vida, ou recorram aos poetas, ou esperem que a ciência lhes proporcione informações mais aprofundadas e mais coerentes*" (1933a, p. 181). Caberá aos psicanalistas pós-freudianos completar as idéias de Freud fazendo uma descrição positiva da feminilidade.

Posições freudianas contestadas e contestáveis

Desde os anos de 1920, as idéias de Freud sobre o desenvolvimento da menina e sobre a feminilidade foram objeto de controvérsias. Alguns psicanalistas seguiram seus passos, como H. Deutsch ou como M. Bonaparte que escreveu que "*todo masoquismo é essencialmente feminino*" (1951, p. 71). Outros, ao contrário, como K. Horney, E. Jones e M. Klein, procuraram evidenciar o que é específico no desenvolvimento da sexualidade feminina. K. Horney (1922) foi a primeira a manifestar sua discordância a propósito da inveja do pênis e da natureza masoquista da feminilidade, postuladas por Freud, mas suas idéias foram mantidas em silêncio por um longo tempo. As coisas evoluíram no sentido de um abandono progressivo da teoria do monismo fálico em proveito de uma busca de valorização da percepção do sexo feminino para definir a feminilidade. Assim, E. Jones (1927) tentou descrever o desenvolvimento da sexualidade da menina postulando a existência de uma libido feminina específica e introduzindo a noção de "*afânise*", que significa o desaparecimento do desejo sexual tanto na menina como no menino. Ao introduzir a noção de "*afânise*", Jones tinha em mente

EVOLUÇÃO DOS CONCEITOS FREUDIANOS • *Continuação*

definir uma angústia mais fundamental que o temor da castração, a seu ver excessivamente centrada no sexo masculino.

Quanto a M. Klein (1928, 1932), ela contribuiu com duas descobertas importantes. A primeira diz respeito à ferocidade dos ataques fantasiosos precoces contra o corpo da mãe nas crianças dos dois sexos que levam ao temor da perder a mãe e, na menina, ao temor de que, em represália, a mãe ataque seus órgãos femininos. Esse temor da menina de ser esvaziada de seu útero é comparável, segundo Klein, à angústia do menino de ser privado do seu pênis. A segunda descoberta é uma conseqüência da importância da agressividade da menina em relação à mãe, que a conduz a se voltar a um novo objeto, o pai, e a adotar uma atitude feminina em relação a ele. Quando a agressividade da menina associa-se ao amor pela mãe, sua evolução a conduz a uma identificação feminina. Segundo Klein, é o movimento dinâmico que impulsiona a criança a buscar novos objetos que lhe permite criar símbolos e substituir os objetos primários, fontes de angústias primitivas, por símbolos, etapa crucial do desenvolvimento infantil.

Ao longo dos anos de 1960 e 1970, surgiram os movimentos feministas, sobretudo nos Estados Unidos e na França, para os quais a psicanálise era um dos fatores de opressão das mulheres. E esses movimentos pretendiam reavaliar as relações mães-filhas. Contudo, a psicanálise conseguiu reconquistar terreno e, segundo R. J. Perelberg (2002), o ponto de partida dessa reconquista foi, sem dúvida, a publicação em 1972 de *Psychoanalysis and feminism* por Juliet Mitchell, obra que valorizava a abordagem revolucionária da psicanálise em relação às mulheres.[acréscimo do autor] A partir desse período, os trabalhos psicanalíticos sobre a feminilidade foram tão numerosos e tomaram direções tão variadas que seria impossível sintetizá-los nos limites desta obra. Contudo, D. Birksted-Breen (1993) conseguiu identificar duas tendências principais em meio a essa "nova explosão" de contribuições, uma representada pela corrente francesa e a outra pela corrente norte-americana. Na França, a publicação da obra coletiva de J. Chasseguet-Smirgel (1964) foi o ponto de partida da retomada de interesse pela questão controversa da feminilidade em psicanálise. Esse grupo de autores questiona o papel da inveja do pênis como organizador primário da feminilidade, tal como o concebia Freud, e defendeu a idéia de que a sexualidade feminina possui sua própria especificidade, desde o início da vida. Já os psicanalistas que seguem Lacan permanecem em parte fiéis como ele ao monismo fálico freudiano, de modo que as posições continuam variadas entre os psicanalistas franceses. Nos Estados Unidos, a controvérsia psicanalítica sobre a feminilidade ressurgiu em 1966 com a publicação do artigo de Sherfey, que teve como ponto de partida os trabalhos sobre a fisiologia do orgasmo de Masters e Johnson (1966). Embora criticadas, as idéias de Sherfey desencadearam inúmeros debates que ecoam nos trabalhos publicados em 1976 sob a coordenação de H. Blum. Como estão as coisas hoje? Para Birksted-Breen, as discussões entre psicanalistas norte-americanos sobre a feminilidade estão longe de esgotar o tema: "*Nada está resolvido; no mínimo [esses artigos] proporcionaram mais diversidade, ainda que, à primeira vista, todos tinham como objetivo comum fazer justiça às mulheres*" ["*Nothing was resolved; if anything, they engender greater diversity even if at first glance one aim was united around doing justice to women*"] (1991, p. 17). Para Chasseguet-Smirgel (1976), se as teorias de Freud sobre a sexualidade feminina continuam a suscitar controvérsias a despeito das evidências clínicas, isso se deve, sem dúvida, a que elas se chocam com obstáculos internos – ligados particularmente à afeição infantil –, que freiam os progressos dos conhecimentos.

Gostaria de concluir este apanhado das idéias de Freud sobre a feminilidade citando R. J. Stoller, respeitado por seus trabalhos psicanalíticos sobre a identidade de sexo e de gênero: "*Se Freud tivesse estudado mulheres sem vagina, acho que ele teria percebido que a única coisa que uma mulher deseja, mais do que um pênis, é uma vagina*" (1968, p. 72, n. 1, citado por C. Chiland, 2003, p. 22).

CRONOLOGIA DOS CONCEITOS FREUDIANOS

Erotização de objetos incestuosos do complexo de Édipo – fantasias perversas – fantasias sadomasoquistas – fixação infantil na mãe – heterossexualidade – homossexualidade feminina – identificação – identificação masculina da menina – masoquismo feminino no homem – neurose infantil – perversão – posição feminina no homem – transferência hostil

PARTE III

NOVAS PERSPECTIVAS
(1920-1939)

ALÉM DO PRINCÍPIO DO PRAZER
S. FREUD (1920g)

A guinada dos anos de 1920 no pensamento de Freud

A ano de 1920 marca uma guinada decisiva na maneira como Freud vê o funcionamento psíquico. Até então, ele tomara como modelo o "princípio de prazer-desprazer", tal como se observa na neurose: de fato, o neurótico sofre com seus sintomas, por isso procura evitar o desprazer e solicita a ajuda do psicanalista para se livrar dele e reencontrar o prazer de viver. Mas não podemos deixar de constatar que a prática clínica freqüentemente contradiz o princípio do prazer: como explicar que certos pacientes não suportam ser aliviados de seus sintomas, e têm recaídas quando deveriam apresentar melhoras? Por que outros reproduzem de maneira compulsiva experiências traumáticas com seu cortejo de sofrimentos? Como explicar o masoquismo ou o sadismo, isto é, o prazer de sofrer ou de fazer sofrer? De onde vem a destrutividade dos pacientes depressivos, toxicômanos, perversos e psicóticos, às vezes levada ao extremo?

Em *Além do princípio do prazer*, Freud propõe uma nova hipótese que vai mais longe e postula que o funcionamento psíquico do indivíduo é regido por um conflito mais elementar que o princípio de prazer: o conflito fundamental entre uma pulsão de vida e uma pulsão de morte. Segundo ele, a pulsão de morte decorre da necessidade biológica de todo organismo de retornar ao seu estado inicial, inorgânico; mas, à pulsão de morte – ou *pulsões de destruição* – opõe-se a pulsão de vida – *Eros* – do qual faz parte a libido. Evidentemente, o princípio de prazer mantém seu valor; porém, para que ele triunfe, é preciso que a pulsão de vida consiga dominar a pulsão de morte, pelo menos em parte. Em 1920, Freud apresenta essa hipótese como mera especulação, mas depois lhe atribuirá uma importância cada vez maior e desenvolverá suas outras implicações. Assim, em 1923, ele mostrará que, quando a pulsão de morte predomina no interior desse conflito, o componente destrutivo da vida psíquica se impõe, como no sadismo e no masoquismo; ao contrário, quando a pulsão de vida predomina, o componente destrutivo é parcialmente neutralizado e a agressividade se coloca a serviço da vida e do ego.

Quando falamos de "guinada de 1920" não nos referimos apenas ao ano em que Freud introduziu o conflito fundamental entre a pulsão de vida e a pulsão de destruição, mas também a novas concepções que tomarão forma em seu espírito nos anos seguintes. Entre essas idéias inovadoras, vale destacar a importância que ele dá agora aos afetos de amor e de ódio, à ambivalência, às relações de objeto, aos processos de identificação, assim como ao sentimento de culpa inconsciente, à angústia e ao afeto de luto. Além disso, em 1923, ao introduzir uma divisão do psiquismo em *ego, id e superego*, ou "segunda tópica", Freud levará em conta sua nova teoria das pulsões, que virá completar a "primeira tópica", isto é, a divisão entre inconsciente, pré-consciente e consciente. Se as inovações freudianas posteriores a 1920 foram aceitas em parte pela maioria dos psicanalistas, a existência de uma dualidade pulsional continua sendo ainda hoje uma das questões mais controversas de sua obra.

BIOGRAFIAS E HISTÓRIA

A sombra da morte ronda Freud

Depois de Freud ter apresentado um resumo de *Além do princípio do prazer* no dia 16 de junho em 1920, perante a Sociedade de Viena, a obra foi publicada em dezembro. O aspecto altamente especulativo desse texto difícil, assim como as dúvidas que o próprio Freud manifesta sobre a validade de suas afirmações, fazem com que essas hipóteses sejam recebidas com extrema reserva. Por isso, aqueles que as contestaram, ficaram bastante tentados a considerá-las unicamente como a expressão de angústias pessoais de Freud diante da morte; essa era a opinião, em particular, de seu médico pessoal Max Schur (1972).
Entre os acontecimentos que marcaram esse período, houve a Primeira Guerra Mundial pouco antes, com as privações cotidianas e a morte onipresente. Em 1919, Freud teve de enfrentar o suicídio do psicanalista Tausk que, no entanto, parece ter encarado com distanciamento (P. Gay, 1988). Em compensação, ficou muito abalado com o câncer de Anton von Freud, o mecenas húngaro que visitava diariamente durante a doença dele. O ano de 1929 foi também o da morte de sua filha Sophie, levada em cinco dias pela gripe espanhola, quando estava grávida de seu terceiro filho. Entre outras preocupações sombrias de Freud nessa época, estava a de sua própria morte. Baseando-se em uma superstição – a recorrência do número 62 em diferentes períodos – ele de fato ficou convencido por muito tempo de que morreria em 1918 ou 1919, quando completasse 62 anos.

A segunda teoria das pulsões: Freud cada vez mais convicto

Se a sombra da morte ronda Freud durante esse período do pós-guerra, ele também encontra nisso as motivações próprias à evolução de seu pensamento que, em última análise, o conduzem a introduzir essas hipóteses audaciosas. De fato, embora em 1929 ele ainda tenha dúvidas, até o fim da vida reafirmará a necessidade de levar em conta o conflito pulsão de vida/pulsão de morte. Freud rebatia todos aqueles que pretendiam ver em sua preocupação com a morte e nos acontecimentos trágicos da época, em particular o falecimento de Sophie, a razão de introduzir a noção de pulsão de morte. Como psicanalista, ele reconhecia a pertinência dessa interpretação, mas a recusava em seu caso particular. Por exemplo, para prevenir esse tipo de objeção, ele pediu a Eitingon que testemunhasse que a redação da obra já estava na metade em 1919, um ano antes da morte de Sophie.

DESCOBERTA DAS OBRAS

As páginas indicadas remetem ao texto publicado em S. Freud (1920g), "Au-delà du principe de plaisir", in *Essais de psychanalyse*, trad. J. Laplanche e J.-B. Pontalis, Paris, Payot, 1981, p. 41-115 *[as páginas indicadas entre colchetes remetem às OCF.P, XV, p. 273-288].*

O princípio de prazer e seus limites

Freud recorda os motivos que o levaram a recorrer à noção de princípio de prazer, desenvolvida particularmente em *Artigos sobre metapsicologia* (1915). Por exemplo, quando se observam processos como a fome ou o desejo sexual, constata-se que existe no psiquismo uma sucessão de tensões seguidas de descargas, e que o crescimento de tensão é acompanhado de desprazer e a descarga de desprazer. Isso autoriza, portanto, a descrever os processos psíquicos em termos de variação de quantidade de energia, e pode-se supor que existe no interior do psiquismo um princípio regulador de variações de tensão, princípio que ele chama da *"princípio de prazer"*. O objetivo final desse princípio é *"a evitação do desprazer e a produção de prazer"* (p. 43 [272]). Quanto à tendência à estabilidade que reina nos processos psíquicos, ela provém de um outro princípio, o *"princípio de constância"*, que visa assim manter no nível mais baixo possível a quantidade de estímulo (p. 45 [279]).

Mas, será que, com isso, o princípio do prazer domina o conjunto dos processos psíquicos? Não, responde Freud. Pois se fosse assim, argumenta ele, a maior parte dos processos psíquicos deveria conduzir ao prazer, e não é isso que a experiência nos mostra: *"Portanto, devemos admitir isto,* conclui: *existe no psiquismo uma forte tendência ao princípio de prazer, mas algumas outras forças ou condições se opõem a isso, de modo que o resultado final não pode corresponder sempre à tendência ao prazer"* (p. 46 [279]). Quais são então as forças que se opõem à satisfação das pulsões? Segundo ele, há duas. Em primeiro lugar, o *"princípio de realidade"*, pois permite retardar a satisfação e tolerar provisoriamente o desprazer *"no longo e sinuoso caminho que conduz ao prazer"* (p. 46 [279]). Em segundo lugar, o *"ego"*, pois ele pode produzir um desprazer causado pelas pulsões interiores ao longo do desenvolvimento, sendo que alguns deles se revelam incompatíveis para o ego; é o caso, por exemplo, do desprazer neurótico que é *"um prazer que não pode ser experimentado como tal"* (p. 47 [280]). Mas, tanto na primeira eventualidade como na segunda, o desprazer é provocado pela *percepção* de pulsões interiores ou exteriores incômodas que provocam uma sensação de *"perigo"*. Assim, quando o aparelho psíquico reage de maneira adequada à percepção de um perigo interno ou externo, pode-se considerar que ele obedece ao mesmo tempo ao princípio de prazer e ao princípio de realidade. Contudo, existem situações em que o princípio de prazer é ultrapassado: são as situações que ele chama de traumáticas no capítulo seguinte.

Neurose traumática e jogo na criança: duas fontes de repetição

Freud descreve em seguida duas situações em que se usa a repetição para tentar dominar uma experiência dolorosa. A primeira é a *"neurose traumática"*. Ela se sucede a um choque capaz de pôr a vida em perigo e se manifesta pela angústia, sintomas variados e sonhos repetitivos. De fato, os sonhos desses pacientes têm a particularidade de reproduzir a situação traumática repetitiva, o que está em contradição com a teoria clássica segundo a qual o sonho é a realização de um desejo: *"Nessa afecção, a função do sonho (...) se modifica e se desvia de seus fins"* (p. 51 [283]).

A segunda situação em que se pode observar o fenômeno de repetição é o do jogo na criança. Freud parte de uma observação feita junto a seu neto de 1 ano e meio que não protestava quando pela ausência da mãe. Vendo a criança brincar incansavelmente de jogar longe e de puxar de volta uma bobina de madeira à qual ele tinha amarrado um cordão, Freud cogitou que esse jogo tinha o significado de fazer a mãe desaparecer e reaparecer e que substituía os protestos: *"Ele se compensava, por assim dizer, encenando com os objetos que podia pegar o mesmo 'desaparecimento-retorno'"* (p. 53 [285]). Freud compreendeu que essas repetições tinham várias conseqüências: de um lado, elas permitiam ao menino transformar uma experiência desagradável passiva em uma atitude ativa; de outro lado, lançando o objeto para longe dele, o menino podia satisfazer um impulso reprimido, isto é, vingar-se de sua mãe que foi para longe dele. Extraindo uma conclusão geral dessa observação, Freud afirma que se pode considerar que o jogo na criança tem como função possibilitar reproduzir de maneira repetitiva as experiências que a impressionaram, a fim de controlar a situação emocional. Nessa perspectiva, o exemplo do jogo com a bobina demonstra que a repetição pode levar à elaboração, e ao mesmo tempo estar submetida ao princípio do prazer: *"Mesmo sob o domínio do princípio do prazer, restam mais de uma via e mais de um meio para que algo que é em si desagradável se torne o objeto da lembrança e da elaboração psíquica"* (p. 55 [288]).

Compulsão à repetição e transferência

Freud examina em seguida a vicissitude do que é repetido em psicanálise na transferência. Ele mostra que a transferência consiste na reprodução de fragmentos reprimidos do passado infantil, e que então o que é *repetido* deve ser *elaborado*, conforme antecipara em "Recordar, repetir e elaborar" (1914g). Ocorre, porém, que em certos pacientes o processo de elaboração fracassa, de modo que a simples repetição se torna uma *"compulsão à repetição"*, muito mais grave, suscetível de comprometer o êxito terapêutico. Segundo Freud, as resistências que constituem a compulsão à repetição não provêm de um conflito entre inconsciente e consciente, isto é, de um inconsciente que induz à descarga no consciente, o que seria uma explicação fundada no modelo clássico da neurose, no contexto da primeira tópica. A compulsão à repetição decorre na verdade de um conflito entre *"o ego e sua coesão, e o reprimido"* (p. 59 [290]), conflito que implica igualmente a intervenção do reprimido inconsciente, segundo ele.

Qual a relação que existe nesse caso entre a compulsão à repetição e o princípio do prazer? Observando esse tipo de relação, constata-se que as experiências do passado trazidas de volta pela compulsão à repetição não comportam nenhuma possibilidade de prazer, nem na psicanálise nem na vida cotidiana. Durante a cura psicanalítica, esses pacientes que sofrem de compulsão à repetição reproduzem inexoravelmente essas situações de desprazer na transferência e *"reavivam com muita habilidade todas as circunstâncias não desejadas e todas essas situações afetivas dolorosas. Eles aspiram a interromper a cura antes que esteja concluída, sabem como sentir de novo a impressão de ser desdenhados, obrigar o médico a lhe dirigir palavras duras e tratá-las com frieza (...)"* (p. 61 [291]). De maneira análoga, na visão de certas pessoas, encontram-se fenômenos de compulsão à repetição idênticos àqueles que se produzem na transferência em neuróticos, de modo que nos dão *"a impressão de uma vicissitude que os persegue, de uma orientação demoníaca de sua existência"* (p. 61 [292]). À primeira vista, a pessoa parece viver passivamente esse *"eterno retorno do mesmo"*, mas a análise demonstra que se trata na verdade de um comportamento ativo do interessado, porém inconsciente.

Para concluir, tanto os fenômenos de transferência quanto a vicissitude dos homens nos demonstram que *"existe efetivamente na vida psíquica uma compulsão à repetição que se coloca acima do princípio do prazer"* (p. 63 [292]). Podemos associar igualmente a esse tipo de fenômeno os sonhos repetitivos na neurose traumática, assim como o impulso a brincar da criança. Nas manifestações que acompanham esses fenômenos, como esclarece Freud, o princípio do prazer e a compulsão à repetição estão presentes lado a lado; porém, é mais fácil identificar a participação do princípio de prazer do que da compulsão à repetição, pois raramente podemos captar os efeitos desta última em estado puro. Contudo, se existe uma participação do princípio do prazer, este não chega a dar conta suficientemente desses fenômenos, pois, ao examiná-los mais de perto, *"subsiste um resíduo suficiente para justificar a hipótese da compulsão à repetição que nos parece mais originária, mais elementar, mais pulsional que o princípio de prazer que ela descarta"* (p. 63-64 [294]).

O papel do escudo protetor contra os estímulos: controlar a irrupção traumática

Freud descreve em seguida a função exercida pelo "escudo protetor contra os estímulos", que é a de proteger o psiquismo de um estímulo exagerado vindo do exterior e do interior, a fim de evitar o perigo de uma irrupção traumática.

A função do escudo protetor consiste, portanto, em proteger o psiquismo de energias destrutivas externas e internas e em assegurar sua transformação. No que se refere aos estímulos externos, são os órgãos dos sentidos que os recebem e que registram apenas uma amostra muito reduzida, enquanto que a camada cortical profunda forma a camada cortical sensitiva que constitui o sistema consciente. Mas o sistema consciente recebe também estímulos vindos do interior, contra os quais não existe um escudo protetor análogo àquele que funciona contra os estímulos exteriores. Desse modo, os estímulos interiores não são amortecidos, e por isso engendram diretamente a gama de sensações de prazer-desprazer. Além disso, com o objetivo de defesa, os estímulos internos são tratados como se viessem do exterior, mediante o mecanismo da projeção.

Essas considerações prévias são necessárias para compreender que os estímulos que têm um efeito *traumático* são aqueles que irrompem o escudo protetor e perturbam o funcionamento de todo o organismo. É por isso que, em um primeiro momento, o princípio do prazer é posto fora de ação, e uma outra tarefa entra em jogo: *"Não se trata mais de impedir o aparelho psíquico de submergir a grandes somas de estímulo; a tarefa agora é bem outra: dominar o estímulo, ligar psiquicamente as somas de estímulo que penetraram violentamente para em seguida liquidá-las* (p. 72 [301]). Em face dessa irrupção, toda a energia psíquica se mobiliza em um *"contra-investimento"* análogo ao que se produz em face da dor física; desse modo, esse acréscimo de energia é transformado em um *"investimento quiescente"*, suscetível de controlar esse estímulo, *"isto é, de "ligá-lo" psiquicamente"* (p. 72 [301]).

A neurose traumática é, portanto, a conseqüência de uma irrupção violenta do escudo protetor, e o traumatismo não se deve à violência mecânica do choque, mas *"ao pavor e à sensação de uma ameaça vital"* (p. 74 [302]). Isso conduz Freud a esboçar uma nova concepção de angústia que em seguida desenvolverá amplamente. Já então, em 1920, Freud demonstra que em caso de traumatismo faz falta *"a preparação pela angústia"*, e ele considera que a solução de um traumatismo depende do estado de preparação do sistema, isto é, depende de ter sido preparado ou não pela manifestação de angústia. Ele anuncia aqui a distinção que introduzirá mais tarde entre *"angústia automática"* e *"angústia-sinal"* em *Inibições, sintomas e ansiedade* (1926d).

No que se refere à compulsão à repetição e suas relações com o princípio do prazer, os sonhos traumáticos repetitivos têm como objetivo o controle retroativo do estímulo, função que é mais originária que a busca do prazer e a evitação do desprazer. Em outras palavras, esses sonhos constituem uma exceção à teoria clássica segundo a qual o sonho é a realização de um desejo. Pois, quando os sonhos traumáticos trazem de volta a lembrança de um traumatismo psíquico infantil, eles obedecem mais à compulsão à repetição do que ao princípio do prazer, ainda que se possa pensar que eles obedecem ao desejo de fazer ressurgir o esquecido, o reprimido: *"Se existe um "além do princípio do prazer", é lógico admitir, mesmo para a tendência do sonho de realizar o desejo, a existência do tempo que o teria precedido"* (p. 75 [304]).

"O objetivo de toda vida é a morte"

O escudo protetor que protege o psiquismo contra os estímulos provenientes do exterior não protege dos que vêm do interior, porque estímulos externos e internos produzem efeitos análogos: *"[os estímulos internos] causam freqüentemente perturbações econômicas comparáveis às neuroses traumáticas"* (p. 77 [305]). Quais são as fontes de estímulo interno? Trata-se de *"pulsões"* provenientes do interior do organismo, e a incapacidade de ligá-las psiquicamente produz perturbações comparáveis àquelas causadas pela irrupção de estímulos externos na neurose traumática. Assim como ocorre com os estímulos externos, a primeira tarefa do aparelho psíquico consiste em controlar e ligar os estímulos internos, tarefa que se manifesta através da compulsão à repetição; em um segundo momento, apenas o princípio do prazer pode entrar em jogo. Mas ocorre que, na cura psicanalítica, a compulsão à repetição que se opõe ao princípio do prazer assume um caráter literalmente *"demoníaco"*; com isso, as experiências infantis reprimidas que se repetem na transferência não chegam a ser *"ligadas"* psiquicamente ao princípio do prazer, o que as torna *"inaptas ao processo secundário"* e à possibilidade de elaborá-las (p. 79 [307]).

Ao constatar que as pulsões podem conduzir o indivíduo a um fracasso terapêutico sob o controle da compulsão à repetição, Freud lança uma hipótese geral quanto à verdadeira natureza das pulsões. Elas teriam como objetivo restabelecer o estado inicial, isto é, o estado inorgânico anterior à vida: *"**Uma pulsão seria um impulso inerente ao organismo vivo no sentido do restabelecimento de um estado anterior** que esse ser vivo teria abandonado sob a influência perturbadora de forças exteriores; seria uma espécie de elasticidade orgânica ou, se preferirem, a expressão da inércia na vida orgânica"* (p. 80 [308]). Segundo ele, as pulsões orgânicas teriam um caráter conservador e procurariam restabelecer um estado anterior, de modo que o desenvolvimento e o progresso do organismo sob influências exteriores não afastam as pulsões de seu objetivo último. E, para Freud, esse objetivo nada mais é do que um retorno ao ponto de partida: *"[trata-se de um objetivo] que deve ser antes de tudo um estado inicial que o ser abandonou outrora e ao qual tende a retornar por todos os desvios do desenvolvimento"* (p. 82 [310]). Diante disso, Freud conclui: *"Se nos é permitido admitir com um fato da experiência sem exceção que todo ser vivo morre, retorna* *ao inorgânico por razões internas, então só podemos dizer: **o objetivo de toda vida é a morte** e, voltando mais atrás ainda, **o não-vivo estava lá antes do vivo**"* (p. 82 [310]). É preciso considerar que *"esses desvios do caminho que conduz à morte, fielmente mantidos pelas pulsões conservadoras, seriam aquilo que vemos hoje como fenômenos vitais"* (p. 83 [310]).

As células germinais parecem escapar a esse processo e opor-se ao movimento em direção à morte, mas sua imortalidade é apenas ilusória e *"não significa talvez nada mais que um alongamento do caminho que conduz à morte"* (p. 85 [312]). Freud considera que as pulsões que se ocupam das células germinais pertencem ao grupo de pulsões sexuais, e constituem as *"pulsões de vida"*. Estas *"se opõem ao objetivo perseguido pelas outras pulsões que, através de sua função, conduzem à morte; por isso, fala-se de uma oposição entre elas e as outras, cuja importância foi reconhecida muito cedo pela teoria das neuroses"* (p. 85 [312]). Essa oposição entre grupos de pulsões cria ao longo da existência *"uma espécie de ritmo-hesitação na vida do organismo"* (p. 85 [312]).

Freud se indaga em seguida sobre a possível existência de uma *"pulsão de aperfeiçoamento"* postulada por alguns cientistas, uma espécie de impulso incansável em direção ao progresso, mas ele rejeita essa hipótese que julga ilusória, pois a via da plena satisfação é sempre barrada por resistências. Ao contrário, esse papel pertence aos esforços de Eros *"para reunir a substância orgânica em unidades cada vez maiores"*, de modo que essa pulsão de vida substitui essa *"pulsão de aperfeiçoamento"* (p. 88 [315]).

O dualismo pulsão de vida/pulsão de morte tem equivalentes?

Prosseguindo suas reflexões, Freud procura na biologia de sua época algo que viesse a confirmar, ou desmentir, sua hipótese segundo a qual *"todo ser vivo morre necessariamente de causas internas"* (p. 90 [316]). Embora não encontre na biologia um argumento que se oponha à sua concepção dualista da vida pulsional, ele descobre alguns trabalhos científicos que postularam a existência de dois tipos de processos opostos nos organismos vivos, sendo que *"um constrói, assimila, o outro demole, desassimila"* (p. 96 [323]). Ele lembra também que o filósofo Schopenhauer já lançara a idéia de que a morte é especificamente *"o próprio resultado da vida"* (p. 97 [323]), enquanto que a pulsão sexual é a encarnação da vontade de viver.

Freud dá um passo adiante e se pergunta se é possível transpor os fenômenos celulares à teoria da libido e pensar que, em cada célula, as pulsões de vida ou pulsões ativas neutralizariam as pulsões de morte, enquanto que outras células se sacrificariam a fim de manter a vida. Para responder a essa questão, Freud retoma sua teoria das pulsões, sintetizando muito bem suas diferentes etapas (p. 110-111, nota 6 [332]). Ele mostra que sua concepção dualista tem como ponto de partida uma oposição entre pulsão do ego e pulsão sexual, e deduz daí uma oposição entre pulsão de vida e pulsão de morte. Será que podemos ir mais longe, indaga-se ele, e estabelecer um paralelo entre a oposição pulsão de vida/pulsão de morte e a oposição amor (ternura)/ódio (agressividade)? Ele evoca então o papel desempenhado pelo sadismo e o masoquismo, como também pelas pulsões sexuais conservadoras da vida, o que o conduz a pensar que o masoquismo – essa pulsão agressiva e destrutiva que se volta contra o próprio ego – poderia chegar até uma regressão à fase inicial, o que implicaria a existência de um *"masoquismo primário"*. Se, de acordo com o princípio do prazer, a tendência da vida psíquica visa reduzir as tensões e obedece ao princípio de constância, próximo do *"princípio do Nirvana"*, então, conclui Freud, *"encontramos ali um dos nossos mais importantes motivos para acreditar na existência das pulsões de morte"* (p. 104 [330]). Pouco a pouco se impõe a idéia de que não se pode dissociar a pulsão de morte da pulsão de vida. Contudo, ele encerra o capítulo confessando que não está realmente convencido das hipóteses audaciosas que lançou, e declara esperar muito da biologia futura para responder a essas questões. Posteriormente, suas convicções irão se reforçando.

Um paradoxo: o princípio do prazer a serviço da pulsão de morte

Em um capítulo final, Freud tenta *"determinar a relação de processos pulsionais de repetição com a dominação do princípio do prazer"* (p. 112 [336]). Ele reafirma aqui que uma das forças mais precoces e mais importantes do aparelho psíquico é *"ligar"* os movimentos pulsionais que chegam a ele a fim de substituir o processo primário pelo processo secundário, e transformar a energia de investimento livre em investimento majoritariamente quiescente (tônico). Ao longo dessas transformações, a ligação é portanto um ato preparatório que introduz e assegura a dominação do princípio de prazer. Embora a aspiração ao prazer seja mais intensa no início da vida psíquica, o princípio de prazer não é o apanágio de processos primários, mas está igualmente presente nos processos secundários. Para concluir, Freud mostra que a vida é feita de uma sucessão permanente de tensões perturbadoras *"cuja liquidação é sentida como prazer"*, enquanto a pulsão de morte é silenciosa: *"(...) as pulsões de vida têm muito mais a ver com nossa percepção interna na medida em que apresentam como perturbadoras e trazem tensões contínuas cuja liquidação é sentida como prazer; em compensação, as pulsões de morte parecem cumprir seu trabalho imperceptivelmente"* (p. 114 [337]).

EVOLUÇÃO DOS CONCEITOS FREUDIANOS

Complementos feitos por Freud após 1920 ao conflito entre pulsão de vida e pulsão de morte

Depois de ter postulado em 1920 a existência de um conflito fundamental entre pulsão de vida e pulsão de morte, Freud complementou seus pontos de vista ao longo dos anos seguintes. Em 1923, ao introduzir uma distinção entre ego, superego e id, em *O ego e o id*, ele considera que o superego do melancólico (depressivo) atraiu todo o sadismo do indivíduo e seu componente destrutivo. *"O que reina no superego [do melancólico] é, por assim dizer, uma pura cultura da pulsão de morte"* (1923b, p. 268). Para explicar essa virulência autodestrutiva, particularmente quando leva ao suicídio, Freud lança a idéia de que o componente erótico da pulsão de vida não tem mais força para *"ligar"* a totalidade da destruição, e esta se tornaria *"livre"*, como tendência à agressão e à destruição. A introdução da noção teórica de *"ligação"* e de *"desligação"* de pulsões de vida e pulsões de morte lhe permite dar conta de maneira mais precisa de fenômenos que se observam em clínica

Em 1924, em "O problema econômico do masoquismo", Freud julga que em 1920, em *Além do princípio do prazer*, havia confundido o princípio do Nirvana e o princípio de prazer, permitindo supor erroneamente que o princípio de prazer estava a serviço da pulsão de morte. Revendo essa posição, ele passa a distinguir claramente os dois princípios, e considera que o princípio do Nirvana exprime uma tendência à pulsão de morte – "a paz dos cemitérios" –, enquanto o princípio de prazer é uma reivindicação da libido. Ele acrescenta ainda a idéia fundamental de que a pulsão de morte, sob a influência da libido, é desviado para o exterior com a ajuda da musculatura: *"A libido tem como tarefa tornar inofensivo essa pulsão destrutiva e a realiza desviando essa pulsão em grande parte para o exterior, dirigindo-a contra os objetos do mundo exterior. Seria chamada de pulsão de destruição, pulsão de dominação, vontade de potência"* (1924c, p. 291). Segundo Freud, a parte principal da pulsão de morte é desviada para o exterior sob a forma de sadismo projetado nos objetos, mas restaria um resíduo no interior, voltado para o próprio ego, resíduo que constitui o *"masoquismo erógeno originário"*. Finalmente, pode ocorrer que o sadismo dirigido para o exterior por projeção seja novamente introjetado, regressando assim para o *"masoquismo secundário"* (p. 29).

Em 1937, em "Análise terminável e interminável", Freud reitera uma convicção que ele sabe ser pouco compartilhada, mesmo entre seus alunos: *"Sei muito bem que a teoria dualista, que pretende instaurar uma pulsão de morte, de destruição ou de agressão como parceira legítima ao lado de Eros, manifestando-se na libido, encontrou de maneira geral pouco eco, e não chegou a se impor verdadeiramente, mesmo entre os psicanalistas"* (1937c, p. 260).

PÓS-FREUDIANOS

Porque os psicanalistas mostram tanta resistência a aceitar o conceito de pulsão de morte?

Desde sua aparição em 1920, o conceito de pulsão de morte causou controvérsia entre a maioria dos psicanalistas, e foram raros aqueles que seguiram Freud nesse terreno, mesmo entre seus discípulos mais próximos, como Jones. Várias razões podem ser invocadas para isso, mas vejo dois motivos principias. Por um lado, creio que algumas objeções apresentadas como teóricas parecem fundadas em uma rejeição do papel desempenhado pelas pulsões agressivas e destrutivas na vida psíquica, posição geralmente apoiada nas mais diversas defesas inconscientes. Observei com freqüência que o conceito de pulsão de morte era confundido com a idéia de morte e que o conflito entre pulsão de vida e pulsão de morte era confundido, por isso, com um conflito entre a vida e a morte, embora se trate de um conflito entre dois tipos de pulsões, ativo em todo indivíduo vivo.

Por outro lado, um outro tipo de dificuldade reside em que Freud expôs seus pontos de vista basicamente em termos teóricos e falou pouco de sua aplicação clínica. Por exemplo, ele afirmou que a pulsão de morte era silenciosa, mas não ilustrou com exemplos nem mostrou como interpretava isso. Em compensação, tentou várias vezes substituir a oposição pulsão de vida/pulsão de morte pela oposição amor/ódio, mas não conseguiu, como veremos mais adiante a propósito de *O ego e o id* (1923b).

A dualidade das pulsões na técnica kleiniana

Melanie Klein figura entre os primeiros psicanalistas a aceitar o conceito de pulsão e morte e a aplicá-lo em clínica. Para ela, o ego existe desde o nascimento e logo é exposto à angústia produzida pela polaridade inata das pulsões. Então, com o objetivo de defesa, o ego desvia a pulsão de morte, que é em parte projetada no objeto externo – como mostrou Freud – e em parte transformada em agressão: "*Em vez de morrer, matar*" (Segal, 1979, p. 16). Mas Klein vai mais longe, pois ela considera que esse processo defensivo determina uma clivagem que divide o ego, seguida de uma projeção que divide o objeto primário, o seio percebido ao mesmo tempo como perseguidor e como ideal. De um lado, a pulsão de morte é projetada no seio percebido como perseguidor e ameaçador para o ego; de outro lado, a libido é projetada simultaneamente para criar um seio idealizado, objeto percebido como protetor da vida. Quando há uma idealização excessiva do objeto de amor, a clivagem tem como objetivo mantê-lo afastado do objeto perseguidor, de modo que, nessa fase do desenvolvimento, a angústia predominante provém do temor de que os objetos perseguidores penetrem no ego e aniquilam o objeto ideal e o *self*, fase que Klein chamou de posição esquizoparanóide.

Desde o início, segundo Klein, existe ao mesmo tempo uma tendência a que a integração do ego e a integração do objeto caminhem juntas. Quando as condições do desenvolvimento são favoráveis, o indivíduo sente que seu objeto ideal e suas pulsões libidinais vão tornando-se progressivamente mais fortes do que o objeto perigoso e as pulsões agressivas e destrutivas. Desse modo, ele sente que adquire uma capacidade crescente de defender a si mesmo e ao seu objeto ideal, e que tem uma tolerância maior às pulsões de morte no seu interior e, conseqüentemente, menos temores paranóides. A clivagem e a projeção diminuem, dando lugar pouco a pouco a um movimento no sentido da integração do ego e do objeto, isto é, no sentido da elaboração da posição depressiva.

Existe no psiquismo uma oscilação constante entre esses dois pólos, segundo Klein: de um lado, uma situação interior dominada pela falta de integração e pela clivagem entre o objeto idealizado e objeto perseguidor, na qual o ódio é mais forte que o amor; e, de outro, uma situação caracterizada por uma tendência à integração, na qual o amor é mais forte que o ódio.

De um ponto de vista técnico, a abordagem de Klein e dos psicanalistas kleinianos fundamenta-se na maneira como o indivíduo enfrenta as angústias infantis precoces e as elabora. Sem entrar em detalhes, eu diria que o trabalho do psicanalista em sessão consiste em circunscrever a dupla corrente libidinal e agressiva no vaivém incessante das projeções e introjeções transferenciais entre paciente e analista. Quanto em sua contratransferência o psicanalista aceita representar tanto o objeto idealizado e admirado quanto o objeto perigoso e odiado e interpreta essa clivagem, ele permite ao paciente distinguir a corrente libidinal e a corrente agressiva de modo a ligá-las, favorecendo, assim, uma melhor integração.

Continua

● *Continuação*

A pulsão de morte hoje: uma grande diversidade de pontos de vista

Qual é a situação hoje? Ao contrário da maioria das hipóteses fundamentais de Freud, a que diz respeito à dualidade pulsional é objeto de uma grande diversidade de opiniões entre os psicanalistas, exceção feita àqueles pertencentes à corrente kleiniana, que a aceitaram desde o início. Quanto aos outros psicanalistas, as posições variam quase a ponto de se poder afirmar que existem tantas opiniões a esse respeito quanto psicanalistas.
Em 1984, a Federação Européia de Psicanálise consagrou seu primeiro Simpósio Científico a essa questão controversa, sob o título de *A pulsão de morte* (1986). Para J. Laplanche, uma pulsão de morte seria uma pulsão em si, e ele apresenta vários argumentos para situá-la no campo da pulsão sexual. Para H. Segal, existem desde o início da vida dois tipos de reações em face da experiência da necessidade: a primeira é a sede da vida que conduz à busca do objeto; a outra é a tendência a aniquilar e a eliminar o *self* que percebe e experimenta, assim como tudo o que é percebido. Já A. Green desenvolveu a idéia de que a meta da pulsão de morte é cumprir uma função "*desobjetalizante*" e, para ele, a manifestação própria à destrutividade da pulsão de morte é o "*desinvestimento*". Embora os debates tenham revelado várias convergências e divergências, como assinalou D. Widlöcher, a tendência comum foi situar a dualidade pulsional no nível psíquico, renunciando a recorrer aos argumentos biológicos utilizados por Freud, o que não significa, porém que os psicanalistas neguem totalmente seu fundamento biológico ou somático.

A apoptose: um modelo biológico de regulação

Freud fez uma verdadeira busca entre os cientistas de seu tempo para saber se eles tinham observado no nível biológico algum equivalente da dualidade pulsional que ele postulara no nível psíquico, mas poucos pesquisadores tinham se aventurado a especular nesse campo. Apenas no início dos anos 1970 foram descobertos os mecanismos da apoptose: trata-se de um modo específico de morte celular, cuja função é destruir células durante o desenvolvimento, a organogenesia e o crescimento dos tecidos, mas que pode ser desencadeada também por estímulos patológicos. A apoptose é o ponto de chegada de uma cascata de acontecimentos moleculares, e sua regulação é assegurada por sinais positivos e negativos, provenientes de hormônios, de fatores de crescimento ou de citotoxinas: esses sinais podem inibir a destruição celular ou, ao contrário, desencadear a apoptose (Robbins et al., 1974).
É possível estabelecer relações entre a apoptose e o conflito pulsão de vida/pulsão de morte? Não basta fazer uma simples transposição entre o modelo de regulação biológica da apoptose e o modelo de regulação psíquica postulado por Freud. Ao contrário, creio que se pode recorrer à noção de modelo analógico de funcionamento, como também à noção psicanalítica de apoio, sendo que o funcionamento psíquico se apóia no funcionamento biológico (J.-M. Quinodoz, 1997a). Desse ponto de vista, os dois sistemas não funcionam de maneira isolada, mas psiquismo e biológico influenciam-se mutuamente. Observa-se, por exemplo, no caso de perda de objeto, quando esta provoca uma reação de luto patológico que repercute no nível somático por uma doença ou um acidente: será que não poderíamos postular que a predominância da pulsão de morte sobre a pulsão de vida no nível do conflito psíquico repercute no nível biológico por uma perturbação da regulação da apoptose?

● **CRONOLOGIA DOS CONCEITOS FREUDIANOS**

Compulsão à repetição – jogo repetitivo na criança (bobina) – masoquismo primário – neurose traumática – princípio do Nirvana – pulsão de vida – pulsão de morte- repetição – sonhos repetitivos – transferência – traumatismo

PSICOLOGIA DE GRUPO E A ANÁLISE DO EGO
S. FREUD (1921c)

O amor, a identificação e o ideal do ego

Será que podemos, graças à psicanálise, aplicar à psicologia de grupo os conhecimentos adquiridos no nível da psicologia individual? E, reciprocamente, será que o estudo psicanalítico dos fenômenos de grupo nos esclarece sobre o funcionamento psíquicos do indivíduo? Freud não se satisfaz com as explicações daqueles que, antes dele, recorreram à sugestão e à hipnose para explicar o que faz e desfaz a coesão de um grupo, ou a fascinação que exerce um líder. Ele leva a pesquisa mais adiante e, aplicando sua teoria da libido, demonstra que apenas uma ligação afetiva – o amor – tem condições de superar ao mesmo tempo os narcisismos individuais e o ódio que separa uns dos outros. É a força dessa ligação libidinal que une os indivíduos ao líder do grupo – o amor de Cristo na Igreja, o amor do comandante no Exército – e, em menor medida, é também o amor que liga os indivíduos entre eles. Mas essa ligação libidinal não é o amor sexual evoluído, e sim uma forma primitiva de amor – inibido quanto aos seus objetivos sexuais – que tem como nome a identificação: "*A identificação é a forma mais elementar de ligação afetiva com o objeto*", diz ele. Conseqüentemente, é a identificação do indivíduo com o líder e a identificação dos indivíduos entre eles que criam a coesão de um grupo, e a perda dessa ligação afetiva é a causa de sua dissolução, como se constata no pânico. Mas a ligação ao líder é também uma ligação fundada na idealização, de modo que o indivíduo, atraído por esse ideal, vê sua personalidade prestes a se esfacelar, a ponto de que o "*ideal do ego*" representado pelo líder do grupo assume o lugar do "*ego*" de cada indivíduo.

Podemos então transpor ao microcosmo do espaço psíquico individual as interações que se observam no interior do macrocosmo das interações entre indivíduos e líder do grupo? É a isso que Freud se atém ao examinar a noção de identificação sob seus diversos aspectos; ele esboça uma nova concepção de relações intrapsicanalíticas que se reproduzem "*em um novo teatro no interior do ego*" (p. 200 [69]). O fato de que o ideal do ego possa tomar o lugar do ego lhe permite descrever em detalhe não apenas as vicissitudes do estado amoroso, mas também os processos de identificação, tanto em sua forma normal quanto patológica: assim, se tomamos o exemplo do menino, a identificação com seu pai o conduz a se tornar e a *ser* como ele no complexo de Édipo positivo. Além disso, Freud está cada vez mais certo de que existe uma tensão entre o ideal do ego e o ego, e que dentro da organização psíquica normal o ideal do ego representa as exigências dos pais em relação ao indivíduo, enquanto que na patologia essa tensão pode se exacerbar a ponto de explicar, por exemplo, as alternâncias entre a melancolia e a mania. Finalmente, retomando *Totem e tabu* (1912-1913a), Freud considera que as relações entre o grupo e seu líder são a revivescência das relações entre os filhos e o pai da horda primitiva, e que, após a morte do pai, este é substituído pelo herói enaltecido pela imaginação do poeta.

> **BIOGRAFIAS E HISTÓRIA**
>
> **Compreender melhor os conflitos no interior da sociedade e dos grupos**
> Depois de ter trabalhado sobre o masoquismo e sobre a pulsão de morte, Freud tentou compreender o funcionamento dos grupos e mergulhou nos trabalhos de sociologia que apreciava na sua juventude. Ele comenta com Romain Rolland a intenção da obra: *"Não que eu considere esse escrito particularmente bem-sucedido, mas ele mostra o caminho que conduz da análise do indivíduo à compreensão da sociedade"* (Freud e Rolland, carta de 4 de março de 1923, citado por M. e H. Vermorel, 1993, p. 219). Ele procura compreender à luz da psicanálise particularmente os fenômenos de coesão social: se os indivíduos ganham em coesão e em segurança dentro de um grupo, por que então eles perdem sua liberdade de pensar e sua capacidade de julgamento? Por que os grupos são mais intolerantes, mais irracionais e imorais que os indivíduos que os compõem? Por que as inibições caem por terra de modo a desencadear ódios mortais?
> Podemos encontrar dois motivos principais para a necessidade que se impôs a Freud de empreender esse estudo sobre os grupos. Em primeiro lugar, a Primeira Guerra Mundial ainda estava muito próxima, e vários de seus trabalhos desse período refletem uma preocupação de compreender melhor o homem naquilo que ele pode ter de destrutivo. Em segundo lugar, por volta dos anos 1920, a psicanálise vinha sofrendo inúmeros ataques e passava por violentos conflitos dentro do próprio movimento psicanalítico. Freud era vítima do sentimento antigermânico particularmente virulento na Inglaterra pelo fato de seus trabalhos serem escritos em língua alemã, como relata Jones: *"[A psicanálise] era denegrida como um produto típico da decadência e de uma bestialidade generalizada."* Mas Jones fazia o possível para garantir a tradução das obras de Freud em inglês. Em 1920, com o objetivo de facilitar a difusão das idéias psicanalíticas no mundo anglo-saxão, ele fundou *The International Journal of Psycho-Analysis*. Além disso, essa era também a época em que Jones e Rank se dilaceravam mutuamente, e Freud apoiava ora um, ora outro, ao sabor dos argumentos que lhe apresentavam. Esses conflitos mostraram desde o início que os psicanalistas não escapam às leis de funcionamento dos grupos, e é muito provável que tenha sido uma das razões que motivaram Freud a compreender melhor os fenômenos que se desenvolvem neles. Por exemplo, pode-se perguntar se, ao longo de sua evolução, o movimento psicanalítico atingiu a fase de um grupo organizado em que o chefe – Freud – criou um ideal que estritamente correspondente ao ideal do ego de seus discípulos.

DESCOBERTA DA OBRA

As páginas indicadas remetem ao texto publicado em S. Freud (1921c), "Psychologie des foules et analyse du moi", in *Essais de psychanalyse*, trad. P. Cotet, A. Bourguignon, J. Altounian, O. Bourguignon e A. Rauzy, Paris, Payot, 1981, p. 117-217 *[as páginas indicadas entre colchetes remetem às OCF.P, XVI, p. 1-83]*.

As características da psicologia de grupo

Freud afirma no preâmbulo que a psicanálise focalizou sua atenção no indivíduo tomado isoladamente, mas que ela também leva em conta suas relações com o meio. Por isso, considera que a psicologia individual é também uma psicologia social, mas esta última tende às vezes a esquecer o indivíduo.

Em seguida, Freud explora profundamente a obra de Le Bon, *Psychologie des foules* (1985), para esboçar um amplo quadro desse fenômeno de modo a ressaltar os pontos em que a psicanálise pode contribuir com algo de novo. Le Bon mostra que o indivíduo em um grupo pensa e age de maneira bem diferente do que pensaria e agiria isoladamente, pois sua personalidade consciente se esfacela em proveito de sua personalidade inconsciente. Ele adquire um sentimento de força invencível, e com isso perde o sentido da responsabilidade individual e da consciência moral. No grupo, observa-se igualmente um fenômeno de contágio, a tal ponto que o indivíduo pode sacrificar com muita facilidade seu interesse pessoal ao interesse coletivo e torna-se sugestionável como o hipnotizado nas mãos de seu hipnotizador. Mas, para Freud, aquele que ocupa o lugar de hipnotizador no grupo constitui o elemento crucial. Le Bon mostra ainda que, na massa, produz-se uma regressão, de forma que o indivíduo adota um comportamento semelhante ao de um primitivo ou de uma criança. Tomado isoladamente, um indivíduo pode ser culto, mas em um grupo, vítima de suas pulsões, torna-se bárbaro: "*Ele [o indivíduo] tem a esponta-*

neidade, a violência, a ferocidade, e também os entusiasmos e os heroísmos de seres primitivos" (p. 132 *[13]*). Além disso, o grupo só respeita a força, enquanto a bondade é vista como uma manifestação de fraqueza: *"O que ela exige de seu herói é exatamente a força e exatamente a brutalidade. Ela quer ser dominada e oprimida, e temer seu mestre. Na verdade, sendo fundamentalmente conservadora, ela tem um profundo horror a todas as novidades e a todos os progressos, e um respeito sem limites à tradição"* (p. 134 *[16]*). Segundo Freud, o psiquismo do indivíduo no grupo, tal como o descreve Le Bon, apresenta inúmeras semelhanças com o psiquismo do neurótico, da criança ou do primitivo, tal como o descreve a psicanálise. De resto, segundo Le Bon, sempre que se reúnem, os homens têm necessidade de um chefe, e grupo sempre se parece com um rebanho dócil que tem sede de obediência e submissão. Ele atribui o poder do *"líder"* de um grupo a uma força misteriosa e irresistível que chama de *"prestígio"*, explicação que Freud considera insuficiente. De maneira geral, Freud é crítico em sua conclusão: ele julga que Le Bon esboça um quadro essencialmente descritivo da psicologia de grupo e não dá explicações satisfatórias, que cabe à psicanálise oferecer.

O papel determinante dos afetos

Freud volta sua atenção em seguida a uma outra obra, *The group mind* (1921), na qual McDougall demonstra que é no nível de um grupo simples que podemos descobrir os fenômenos fundamentais que estão na base da formação de uma psicologia coletiva. Esse autor destaca duas condições determinantes para que um grupo se constitua: de um lado, os indivíduos isolados devem ter alguma coisa em comum, um interesse comum, uma mesma orientação em seus sentimentos; de outro lado, devem demonstrar uma certa aptidão a se influenciarem reciprocamente. McDougall assinala assim o papel central que desempenhariam os afetos na formação de um grupo primitivo dentro do qual as emoções são exaltadas e o pensamento inibido: *"(...) é certamente um grande prazer para os participantes abandonar-se sem reservas às suas paixões e então se fundir no grupo, perder a sensação de seus limites individuais"* (p. 142 *[22]*). Contudo, ainda segundo McDougall, a organização de um grupo se caracterizaria igualmente pelo esfacelamento de sua personalidade individual em proveito da massa: *"Trata-se de dotar o grupo das mesmas propriedades que eram características do indivíduo e que se desvanecem nele com a formação do grupo"* (p. 145 *[25]*). Em outros termos, como observa Freud, ao se organizar, o grupo *"se dotaria dos atributos do indivíduo"* (p. 145 *[25]*).

A força do amor

Como se explicaria a exaltação dos afetos e a inibição de pensamento que caracterizam a psicologia de grupo? Até então, a maioria dos autores evocava a sugestão. Mas Freud julga essa resposta insuficiente e recorre à noção psicanalítica de libido, que designa as pulsões que são agrupadas sob o termo genérico amor. Trata-se do amor considerado em sentido amplo, segundo Freud, que inclui as pulsões sexuais, e coincide igualmente com o *"Eros"* de Platão e com o amor de que fala o apóstolo Paulo. Tomando o afeto de amor como ponto de partida, ele sugere a hipótese de que são *"as relações amorosas (em termos neutros: as ligações sentimentais)"* (p. 153 *[30]*) que constituem a essência de sentimentos que soldam os grupos. Em outras palavras, pode-se atribuir ao amor a força que mantém a coesão de um grupo e faz com que o indivíduo isolado abandone sua singularidade e se deixe sugestionar pelos outros, essencialmente *"por amor a eles"* (p. 153 *[30]*)

A Igreja e o Exército

Freud ilustra seu ponto de vista examinando dois grupos altamente organizados, a Igreja e o Exército, que ele considera como grupos artificiais, na medida em que se estabelece uma certa coerção externa para assegurar sua coesão. A Igreja – particularmente a católica – tem um chefe supremo, Cristo, assim como o Exército tem um comandante-em-chefe. O chefe *"ama todos os indivíduos do grupo com o mesmo amor. Dessa ilusão depende tudo,* afirma Freud; *se deixassem que ela desmoronasse, a Igreja e o Exército se desagregariam em pouco tempo, na medida em que a coerção externa o permitiria"* (p. 154 [32]). Na Igreja, é o amor de Cristo pelos fiéis da comunidade cristã que os reúne, e eles se chamam entre si de irmãos em Cristo, sendo que este, segundo Freud, constitui um substituto paterno. O mesmo ocorre no Exército: *"O comandante-em-chefe é o pai que ama igualmente todos os soldados, e por isso eles são camaradas entre si"* (p. 155 [33]). Contudo, se o Exército possui uma organização hierárquica piramidal mais importante que a Igreja, no seio da cristandade existe mais solicitude em relação aos indivíduos do que no Exército.

Conseqüentemente, *"nesses dois grupos artificiais, cada indivíduo isolado está ligado libidinalmente, de um lado, ao líder (Cristo, comandante-em-chefe), de outro, aos indivíduos do grupo"* (p. 156 [34]). Visto que cada indivíduo tomado isoladamente estabelece uma ligação afetiva nas duas direções, isso explica a limitação que se observa na personalidade de um indivíduo num tal grupo. Temos a demonstração disso quando ocorre o fenômeno do pânico, em que essa ligação afetiva se perde, por exemplo, quando ela se produz nas forças militares, levando-as à perda de sua coesão. Nesse caso, é a angústia diante do perigo que dissolve as ligações libidinais do grupo, e Freud estabelece um paralelo entre o pânico em um grupo e a origem da angústia neurótica, fundada essencialmente na *"suspensão das ligações afetivas (ligações libidinais)"* (p. 158 [35]), tema que retomará em 1926, em *Inibições, sintomas e ansiedade*. O grupo religioso revela sentimentos ambivalentes, mas os impulsos hostis são reprimidos *"graças ao amor igual de Cristo por todos"* (p. 160 [37]). Contudo, a hostilidade se manifesta através da intolerância: *"No fundo, toda religião é igualmente uma religião de amor por todos aqueles que ela engloba, e todas tendem à crueldade e à intolerância em relação àqueles que não pertencem a ela"* (p. 160 [37]). Essa intolerância persiste quando a ligação religiosa é substituída por outra, como já se percebe, por exemplo, no movimento comunista: *"(...) isso a que a ligação socialista parece conduzir atualmente resultará na mesma intolerância em relação aos de fora que existia no tempo das guerras religiosas (...)"* (p. 160 [37]).

O amor e o ódio como fatores de coesão

Freud prossegue sua pesquisa sobre a natureza da ligação do grupo em relação aos seus membros e considera que não só o amor como também o ódio constitui um fato de unidade. Portanto, o comportamento dos grupos caracteriza-se igualmente pela ambivalência, isto é, por sentimentos de hostilidade dirigidos contra pessoas amadas. Contudo, no interior de um mesmo grupo observa-se paradoxalmente que os sentimentos hostis entre indivíduos se dissipam enquanto a coesão se mantém. Além disso, o indivíduo isolado está disposto a renunciar aos seus interesses pessoais em favor dos interesses dos outros membros do grupo, e Freud atribui essa limitação do narcisismo à natureza afetiva da ligação libidinal que se estabelece entre eles. Essa renúncia em proveito da maioria constitui segundo ele um dos fundamentos da civilização: *"E, tanto no indivíduo como no desenvolvimento de toda a humanidade, apenas o amor agiu como função de civilização, em uma passagem do egoísmo ao altruísmo"* (p. 165 [41]).

A identificação, expressão primeira da ligação afetiva com outro

Do amor como fator de coesão, Freud passa à identificação, outro fator suscetível de criar uma ligação afetiva dentro de um grupo. Em uma frase incisiva, ele recorda o que une o amor e a identificação: *"A identificação é conhecida na psicanálise como expressão primeira da ligação afetiva a uma outra pessoa"* (p. 167 [42]). A identificação desempenha um papel na pré-história do complexo de Édipo, e Freud descreve o percurso seguido pelo menino pequeno em relação ao seu pai: *"Ele gostaria de se tornar e de ser como ele, de tomar o seu lugar em todos os aspectos. Podemos dizer tranqüilamente que ele toma seu pai como ideal"* (p. 167 [42]). Simultaneamente à identificação com o pai, o menino pequeno investe sua mãe de uma ligação libidinal de objeto nitidamente sexual. Ele enfrenta assim uma situação edipiana normal, e sua identificação masculina é carregada de hostilidade em relação ao pai rival, pois deseja tomar seu lugar junto à mãe, de modo que sua identificação assume um caráter ambivalente. Conseqüentemente, a vicissitude dessa identificação com o pai "*se perde facilmente de vista*" (p. 168 *[43]*).

Mas pode ocorrer que o complexo de Édipo sofra uma inversão e que o menino de identifique com o objeto desejado pelo pai, isto é, sua mãe, e assuma uma posição feminina, tomando o pai como objeto de pulsões sexuais. Na menina também pode ocorrer uma inversão, com as substituições correspondentes. Qual é então a diferença entre a identificação com o pai no complexo de Édipo direto e uma identificação no complexo de Édipo invertido, em que o pai é tomado como objeto? Freud responde a isso de forma simples, porém esclarecedora: "*No primeiro caso, o pai é o que se gostaria de **ser**, no segundo o que se gostaria de **ter***" (p. 138 *[44]*).

Freud descreve em seguida várias formas de identificação, sendo que o mesmo sintoma pode estar ligado a três formas de identificação. Por exemplo, na formação de sintomas, pode-se distinguir primeiro a identificação histérica, como no caso da menina pequena que contrai a tosse de sua mãe: "*A identificação é a mesma do complexo de Édipo, que significa uma vontade hostil de substituir a mãe, e o sintoma expressa o amor objetal pelo pai*" (p. 169 *[44]*). Nessa primeira eventualidade, o sintoma é o da rival odiada, e a identificação da menina expressa ao mesmo tempo sua agressividade em relação à mãe e o amor pelo pai. Uma outra forma de identificação que participa da formação de um sintoma é ilustrada pelo caso da tosse de Dora imitada de seu pai, em que o sintoma é o mesmo da pessoa amada: "***A identificação ocupou o lugar da escolha de objeto, a escolha de objeto retornou à identificação***; (...) *ocorre freqüentemente que a escolha de objeto se torne de novo uma identificação, e portanto o ego se apropria das qualidades do objeto*" (p. 169 *[44]*). Existe uma terceira forma de identificação, fundada em uma comunidade com uma ou várias pessoas que não são objeto de pulsões sexuais: nesse caso, trata-se de uma identificação parcial que cria uma nova ligação. Freud toma como exemplo uma crise de histeria, fenômeno que pode se propagar entre as jovens de um pensionato por contágio psíquico. Em resumo, essas três formas de identificação conseguem demonstrar que "*em primeiro lugar, a identificação é a forma mais originária da ligação afetiva a um objeto; em segundo lugar, por via regressiva, ela se torna o substituto de uma ligação objetal libidinal, de algum modo por introjeção de um objeto no ego; e, em terceiro lugar, ela pode surgir sempre que se percebe de novo uma certa comunidade com uma pessoa que não é objeto de pulsões sexuais*" (p. 170 *[45]*). Segundo Freud, é essa terceira eventualidade que mostra a identificação que liga um grupo ao líder.

Freud descreve ainda um outro tipo de identificação, a identificação com o objeto abandonado ou perdido, e dá dois exemplos. O primeiro refere-se à identificação por introjeção no ego da fantasia de objeto abandonado ou perdido, do qual se torna o substituto. É assim que Freud explica a gênese da homossexualidade masculina que descreveu em Leonardo da Vinci (1910c): nesse caso, Leonardo é identificado com sua mãe e ama os rapazes conforme o amor que ela tinha por ele. O segundo tipo de identificação com o objeto abandonado ou perdido encontra-se na melancolia – ou depressão –, na qual uma parte do ego de identifica com o objeto perdido. Freud volta ao conflito intrapsíquico do melancólico, no qual uma parte do ego luta contra a outra, e designa pelo nome "*ideal do ego*" essa instância crítica que às vezes se torna extremamente impiedosa e à qual ele atribui como funções "*a auto-observação, a consciência moral, a censura onírica e o exercício da influência essencial quando da repressão*" (p. 173 *[48]*). Ele explica que essa crítica interior resulta igualmente das exigências impostas ao ego sob a influência de autoridades, antes de tudo os pais, instância que ele chamará de "*superego*" a partir de 1923.

A constituição do ideal do ego

Visto que a identificação é uma forma de amor, Freud examina em seguida o que existe de comum entre o estado amoroso e o ideal do ego, e depois faz uma aproximação entre a atração exercida por um hipnotizador sobre o hipnotizado e a de um líder sobre um grupo.

No que se refere ao estado amoroso, Freud descreve as vicissitudes sofridas pelo sentimento de amor ao longo do desenvolvimento infantil e suas ligações com as pulsões sexuais. Segundo ele, existem duas correntes diferentes no amor, uma corrente terna e uma corrente sensual, e elas são convocadas a se reunir para formar o amor genital. Às vezes, essas duas correntes não conseguem se reunir, e observa-se que se produz uma dissociação entre a corrente terna e a corrente sensual: observamos isso, por exemplo, em certos personagens de romance que são impotentes com mulheres admiradas, mas que, ao contrário, são potentes sexualmente com mulheres que não amam. Em uma outra vicissitude do estado amoroso, o homem superestima sexualmente o objeto pelo qual está apaixonado em um movimento de *"idealização"*, mas esse encantamento que suprime toda crítica em relação ao objeto decorre do narcisismo: *"o objeto serve para substituir um ideal do próprio ego não atingido. Ele é amado por causa das perfeições que se aspirou para o próprio ego e que agora se gostaria de conseguir por essa via para satisfazer seu narcisismo"* (p. 177 [50-51]).

Em casos extremos de fascinação amorosa, a idealização do objeto é tal que o ego se entrega literalmente ao objeto, embora *"o objeto por assim dizer tenha absorvido o ego"* (p. 177 [51]) fazendo calar toda a crítica. Em outras palavras, *"o objeto foi colocado no lugar do ideal do ego"* (p. 178 [51]). Isso levanta a questão da diferença entre a identificação e o estado amoroso nos seguintes termos: na identificação bem sucedida o ego é enriquecido com as qualidades do objeto, ele o *"introjetou"*, para citar a expressão de Ferenczi. Ao contrário, segundo Freud, no estado amoroso o ego *"empobreceu, ele se entregou ao objeto, colocou-o no lugar de seu elemento constitutivo mais importante"* (p. 177 [51-52]), ou seja, o ego foi colocado no lugar do ideal do ego. Vale lembrar aqui que Freud não faz diferença entre o estado amoroso e a idealização do objeto. De fato, segundo ele, a idealização do objeto se realiza inevitavelmente ao preço de uma perda do ego, e por isso Freud tende a considerar o estado amoroso como sendo essencialmente um estado patológico.

Quanto às respectivas relações entre a hipnose e o estado amoroso, Freud mostra algumas concordâncias. Assim, de acordo com ele, encontra-se no hipnotizado a mesma submissão e a mesma ausência de crítica em relação ao hipnotizador que em relação ao objeto amado: *"Sem dúvida, o hipnotizador ocupou o lugar do ideal do ego. (...) O hipnotizador é o objeto único, ao lado dele ninguém mais conta"* (p. 179 [52]). Contudo, se a relação hipnótica parece um abandono amoroso ilimitado, que exclui a satisfação sexual, ao contrário, no estado amoroso, ela é reportada ao futuro como um objetivo posterior. Em outras palavras, a relação hipnótica pode ser vista como *"uma formação em grupo de dois"* (p. 180 [53]), e o que une os homens entre si em um grupo são justamente tendências desprovidas de objetivo sexual, isto é, *"tendências sexuais inibidas quanto ao objetivo"*. Para concluir, Freud apresenta a seguinte definição de um grupo que possui um líder considerando o papel desempenhado pelo ideal do ego: *"Um tal grupo primário é a soma de indivíduos que colocaram um único e mesmo objeto no lugar de seu ideal o ego e, conseqüentemente, em seu ego, identificam-se uns com os outros"* (p. 180 [54]).

O pai da horda primitiva, o líder e o hipnotizador

Depois de ter descartado a idéia da existência de uma *"pulsão gregária"* específica, tal como descreve W. Trotter, Freud examina as semelhanças que observa entre a psicologia de grupo e a organização da horda originária, considerando que ele é sua revivescência. O líder do grupo é então o equivalente do pai originário temido, enquanto a atitude submissa dos indivíduos corresponde à regressão a um estado psíquico primitivo da horda organizada. Nesta última, o pai originário domina seus filhos impedindo sua satisfação sexual, de modo que o laço que une os irmãos nasce de tendências sexuais inibidas, como em um grupo. No início, o chefe morto logo é substituído por um filho jovem que se arroga todo o poder e as satisfações sexuais, pondo fim assim por sua própria conta à importância das tendências sexuais inibidas quanto ao objetivo. Se tanto na Igreja quanto no Exército todos os indivíduos têm a ilusão – idealista – de que o líder ama a todos de maneira igual e justa, na horda originária, ao contrário, é o ódio que os reúne, pois os indivíduos eram *"perseguidos de maneira igual pelo pai originário e o temiam de maneira igual"* (p. 193 [64]).

Freud prossegue indagando-se sobre a natureza do poder misterioso que emana dos reis e dos chefes de tribo, análoga à do olhar do hipnotizador. O procedimento do hipnotizador visa atrair toda a atenção para sua pessoa com a exclusão do mundo exterior, em uma relação hipnótica inconsciente análoga à transferência. De um ponto de vista psicanalítico, pode-se considerar que ao intimar o paciente a dormir, o hipnotizador se coloca no lugar dos pais, como mostrou Ferenczi (1909). Nesse tipo de relação, o hipnotizador também desperta no hipnotizado uma parte de sua herança arcaica e o faz reviver uma relação terrificante com o pai originário temido, atitude *"passiva-masoquista"* que reencontramos na relação como o líder do grupo que *"continua sendo o pai originário temido"* (p. 196 [67]). Diante da sede de autoridade do grupo e de sua necessidade de ser dominado, Freud conclui que *"o pai originário é o ideal do grupo que domina o ego em lugar do ideal do ego"* (p. 196 [67]).

O ideal do ego no normal e no patológico

Mais uma vez, é a observação de fenômenos patológicos que leva Freud a descobrir como funciona o indivíduo normal. Assim, introduzindo uma distinção entre o ego e o ideal do ego, essa nova concepção do funcionamento psíquico lhe permite afirmar que as interações entre o ego considerado em sua totalidade ("ego-total") e os objetos exteriores, por sua vez, se reproduzem no mundo interno, isto é, *"nesse novo teatro no interior do ego"* (p. 200 [69]).

Freud mostra então suas conseqüências tanto para o normal quanto para a patologia. No que diz respeito à organização normal, a divisão entre o ego e o ideal do ego provoca uma *"tensão"* entre dois pólos opostos dentro dessa relação de objeto, tensão que é pouco tolerada e permanentemente questionada. Por exemplo, no sono assiste-se ao retorno periódico de um estado de evitação do objeto, que constitui uma regressão narcísica. Quanto à patologia, pode-se pensar que a *"cisão"* entre ego e ideal do ego também não é suportada e que ela desaparece temporariamente. Nesse caso, o ego pode ou se revoltar contra as proibições e se permitir todas as transgressões, como nas festas dos primitivos ou no Carnaval, ou se submeter às proibições do ideal do ego que *"engloba a soma de todas as limitações às quais o ego deve se submeter (...)"* (p. 201 [70]).

Será que essas alternâncias poderiam explicar o componente psicogênico que determina as oscilações de humor que se observam na depressão melancólica e na mania? Dado que o paciente maníaco perde todas as suas inibições, Freud levanta a hipótese de que a passagem da melancolia à mania poderia ser atribuída a um processo de dissolução do ideal do ego no ego, ideal do ego antes tão severo no melancólico. Além disso, pode-se pensar igualmente que essa reversão da melancolia à mania seria o resultado de uma rebelião periódica do ego contra o ideal do ego, *"o ego sendo incitado à rebelião pelas sevícias, provenientes de seu ideal, que ele sofre em caso de identificação com um objeto rejeitado"* (p. 204 [72]).

O mito do herói, um progresso no sentido da psicologia individual

A distinção entre ego e ideal do ego inspira em Freud alguns comentários complementares. O primeiro se refere ao progresso que constitui, nas origens, a passagem da psicologia de grupo à psicologia individual, que se segue à morte do pai da horda originária. Retomando as idéias apresentadas em *Totem e tabu*, Freud lança a hipótese de que os conflitos entre irmãos os impediram de dar um sucessor ao pai. Quem conseguiu transpor a etapa que consiste em passar de atos à palavra foi o primeiro poeta épico: foi ele que recorreu à sua imaginação e inventou uma narrativa, a do herói que, sozinho, teria abatido o pai e sucedido a este através de um mito: *"O mito é, portanto, o passo que permite ao indivíduo sair da psicologia de grupo"* (p. 208 [75]). Porém, indaga Freud, o verdadeiro herói não seria o próprio poeta que, através de sua narrativa, se identifica com o herói cujas proezas ele narra aos seus espectadores? A etapa seguinte culminaria na deificação do herói, precursor do retorno do pai originário sob forma de uma divindade.

Freud explica em seguida as relações entre o amor, de um lado, e as pulsões sexuais diretas e inibidas quanto ao objetivo, de outro. No que se refere a essas últimas, elas correspondem à sublimação das pulsões sexuais. Quanto às pulsões sexuais diretas, elas obstaculizam a formação em grupo, como se constata quando dois amantes evitam a massa e se refugiam na solidão. Quando as pulsões sexuais diretas se manifestam dentro de um grupo, elas tendem a desagregá-lo. Inversamente, como observa Freud, nos grandes grupos como a Igreja ou o Exército, *"não há lugar para a mulher como objeto sexual"* (p. 214 *[80]*) e, esclarece ele, a diferença dos sexos não desempenha um papel ali. Por último, a neurose é fundamentalmente associal, pois tende a separar o indivíduo do grupo: *"[ela] exerce sobre o grupo uma ação desagregadora, exatamente como no estado amoroso"* (p. 215 *[81]*).

PÓS-FREUDIANOS

A psicanálise e os grupos

A análise de grupo pode ser considerada legitimamente como um prolongamento dos trabalhos de Freud sobre a psicologia de grupo. Esse termo abrange, de um lado, em sentido estrito, uma técnica terapêutica fundada ao mesmo tempo nas contribuições da psicanálise individual e nas diversas concepções do funcionamento de grupo; de outro lado, em sentido amplo, esse termo abrange os estudos psicanalíticos realizados sobre grupos de dimensão variável. Siegmund H. Foulkes e Wilfred R. Bion foram dois pioneiros nesse campo.

Foulkes: a psicanálise pelo grupo

Foulkes, psicanalista formado na Alemanha, começou a praticar a psicoterapia de grupo nos anos 1930, depois de ter emigrado para a Inglaterra. Ele denomina sua abordagem de "psicanálise pelo grupo", pois, para ele, trata-se de desenvolver a capacidade terapêutica dos membros do grupo de modo que eles se tornem co-terapeutas para os outros participantes. O papel do terapeuta de grupo consiste em facilitar esses processos e em valorizar a qualidade da comunicação como meio terapêutico. Na ótica de Foulkes, somente a transferência do grupo para o analista é levada em conta, excluindo-se transferências laterais entre membros do grupo. Ele define seu método da seguinte maneira: *"A psicoterapia pelo grupo é uma tentativa de tratar toda a rede de distúrbios, seja no ponto de origem no grupo de origem – primitivo –, seja colocando o indivíduo perturbado em condições de transferência em um grupo estranho"* (1954).

Os trabalhos de Bion sobre os grupos

A abordagem de Bion é diferente, pois ele estabelece uma distinção fundamental entre mentalidade individual e mentalidade de grupo. A partir de seu trabalho com grupos de readaptação no exército britânico nos anos de 1940, Bion compreendeu que à observação de grupos por um observador com experiência psicanalítica permitia revelar situações que de outro modo passariam despercebidas. Assim, ele constata que quando se reúnem várias pessoas visando a execução de uma tarefa, podem-se distinguir duas tendências dentro do grupo: uma é dirigida à realização da tarefa prevista, enquanto a outra parece opor-se a isso. Em outras palavras, a atividade de trabalho encontra a resistência de uma atividade regressiva. Para descrever esses diversos fenômenos, Bion utilizou uma terminologia que lhe é própria (Bion, 1961; Grinberg et al., 1973).

Em um grupo, a regressão que se observa entre seus membros se explica pela formação de uma "mentalidade de grupo"; esta expressa a opinião e a vontade dos participantes, mas à sua revelia e de maneira inconsciente. O grupo se organiza em torno de *"pressupostos de base"*, termo que significa que o grupo funciona como se partisse de uma expectativa comum, mas que não é formulada e permanece implícita. Bion distingue três tipos de pressupostos de base: o pressuposto de base *"dependência"*, em que o grupo espera do líder a satisfação de todas as necessidades e desejos do grupo, enquanto este adota uma atitude passiva e desprovida de sentido crítico; o pressuposto de base *"ataque-fuga"*, em que o grupo tem a convicção de que existe um inimigo que é preciso destruir atacando-o ou evitando-o mediante a fuga, e então escolhe como líder uma personalidade paranóide; o pressuposto de base *"acasalamento"*, em que o

Continua

● *Continuação*

grupo se mantém na expectativa de uma intervenção que virá, de natureza messiânica, e essa esperança irracional inconsciente geralmente é colocada no filho de um casal. Um grupo que se organiza de acordo com um desses pressupostos de base é permeado por estados emocionais primitivos intensos que expressam as fantasias inconscientes do grupo: seu funcionamento torna-se assim caótico, de forma que sua atividade é perturbada, pois o grupo busca antes de tudo a satisfação imediata de seus desejos onipotentes, e tende a não levar em conta a realidade.

Ao lado do grupo com um "*pressuposto de base*" coexiste um outro nível de funcionamento que Bion chama de "*grupo de trabalho*". Este último espera que seus membros cooperem no objetivo de realizar uma tarefa utilizando a comunicação verbal e levando em conta a realidade.

Os dois tipos de grupos, o grupo com um pressuposto de base e o grupo de trabalho, coexistem dentro de um mesmo grupo, o que sempre leva a um conflito que se reproduz no grupo. Segundo Bion, os fenômenos de pressupostos de base são reações grupais defensivas e regressivas contra angústias psicóticas reativadas no indivíduo dentro de um grupo e correspondem aos mecanismos de defesa primitivos descritos por M. Klein, enquanto que o grupo de trabalho corresponde a um funcionamento psíquico tendente à integração. A partir dos desenvolvimentos trazidos por Bion, o observador dispõe agora de um novo instrumento para compreender os fenômenos dos quais ele participa em um grupo, em particular em um grupo terapêutico.

CRONOLOGIA DOS CONCEITOS FREUDIANOS

Amor, estado amoroso – exército – Igreja – hipnose, hipnotizador – ideal – ideal do ego – idealização – identificação – ego – psicologia individual – psicologia coletiva

O EGO E O ID
S. FREUD (1923b)

Uma nova divisão do psiquismo: ego, id e superego

O ego e o id é uma obra particularmente importante porque nela Freud apresenta uma síntese das hipóteses levantadas na "guinada dos anos de 1920". Ele começa por demonstrar que o primeiro modelo de divisão do psiquismo em inconsciente, pré-consciente e consciente – conhecido pelo nome de "primeira tópica" (divisão topográfica do psiquismo) – já não é suficiente para dar conta do funcionamento psíquico, e que é preciso ampliá-lo. Partindo das resistências que o "ego" do indivíduo opõe à tomada de consciência durante a cura, Freud introduz uma nova divisão do psiquismo em três instâncias, o ego, o id e o superego, modelo conhecido pelo nome de "segunda tópica". Esses dois modelos não são excludentes, ao contrário, são complementares no sentido de que descrevem os fenômenos psíquicos sob ângulos diferentes, do mesmo modo que se pode descrever uma casa em termos de forma, de dimensão ou de custo.

Na seqüência, Freud define o ego, o id e o superego e afirma que todos possuem a qualidade de ser ao mesmo tempo conscientes e inconscientes. Desde o início de sua obra, a noção de ego está presente em Freud, mas ele a utiliza para designar a pessoa consciente. A partir de 1923, ele apresenta o *ego* como uma "instância de regulação" de fenômenos psíquicos, que deve buscar permanentemente um equilíbrio entre as exigências do *id* – "a reserva de pulsões" – e do *superego* – antes chamado de "instância crítica" ou "crítica da consciência". As tensões conflituosas inconscientes que se produzem entre o ego, o id e o superego, cujas exigências são contraditórias, têm uma influência duradoura sobre a formação da personalidade: esta última é a resultante de forças respectivas presentes e de seu equilíbrio dinâmico. Se, em termos de primeira tópica, o objetivo da análise é tornar consciente o que é inconsciente, em termos de segunda tópica esse objetivo será o seguinte: "*Wo Es war, soll Ich werden*" ("*Lá onde estava o id, deve advir o ego*") (1933a, p. 110 [163]).

Prosseguindo as reflexões iniciadas em 1921 em *Psicologia de grupo e a análise do ego*, Freud começa a acreditar que a personalidade de um indivíduo e seu caráter resultam de uma seqüência de processos de identificação. É nesse mesmo texto que ele descreve o complexo de Édipo em sua forma completa, ao mesmo tempo positivo – o menino se identifica com seu pai e a menina com sua mãe – e invertido – identificação feminina do menino e identificação masculina da menina –, levando em conta a bissexualidade psíquica própria a todo indivíduo. Em *O ego e o id*, Freud está convencido do papel decisivo que desempenha o conflito fundamental entre pulsão de vida e pulsão de morte. Ele encontra a ilustração disso nos pacientes em análise, cuja melhora, paradoxalmente, provoca um agravamento, o que ele chama de "*reação terapêutica negativa*", assim como no melancólico (depressivo), no qual, segundo ele, o superego é "*uma pura cultura de pulsão de morte*" (p. 268 [296]). Contudo, o superego não é unicamente uma instância que age sadicamente sobre o ego, como na patologia, pois, no indivíduo normal, o papel atribuído ao superego pós-edipiano é exercer uma função de proteção e de salvaguarda, por identificação com o pai e com a mãe.

> ### BIOGRAFIAS E HISTÓRIA
>
> **Georg Groddeck: *O livro d'isso* (1923)**
> O termo "id" foi utilizado inicialmente por Nietzsche, e depois Groddeck o retomou em uma obra publicada algumas semanas antes da de Freud, *O livro d'isso*. Groddeck era um aluno original de Freud, diretor de uma clínica em Baden-Baden, que começara por denegrir a psicanálise antes de se apaixonar por ela. Groddeck se autodenominava "analista selvagem". Ele encontrou Freud pela primeira vez no Congresso de Haia, em 1920. Freud apreciava seu charme, a vivacidade de seu espírito, assim como sua liberdade de pensar, mesmo que às vezes chegasse a provocar escândalo, como ocorreu quando Groddeck publicou *O pesquisador de alma* em 1921. Essa obra romanceada, que narrava com humor as tribulações de um psicanalista, agradou a muitos leitores, entre os quais Freud, mas outros a consideraram escabrosa e não-científica. Groddeck conheceu a celebridade junto ao grande público com *O livro d'isso*, lançado em 1923. Nessa obra, ele relatava seus trabalhos sobre a psicossomática, e apresentava o id como "*uma espécie de fenômeno que preside tudo o que ele [o homem] faz e o que lhe acontece. (...) 'O homem é vivido pelo id'*". Embora Freud tenha atribuído à noção de id um significado diferente do que lhe atribuía Groddeck, ele reconheceu a contribuição que devia a seu discípulo. Embora contestado por sua falta de rigor científico e por sua prática pouco rigorosa, Groddeck será sempre lembrado como o primeiro a valorizar as possibilidades terapêuticas da psicanálise no campo das afeições somáticas e psicossomáticas.
>
> *O início do câncer de Freud*
> Freud escreveu *O ego e o id* em 1922 e o publicou em abril de 1923. Ele estava então com 67 anos e sua notoriedade era cada vez maior, o que seria dispensável, pois o perturbava em seu trabalho. Em fevereiro de 1923, Freud descobriu um tumor em seu maxilar que ele só operou depois do lançamento de seu livro. Ele pressentiu que essa leucoplasia pudesse ser maligna, mas não falou sobre isso, temendo que os médicos o proibissem de fumar. E, em vez de consultar um especialista renomado, ele confiou seu tratamento a Hajek, um cirurgião pouco competente, e quase morreu de hemorragia durante a cirurgia ambulatorial para remover o tumor. Nos 16 anos seguintes, ele sofreu 33 operações sucessivas por leucoplasias reincidentes. Em 1923, após a primeira operação, passou por uma penosa radioterapia e ficou seis meses sem trabalhar, por conta das dores insuportáveis. Por alguns meses, seu médico, assim como Félix Deutsch, temendo que Freud se suicidasse, esconderam dele a verdade sobre seu câncer, e só informaram o grupo de seus discípulos mais próximos em setembro de 1923. Um novo médico, o Dr. Pischler, especialista em cirurgia maxilofacial, submeteu-o a uma nova cirurgia, suprimindo a membrana entre a boca e a cavidade nasal e mandando confeccionar uma enorme prótese, que Freud chamava de "meu monstro", pois padecia muito para colocá-la. A partir dessa época, Freud passou a ter dificuldade para falar e comer, e também de ouvir com o ouvido direto, até ficar completamente surdo desse ouvido. Desde então, nos momentos difíceis, recusa qualquer outra enfermeira que não fosse sua filha Anna.
> Recentemente, foram levantadas sérias dúvidas sobre a verdadeira natureza do câncer de Freud por um de seus biógrafos, E. Rodrigué (1996). Segundo ele, o diagnóstico de câncer feito no início estaria errado: de acordo com exames histológicos feitos em 1939 pelo Dr. Lacassagne, do Instituto Curie, sobre as primeiros biópsias, tratava-se de fato de papiloma sem malignidade. Assim, o verdadeiro câncer teria aparecido mais tarde do que se supunha e seria conseqüência da radioterapia intensiva. Rodrigué diz que a atitude de Freud em relação à sua própria saúde contribuiu, sem dúvida, para os erros médicos que se sucederam ao longo desses anos: "*Nesse ponto, o próprio Freud tem culpa: qual foi seu papel em meio a uma tal iatrogenia? Sua relação com os médicos foi sempre problemática*" (p. 514).

DESCOBERTA DAS OBRAS

As páginas indicadas remetem ao texto publicado em S. Freud (1923b), "Le moi et le ça", in *Essais de psychanalyse*, trad. J. Laplanche, Paris, Payot, 1981, p. 219-274 *[as páginas indicadas entre colchetes remetem às OCF.P, XVI, p. 255-301]*.

Por uma noção de um ego

Prosseguindo nessa obra as reflexões iniciadas em *Além do princípio do prazer*, Freud apresenta uma síntese da profunda mudança que marca seu pensamento a partir dos anos de 1920. Contudo, em *O ego e o id* ele abandona o plano biológico e se mantém agora em um plano estritamente psicanalítico.

Ele começa lembrando que a psicanálise tem como base a distinção fundamental entre consciente e inconsciente. Pode-se abordar a noção de inconsciente de dois pontos de vista, o descritivo e o dinâmico. Do ponto de vista descritivo, isso significa que existem representações que ainda não estão presentes na consciência mas que poderão estar: pode-se dizer que elas são "*inconscientes*" enquanto permanecem em estado *latente*. Ao contrário, do ponto de vista dinâmico, existem representações que são "*inconscientes*" porque foram *reprimidas*: estas últimas não podem tornar-se conscientes porque existem forças que se opõem a isso, que chamamos de *resistências*, e a técnica psicanalítica é um meio de torná-las conscientes. Portanto, podem-se distinguir dois tipos de inconsciente: um *inconsciente latente*, que é inconsciente de um ponto de vista descritivo e corresponde ao *pré-consciente*, e um *inconsciente propriamente dito*, chamado também de *inconsciente dinâmico*, do qual se ocupa a psicanálise.

Passemos agora ao ego. No início, Freud considerava que a noção de "*ego*" abrangia unicamente o que é consciente. Mas logo percebeu que o ego manifestava igualmente resistências que lhe eram próprias à tomada de consciência do reprimido. Isso o levou a pensar que uma parte do ego também era inconsciente, no sentido dinâmico, e que esse reprimido exigia um trabalho psicanalítico para torná-lo consciente. Ele retomou então a idéia que havia esboçado em 1915 de que *o Ics não coincide com o reprimido; se ainda é verdade que todo o reprimido é Ics, isso não significa que todo Ics é reprimido* (p. 229 [262]). Conseqüentemente, se a relação consciente-inconsciente continua sendo uma articulação fundamental no trabalho analítico, a noção de inconsciente não basta para descrever o psiquismo em seu conjunto.

O ego e o id

Freud examina em seguida as relações entre o ego e o sistema que recebe as percepções e assegura sua tomada de consciência, que ele chama de sistema percepção-consciência ou Pc. Considerada de um ponto de vista espacial, a consciência de apresenta como uma "*superfície do aparelho psíquico*" que recebe ao mesmo tempo as percepções vindas ao mesmo tempo do exterior e do interior do organismo. As percepções provenientes dos órgãos dos sentidos – visão, audição, etc. – são conscientes em um primeiro momento; no que se refere aos processos de pensamento, é através da linguagem que elas chegam ao consciente, depois de ter sido transformadas graças às suas conexões com as representações de palavras. Quando às percepções internas que provêm das camadas mais profundas do aparelho psíquico, elas são mais elementares que as percepções externas e chegam à consciência por meio das sensações de prazer-desprazer.

A questão do "*tornar-se consciente*" das sensações é problemática e, segundo Freud, é correto falar de *sensações inconscientes* quando elas ainda não se tornaram conscientes. Mas ele introduz uma diferença entre, de um lado, o processo do tornar-se consciente das representações mantidas no inconsciente sob o efeito da repressão, característica da neurose, e, de outro lado, o processo do tornar-se consciente das sensações que, segundo ele, são transmitidas diretamente à consciência: "*A diferença é que, de fato, no que diz respeito à representação Ics é preciso antes criar termos intermediários para conduzi-la ao Cs, o que não ocorre nas sensações, que são transmitidas diretamente. Em outras palavras (...) as sensações são ou conscientes ou inconscientes*" (p. 234-235 [267]). A meu ver, é preciso fazer uma ressalva, pois embora Freud negue aqui que as sensações possam ser reprimidas, mecanismo que reserva à neurose, ele utiliza o termo repressão no que se refere à supressão da percepção de sensações e afetos, e atualmente ele também a defesa caracterizada pela negação da realidade psíquica. Freud conclui esse capítulo dedicado às relações entre ego e corpo afirmando que o ego é essencialmente um derivado de sensações corporais, dada sua posição particular no cruzamento de percepções e sensações. "*O ego é antes de tudo corporal, não é apenas um ser de superfície, mas é ele próprio a projeção de uma superfície*" (p. 238 [270]).

Para dar conta de relações complexas do "*ego*" com os diversos processos psíquicos, Freud recorre à noção de "*id*" emprestada de Groddeck (1923). Para Freud, o id constitui o "*grande reservatório de pulsões*" e de "*paixões*", onde reina o princípio de prazer que toma o lugar do princípio de realidade. Ao contrário de Groddeck, Freud considera que o ego não sofre passivamente os assaltos do id, mas que tenta domá-los, como um cavaleiro que precisa refrear seu cavalo: *"Do mesmo modo que ao cavaleiro, não resta geralmente outra saída a não ser conduzir seu cavalo para onde deseja ir, se não quiser se separar dele, o ego costuma transformar em ação a vontade do id, como se fosse a sua própria vontade"* (p. 237 [270]).

O superego (ou ideal do ego)

Existe uma outra manifestação vinda do inconsciente que é o sentimento de culpa inconsciente que se observa em muitos neuróticos sob a forma de um excesso de autocrítica e de consciência moral. Freud atribui isso a uma instância particular que ele chama de *ideal do ego* ou *superego*, e que entra em conflito com o ego.

De onde provêm essas duas instâncias que são o ego e o ideal do ego ou superego? Freud levanta a hipótese de que elas se fundamentam nos processos de identificação e que, desse ponto de vista, podem-se distinguir dois tipos de identificação. No início da vida, como ele havia descrito em *Psicologia de grupo e a análise do ego* (1921c), não se consegue distinguir entre a identificação e o investimento de objeto, de modo que *"amar o objeto"* é equivalente a *"ser o objeto"*. Em outras palavras, as identificações primitivas são identificações narcísicas nas quais o objeto sexual é introduzido no ego segundo o mecanismo da introjeção melancólica, *"o que permite conceber que o caráter do ego resulta da sedimentação dos investimentos de objeto abandonados, que ele contém a história dessas escolhas de objeto"* (p. 241 [241]). Essas primeiras identificações se comportam como uma instância particular no ego, opõem-se ao ego como superego ou ideal do ego. Quando o ego se torna mais forte, instala-se uma forma mais evoluída de identificação o ego consegue distinguir amor e identificação, e torna-se capaz de abandonar seus objetivos sexuais e de investir seus objetos edipianos de uma libido narcísica sublimada, identificando-se ao mesmo tempo com traços de sua personalidade: *"Quando o ego adota os traços do objeto, ele próprio se impõe, digamos assim, ao id como objeto de amor, procura substituir por ele aquilo que perdeu declarando: 'Você pode amar a mim também, veja como me pareço com o objeto'"* (p. 242 [274]). Em uma nota de 12 de julho de 1938, Freud resumirá a diferença entre esses dois processos de identificação: *"Ter e ser na criança. A criança gosta muito de expressar a relação de objeto pela identificação: eu sou o objeto. O ter é a relação posterior, recai no ser após a perda de objeto. Modelo: o seio. O seio é uma parte de mim, eu sou o seio. E apenas mais tarde: eu o tenho, portanto não sou ele..."* (1938, p. 287).

Freud procura em seguida descrever as relações entre processos de identificação e complexo de Édipo, e chega à conclusão de que em sua forma complexa, e considerada a bissexualidade psíquica, o complexo de Édipo é duplo, ao mesmo tempo positivo e negativo. Por exemplo, no menino, a identificação com o pai constitui a base de sua masculinidade e responde ao seu complexo de Édipo positivo ou direto, enquanto a identificação feminina do menino responde ao seu complexo de Édipo negativo ou invertido. O mesmo ocorre na menina, na qual o complexo de Édipo positivo corresponde à identificação com a mãe, enquanto que o complexo de Édipo negativo corresponde à identificação com o pai. Qual é, portanto, o fator que estabelece a identificação definitiva? Freud percebe então que o mecanismo melancólico não explica isso, como ele esperava. Assim, ele desiste de fornecer uma resposta de ordem psicológica e recorre ao fator constitutivo, o que não resolve a questão, e descarta o fator psicanalítico: *"Isso parece depender, nos dois sexos, da força relativa das disposições sexuais masculina e feminina"* (p. 245 [276]). Mais tarde, os psicanalistas pósfreudianos, em particular E. Jones e M. Klein, considerarão como o fator essencial na identificação definitiva a identificação com o rival.

Mas o ideal do ego ou superego da criança não é formado apenas de identificações com o pai – ou melhor, *com os pais*, como esclarece Freud (n. 6, p. 243 [275]) –, mas é também o resultado de identificações com as proibições parentais que impediram a realização de desejos incestuosos. Em outras palavras, o ideal do ego/superego apresenta uma *"dupla face"* em sua relação com o ego – de um lado, encoraja-o: *"Você **deve** ser assim (como o pai)"*, mas, de outro lado, impõe uma proibição: *"Você **não tem o direito** de ser assim (como o pai), isto é, você não tem o* *direito de fazer tudo o que ele faz; algumas coisas continuam reservadas a ele"* (p. 247 [278]). Freud resume nos seguintes termos esses processos complexos: *"Quando crianças, nós conhecemos, admiramos, tememos esses seres superiores; mais tarde, nós os incorporamos em nós mesmos"* (p. 249-250 [270]). Assim, destaca-se no ego uma instância cuja severidade varia de um indivíduo a outro: *"Quanto mais forte tiver sido o complexo de Édipo (...) mais severa será posteriormente a dominação do superego sobre o ego como consciência moral, ou mesmo como sentimento de culpa inconsciente"* (p. 247 [278]). Ao final, o ideal do ego se apresenta como *"o herdeiro do complexo de Édipo"* (p. 249 [279]). Acrescento aqui que Freud menciona três termos que não distingue explicitamente – *ego-ideal*, *ideal do ego* e *superego* –, mas ele não os utiliza como sinônimos.

Da existência de um ideal do ego que impõe as exigências mais elevadas ao ser humano decorrem naturalmente o sentimento religioso, a consciência moral individual e os sentimentos sociais. Assim, o sentimento religioso está no cerne de toda religião: *"Quando o ego se compara com o seu ideal, o julgamento que faz sobre sua própria insuficiência engendra o sentimento de humildade religiosa ao qual o crente apela em seu fervor nostálgico"* (p. 249 [280]). Quanto à consciência moral, Freud considera que ela resulta da interiorização das ordens e das proibições vindas de professores e de autoridades, e que a tensão entre as exigências da consciência moral resultante e as realizações do ego é experimentada como *"sentimento de culpa"*. Finalmente, Freud conclui que *"os sentimentos sociais repousam sobre identificações com outros com base em um mesmo ideal"* (p. 250 [281]).

Freud encerra esse capítulo buscando a origem arcaica do ideal do ego ou superego. Ele retoma as teses que antecipou em *Totem e tabu* e remonta uma parte dos sentimentos sociais às conseqüências da morte do pai da horda primitiva e às restrições morais ligadas a elas. Ele se indaga em seguida sobre a história da aparição do superego ao longo de sucessivas gerações. Para ele, as marcas filogenéticas de experiências ancestrais não se transmitem no nível do ego, e sim no *"id hereditário"*: *"Desse modo, o id hereditário abriga os restos de existência de incontáveis egos e, quando o ego extrai seu superego do id, talvez ele esteja apenas trazendo de volta figuras do ego mais antigas e ressuscitando-as"* (p. 251-252 [282]).

O ego e o conflito pulsão de vida/pulsão de morte

Quais são os efeitos produzidos pelas pulsões sobre o ego, em particular pelas pulsões de vida e de morte postulados em *Além do princípio do prazer*? A hipótese de Freud é que essas duas espécies de pulsões são suscetíveis de se unir e se desunir em proporções variáveis. Evidentemente, é difícil conceber uma tal união de pulsões. Contudo, pode-se supor que a pulsão de morte é neutralizada pelo ser vivo e que sua parte destrutiva provém do mundo exterior através de um órgão em forma de agressividade: *"Esse órgão seria a musculatura, e a pulsão de morte se manifestaria agora – ainda que isso ocorra de fato apenas de maneira parcial – em forma de pulsão de destruição voltada contra o mundo exterior e outros seres vivos"* (p. 255 [284]).

Se imaginamos uma união de pulsões de vida e pulsões de morte, podemos imaginar igualmente sua desunião mais ou menos completa. Nas neuroses graves e nas perversões, segundo Freud, a pulsão de morte ocupa um papel preponderante: *"Reconhecemos que a **pulsão de destruição** se coloca regularmente a serviço do Eros para fins de descarga, e supomos que o ataque epilético é o produto e o sinal de uma desunião de pulsões (...)"* (p. 255 [284]). Ele considera, por exemplo, a regressão da fase genital à fase sádico-anal repousa em uma desunião de pulsões, enquanto que o progresso repousa na predominância do componente erótico da pulsão de vida sobre a pulsão de morte.

A questão que se coloca então a Freud é saber se é possível substituir a oposição entre as duas espécies de pulsões pela polaridade de amor e do ódio. É fácil conceber o amor como o representante de Eros, diz ele, e ver no ódio e na pulsão de destruição os representantes da pulsão de morte. Mas Freud não está seguro de que se possa estabelecer esse paralelo, pois a clínica nos mostra freqüentemente que o amor pode se transformar em ódio, e o ódio em amor, como na paranóia, em que a intensidade da ligação homossexual conduz a que *"a pessoa mais amada se torne o perseguidor contra o qual se dirige toda a agressividade geralmente perigosa do doente"* (p. 257 [257]). Mas Freud chega a um impasse e deixa a resposta em suspenso. Ele apela então a um fator de natureza diferente que descarta a questão da transformação do amor em ódio e vice-versa e postula a intervenção de uma *"energia deslocável, em si indiferente"* (p. 258 [287]); esta encontraria sua fonte na reserva de *"libido narcísica"* presente no Eros dessexualizado. Mas depois de ter excluído assim a transformação dos afetos amor/ódio, Freud afirma no capítulo seguinte que, na verdade, essa transformação ocorre, não escondendo sua hesitação.

Freud redefine o narcisismo primário e o narcisismo secundário à luz de sua nova concepção estrutural do aparelho psíquico: *"Na origem, toda a libido está acumulada no id, enquanto que o ego ainda está em formação ou é débil. O id envia uma parte dessa libido a investimentos de objetos eróticos e, em seguida, o ego, que já adquiriu força, tenta se apoderar dessa libido de objeto e se impor ao id como objeto de amor. O narcisismo do ego é, portanto, um narcisismo secundário, retirado dos objetos"* (p. 260 [289]).

Reação terapêutica negativa e superego melancólico "pura cultura de pulsão de morte"

Freud examina em seguida as relações que o ego mantém respectivamente com o id e o superego, e compara o ego com um empregado diante de três patrões: o ego é ameaçado por três perigos, um proveniente do mundo exterior, o outro da libido do id e o terceiro da severidade do superego. Por exemplo, no que se refere ao superego, encontramos freqüentemente pacientes que reagem aos progressos da cura de uma forma paradoxal, pois toda melhora de seu estado os leva a um agravamento, fenômeno que Freud chama de *"reação terapêutica negativa"*. O que predomina nesses pacientes não é a vontade de se curar, mas a necessidade de estar doente, pois eles se sentem culpados inconscientemente e não podem renunciar à punição pelo sofrimento: *"Mas esse sentimento de culpa é mudo para o doente, não lhe diz que ele é culpado: o paciente não se sente culpado, mas doente"* (p. 264 [292]).

Essa reação terapêutica negativa é encontrada na maior parte dos neuróticos graves e o sentimento de culpa é inconsciente em relação ao sentimento de culpa normal que é consciente.

O que determina que o superego se manifeste com tanta rigidez e severidade em certas afecções, como na depressão melancólica? Ele atribui o componente destrutivo do superego melancólico à pulsão de morte: *"O que reina agora no superego é, por assim dizer, uma pura cultura da pulsão de morte, e de fato ele consegue com bastante freqüência conduzir o ego à morte se este último não se defender a tempo de seu tirano transformando-se em mania"* (p. 268 [296]). Freud se pergunta então o que produz a reunião dos impulsos de morte no superego do melancólico. Ele recorre ao conceito de uma *"desunião pulsional"* decorrente do fato de que o componente erótico não tem mais força para ligar a totalidade da destrutividade, de modo que *"esta se torna livre, como tendência à agressão e à destruição"* (p. 270 [297-298]). É dessa desunião entre pulsão de vida e pulsão de morte que o superego do depressivo extrai toda sua rigidez e sua crueldade em relação ao ego.

O que ocorre então na neurose obsessiva? Nessa afecção, o superego se mostra igualmente de uma severidade impiedosa em relação ao ego, mas, diferentemente do depressivo, o obsessivo parece *"imunizado"* contra o perigo de suicídio. Por quê? Segundo Freud, isso tem a ver com o fato de que no obsessivo o amor se transformou em ódio: *"(...) por uma regressão à organização pré-genital, as pulsões amorosos se transpõem em pulsões de agressão contra o objeto"* (p. 269 [296]). Ele reafirma aqui sua convicção de que se trata de uma *"verdadeira substituição do amor pelo ódio"* (p. 269 [297]), substituição que fecha as portas à possibilidade de manter uma distinção entre o amor e o ódio, distinção necessária para conceber um processo de ligação-desligação entre esses afetos análoga ao processo união-desunião entre pulsão de vida e pulsão de morte. Segundo D. Quinodoz, essa dificuldade encontrada por Freud parece estar ligada ao fato de que ele não estabelece uma clara distinção entre a confusão de afetos e a ligação de afetos. Segundo ele, em uma fase precoce do desenvolvimento, amor e ódio podem estar misturados de modo que não se sabe mais quando se trata de amor ou de ódio; ao contrário, em uma fase evoluída, o paciente pode distinguir o afeto de amor e o afeto de ódio em relação a um mesmo objeto e consegue ligá-los: *"De fato, só se pode ligar o que antes era diferente"* (p. 113).

Freud explica em seguida o que caracteriza o ego, suas forças e suas fraquezas. Em contato com as percepções do mundo exterior, o ego submete os processos psíquicos à prova da realidade, contando para isso com a ajuda dos processos de pensamento que lhe permitem diferenciar as descargas motoras. Além disso, o ego se enriquece com experiências da vida ao mesmo tempo em que tenta fazer face às pulsões provenientes do id, o que revela a via pela qual a psicanálise produz seus efeitos terapêuticos: *"A psicanálise é uma ferramenta que deve dar ao ego a possibilidade de conquistar progressivamente o id"* (p. 271 [299]).

A introdução do conceito de ego conduz Freud igualmente a lançar os fundamento de uma nova teoria da angústia que ele desenvolve em 1926 em *Inibições, sintomas e ansiedade*. Já em 1923, ele fala da intervenção de fatores psíquicos na origem da angústia, e não mais somente de fatores biológicos, e considera agora que a angústia se situa no ego: *"O ego é o verdadeiro lugar da angústia"* (p. 273 [300]). Confrontado com o perigo libidinal proveniente do id, o ego teme *"transbordamento ou a aniquilação"*, e o perigo que o ameaça lhe é indicado pelo princípio de prazer-desprazer. Ao contrário, confrontado co o outro perigo que representa o temor do superego, o ego reage pela *"angústia da consciência"*, e esta geralmente adota a forma da angústia de castração. Quanto à angústia de morte, ela não é significativa em psicanálise, segundo Freud, *"pois a morte é um conceito abstrato de conteúdo negativo, para o qual não se poderia encontrar uma correspondência inconsciente"* (p. 273 [300]).

Freud conclui ressaltando o papel protetor do superego junto ao ego, particularmente na regulação das pulsões libidinais e agressivas ligadas à situação edipiana. É a perda do papel protetor do superego no melancólico que permite a Freud deduzir – por ausência, eu diria – que o superego normal desempenha um papel protetor para o ego: *"[no melancólico] o ego se abandona pois ele se sente odiado e perseguido pelo superego ao invés de ser amado. Portanto, para o ego, viver é sinônimo de ser amado, de ser amado pelo superego (...). O superego representa a mesma função de proteção e de saúde que o pai, outrora, e a providência e o destino, mais tarde"* (p. 274 [301]). Ao contrário, quando é confrontado com um perigo real, o ego experimenta o mesmo sentimento de ser abandonado por todas as forças protetoras e se deixa morrer. Esse sentimento é o fundamento do primeiro estado de angústia, o do nascimento, e a fonte da angústia infantil ligada à separação da mãe protetora. Quanto ao id, ele não testemunha ao ego nem amor nem ódio e é encontrado essencialmente sob a denominação de *"mudos, mas poderosas pulsões de morte"* (p. 274 [301]) e que está em permanente conflito com Eros.

PÓS-FREUDIANOS

Anna Freud: *O ego e os mecanismos de defesa* (1936)

Em 1936, Anna Freud daria prosseguimento aos trabalhos de seu pai publicando uma obra que marcou época, *O ego e os mecanismos de defesa*, na qual estudava as defesas que o ego do indivíduo desenvolve em relação ao id, ao superego e ao mundo exterior. Para ela, o ego se confronta com múltiplos conflitos que procuram atingir o consciente, como aqueles que decorrem das reivindicações pulsionais e de exigências do superego, assim como de perigos provenientes do mundo externo. A fim de evitar o aparecimento da angústia, o ego utiliza uma grande diversidade de mecanismos de defesa, e Anna Freud arrola aqueles já descritos por Freud, como: a repressão, a regressão, a formação reativa, o isolamento, a anulação retroativa, a projeção, a introjeção, o retorno ao ego, a reversão em seu contrário e a sublimação. Ela acrescenta a isso uma nova defesa: *"a identificação com o agressor"*, e explica que essa lista está longe de ser exaustiva. Os trabalhos de Anna Freud foram o ponto de partida de uma importante corrente do pensamento psicanalítico que, a partir de Viena nos anos de 1930, se desenvolverá na Grã-Bretanha em torno de

Continua

> **PÓS-FREUDIANOS** • *Continuação*

sua personalidade e na América do Norte em torno de Heinz Hartmann, um dos fundadores do movimento conhecido pelo nome de Ego Psychology.

Heinz Hartmann e a "Ego Psychology"

É em 1939, em sua obra intitulada *A psicologia do ego e o problema da adaptação* publicado em Viena, que Hartmann apresenta as idéias que constituem o fundamento da Ego Psychology. Após suas emigração para os Estados Unidos em 1941 ele se reuniu a outros emigrados europeus fugidos do nazismo, em particular Ernst Kris e Rudolph Loewenstein, que compartilham seus pontos de vista. A partir de então, as concepções da Ego Psychology se expandem rapidamente, a tal ponto que essa corrente psicanalítica ocupará um lugar de destaque na América do Norte. Em 1945, Hartmann funda a revista *Psychoanalytic Study of the Child* com Ernst Kris e Anna Freud. Embora Hartmann tenha baseado suas idéias nas noções de ego, superego e id lançadas por Freud em 1923, ele desenvolveu concepções que às vezes se afastam bastante delas. Assim, para ele, o ego tem duas funções: a primeira é desenvolver defesas em face dos conflitos e a segunda – a mais importante para Hartmann – é livre de conflitos, e ele a denomina de "ego autônomo". O ego autônomo está presente desde o nascimento e desenvolve-se independentemente do id e, segundo Hartmann, os distúrbios de comportamento dos indivíduos resultam de sua maior ou menor capacidade de se adaptar às condições sociais, independentemente das pulsões. Com isso, a função essencial do ego assim concebido é a "adaptação" ao mundo exterior. Quanto à libido, segundo Hartmann, ela assegura a dessexualização das pulsões agressivas através do processo de "neutralização", que é uma das funções que ele atribui ao ego: quanto mais o ego se reforça, mais ele se torna capaz de "neutralizar" a energia libidinal, e vice-versa. No nível da técnica, a abordagem da Ego Psychology enfatiza sobretudo a análise das resistências e das defesas, como também o reforço do ego consciente, em detrimento da análise das fantasias inconscientes. Nisso, sua abordagem se aproxima da abordagem técnica adotada por Anna Freud e sua escola. Além disso, essa corrente de pensamento deu origem a uma verdadeira sociologia psicanalítica. De fato, a Ego Psychology atribui um papel determinante à função de adaptação do ego autônomo do indivíduo em relação ao seu ambiente social. Essa dimensão foi desenvolvida especialmente por Erik H. Erikson a partir de sua obra *Infância e sociedade* (1950), na qual ele descreve o desenvolvimento do ego social, da infância à velhice.

É compreensível que as opções teóricas e técnicas adotadas pela Ego Psychology tenham suscitado debates acirrados dentro da Associação Psicanalítica Internacional que levaram a profundas divergências, em particular com Melanie Klein, na Grã-Bretanha, e com Jacques Lacan, na França. Klein considerava que o ego e os objetos estão presentes desde o início da vida, e é por isso que as Grandes Controvérsias giraram em torno principalmente do desenvolvimento progressivo do ego, das relações entre o ego e os objetos, como também da importância da fantasia inconsciente. Quanto a Lacan, ele distinguia o "eu" do "ego" fundando-se na fase do espelho, em que o "eu" prefigurava a noção de "sujeito" que ele introduzirá posteriormente. Embora Loewenstein tenha sido seu analista, Lacan será um crítico ferrenho dos pontos de vista da Ego Psychology. Ele ataca sobretudo a teoria da adaptação, afirmando que se tratava quando muito uma tentativa por parte dos psicanalistas norte-americanos de conformar seus pacientes aos seus ideais. Como destaca A. de Mijolla: "*A ironia dele [Lacan] nunca será suficientemente cáustica para estigmatizar os defensores da Ego Psychology, e ele se apoiará na teoria da organização pela linguagem para situar resolutamente o Ego no âmbito do Imaginário*" (2002, p. 1024).

Heinz Kohut e a Self-Psychology

Como reação às idéias de Hartmann e à Ego Psychology, Kohut (1971) propôs uma teoria psicanalítica centrada no *Self* e em seus avatares. A noção de Self fora introduzida já em 1950 por Hartmann, que desejava estabelecer uma distinção entre "*ego*" e "*self*": foi a partir dessa noção que Kohut edificou a Self-Psychology, escola psicanalítica que conheceu um importante desenvolvimento, a ponto de se tornar uma das correntes contemporâneas mais marcantes nos Estados Unidos. A idéia de Kohut era complementar as contribuições de Freud acerca do tratamento psicanalítico de fases narcísicas e propunha uma abordagem técnica fundada no método empático que ele preconizava.

> **CRONOLOGIA DOS CONCEITOS FREUDIANOS**

Id – id hereditário – complexo de Édipo em sua forma completa – prova da realidade – ideal do ego – identificação – identificação narcísica – ligação-desligação das pulsões – ego – ego-ideal – pulsão de morte – pulsão de vida – reação terapêutica negativa – sentimento de culpa inconsciente – superego – superego do melancólico

"O PROBLEMA ECONÔMICO DO MASOQUISMO"

S. FREUD (1924c)

Do masoquismo perverso ao masoquismo primário ou erógeno, protetor do indivíduo contra a autodestruição

Nesse estudo, Freud prossegue suas pesquisas sobre a natureza do masoquismo, perversão que consiste em encontrar prazer no sofrimento. Ele já havia abordado a questão do masoquismo juntamente como a do sadismo em escritos anteriores (1905d, 1915c). Contudo, depois de ter introduzido o conflito fundamental entre pulsão de vida e pulsão de morte, assim como os conceitos de ego, id e superego, impunha-se uma atualização da noção de masoquismo. Ainda mais porque a noção de masoquismo contradiz o princípio do prazer-desprazer postulado antes, segundo o qual o funcionamento psíquico tem como objetivo evitar o desprazer e proporcionar prazer.

Freud começa por redefinir o princípio de prazer apoiado em novos dados e considera agora que existem três princípios na base da regulação do funcionamento psíquico: o *princípio do Nirvana*, que tende a reconduzir a excitação a zero, o *princípio do prazer*, que efetua a ligação entre a pulsão de vida e a pulsão de morte, e o *princípio de realidade*, que permite adiar o prazer tolerando temporariamente o desprazer. Freud estuda em seguida duas formas de perversão propriamente dita, o *masoquismo feminino* no homem e o *masoquismo moral*. Essas formas de masoquismo caracterizam-se por uma regressão a uma fase libidinal anterior, em particular à fase sádico-anal, como também por um reinvestimento de objetos incestuosos edipianos, que ele chama de "*ressexualização*" do complexo de Édipo. Esta última é acompanhada de uma satisfação erótica culpável e inconsciente que determina uma necessidade masoquista do ego de ser punido sadicamente pelo superego. Com a introdução da noção de *masoquismo primário* ou *erógeno*, Freud estende essa noção para além da perversão masoquista em sentido estrito: ele abre uma nova perspectiva considerando que o conflito pulsão de vida/pulsão de morte constitui o próprio fundamento dos processos vitais, desde o início da vida, o que significa que o prazer de viver deve impor-se permanentemente sobre a tendência à autodestruição.

BIOGRAFIAS E HISTÓRIA

Conflitos internos e temores para o futuro da psicanálise

"O problema econômico do masoquismo" foi escrito no final de 1923 e publicado em abril de 1924 na *Internationale Zeitschrift für Psychoanalyse*. Durante esse período, a vida de Freud foi permeada por acontecimentos dolorosos, entre os quais a eclosão de sua doença em 1923, a que já nos referimos, e o clima de desentendimento dentro do Comitê. A despeito do reconhecimento internacional, Freud se preocupava com o futuro da psicanálise, principalmente em razão dos conflitos entre Rank e Jones, que punham em risco o entendimento dentro do Comitê no qual Freud depositava sua maior esperança quanto à sobrevivência de sua obra após sua morte. Já fazia alguns anos que Rank e Jones não se entendiam bem, embora devessem colaborar na edição de publicações psicanalíticas. No verão de 1923, nas Dolomites, em uma última reunião da qual participavam Rank e Jones, esse conflito atingirá seu paroxismo, levando à dissolução do Comitê. Foi nessa ocasião que os participantes tiveram a notícia da doença de Freud.

DESCOBERTA DA OBRA

As páginas indicadas remetem ao texto publicado em S. Freud (1924c), "Le problème économique du masochisme", in *Névrose, psychose et perversion*, trad. J. Laplanche, Paris, PUF, 1973, p. 287-298 *[as páginas indicadas entre colchetes remetem às OCF.P, XVII, p. 9-23]*.

Reconsiderar o princípio do prazer

Freud começa por explicar os motivos que o levam a rever seu ponto de vista sobre o princípio do prazer e, em particular, suas relações com o princípio do Nirvana, que ele via como seu equivalente. De fato, em *Além do princípio do prazer* (1920g), Freud chamava de "princípio do Nirvana" a tendência do aparelho psíquico a reconduzir a zero qualquer quantidade de excitação, e essa tendência à aniquilação parecia coincidir com a pulsão de morte. Em "O problema econômico do masoquismo", ele reafirma sua adesão ao princípio do Nirvana, mas aponta a seguinte dificuldade: se o princípio de prazer é realmente o equivalente do princípio do Nirvana, como afirmara antes, chega-se à conclusão de que o princípio do prazer estaria a serviços de pulsões de morte, o que é um paradoxo: "(...) o princípio do Nirvana (e o de prazer, julgado idêntico a ele) estaria totalmente a serviço das pulsões de morte, cujo objetivo é tirar a vida em perpétua mudança da estabilidade do estado inorgânico (...)" (p. 288 [12]). A essa primeira contradição acrescenta-se uma outra: o princípio do prazer – que eliminaria as tensões do desprazer – é contraditado também pelo fato de existirem estados de tensão acompanhados de prazer, cujo principal exemplo é o estado de excitação sexual. Tirando as conseqüências dessas contradições, Freud levanta a hipótese de que o princípio do Nirvana – que provém da pulsão de morte – certamente teve de sofrer uma modificação nos organismos vivos para não reconduzir a vida ao inorgânico e assim se colocar a serviço do princípio do prazer: ele atribui essa mudança à intervenção da libido que está unida à pulsão de morte de maneira a participar da regulação de processos vitais.

No que se refere às sensações da gama prazer-desprazer que ele havia considerado até então como dependente de um fator *quantitativo*, ligado unicamente a um crescimento ou a uma diminuição das tensões de excitação, Freud introduz uma nova diferença: segundo ele, as sensações de prazer-desprazer não dependem apenas de um fator *quantitativo* que ele não chega a determinar: *"Talvez se trate do ritmo do curso temporal das modificações, das elevações e das quedas da quantidade de excitação: nós não sabemos"* (p. 288 [12]).

Desde então, Freud considera que três princípios estão na base da regulação de processos vitais: o *princípio do Nirvana*, que representa a pulsão de morte mediante a tendência a reduzir as *quantidades* de excitação a zero; o *princípio de prazer*, que expressa mediante uma *qualidade* de excitação libidinal a ligação da pulsão de vida e da pulsão de morte; finalmente, o *princípio de realidade*, que permite diferenciar o prazer tolerando temporariamente o desprazer. Esses três princípios não podem escapar de entrar em conflito, mas são forçados a se acomodar um ao outro a fim de preservar os processos vitais. Para conseguir preservar a vida da destruição, ao que parece, o princípio do prazer deve necessariamente passar por uma ligação libidinal da pulsão de morte à pulsão de vida: *"A conclusão dessas considerações é que não se pode deixar de designar o princípio do prazer como guardião da vida"* (p. 289 [13]).

Prosseguindo suas reflexões à luz dessas considerações teóricas, Freud estuda sucessivamente três formas de masoquismo: o masoquismo feminino, o masoquismo primário ou erógeno e o masoquismo moral.

O "masoquismo feminino no homem"

É sobretudo no homem que se observa o masoquismo feminino: para Freud, trata-se de uma verdadeira perversão cujo conteúdo manifesto se expressa por fantasias em que predomina o desejo de ser amarrado, espancado ou chicoteado, etc., fantasias que culminam na masturbação ou constituem em si mesmas a satisfação sexual. Nesses casos de perversão, constata-se que o indivíduo se coloca em uma *"posição característica da feminilidade e, portanto, que es-*

sas fantasias significam ser castrado, sofrer o coito ou parir" (p. 290 *[14]*). Provém daí a denominação de *"masoquismo feminino"*, que significa que essa posição passiva em relação ao objeto é o resultado de uma regressão à sexualidade infantil. Além disso, nessa perversão, a pessoa se acusa de ter cometido uma falta que deve expiar pela dor e pelos tormentos, exprimindo através dessas auto-recriminações um sentimento de culpa inconsciente em relação à masturbação infantil. Esse sentimento de culpa inconsciente aproxima o masoquismo feminino de uma outra forma de masoquismo, o masoquismo moral.

O masoquismo primário ou masoquismo erógeno

Freud lembra que em 1905, em *Três ensaios sobre a teoria da sexualidade*, ele já observara que uma excitação sexual se produz em toda uma série de processos internos depois que a intensidade desses processos ultrapassa um certo limite, e que esse fenômeno que ele chama de *"co-excitação libidinal"* geralmente é acompanhado de dor e desprazer. Ele teve, então, a intuição de que *"talvez nada de importante ocorresse no organismo sem ter de fornecer seu componente á excitação da pulsão sexual"* (p. 290 *[15]*). Levando em conta agora a dualidade pulsão de vida/pulsão de morte, Freud dá um novo desenvolvimento à noção de co-excitação libidinal: segundo ele, esse fenômeno regeria o conjunto de processos vitais e a libido tornaria inofensivo à pulsão de morte e de destruição que predomina no organismo desde a origem; ela evitaria assim que o organismo fosse reconduzido ao estado inorgânico. Para designar esse processo de erotização da pulsão de morte e a fim de ressaltar seu caráter originário, ele o chama de *"masoquismo primário"* ou *"masoquismo erógeno"*.

Como a libido se desincumbe da tarefa de tornar inofensiva a pulsão de morte? Ela procede de duas maneiras, segundo Freud: de um lado, a libido dirige uma grande parte da pulsão de morte para os objetos no exterior por meio da musculatura – sob a forma de pulsão de destruição e de domínio, de vontade de potência, e também sob a forma de sadismo propriamente dito colocado a serviço da função sexual; de outro lado, uma parte da pulsão de morte não é projetada no exterior, mas se torna inofensiva no próprio interior do organismo: *"Ela (a pulsão de morte) permanece no organismo e lá se encontra ligada libidinalmente com a ajuda da co-excitação sexual a que nos referimos; é nela que devemos reconhecer o masoquismo originário, erógeno"* (p. 291 *[16]*). Não se sabe por que meio se produz essa *"domesticação"* das duas pulsões, diz Freud, mas, de um ponto de vista psicanalítico, observa-se que elas estão sempre ligadas em proporções variáveis, e que jamais se encontra a pulsão de vida ou a pulsão de morte em estado puro.

Freud enumera em seguida algumas fases do desenvolvimento da libido das quais participa o masoquismo originário, por exemplo, na angústia de ser devorado pelo animal totêmico (o pai) na fase oral, ou no desejo de ser espancado na fase sádico-anal, ou de ser castrado na fase fálica, etc. Além disso, o masoquismo originário que permitiu a primeira domesticação da pulsão de morte pela libido *"preserva sempre como objeto o ser próprio do indivíduo"* (p. 292 *[16]*) e protege este último da autodestruição. Finalmente, Freud considera a eventualidade de que o sadismo e a pulsão de destruição antes projetados no exterior retornem ao interior, o que dá lugar ao *"masoquismo secundário"* que se soma ao masoquismo primário.

O masoquismo moral

O masoquismo moral busca o sofrimento, mas não tem consciência da satisfação sexual que encontra em um sofrimento buscado em relação a um sentimento de culpa inconsciente: nesses pacientes, de fato, o prazer erótico do sofrimento parece ausente. O caso extremo do masoquismo moral é observado em pacientes em psicanálise que se opõem aos progressos da cura, conduta paradoxal que Freud atribuíra em 1923 ao sentimento de culpa inconsciente, designando-o pelo termo *"reação terapêutica negativa"*. Para eles, satisfazer o sentimento de culpa inconsciente constitui o benefício secundário de permanecer doente em vez de se curar, o que faz disso uma das formas mais graves de resistência ao tratamento. Contudo, quando o psicanalista fala de sentimento de culpa inconsciente, isso não diz nada ao seu paciente; ao contrário, o paciente começa a compreender quando ele fala de uma *"necessidade de punição"* (p. 294 *[18]*). Para explicar o aparecimento desse sentimento de culpa esmagador, Freud recorre às noções introduzidas na segunda tópica em 1923, em particular à tensão excessiva que surge entre o ego e o superego quando o ego se sente incapaz de satisfazer as exigências do ideal estabelecido pelo superego como um modelo a seguir.

Ele lembra igualmente que foi a identificação com o casal parental que deu origem ao superego. De fato, quando da resolução do conflito edipiano, a relação com os pais foi dessexualizada por desvio de seus objetivos sexuais diretos, de modo que se constitui um superego que conserva as características dos pais interiorizados. Além disso, as exigências do superego tendem a ser reforçadas pelas influências do exterior provenientes de professores e de autoridades, o que contribui para o seu papel moral: *"O complexo de Édipo se revela portanto (...) como a fonte de nossa ética individual (a moral)"* (p. 295 *[20]*).

A "ressexualização" do complexo de Édipo

Após essa digressão sobre a origem do superego, Freud retoma a questão do masoquismo moral ressaltando que esse tipo de paciente dá mostras de uma inibição moral excessiva e se comporta como uma pessoa dominada por uma consciência moral severa, sem ter consciência dessa *"hipermoral"*: "Mas, detalhe nada *desprezível*, diz ele, *o sadismo do superego é na maioria das vezes claramente consciente, enquanto a tendência do masoquismo do ego em geral permanece oculta à pessoa e deve ser deduzido de seu comportamento"* (p. 296 *[22]*). Freud atribui o fato de o masoquismo moral permanecer inconsciente a que o sentimento de culpa inconsciente expressa uma necessidade de punição por parte de uma força parental. Essa pista conduz ao verdadeiro sentido oculto do masoquismo moral, que está estreitamente ligado à *"ressexualização"* do complexo de Édipo. O que ele entende por isso? Para Freud, o termo "ressexualização" significa que o masoquismo moral fez um retorno regressivo ao conflito edipiano, e o desejo incestuoso causa o sentimento de ter cometido uma falta sexual – um *"pecado"* – pelo qual deve ser punido pelo representante parental. Isso explica que o masoquismo procure ser punido pelo último representante parental que é o Destino, que ele aja contra seus interesses, chegando às vezes a aniquilar sua própria existência real. Assim, prossegue Freud, *"o sadismo do superego e o masoquismo do ego se complementam mutuamente e se unem para provocar as mesmas conseqüências"* (p. 297 *[22]*). Tirando suas conclusões desse conflito interior, Freud afirma que o masoquismo moral é verdadeiramente o testemunho da existência de uma união entre pulsões de vida e pulsões de morte: *"Seu caráter perigoso provém do fato de que ele tem sua origem na pulsão de morte, de que corresponde à parte deste que evitou se dirigir ao exterior sob forma de destruição. Mas, como ele tem de outra parte o significado de um componente erótico, nem mesmo a autodestruição da pessoa pode se produzir sem satisfação libidinal"* (p. 297 *[23]*).

EVOLUÇÃO DOS CONCEITOS FREUDIANOS

A noção de masoquismo e suas ambigüidades em Freud
A questão do "masoquismo feminino"

O termo *"masoquismo feminino"* tem às vezes um uso ambíguo em Freud. Sem dúvida, quando ele fala do "masoquismo feminino no homem", trata-se claramente para ele de uma perversão masoquista. Contudo, quando utiliza a expressão "masoquismo feminino", ele parece entender que a mulher seria masoquista por natureza. Essa ambigüidade foi revelada, entre outros, por Laplanche e Pontalis: *"Por masoquismo*

Continua

● *Continuação*

feminino, evidentemente somos tentados a entender 'masoquismo da mulher', mas, no âmbito da teoria da bissexualidade, o masoquismo feminino é uma possibilidade imanente a todo ser humano" (1967, p. 232). De maneira geral, encontra-se ao longo de toda obra de Freud uma ambigüidade quanto à natureza da feminilidade, desde a oposição ativo/passivo e masculino/feminino mencionada em *Três ensaios sobre a teoria da sexualidade* (1905d), até em seus escritos tardios, em que ele persiste em ligar explicitamente, de um lado, atividade e masculinidade, e, de outro, passividade e masoquismo feminino. Contudo, em *Novas conferências introdutórias sobre psicanálise* (1933a), essa oposição entre os dois sexos é atenuada.

O masoquismo primário ou erógeno não é uma perversão

Vale destacar que o termo "masoquismo" utilizado por Freud para designar o masoquismo primário ou erógeno é uma noção que pode se confundir com a de perversão. De fato, ao introduzir a noção de masoquismo primário ou erógeno, Freud procura sobretudo estender a noção de masoquismo para além da perversão propriamente dita, com o objetivo de assinalar que toda ligação do prazer sexual com a dor tem como fundamento primordial uma união entre a pulsão de vida e a pulsão de morte. Em outros termos, segundo Freud, o masoquismo primário ou erógeno *"seria, portanto, um testemunho e um vestígio dessa fase de formação na qual se realizou essa aliança, tão importante para a vida, entre a pulsão de vida e Eros"* (p. 292 *[16]*). Desde então, para ele, essa forma originária de masoquismo constitui-se como uma estrutura fundamental que desempenha o papel de "*guardião da vida*", segundo suas próprias palavras.

● **CRONOLOGIA DOS CONCEITOS FREUDIANOS**

Masoquismo feminino – masoquismo feminino no homem – masoquismo moral – masoquismo primário ou erógeno – masoquismo secundário – princípio do Nirvana – princípio do prazer-desprazer – princípio de realidade – "ressexualização" do complexo de Édipo

INIBIÇÕES, SINTOMAS E ANSIEDADE
S. FREUD (1926d)

Uma nova origem para a angústia: o temor da separação e a perda do objeto

Ao chegar aos 70 anos, Freud lança hipóteses inovadoras sobre a origem da angústia que tornam caducas as anteriores. De fato, durante mais de 30 anos, ele se ateve a uma concepção biológica do mecanismo de aparição da angústia, segundo a qual uma libido insatisfeita encontraria uma via de descarga transformando-se diretamente em angústia, por exemplo, na prática do coito interrupto: "(...) ela [a angústia] está para a libido mais ou menos como o vinagre está para o vinho" (Freud, 1905d, nota acrescentada em 1920, p. 168).

A partir de 1926, ao publicar *Inibições, sintomas e ansiedade*, Freud recorre a uma concepção da origem da angústia que implica o psiquismo: desde então, ele considera a angústia como um afeto experimentado pelo ego diante de um perigo que, em última análise, tem sempre o significado do temor da separação e da perda do objeto. A tese de Freud articula-se em torno de uma distinção entre diferentes tipos de angústia: a angústia diante de um perigo real (*Realangst*); a angústia automática (*automatische Angst*), desencadeada por uma *situação traumática* que submerge o ego impotente; a angústia-sinal (*Signalangst*), desencadeada por uma *situação de perigo*, na qual o ego do indivíduo se tornou capaz de prever a iminência do perigo

Nesse texto, Freud examina igualmente a questão das defesas de uma nova perspectiva. Enquanto anteriormente ele imaginava que era a repressão que produzia a angústia, agora muda de opinião e demonstra que é a angústia que produz a repressão; ele lança assim a idéia de que se o ego forma sintomas e erige defesas, é antes de tudo para evitar perceber a angústia, e esta significa regularmente para o ego um perigo ligado ao temor da separação e da perda do objeto.

A leitura desse trabalho é árdua, pois Freud toca em numerosos temas e experimenta uma dificuldade inusual de dar uma unidade à sua obra, como nota Strachey (1959). Além disso, ele aborda os mesmos temas várias vezes sob ângulos variados, e somente no fim da obra, nos *Adendos*, é que o leitor descobre as formulações freudianas mais fundamentais sobre esse tema. Em 1933, em uma conferência consagrada à angústia, Fred retoma suas hipóteses apresentadas em 1926 sobre a origem da angústia, mas em uma redação mais clara e mais sintética (31ª Conferência, 1933a).

BIOGRAFIAS E HISTÓRIA

Freud e Rank

Freud redigiu *Inibições, sintomas e ansiedade* em resposta à obra *O traumatismo do nascimento*, publicada em 1924 por seu discípulo Otto Rank (1884-1939). Para este último, todas as crises de angústia poderiam ser consideradas como tentativas de "ab-reagir" o primeiro traumatismo, o do nascimento. Assim, ele explicava todas neuroses com base em uma angústia inicial, de maneira redutora e simplificadora, e relegava ao segundo plano o papel central desempenhado pelo complexo de Édipo nos conflitos neuróticos. Freud teve uma atitude

Continua

240 Jean-Michel Quinodoz

> **BIOGRAFIAS E HISTÓRIA** • *Continuação*
>
> hesitante em relação às idéias de Rank, que inicialmente parecia favorável; na verdade, ele próprio afirmara antes que o nascimento era a primeira experiência de angústia na criança (1900a) e "*o primeiro grande estado de angústia*" (1923b). Contudo, ao mesmo tempo em que reconheceu ter sido estimulado pelas pesquisas de Rank sobre a origem da angústia, acabou por contestar suas conclusões e publicou o resultado de suas próprias reflexões. Rank não suportou as críticas vindas de Freud, e a conseqüência disso foi uma ruptura definitiva. Freud lamentou a defecção daquele que durante 20 anos tinha sido um de seus colaboradores mais próximos. Gostava dele e não imaginava que as críticas sobre essa obra o afetassem a tal ponto no âmbito pessoal. Rank, que ingressou na Sociedade Psicanalítica de Viena em 1906, aos 22 anos, logo se tornou secretário. Foi ele quem registrou as *Minutas da sociedade de Viena* de 1906 até sua convocação em 1915 e estava entre os primeiros editores de Imago desde 1912 e do Zeitschrift desde 1913. Ele redigiu um grande número de textos, manifestando um interesse muito particular pela relação mãe-filho, cuja importância a seu ver era subestimada pelos psicanalistas, como também pelas relações pré-edipianas.
>
> **Os 70 anos de Freud**
> Em junho de 1925, enquanto redigia esse texto, Freud foi informado do falecimento de Joseph Breuer, com quem escrevera *Estudos sobre a histeria* em 1895. Ele não o via há 25 anos e ficou surpreso ao saber por Robert Breuer, filho de seu amigo de outrora, que ele continuara a acompanhar com interesse e simpatia o desenvolvimento da psicanálise. No dia 25 de dezembro de 1925, morreu em Berlim Karl Abraham, aos 48 anos, em conseqüência de uma infecção pulmonar, provavelmente de origem cancerígena. Foi uma perda terrível para a psicanálise, e Freud escreveu a seu respeito: "Com este homem integer vitae scelerisque purus [íntegro em sua vida e livre do vício], *enterramos uma das mais sólidas esperanças de nossa jovem ciência, ainda tão atacada, talvez uma parte perdida para sempre de seu futuro*" (1926b, p. 101). Em fevereiro de 1926, Freud sofreu dois ataques de angina em plena rua, que ele atribuiu à sua intolerância ao tabaco. Ferenczi, convencido de que a causa dessas crises era a angústia, propôs-se a vir passar alguns meses em Viena para analisá-lo; Freud agradeceu, mas recusou. No seu aniversário de 70 anos, no dia 7 de maio de 1926, Freud recebeu inúmeros telegramas e cartas vindos do mundo inteiro, e os jornais de Viena e da Alemanha publicaram artigos dedicados a ele e à psicanálise

DESCOBERTA DA OBRA

As páginas indicadas remetem ao texto publicado em S. Freud (1926d), *Inhibition, symptôme et angoisse*, trad. M. Tort, Paris, PUF, 1951 *[as páginas indicadas entre colchetes remetem às OCF.P, XVII, p. 203-286]*.

As inibições: limitação das funções do ego

A inibição não é sinônimo de sintoma, afirma Freud, pois se pode ter uma inibição, isto é, uma diminuição da função (sexual, motriz, etc.) sem que isso seja necessariamente um sinal patológico. Não é o caso do sintoma, que é o sinal de um processo patológico. Em seguida, Freud passa em revista as perturbações que sofrem diferentes funções do ego nas neuroses, e chega à formulação a seguir, que implica a participação do ego: "*A inibição expressa* **uma limitação funcional do ego** *(...)*" (p. 4 *[207]*). A partir daí, distingue dois tipos de inibição: a inibição especializada e a inibição geral.

No que se refere à inibição especializada, existem diferentes formas. Essas inibições de natureza neurótica aparecem, por exemplo, em pessoas que tocam piano, escrevem ou marcham quando os órgãos envolvidos nessa atividade específica são extremamente erotizados. Em outras palavras, a função de um órgão pode ser perturbada quando sua erotização e seu significado simbólico sexual aumentam no nível inconsciente, como na seguinte situação: "*Quando a escrita, que consiste em fazer escoar o líquido de uma caneta em uma folha de papel branco, assumiu o significado simbólico do coito, ou quando a marcha se tornou o substituto da calcadura sobre o corpo da terra-mãe, a escrita e a marcha são abandonadas, pois elas voltariam a executar o ato sexual proibido*" (p. 4 *[208]*). Nessa forma de inibição, o ego renuncia a funções para evitar entrar em conflito com o id. Outras formas de inibição estão a serviço da autopunição, particularmente aquelas relacionadas à profissão: o ego evita, então, entrar em conflito com o superego, por exemplo, não se dando o direito de fazer certas coisas ou renunciando a certas atividades.

Quanto às inibições gerais, elas aparecem quando o ego é submetido a uma tarefa particular, por exemplo, quando é confrontado com um trabalho de luto, ou quando têm de conter a emergência de fantasias sexuais, o que obriga a restringir seus gastos de energia porque esta já é utilizada em outra coisa. Freud conclui que as inibições são restrições de funções do ego, seja por precaução, seja em decorrência de um empobrecimento em energia; conseqüentemente, temos fundamento para distinguir uma inibição de um sintoma, *"pois o sintoma não pode mais ser descrito como um processo que se passa no ego ou que é inerente a ele"* (p. 5 [209]).

Uma nova teoria da angústia

Neste capítulo, Freud lança novas hipóteses sobre a origem da angústia que incluem o ego ego e abandona as antigas que não o envolviam. Agora ele considera a angústia como um afeto experimentado pelo *ego* diante de um perigo que, em última análise, tem sempre o significado do temor e da perda de objeto, como ele esclarece ao longo dos capítulos seguintes. Para chegar a essa conclusão, ele parte da definição do sintoma, que é o sinal e o substituto de uma satisfação pulsional que não ocorre, e o resultado do processo de repressão: *"O ego, mediante a repressão, consegue que a representação portadora da moção desagradável seja impedida de chegar à consciência"* (p. 7 [209]). Por que meios o ego consegue isso? Graças a um *"sinal de desprazer"* que é produzido pelo ego diante da percepção de um perigo pulsional proveniente do id. A repressão que se segue pode ser comparada a uma tentativa de fuga, diz Freud, e é durante esse processo que o ego efetua uma retirada de energia seguida de uma descarga que libera o desprazer sob a forma de angústia. Freud conclui, então: "(...) *temos fundamento para nos ater firmemente à idéia de que o ego é de fato o lugar da angústia, e para repelir a concepção anterior, segundo a qual a energia de investimento da moção repri-* *mida seria automaticamente transformada em angústia"* (p. 9 [211]). Além disso, a angústia reproduz, em forma de estado de afeto, ma imagem mnemônica preexistente, de modo que esses estados de afetos constituem os *"sedimentos de acontecimentos traumáticos muito antigos"* (p. 9 [211]). Nesse ponto, Freud expressa sua discordância com Rank, para quem toda manifestação de angústia seria a reprodução da angústia do nascimento. É verdade que, como Rank, Freud reconhece que o nascimento constitui a primeira situação de angústia por excelência, mas argumenta que não se poderia afirmar que ela se repete como tal em toda situação de angústia. Freud assinala que há uma tendência bastante comum a enfatizar a fraqueza do ego e a minimizar a força que o ego manifesta durante o processo de repressão.

As atitudes contraditórias do ego em face do sintoma

Se a repressão mostra a força do ego, ela mostra também sua fraqueza, pois a moção pulsional do id – cuja repressão criou um sintoma manifesto – escapa a qualquer influência e mantém sua existência fora da organização do ego: *"Uma comparação que nos é familiar há muito tempo considera o sintoma como um fenômeno estranho que mantém continuamente fenômenos de excitação e de reação no tecido em que se implantou"* (p. 14 [215]). Desse modo, a luta contra a moção pulsional se prolonga em luta contra o sintoma, prossegue Freud, e essa luta defensiva secundária assume duas formas contraditórias. De um lado, o ego procura tomar para si o sintoma e não mais considerá-lo como um corpo estranho, pois o ego se caracteriza por uma tendência à ligação e à unificação. Mas a tendência do ego a se apropriar do sintoma pode reforçar sua fixação, de forma que se constitui um *"benefício secundário"* da doença, reforçando as resistências ao tratamento. De outro lado, o ego continua a ser perpetuamente perturbado pela presença do sintoma: *"Verdadeiro substituto e produto da moção reprimida, continua a desempenhar o papel dela e a renovar sem trégua sua exigência de satisfação, forçando assim o ego a dar um novo sinal de desprazer e a se colocar em estado de defesa*" (p. 16 [*218*]). Nesse capítulo, Freud oferece uma magnífica definição do ego e de sua tendência à unificação, da qual nos recordaremos quando ele introduzir mais tarde, em 1927, a noção de clivagem do ego: "*O ego é uma organização, fundada na livre circulação e na possibilidade, para todas as partes que a compõe, de uma influência recíproca; sua energia dessexualizada revela ainda sua origem na aspiração à ligação e à unificação, e essa compulsão à síntese vai aumentando à medida que o ego se desenvolve e fica mais forte*" (p. 14 [*216*]).

O motor da repressão: a angústia de castração

Freud retoma em seguida o caso do "pequeno Hans" e estabelece uma distinção entre o sintoma (a incompreensível angústia do cavalo) e a inibição (a incapacidade de sair na rua), esta última sendo a limitação que o ego se impõe para não despertar o sintoma de angústia. O que é que determina que a angústia de Hans seja uma neurose e não um simples medo? Freud responde: "*Um único traço faz dela uma neurose, que é a substituição do cavalo pelo pai*" (p. 21 [*221-222*]). Esse deslocamento é facilitado, segundo ele, pela ativação de traços inatos deixados pela mentalidade totêmica em uma criança pequena. Quais são então os meios que o ego tem à sua disposição para lutar contra uma moção pulsional desagradável, como a hostilidade de Hans em relação ao seu pai? Para Freud, o ego dispõe de diversos mecanismos de defesa, não apenas a formação reacional, como a ternura excessiva que esconde a hostilidade, ou a transformação em seu contrário, como o retorno para si da agressão contra o pai. O ego tem igualmente à sua disposição a faculdade de fazer a pulsão regredir, por exemplo, à fase oral, sob a forma da angústia de ser mordido. Mas o verdadeiro motor da repressão é a angústia de castração, e Freud demonstra isso tanto no pequeno Hans como no Homem dos Lobos: "*Em um e outro caso, o motor da repressão é a angústia de castração; os conteúdos da angústia, ser mordido pelo cavalo e ser devorado pelo lobo, são substitutos, obtidos por deformação, do conteúdo, ser castrado pelo pai. Na verdade, foi esse conteúdo que sofreu a repressão*" (p. 27 [*226*]). E Freud modifica seus pontos de vista sobre a origem da repressão nos seguintes termos: "*Aqui, é a angústia que produz a repressão, e não a repressão que produz a angústia, como eu pensava antes*" (p. 27 [*226*]).

A formação dos sintomas na neurose obsessiva

A neurose obsessiva caracteriza-se por uma grande diversidade de sintomas, e Freud estuda como a luta defensiva acirrada que a caracteriza produz progressivamente uma limitação do ego, limitação reforçada pela atitude hiper-severa do superego. Nessa forma de neurose, os sintomas se revestem de duas formas opostas, sejam proibições, sejam satisfações substitutivas geralmente ocultas sob um disfarce simbólico: "*A formação do sintoma triunfa quando a proibição consegue se amalgamar com a satisfação, de modo que a injunção ou a proibição originalmente defensiva assume ao mesmo tempo o sentido de uma satisfação*" (p. 33 [*230*]). Esse amálgama resulta da ambivalência, e esta última pode manifestar-se também nos dois momentos do sintoma, sendo que o segundo momento suprime o primeiro. No início, tanto na neurose obsessiva como na histeria, a defesa se estabelece contra as reivindicações libidinais do complexo de Édipo, e o motor da defesa é igualmente a angústia de castração. Contudo, na neurose obsessiva, o ego faz com que a organização genital regrida à fase sádico-anal e utiliza como mecanismo de defesa a repressão. Além da repressão – "*que nada mais que um dos mecanismos utilizados pela defesa*" (p. 35 [*231*]) – e da regressão, o ego põe em prática igualmente a formação reacional, que assume a forma de escrúpulo, de fervor e de asseio, sob a influência do superego. Durante o período de latência, a principal tarefa passa a ser a defesa contra a tentação do onanismo e, na puberdade, o despertar das pulsões libidinais e agressivas leva à reativação da luta defensiva contra a sexualidade, e esta prossegue agora "*sob a bandeira da moralidade*" (p. 37 [*234*]). Mas, na neurose obsessiva, as pulsões agressivas permanecem inconscientes e exigem um trabalho terapêutico considerável para torná-las conscientes. É como se o afeto agressivo se manifestasse em outro lugar e assumisse a forma de um sentimento de culpa em face de um superego de uma severidade impiedosa em relação ao ego. Às vezes, no entanto, o sentimento de culpa está ausente, e se expressa então através de sintomas como ações expiatórias ou rituais autopunitivos, que têm simultaneamente o significado de uma satisfação substitutiva masoquista.

A anulação retroativa e o isolamento

Outras duas técnicas defensivas são utilizadas na neurose obsessiva, prossegue Freud, a anulação retroativa e o isolamento. A anulação retroativa – do termo alemão *"das Ungeschehenmachen"* – consiste em tratar um acontecimento como *"não ocorrido"*. Trata-se de uma magia negativa que visa a *"abolir soprando em cima"* não as decorrências do acontecimento, mas o próprio acontecimento. Um exemplo é o do Homem dos Ratos, que recolocava no caminho a pedra que havia retirado em um primeiro momento para evitar que a toda do carro de seu amigo se chocasse com ela. Quanto ao isolamento, igualmente típico da neurose obsessiva, é uma técnica defensiva que visa a isolar um pensamento ou um comportamento, por exemplo, instaurando uma pausa no curso do pensamento no qual a experiência vivida não é esquecida, mas desprovida de seu afeto e de suas relações associativas: *"Os elementos mantidos assim separados são justamente aqueles que têm um pertencimento recíproco, e o papel do isolamento motriz é dar uma garantia para a ruptura da conexão no pensamento"* (p. 43 [238]). Acrescenta-se ao isolamento o tabu de toque, que também desempenha um papel fundamental na evitação do toque, do contato corporal ou da contaminação. A importância desses mecanismos de defesa faz com que a neurose obsessiva encontre uma dificuldade articular para seguir a regra fundamental da psicanálise.

A perda e a separação: uma nova concepção da angústia

Prosseguindo sua investigação sobre a angústia na fobia e na neurose obsessiva, Freud introduz uma nova concepção da origem da angústia e a atribui agora à reação diante do perigo de uma perda e de uma separação, perigo que vai além daquele que provém unicamente da castração. Até então, ele considerava que, na neurose fóbica, a angústia diante dos animais era um afeto produzido pelo ego como reação diante do perigo da castração, e que, na neurose obsessiva, a angústia provinha da punição do ego pelo superego, temor decorrente da angústia de castração. Mas, em 1926, Freud vai mais longe e passa do temor da castração a uma *"situação de perigo"* mais geral, o perigo da separação e da perda de objeto. Essa situação de perigo não poderia ser o perigo da morte, que alguns invocaram a propósito da neurose traumática, porque, para Freud, não há nada no inconsciente *"que possa dar um conteúdo ao nosso conceito de destruição da vida"* (p. 53 [246]). Ao contrário, o indivíduo experimenta cotidianamente perdas sucessivas que o preparam para as vivências de perda e de separação, tais como *"a experiência cotidiana da separação do conteúdo intestinal e a perda do seio materno experimentada quando do desmame"* (p. 53 [246]). Freud chegou assim a uma nova concepção da angústia: *"Se até o presente nós a considerávamos [a angústia] como um afeto-sinal de perigo, ela nos parece agora, por se tratar tão freqüentemente do perigo de castração, como uma reação a uma perda, a uma separação"* (p. 54 [246]).

Da perda do objeto ao temor da perda do objeto

Qual é a verdadeira natureza do *"perigo"* percebido pelo ego, que o conduz a desencadear o afeto de angústia?, indaga-se Freud em seguida. Embora o nascimento forneça a experiência protótipo da angústia, existem também outras, e as manifestações da angústia na criança fazem parte dela: por exemplo, quando a criança está sozinha, quando está no escuro ou diante de uma pessoa estranha em vez da pessoa familiar (a mãe), *"pode-se fazer convergir esses três casos a uma condição única*, observa Freud, *a ausência da pessoa amada (ardentemente desejada)"* (p. 61 [252]). Mas não se trata de uma simples situação de perda, pois essa situação de angústia é a expressão de um desamparo no bebê. E Freud vai mais longe, postulando que o verdadeiro *"núcleo do perigo"* para o bebê é constituído pela perturbação econômica consecutiva à insatisfação, isto é, ao crescimento da tensão da necessidade: *"Se o bebê manifesta uma necessidade tão forte de perceber a mãe, diz ele, é apenas porque ele sabe por experiência que ela satisfaz todas as suas necessidades sem demora"* (p. 61 [252]). Freud introduz então uma distinção fundamental entre o desamparo (estado de) físico do bebê e seu desamparo psíquico, o que produz uma distinção entre a angústia ligada à *perda* de objeto – *angústia automática*, involuntária – e a angústia ligada ao *temor da perda* de objeto – *angústia-sinal*, psicológica: *"Com a experiência de que um objeto exterior, perceptível, pode pôr fim à situação perigosa que evoca a do nascimento, o conteúdo do perigo desloca-se da situação econômica para aquela que é a condição determinante: a perda do objeto. A ausência da mãe é agora o perigo diante do qual o bebê dá o sinal de angústia, antes mesmo que a situação econômica temida tenha de instaurado"* (p. 62 [253]).

Com os progressos da criança, o conteúdo das situações de perigo se modifica. Assim, na fase fálica, o temor da perda do objeto materno transforma-se em angústia de castração. Na etapa seguinte, sobrevêm a angústia diante do superego e o temor da perda do amor do superego, enquanto a angústia de castração evolui em angústia moral e em angústia social. Freud explica que todas as situações de angústia podem persistir lado a lado na vida posterior e incitar o ego a reagir pela angústia. Ele termina esclarecendo que a angústia de castração não é o único motor da neurose, como prova o caso da mulher que tem um *complexo* de castração, mas não *angústia* de castração, pois ela não pode sentir a angústia de perder um pênis que não tem: na mulher, diz ele, a condição de perigo mais ativa determinante da angústia é a perda do objeto, mas com a seguinte modificação: *"Não se trata mais da ausência do objeto ou da perda real, mas, ao contrário, da perda de amor por parte do objeto"* (p. 68 [258]).

O neurótico e o normal

Acompanhando os progressos no desenvolvimento, certas condições que determinam a angústia são abandonadas, como a angústia infantil no escuro ou o temor diante de uma pessoa estranha. Porém, algumas angústias persistem de maneira mais ou menos atenuada durante toda a existência, como a angústia de castração ou a angústia diante do superego. O neurótico se distingue do indivíduo normal pelo fato de que suas reações a esses perigos são exageradas, e ele se comporta como se as situações anteriores de perigo ainda estivessem em curso. De resto, a condição de adulto não oferece uma proteção absoluta contra o retorno da primeira situação traumática suscetível de gerar a angústia: *"Pode-se conceber que existe para cada um de nós um limite além do qual o aparelho psíquico não consegue dominar as quantidades de excitação que precisam ser liquidadas"* (p. 74 [263]).

Três fatores na origem da neurose

Freud se pergunta por que certos indivíduos conseguem superar o afeto de angústia, enquanto outros fracassam. Ele começa por refutar duas tentativas de explicação, uma proposta por Adler e a outra por Rank. Freud considera simplista a de Adler, que atribui o fracasso do controle da angústia à fraqueza dos órgãos do indivíduo. Quanto à teoria exposta por Rank em O traumatismo do nascimento (1924), que atribui a causa última do desenvolvimento da angústia à vivência experimentada quando do nascimento, Freud avalia que ela não é suficiente para explicar a origem das neuroses, embora aprecie sua tentativa.

Freud procura mostrar em seguida que o fator *quantitativo* é determinante na etiologia das neuroses, embora seja impossível evidenciá-la diretamente. Apesar disso, podem-se distinguir três fatores principais que contribuem para causar as neuroses. O primeiro é um fator biológico, que está ligado ao estado de desamparo e de dependência muito prolongado do bebê, porque *"o fator biológico está na origem das primeiras situações de perigo e cria a necessidade de ser amado que nunca mais abandonará o ser humano"* (p. 83 [269]). O segundo fator é filogenético: ele se deve ao fato de que, no ser humano, a vida sexual não se desenvolve de uma única vez, mas em dois tempos, sendo que o segundo sobrevêm na puberdade; Freud atribui essa característica ao fato de que *"ao longo dos destinos da espécie humana, ocorreu um acontecimento capital que deixou atrás de si essa interrupção do desenvolvimento sexual como sedimento histórico"* (p. 83 *[270]*). Esse fator agiria sobre o ego e este trataria as reivindicações pulsionais da sexualidade infantil como perigos, com o risco de empurrá-la na via da regressão e da repressão: *"Chegamos aqui à etiologia mais direta das neuroses"* (p. 83 *[270]*). O terceiro fator é psicológico e está ligado à imperfeição de nosso aparelho psíquico, em que o ego não pode se defender contra o perigo pulsional *"a não ser restringindo sua própria organização e tolerando a formação de sintoma em contrapartida aos danos que ele causa à pulsão"* (p. 84 *[270]*).

Adendos

Em seus *Adendos*, Freud acrescenta complementos essenciais. No *Adendo A*, ele retoma as modificações que faz em seus pontos de vista anteriores, principalmente ao introduzir sua nova teoria da angústia em que implica o ego nas situações de perigo, e considera que não é mais a repressão que cria a angústia, mas que as defesas são erigidas pelo ego a fim de evitar o aparecimento da angústia. Além disso, ele reintroduz a *"velha noção de defesa"*, de modo que a repressão já não ocupa como antes um lugar privilegiado, mas constitui uma defesa tanto quanto as outras. Ele assinala também que a resistência que temos de superar durante a análise provém do ego, que *"se aferra aos seus contra-investimentos"* (p. 87 *[273]*)

Mas é nos *Adendos B* e *C* que Freud proporciona os esclarecimentos mais determinantes acerca da angústia. No *Adendo B*, ele se indaga antes de tudo sobre o que diferencia entre a angústia diante de um perigo real e a angústia neurótica, esta última sendo desproporcional à natureza do perigo: ele distingue então o desamparo (*Hilflosigkeit*) material em face de um perigo real e o desamparo psíquico diante de um perigo pulsional. O estado de desamparo pode produzir uma *situação traumática*, mas esta deve ser diferenciada de uma outra situação, a *situação de perigo*. De fato, quando um indivíduo se torna capaz de prever uma situação de perigo e se prepara para ela, em vez de esperar passivamente que aconteça, isso constitui um progresso considerável na autoproteção. Na situação de expectativa – que ele chama de *situação de perigo* – o ego dá um *"sinal de alarme"*: *"Este último significa: estou esperando que ocorra uma situação de desamparo, ou então, a situação presente me lembra um dos acontecimentos traumáticos que já vivi antes"* (p. 95 *[281]*). Essa passagem da passividade à atividade é análoga ao objetivo perseguido pela criança no jogo que, repetindo as impressões penosas, procura dominá-las. *"Mas o ponto decisivo é primeiro deslocamento da reação de angústia, que passa de sua origem na situação de desamparo à expectativa desta, à situação de perigo"* (p. 96 *[281]*). É nesse ponto que Freud passa de uma teoria biológica da origem da angústia a uma teoria que implica o psiquismo do indivíduo.

No *Adendo C*, Freud explica a distinção que estabelece entre angústia, dor e luto. Examinando a angústia do bebê diante de uma pessoa estranha, observa que ele experimenta a dor, e não apenas angústia: *"Nele, ao que parece, encontra-se confundido aquilo que posteriormente será separado. Ele ainda não consegue distinguir a ausência temporária da perda duradoura; desde o instante em que perde de vista sua mãe, ele se comporta como se não fosse mais revê-la"* (p. 99 *[284]*). As experiências tranqüilizadoras repetidas permitem ao bebê perceber que o desaparecimento de sua mãe é seguido de sua reaparição, o que contribui para acalmar sua angústia: *"Ele pode então sentir alguma coisa como a nostalgia, sem que isso seja acompanhado de desespero"* (p. 99 *[284]*). Freud acrescenta que a situação em que o bebê sente a ausência de sua mãe é uma situação traumática se, nesse momento, ele experimenta uma necessidade que a mãe deveria satisfazer. Essa situação se transforma em situação de perigo se a necessidade não é atual: *"A primeira condição que determina a angústia introduzida pelo próprio ego é, portanto, a da perda da percepção do objeto, assimilada à perda do objeto. Uma perda de amor ainda está fora de questão"* (p. 100 *[284]*). Freud resume em seguida seu ponto de vista: *"Assim, a dor é a reação própria à perda de objeto, e a angústia é a reação ao perigo que comporta essa per-*

da e, após um deslocamento suplementar, a reação ao perigo da própria perda do objeto" (p. 100 *[285]*). Freud esclarece ainda que, no momento do nascimento, a ausência da mãe não pode ser sentida pelo recém-nascido, pois para ele ainda não existe objeto. Ele conclui com a definição da dor e do luto, e compara as condições econômicas criadas pela dor experimentada quando da perda de objeto àquelas que se produzem em caso de lesão física em uma parte do corpo. Quanto ao afeto de luto, ele aparece sob a influência da prova de realidade, e seu caráter doloroso vem da necessidade de se separar do objeto que não está mais.

PÓS-FREUDIANOS

As angústias de separação e de perda de objeto na clínica psicanalítica
Concepções freudianas inovadoras que demoraram a se impor

Os pontos de vista que Freud expressou em *Inibições, sintomas e ansiedade* em 1926 foram em parte aceitos, em parte silenciados e em parte rejeitados (E. Kris, 1956; J. Bowlby, 1973). Diversas razões foram alegadas por aqueles que minimizaram o valor de sua nova abordagem da origem da angústia. Assim, para J. Laplanche (1980), Freud parece se apegar excessivamente à realidade ao querer modificar, em 1926, seus pontos de vista anteriores sobre a origem da angústia, e ao mesmo tempo renunciar ao pulsional. Quanto aos psicanalistas ligados à corrente lacaniana, eles consideram que a angústia de separação, de perda de objeto, assim como o afeto de luto, não pertence à ordem do Simbólico, mas à ordem do Real. Por isso, a seu ver, esses conceitos se situam fora do campo do analisável. Julgando tardia demais a revisão feita por Freud em 1926, os psicanalistas seguidores de Lacan enfatizam exclusivamente a angústia de castração e, para eles, *O estranho* (1919h) constitui o texto freudiano de referência sobre a questão. Além disso, o fato de o próprio Freud ter minimizado o valor de *Inibições, sintomas e ansiedade* logo depois de sua publicação não pode ser tomado como um argumento válido: na verdade, Freud costumava fazer comentários depreciativos logo depois de ter concluído uma obra, como depreciou, por exemplo, *O ego e o id* (1923b) pouco depois do lançamento da obra. Sejam quais forem as dúvidas expressadas pelos psicanalistas quanto ao valor de *Inibições, sintomas e ansiedade*, penso que essa obra é bem mais que uma especulação teórica; trata-se de uma elaboração fundamental acerca de fenômenos clínicos que podem ser observados cotidianamente na cura psicanalítica e que, com certeza, não poderiam deixar de intrigar Freud.

O lugar das angústias de separação nas diversas teorias de relações de objeto

Nas décadas seguintes, as idéias apresentadas por Freud deram lugar a importantes contribuições vindas principalmente de psicanalistas interessados nas fases precoces do desenvolvimento infantil e nas vicissitudes da angústia de separação e de perda no âmbito das relações de objeto (J. Manzano, 1989). Embora os fenômenos ligados às angústias de separação e de perda de objeto sejam encontrados em graus variáveis em todos os analisandos durante o processo psicanalítico, os primeiros a se interessar por eles foram os psicanalistas que trabalhavam com crianças, ou com pacientes narcísicos ou psicóticos. Vamos examinar rapidamente esses principais desenvolvimentos.

Em M. Klein, a angústia de separação inscreve-se no âmbito de sua própria concepção de relações objetais e de sua teoria da angústia. Para ela, a primeira angústia na criança é o medo de ser aniquilada pela pulsão de morte, e é por isso que essa pulsão é projetada no exterior e cria a fantasia do objeto mau que ameaça o ego de fora. Sobre esse ponto, vale assinalar que o medo da aniquilação descrito por Klein não deixa de ter uma analogia com a primeira situação de perigo para o ego descrita por Freud em 1926, isto é, o medo de ser submergido por uma excitação excessiva e não controlável. Para Klein, toda criança experimenta durante seu processo de desenvolvimento situações de separação e de perda suscetíveis de desencadear duas formas de angústia: uma *angústia persecutória* de ser aniquilada pelo objeto mau, que pertence à posição esquizoparanóide, e uma *angústia depressiva* de estragar o objeto e de perdê-lo, que pertence à posição depressiva. Segundo ela, o desmame constitui o protótipo de todas as perdas sucessivas posteriores. Com os progressos da criança ao longo de seu desenvolvimento, essas perdas são vividas cada vez menos de modo persecutório e cada vez mais de modo depressivo e, sempre que há uma perda durante a existência posterior, os sentimentos depressivos são reativados. Na situação analítica, as reações às separações são

Continua

● *Continuação*

entendidas por M. Klein como reveladoras das angústias paranóides e das angústias depressivas. Uma grande importância é atribuída também, pelos analistas kleinianos e pós-kleinianos, à análise detalhada e precisa das fantasias, assim como dos movimentos pulsionais e defensivos transferenciais que surgem por ocasião do encontro analítico (J.-M. Quinodoz, 1991).

No que se refere a Anna Freud, a relação entre angústia e separação não aparece na primeira parte de sua obra, mas a questão emerge quando ela começa a observar os bebês separados de seus pais durante a guerra (A. Freud e D, Burlingham, 1943). Em seus escritos posteriores, ela aborda o problema da angústia de separação na criança no plano clínico e teórico, e descreve diferentes formas assumidas pela angústia durante os primeiros anos, entre as quais a angústia de separação, sendo que cada uma das formas de angústia é característica de uma fase particular do desenvolvimento da relação objetal (1965). As reações que suscitam as interrupções no curso da análise são de grande interesse para A. Freud, pois evidenciam a fase do desenvolvimento atingido pela criança, assim como o ponto de regressão, ao mesmo tempo em que esclarecem a natureza de sua organização psíquica. Por exemplo, uma criança que ainda não atingiu a fase da constância do objeto não pode atribuir ao analista um papel significativo em seu mundo interno. Quanto aos trabalhos de René Spitz sobre as conseqüências da separação, eles se baseiam sobretudo na observação de situações de perda e de separação em relação ao objeto real, das quais ele tira conclusões para o desenvolvimento psíquico da criança e do adulto; e seus trabalhos se situam no âmbito do modelo de Anna Freud. O interesse de Spitz é dirigido sobretudo à "angústia do oitavo mês", isto é, à angústia da criança que reage à ausência de sua mãe no momento em que percebe o rosto de uma pessoa estranha, como também à "depressão anaclítica" que aparece quando a separação da mãe ocorre prematuramente: privado de sua mãe, o bebê não se desenvolve mais, nem fisicamente nem psiquicamente, e às vezes regride a ponto de chegar a morrer (Spitz, 1957, 1965).

Para D. W. Winnicott, a presença de distúrbios situados no nível do "desenvolvimento emocional primitivo" – como a excessiva angústia de separação– seria o sinal de um fracasso da relação precoce mãe-filho durante os primeiros meses de vida. Segundo ele, o desenvolvimento primitivo do bebê depende inteiramente dos cuidados maternos ou "*holding*", e ele descreve como os processos de maturação conduzem a criança progressivamente a desenvolver uma "capacidade de estar só". Depois, pouco a pouco, o ambiente que serve de suporte ao ego é introjetado, e a criança adquire uma capacidade de estar verdadeiramente só, embora inconscientemente exista sempre uma presença interior que representa a mãe e os cuidados que ela proporcionou ao seu filho (1958).

Segundo a concepção de M. Mahler, a angústia de separação surge durante o desenvolvimento infantil normal no final do período simbiótico, isto é, em um período relativamente tardio, quando começa a luta pela individuação, por volta dos 12 aos 18 meses (M. Mahler, F. Pine e A. Bergman, 1975). Ela distingue o momento do nascimento biológico do momento mais tardio do nascimento psicológico, e denomina este último de processo de separação-individuação. Embora as etapas decisivas da separação-individuação ocorram durante a primeira infância, esse conflito é despertado ao longo de toda a existência, e cada novo ciclo da vida reativa a percepção angustiante de ser separado, pondo à prova o sentimento de identidade. Finalmente, para todo psicanalista que aborda o problema da angústia, em particular a angústia de separação e de perda de objeto, a obra de J. Bowlby (1969, 1980) continua sendo uma obra de referência, ainda que suas conclusões sejam contestadas de um ponto de vista psicanalítico. Em sua intenção de superar as contradições e as controvérsias, ele de fato apresenta uma nova teoria que, a seu ver, seria um denominador comum de todas as que arrolou. Para Bowlby, o apego é uma conduta pulsional: a criança se apega não à pessoa que o alimenta, mas à que tem mais interações com ela, e o apego da criança à mãe se desenvolve ou não se desenvolve, segundo o grau de entendimento alcançado. Contudo, conceitos essenciais em psicanálise são abandonados em Bowlby, por exemplo, as noções de pulsão e de defesas, de fantasias inconscientes ou de vivências infantis que se reproduzem na vida adulta através da transferência. Contudo, as questões levantadas por ele tiveram o mérito de estimular o interesse dos psicanalistas por uma questão essencial que, antes de seus trabalhos, não tinha sido suficientemente investigada por eles.

● **CRONOLOGIA DOS CONCEITOS FREUDIANOS**

Angústia automática – angústia de castração – angústia de separação – angústia-sinal – anulação retroativa – defesas – angústia do desamparo (*Hilflosigkeit*) – luto (afeto de) – dor – isolamento – perda de objeto – separação – repressão – situação traumática – situação de perigo

O FUTURO DE UMA ILUSÃO
S. FREUD (1927c)

A QUESTÃO DA ANÁLISE LEIGA
S. FREUD (1926e)

Uma profissão de fé na ciência

Entre 1926 e 1930, Freud publica sucessivamente três obras que abordam diferentes aspectos da cultura e da civilização de um ponto de vista psicanalítico.

Em *O futuro de uma ilusão* (1927c), Freud toma como modelo o cristianismo tal como é praticado no Ocidente, e considera que a religião é fundada na necessidade de ilusão que habita o ser humano, que tenta se proteger dos perigos da existência. Ele reafirma que a religião é *"a neurose obsessiva universal da humanidade"* e que é preciso abandoná-la, do mesmo modo que a criança abandona sua neurose infantil com os progressos de seu desenvolvimento. Para favorecer a evolução da humanidade no sentido da maturidade, Freud deposita toda sua esperança na primazia das ciências. Nessa obra, ele dialoga com um interlocutor imaginário, em que se reconhece seu amigo e correspondente suíço, o pastor Oskar Pfister, a quem ele declara sua fé inquebrantável na ciência: *"Não, nossa ciência não é uma ilusão!"* (p. 80 [187]). Pfister é envolvido por Freud não apenas como pastor em *O futuro de uma ilusão*, mas também como psicanalista não-médico em *A questão da análise leiga*.

A questão da análise leiga (1926e) constitui a contribuição de Freud ao debate que dividiu perigosamente a comunidade psicanalítica durante esses anos em torno da questão: deve-se continuar a abrir a prática da psicanálise aos não-médicos, posição adotada por Freud desde o início e reafirmada nessa obra, ou reservá-la unicamente aos médicos?

Examinaremos no próximo capítulo a terceira obra dessa trilogia, intitulada *O mal-estar na civilização* (1930a).

BIOGRAFIAS E HISTÓRIA

Freud e o judaísmo

Freud nasceu em uma família judaica pouco praticante, mas que respeitava a tradição, como as principais festas religiosas. Desde muito cedo, ele foi acolhido não apenas entre várias culturas e várias línguas, mas igualmente entre várias correntes religiosas. Ao nascer, recebeu um nome judaico, Schlomo, e um nome cristão, Sigismund, que se tornou Sigmund. Além disso, ele foi criado em parte por uma "nania" católica fervorosa. Ele permaneceu fiel por toda vida à sua identidade judaica, e declarou em 1925, em "Um estudo autobiográfico" (1925b): *"Meus pais eram judeus"*, e mais adiante, *"eu também permaneci judeu"*. Durante vários anos, participou regularmente das reuniões da B'naï Brith, instituição iídiche. Ao mesmo tempo em que se considerava um judeu sem religião, como seus pais, ele reconhecia as estreitas ligações existentes entre o judaísmo e a psicanálise, em particular pelo modo de pensamento talmúdico. Com a chegada de C. G. Jung, foi um alívio para Freud constatar que a psicanálise, ao se abrir a não-judeus, evitava ser reduzida ao judaísmo em uma cultura fortemente impregnada de anti-semitismo.

Continua

BIOGRAFIAS E HISTÓRIA • *Continuação*

O ponto de vista de um psicanalista "judeu e ateu" sobre a religião

Freud, que se declarava também *"judeu ateu"*, aborda em várias oportunidades a questão das relações entre religião e psicanálise, mas pode-se considerar que sua abordagem da religião reportava-se mais à antropologia do que à ideologia. Essa é a opinião, por exemplo, de O. Vallet, para quem Freud considerava a questão da religião essencialmente *"como um fato de civilização, e a discussão de seus dogmas importa menos do que sua influência sobre a sociedade e sobre os indivíduos"* (2002, p. 1432). Contudo, embora Freud recusasse a tomar partido no plano teológico, ele não pôde se impedir de afirmar várias vezes seu ateísmo, como em "Uma experiência religiosa" (1928a), ao responder a um jovem médico americano que lhe relatou sua própria experiência mística. Vale lembrar também que em um artigo anterior, "Atos obsessivos e práticas religiosas" (1907b), Freud havia estabelecido uma aproximação entre os rituais da neurose obsessiva e o cerimonial dos ritos religiosos. Em seguida, ele retomará a questão da religião em *Totem e tabu* (1912-1913a) e depois em *Psicologia de grupo e a análise do ego* (1921c), onde apresenta a Igreja como o protótipo de um grupo artificial. Em 1939, voltará novamente ao tema com *Moisés e o monoteísmo* (1939a).

Quando Freud redige *O futuro de uma ilusão* em 1927, ele o faz, sem dúvida, impelido por uma necessidade interior e pelo desejo de responder às indagações religiosas do escritor francês Romain Rolland. De fato, esse autor escrevera em 1919 uma peça teatral intitulada *"Liluli"* – "liluli" sendo uma onomatopéia de "l'illusion" – que dedicou a Freud com as seguintes palavras: *"Ao destruidor de ilusões, Pr. Dr. Freud"*. Freud lhe respondeu escolhendo um título para o seu livro que remetia a "Liluli". Além disso, Romain Rolland estava interessado no sentimento religioso que ele relacionara com o *"sentimento oceânico"*, noção que será retomada e discutida por Freud em *O mal-estar na civilização* (1930a). A publicação de *O futuro de uma ilusão* terá uma repercussão imediata e desencadeará intensas controvérsias. Seu amigo, o pastor zuriquenho Oskar Pfister, publicou uma resposta enérgica com o título *A ilusão de um futuro* (1928), em que procurava mostrar a Freud que ele confundia religião e fé.

Freud e o pastor Pfister

Oskar Pfister (1873-1956), pastor e pedagogo de Zurique, foi um amigo fiel de Freud, com quem manteve uma correspondência regular durante mais de 30 anos. Ele descobriu a obra freudiana através de C. G. Jung e E. Bleuler em 1908 e logo passou a aplicar as idéias psicanalíticas à pedagogia assim como à confissão. Ela sustentava fundamentalmente que a cura da alma poderia ser enriquecida pelas idéias de Freud e que o papel de um pastor esclarecido pela psicanálise era conduzir o paciente a superar sua neurose para que pudesse reconhecer o valor da fé cristã. Jones comentou a propósito dessa profunda amizade: *"Freud tinha por ele [Pfister] uma verdadeira paixão e admirava seus hábitos altamente morais, seu altruísmo generoso, assim como seu otimismo em relação à natureza humana. A idéia de ser amigo de um pastor protestante a quem ele podia escrever cartas começando por* 'Caro grande homem de Deus' *certamente devia diverti-lo na medida em que o* 'herético impertinente', *tal como ele definia a si próprio, podia contar sempre com a tolerância de um pastor".* Pfister foi um pioneiro da psicanálise na Suíça. Inicialmente fez parte da Associação Psicanalítica de Zurique, fundada por Jung, e depois tomou partido de Freud, quando se deu a ruptura com Jung em 1913. Em 1919, foi um dos fundadores da Sociedade Suíça de Psicanálise.

Alguns anos mais tarde, surgiu um conflito dentro da jovem Sociedade Suíça a propósito da análise pelos não-médicos, como também das análises abreviadas e sem elaboração da transferência e das resistências, técnica que fora introduzida por Pfister no período heróico (K. Weber, 2002, p. 1662). Um grupo de médicos fundou então a Sociedade Médica Suíça de Psicanálise, e os não-médicos – entre os quais Pfister – foram excluídos. Este último, a despeito de sua prática pouco convencional e da desaprovação de Freud quanto às análises abreviadas, permaneceu como membro da Sociedade Suíça de Psicanálise. Quanto às relações estreitas entre *O futuro de uma ilusão* e "A questão da análise leiga", costuma-se citar a carta a seguir que Freud endereçou a Pfister em 25 de novembro de 1928: *"Não sei se você percebeu a ligação entre 'A análise profana' e a 'Ilusão'. Na primeira, quero proteger a análise contra os médicos, na outra contra os padres. Gostaria de confiá-la a uma organização que não existe atualmente, uma corporação laica de confessores que não precisariam ser médicos nem teriam o direito de ser padres"*.

▶ *O FUTURO DE UMA ILUSÃO* (1927c)

DESCOBERTA DA OBRA

As páginas indicadas remetem ao texto publicado em S. Freud (1927c), *L'Avenir d'une illusion*, trad. M. Bonaparte, Paris, PUF, 1971 *[as páginas indicadas entre colchetes remetem às OCF.P, XVIII, p. 141-197]*.

Valores morais para proteger a civilização

Freud dedica os dois primeiros capítulos a demonstrar a necessidade para a civilização de recorrer a altos valores morais a fim de se proteger das tendências destrutivas provenientes dos indivíduos que as compõe. Entre esses valores morais – que constituem o que chama de *"patrimônio espiritual da cultura"* – ele engloba valores de ordem psicológica, os ideais culturais, a arte, assim como as idéias religiosas. Antes de abordar a questão da religião propriamente dita, Freud pinta um vasto afresco das etapas seguidas pelo desenvolvimento da civilização, a fim de mostrar que a humanidade conseguiu pouco a pouco dominar a natureza e organizar a distribuição entre os homens dos bens acessíveis. Mas toda civilização exige renúncias às pulsões e sacrifícios por parte de cada um, e com isso acaba chocando-se com a hostilidade dos indivíduos, razão pela qual, diz ele, *"parece que toda civilização deve se edificar sobre a coerção e a renúncia às pulsões"* (p. 10 [147]). Para proteger a civilização da revolta e das tendências destrutivas dos indivíduos, não basta repartir eqüitativamente os recursos e fazer uso da força, mas é preciso também utilizar diversos meios que permitam aos homens se reconciliarem com a civilização e se compensarem de seus sacrifícios. Entre os meios, o progresso psíquico da humanidade levou a que a coerção fosse progressivamente interiorizada, graças à edificação do superego. Se a civilização conseguiu dominar em parte as pulsões primitivas, como o incesto, o canibalismo e o homicídio, muitas outras pulsões permanecem indomadas, e somente a força consegue reprimi-los: *"Observa-se assim, com surpresa e preocupação, que a maioria dos homens obedece às proibições culturais aderindo a elas apenas sob a coerção externa, e portanto apenas onde essa coerção se faz sentir e na medida em que se deve temê-la"* (p. 17 [152]). Assim, não se pode confiar verdadeiramente na moralidade dos homens. Entre os outros meios suscetíveis de elevar o nível da moralidade dos participantes, contamos igualmente com os ideais culturais de uma civilização: esses ideais servem de exemplo e proporcionam aos indivíduos que os seguem uma satisfação de ordem narcísica que contrabalança eficazmente sua hostilidade em relação à civilização. A arte constitui o terceiro meio evocado por Freud como suscetível de assegurar satisfações substitutivas às renúncias culturais, porque evoca de maneira tocante os ideais de uma cultura. Mas são as idéias religiosas, no sentido mais amplo do termo, segundo Freud, que constituem o valor moral mais importante para a manutenção da civilização.

O nascimento das idéias religiosas

Em que reside o valor particular das idéias religiosas? Freud nos sugere imaginar o caos que se seguiria caso se suprimissem todas as proibições instituais e se permitisse aos homens voltar ao estado natural: *"Na verdade,* conclui ele, *a principal tarefa da civilização, sua razão de ser essencial é nos proteger contra a natureza"* (p. 22 [155]). Mas a civilização só consegue isso parcialmente, pois não nos protege nem de catástrofe naturais nem do enigma da morte, incertezas que nos confrontam com nossa fraqueza. Como o homem primitivo reagia contra as forças da natureza e do destino? Um primeiro passo foi personalizar os fenômenos naturais e considerá-los como super-homens, seres sobrenaturais, até convertê-los em deuses. Para Freud, essa reação tem sua fonte no estado de desamparo da criança pequena, que tende a ver em seus pais, sobretudo no pai, seres todo-poderosos, ao mesmo tempo protetores e temidos.

Mas, com o tempo, o homem acabou percebendo que não podia esperar dos deuses que o protegessem de perigos inevitáveis provenientes da natureza e do destino, e que se tratava então de lhes pedir que se ocupassem do sofrimento humano e que zelassem pela manutenção das prescrições da civilização. Assim, as idéias religiosas teriam surgido da necessidade de tornar suportável o desamparo humano em face dos perigos da natureza e do destino e em face dos danos causados pela sociedade humana: *"Tudo isso quer dizer que a vida neste mundo serve a um desígnio cuja natureza é certamente difícil descobrir, mas que envolve sem dúvida o aperfeiçoamento do ser do homem"* (p. 26 [159]). Portanto, uma *"Inteligência superior à nossa"* comandaria nosso destino, uma *"Providência benevolente"* zelaria por nós, de modo que a vida após a morte daria continuidade à nossa vida terrena, conduzindo assim à perfeição e ao ideal. A idéia de Deus seria formada, segundo Freud, tomando como modelo a relação da criança com o pai. Freud esclarece que examina aqui unicamente *"a fase final que apresenta a civilização cristã atual das raças brancas ocidentais"* (p. 28 [160]), deixando de lado o estudo de outras formas de religião.

O papel do desamparo infantil

Freud prossegue seu ensaio sob a forma de um diálogo com um *"adversário"* não identificado, mas no qual se reconheceu o pastor Oskar Pfister. Ao seu interlocutor imaginário que lhe pergunta o que levou à substituição do deus animal na origem do totemismo por um deus de rosto humano, Freud responde recorrendo à noção de desamparo infantil, que introduzira recentemente, em 1926, em *Inibições, sintomas e ansiedade*. É o desamparo físico e psicológico da criança pequena que a move a buscar conforto primeiro em sua mãe e depois em seu pai, sendo que este inspira na criança *"tanto temor quanto admiração"* (p. 33 [164]). Para Freud, o sentimento de impotência da criança e seu desamparo estariam na origem da religião.

Uma falta de prova

Como definir as idéias religiosas?, indaga-se em seguida Freud, referindo-se a essas asserções acerca dos fatos da realidade interior e exterior *"que exigem de nossa parte um ato de fé"* (p. 35 [165]). Segundo ele, as idéias religiosas, embora tão importantes para o nosso patrimônio cultural, são fundadas paradoxalmente em provas pouco sólidas: não se poderia considerar como prova válida o fato de que nossos ancestrais já acreditavam nisso ou de que as provas datam de tempos primitivos. Não se pode tampouco apelar ao *Credo quia absurdum* ("creio porque é absurdo") dos padres da Igreja, que significa que a doutrina religiosa se situa acima da razão e que se trata de perceber interiormente sua verdade. Além disso, se fosse uma experiência puramente individual, ela não poderia interessar à maioria: *"O que interessa aos outros se você, em um êxtase que se apoderou de todo seu ser, adquiriu a convicção inquebrantável da verdade real das doutrinas religiosas?"* (p. 39 [169]). Mas então, como as idéias religiosas puderam exercer uma influência tão considerável sobre a humanidade, independentemente do controle da razão e *"a despeito de sua incontestável falta de autenticidade"* (p. 41 [170]).

As idéias religiosas são ilusões

Freud afirma então que as idéias religiosas são ilusões, isto é, que elas constituem a realização dos mais fortes desejos da humanidade. Esses desejos baseiam-se no desamparo infantil e na angústia em face dos perigos da existência que encontram um consolo na idéia de que reinam uma Providência, uma justiça e uma vida após a morte. Mas Freud não deseja chocar seu interlocutor nem seus leitores e esclarece que distingue uma ilusão de um erro, e também de uma alucinação: a ilusão é uma deformação derivada dos desejos humanos, e não está necessariamente em contradição com a realidade, como a alucinação. Em última análise, acrescenta ele, é uma atitude pessoal que decide se essa crença é uma ilusão ou uma idéia delirante. Freud deixa claro que não toma partido *"a favor ou contra o valor enquanto verdade das doutrinas religiosas"* (p. 47 [174]), mas ele expressa indiretamente suas dúvidas ao manifestar sua surpresa pelo fato de que a idéia de um Deus criador, de uma Providência, de uma ordem moral do universo e de uma vida futura coincide não apenas com nossos próprios desejos, mas também com os de nossos ancestrais.

E se os homens perdessem sua ilusão religiosa?

O interlocutor imaginário responde a Freud que se as crenças religiosas são verdadeiramente ilusões, como ele afirma, poderia ser perigoso revelar isso aos homens, pois eles perderiam esse apoio e esse consolo sem receber nada em troca. Freud responde que não há perigo de que um devoto se deixe arrebatar de sua fé por tais argumentos. Ao contrário, ele pensa que se essa publicação tivesse de causar mal a alguém, seria a ele próprio, Freud, assim como à psicanálise: "*Podemos ver agora, dirão, para onde conduz a psicanálise. A máscara caiu: ela conduz a negar Deus e todo ideal moral, como sempre desconfiamos*" (p. 52 [176]). Mas ele diz estar pronto para enfrentar mais uma tempestade. Sem dúvida, prossegue Freud, a religião contribuiu enormemente para manter a civilização durante milênios, mas hoje, na medida em que ela tem menos influência sobre os homens, a civilização pode estar ameaçada. Contudo, se existe a ameaça, ela não vem certamente de cientistas e de homens cultos, e sim da grande multidão de homens sem cultura e dos insatisfeitos com a civilização. De fato, chegará o dia em que eles descobrirão que não acreditam mais em Deus: "*Assim, é preciso ou conter pela força essas multidões temerárias e privá-las cuidadosamente de qualquer oportunidade de despertar intelectual, ou rever completamente as relações da civilização com a religião*" (p. 56 [180]).

A religião, neurose obsessiva universal

As idéias religiosas não são apenas realizações de desejos, prossegue Freud, mas também reminiscências históricas relacionadas com o pai da horda primitiva, deificado após sua morte. Levando mais longe a hipótese filogenética, ele sugere que a religião séria o equivalente da neurose que se observa durante os primeiros anos da infância e que desaparece ao longo de seu desenvolvimento. Em uma perspectiva histórica, ela seria um resíduo da neurose de tempos arcaicos: "*A religião seria a neurose obsessiva universal da humanidade; como a da criança, ela decorre do complexo de Édipo, das relações da criança com o pai (...)*" (p. 61 [184]). Assim, por analogia com a neurose infantil que desaparece ao longo do crescimento, a religião é inexoravelmente chamada a desaparecer, segundo Freud, e a humanidade encontra-se hoje em uma fase semelhante.

O papel nefasto do ensino religioso

A educação religiosa que é dada desde muito cedo à criança é em grande parte responsável por retardar o desenvolvimento sexual e conseqüentemente intelectual da criança. Além disso, ela impõe doutrinas em uma idade em que a criança não pensaria nisso por si mesma. É o caso, em particular, das mulheres das quais se costuma dizer, segundo Freud, que teriam "*uma fraqueza de espírito de ordem "fisiológica", isto é, uma inteligência menor que a do homem*" (p. 68 [189]); prudente, ele revê em parte suas palavras: "*o fato em si mesmo é discutível e sua interpretação duvidosa*" (p. 68 [189]). Contudo, em razão das proibições religiosas precoces, que pesaram sobre seu interesse pela vida sexual, as mulheres sofreriam segundo ele um "*estiolamento intelectual*" de natureza secundária. O desejo de Freud é que se tente introduzir uma educação não-religiosa a fim de superar as inibições mentais. Quando seu interlocutor lhe pergunta o motivo de publicar essa obra, Freud responde que é para que o ser humano não permaneça eternamente uma criança e ouse dar um passo adiante e se aventurar no universo hostil; espera que ele suporte essa prova contando com a ciência e com a primazia da inteligência.

Não, a ciência não é uma ilusão

No capítulo final, em resposta às objeções levantadas por seu interlocutor, Freud começa se defendendo de ser um sonhador e de se deixar levar por suas próprias ilusões. Ao contrário, ele mostra muita esperança na primazia da inteligência e do espírito científico, ainda que esse momento ainda esteja distante: "*Acreditamos que está em poder do trabalho cientí-*

fico nos ensinar alguma coisa sobre a realidade do universo para que com isso nos tornemos mais fortes e possamos organizar melhor nossa vida. Se essa crença é uma ilusão, então estamos na mesma situação que vocês, porém, graças a inúmeros e importantes êxitos, a ciência nos deu a prova de que ela não é uma ilusão" (p. 78-79 [196]). Ele reitera sua confiança na ciência em constante evolução e conclui: *"Não, nossa ciência não é uma ilusão. Mas seria uma ilusão acreditar que pudéssemos encontrar em outra parte aquilo que ela não pode nos oferecer"* (p. 80 [197]).

PÓS-FREUDIANOS

As relações entre fé, religião e psicanálise: questões controversas

A publicação de *O futuro de uma ilusão* provocou de imediato controvérsias que estão longe de ser apaziguadas e deu margem aos posicionamentos mais diversos. Um relato desses debates ultrapassa o âmbito de meu comentário, e assim me limitarei a expor brevemente a questão das relações entre a psicanálise e a religião, e a retomarei a propósito de *Moisés e o monoteísmo* (1939a).

O primeiro a protestar firmemente contra as posições de Freud em *O futuro de uma ilusão* foi o pastor protestante luterano Oskar Pfister, de Zurique, suposto interlocutor imaginário, mas não identificado por Freud. O interesse do debate entre Pfister e Freud reside particularmente em que seus argumentos recíprocos já contêm os principais temas de debates posteriores. Assim, Pfister acusa Freud de ter se preocupado unicamente com os aspectos patológicos da prática religiosa, e não com o fenômeno religioso tomado em seu conjunto. De resto, as opiniões dos dois interlocutores divergem em vários pontos: Freud opõe a psicanálise à religião, enquanto Pfister vê na psicanálise uma possibilidade para o crente de depurar sua fé. Freud considera a religião como a expressão do infantilismo do ser humano, enquanto Pfister vê nela um de seus ideais mais elevados.

No que diz respeito à Igreja católica romana, ela teve desde o início uma atitude de desconfiança e hostilidade em relação às posições de Freud, e depois de *Três ensaios sobre a teoria da sexualidade* (1905d) denunciou o que considerava como seu pansexualismo. Mais tarde, após a revolução bolchevique, passou a ver o freudismo como tão perigoso como o marxismo, considerando que essas doutrinas ameaçavam a existência da família. Entretanto, apesar de sua hostilidade às idéias de Freud, sobretudo a partir de *O futuro de uma ilusão*, a Igreja católica nunca emitiu uma proibição oficial em relação à psicanálise, preferindo expressar sua desaprovação através de posicionamentos individuais, como as constantes intervenções críticas do padre W. Schmidt durante os anos de 1930, ou fazendo condenações individuais, como a do abade Oraison em 1955, cuja obra foi para o Índice. Depois do Concílio Vaticano II, esboça-se uma abertura durante os anos de 1960, mas a experiência de uma psicoterapia psicanalítica de grupo no monastério de Cuernavaca (México) levará ao fechamento do monastério, depois que a maioria dos monges decidiu se casar. Paulo VI condenou essa experiência, porém, "*adotou em relação ao freudismo uma posição de neutralidade hostil que será agora o credo de uma Igreja que respeita a laicização do saber*" (Roudinesco e Plon, 1997, p. 241).

Os psicanalistas são todos ateus?

Desde *O futuro de uma ilusão*, e a despeito do fato de a Associação Psicanalítica Internacional ter dado liberdade aos seus membros quanto à questão religiosa, difundiu-se amplamente a idéia de que todos os psicanalistas eram ateus, como Freud. Temos de reconhecer que se essa idéia faz parte dos inúmeros preconceitos que correm a respeito dos psicanalistas, estes últimos não se preocuparam muito em contestar essa opinião. Ao contrário, podemos dizer inclusive que é quase de bom tom para um psicanalista anunciar abertamente seu ateísmo como Freud, ou pelo menos não desmentir a presunção.

De fato, pouquíssimos psicanalistas ousaram afirmar publicamente que sua fé cristã era compatível com as descobertas freudianas e que podiam discordar de Freud quanto a esse ponto. Nos Estados Unidos, nos anos de 1930, o psicanalista católico G. Zilboorg adotou posições similares às do pastor Pfister: "*Arrisco-me a dizer que haverá um tempo em que bons e corajosos católicos desejarão estudar seriamente a psicanálise, tão seriamente quanto estudam a ótica de Galileu e o sistema heliocêntrico, e que não encontrarão nada na psicanálise clínica que contrarie sua fé religiosa*" (1942, p. 1419). Na França, Maryse Choisy e Françoise Dolto estavam entre os raros psicanalistas conhecidos por não terem ocultado sua fé. Dolto publicou duas obras, *O evangelho à luz*

Continua

● *Continuação*

da psicanálise (1977-1978) e *A fé à luz da psicanálise* (1981), mas teve de enfrentar as críticas de seus colegas que julgavam que sua fé religiosa era o resíduo de uma análise pessoal que ficou incompleta: *"Ele [Laforgue, seu analista] não teria confrontado sua paciente com seu desejo de Onipotência que se torna Palavra divina, Simbólica, Sujeito, Castração, Princípio supremo"* (This, 2002, p. 462). Às vezes, os psicanalistas lançam mão de um argumento de autoridade para julgar a fé de outro, renunciando a qualquer prudência diante do mistério de cada um. Lembro-me de um comentário feito pelo psicanalista René Diatkine, de Paris, a propósito de um monge dominicano ao sair de um encontro entre psicanalistas e padres católicos: *"O padre Plé com certeza está convencido de que tem fé, mas não sabe que, no seu inconsciente, não crê!"*
Penso que esses elementos esclarecem o que pretendo destacar, ou seja, que ainda hoje é difícil para os psicanalistas que tanto aprenderam com Freud afirmar uma opinião independente da dele quanto à sua própria convicção religiosa e quanto à de seus pacientes. Para mim, na verdade, se a fé pode ser às vezes a expressão de distúrbios psicopatológicos, ela não é apenas neurose ou psicose, como parece supor Freud, pois o plano onde se situa a fé está fora do campo da análise, tanto para o neurótico como para uma pessoa dita "normal".

▸ **A QUESTÃO DA ANÁLISE LEIGA: CONVERSAÇÕES COM UMA PESSOA IMPARCIAL** (1926e)

As páginas indicadas remetem ao texto publicado em S. Freud, *La question de l'analyse laïque...*, trad. J. Altounian, Paris, Gallimard, 1985 *[as páginas indicadas entre colchetes remetem às OCF.P, XVIII, p. 1-92]*.

Freud publicou essa obra em 1926, a fim de defender o psicanalista não-médico Théodore Reik, processado por exercício ilegal da medicina. Desde o início, Freud se mostrou favorável à análise profana, chamada também de análise laica – em alemão *Laienanalyse* – isto é, a análise praticada por não-médicos. Após a ação movida contra Reik, que acabou sendo arquivada, Freud publicou essa contribuição em forma de diálogo com um interlocutor "imparcial". Ele defende o ponto de vista de que, para se tornar psicanalista, é necessário ter seguido uma formação particular e, previamente, uma análise pessoal. Freud avalia ainda que seria inútil legislar sobre essa questão, que considera como exclusivamente interna à profissão. Ele prossegue indagando-se qual é a formação mais adequada para um analista, e acredita que não é, em todo caso, aquela que a Universidade dá aos médicos, sejam generalistas ou psiquiatras. Para concluir, reflete sobre o que deveria ser o ensino psicanalítico ideal, e imagina que o caminho seja a criação escolas superiores: *"Esse é um ideal, que pode ser realizado e que deve ser realizado. Nossos Institutos de Ensino, a despeito de todas as suas deficiências de juventude, já representam o início de uma tal realização"* (1926e, p. *[80]*).

Entretanto, a discussão da análise laica logo se inflama, pois os psicanalistas americanos, sob a influência de Brill, insistiam em proibir totalmente a prática dos psicanalistas sem formação médica, enquanto que os psicanalistas vienenses, entre os quais havia não-médicos, sustentavam a posição de Freud. Previamente ao Congresso de Innsbruck, E. Jones fez uma ampla enquete dentro da comunidade psicanalítica internacional que suscitou 28 artigos escritos por psicanalistas eminentes, publicados na *Internationale Zeitschrift* e em *The International Journal of Psycho-Analysis*. Em seu texto, Freud reafirma sua posição em favor da análise pelos não-médicos. As discussões durante o congresso realizado em 1927 não permitiram fechar questão, e decidiu-se que a partir de então todas as sociedades tinham liberdade para aceitar ou não o ingresso de não-médicos. Muitas sociedades se colocaram do lado da posição de Freud; porém, nos Estados Unidos, apenas os médicos eram aceitos na Associação Psicanalítica Americana (APA). Somente após longas injunções empreendidas em 1985, e cujo resultado foi favorável a eles, alguns institutos de psicanalistas não-médicos foram aceitos na Associação Psicanalítica

Americana (APA) e na Associação Psicanalítica Internacional (API)

Juntamente com o problema da análise profana tratou-se da formação, e as divergências sobre essas duas questões asperamente controversas por pouco não mandaram pelos ares a API no final dos anos de 1920. Em 1932, após acirradas discussões, foi decidido no Congresso de Wiesbaden que os critérios de seleção de candidatos seriam atributo de cada sociedade filiada à Associação, como já se decidira a propósito da análise profana. Jones ficou satisfeito com esse acordo, pois era muito desgastante para ele salvaguardar a unidade do movimento psicanalítico. Para Freud, foi uma grande decepção, pois ele esperava conseguir ainda em vida que seus oponentes aderissem à idéia de que todas as sociedades filadas à API adotassem critérios comuns para o acesso à formação psicanalítica.

CRONOLOGIA DOS CONCEITOS FREUDIANOS

Desamparo infantil – civilização – ilusão – neurose obsessiva universal – religião, idéias religiosas – ciência – onipotência do pensamento

O MAL-ESTAR NA CIVILIZAÇÃO
S. FREUD (1930a)

NOVAS CONFERÊNCIAS INTRODUTÓRIAS SOBRE PSICANÁLISE
S. FREUD (1933a [1932])

Visão pessimista ou visão lúcida sobre a condição humana?

O mal-estar na civilização encerra a trilogia iniciada com *A questão da análise leiga* em 1926 e prosseguida com *O futuro de uma ilusão* em 1927. Freud reafirma ali sem ambigüidade que, a seu ver, o sentimento religioso tem uma origem estritamente profana e ancorada apenas na psicologia individual. Após essa reiterada profissão de ateísmo, Freud se lança em uma síntese audaciosa que põe em perspectiva o equilíbrio precário que mantém o ser humano em uma civilização destinada a protegê-lo e que, paradoxalmente, pode destruí-la. Esse equilíbrio nada mais é que o reflexo do conflito fundamental entre pulsão de vida e pulsão de morte, em que Freud acredita cada vez mais. Pelo fato de restringir as pulsões sexuais e agressivas dos indivíduos com o objetivo de manter a coesão da sociedade, a civilização entra em conflito com seus membros tomados individualmente que, caso se revoltem, podem destruí-la. Porém, e é nisso que Freud quer chegar, o conflito a que se assiste na realidade exterior entre indivíduo e civilização tem sua contrapartida no conflito que se trava dentro do psiquismo de cada pessoa: trata-se do conflito entre as exigências do superego – agora temido como era anteriormente a autoridade externa – e o ego – que representa os interesses do indivíduo. Para Freud, o sentimento de culpa inconsciente que resulta desse conflito inconsciente está na origem do *"mal-estar na civilização"*. Ela fala da precariedade da condição humana, ligada às incertezas do conflito entre pulsão de vida e pulsão de morte que o habita, assim como às suas próprias ilusões.

BIOGRAFIAS E HISTÓRIA

A grande depressão de 1929 e a ascensão do nazismo na Alemanha

Foi por uma sugestão de Romain Rolland que via no "sentimento oceânico" a fonte do sentimento religioso que Freud empreendeu a redação de *O mal-estar na civilização* durante suas férias de verão de 1929 em Berchtesgaden. Essa obra costuma ser vista como um testamento sociológico sombrio, porém lúcido. A nota pessimista com que é encerrada, em particular quando ele se indaga sobre o futuro da humanidade depois que a técnica possibilitou aos homens se exterminarem até o último, não tardou a lhe dar razão. De fato, uma semana antes da entrega de seu manuscrito, na quarta-feira 29 de outubro de 1929, a Bolsa de Nova York despencou, mergulhando o mundo ocidental por um longo período na Grande Depressão com seu cortejo de falências, desemprego e miséria. Datado de 1930, *O mal-estar na civilização* será um sucesso editorial imediato, sendo rapidamente traduzido em várias línguas. Um ano mais tarde, em setembro de 1930, o partido nazista conquistará uma esmagadora maioria no Reochstag, abrindo o caminho do poder

Continua

> **BIOGRAFIAS E HISTÓRIA** • *Continuação*
>
> para Adolf Hitler. Esses acontecimentos nefastos incitaram Freud a acrescentar ao final do livro, em 1931, uma frase a propósito do resultado do conflito entre pulsão de vida e pulsão de morte, onde via alguma esperança: "*Mas o que pode presumir o sucesso e o insucesso?*" (p. 107 [333]). Em uma carta a Arnold Zweig, ele comentará abertamente seu pessimismo: "*Caminhamos para tempos sombrios. Eu não deveria me preocupar com isso, dada a apatia da velhice, mas não posso deixar de sentir pena de meus sete meninos*" (Freud a Arnold Zweig, 7 de dezembro de 1930).
> Os temas abordados nessa obra, já esboçados em "Moral Sexual Civilizada" (1908d), e depois em "Reflexões para os Tempos de Guerra e Morte" (1915b), serão retomados posteriormente em "Por quê a guerra?" (1933b).
>
> **"Kultur": civilização ou cultura?**
> Os termos "cultura" e "civilização", empregados indiferentemente por Freud nessa obra e por vários de seus tradutores, deram margem a numerosos debates, pois seu significado tem interpretações muito diversas conforme os autores ou os tradutores, e segundo as épocas. Para dar uma idéia dessas discussões, vamos nos deter um instante no sentido que Freud atribui ao termo "Kultur" no presente texto, termo que utiliza com muito mais freqüência que "Zivilisation", embora as duas palavras existam em alemão. Recordemos que já em *O futuro de uma ilusão* ele dá uma ampla definição do que entende por "Kultur", declarando explicitamente que "*desdenha separar a civilização da cultura*" (1927c, p. 8 [160]). Em *O mal-estar na civilização*, à primeira vista ele parece utilizar esses dois termos um pelo outro, mas, se observarmos melhor, ele estabelece uma distinção dentro da própria noção de "Kultur": "*Ela* [die Kultur] *compreende, de um lado, todo o saber e o poder que os homens adquiriram para dominar as forças da natureza e obter dela todos os bens suscetíveis de satisfazer as necessidades humanas; de outro lado, todas as disposições necessárias para regular a repartição de bens acessíveis*" (p. 8 [160]). Essa distinção entre cultura e civilização corresponde à distinção geralmente aceita entre cultura – "o conjunto de aspectos intelectuais de uma civilização" – e civilização – "o conjunto de aquisições de sociedades humanas (oposta à natureza, barbárie)" (*Dicionário Robert*). A evolução das idéias, particularmente idéias filosóficas e das ciências humanas, levou progressivamente a se incluir aquilo que se designava antes por "cultura" na própria definição da "civilização", evolução que Freud parece ter seguido. Foi isso o que conduziu os tradutores das *Œuvres Complètes* de Freud a optar por um novo título: *Malaise dans la culture* (A. Bourguignon, P. Cotet, J. Laplanche e F. Robert, 1989, p. 91-93).

DESCOBERTA DA OBRA

> As páginas indicadas remetem ao texto publicado em S. Freud (1930a), *Malaise dans la civilisation*, trad. Ch. e J. Odier, Paris, PUF, 1971 *[as páginas indicadas entre colchetes remetem às OCF.P, XVIII, p. 245-338]*.

O "sentimento oceânico": resíduo de um desejo infantil

Após a publicação de *O futuro de uma ilusão*, o escritor francês Romain Roland lamentou que Freud não tivesse levado em conta nessa obra o "sentimento oceânico" que ele considerava como a fonte subjetiva da energia religiosa, e pela qual ele próprio se sentia tomado constantemente: "*Esse sentimento*, diz Freud, *ele costumava chamar de sensação de eternidade, de sentimento de algo ilimitado, de infinito, em uma palavra: de 'oceânico'*" (p. 6 [249]). Freud começa respondendo a seu amigo que jamais experimentou um tal sentimento que parece corresponder a "*um sentimento de união indissolúvel com o grande Todo e de pertencimento ao universal* (p. 7 [250]). Contudo, ele encontra a oportunidade de investigar sua origem psicológica. Freud a descobre nas primeiras experiências afetivas do bebê: segundo ele, no início da vida, o bebê ainda não diferencia seu ego do mundo exterior, e é o contato periódico com o seio materno que lhe permite descobrir progressivamente que existe um "*objeto*" situado "*fora*" de seu ego. As experiências precoces de sofrimento e de insatisfação levam o bebê a expulsar para fora de si aquilo que é fonte de desprazer, e a conservar em si o que é fonte de prazer. Assim, ele forma para si um *"ego-prazer"* (Lust-Ich) ligado ao princípio do prazer, que se opõe a um mundo exterior ligado ao princípio de realidade: *"É dessa maneira, portanto, que o ego se separa do mundo exterior. Ou, mais exatamente: na origem o ego inclui tudo, mais tarde exclui o mundo exterior. Conseqüentemente, nosso sentimento atual do ego nada mais é que o resíduo contraído, por assim dizer, de um sentimento com uma extensão bem mais ampla, tão vasta que abarcava tudo e que correspondia a uma união mais íntima do ego com seu meio* (p. 10 [253]). Para Freud, a sensação de ilimitado que caracteriza o sentimento oceânico corresponderia à sobrevivência do adulto desse sentimento de união experimentado pelo bebê. Mas então, pergunta-se ele, podemos verdadeiramente considerar o sentimento oceânico como sendo a fonte de toda necessidade religiosa? Freud recusa essa idéia e considera que a necessidade religiosa do indivíduo tem origem na dependência infantil e na nostalgia do pai protetor. Assim, o sentimento religioso de que fala Romain Rolland não seria primário, segundo Freud, mas secundário à necessidade do homem de negar os perigos pelos quais se sente ameaçado vindos do mundo exterior, a fim de encontrar um consolo.

O objetivo da existência: buscar a felicidade e evitar o sofrimento

Freud prossegue recordando que, em *O futuro de uma ilusão* (1927c), ele demonstrara que todo sistema religioso tinha como finalidade decifrar o enigma do universo, assegurar-se de que uma Providência benevolente zela por sua vida e prometer uma vida após a morte. Mas, para Freud, essa concepção do objetivo da existência é de natureza infantil, e ele se mostra desolado com a idéia de que a maioria dos mortais não conseguirá superar essa fase religiosa, que vê como uma fixação à infância. Se descartamos o objetivo proposto pela religião, qual é então o objetivo da existência?, indaga-se ele. Para Freud, é o princípio do prazer que determina o objetivo da vida. Mas, se esse programa consiste para o homem em ser feliz, é óbvio que ele é irrealizável. Mesmo não conseguindo isso completamente, existem entretanto dois caminhos para quem procura a felicidade: o de buscar o prazer ou o de evitar o sofrimento. Esses caminhos são múltiplos e variados, e Freud examina alguns: busca de satisfação ilimitada de todas as necessidades, isolamento voluntário do eremita, toxicomania, controle da vida pulsional como nos ensina a sabedoria oriental, sublimação através da ciência, da arte ou da estética. O resultado, contudo, é decepcionante, pois, segundo ele, mesmo o amor é uma fonte de decepção e de sofrimento. Resta, enfim, o último refúgio, aquele que se pode encontrar na neurose ou na psicose... Ele conclui que a busca da felicidade é uma questão essencialmente individual: *"Nenhum conselho aqui é válido para todos; cada um deve buscar por si mesmo uma maneira de ser feliz"* (p. 30 [270]). Freud conclui fazendo um julgamento ainda mais incisivo que em *O futuro de uma ilusão*, em 1927, sobre o papel nefasto da religião, que constitui a seu ver um enorme obstáculo à busca da felicidade e à evitação da dor: *"Sua técnica consiste em rebaixar o valor da vida e em deformar de maneira delirante a imagem do mundo real, posturas que têm como postulado a intimidação da inteligência. A esse preço, fixando seus adeptos à força em um infantilismo psíquico e levando-os a compartilhar de um delírio coletivo, a religião consegue poupar um grande número de seres humanos de uma neurose individual, mas não vai muito além disso"* (p. 31 [272]).

A civilização fracassa em proporcionar a felicidade que se espera dela

Por que é difícil para os homens serem felizes? Parece que a própria civilização está em causa, pois ela fracassa em prevenir o sofrimento humano, embora supostamente nos proteja dele. Civilização não significa progresso constante, pois se constata que os avanços da cultura e da tecnologia não cumpriram suas promessas, e essa é a principal razão do mal-estar que o homem civilizado experimenta hoje: *"Não nos sentimos nada à vontade em nossa civilização atual*" (p. 36 [276]). Mas, antes de tudo, o que chamamos de civilização?: "*É suficiente dizermos que o termo civilização ("Kultur" em alemão) designa a totalidade das obras e organizações cuja instituição nos afasta do estado animal de nossos ancestrais e que servem a duas finalidades: a proteção do homem contra a natureza e a regulamentação das relações dos homens entre eles*" (p. 37 [276]). Sem dúvida, há inúmeros progressos da ciência e da cultura que são considerados como conquistas características da civilização, mas nem por isso essas aquisições tornaram o homem mais feliz. Ao contrário, a civilização deu um passo decisivo quando a comunidade conseguiu impor a cada indivíduo que a compõe uma limitação de seus impulsos pulsionais – sexuais e agressivos – com o objetivo de preservar a coesão do grupo. Portanto, a civilização repousa essencialmente no princípio da renúncia aos impulsos pulsionais, segundo Freud, e é essa "*renúncia cultural*" que rege as relações sociais entre seres humanos, sendo simultaneamente a causa da hostilidade do indivíduo contra a civilização.

A família e a sexualidade: ao mesmo tempo a favor e contra a civilização

O amor, protótipo de toda felicidade desde os tempos primitivos, constitui o fundamento da civilização: de fato, é o amor que está na origem da família que une o homem à mulher, assim como o filho a seus pais. Esse amor que funda a família continua a exercer seu império dentro da civilização, permitindo a satisfação sexual genital e a "*ternura inibida quanto aos objetivos*". Esta última, para Freud, representa a forma de amor que une os membros de uma família e constitui a base da amizade e dos vínculos comunitários. Mas, ao longo da evolução, instala-se inevitavelmente um conflito entre a comunidade e a família: a primeira quer reunir os seres humanos, a segunda não quer largar os indivíduos. As mulheres estão fortemente envolvidas nesse conflito: "*Além disso, as mulheres não tardam a contrariar a corrente civilizadora (...). Elas sustentam os interesses da família e a vida sexual, enquanto que a obra civilizadora, que foi se tornando cada vez mais um assunto dos homens, imporá a estes tarefas sempre mais difíceis e os obrigará a sublimar suas pulsões, sublimação para a qual as mulheres são pouco aptas*" (p. 55 [290]). Assim, relegadas ao segundo plano, segundo Freud, as mulheres tornam-se hostis às exigências da civilização. A civilização impõe ainda outras restrições importantes à vida sexual: ela não apenas limita a escolha de objeto do indivíduo que chega a maturidade sexual genital limitando essa escolha ao sexo oposto, como também proíbe a maior parte das satisfações sexuais extragenitais consideradas perversões. Resta, então, o amor heterossexual e genital, mas este, por sua vez, é atingido por limitações impostas pela civilização que só admite a monogamia e não tolera a sexualidade a não ser "*a título de agente de multiplicação*" (p. 57 [292]). Em outras palavras, a vida sexual do homem é gravemente prejudicada pela civilização, o que diminui bastante o valor do amor e da sexualidade como fonte de felicidade.

O papel da agressividade: "O homem é um lobo para o homem"

Se é tão difícil para o homem encontrar sua felicidade, é porque a civilização impõe ao indivíduo o pesado sacrifício de renunciar não apenas à satisfação de suas pulsões sexuais, mas também às suas pulsões agressivas. Freud mostra que na verdade "*o homem não é absolutamente esse ser indulgente, com um coração ávido de amor, que se defende quando é atacado, como se diz*" (p. 64 [297]); ele é também um ser agressivo. De fato, todo ser humano oculta uma forte tendência à agressão em relação ao seu semelhante e não consegue se impedir de explorar outro. Ele lembra que os romanos já diziam: "*Homo homini lupus*" (o homem é um lobo para o homem) (p. 65 [298]). Não é preciso buscar a agressividade muito longe, pois cada um a carrega consigo: "*Essa tendência à agressão, que podemos descobrir em nós mesmos e que temos bons motivos para supor que exista no outro, constitui o principal fator de perturbação em nossas relações com nosso próximo; é ela que impõe à civilização tantos esforços*" (p. 65 [298]). Por esse motivo, a civilização deve fazer tudo para limitar a agressividade humana e instaurar uma ética, se não quiser ser destruída. É por isso que a ética *"civilizada"* estabelece restrições à vida sexual e prega um ideal, o de amar seu próximo como a si mesmo. Apesar dessas prescrições, a civilização não consegue nem impor uma sociedade ideal por suas leis, nem eliminar a animosidade do homem em relação ao seu próximo. O comunismo não passa de uma ilusão, ao pretender, por exemplo, que o homem seja unicamente bom. Uma outra ilustração é encontrada na hostilidade que se observa entre comunidades separadas apenas por pequenas diferenças, como entre habitantes de uma mesma cidade ou de dois países vizinhos, que ele chama de *"narcisismo das pequenas diferenças"*. Sem dúvida, podemos esperar que ocorram mudanças na civilização capazes de satisfazer melhor nossas necessidades, mas sabemos que *"certas dificuldades existentes estão intimamente ligadas à própria essência da civilização e não poderiam ceder a nenhuma tentativa de reforma"* (p. 70 [302]).

A evolução da civilização: uma luta entre a pulsão de vida e a pulsão de morte

A impossibilidade da civilização de tornar o homem feliz está, portanto, intimamente ligada à natureza humana, e para explicar isso Freud recorre à sua segunda teoria das pulsões que estabelece a existência de um conflito fundamental entre pulsão de vida e pulsão de morte. Ele afirma sua convicção na validade de suas hipóteses recentes: *"(...) com o tempo, elas se impuseram a mim com uma tal força que não posso mais pensar de outra maneira"* (p. 75 [305]). Aplicando seus pontos de vista ao processo de civilização, Freud conclui que a agressividade constitui uma disposição instintiva primitiva e autônoma e um dos principais fatores que criam obstáculo à civilização. Essa pulsão agressiva é a representação da pulsão de morte que está permanentemente em ação ao lado de Eros: *"Agora, o significado da evolução da civilização deixa de ser obscura a meu ver: ela deve nos mostrar a luta entre Eros e a morte, entre o instinto de vida e o instinto de destruição, tal como se desenvolve na espécie humana. Essa luta é, no fim das contas, o conteúdo essencial da vida"* (p. 78 [308]).

O superego, interiorização da autoridade externa

Se a civilização é assim ameaçada pela agressividade e pela destrutividade, quais são os meios de que dispõe a civilização para inibir esses impulsos? Para Freud, o meio mais eficaz passa pela interiorização desta no próprio indivíduo, isto é, pelo superego. A tensão que se instaura entre ego e superego se traduz então em um *"sentimento consciente de culpa"* e se manifesta no comportamento por uma *"necessidade de punição"*. O sentimento de culpa tem duas origens: a angústia diante da autoridade externa e a angústia diante do superego. A angústia diante do superego é experimentada sob a forma de um temor de ser privado de amor por parte da pessoa que protege. No início, prossegue Freud, a severidade do superego provém sobretudo do temor em relação à autoridade externa, mas, com a evolução, a autoridade externa é interiorizada e contribui para estabelecer no psiquismo o superego individual. Se ainda é possível ocultar seus pensamentos da autoridade externa, em face do superego interiorizado, ao contrário, o indivíduo já não consegue ocultar nada: *"No segundo caso, [há uma] equação entre má ação e má intenção, e daí o sentimento de culpa e a necessidade de punição. A agressão pela consciência perpetua a agressão pela autoridade"* (p. 85 [315]).

O que explica que a agressividade exercida pelo superego se mostre tão severa? Para Freud, o rigor excessivo do superego resulta do retorno contra si mesmo da agressividade experimentada pela criança em relação a seus pais: *"A relação entre superego e ego é a reprodução, mas invertida por esse desejo, de relações que realmente existiram outrora entre o ego ainda indiviso e um objeto exterior. E isso é bem típico. Contudo, a diferença essencial reside em que o rigor original do superego não é, ou não é a tal ponto, aquele que a própria pessoa experimentou, e que se atribuía exclusivamente a ele, mas nossa própria agressividade voltada contra esse superego"* (p. 87 [317]). É isso que explica, em particular, o fato de não se observar uma relação direta entre a severidade real dos pais e a severidade proveniente do superego: *"A experiência nos ensina que a severidade do superego que uma criança elabora não reflete de modo nenhum a severidade de tratamentos que tenha sofrido"*, contata Freud, que se refere explicitamente aqui aos trabalhos de Melanie Klein e de autores ingleses (p. 88, n. 1 *[317]*). As duas formas de agressão por parte do superego se juntam e se completam, tanto o temor da punição pelo pai quanto o desejo de vingança da criança em relação a ele. Além disso, é preciso levar em conta o fator filogenético, acrescenta Freud, pois o sentimento de culpa é reforçado pelo terror que o pai da horda primitiva inspirava em seus filhos, como também pelo remorso destes últimos depois de assassinarem seu pai. Em seguida, o conflito de ambivalência originária é encontrado não apenas como um conflito entre indivíduo e civilização, mas igualmente no nível individual como um sentimento de ambivalência experimentada pelo ego em relação ao superego, expressão da *"eterna querela entre o amor e o desejo de morte"* (p. 91 *[320]*).

A civilização atual evitará sua autodestruição?

O objetivo deste estudo é mostrar que o sentimento de culpa constitui o problema crucial do desenvolvimento da civilização, e todo progresso tem de ser pago com a perda da felicidade e um reforço do sentimento de culpa. Este sentimento nem sempre é reconhecido como tal: ele permanece em grande parte inconsciente, ou então *"se manifesta como um mal-estar, um descontentamento que se procura atribuir a outros motivos"* (p. 95 *[232]*). Assim como existe um superego individual, existe, segundo Freud, um *"superego da comunidade civilizada"* (*Kultur-Überich*) que faz exigências ideais severas cuja não-observância é punida também com uma *"angústia da consciência moral"* (p. 103 *[329]*). Essas exigências costumam ser excessivas, em particular aquelas que provêm da ética coletiva, e provocam um sentimento de revolta ou uma neurose no indivíduo, ou então o tornam infeliz. Por isso, podemos nos perguntar se a maior parte das civilizações – e mesmo a humanidade inteira – teria-se tornado *"neurótica"* sob a influência do próprio processo de civilização. Quanto à sorte que o futuro reserva à espécie humana, Freud tem consciência de que não oferece aqui nem solução terapêutica, nem consolo. Ele termina com uma constatação mais pessimista, deixando em aberto a seguinte questão: *"O progresso da civilização conseguirá, e em que medida, dominar as perturbações causadas na vida coletiva pelas pulsões humanas de agressão e de autodestruição? Desse ponto de vista, a época atual talvez mereça uma atenção particular. Os homens de hoje levaram tão longe o domínio das forças da natureza que ficou fácil, com sua ajuda, se exterminarem até o último. Eles sabem muito bem disso, o que aliás explica uma boa parte de sua agitação presente, de sua infelicidade e de sua angústia"* (p. 107 *[333]*).

PÓS-FREUDIANOS

Do terror nuclear ao terrorismo internacional

O mal-estar na civilização teve rapidamente uma grande repercussão e deu lugar a reações tanto do lado dos psicanalistas quanto do público. Um de seus efeitos foi relançar entre os psicanalistas a controvérsia sobre a pulsão de morte a que Freud se refere não mais como uma hipótese, mas como uma evidência incontornável. Mas nem por isso ele encontrou seguidores, nem mesmo entre seus discípulos mais próximos. Jones, por exemplo, via na passagem da noção de agressividade à de pulsão de morte uma generalização excessiva, enquanto Pfister a considerava como uma simples metáfora utilizada para designar uma força vital.
A possibilidade para os homens de se exterminarem até o último que Freud destacou na última página assumiu um significado muito particular depois do desenvolvimento das armas nucleares. Diante desse peri-

Continua

● *Continuação*

go crescente, alguns psicanalistas se uniram em torno de duas organizações, uma inglesa, Psychoanalysts and the Prevention of Nuclear War (PPNW), e a outra internacional, International Psychoanalysts against Nuclear War (IPANW), para se fazerem ouvir. Depois da dissolução da URSS e do fim da guerra fria, as coisas certamente mudaram, mas não no fundamental. Entre esses psicanalistas, eu mencionaria as posições assumidas por Hanna Segal, que contribuiu para romper o silêncio em torno das várias ameaças que pesam sobre nossa civilização, que não se limitam á ameaça atômica. Seus pontos de vista levam em conta as contribuições psicanalíticas acerca da psicose assim como o funcionamento dos grupos: "*Se os indivíduos se comportassem como os grupos,* diz ela, *eles seriam classificados na categoria de dementes*" (2002, p. 33-35). Ela pondera também que durante a guerra fria, a "supostos básicos" [no sentido de Bion] é que a guerra era impossível, pois todos os protagonistas tinham muito medo de uma destruição total.

Atualmente, esse quase-equilíbrio que existia entre o bloco soviético e o Ocidente comandado pelos Estados Unidos desmoronou, e o mito da invencibilidade americana ficou seriamente abalado depois do 11 de setembro de 2001, revelando a extraordinária angústia, o medo e talvez a culpa que foram suas conseqüências. Eis a análise feita por Segall: "*Creio que o 11 de setembro foi altamente simbólico. Nós nos precipitamos em um universo de fragmentação e, às vezes, de desintegração total e de terror psicótico, e também na maior confusão: quem são nossos amigos? Quem são nossos inimigos? De que lado seremos atacados? (...) E será que temos inimigos internos? (...) Trata-se do terror mais primitivo em nosso desenvolvimento pessoal, não de uma morte ordinária, mas, de algum modo, da visão de uma desintegração pessoal apodrecida pela hostilidade. E a situação fica pior ainda quando Deus intervém na equação. O voto de Armagedon* dos fundamentalistas cristãos é hoje igualado pelos fundamentalistas islâmicos. Nossa saúde espiritual é ameaçada por um universo interior que se caracteriza por um delírio de potência ilimitada, de mal absoluto e de santidade. Infelizmente, temos de levar em conta também o Veado de Ouro*" (2002, p. 35).

---

*"O *Armagedon* é a guerra travada por Deus para livrar a terra de todas as formas de animosidade, abrindo caminho para uma Nova Ordem Luminosa e próspera" (Segal, 2002, p. 34).

▶ **NOVAS CONFERÊNCIAS INTRODUTÓRIAS SOBRE PSICANÁLISE** (1933a [1932])
S. Freud (1933a), *Nouvelles conférences d'introduction à la psychanalyse*, trad. R.-M. Zeitlin, Paris, Gallimard, 1984 *[as páginas indicadas entre colchetes remetem às OCF.P, XIX, p. 83-268]*.

Durante o ano de 1932, dois anos após ter publicado *O mal-estar na civilização*, Freud escreve uma seqüência à série de conferências públicas proferidas em 1916 e 1917 na Universidade de Viena que tinham sido publicadas em *Lições de introdução à psicanálise*, (1916-1917). Assim como as conferências de 1916-1917 foram para Freud uma maneira de lançar um olhar retrospectivo sobre a psicanálise desde suas origens até 1915, as *Novas conferências* foram a oportunidade de atualizar a teoria à luz das contribuições posteriores à "guinada dos anos de 1920". Assim, a obra de 1932 é para Freud uma forma de virar mais uma página, a página de uma vida que se aproxima do fim.

Para marcar a continuidade entre as conferências de 1916-1917 e as *Novas conferências* publicadas em 1933, Freud segue a numeração dos capítulos sem interrupção, de modo que o primeiro capítulo de *Novas conferências* aparece como "capítulo XXIX". Em seu prefácio, Freud adverte o leitor que sua doença o impede de dar seus cursos em público como antes, e assim ele dirige essas páginas a um auditório imaginário. Mas a obra de 1933 interessará a um público diferente daquele de 1916-1917. Em 1932, Freud atinge um público esclarecido, já familiarizado com as concepções freudianas anteriores. O mesmo ocorre hoje, pois, para perceber o que ele traz de novo, é preciso que o leitor já tenha adquirido um bom conhecimento dos desenvolvimentos cronológicos da psicanálise, trabalho essencial que muitas vezes depende da exegese. Nos limites que me fixei, eu apenas mencionaria as contribuições a seguir. Por exemplo, a 29ª conferência é dedicada a integrar as recentes noções de ego, id e superego em sua concepção do inconsciente. A partir de 1933, Freud considera o inconsciente não mais como uma instância como antes – "O Inconsciente" –, mas como uma qualidade – a de ser "inconsciente". É nesse texto também que Freud resume o objetivo da análise em uma fórmula célebre: *"Lá onde estava o id, advirá o ego"* (p. 110 [163]), *"Wo Es war, soll Ich werden"*, GW, XV, p. 86). Na 32ª conferência, consagrada à feminilidade, Freud enfatiza o papel do apego pré-edipiano da menina à sua mãe, assim como a importância dos cuidados corporais que acompanham essa ligação materna precoce. Ele conclui sua exposição confessando que a mulher continua sendo um "enigma" para a psicanálise.

CRONOLOGIA DOS CONCEITOS FREUDIANOS

Agressão- autodestruição – civilização – cultura – religião, idéias religiosas – sentimento oceânico – superego (severidade do – na criança) – superego e civilização

"NEUROSE E PSICOSE"
S. FREUD (1924b)

"A PERDA DA REALIDADE NA NEUROSE E NA PSICOSE"
S. FREUD (1924e)

"A NEGATIVA"
S. FREUD (1925h)

"ALGUMAS CONSEQÜÊNCIAS PSÍQUICAS DA DISTINÇÃO ANATÔMICA ENTRE OS SEXOS"
S. FREUD (1925j)

"FETICHISMO"
S. FREUD (1927e)

"A DIVISÃO DO EGO NO PROCESSO DE DEFESA"
S. FREUD (1940e [1938])

ESBOÇO DE PSICANÁLISE
S. FREUD (1940a [1938])

A negação da realidade e clivagem do ego: defesas características das psicoses, perversões e mesmo... da neurose

Reuni uma série de contribuições escritas por Freud de 1924 a 1938 que tratam dos mesmos temas e testemunham a evolução de seu pensamento. Nessa sucessão de artigos, Freud procura determinar quais são os mecanismos específicos da psicose e qual é a diferença entre neurose e psicose. À medida que suas pesquisas avançam, contata-se que em um primeiro momento Freud enfatiza sobretudo as diferenças, e em um segundo momento ele atenua um pouco essas oposições. Por exemplo, em "Neurose e psicose" (1924b), ele considera que o ego mantém com a percepção da realidade relações diametralmente opostas: esta é recusada na psicose, mas aceita na neurose. Mas, já no artigo seguinte (1924e), ele relativiza suas palavras, constatando que a perturbação da percepção do mundo real é observada nas duas afecções, sendo mais grave na psicose do que na neurose: é por isso que ele introduz a noção de *"negação da realidade"* para caracterizar a psicose e distingui-la da neurose. No ano seguinte, ele estabelece uma distinção entre a *denegação* (*Verneinung*) – recusa pelo sujeito de reconhecer um desejo que já manifestou – e a *desmentida* (*Verleugnung*) – recusa pelo sujeito de reconhecer a percepção de uma realidade traumatizante (1925h). Segundo Freud, o mecanismo de negação de percepção presta-se particularmente bem a mostrar a diferença do menino e da menina em relação à percepção da falta de pênis na menina, pois a importância dessa negação depende da orientação do desenvolvimento psicossexual (1925h). Em um artigo posterior, "Fetichismo" (1927e), Freud vincula especificamente o mecanismo de *negação* de percepção da falta de pênis na mulher à *clivagem do ego* que é sua conseqüência em um fetichismo: negação e clivagem do ego constituem então, para ele, uma característica fundamental das perversões e das psicoses, assim como do luto patológico. Em 1938, em *Esboço de psicanálise*, Freud acrescenta outras nuanças: de um lado, embora reafirme que a negação da realidade caracteriza a psicose, ele esclarece que a negação nunca é completa nessa afecção; de outro lado, considera que a clivagem do ego não é apenas o apanágio da perversão e da psicose, mas que é encontrada também na neurose e, portanto, na normalidade. Para concluir, observa-se em todo indivíduo uma justaposição de duas atitudes contraditórias, e o resultado disso – a saber, a predominância de uma psicose ou de uma neurose – é antes de tudo uma questão de proporção.

DESCOBERTA DAS OBRAS

▶ "NEUROSE E PSICOSE" (1924b)

As páginas indicadas remetem ao texto publicado em S. Freud (1924b), "Névrose et psychose", trad. D. Guérineau, Paris, PUF, 1971, 283-286 *[as páginas indicadas entre colchetes remetem às OCF.P, XVII, p. 1-7]*.

Neste breve artigo, Freud integra as recentes noções de ego, id e superego à sua concepção da neurose e da psicose. O que diferencia estas duas últimas e constitui seu efeito patógeno, segundo ele, provém de que na neurose "*o ego mantém sua fidelidade em face do mundo exterior e procura amordaçar o id*", enquanto na psicose "*o ego se deixa dominar pelo id ao mesmo tempo em que se separa da realidade*" (p. 285 [6]). Vamos examinar isto mais detalhadamente.

Reconsiderando o que se passa na neurose de transferência, Freud pondera que o ego entra em conflito com o id porque recusa uma moção pulsional indesejável, da qual se protege reprimindo-a no inconsciente; porém, o reprimido se revolta e reaparece sob a forma de um sintoma substituto que o representa. O sintoma é, portanto, fruto de um compromisso.

Quanto ao que se passa na psicose, Freud considera, ao contrário, que é a relação entre o ego e a percepção do mundo exterior que é perturbada. Por exemplo, na psicose alucinatória aguda, não apenas a realidade externa não é mais percebida, como também o mundo interno, que provém de percepções anteriores conservadas na memória. Diante disso, "*o ego cria autocraticamente para si um novo mundo, exterior e interior ao mesmo tempo; há dois fatos que não deixam nenhuma dúvida: esse novo mundo é construído seguindo os desejos do id, e o motivo dessa ruptura com o mundo exterior é que a realidade se opõe ao desejo de uma forma grave, vista como intolerável*" (p. 285 [5]).

Para Freud, a causa desencadeante de uma neurose ou de uma psicose é sempre a frustração: "*a não realização de um desses desejos infantis eternamente indomados*" (p. 285 [5]), frustração que costuma vir de fora, mesmo que se trate do superego que, em última análise, representa as exigências da realidade exterior.

A partir desses esclarecimentos, Freud delimita uma nova entidade psicopatológica ligada ao conflito entre o ego e o superego, "*as neuropsicoses narcísicas*", cujo protótipo é a melancolia (depressão). Agora ele situa as neuropsicoses narcísicas a meio caminho entre as neuroses de transferência e as psicoses. Se as neuroses e as psicoses nascem de conflitos entre o ego e as diversas instâncias que o dominam – superego e id – podemos nos perguntar com que meios o ego consegue escapar disso sem adoecer. Evidentemente, o resultado depende de um fator econômico, isto é, das energias presentes. Mas Freud vai mais longe e postula que é possível para o ego evitar a ruptura "*deformando a si próprio, aceitando abrir mão de sua unidade e eventualmente até mesmo se rompendo ou se fragmentando*" (p. 286 [7]). Ele acrescenta que, assim, "*as loucuras dos homens*" seriam tratadas da mesma maneira que suas perversões sexuais. Qual é, portanto, o mecanismo, análogo à repressão, pelo qual o ego se separa do mundo exterior? *"Ele deveria consistir, como na repressão, de uma retirada pelo ego do investimento que ele havia situado fora"* (p. 286 [7]). É nesses termos que Freud anuncia a introdução próxima das noções de *"negação da realidade"* e de *"clivagem do ego"*, que esclarecerá em "Fetichismo", em 1927.

▶ "A PERDA DA REALIDADE NA NEUROSE E NA PSICOSE" (1924e)

As páginas indicadas remetem ao texto publicado em S. Freud (1924e), "La perte de la realité dans la névrose et dans la psychose", trad. D. Guérineau, in *Névrose, psychose et perversion*, Paris, PUF, 1973, 299-303 *[as páginas indicadas entre colchetes remetem às OCF.P, XVII, p. 35-41]*.

No artigo anterior, Freud dizia que a diferença entre a psicose e a neurose consistia em que na psicose o ego se recusava a perceber a realidade exterior e que na neurose ele a aceitava. No presente artigo, ele relativiza o que havia afirmado e considera agora que existe uma perturbação da percepção do mundo real nas duas afecções, mas que essa perturbação é de natureza diferente. Ele tenta explicar aqui em que consiste essa diferença.

Ele começa por distinguir dois momentos nos modos de entrada na neurose e na psicose. Na neurose, existe efetivamente uma perda da realidade no primeiro momento, seguida da formação de um compromisso, o sintoma. Mas, nesse primeiro momento, é o fragmento de realidade evitado que produz a repressão. Ele dá como exemplo o caso de uma moça, apaixonada por seu cunhado, que ficou transtornada com a idéia que lhe ocorreu diante do leito de morte de sua irmã: *"Agora ele está livre e pode se casar com você"*. A cena logo é esquecida, e aparecem as dores histéricas. Freud assinala que o fato de reprimir o amor pelo cunhado teve como conseqüência que a moça evitasse o confronto com a realidade, isto é, pensar que agora seu cunhado estaria livre: *"Mas o que é instrutivo aqui é justamente constatar a via pela qual a neurose tenta regular o conflito. Ela desvaloriza a modificação real reprimindo a reivindicação pulsional em questão, a saber, o amor pelo cunhado. A reação psicótica teria sido negar o fato da morte de sua irmã"* (p. 300 [38]).

Freud examina em seguida o que se passa na psicose e introduz a noção de *"negação da realidade"* como característica da recusa de perceber a realidade exterior na psicose. Segundo ele, a entrada na psicose também ocorre em dois momentos: o primeiro separa o ego da realidade por meio da negação, o segundo cria uma nova realidade – um delírio ou uma alucinação – a fim de *"reparar os desgastes"* e compensar a perda da realidade. Em outras palavras, na neurose um fragmento significativo da realidade é evitado em forma de fuga, enquanto na psicose esse fragmento negado é reconstruído: *"A neurose não nega a realidade, só não quer saber nada sobre ela; a psicose a nega e procura substituí-la"* (p. 301 [39]). Quanto ao comportamento dito normal, ele adota aspectos das duas reações: como na neurose ele não nega a realidade, mas, como na psicose, tenta reconstruí-la e modificá-la.

A neurose e a psicose apresentam uma outra característica comum, isto é, a reação de angústia que acompanha os sintomas. Essa angústia provém do *"retorno do reprimido"* para a primeira e do retorno daquilo que foi negado para a segunda. Embora o retorno do reprimido seja uma noção freudiana clássica, é a primeira vez que Freud relata um retorno análogo referindo-se ao que foi objeto de uma negação na psicose: *"Provavelmente, na psicose, o fragmento de realidade repelido está sempre forçando a abertura para a vida psíquica, como faz na neurose a pulsão reprimida, e é por isso que o efeito é o mesmo nos dois casos"* (p. 302 [40]). O efeito de que se trata é o aparecimento da angústia.

Finalmente, diz Freud, a distinção não é tão nítida entre neurose e psicose no que diz respeito à criação de uma nova realidade, como na psicose, pois a neurose é destinada igualmente a substituir a realidade insustentável. A diferença está em que, na psicose, a doença cria uma nova realidade através do delírio ou da alucinação, enquanto que na neurose o doente tenta restabelecer uma nova realidade através do mundo fantasioso. Esse mundo fantasioso constitui um *"magazine"* onde o paciente neurótico, assim como o paciente psicótico, obtém suas fantasias. Contudo, no caso do paciente neurótico, seu ego não está totalmente separado da realidade, como está o ego do psicótico. Sem dúvida, o psicótico também recorre a um tal magazine, explica Freud, mas o neurótico utiliza esse novo mundo fantasioso como a criança brinca, e lhe empresta um sentido *"simbólico"*. Em outras palavras, o neurótico consegue estabelecer uma diferença entre realidade e fantasia, ao contrário do psicótico que delira ou alucina.

▶ "A NEGATIVA" (1925h)

As páginas indicadas remetem ao texto publicado em S. Freud (1925h), "La négation", trad. J. Laplanche, in *Résultats, idées, problèmes II*, Paris, PUF, 1971, 135-139 *[as páginas indicadas entre colchetes remetem às OCF.P, XVII, p. 165-171]*.

Freud definiu a negação como um procedimento utilizado pelo paciente quanto surge, durante a análise, um pensamento, um desejo ou um sentimento que ele nega que lhe pertença: *"Compreendemos que é a devolução, por projeção, de uma idéia incidente que acaba de emergir"*. Por exemplo: *"'Você pergunta quem pode ser essa pessoa no sonho. Minha mãe **não é**.' Nós retificamos: portanto é sua mãe"* (p. 135 [167]). A negação é também um meio para que um conteúdo reprimido – um desejo, um sentimento ou um pensamento – possa abrir caminho até a consciência, assinala Freud, mas com a condição de se fazer *negar*. Aqui é necessária uma observação de ordem terminológica, pois, em língua alemã, o termo *Verneinung* designa ao mesmo tempo a negação no sentido lógico ou lingüístico do termo e a negação no sentido psicológico, isto é, a recusa de uma afirmação já feita (A. Bourguignon, P. Cotet, J. Laplanche e F. Robert, 1898, p. 122).

Freud observa que a negação é uma maneira de tomar conhecimento do inconsciente, mas isso não significa ainda que se aceite o reprimido. É assim que se pode distinguir a função intelectual do julgamento do processo afetivo. Quando o paciente nega qualquer coisa no julgamento, no fundo ele quer dizer: é isso que eu gostaria de reprimir, de modo que dizer não se torna um sinal de demarcação do que é reprimido, *"um certificado de origem comparável ao 'made in Germany'"* (p. 136 [168]). Só é possível operar a função do julgamento mediante a criação do *"símbolo de negação"* que permite ao pensamento um primeiro grau de independência em relação às conseqüências da repressão.

A função de julgamento tem outras duas características. A primeira é se pronunciar sobre uma propriedade que é, ou não é, aquilo que se pode expressar em linguagem pulsional por: isso eu quero comer ou cuspir, ou isso deve estar em mim ou fora de mim, o que provém do *"ego de prazer original"*. A segunda decisão a ser tomada pelo julgamento diz respeito à existência real de uma coisa representada, o que provém da prova de realidade. Essas duas funções estão estreitamente ligadas: *"O não-real, o simplesmente representado, o subjetivo, está apenas dentro; o outro, o real, também está presente **fora**"* (p. 137 [169]). Dado que, originalmente, as percepções são todas oriundas de percepções anteriores, a existência da representação já é uma garantia da realidade do representado, isto porque: *"A finalidade primeira e imediata da prova de realidade não é, portanto, encontrar na percepção real um objeto correspondente ao representado, mas **reencontrá-lo**, convencer-se de que ele ainda está presente"* (p. 138 [169-70]). O julgamento constitui para Freud a ação intelectual que vai decidir a escolha da ação motriz, isto é, o fator determinante que *"leva à passagem do pensar ao agir"* (p. 138 [170]). Finalmente, ele relaciona a polaridade *"inclusão no ego – expulsão para fora do ego"* ao conflito entre pulsão de vida e pulsão de morte: *"A afirmação – como substituto da unificação – pertence ao Eros, enquanto a negação – sucessora da expulsão – pertence à pulsão de destruição. O prazer generalizado da negação, o negativismo de tantos psicóticos, possivelmente deva ser compreendido como indicador da separação das pulsões pela retirada dos componentes libidinais"* (p. 139 [170]).

▶ **"ALGUMAS CONSEQÜÊNCIAS PSÍQUICAS DA DISTINÇÃO ANATÔMICA ENTRE OS SEXOS" (1925j)**
As páginas indicadas remetem ao texto publicado em S. Freud (1925j), "Quelques conséquences psychologiques de la différence anatomique entre les sexes", trad. D. Berger, J. Laplanche et al., in *La vie sexuelle*, Paris, PUF, 1970, 123-132 *[as páginas indicadas entre colchetes remetem às OCF.P, XVII, p. 189-202]*.

A noção de negação também aparece em primeiro plano neste artigo que trata essencialmente das conseqüências do complexo de castração sobre o desenvolvimento da menina e do menino. No prólogo a esse estudo, Freud insiste na necessidade de analisar a sexualidade infantil tal como ela se desenvolve ao longo do primeiro período da infância e ainda no tempo que é necessário dedicar para obter resultados. Ela manifesta assim sua discordância com as tentativas de reduzir a duração das análises: *"Essa análise da primeira infância é longa e penosa, e o que ela exige do médico e do paciente nem sempre é cumprido na prática"* (p. 123 [191]).

O desenvolvimento psicossexual no menino e na menina

Freud começa por descrever em linhas gerais as principais etapas do desenvolvimento do menino. Ele lembra que a atitude edipiana do menino chega ao seu acme na fase fálica e que seu complexo *"perece"* – conforme suas palavras – quando sobrevém a angústia de castração. Além disso, em razão da bissexualidade psíquica, o complexo de Édipo do menino é simultaneamente ativo e passivo, pois ele se identifica com seu pai e deseja se casar com sua mãe e, ao mesmo tempo, identifica-se com sua mãe e adota uma atitude feminina diante de seu pai. Freud insiste igualmente sobre papel importante da masturbação durante a *"pré-história"* do complexo de Édipo, pois ela permite a descarga da excitação sexual.

Depois dessa recapitulação, Freud examina o complexo de Édipo na menina e constata que este encerra um problema a mais em relação ao do menino, que é o fato de que a menina é conduzida a mudar de objeto ao longo de sua evolução infantil. De fato, se a mãe constitui o primeiro objeto de amor tanto para o menino como para a menina, o menino a conserva por seu complexo de Édipo, enquanto que a menina renuncia a ela e toma seu pai como objeto de amor. O que é que leva a menina a fazer essa mudança de objeto?

Em seguida, Freud estuda detalhadamente o que ele chama de pré-história, isto é, o que precede o estabelecimento do complexo de Édipo na menina, que, para ele, gira essencialmente em torno da questão da inveja do pênis e da capacidade da menina de superar essa inveja para tomar o caminho da feminilidade. Freud situa o momento crucial do desenvolvimento da menina na fase fálica, antes de seu complexo de Édipo, quando ela *"nota o grande pênis bem visível de um irmão ou de um amiguinho, reconhece-o logo como a réplica superior de seu pequeno órgão oculto, e desde então passa a ser vítima da inveja do pênis"* (p. 126 [195]).

Nesse ponto, o comportamento do menino se diferencia do da menina: quando ele vislumbra a zona genital da menina, ou não vê nada, ou nega sua percepção e acredita ter visto um pênis. Só mais tarde, quando a ameaça de castração pesar sobre ele, é que essa observação ganha sentido *a posteriori*: desde então, o menino imagina que a mulher seja uma criatura mutilada, castrada. Isso explica que ele passe a ter "horror" da menina e demonstre em relação a ela um "desprezo triunfante" (p. 127 [196]).

Com a menina é diferente, segundo Freud: *"De imediato, ela julgou e decidiu. Ela o viu, sabe que não o tem e quer tê-lo. É aqui que se instala o complexo de masculinidade da menina"* (p. 127 [196]). A forma como a menina reage a esse complexo de masculinidade determinará seu futuro, conforme ela consiga superá-lo rapidamente ou sucumba a ele. Contudo, mesmo que ela o supere, *"a esperança de um dia, apesar de tudo, conseguir um pênis e assim se tornar semelhante aos homens, pode se manter até uma época incrivelmente tardia (...)"* (p. 127 [196]). Porém, quando a menina não supera seu complexo de masculinidade e surge a negação de sua castração, ela passa a se comportar em seguida como se fosse um homem: *"Ou então entra em cena o processo que eu gostaria de descrever como **negação**; ele não parece nem raro nem muito peri-*

goso para a vida mental da criança, mas nos adultos criaria uma psicose" (p. 127 [196]).

A inveja do pênis na menina

A inveja do pênis tem diversas conseqüências psíquicas para a menina. Revela um sentimento de inferioridade que ela sente como uma *"ferida narcísica"* e como uma *"punição pessoal"*, chegando a compartilhar em relação a ela própria o desprezo do homem pela mulher. A inveja do pênis revela igualmente a ciúme particular da mulher e se associa à fantasia masturbatória da criança espancada (Freud, 1919e). Uma outra conseqüência para a menina é *"o relaxamento da relação terna com a mãe enquanto objeto"* (p. 128 [198]), mãe que freqüentemente é responsabilizada pela falta do pênis. Finalmente, o fator mais determinante, segundo Freud, está ligado à importância que assume a masturbação clitoriana como atividade masculina, pois esta cria obstáculo ao desenvolvimento da mulher. Pouco depois da fase de inveja do pênis ligada à fase fálica, a menina começa a se revoltar contra o onanismo clitoriano, e é a revolta contra o fato de não ser um menino que a conduz à feminilidade: *"É assim que o reconhecimento de uma diferença anatômica entre os sexos afasta a menina da masculinidade e do onanismo masculino e a coloca em outros caminhos que levam ao desenvolvimento da feminilidade"* (p. 130 [199]). É somente então que o complexo de Édipo entra em jogo na menina. Em virtude da *"(...) equação simbólica: pênis = filho"*[1], a menina renuncia à inveja do pênis *"para substituí-lo pelo desejo de um filho e, com esse desígnio, ela toma o pai como objeto de amor. A mãe se torna objeto de seu ciúme; a menina vira mulher"* (p. 130 [199]). Aqui Freud introduz uma das únicas menções explícitas em sua obra sobre a possível existência de sensações especificamente femininas, observação que se deve, sem dúvida, à contestação suscitada por suas posições "falocêntricas", em particular por parte das psicanalistas mulheres, e também dos homens: *"A se levar em conta uma sondagem analítica isolada, nessa nova situação podem se produzir sensações corporais que devem ser consideradas como um despertar prematuro do aparelho genital feminino"* (p. 130 [199]).

Complexo de Édipo diferente no menino e na menina

Freud chegou a uma série de conclusões. Primeiramente, ele vê uma oposição fundamental entre os dois sexos no que se refere ao complexo de Édipo e ao complexo de castração: no menino, o complexo de Édipo é seguido da ameaça de castração que depois o faz desaparecer, enquanto na menina é a castração que precede o complexo de Édipo e torna possível sua aparição em um segundo momento: *"Enquanto o complexo de Édipo desaparece sob o efeito do complexo de castração, o da menina se torna possível e é introduzido pelo complexo de castração"* (p. 130 [200]). Isso significa que, para Freud, o desenvolvimento sexual do homem e da mulher resulta da diferença anatômica entre os sexos e das conseqüências psicológicas que envolvem a questão da castração: ela corresponde à diferença entre *"a castração realizada"* – isto é, real – na menina e *"a simples ameaça de castração"* – isto é, fantasiada – no menino (p. 130 [200]). Mais uma vez, se a falta do pênis constitui um aspecto importante do desenvolvimento da psicossexualidade tanto da menina como do menino, Freud não se dá conta de outro aspecto igualmente importante, isto é, que existem elementos específicos ligados à feminilidade, aos órgãos femininos e às fantasias ligadas a isso.

Finalmente, segundo Freud, o decurso do complexo de Édipo difere no menino e na menina. No primeiro, o complexo de Édipo não é simplesmente reprimido, *"ele vai pelos ares literalmente sob o choque da ameaça de castração"* (p. 131 [200]) e seus objetos parentais formam o superego. No que diz respeito ao complexo de Édipo da menina, ele só seria abandonado mui-

---

[1] Em alemão: *"(...) symbolische Gleichung: Penis = Kind"*, GW, XIV, p. 27.

to lentamente, sob o efeito da repressão. É por isso que, segundo Freud, o superego da mulher nunca é tão inexorável quanto o do homem, e disso decorrem os seguintes traços de caráter *"que sempre se reprovou e criticou na mulher"*: um menor sentimento de justiça que o homem, uma menor sujeição às necessidades da existência e uma tendência a se deixar guiar mais pelos sentimentos, etc. Contudo, Freud reconhece que a despeito de suas críticas em relação às mulheres, a maioria dos homens permanece bem aquém do ideal masculino. Para concluir, Freud avalia que a igualdade dos sexos reivindicada pelas feministas não é aceitável, e que todos possuem ao mesmo tempo traços masculinos e traços femininos, *"embora o conteúdo das construções teóricas da masculinidade pura e da feminilidade pura permaneça incerto"* (p. 132 [201]).

▶ "FETICHISMO" (1927e)

As páginas indicadas remetem ao texto publicado em S. Freud (1927e), "Le fétichisme", trad. D. Berger, J. Laplanche et al., in La vie sexuelle, Paris, PUF, 1970, 133-138 *[as páginas indicadas entre colchetes remetem às OCF.P, XVIII, p. 123-131]*.

A negação da percepção da realidade no fetichismo

Em "Fetichismo", Freud elabora a noção de negação, que consiste em recusar a percepção de uma realidade intolerável, e vincula essa defesa à clivagem do ego que é sua conseqüência. O protótipo desse tipo de defesa é o fetichismo, que nega a percepção da castração na mulher, e o fetiche é o substituto do pênis faltante. Além disso, Freud constata no fetichismo que duas atitudes contraditórias coexistem dentro do ego, uma negando a percepção da falta do pênis na mulher, a outra reconhecendo essa falta. A idéia de que existe uma clivagem no ego que determina duas atitudes contraditórias no psiquismo o levará a modificar suas concepções anteriores, particularmente sobre a psicose, e ele desenvolverá seu ponto de vista nas duas contribuições posteriores.

É a análise de vários casos de fetichismo que leva Freud a considerar que o objeto fetiche – pé, sapato, peliça, *lingerie* feminina. – é um substituto do pênis, mas não importa qual: *"O fetiche é o substituto do falo da mulher (a mãe) em que o menino acreditava e ao qual, sabemos por que, ele não quer renunciar"* (p. 134 [126]). Vale destacar, a propósito da palavra "falo" utilizada aqui por Freud, que ele raramente emprega esse termo; em compensação ele usa com freqüência o termo pênis (*"inveja do pênis"*, etc.), assim como o adjetivo "fálico" (*"fase fálica"*, etc.). Além disso, Freud não diferenciava os termos pênis e falo como alguns psicanalistas pós-freudianos, nos quais se pode constatar *"um uso progressivamente diferenciado dos termos pênis e falo, o primeiro designando o órgão masculino na sua realidade corporal, o segundo destacando o valor simbólico deste"* (Laplanche e Pontalis, 1967, p. 311).

Mas, voltemos ao fetichista. O fetiche, de fato, é considerado nas fantasias inconscientes como representante do corpo da mulher, enquanto substituto simbólico do pênis. Com isso, para o fetichista, a mulher perde seu atrativo sexual, que se concentra agora no objeto fetiche, fonte única da excitação sexual. Segundo Freud, a constituição de um objeto fetiche visa a estabelecer uma *"desmentida"* (*Verleugnung*) da castração na mulher, a fim de proteger o fetichista da angústia em face dessa percepção ameaçadora. *"O horror da castração se erigiu um monumento criando esse substituto"* (p. 135 [127]). O fetiche tem, portanto, uma dupla função contraditória, a de manter a crença de que a mulher tem um pênis e, simultaneamente, a de se proteger contra a percepção da realidade da castração da mulher: *"Ele [o fetiche] permanece o sinal de um triunfo sobre a ameaça de castração, e uma proteção contra essa ameaça"* (p. 135 [127]).

A negação da percepção da perda de objeto no luto patológico

Essa atitude psíquica contraditória quanto à percepção da castração na mulher foi observada por Freud também no luto patológico, e ele dá um exemplo disso a propósito da atitude de dois irmãos em relação à morte de seu pai amado. Nesses dois jovens, ele descreve a "*clivagem*" que se instalou em sua personalidade em relação a essa perda de objeto, clivagem idêntica à que observou no fetichismo: "*Parecia que os dois jovens tinham 'escotomizado' a morte de seu pai do mesmo modo que os fetichistas o fazem com relação á castração da mulher. Havia apenas uma corrente de sua vida psíquica que não reconhecia essa morte, uma outra corrente a percebia perfeitamente; as duas posições, uma fundada no desejo e a outra fundada na realidade, coexistiam*" (p. 137 *[129]*). Em um dos irmãos, Freud explica qual é o efeito produzido no nível do ego pela negação da realidade da perda do pai: "*Em todas as situações, o sujeito oscilava entre duas hipóteses: uma segundo a qual o pai ainda estava vivo e impedia sua atividade e a outra segundo a qual, ao contrário, seu pai estando morto, ele podia se considerar legitimamente como seu sucessor*" (p. 137 *[129]*). Esse exemplo mostra que, tanto no luto patológico como no fetichismo, a clivagem do ego que resulta da introjeção do objeto perdido determina duas atitudes contraditórias em relação à percepção da realidade da perda, uma aceitando-a, a outra negando-a. Freud complementa assim seus pontos de vista que havia exposto em "Luto e melancolia" (1917e [1915]). Ele conclui afirmando que o mesmo fenômeno se produz na psicose, mas apenas uma das atitudes conduz à retirada da realidade, de modo que ela não é completa, como tinha pensado anteriormente: "*Posso manter assim minha suposição de que na psicose, uma das correntes, aquela fundada na realidade, realmente desapareceu*" (p. 137 *[130]*).

▶ "A DIVISÃO DO EGO NO PROCESSO DE DEFESA" (1940e [1938])

As páginas indicadas remetem ao texto publicado em S. Freud (1940e [1938]), "Le clivage du moi dans le processus de défense", trad. Roger Lewinter e J.-B. Pontalis, in *Résultats, idées, problèmes II*, Paris, PUF, 1971, 283-286.

Freud retoma aqui a idéia de que, desde a infância, o ego pode ser confrontado com exigências contraditórias e, então responde ao conflito mediante duas reações opostas: de um lado, ele recusa a realidade e não se permite proibir em nada de suas pulsões; de outro lado, reconhece simultaneamente o perigo proveniente da realidade assume a angústia sob forma de sintoma. Mas essa solução muito hábil tem seu preço: a clivagem do ego irá aumentando com os anos: "*O êxito foi atingido ao preço de uma ferida no ego, ferida que nunca mais será curada, mas aumentará com o tempo. As duas reações ao conflito, reações opostas, se mantêm como núcleo de uma clivagem no ego*" (p. 284). Uma tal perturbação do ego é estranha, acrescenta Freud, pois se espera que ele exerça uma função sintética. Freud conclui com o caso de um menino de 3 ou 4 anos que confirma seus pontos de vista sobre a clivagem do ego e o papel do fetiche como substituto fantasiado do pênis da mulher.

▶ *ESBOÇO DE PSICANÁLISE* (1940a [1938])

BIOGRAFIAS E HISTÓRIA

Um testamento aberto sobre o futuro

Esta obra contém os últimos desdobramentos feitos por Freud a essa série de artigos, e por isso acredito que ela tem lugar entre eles, mesmo que isso possa conturbar um pouco a ordem cronológica. Foi escrita por Freud pouco após sua chegada a Londres, entre julho e setembro de 1938, quando ele estava com 82 anos. Mas ele teve de interromper sua redação devido a uma recaída do câncer que o obrigou a uma nova operação. O *Esboço de psicanálise* foi publicado em 1940, um ano depois de sua morte.

Continua

> ● *Continuação*
>
> Houve um problema de edição com esse texto de 66 páginas, por muito tempo considerado como um manuscrito inacabado. De fato, apenas as idéias mais recentes e mais novas foram redigidas pelo próprio Freud de uma maneira completa e elaborada. Desse ponto de vista, a terceira parte, intitulada "Os progressos teóricos" é a que nos interessa mais. Nela Freud aborda a relação do ego com o mundo exterior, assim como os últimos desdobramentos feitos por ele às noções de negação e clivagem do ego. Em contrapartida, a primeira parte da obra foi redigida às pressas, e quando se lê o manuscrito original constata-se que Freud utilizou um estilo telegráfico e inúmeras abreviações. O texto de Freud foi revisto após sua morte pelos editores da época que tomaram a iniciativa, o que modificou uma parte do manuscrito, mas eles mantiveram a terceira parte tal como Freud a redigira (I. Gubrich-Simitis, 1985).
> O *Esboço de psicanálise* é muito mais que um resumo ou um texto de vulgarização. Trata-se de um texto difícil, que recapitula em linhas gerais os pontos fortes das descobertas freudianas e abre caminho a novas pesquisas. Freud esclarece que "no momento" convém utilizar a psicanálise apesar de seus limites, mas ele antevê o aparecimento de outras possibilidades terapêuticas, em particular tratamentos psicofarmacológicos: "*O futuro nos ensinará, esperemos, a agir diretamente, com a ajuda de certas substâncias químicas, sobre as quantidades de energia e sua repartição no aparelho psíquico. Talvez venhamos a descobrir outras possibilidades terapêuticas ainda insuspeitadas. No momento, porém, dispomos apenas da técnica psicanalítica, e por isso, a despeito de suas limitações, convém não desprezá-la*" (1940a [1938], p. 51). Levando em conta o que foi dito, considera-se o *Esboço* como uma espécie de testamento dirigido aos psicanalistas.

DESCOBERTA DA OBRA

As páginas indicadas remetem ao texto publicado em S. Freud (1940a [1938]), *Abregé de psychanalyse*, trad. A. Berman, Paris, PUF, 1949.

As duas primeiras partes do *Esboço* apresentam uma síntese das principais aquisições da psicanálise, mas na terceira parte, intitulada "Os progressos teóricos", Freud proporciona elementos novos no que se refere à angústia assim como à clivagem do ego e suas conseqüências.

Quando apresenta o papel desempenhado pelo ego na vida psíquica, Freud esclarece que ele é antes de tudo "*dominado pela preocupação com a segurança*" (p. 76). Ele retoma o essencial da sua teoria da angústia, segundo a qual esta funciona como um sinal de alarme destinado a prevenir o ego dos perigos que ameaçam sua integridade, o que podemos compreender como um perigo de fragmentação do ego, mecanismo diferente da repressão: "*O ego se serve das situações de angústia como um sinal de alarme que lhe anuncia todo perigo que ameaça sua integridade*" (p. 76).

Mais adiante, Freud retoma igualmente seu ponto de vista sobre a psicose, cuja característica é a separação da realidade, e reafirma que essa separação não é total, ao contrário do que pensava antes. Ele vê a demonstração disso no fato de que subsiste uma parte da saúde psíquica, inclusive nos casos mais graves de psicose: "*Mesmo quando se trata de estados tão afastados da realidade do mundo exterior, como os estados alucinatórios confusionais* (Amentia), *os doentes, uma vez curados, declaram que em um recôndito de seu espírito, segundo sua expressão, uma pessoa normal se mantinha escondida, deixando desenrolar-se diante dela, como um observador desinteressado, toda a fantasmagoria mórbida*" (p. 79). Essa observação e muitas outras confirmam, a seu ver, a existência de uma clivagem do ego na psicose, que determina duas atitudes contraditórias, resultando de uma clivagem psíquica: "*Em vez de uma única atitude psíquica, há duas: uma, a normal, leva em conta a realidade, enquanto que a outra, sob a influência das pulsões, separa o ego desta última*" (p. 80). As duas atitudes coexistem e, quando a atitude normal predomina, reúnem-se as condições para que apareça a psicose.

Em seguida, Freud vai ainda mais longe. Enquanto até então ele reservava à psicose a coexistência de duas atitudes psíquicas contraditórias, uma patológica e outra normal, ele considera agora que existe igualmente uma clivagem do ego, não apenas nos outros estados que não a psicose, como no fetichismo, mas igualmente na neurose: *"Dizemos, portanto, que em toda psicose existe uma **clivagem no ego**, e se insistimos tanto nesse postulado, é porque ele é confirmado em outros estados mais próximos das neuroses e, finalmente, também nestes últimos"* (p. 80).

Freud conclui que a normalidade e a patologia psíquicas são o resultado de um equilíbrio de forças entre duas atitudes opostas e independentes uma da outra, sendo que uma aceita a realidade, e a outra, a rejeita: *"A rejeição é sempre acompanhada de uma aceitação: duas atitudes opostas, independentes uma da outra, se instauram, o que leva a uma clivagem do ego, e aqui ainda o resultado deve depender de qual das duas disporá da maior intensidade"* (p. 82). Ele termina repetindo como é difícil perceber a existência desses fenômenos psíquicos: *"Acrescentemos finalmente que nossas percepções conscientes só nos permitem conhecer uma parte mínima de todo esse processo"* (p. 83).

 PÓS-FREUDIANOS

A clivagem do ego: concepções diferentes em Freud e em Klein
A clivagem do ego em Freud

Na primeira parte de sua obra, Freud recorre sobretudo ao mecanismo de repressão para explicar o aparecimento da neurose, mas ele logo percebe que existem conjuntamente divisões patológicas dentro do psiquismo. Desde o início, ele utiliza diferentes termos para descrever essas divisões, em particular *Spaltung* (clivagem), ou termos aproximativos como dissociação, desdobramento, separação, etc. Desde 1917, em "Luto e melancolia", quando introduz as noções de objeto perdido em uma parte "clivada do ego", e depois as de ego, id e superego em 1923, Freud descreve o papel da negação da percepção da realidade da perda e da clivagem do ego, e em "Fetichismo" (1927e), ele atribui à clivagem do ego o valor de um verdadeiro conceito psicanalítico. Em seus últimos trabalhos dos anos de 1930, Freud acrescenta que as duas atitudes contraditórias que a clivagem do ego determina no psiquismo em proporções que variam em cada indivíduo recobrem um amplo leque que vai da psicose à normalidade.

As clivagens do ego em Klein

A noção de clivagem foi objeto de inúmeros desenvolvimentos em psicanálise e conheceu acepções diversas, em particular na corrente psicanalítica kleiniana e pós-kleiniana. A esse respeito, é importante destacar que a noção de clivagem não tem o mesmo significado em Freud e em Klein (Canestri, 1990). Para Freud, essa clivagem do ego é a conseqüência do conflito que resulta da negação da percepção de uma realidade, de modo que o ego se encontra dividido de uma maneira passiva, por assim dizer. Ao contrário, para Klein e os psicanalistas pós-kleinianos, clivar (*to split*) constitui um mecanismo de defesa ativo, cujas modalidades são numerosas.

Tomando como ponto de partida os trabalhos de Freud sobre a introjeção do objeto perdido (Freud, 1917e [1915]), Karl Abraham e Melanie Klein fundaram o desenvolvimento do ego em modificações que este último sofre a partir da introjeção e depois da identificação de uma parte do ego com objetos internos. Em suas primeiras contribuições, Klein descreve a *clivagem do objeto*: ela mostra não apenas que os objetos são percebidos de maneira objetiva, mas que essas percepções são coloridas pelos afetos de amor e de ódio, e que, no início, os objetos são clivados em aspectos bons e maus. A integração progressiva dos aspectos bons e maus e a percepção mais realista dos objetos estão na origem da posição depressiva e desempenham um papel determinante no desenvolvimento da personalidade. A constituição do objeto interno e a do ego sendo correlatas, à clivagem do objeto corresponde uma clivagem do ego.

A partir de 1946, Klein aprofundou a noção de clivagem e descreveu modalidades bem diversas dela. Assim, na identificação projetiva, ela fala de *splitting off* para designar o processo de separação de partes do *self* sentidas como más, assim como sua projeção no objeto. Na esquizofrenia, ela descreve uma clivagem de objetos em fragmentos minúsculos (*minute splitting*) que leva a uma fragmentação do ego (*falling into*

Continua

● *Continuação*

bits), processo que está na origem da angústia de aniquilação no esquizofrênico. Segundo Hinshelwood (1989), podem-se distinguir quatro tipos de clivagem entre as numerosas possibilidades: uma clivagem coerente do objeto, uma clivagem coerente do ego, uma fragmentação do objeto e uma fragmentação do ego, sendo que esses diversos tipos podem coexistir.

No prefácio à versão francesa de seu *Dicionário do pensamento kleiniano*, Hinshelwood (2000) observa que a riqueza de vocabulário que permite à língua inglesa distinguir com sutileza as diversas modalidades da clivagem (*splitting up, splitting off, separated off, splitting apart*, etc.) não tem equivalente em língua francesa: "*Eu me pergunto,* diz ele, *se as restrições lingüísticas do francês, associadas ao conceito fundamental [a clivagem], não fazem com que o pensamento de Melanie Klein pareça menos sutil ao leitor francófono, tendo como conseqüência um interesse menor por suas idéias*" (Hinshelwood, 2000, p. 3).

● **CRONOLOGIA DOS CONCEITOS FREUDIANOS**

Clivagem do ego – complexo de castração – negação (da realidade) – negação da castração – diferença anatômica entre os sexos – equação simbólica – negação (denegação) – neuroses ou neuropsicoses narcísicas – falo – retorno do reprimido, retorno do clivado

"ANÁLISE TERMINÁVEL E INTERMINÁVEL"
S. FREUD (1937c)

"CONSTRUÇÕES NA ANÁLISE"
S. FREUD (1937d)

Últimos escritos técnicos

Em "Análise terminável e interminável", Freud começa por responder a Rank e a Ferenczi que esperavam que modificando certos aspectos da técnica psicanalítica, por exemplo, reduzindo a duração da cura, se chegaria a resultados análogos. Segundo ele, não se poderia liquidar uma neurose inteiramente em alguns meses, pois a experiência mostra que quanto maior a expectativa de bons resultados de uma cura, menos se justifica abreviá-la. Em seguida, ele passa em revista as diversas resistências que se opõem à cura e impõem limites à análise, algumas podendo chegar inclusive a torná-la interminável. Dois obstáculos insuperáveis impedem a liquidação da transferência quando do término, segundo Freud: a inveja do pênis na mulher e a posição passiva no homem. Ferenczi achava que toda análise bem sucedida deveria ter superado esses dois complexos, mas, ao contrário de seu discípulo, Freud é pessimista e julga esses objetivos excessivamente ambiciosos. Para ele, todo término se choca inelutavelmente com essa "rocha de origem" que são a inveja do pênis na mulher e a posição passiva no homem, obstáculos de natureza biológica e psíquica. Além disso, considerados os perigos que o espreitam em sua prática, Freud recomenda a todo psicanalista retomar periodicamente uma parte de análise pessoal.

Em "Construções na análise", Freud dirige-se antes de tudo àqueles que criticam os psicanalistas por *"enfiar suas próprias idéias na cabeça dos pacientes"* através de suas interpretações. Ele aproveita a oportunidade para examinar a validade das construções e das reconstruções que se fazem durante a análise. A questão da reconstrução do passado infantil já tinha sido colocada em "O Homem dos Lobos" (1918b) a propósito do sonho da cena primitiva: será que se tratava de uma pura fantasia, ou era o despertar da lembrança de uma cena realmente vivida na infância? Freud volta a essa indagação em 1937, e mostra que as interpretações do analista são hipóteses propostas ao paciente, mas que cabe ao próprio paciente confirmá-las: essa confirmação provém ou do retorno da lembrança infantil reprimida, ou da convicção íntima do paciente de que a interpretação é adequada.

BIOGRAFIAS E HISTÓRIA

A chegada de Hitler ao poder e o anti-semitismo

A Grande Depressão de 1929 trouxe conseqüências dramáticas não apenas para os Estados Unidos mas também para a Europa e o mundo inteiro. O desemprego assumiu proporções cada vez mais inquietantes, em particular na Alemanha e na Áustria, e a situação política piorou, levando à ascensão ao poder de Hitler, que se

Continua

BIOGRAFIAS E HISTÓRIA • *Continuação*

torna chanceler do Reich em 1933. O anti-semitismo se transforma, então, em perseguição aos judeus, e as obras de Freud, consideradas como "literatura judia", são queimadas em praças públicas das grandes cidades alemãs no dia 10 de maio de 1933. Freud assistirá como expectador angustiado a essa descida ao inferno, alternando entre o desejo de se esconder da realidade do perigo nazista e uma grande lucidez.

Freud e Romain Rolland

No ano de 1936, Freud completava seu 80º aniversário, mas depois de duas novas operações, ele desistiu de uma celebração oficial. Mesmo assim recebeu muitas visitas, entre as quais de escritores e artistas de renome, como Romain Rolland, H. G. Wells e Stefan Zweig. Para o aniversário de Rolland, 10 anos mais novo que ele, Freud anexou à sua carta de felicitações uma breve contribuição intitulada "Um distúrbio de memória na acrópole" (Freud, 1936a). Esse pequeno texto constitui um fragmento de auto-análise no qual Freud relata como ficou maravilhado quando visitou pela primeira vez o Parthenon: era ao mesmo tempo é "belo demais para ser verdade" e estranheza inquietante. Freud encontrara Romain Rolland uma única vez, em 1924, seguindo-se uma troca episódica de cartas durante os 13 anos seguintes. Uma afinidade profunda reunira esses dois homens, assim como interesses comuns, particularmente literários e místicos. De fato, o "sentimento oceânico" que Rolland havia descrito serviu de argumento inicial para Freud quando ele redigiu *O futuro de uma ilusão* (1927c).

No início de 1937, faleceu Lou Andreas-Salomé. No mesmo ano, Freud soube que Maria Bonaparte havia adquirido em um antiquário vienense as cartas que ele escrevera a Fliess, e suplicou que as destruísse, mas ela se recusou a atendê-lo. Não obstante o agravamento de sua doença, Freud ainda publicará várias contribuições.

Marie Bonaparte (1822-1962)

Muito estimada por Freud e sua família, Marie Bonaparte foi sua principal representante junto aos primeiros psicanalistas franceses e desempenhou um papel de grande relevância no desenvolvimento da Sociedade Psicanalítica de Paris.

Descendente direta de um irmão de Napoleão Bonaparte (1769-1821), ela nasceu em Saint-Cloud (França) em 1882, e logo perdeu sua mãe, que faleceu um mês após seu nascimento. Teve uma infância e uma adolescência difíceis. Em 1907, casou-se com o príncipe Georges da Grécia e da Dinamarca, com quem teve dois filhos. Sofrendo, segundo Laforgue, de uma neurose obsessiva e à beira do suicídio, procurou Freud em 1925 e fez uma análise com ele, cura que se desenvolveu por curtas etapas sucessivas até 1938. Desde seu encontro com Freud, Marie Bonaparte devotou-se à causa psicanalítica e se mostrou um mecenas generoso. Em 1926, participou da criação da Sociedade Psicanalítica de Paris, como também do lançamento da *Revue française de psychanalyse*, e traduziu para o francês vários trabalhos de Freud. Publicou muitos textos consagrados à psicanálise aplicada, particularmente à obra de Edgar Alan Poe, como também a problemas da sociedade. De resto, Marie Bonaparte defendeu pontos de vista bastante discutíveis sobre a sexualidade feminina, que fundava em uma concepção mais anatômica e tipológica do que psicanalítica, e chegou a propor uma operação cirúrgica (no clitóris) à qual ela própria se submeteu. Essas idéias contestáveis foram a oportunidade para Janine Chasseguet-Smirgel, Joyce McDougall, Catherine Parat e outras (1964) valorizarem o que é específico na identidade feminina de um ponto de vista psicanalítico.

Em 1939, com a ajuda do embaixador americano William Bullit e de Ernest Jones, Marie Bonaparte pagou o resgate exigido pelos nazistas para autorizar Freud e a família a deixarem Viena rumo a Londres. Em 1953, quando da primeira cisão de Jacques Lacan, posicionou-se ao lado do grupo de Sacha Nacht, e no ano seguinte financiou a criação do Instituto Psicanalítico e de sua biblioteca na rua Saint-Jacques em Paris. Marie Bonaparte morreu em Saint-Tropez, em 1962.

▶ "ANÁLISE TERMINÁVEL E INTERMINÁVEL" (1937c)

DESCOBERTA DA OBRA

As páginas indicadas remetem ao texto publicado em S. Freud (1937c), "L'analyse avec fin et l'analyse sans fin", trad. J. Altounian, A. Bourguignon, P. Cotet, A. Rauzy, in *Résultats, idées, problèmes*, Paris, PUF, 1985, 231-268.

A cura psicanalítica: um trabalho de muito fôlego

Esse artigo marcante começa com um discurso justificando o fato de que o trabalho psicanalítico só pode ser *"um trabalho de muito fôlego"* (p. 231), se quisermos realmente libertar um ser humano de seus sintomas e inibições neuróticas. Freud ergue-se assim contra as tentativas reiteradas de abreviar a duração das análises, particularmente a de Rank, que acreditava ser possível eliminar os efeitos *a posteriori* do traumatismo de nascimento e toda a neurose em alguns meses de análise. Freud acrescenta que é um equívoco de Rank imaginar que *"esse pequeno fragmento de análise dispense todo o trabalho analítico restante"*. Ele considera que a tentativa de Rank visa unicamente a *"ajustar o tempo da terapia analítica à pressa da vida americana"* (p. 232). Freud menciona em seguida suas próprias experiências de fixar de antemão o término de uma cura psicanalítica nos casos que o progresso foi interrompido e de mantê-lo a qualquer custo, como no do Homem dos Lobos (1918b). Foi uma aposta arriscada, diz ele, que deu certo em um primeiro momento, mas depois o paciente teve uma recaída. Fixar um prazo é eficaz desde que se escolha o momento adequado, conclui, mas para isso não existe uma regra geral, e devemos confiar em nossa intuição.

A análise tem um fim natural?

É comum ouvir dizer: *"Sua análise não terminou!"* ou *"Ele não foi analisado até o fim!"*. Mas, então, o que significa *"o fim de uma análise"*? O fim pode ocorrer, diz Freud, quando o paciente não sofre mais de seus sintomas, de suas angústias ou de suas inibições, e quando o reprimido tornou-se consciente, de modo que não há mais por que temer a repetição de processos patológicos. Se faltam esses elementos, a análise está *"incompleta"* (p. 235). Nos casos bem-sucedidos, consegue-se eliminar completamente o distúrbio neurótico e evitar seu retorno. Os casos mais favoráveis ao tratamento são aqueles que têm uma etiologia traumática, segundo Freud, pois a análise consegue resolver as situações traumáticas que remontam à infância precoce, que na época o ego imaturo não conseguiu dominar. Ao contrário, quando a força das pulsões é excessiva, isso impede a *"domesticação"* das pulsões pelo ego, e a análise é então condenada ao impasse, pois o impacto das pulsões provoca modificações do ego. De que modificações se trata? Freud esclarece que se trata de modificações do ego que resultam da ação defensiva *"no sentido de um deslocamento e de uma restrição"* (p. 236): os termos deslocamento e restrições fazem alusão aqui às suas recentes pesquisas sobre a negação da realidade e a clivagem do ego, pesquisas que parecem não ter despertado ainda a atenção dos meios psicanalíticos: *"(...) a bem da verdade, é preciso confessar que essas coisas ainda não são suficientemente conhecidas. Só agora elas começam a ser objeto de estudos analíticos. O interesse dos analistas não me parece de modo nenhum bem orientado nesse campo"* (p. 236)

Freud apresenta em seguida dois casos clínicos para mostrar que uma cura pode terminar de maneira satisfatória, mas depois, às vezes muitos anos mais tarde, diversos fatores podem desencadear uma recaída. Fala primeiro do caso de um homem que havia feito uma análise com ele – reconhecemos aqui seu aluno Ferenczi, que não é identificado –, análise que terminara de maneira aparentemente satisfatória; porém, alguns anos depois, o paciente entrou em atrito com seu analista e o censurou por ter deixado de analisar a transferência negativa. Freud se defende dessa acusação: *"No entanto, ele [o analisado] devia saber e levar em consideração que uma relação de transferência jamais pode ser puramente positiva; ele deveria ter se preocupado com a transferência negativa. O analista se justifica dizendo que durante a análise não se percebia nada da transferência negativa"* (p. 231-237). O outro exemplo é de uma mulher cuja análise terminou com sucesso, mas ela teve uma recaída depois de vários infortúnios e de uma cirurgia, permanecendo inacessível à análise. Assim, uma recaída é sempre possível e *"não temos nenhum meio de prever a vicissitude de uma cura"* (p. 238). Uma conclusão se impõe: quanto mais se exigem bons resultado de uma cura, menos se justifica abreviá-la!

A "domesticação das pulsões" e seus limites

Segundo Freud, o êxito de uma terapia analítica depende essencialmente de três fatores; a influência dos traumatismos, a força constitutiva das pulsões, as modificações do ego. No que se refere á força das pulsões, quais são os meios de que dispõe o ego do paciente para conseguir *"domesticá-los"*, de modo a eliminar de forma duradoura e definitiva um conflito pulsional? Para explicar isso, diz Freud, seria preciso recorrer à *"feiticeira metapsicologia"*, ou seja, apelar à especulação metapsicológica *"sem a qual não se avança"* (p. 240). Por exemplo, no homem normal, deve-se encontrar o equilíbrio para cada conflito entre a *"força do ego"* e a *"força das pulsões"*. Se a força do ego cede ou se a força das pulsões se torna excessiva, segue-se um desequilíbrio que produz efeitos patológicos. Considerado sob o aspecto das respectivas relações entre as diferentes forças presentes, esse ponto de vista, na opinião de Freud, confirma a importância do fator *quantitativo* no acionamento da doença, ou seja, o fator *econômico*. Nesse aspecto, Freud reivindica a originalidade do tratamento psicanalítico, pois ele capacita o paciente para ter domínio sobre o reforço das pulsões, processo que não é espontâneo, e só pode ser criado pelo trabalho analítico. Contudo, esse domínio das pulsões está longe de ser garantido, pois ele jamais é completo ou definitivo. Essa incerteza quanto ao futuro, segundo Freud, é um argumento a mais para insistir sobre a necessidade de um trabalho analítico aprofundado, com o objetivo de reforçar a capacidade do ego de domar as pulsões: *"Sem dúvida, é desejável abreviar a duração de uma cura psicanalítica, mas o caminho para chegar ao nosso objetivo terapêutico passa sempre pelo aumento da força de apoio analítico que queremos proporcionar ao ego"* (p. 245).

Os limites da terapia psicanalítica

Outras indagações se colocam durante o tratamento. Podemos proteger o paciente contra futuros conflitos pulsionais? É possível despertar um conflito que ainda não manifesto com um objetivo preventivo? Freud associa esses dois problemas que suscitam a questão dos limites da terapêutica psicanalítica. Ele acha que, na medida em que um conflito atual não se manifesta, o analista não pode ter nenhuma influência sobre ele. Só podemos tratar de um conflito atual quando conseguimos abordá-lo pela via da transferência, diz Freud, mas se tentamos produzir artificialmente conflitos transferenciais com um objetivo preventivo, prejudicamos seriamente a transferência positiva indispensável. Do mesmo modo, é totalmente inútil tentar falar desses conflitos com o analisado, com a esperança de despertar nele outros conflitos para então elaborá-los: o paciente nos responderá: *"Com certeza, é muito interessante, mas eu não sinto nada disso. Aumentamos seu saber, mas de resto não mudamos nada nele"* (p. 249).

Resistência do ego contra a cura

Freud aborda em seguida a questão das resistências à cura que provêm do ego sob os dois aspectos: primeiro, do ângulo de uma necessária aliança entre o analista e o ego do paciente, e depois do ângulo da posição do ego à cura.

No que diz respeito ao primeiro ponto, Freud considera que o analista se alia com o ego do paciente, mas com um ego *"medianamente normal"*, esclarece ele, pois o ego *"normal"* não é uma *"ficção ideal"*. Visto dessa perspectiva, o objetivo do trabalho analítico é conseguir *"integrar na síntese do ego"* as partes não dominadas de seu id, concepção do trabalho de elaboração que vai além de suprimir a repressão, e implica uma *"síntese do ego"* reunindo suas partes do ego que ele supõe fragmentadas. Finalmente, Freud nota que coexistem duas partes dentro do ego: uma parte próxima do ego *"psicótico"* e uma parte *"normal"*: *"Toda pessoa normal é de fato apenas medianamente normal, seu ego se aproxima do ego do psicótico nesta ou naquela parte , em maior ou menor medida, e o grau de distanciamento em relação a uma das extremidades da série e de aproximação em relação à outra nos servirá provisoriamente como medida para essa "modificação do ego" tão vagamente caracterizada"* (p. 250). Esses elementos esboçados aqui são conceituados no *Esboço de psicanálise* (1940a [1938]).

Quanto à oposição do ego à análise das resistências e à cura, Freud lembra o papel que desempenham os mecanismos de defesa. Sua tarefa é dupla: de um lado, os mecanismos de defesa tal como os descreveu Anna Freud (1936) têm como objetivo proteger o ego em face dos perigos interiores, mas quando são muito desenvolvidos, eles próprios podem constituir um perigo e criar limitações prejudiciais para o ego. Em poucas palavras, prossegue Freud, o efeito terapêutico da análise está ligado à possibilidade de tornar consciente o que foi reprimido e de se valer de interpretações e da reconstrução para suprimir as resistências. Porém, durante o trabalho, constata-se com freqüência que o paciente não sustenta mais o esforço de trazer à luz as resistências e as defesas e que as transferências negativas podem predominar e ameaçar o êxito terapêutico: *"O analista agora é um estranho para o paciente, que o coloca diante de exigências abusivas desagradáveis, e se comporta em relação a ele exatamente como uma criança que não gosta do estranho e não acredita nem um pouco nele"* (p. 255).

Resistências fundadas nos conflitos mais fundamentais

Encontramos uma grande variedade de *"ego"*, e cada ego particular é dotado desde o início de tendências individuais que são em parte adquiridas durante os primeiros anos, em parte inatas e provenientes da herança arcaica. Essas tendências formam o caráter da personalidade, com suas resistências e suas defesas próprias, que tendem a se reproduzir na relação analítica. Quanto mais se leva em conta a complexidade da personalidade, mais fica difícil localizar as resistências, pois não se pode simplesmente localizá-las entre o *ego* ou o *id*, mas é preciso levar em conta agora fatores fundamentais que agem dentro do aparelho psíquico.

Entre as resistências de natureza mais profunda, Freud menciona o caso de pessoas que apresentam uma excessiva *"viscosidade da libido"*, que retarda bastante o processo de cura. Inversamente, cita pessoas que mostram uma mobilidade excessiva da libido e passam de um objeto a outro sem conseguir investi-los. Finalmente, certos pacientes manifestam, apesar da pouca idade, uma espécie de *"entropia psíquica"*, inércia que se costuma esperar em pessoas mais velhas.

Em outros casos, as resistências provêm do conflito entre pulsão de vida e pulsão de morte que opera nos casos de masoquismo, de reação terapêutica negativa ou do sentimento de culpa dos neuróticos: *"Esses fenômenos são indícios inegáveis da existência na vida anímica de uma força que, conforme seus objetivos, chamamos de pulsão de agressão ou de destruição, e que derivamos do originário pulsão de morte da matéria inanimada"* (p. 258). Contudo, a experiência recente mostrou a Freud que o conflito entre *Eros* e pulsão de destruição não se encontra apenas na patologia, mas também nas situações da vida normal. Ele lamenta que suas idéias nesse campo sejam pouco seguidas: *"Sei bem que a teoria dualista, que pretende impor uma pulsão de morte, de destruição ou de agressão como parceiro legítimo ao lado do Eros que se manifesta na libido, encontrou pouco eco e não se impôs verdadeiramente entre os psicanalistas"* (p. 260). Ao contrário, o filósofo grego Empédocles forneceu-lhe um apoio inesperado, pois este pregava a existência de dois princípios eternamente em combate entre si, Φιλια – o amor – e νειζοσ – a luta, dualidade que não deixa de apresentar analogias com a segunda teoria freudiana dos impulsos.

A necessidade da análise do analista

Freud se volta para os psicanalistas, apoiando-se em um trabalho de Ferenczi (1928) que mostrava que é indispensável para o êxito de uma análise que *"o analista tenha aprendido suficientemente com seus próprios 'desvios e erros' e que tenha submetido ao seu poder os 'pontos fracos de sua personalidade'"* (p. 262). Evidentemente, prossegue Freud, os analistas são homens como outros quaisquer, e *"é incontestável que os analistas não atingiram completamente em sua própria personalidade o grau de normalidade psíquica a que pretendem conduzir seus pacientes"* (p. 263). Contudo, no interesse de seus pacientes, é legítimo que se exija do analista *"um grau bastante elevado de normalidade e de retidão psíquica"* (p. 263). É por isso que a análise pessoal do psicanalista lhe parece uma condição indispensável para a preparação de sua atividade futura. Além disso, com o objetivo de evitar tanto quanto possível os vários perigos que rondam o próprio analista em sua prática, Freud recomenda a todo psicanalista que retome periodicamente uma análise, a cada cinco anos, *"sem ter vergonha desse procedimento"* (p. 265).

O término se choca com uma "rocha de origem" subjacente

Esta última parte em geral é a mais conhecida desse texto no qual Freud descreve os dois obstáculos ao término que considera como intransponíveis: a inveja do pênis na mulher e a rebelião contra a posição passiva no homem.

Embora essas duas resistências ao término sejam distintas, em razão da diferença dos sexos, elas possuem um elemento comum, segundo Freud: a atitude semelhante do homem e da mulher em relação ao complexo de castração. Para ele, o complexo de castração não tem de fato o mesmo significado para um e para o outro sexo. No homem, esse desejo de virilidade desde o início está de acordo com o desejo do ego, isso porque a posição passiva que implica a castração é energicamente reprimida, revelando-se quase sempre apenas por supercompensações excessivas. Na mulher, ao contrário, o desejo de virilidade só é normal durante a fase fálica de seu desenvolvimento, situado *"antes do desenvolvimento que conduz à feminilidade"* (p. 266); mas nela, a inveja do pênis logo depois é reprimida e o destino da feminilidade depende do resultado de sua repressão. No caso de fracasso do desenvolvimento da feminilidade, como na mulher *"fálica"*, o complexo de virilidade se compõe e influencia o caráter de forma duradoura; ao contrário, no caso de desenvolvimento favorável, o desejo do pênis é substituído pelo desejo do filho, segundo Freud. Contudo, ele insiste em pensar que o complexo de virilidade continua a perturbar a vida psíquica normal da mulher: *"O desejo de virilidade ficou preservado no inconsciente e continua a desenvolver seus efeitos perturbadores"* (p. 267).

Freud prossegue lembrando que, para Ferenczi, uma análise bem-sucedida devia ter dominado esses dois complexos, o desejo do pênis na mulher e a rebelião contra a posição passiva no homem. Mas Freud julga tais objetivos excessivamente ambiciosos, pois esses dois pontos opõem ao analista resistências intransponíveis: *"Em nenhum momento do trabalho analítico se sofre mais por sentir de maneira opressiva a inutilidade dos esforços reiterados, por imaginar que se faz 'pregação aos peixes', do que quando se quer incitar as mulheres a abandonar seu desejo de pênis como irrealizável, e quando se gostaria de convencer os homens de que uma posição passiva em relação ao homem nem sempre tem o significado de uma castração, e que ela é indispensável em inúmeras situações da existência"* (p. 267).

No homem, segundo Freud, a supercompensação viril arrogante determina a mais forte resistência à transferência: *"O homem não quer se submeter a um substituto paterno, não quer ser seu vassalo e, portanto, também não quer aceitar a cura da parte do médico"* (p. 267). Na mulher, o desejo do pênis não pode determinar uma transferência análoga à do homem, e nela a decepção de não ter pênis é *"uma fonte dos surtos de depressão grave oriunda da certeza interior de que a cura analítica não servirá de nada e que nenhuma ajuda pode ser dada à doente"* (p. 267-268). Para Freud, essa depressão só pode ser a conseqüência do fracasso da *"esperança de obter apesar de tudo o órgão masculino cuja falta, tão dolorosamente sentida, foi o motivo mais forte que levou à cura"* (p. 268). Freud não entrevê em nenhum momento que uma mulher possa estar deprimida por não ser aceita pelo analista em sua especificidade feminina e em sua angústia de se sentir amputada de seus órgãos femininos, o que constitui o equivalente feminino da angústia de castração no homem. Ele não considera que a sexualidade feminina possa ter uma dimensão positiva para a mulher. Contudo, segundo Ferenczi, o acesso à feminilidade para uma mulher e o acesso à virilidade para um homem são objetivos que deveriam ser atingidos ao término de uma psicanálise. Freud não está de acordo com as conclusões de seu aluno, mas cita-o textualmente em uma nota: *"(...) é preciso que todo paciente masculino adquira em relação ao médico, como sinal de que superou a angústia de castração, o sentimento de ser legitimamente seu igual; é preciso que todas as doentes femininas, para que a neurose seja considerada como totalmente eliminada, tenham eliminado seu complexo de virilidade, e se apropriem sem rancor das possibilidades de pensar próprias ao papel feminino"* (Ferenczi, citado por Freud, p. 267, n. 2). Em outras palavras, Freud permanece inflexível em sua fidelidade ao "monismo fálico", e irredutivelmente pessimista quando chega à conclusão de que o término de uma análise se choca necessariamente com uma *"rocha de origem"*, que ele atribui ao fator biológico no qual se enraíza o psiquismo: *"Não pode ser de outra maneira, pois, para o psiquismo, o biológico desempenha efetivamente o papel de rocha de origem subjacente. Evidentemente, a recusa da feminilidade nada mais é que um fato biológico, uma parte desse grande enigma da sexualidade"* (p. 268).

▸ "CONSTRUÇÕES NA ANÁLISE" (1937d)

DESCOBERTA DA OBRA

As páginas indicadas remetem ao texto publicado em S. Freud (1937d), "Constructions dans l'analyse", trad. E. R. Hawelka, U. Huber, J. Laplanche, in *Résultats, idées, problèmes*, Paris, PUF, 1985, 269-281.

Uma tarefa análoga á do arqueólogo

Freud mostra primeiramente que o trabalho do analista visa eliminar as repressões ocorridas na infância e que estão na origem dos sintomas e inibições neuróticos. Para chegar a esse objetivo terapêutico, é preciso que o paciente encontre lembranças de experiências afetivas precoces, e estas aparecem através das associações livres, dos sonhos e da repetição de relações afetivas na transferência. Se a tarefa do analisado consiste em rememorar o que viveu e reprimiu, a do psicanalista consiste em restituir, a partir dessas indicações, uma imagem tão fiel quanto possível dos anos esquecidos pelo paciente: *"É necessário que, a partir das indicações que escaparam ao esquecimento, ele descubra ou, mais exatamente, construa o que foi esquecido"* (p. 271). Esse trabalho de construção ou, se preferirmos, de reconstrução, apresenta analogias com o do arqueólogo. Mas, diferentemente deste último, de um lado, *"o objeto psíquico é incomparavelmente mais complicado que o objeto material do arqueólogo"* e, de outro, *"para o arqueólogo, a reconstrução é o objetivo e a finalidade de seu esforço, enquanto que para o analista a construção é apenas um trabalho preliminar"* (p. 272).

Que valor atribuir às nossas reconstruções?

O que garante o acerto de nossas reconstruções?, prossegue Freud. Por exemplo, o que acontece se o analista se enganar? Suas reconstruções operam unicamente pela via da sugestão? Freud refuta essas objeções. Evidentemente, pode ocorrer que o analista apresente ao paciente uma construção inexata como sendo a verdade histórica provável: *"mas um único erro desse gênero é inofensivo. O que costuma acontecer num caso desses é que o paciente não se sente tocado; ele não reage nem com um sim nem com um não"* (p. 274). Ele refuta também a crítica de que, através das construções, o analista faz um uso abusivo da sugestão.

Depois de ter descartado essas objeções, Freud passa a examinar a reação do paciente quando o analista lhe comunica uma reconstrução. Ele reconhece que há uma parte de verdade quando se diz brincando que os psicanalistas têm sempre razão, não importa o que o paciente diga: se o paciente diz *sim*, é porque ele aceita a interpretação; se diz *não*, é porque resiste, e o analista tem sempre razão! Mas Freud esclarece que o analista não atribui um valor absoluto nem a um "sim" e nem a um "não", pois considera tanto uma como a outra resposta equívocas. Para o analista, o "sim" do analisado pode exprimir uma aceitação, mas pode ser também a expressão de uma resistência; quanto ao "não", ele é tão equívoco quanto o "sim" e pode ser tanto a manifestação de uma recusa quanto de uma resistência. Nessas condições, como saber? Existem meios indiretos de confirmação nos quais se pode confiar inteiramente, diz Freud, que são as confirmações indiretas obtidas pela via das associações: *"Estamos diante de uma confirmação muito valiosa, mas expressada desta vez de uma forma positiva, quando o analisado responde por uma associação que contém alguma coisa de semelhante ou de análogo ao conteúdo da construção"* (p. 275). Obtém-se outras formas de confirmação indireta quando ocorre um ato falho ou uma reação terapêutica negativa e, neste caso, se a reconstrução terapêutica é correta, o paciente reage com um agravamento de seus sintomas. Em outras palavras, ao contrário do que pretendem seus detratores, Freud afirma que o analista leva muito em conta as reações do paciente e delas extrai referências valiosas: *"Mas essas reações do paciente são quase sempre equívocas e não autorizam uma conclusão definitiva. Somente prosseguindo a análise poderemos decidir se nossas construções são corretas ou inutilizáveis. Atribuímos à construção isolada apenas o valor de uma suposição sujeita a exame, confirmação ou rejeição"* (p. 277).

O delírio, equivalente a uma construção em análise

Por que caminhos nossa suposição se transforma em convicção no paciente? É a experiência cotidiana que demonstra isso a todo psicanalista. Porém, persiste uma questão importante: em geral, espera-se que uma construção proposta durante a análise leve ao despertar da lembrança correspondente no paciente, pelo menos na teoria. Contudo, na prática, é muito mais comum que o paciente não lembre do conteúdo significativo reprimido: isso não tem muita importância, diz Freud, pois se observa que, quando a paciente adquire a convicção da justeza de uma construção, isso produz o mesmo efeito do ponto de vista terapêutico que uma lembrança recuperada. Por quê? Isso ainda é um mistério. Esperemos para ver o que dirá a pesquisa futura.

Em certos casos, Freud observa que a comunicação de uma construção estimula não a lembrança no paciente, mas uma rica produção de lembranças vivas, muito próximas do conteúdo da lembrança significativa. Freud atribui esse fenômeno a uma resistência que chega a desviar a consciência da lembrança determinante e atraí-la para lembranças secundárias. Entretanto, a despeito de sua vivacidade, essas lembranças não são alucinações, esclarece ele. Mas há exceções que o levarão a conclusões inesperadas. Freud constatou, de fato, que às vezes se tratava de verdadeiras alucinações, e que isso não ocorria apenas com psicóticos, mas também em casos *"que certamente não eram psicóticos"* (p. 278). Essa observação crucial o leva a postular a idéia de que uma alucinação seria o produto de uma lembrança infantil esquecida: *"Ainda não estudamos suficientemente esse caráter talvez geral da alucinação de ser o retorno de um acontecimento esquecido dos primeiros anos de ida, de alguma coisa que a criança viu ou ouviu em uma época em que ainda não sabia falar"* (p. 279). Prosseguindo sua investigação, ele supõe que mesmo as formações delirantes, muitas vezes acompanhadas de alucinações, seriam igualmente o resultado *"do impulso do inconsciente para o alto e do retorno do reprimido"* (p. 279).

Finalmente, levando ainda mais longe suas deduções, Freud levanta a hipótese de que a própria loucura conteria *"uma parcela de verdade histórica"*, e que a crença no delírio extrairia sua força de sua fonte infantil. Nessa eventualidade, o trabalho terapêutico visa reconhecer o núcleo de verdade contido no delírio livrando-o de suas deformações. Em outros termos, Freud chegou à conclusão de que os delírios dos doentes seriam equivalentes de construções que realizamos em análise e que constituem ao mesmo tempo tentativas de restituições, como ele já havia mostrado muitas vezes antes. Porém, ele acrescenta, *"(...) nas condições da psicose, [os delírios] só podem levar a substituir a parte da realidade que se nega no presente por uma outra parte que se negara igualmente em um período remoto da infância"* (p. 280). Isso coloca então a questão de elucidar as relações entre a negação e a repressão: "É pelo estudo de casos particulares que se poderão descobrir as relações entre a matéria a que se refere atualmente a negação e aquela a que se referia antes a repressão" (p. 280). Embora Freud não ofereça uma resposta definitiva à questão que coloca, ele pelo menos teve o mérito de tê-la suscitado.

Para concluir, ele estabelece um paralelo eloqüente entre a psicose e a histeria: *"Do mesmo modo que o efeito de nossa construção se deve ao fato de que ela nos oferece uma parte que se perdeu da história vivida, o delírio deve sua força convincente à parte de verdade histórica que ele põe no lugar da realidade repelida. Dessa maneira, eu poderia aplicar ao delírio aquilo que outrora enunciei apenas para a histeria: o doente sofre de suas reminiscências"* (p. 280).

● **PÓS-FREUDIANOS**

O término da análise: tantos psicanalistas quanto opiniões

"Análise terminável e interminável" deu margem a numerosos comentários desde sua publicação em 1937. Para dar uma idéia das posições em jogo, apresento brevemente o ponto de vista de alguns psicanalistas provenientes de diversas correntes psicanalíticas e de diversas regiões, cujas contribuições foram reunidas em 1991, sob a coordenação de J. Sandler (Londres), em uma monografia da Associação Psicanalítica Internacional com o título: *Freud hoje. Análise terminável e interminável* (1994).
Jacob A. Arlow (Nova York) abre a discussão insistindo sobre os limites da abordagem analítica, que são inerentes não apenas à técnica, mas também à natureza humana, pois os conflitos são um dado irredutível dela. Ele adverte contra a ilusão de conseguir "criar um ser humano "perfeito" graças à psicanálise. Harald Leupold-Löwenthal (Viena) destaca que a intenção de Freud era claramente evitar uma tendência em moda na época entre alguns psicanalistas que pretendiam codificar o término e submetê-lo a regras técnicas rígidas. Para David Zimmermann e A. L. Bento (Porto Alegre), o término torna-se previsível quando o paciente adquire uma capacidade adequada de se separar e de se tornar autônomo na relação com o analista, mudanças que decorrem da interação entre processo psicanalítico e processo de desenvolvimento. Terttu Eskelien de Folch (Barcelona) mostra que reconhecemos com Freud que a análise não seria completa, os recentes desenvolvimentos teóricos e técnicos nos permitem hoje ampliar consideravelmente o campo de aplicação da psiquiatria a pacientes considerados inacessíveis no tempo de Freud. Arnold M. Cooper (Nova York) avalia que o centro de interesse dos psicanalistas atuais deslocou-se da "domesticação das pulsões" de que fala Freud em 1937 para um ponto de vista interpessoal que envolve a relação de objeto. Ele destaca ainda que Freud se equivocou ao invocar a biologia para justificar uma denegação da feminilidade. Por sua vez, André Green (Paris) examina o lugar da pulsão nos últimos escritos de Freud e sustenta, a propósito do término, que é errado opor as pulsões ao objeto, pois o objeto é revelador da pulsão graças às alternâncias de sua ausência e de sua presença. Em sua conclusão, David Rosenfeld (Buenos Aires) evidencia a variedade de posições dos psicanalistas em face de uma problemática tão complexa quanto o término da análise, e pede que estejam abertos a novas idéias.

● **CRONOLOGIA DOS CONCEITOS FREUDIANOS**

Análise do analista – construção, reconstrução – delírio – inveja do pênis na mulher – alucinação – posição passiva no homem – reanálise – "rocha de origem" – término da análise

MOISÉS E O MONOTEÍSMO
S. FREUD (1939a)

Uma obra testamentária que coloca mais questões do que responde

O personagem Moisés, fundador do judaísmo, foi uma das figuras históricas que mais intrigou Freud. Em 1914, ele havia publicado "O Moisés de Michelangelo", um breve estudo psicanalítico inspirado em detalhes insólitos dessa célebre escultura. No início dos anos de 1930, sentindo o futuro da psicanálise ameaçado ao tempo por dentro e pelo avanço do anti-semitismo, Freud começou a examinar as conseqüências de uma hipótese surpreendente que tinha extraído de suas leituras: Moisés, o fundador do judaísmo, não era um judeu, mas um egípcio que teria imposto a religião de Aton ao povo hebreu. Iniciada em 1934, a obra foi publicada em 1939, alguns meses antes da morte de Freud. *Moisés e o monoteísmo* constitui não apenas um prolongamento de *Totem e tabu*, na medida em que Freud atribui ao assassinato de Moisés pelos hebreus um valor análogo ao assassinato do pai da horda primitiva, mas também de *O futuro de uma ilusão*, na medida em que vê nesse assassinato a origem longínqua da religião de Cristo, com sua dimensão sacrificial. Evidentemente, as teses de Freud eram contestáveis do ponto de vista histórico, o que foi reconhecido pelos próprios comentaristas pós-freudianos. Mas não vamos minimizar hoje as questões que ele levanta e que não podem deixar de nos intrigar, de nossa parte, tanto no âmbito da religião quanto no âmbito científico.

BIOGRAFIAS E HISTÓRIA

O exílio em Londres

Em março de 1938, a Áustria é anexada à Alemanha de Hitler. Algumas semanas depois, as instalações da editora psicanalítica – a preciosa Verlag – são vasculhadas e destruídas. Todos os amigos de Freud insistem então para que ele deixe o país, em particular Jones e Marie Bonaparte. Uma campanha internacional, envolvendo principalmente diplomatas britânicos e norte-americanos, exerce uma forte pressão sobre as autoridades superiores alemãs e austríacas para que ele possa deixar Viena. Mas o maior obstáculo é o próprio Freud, que não quer abandonar sua terra natal, pois sente isso como uma deserção. Jones diz que ele acabou se convencendo com a história do segundo comandante do *Titanic* que fora lançado ao mar pela explosão da caldeira; aos entrevistadores que lhe perguntaram sobre as condições em que tinha deixado o navio ele respondeu: "Eu não o deixei, foi ele que me abandonou!" Quando finalmente as autoridades austríacas concederam à família Freud o direito de sair do país, começaram os problemas administrativos. Visto que os depósitos bancários de Freud tinham sido confiscados, é Marie Bonaparte que paga a alta soma cobrada pelas autoridades, que o submetem ainda a um último constrangimento, ao exigir que assine uma declaração atestando que não foi maltratado. Segundo Jones, Freud teria assinado acrescentando um comentário irônico que acabou riscando: "*Posso cordialmente recomendar a todos a Gestapo!*". No dia 3 de junho de 1938, Freud, sua esposa Martha e sua filha Anna deixaram Viena rumo a Londres, via Paris, pelo Expresso do Oriente. Freud fez uma escala remarcada de um dia em Paris com Marie Bonaparte, e foi acolhido calorosa-

Continua

> **BIOGRAFIAS E HISTÓRIA** • *Continuação*

mente na sua chegada em Londres. Tinha deixado em Viena quatro irmãs que não conseguiram autorização de saída e que morreram alguns anos mais tarde em campos de extermínio nazistas.

Concluir *Moisés e o monoteísmo* com toda liberdade

Pouco depois de sua instalação em Londres, Freud voltou ao trabalho, concluindo em julho de 1938 a terceira e última parte de *Moisés*. As duas primeiras partes, a respeito de Moisés o Egípcio, tinham sido publicadas em 1937 na revista psicanalítica *Imago*, cuja difusão atingia um público restrito. Mas a perspectiva de uma obra destinada ao grande público começa a inquietar não apenas seus próximos, como também círculos cada vez mais amplos. Na verdade, antes de sua partida para a Inglaterra, Freud tinha desistido da idéia de publicar seu *Moisés* temendo provocar ou irritar a Igreja católica austríaca, que na época era antinazista. Mas sua instalação na Inglaterra, para onde foi para *"morrer em liberdade"*, segundo suas palavras, permitiu-lhe levar adiante suas idéias a fim de torná-las públicas logo que possível. Em vão se tentará dissuadi-los de publicar *Moisés*, tanto do lado dos judeus, que se viam despojados de seu ancestral, como do lado dos cristãos, cuja fé em Cristo era considerada por Freud como um delírio. Mas nenhum argumento o fez ceder, ao contrário, isso parece ter reforçado sua determinação. Freud não compreendia por que as pessoas se obstinavam em ignorar o caráter estritamente científico de sua conduta e exigiam dele a autocensura. A obra foi lançada em 1939 simultaneamente em Amsterdã, em alemão, e nos Estados Unidos, em tradução inglesa.

Morte de Freud em 23 de setembro de 1939

Os primeiros meses de 1939 serão ensombrecidos pelas notícias de pilhagens e prisões de milhares de judeus na Alemanha, como também pela deterioração do estado de saúde de Freud, que tivera uma melhora passageira graças a um tratamento radioativo. Apesar de seu declínio, ele continuará a receber pacientes até o mês de agosto. Ele morreu com grande dignidade no dia 23 de setembro de 1939, depois de pedir ao seu médico, Max Schur, que abreviasse seu sofrimento com morfina, como este lhe prometera quando se tornou seu médico particular.

DESCOBERTA DA OBRA

As páginas indicadas remetem ao texto publicado em S. Freud (1939a), *L'Homme Moïse et la religion monothéiste*, trad. C. Heim, Paris, Gallimard, 1986.

▶ **"MOISÉS ERA UM NOBRE EGÍPCIO"**

Ao atribuir uma origem egípcia a Moisés, libertador e legislador do povo judeu, que o considera como o maior de seus filhos, Freud tem plena consciência da audácia de sua tese, *"sobretudo quando a gente mesmo pertence esse povo"* (p. 63). Ele começa se indagando sobre a origem do nome de Moisés e apresenta vários argumentos de ordem lingüística em defesa de uma origem egípcia. Freud se apóia também nos trabalhos de Rank, sobretudo em *O mito do nascimento do herói* (1909), e compara o relato do nascimento de Moisés com diversos mitos acerca da origem do herói. Essa aproximação evidencia uma característica comum: o herói geralmente é filho de pais de posição elevada, filho ou filha de rei, e é condenado à morte pelo pai; mas a criança é recolhida e criada por uma família de condição humilde e assim, escapa da morte. Na adolescência, o herói se vinga de seu pai e acaba por vencê-lo. No mito de Moisés, ele vem de uma família modesta e é recolhido por um egípcio. Freud acha que na verdade Moisés pertencia a uma família real egípcia, mas para alimentar o mito atribuiu-se a ele uma família de origem modesta, aquela que abandonou a criança. Daí a hipótese de Freud: *"(...) de repente, ficou muito claro para nós que Moisés foi um egípcio, provavelmente de posição elevada, cuja lenda transformou em judeu. (...) Enquanto o usual é que um herói se eleve acima de suas origens humildes ao longo de sua vida, a vida de herói do homem Moisés começou por um rebaixamento; ele desceu de sua altura para se dirigir aos filhos de Israel"* (p. 73).

▶ "SE MOISÉS FOI UM EGÍPCIO"

A religião de Aton imposta aos hebreus

Que motivo pode ter incitado um egípcio de posição elevada a se colocar à frente de estrangeiros emigrados e abandonar seu país com eles? Para Freud, o que impulsionou Moisés foi, sem dúvida, o desejo de converter os judeus estabelecidos no Egito à sua própria religião, a religião egípcia, mas não qualquer uma: uma religião monoteísta. Ora, ao longo da história só existira uma, a que foi introduzida pelo faraó Akhenaton, que subiu ao trono em 1375 antes de nossa era. Esse jovem faraó afastou os egípcios do culto de Amon, que se tornara poderoso demais, para glorificar o deus Aton, um deus solar. Contudo, assinala Freud, Akhenaton não venera o sol como objeto material, mas como símbolo de um ser divino único e universal. Ele deixou Tebas que era dominada por Amon por uma nova residência a que deu o nome de Akhetaton, cujas ruínas foram encontradas em 1887 em um lugar chamado Tell-el-Amarna. Não se sabe que fim levou Akhenaton, salvo que uma revolta de sacerdotes oprimidos restabeleceu o culto de Amon, aboliu a religião de Aton e apagou qualquer vestígio dela.

Examinando mais de perto a religião de Aton, Freud destaca vários elementos comuns com a religião judaica, como a exclusão de elementos mágicos, a ausência de representação figurada da pessoa de Aton – a não ser seu símbolo sob a forma de um disco solar de onde saem os raios que acabam em mãos humanas –, assim como a renúncia à crença em uma vida depois da morte. A esses elementos acrescenta-se a prática da circuncisão, prática tipicamente egípcia e desconhecida de outros povos do Oriente Médio, e foi Moisés que a impôs ao povo judeu. Com esse ritual, segundo Freud, Moisés pretendia marcar uma continuidade com sua origem egípcia: *"queria fazer deles um "povo santo" como ainda se diz expressamente no texto bíblico, e em sinal de uma tal santificação ele introduziu entre eles a prática que pelo menos os colocava em igualdade com os egípcios"* (p. 97).

O culto de Yahvé: retorno a um deus primitivo

Na seqüência da história do povo hebreu, o relato bíblico diz que em uma determinada época, posterior ao Êxodo do Egito, mas anterior à chegada na Terra Prometida, o povo adotou uma nova religião. Ele escolheu venerar o divino Yahvé, um deus de caráter primitivo e assustador, próximo dos deuses Baal. Esse episódio marcou uma ruptura de continuidade na transmissão da religião de Moisés. Mas Freud explica isso revelando o indício de uma tradição segundo a qual o Moisés egípcio foi assassinado pelos judeus durante uma sublevação do povo recalcitrante, e que a religião egípcia criada por ele foi abolida. Segundo o historiador Ed Sellim (1922), onde Freud encontrou suas fontes, essa tradição teria se tornado o fundamento de todas as esperanças messiânicas posteriores.

O culto de Yahvé eclipsado pelo retorno da religião mosaica

Fundamentando-se em um fenômeno conhecido em psicanálise com o nome de *Entstellung* (deslocamento, mudança de posição, passagem de um lugar a outro), Freud mostra que o que se tenta negar acaba reaparecendo de uma forma modificada, e ele aplica esse conceito ao reaparecimento da antiga religião de Moisés.

Moisés teria sido portanto assassinado pelos seus, e sua morte foi o resultado da rebelião contra a autoridade que ele próprio tinha usado para impor sua fé ao povo. Prova disso é o episódio bíblico da adoração do Veado de Ouro e da cólera de Moisés que se seguiu a isso. Contudo, observa Freud, o Moisés egípcio tinha dado a uma parte do povo uma representação de Deus bem mais elevada do ponto de vista espiritual do que o deus Yahvé, primitivo e terrificante. De fato, a religião egípcia mosaica proporcionara a seu povo altamente espiritual *"(...) a idéia de uma divindade única que abarcava o mundo inteiro, tendo tanto amor por toda criatura* quanto onipotência que, inimiga de todo cerimonial e de toda magia, fixava aos homens como objetivo supremo uma vida de verdade e de justiça" (p. 124).

A despeito do assassinato de Moisés e da rejeição de seu Deus, Freud levanta a hipótese de que a tradição da doutrina mosaica subsiste ao longo dos séculos seguintes graças aos levitas, que eram provavelmente os descendentes diretos dos egípcios cultos pertencentes ao séquito que acompanhou Moisés durante o Êxodo, e que seu saber teria sido transmitido de uma geração a outra. Foi assim que a religião de Moisés voltou a ganhar terreno e relegou definitivamente o culto de Yahvé.

▶ "MOISÉS, SEU POVO E A RELIGIÃO MONOTEÍSTA"

O retorno do reprimido na aparição das religiões

Freud começa com um esclarecimento: ele declara que não tinha a intenção de publicar essa terceira parte da obra enquanto estava na Áustria, pois temia perder a proteção da Igreja católica em razão da audácia de suas hipóteses e ver a psicanálise proibida em seu país. Mas depois que foi viver em Londres, ele se sentiu livre quanto a isso, tanto mais que a Igreja católica se revelara um *"caniço flexível"* quando da anexação da Áustria pela Alemanha (p. 135).

Período de latência e tradição

Freud se indaga em seguida sobre as razões da reaparição das doutrinas mosaicas. À luz da experiência psicanalítica, ele estabelece um paralelo entre *"o tempo de latência"* que se observa na clínica entre o surgimento de um traumatismo psíquico e a aparição dos sintomas conseqüentes e, na história religiosa, entre o abandono da religião de Moisés e o ressurgimento tardio do monoteísmo judaico. Freud explica essa defasagem temporal pelo papel determinante que desempenha a *"tradição"* na transmissão de um acontecimento ao longo dos séculos: "*E foi essa tradição de um grande passado que continuou a agir em segundo plano, que conquistou cada vez mais poder sobre os espíritos e que chegou a fazer do deus Yahvé o deus mosaico e a chamá-lo à vida da religião de Moisés que fora instaurada muitos séculos antes e depois abandonada"* (p. 154-155).

O período de latência na neurose

A psicanálise nos ensinou que as neuroses têm como causa um traumatismo que surge na infância, entre 4 e 5 anos, e que são experiências que se associam geralmente a impressões sexuais e agressivas. Em seguida, essas experiências são esquecidas, pois se evita tomar consciência delas. Mas, depois de um período mais ou menos longo, elas reaparecem na vida adulta como *"retorno do reprimido"*, e a neurose definitiva se impõe então sob diversas formas: restrições pulsionais, inibições ou fobias. Freud dá um breve exemplo disso em um homem que tinha sofrido um traumatismo psicossexual na sua infância: este foi esquecido, isto é, reprimido, mas a conseqüência tardia foi uma impotência sexual que apareceu na vida adulta, após um período de latência.

O período de latência aplicado á história humana

Aplicando seus pontos de vista à psicologia coletiva, Freud mostra que uma população pode ter sido marcada por experiências sexuais e agressivas traumatizantes surgidas ao longo de tempos históricos, experiências que depois caíram no esquecimento. Após um período de latência, essas experiências traumáticas coletivas ressurgem, e seus efeitos se fazem sentir mais tarde, e o mesmo ocorre com os fenômenos religiosos, segundo ele: *"Acreditamos que é possível desvendar esses processos e queremos mostrar que suas conseqüências, que se assemelham a sintomas, são fenômenos religiosos"* (p. 170).

Freud se refere, então, a *Totem e tabu* (1912) e à hipótese do assassinato do pai da horda primitiva, morto pelos irmãos revoltados contra sua dominação. Eles se associaram e *"venceram o pai e o devoraram cru, segundo o costume desse tempo"* (p. 17). Instituindo em seguida uma festa comemorativa a fim de venerar no animal-totem o substituto do pai morto idealizado, os homens primitivos introduziram a religião totêmica, primeira forma de religião na história humana. Em todos os ensinamentos e ritos religiosos, prossegue Freud, vemos ressurgir após longos intervalos elementos do passado dos homens primitivos que tinham sido esquecidos. Observa-se um fenômeno semelhante em clínica na loucura delirante dos psicóticos: *"Nós devemos conceder também aos dogmas das religiões um tal conteúdo de verdade, uma verdade que devemos chamar de histórica; as religiões trazem em si evidentemente o caráter de sintomas psicóticos, mas enquanto fenômenos de massa elas são subtraídas à maldição do isolamento"* (p. 176).

É com base no modelo do retorno de um passado histórico esquecido que Freud vê a instauração do monoteísmo no judaísmo e sua continuação no cristianismo. Segundo ele, é graças a um sentimento de culpa designado mais tarde pelo nome de *"pecado original"* que uma nova religião se separou do judaísmo, a religião do Cristo, um homem também oriundo do povo judeu. Mas, dado que o pecado original é um crime contra Deus, este não podia ser expiado a não ser pela morte. Na verdade, segundo Freud, esse crime nada mais era do que o assassinato do pai primitivo: *"Esse crime digno de morte tinha sido o assassinato do pai primitivo, mais tarde divinizado. Mas não se recorda o ato do assassinato; em seu lugar, fantasia-se sua expiação, e é por isso que essa fantasia poderia ser saudada como uma nova redenção (evangelho). Um filho se Deus se deixou matar como vítima inocente e ao fazer isso tomou para si a culpa de todos"* (p. 178). Daí a frase célebre: *"O judaísmo tinha sido uma religião do pai, o cristianismo foi uma religião do filho"* (p. 181).

Para Freud, encontramos na religião cristã tanto o mito do herói quanto a representação do antigo banquete totêmico, representado pela cerimônia da santa comunhão. Mas, ainda segundo Freud, a religião cristã não teria mantido o alto grau de espiritualidade do judaísmo, pois ela restaurou o culto da *"grande deusa mãe"* e acolheu *"um grande número de deidades do politeísmo"* (p. 180) – alusão à virgem Maria e aos santos – reintroduzindo igualmente elementos mágicos e supersticiosos. Em outras palavras, para Freud, a aparição do cristianismo foi um progresso apenas parcial: *"O triunfo do cristianismo foi uma nova vitória dos sacerdotes de Amon sobre o deus de Akhenaton, após um intervalo de um milênio e meio, e isto em um cenário mais vasto. Contudo, o cristianismo foi um progresso do ponto de vista da história religiosa, isto é, no aspecto do retorno do reprimido; a partir desse momento, a religião judaica se tornou uma espécie de fóssil"* (p. 181).

Prosseguindo seu raciocínio até o fim, Freud considera retrospectivamente que o arrependimento suscitado pelo assassinato de Moisés sem dúvida deu impulso à fantasia de desejo do Messias. Mas o povo judeu continuou a negar o assassinato do pai, e o anti-semitismo viria em parte da acusação que lhe foi feita, principalmente pelos cristãos: *"Vocês mataram nosso Deus!"* (p. 183) Ao que Freud responde que se deveria acrescentar: *"Na verdade, nós fizemos o mesmo, mas não o confessamos e depois fomos perdoados"* (p. 183).

A tradição, suporte privilegiado da transmissão pela filogênese

A herança arcaica: um fator constitutivo

Este capítulo é a oportunidade para Freud afirmar mais claramente do que nunca sua convicção na transmissão pela via da filogênese, embora ele tenha mencionado esse fenômeno ao longo de toda sua obra. Segundo ele, a vida de um indivíduo não é influenciada apenas pelo que ele viveu anteriormente e reprimiu no inconsciente, mas é influenciada também por conteúdos inatos, isto é, por *"elementos filogenéticos, uma herança arcaica"* (p. 193), como mostra a transmissão da religião de Moisés. Colocam-se, então, as seguintes questões: em que consiste essa herança? O que ela contém? Quais são as provas de sua existência?

Segundo do Freud, essa herança arcaica corresponde ao que chamamos em um indivíduo de *"fator constitutivo"*: existem na verdade tendências comuns a todo ser humano, que se manifestam particularmente durante os primeiros anos de vida, e podemos atribuir essas reações e as diferenças individuais a uma herança arcaica. Ele vê a demonstração disso no caráter universal da simbólica da linguagem que constitui um saber originário que transcende as diferenças entre as línguas. Ele oferece ainda um outro argumento em apoio à sua tese, o comportamento da criança em relação aos seus pais no complexo de Édipo e no complexo de castração. Trata-se de *"reações que parecem injustificadas do ponto de vista individual e que só podem ser compreendidas filogeneticamente em relação à experiência de gerações anteriores"* (p. 193).

O papel da herança arcaica foi minimizado

Freud se reprova por não ter dado atenção suficiente até aqui à herança de marcas deixadas na memória na forma da filogênese e, sobretudo, por ter enfatizado as influências adquiridas: *"Olhando mais de perto, temos de confessar que por muito tempo não nos conduzimos como se a herança de traços mnésicos relativos ao que foi vivido pelos ancestrais, independentemente de uma comunicação direta e da influência da educação, por exemplo, não tivesse importância. Quando falamos da preservação de uma antiga tradição de um povo, da formação de um caráter nacional, costumamos pensar em uma tradição que se perpetua pela comunicação. Ou, no mínimo, distinguimos entre as duas e não nos demos conta da audácia que comporta uma tal negligência"* (p. 195-196). Apesar da impossibilidade de oferecer provas mais tangíveis da existência de uma memória ancestral além das manifestações observadas no trabalho analítico e atribuídas à filogênese, Freud considera que são provas suficientes para sustentar sua hipótese.

O instinto dos animais: herança arcaica?

Pode-se considerar como uma prova suplementar, indaga-se Freud, o paralelo que é possível estabelecer entre o instinto dos animais, de um lado, que nada mais é do que a lembrança do que foi vivido por seus ancestrais, e a herança arcaica do ser humano, de outro lado. Mediante essa aproximação, diz ele, *"reduzimos o fosso que, por presunção humana, as épocas anteriores cavaram exageradamente entre o homem e o animal. Se aquilo que chamamos de instintos dos animais, instintos que lhes permitem se comportar desde o início em uma situação nova de vida como se fosse uma situação antiga, há muito tempo familiar, se essa via instintiva dos animais admite uma explicação qualquer, ela só poderia ser: porque eles carregam em sua nova existência de indivíduos as experiências de sua espécie, e portanto conservaram neles as lembranças do que foi vivido por seus ancestrais. Com o animal homem não seria diferente. Sua própria herança arcaica corresponde aos instintos dos animais, ainda que se diferencie quanto à sua amplitude e ao seu conteúdo"* (p. 196-197).

O incontornável assassinato do pai da horda primitiva

Seguro de seus argumentos anteriores, Freud afirma uma vez mais sua convicção de que o assassinato do pai da horda primitiva é transmitido desde as origens em forma de filogênese: *"Feitas essas considerações, não hesito em afirmar que os seres humanos sempre souberam – dessa maneira particular – que um dia tiveram um pai primitivo e que o mataram"* (p. 197). Disso emergem duas outras questões. Em primeiro lugar, como um acontecimento tal como o assassinato do pai primitivo penetra na herança arcaica? Para isso, é preciso que o acontecimento tenha sido suficientemente importante e que se repita de maneira a deixar uma marca traumática na memória, em um processo semelhante à neurose. Em segundo lugar, em que circunstâncias esse acontecimento pode se tornar ativo? Freud responde que a repetição do acontecimento real em questão constitui o fator desencadeante, pois é ele que desperta a lembrança esquecida; assim, podemos supor que o assassinato de Moisés e a posterior condenação à morte de Cristo constituem acontecimentos reveladores da causa originária. A isso se acrescenta um argumento de ordem psicológica, que evoca a repressão seguida do retorno do reprimido: *"Uma tradição que não se fundamentasse na comunicação não poderia ter o caráter de coerção próprio dos fenômenos religiosos. Ela seria ouvida, julgada, eventualmente rejeitada como qualquer informação vinda do exterior; não conquis-*

taria jamais o privilégio de se livrar da coerção do pensamento lógico. Ela deve ter enfrentado primeiro a vicissitude da repressão, estado daquilo que permanece no inconsciente, antes de conseguir submeter as massas ao seu domínio, como vimos com surpresa, sem compreender até agora, na tradição religiosa" (p. 198).

Recapitulação e reafirmação de uma convicção atéia

Na última parte da obra, Freud recapitula as linhas gerais de sua tese e faz alguns complementos reportando-se à gênese do caráter particular do povo judeu. Para evitar as repetições – é a segunda vez que Freud resume suas teses nessa obra –, mencionarei apenas alguns desses acréscimos. Assim, Freud procura saber de onde vem o sentimento de superioridade tão difundido entre os judeus que, além disso, consideram-se como pertencentes ao povo eleito. Segundo Freud, esse traço de amor-próprio remonta a Moisés, que lhes assegurou que eles eram o povo eleito por Deus: *"(...) ousamos dizer que foi unicamente Moisés que criou os judeus"* (p. 203).

A religião de Moisés: uma superioridade incontestável

Porém, como é possível que um único homem tenha exercido sobre eles uma ação tão extraordinária? Freud vê nisso a marca da nostalgia do pai que habita cada um de nós desde a infância, razão pela qual *"os traços que atribuímos ao grande homem são traços paternos"* (p. 207). Freud prossegue sua recapitulação, destacando que a religião mosaica proporcionou aos judeus uma representação de Deus bem mais sublime que os outros, pois a proibição de criarem uma imagem de Deus teve como conseqüência favorecer uma representação abstrata do divino, o que constitui um progresso notável no plano psíquico: *"Ela [a proibição] significava, de fato, uma retirada da representação sensorial em proveito de uma representação que se poderia chamar de abstrata, um triunfo da vida espiritual sobre a vida sensorial ou, mais precisamente, uma renúncia às pulsões com suas conseqüências inevitáveis no plano psicológico"* (p. 212). Freud tira uma conclusão análoga da passagem do matriarcado ao patriarcado: *"Mas essa passagem da mãe ao pai caracteriza também uma vitória da vida espiritual sobre a vida sensorial, e, portanto, um progresso na civilização, pois a paternidade é uma conjectura, é edificada sobre uma dedução e sobre um postulado"* (p. 213).

A idéia de um deus único: retorno da lembrança de uma realidade reprimida

Quanto à idéia de um deus único, Freud afirma claramente que hoje não acredita em sua existência e que essa crença decorre de que, nos tempos primitivos, existiu realmente uma pessoa única que foi elevada acima das outras à categoria de divindade. Posteriormente, ela retornou à lembrança dos humanos. O fenômeno do retorno do reprimido explicaria que a existência histórica desse homem tenha caído no esquecimento, deixando marcas duradouras na alma humana, comparáveis a uma tradição. Assim, a idéia de um deus único teria reaparecido na humanidade como o retorno do reprimido em um neurótico, de uma maneira compulsiva, e desta vez seria nada mais do que o despertar de uma verdade histórica desaparecida para sempre: *"Um desses efeitos seria o surgimento da idéia de um grande deus único, idéia que devemos considerar como uma lembrança sem dúvida deformada, mas plenamente justificada. Na medida em que é deformada, temos o direito de qualificá-la de ilusão (em alemão* Wahn, *que significa tanto ilusão como delírio); na medida em que ela conduz ao retorno do que é passado, temos de chamá-la de verdade. O delírio no sentido psiquiátrico também contém uma parcela de verdade, e a convicção do doente parte dessa verdade para passar a esse invólucro de delírio"* (p. 234-235). O fim dessa segunda parte é uma repetição pouco modificada de teses expostas anteriormente na obra.

PÓS-FREUDIANOS

Um último desafio e mais um escândalo

Quando foi lançado, esse livro causou escândalo, em particular nos meios religiosos, tanto judaicos quanto cristãos. Seus irmãos judeus ficaram furiosos por Freud ter tentado arrancar-lhes seu Moisés, temendo os efeitos disso a longo prazo. Quanto aos cristãos, eles reagiram com maior intensidade contra a crítica ao cristianismo, pois aqui Freud foi mais longe que em *O futuro de uma ilusão*: ele não apenas afirmou em *Moisés* que a religião cristã era de longe a que mais se aproximava de um delírio, como também a considerava como uma regressão em face da espiritualidade judaica e como um retorno à idolatria. Contudo, essa polêmica inflamada logo foi relegada a segundo plano pela declaração de guerra de 1939. Além disso, por motivos políticos e tendo em vista as perseguições nazistas, os meios judaicos procuraram minimizar a importância da obra de Freud para não impedir um retorno às tradições que tinham feito de Moisés o fundador da religião judaica.

O Moisés de Freud: O que resta dele hoje

Voltando atrás no tempo, essa obra aparece como uma obra complexa e contraditória, que deu lugar a comentários tão numerosos quanto diversificados, em geral carregados de paixão. Contudo, as pesquisas recentes nos permitem hoje abordar a leitura do *Moisés* de Freud de maneira mais crítica e também mais enriquecedora. Podemos dizer efetivamente que se trata de uma obra contestável, em particular no plano da religião, da história e da antropologia, mas que traz esclarecimentos valiosos sobre o próprio Freud, e coloca questões essenciais que ainda estão longe de ser resolvidas. Apresentamos alguns pontos de referência entre os principais comentários.

Nos meios psicanalíticos destacou-se antes de tudo a identificação de Freud com a pessoa de Moisés, pois o texto foi escrito em um contexto particular em que ele temia ao mesmo tempo o desaparecimento da psicanálise e ser ameaçado de morte como pai fundador, não apenas pelos nazistas, mas também por seus próprios discípulos, como Moisés. Além disso, a obra foi bastante apreciada pelos autores de psicobiografias psicanalíticas e vista como um modelo do gênero. Contudo, no que diz respeito ao conteúdo propriamente dito das teses freudianas, os psicanalistas tendem atualmente a considerar *Moisés* da mesma maneira que *Totem e tabu*, isto é, como uma série de hipóteses sem dúvida audaciosas, mas cuja validade científica está longe de ser demonstrada. Por exemplo, parece difícil admitir o paralelo que Freud estabelece entre o desenvolvimento individual e o desenvolvimento histórico do gênero humano evocando repressão coletiva, o retorno do reprimido após um período de latência. Contudo, concordamos com ele que a questão da transmissão intergeracional e filogenética tão bem formulada no final de sua obra foi minimizada pelos psicanalistas, e permanece inteiramente aberta ainda hoje.

Do lado dos antropólogos, a maioria deles dá pouco ou nenhum crédito à hipótese freudiana da horda primitiva, ainda que alguns tenham defendido o contrário. Já do lado dos historiadores, as pesquisas recentes atribuem uma importância maior às origens mesopotâmicas das tradições da religião hebraica do que às origens egípcias, de modo que a hipótese de Freud de que Moisés era na verdade um egípcio é seriamente questionada.

No plano religioso, as posições de Freud deram lugar a posicionamentos muito diversos. No que se refere às relações de Freud com o judaísmo, *Moisés* é visto como uma reflexão sobre a identidade judaica, sobre os traços de caráter que ela determina, e ainda sobre a origem do anti-semitismo. Entre os inúmeros trabalhos consagrados a isso, o de Y. H. Yerushalmi (1991) merece ser mencionado, pois o autor examina com pertinência a maneira como esse escrito se insere na vida de Freud, considerando que através dessa obra ele tornou o judaísmo "*interminável*", porque sem Deus.

Não faltaram críticas também no que diz respeito às origens e à debilidade dos argumentos em que Freud se apoiou. Por exemplo, quando ele estabelece uma equivalência entre os sintomas obsessivos e os rituais religiosos, Meissner estima que Freud descreve um aspecto limitado e mais patológico da expressão religiosa, e que isso limita consideravelmente o alcance de suas afirmações: "*A análise torna-se assim reducionista no pior sentido e acaba contribuindo pouco para a compreensão da fé autêntica e da prática religiosa*" (2002, p. 475). P. Ricoeur defende um ponto de vista análogo (1965) quando considera que a abordagem analítica esclarece unicamente o aspecto da religião que se observa na idolatria. De maneira

Continua

● *Continuação*

geral, a origem da hostilidade de Freud a toda religião organizada – fosse cristã ou judaica – estava ligada a numerosos fatores que não posso desenvolver aqui. Mas, como assinala E. Rice (2002), se olharmos além do que Freud "*cegou por sua hostilidade*", vemos surgir uma imagem muito diferente dele. Segundo esse autor, "*Ele [Freud] achava que o cristianismo era um retorno à época pagã pré-monoteísta, idêntica ao culto de ídolos que predominava no Egito antes de Akhenaton. O que Freud procurava era uma religião profética, um culto baseado na importância da responsabilidade individual e da justiça social. Uma concepção teocêntrica do universo só impediria uma tal realização*" (p. 297-298).

Para concluir, não podemos subestimar hoje a importância das contribuições freudianas à questão religiosa, a despeito da debilidade de seus argumentos, de seus próprios conflitos e de seu ateísmo, pois Freud levantou várias questões que continuam sem resposta, como mostrou W. W. Meissner (1984). Por sua vez, P. Ricoeur se manifesta igualmente contra o preconceito segundo o qual a psicanálise seria iconoclasta. Segundo ele, uma "demolição" da religião pode muito bem ser a expressão crítica de uma fé purificada de toda idolatria, independentemente da posição do psicanalista em relação à fé. Aliás, do ponto de vista da fé religiosa, a psicanálise tem seus limites e, para Ricoeur, não cabe a ela pronunciar-se nesse terreno: "*Minha hipótese de trabalho (...) é que a psicanálise como tal é necessariamente iconoclasta, independentemente da fé ou da não-fé do psicanalista, e que essa "destruição" da religião pode ser a contrapartida de uma fé purificada de toda idolatria. A psicanálise como tal não pode ir além dessa necessidade do iconoclasmo. Essa necessidade abre-se para uma dupla possibilidade: a da fé e a da não-fé, mas a decisão entre essas duas possibilidades não lhe pertence*" (1965, p. 243).

Pessoalmente, penso que a psicanálise e a fé religiosa ocupam cada uma um campo próprio. Entretanto, consideradas suas inevitáveis interações, parece-me importante distinguir um campo em relação à outra, de maneira que a existência de uma não impeça a existência da outra.

CRONOLOGIA DOS CONCEITOS FREUDIANOS

Deslocamento (*Entstellung*) – herança arcaica – latência (tempo de) – assassinato do pai – filogênese – religião, idéias religiosas – religião monoteísta - tradição

LER FREUD HOJE?

"Man verstehet die Psychoanalyse immer noch am besten, wenn man ihre Entstehung und Entwicklung verfolgt."

S. Freud, 1923a; *GW* 13, 211.

"A melhor maneira de compreender a psicanálise ainda é fixar-se à sua gênese e ao seu desenvolvimento."

S. Freud, *"Psychanalyse" e 'Théorie de la libido"*, 1923a, p. 51 [183]

Freud ainda é atual? Suas idéias conservaram sua validade universal? Quanto ao método terapêutico que decorre delas, a cura psicanalítica, qual é seu lugar em nossa época?

Àqueles que fazem essas perguntas, respondo que a psicanálise está muito viva: a "revolução psicanalítica", como a denominava Marthe Robert (1964), continua em marcha. Para mostra isso, concebi *Ler Freud* como uma abordagem que põe em evidência a vitalidade das idéias de Freud e da psicanálise.

Utilizei, na medida do possível, palavras da linguagem cotidiana, como fez Freud em língua alemã, o que não diminui em nada a complexidade de seu pensamento. Parece-me importante colocar os textos e as idéias de Freud ao alcance de todos, a fim de que a leitura de uma ou outra de suas obras traga algo que nos toque pessoalmente. Fazendo eco ao mais profundo de nosso ser, a leitura de Freud pode se tornar um ponto de partida para uma pesquisa sobre si mesmo.

Desse ponto de vista, Freud nos convida a fazer por nós mesmos todo o percurso que ele seguiu depois de ter descoberto o inconsciente ao longo de sua auto-análise. Durante toda sua vida, ele não fez apenas uma descoberta, mais uma sucessão de descobertas, uma conduzindo a outra. É por isso que ler as obras de Freud em ordem cronológica tem mais do que um interesse histórico: trata-se na narrativa de uma exploração que pode nos servir de guia até encontrarmos nosso próprio caminho, à medida que avançamos em nossas próprias pesquisas interiores.

Ao final desta obra, o leitor sem dúvida terá compreendido que Freud nos deixou uma herança com amplas possibilidades evolutivas, e que elas foram valorizadas pelas contribuições de psicanalistas pós-freudianos. Essas potencialidades estão longe de se esgotarem e isso nos põe diante de uma indagação: de nossa parte, o que vamos fazer dessa herança? As respostas variam segundo os psicanalistas, e nossa maneira de herdar depende do trabalho de luto que realizamos em relação à morte de Freud. Para alguns, ser fiel à sua herança significa conservá-la como tal é, com o risco de cristalizá-la, como mostrou Danielle Quinodoz, por exemplo, colocando *"os valiosos textos de Freud em segurança em uma vitrine, como o valioso serviço de porcelana herdado de meus avós, aquele que não tolera a máquina de lavar louça"* (2002, p. 182). Para outros, ser fiel a Freud é apropriar-se de uma parte da herança e desenvolvê-la isoladamente, em detrimento do conjunto, com o risco de dispersar a psicanálise a tal ponto que teríamos tantas psicanálises quanto psicanalistas.

Como o tempo, como evitar os perigos que nos espreitam no momento? Pessoalmente, penso que a melhor maneira de manter viva a herança deixada por Freud é transmitir todo seu dinamismo instaurando um diálogo com ele através do que nos legou. Espero que *Ler Freud* seja para o leitor não apenas uma oportunidade de encontro com Freud, mas também um convite para ir mais longe e dialogar com ele através de seus textos originais.

Freud não está mais aqui. Entretanto, continua vivo seja através de seus escritos, seja através da cura psicanalítica que nos transmitiu. Ler os textos de Freud e fazer uma cura psicanalítica são duas ações diferentes. Na segunda ação, estabelece-se igualmente uma forma de diálogo em continuidade com Freud, mas por meio da relação de transferência e contratransferência entre analisando e analista, e é uma outra história...

ANEXO

Seminário de leitura cronológica das obras de Freud

Como já mencionei na introdução, devo agradecer pessoalmente a cada um dos participantes que acompanharam meus seminários desde 1988:

Abella Adela, Alicia Liengme, Andreas Saurer, Anna-Maria Parisi-Gastaldi, Anne-Lise Rod, Anne-Sophie Archinard, Benvenuto Solca, Bérangère de Senarclens, Berdj Papazian, Bernard Genthialon, Bernard Krauss, Bernard Reith, Branda Steinfeld-Walther-Buel, Carole Bach, Carole Kaelin, Céline Gur-Gressot, Christa Von Susani, Christiane Blanchard, Claire Payot, Claire Rojas, Daniel Nicollier, Denise Kroechlin, Denise Matile, Dora Knauer, Doriane Roditi-Buhler, Éric Bierens de Haan, Évelyne Brenas, Francis Delaite, Franco Gusberti, François Gross, Françoise Gourmel, Françoise Payot, Geneviève Dejussel, Gilles Gressot, Ignacio Pelegri, Irène Nigolian, Jacqueline Girard, Jean-Mark Chauvin, Jean-Pierre Bachmann, Jean-Pierre Waber, Jérôme Ottino (†), José Gutierrez, Joseph Snakkers, Julia Preiswerk, Lolita Adler, Luc Magnenat, Madeleine Joanes, Maja Perret-Catipovic, Manuela Jaccard-Gobbi, Marie-Jeanne Haenni, Marie-José Jaumain, Marielle Bouchacourt-Gusberti, Marie-Luce Bisetti, Marinella Desclouds, Marion Righetti, Marité Genoud, Marlyse Rohrbach, Michel Robert, Michel Steulet, Michèle De Rham, Nathalie Zilkha, Nicolas Jacot-des-Combes, Nino Rizzo, Nourrédine Ben Bachir, Olga Peganova, Olivier Bonard, Patricia Simioni, Patricia Waltz, Rhéane Hemmerler, Rino Genta, Saskia Von Overbeck-Ottino, Silvia Kuehner-Hellmigk, Stefan Zlot, Suzanna Joliat-Duberg, Sylvie Burnand, Tiziana Bimpage, Urs Walther-Buel, Viviane Armand-Gerson, Viviane Dichy, Wolfgang Walz, Xavier Ventura, Yvonne Gitnacht-Knabe.

BIBLIOGRAFIA

Abraham K. (1908) "Les différences psycho-sexuelles entre l'hystérie et la démence précoce", trad. I. Barande, in *Œumes complètes*, t. I, 1907-1914, Paris, Payot, 1965, p. 36-47.

_____ (1911), "Préliminaire à l'investigation et au traitement psychanalytique dela folie maniaco-dépressive et des étatsvoisins", trad. I. Barande, in Gumes complètes, t. I, 1907-1914, Paris, Payot, 1965, p. 99-1 13.

_____ (1924), "Esquisse d'une histoire du développement de la libido fondée sur la psychanalyse des troubles mentaux ", trad. I. Barande, in *Œuvres complètes*, t. II, 1913-1925, Paris, Payot, 1965, p. 255-313.

Andreas-Salomé L. (1912-1936), *Correspondance avec Sigmund Freud*, suivie du Journal d'une année (1912-1913), trad. L. Jumel, Paris, Gallimard, 1970.

Andreassen N. C. (1998), "Understanding schizophrenia: A silent spring ?", Editorial, Amer. *J. Psychiat.*, 155, 1657-1659.

Anzieu D. (1959), *L'auto-analyse de Freud*, Paris, PUF.

_____ (1988a), préface, *in* S. Freud (1 901) *Sur les rêves*, Paris, Gallimard, 1988.

_____ (1988b), *L'auto-analyse de Freud et la découverte de la psychanalyse*, Paris, PUF.

Balint M. (1952), *Amour primaire et technique psychanalytique*, trad. J. Dupont, R. Gelly et S. Kadar, Paris, Payot, 1972.

Bellemin-Noel J. (1983), *Gradiva au pied de la lettre*, Paris, PUF.

Bion W. R. (1957), "Différenciation des parties psychotiques et non psychotiques de la personnalité ", trad. F. Robert, *in Réflexion faite*, Paris, PUF, 1983, p. 51-73.

_____ (1959), "Attaques contre le lien", trad. F. Robert, in *Réflexion faite*, Paris, PUF, 1983, p. 105-123.

_____ (1961), *Recherches sur les petits groupes*, trad. L. Herbert, Paris, PUF, 1965.

_____ (1 962), *Aux sources de l'expérience*, trad. F. Robert, Paris, PUF, 1979.

_____ (1967), *Réflexion faite*, trad. F. Robert, Paris, PUF, 1983.

Birksted-Breen, D. (1993), *The gender Conundrum. Contemporary Psychoanalytic Perspectives on Femininity ans Masculinity*. London and New York: Routledge.

Blacker K. H. et Abraham R. (1982), "The Rat Man revisited : Comments on maternal influences", *Int. J. Psychoanal. and Psychother.*, 9, 267-285.

Bleger J. (1967), "Psychoanalysis of the psychoanalytic frame", *Int. J. Psycho-Anal.*, 48, 511-519.

Blum, H.P. (1976) 'Masochism, the ego ideal, and the psychology of women', *J. of the American Psychianalytic Association*, 24(5): 157-193.

Bonaparte M. (1951), *La sexualité de la femme*, Paris, PUF.

_____, Freud A. et Kris E. (1956), "Note des éditeurs" (note n° 5), *in* S. Freud, *La naissance de la psychanalyse*, Paris, PUF, p. 91-92.

Bourguignon A., Cotet P., Laplanche J. et Robert F. (1989), *Traduire Freud*, Paris, PUF.

Bowlby J. (1969, 1973, 1980), *Attachement et aerte*, 3 vol., trad. J. Kalmanovitch, Paris, PUF, 1978, 1984.

Braunschweig D. (1991), "Fantasmes originaires et Surmoi: la phylogenèse", *Rev. franç. psychanal.*, 55, 1251-1262.

Breuer J., Freud S. (1893), "Le mécanisme psychique de l'hystérie: communication préliminaire", in S. Freud, J. Breuer, *Études sur l'hystérie*, trad. A. Bermann, Paris, PUF, 1956, p. 1-13.

Britton R. (2003), "Sex death and superego", in *Experiences in Psychoanalysis*, London-New York, Kamac.

Canestri J. (1990), "Quelques réponses", *in* J. Amati-Mehler, S. Argentieri, J. Canestri, *La Babel de l'inconscient. Langue maternelle, langues étrangères et psychanalyse*, Paris, PUF.

Carson R. L. (1962), Silent Spring, Boston-Cambridge, Houghton & Mifflin – Riverside Press.

Chasseguet-Smirgel J. (1976), "Freud and female sexuality. The consideration of some blind spots in the exploration of the "dark" continent", *Int. J. Psycho-Anal.*, 57, 275-286.

_____, et coll. (1964), *Recherches psychanalytiques nouvelles sur la sexualité féminine*, Paris, Payot.

Chiland C. (2003), *Robert lesse Stoller*, Paris, PUF.

Cooper S. H. (19981, "Countertransference disclosure and the conceptualisation of analytic technique", *Psychoanal. Quart.*, 67, 128-154.

Devereux G. (1972), *Ethnopsychanalyse complémentariste*, trad. T. Jolas et H. Gobard, Paris, Flammarion, 2ᵉ éd., 1985.

Diatkine G. (1997), *Jacques Lacan*, Paris, PUF.

Dolto F. (1981), *La foi au risque de la psychanalyse* (Dialogue avec G. Séverin), Paris, Le Seuil.

Dolto F. et Séverin G. (1977-1978), *L'Evangile au risque de la psychanalyse*, Paris, J.-P. Delarge.

Dor J. (1985), *Introduction a la lecture de Lacan*, Paris, Denoël.

Duparc F. (2001), "The countertransference scene in France ", *Int. J. Psycho-Anal.*, 82, 151-169.

Eissler K. R. (1961), *Léonard de Vinci*, Paris, PUF, 1980.

Erikson E. H. (1950), *Enfance et société*, trad. A. (i.e. Jean) Cardinet, Neuchâtel, Delachaux & Niestlé, 1959.

Etchegoyen R. H. (1991), *The Fundamentals of Psychoanalytic Technique*, London-New York, Karnac.

Fairbaim R. D. (1956), "Considerations arising out of the Schreber case", *Brit. J. Med. Psychol.*, 19, 113-127.

Fédération européenne de psychanalyse (1986), *La pulsion de mort. Symposium (Marseille 1984)*, Paris, PUF.

Federn P. (1943), "Psychanalyse des psychoses", in *La Psychologie du moi et les psychoses*, trad. A. Lewis-Loubignac, Paris, PUF, 1979, p. 125-174.

Fenichel O. (1941), *Problèmes de technique psychanalytique*, trad. A. Berman, Paris, PUF, rééd. Tchou, 2001.

Ferenczi S. (1909), "Transfert et introjection", trad. J. Dupont, M. Wiliker et Ph. Gamier, in *Psychanalyse*, I. *Œuvres complètes*, Paris, Payot, 1968-1983, p. 93-125.

_____ (1913), "Développement du sens de la réalité et ses stades", trad. J. Dupont, M. Wiliker et Ph. Garnier, in Psychanalyse, II. *Œuvres complètes*, Paris, Payot, 1970, p. 51-65.

_____ (1928), "Le problème de la fin de l'analyse", trad. J. Dupont et al., in *Psychanalyse*, IV. *Œuvres complètes*, Paris, Payot, 1982, p. 43-52.

_____ et Rank O. (1924), Perspectives de la psychanalyse, Paris, Payot, 1994.

Ferro A. (2000), *La psychanalyse comme oeuvre ouverte*, trad. P. Faugeras, Ramonville-Saint-Agne, Érès.

Flanders S. (1993), "Introduction", in *The Dream Discourse today*, London, Routledge.

Foulkes S. H. (1964), *Psychothérapie et analyse de groupe*, trad. G. Rinzeler, Paris, Payot, 1970.

Frankiel R. V. (1991), "A note on Freud's inattention to the negative oedipal in little Hans", *Int. Rev. Psycho-Anal.*, 18, 181-184.

Freeman D. (1967), "'Totem et tabou': une nouvelle évaluation, trad. J. Kalmanovitch, *in* W. Muensterberger (éd.) (1969), *L'anthropologie psychanalytique depuis "Totem et tabou"*, Paris, Payot, 1976, p. 57-81.

Freud A. (1923), Ein hysterisches Symptom bei einem zweieinvierteljährigen Kind ", Imago, 9, 264-265.

_____ (1927), "Introduction a la psychanalyse des enfants", *Rev. franç. psychanal.*, 4, 428-239, 610-633, 1930-1931.

_____ (1936), *Le moi et les mécanismes de défense*, trad. A. Berman, Paris, PUF, 1949.

_____ (1965), *Le normal et le pathologique chez l'enfant*, trad. D. Widlocher, Paris, Gallimard 1968.

_____ et Burlingham D. (1943), *War and Children*, New York, Int. Univ. Press, 1943.

Freud S. (1887-1902), "Lettres a Wilhelm Fliess", trad. A. Berman, in *La naissance de la psychanalyse*, Paris, PUF, 1956, p. 47-306. Pas dans les *GW SE* 1, p. 175-280.

_____ (1894a), "Les psychonévroses de défense", in *Névrose, psychose et perversion*, trad. J. Laplanche, Paris, PUF, 1973, p. 1-14; *OCF.P* III, p. 1-18; *GW* 1, p. 59-74; *SE* 3, p. 41-61.

_____ "Manuscrit E", in *La naissance de la psychanalyse*, trad. A. Berman, éd. M. Bonaparte, A. Freud et E. Kris, Paris, PUF, 1956, p. 80-85.

_____ "Manuscrit G", in *La nuissance de la psychanalyse*, trad. A. Berman, éd. M. Bonaparte, A. Freud et E. Kris, Paris, PUF, 1956, p. 91-97.

_____ "Manuscrit H", in *La naissunce de la psychanalyse*, trad. A. Berman, éd. M. Bonaparte, A. Freud et E. Kris, Paris, PUF, 1956, p. 98-102.

_____ "Manuscrit K", in *La naissance de la psychanalyse*, trad. A. Berman, éd. M. Bonaparte, A. Freud et E. Kris, Paris, PUF, 1956, p. 129-137.

_____ (1895b [1894]), "Qu'il est justifié de séparer de la neurasthénie un certain complexe symptomatique sous le nom de 'névrose d'angoisse'", in *Névrose, psychose et perversion*, trad. J. Laplanche et al., Paris, PUF, 1973, p. 15-38; *OCF.P* III, p. 29-58; *GW* 1, p. 315-342; *SE* 3, p. 85-115.

_____ (1895c), "Obsessions et phobies. Leur mécanisme psychique et leur étiologie" (publié en français), in *Névrose, psychose et perversion*, trad. J. Laplanche et al., Paris, PUF, 1973, p. 39-45; *OCF.P* III, p. 19-28; *GW* 1, p. 345-353 (en français); *SE* 3, p. 69-82.

_____ (1895h), "Mécanisme des représentations de contrainte et des phobies", *OCF.P*, III, p. 79-91; *GW Nachtr.*, p. 352-359. N'existe pas en anglais.

_____ (1896b), "Nouvelles remarques sur les psychonévroses de défense'", in *Névrose, psychose et perversion*, trad. J. Laplanche et al., Paris, PUF, 1973, p. 61-81; *OCF.P* III, p. 121-146; *CW* 1, p. 379-403; *SE* 3, p. 157-185.

_____ (1897b), "Résumé des travaux scientifiques du Dr Sigm. Freud Privatdoccnt, 1877-1897", *OCF.P* III, p. 183-213; *GW* 1, p. 463-488; *SE* 3, p. 223-257.

_____ (1898a), "La sexualité dans l'étiologie des névroses", in *Résultats, idées, problèmes I*, trad. J. Altounian et al., Paris, PUF, 1984, p. 75-97; *OCF.P* III, p. 215-240; *CW* 1, p. 491-516; *SE* 3, p. 259-285.

_____ (1898b), "Sur le mécanisme psychique de l'oubli", in *Résdtats idées, problèmes I*, trad. J. Altounian et al., Paris, PUF, 1984, p. 99-107; *OCF.P* III, p. 241-252; *GW* 1, p. 519-529; *SE* 3, p. 287-297.

_____ (1899a), "Sur les souvenirs-écrans", in *Névrose, psychose et perversion*, trad. D. Anzieu et A. Berman, Paris, PUF, 1973, p. 113-132; *OCF.P* III, p. 253-276; *GW* 1, p. 531-554; *SE* 3, p. 299-322.

_____ (1900a), *L'interprétation des rêves*, trad. I. Meyerson, rév. D. Berger, Paris, PUF, 1967; *GW* 2-3; *SE* 4-5.

_____ (1901a), *Sur le rêve*, préface de D. Anzieu, trad. C. Heim, Paris, Gallimard, 1988; *GW* 2-3, p. 643-700; *SE* 5, p. 633-686.

_____ (1901b), Psychopathologie de la vie quotidienne, trad. S. Jankélévitch, Paris, Payot, 1922, 1967, *GW* 4; *SE* 6.

_____ (1904a), La méthode psychanalytique de Freud trad. A. Berman, in De la technique psychanalytique, Paris, PUF, 1970, p. 1-8; *GW* 5, p. 3-10; *SE* 7, p. 247-254.

_____ (1905a), "De la psychothérapie", trad. A. Berman, in *De la technique psychanalytique*, Paris PUF, 1970, p. 9-22; *GW* 5, p. 13-26; *SE* 7, p. 255-268.

_____ (1905c), *Le mot d'espnt et sa relation a l'inconscient*, trad. D. Messier, Paris, Gallimard, 1988; *GW* 6; *SE* 8.

_____ (1905d), *Trois essais sur la théorie sexuelle*, trad. P. Koeppel, Paris, Gallimard 1987; *GW* 5, p. 29-145; *SE* 7, p. 123-243.

_____ (1905e), "Fragment d'une analyse d'hystérie (Dora)", trad. M. Bonaparte et R. Loewenstein, in *Cinq psychanalyses*, Paris, PUF, 1954, p. 1-91; *GW* 5, p. 163-286; *SE* 7, p. 1-122.

_____ (1907a), *Le délire et les rêves dans la "Gradiva" de Jensen*, trad. J. Bellemin-Noel, Paris, Gallimard 1986; *GW* 7, p. 31-125; *SE* 9, p. 1-95.

_____ (1907b), "Actions compulsionnelles et exercices religieux", trad. D. Guérineau, in *Névrose, psychose et pewersion*, Paris, Gallimard, 1973, p. 133-142; *GW* 7, p. 129-139; *SE* 9, p. 115-127

_____ (1907c), "Les explications sexuelles données aux enfants", trad. D. Berger, in La vie sexuelle, Paris, PUF, 1969, p. 7-13; *GW* 7, p. 19-27; *SE* 9, p. 129-139.

_____ (1908b), "Caractere et érotisme anal", trad. D. Berger et al.i,n Névrose, psychose et pewersion, Paris, PUF, 1973, p. 143-148; *GW* 7, p. 203-209; *SE* 9, p. 167-175.

_____ (1908c), "Les théories sexuelles infantiles", trad. J.-B. Pontalis, in *La vie sexuelle*, Paris, PUF, 1969, p. 14-27; *GW* 7, p. 171-188; *SE* 9, p. 205-226.

_____ (1908d), "La morale sexuelle civilisée et la maladie nerveuse des temps modernes", trad. D. Berger, in *La vie sexuelle*, Paris, PUF, 1969, p. 28-46; *GW* 7, p. 143-167; *SE* 9, p. 177-204.

_____ (1909b), "Analyse de la phobie d'un garçon de cinq ans (le petit Hans)", trad. M. Bonaparte et R. Loewenstein, in *Cinq psychanalyses*, Paris, PUF, 1954, p. 93-198; *OCF.P* IX, p. 1-130; *GW* 7, p. 243-377; *SE* 10, p. 1-147.

_____ (1909d), "Remarques sur un cas de névrose obsessionnelle (L'Homme aux rats), trad. M. Bonaparte et R. Loewenstein", in *Cinq psychanalyses*, Paris, PUF, 1954, p. 199-261; *OCF.P* IX, p. 131-214; *GW* 7, p. 38 1-463; *SE* 10, p. 15 1-249,

_____ (1910c), *Un souvenir d'enfance de Léonard de Vinci*, trad. J. Altounian et al., Paris, Gallimard, édition bilingue, 1991; *OCF.P* X, p. 79-164; *GW* 8, p. 128-21 1; *SE* 11, p. 57-137.

_____ (1910d), "Perspectives d'avenir de la thérapeutique psychanalytique", trad. A. Berman, in *De la technique psychanalytique*, Paris, PUF, 1970, p. 23-34; *OCF.P* X, p. 61-74; *GW* 8, p. 104-115; *SE* 11, p. 139-151.

_____ (1910h), "D'un type particulier de choix objectal chez l'homme", trad. J. Laplanche, in La vie sexuelle, Paris, PUF, 1969, p. 47-55; *OCF.P* X, p. 187-200; *GW* 8, p. 66-77; *SE* 11, p. 163-175.

_____ (1910k), "A propos de la psychanalyse dite "sauvage" trad. A. Berman, in *De la technique psychanalytique*, Paris, PUF, 1970, p. 35-42; *OCF.P* X, p. 205-214; *GW* 8, p. 118-125; *SE* 11, p. 219-227.

_____ (1911b), "Formulations sur les deux principes du cours des événements psychiques", trad. J. Laplanche, in *Névrose, psychose et perversion*, Paris, PUF, 1973, p. 135-143; *OCF.P* XI, p. 12-21; *GW* 8, p. 230-238; *SE* 12, p. 213-226.

_____ (191lc), Remarques psychanalytiques sur l'autobiographie d'un cas de paranoïa (Dementia paranoïdes) (Le Président Schreber)", trad. M. Bonaparte et R. Loewenstein, in *Cinqpsychanulyses*, Paris, PUF, 1954, p. 263-321; *OCF.P* X, p. 225-304; *GW* 8, p. 240-316; *SE* 12, p. 1-79.

_____ (1911d), "La signification de l'ordre des voyelles", trad. J. Altounian et ul., in *Résultats, idées, problèmes I*, Paris, PUF, 1984, p. 169; *GW* 8, p. 348; *SE* 12, p. 341.

_____ (1911e), Le maniement de l'interprétation des rêves en psychanalyse trad. A. Berman, in De la technique psychanalytique, Paris, PUF, 1970, p. 43-49; *OCF.P* XI, p. 41-48; *GW* 8, p. 350-357; *SE* 12, p. 89-96.

_____ (1912b), "La dynamique du transfert", trad. A. Berman, in *De la technique psychanalytique*, Paris, PUF, 1970, p. 50-60; *OCF.P* XI, p. 105-116; *GW* 8, p. 364-374; *SE* 12, p. 97-108.

_____ (1912d), "Considérations sur le plus commun des ravalements de la vie amoureuse (Contributions à la psychologie de la vie amoureuse II)" trad. J. Laplanche, in *La vie sexuelle*, Paris, PUF, 1969, p. 55-65 *GW* 8, p. 78-91; *SE* 11, p. 177-190.

_____ (1912e), "Conseils aux médecins sur le traitement psychanalytique", trad. A. Berman, in *De la technique psychanalytique*, Paris, PUF, 1970, p. 61-71; *OCF.P* XI, p. 143-154; *GW* 8, p. 376-387; *SE* 12, p. 109-120.

_____ (1912-1913a), Totem et tabou, trad. S. Jankélévitch, 1923, rév., 1965, Paris, Payot, 1923, 1965; OCF.P XI, p. 189-386; GW 9; SE 13, p. 1-161.

_____ (1913b), Introduction a O. Pfister '', Psychoanalytische Methode, GW 10, p. 448-450; SE 12, p. 327-331. (N'existe pas eii français.)

_____ (1913c), "Le début du traitement", trad. A. Berman, in De la technique psychanalytique, Paris, PUF, 1970, p. 80-104; GW 8, p. 454-478; SE 12, p. 121-144.

_____ [1913i], "La disposition à la névrose obsessionnelle. Une contribution au problème du choix de la névrose", trad. D. Berger et al., in Névrose, psychose et perversion, Paris, PUF, 1973, p. 189-197; GW 8, p. 442-452; SE 12, p. 31 1-326.

_____ (1914b), "Le Moïse de Michel-Ange", trad. E. Marty, in *Essais de psychanalyse appliquée*, Paris, Gallimard, 1971, p. 9-41; GW 10, p. 171-201 SE 13, p. 209-236.

_____ (1914c), "Pour introduire le narcissisme", trad. D. Berger, J. Laplanche et al., in *La vie sexuelle*, Paris, PUF, 2e éd., 1970, p. 81-105; GW 10, p. 138-170; SE 14, p. 67-102.

_____ (1914d), "Contribution a l'histoire du mouvemeiit psychanalytique", trad. S. Jankélévitch, in *Cinq leçons sur la psychanalyse*, Paris, Payot, 1973, p. 69-155; GW 10, p. 44-1 13; SE 14, p. 1-66.

_____ (1914g), "Remémoration, répétition et élaboration", trad. A. Berman, in De la technique psychanalytique, Paris, PUF, 1970, p. 105-115; GW 10, p. 126-136; SE 12, p. 145-156.

_____ (1915-1917), *Métapsychologie*, Paris, Galliniard, 1968.

_____ (1915a [1914]), "Observatioiis sur l'amour de transfert", trad. A. Berman, in *De la technique psychanalytique*, Paris, PUF, 1953, 1970, p. 116-130; GW 10, p. 306-321; SE 12, p. 159-171.

_____ (1915b), "Considérations actuelles sur la guerre et la mort", trad. S. Jankélévitch, rév. A. Hesnard, in Essais de psychanalyse, Paris, Payot, 1970, p. 235-267; OCF.P XIII, p. 127-155; GW 10, p. 324-355; SE 14, p. 273-300.

_____ (1915c), "Pulsions et destins des pulsions", trad. J. Laplanche et J.-B. Pontalis, in *Métapsychologie*, Paris, Gallimard, 1968, p. 11-43; OCF.P XIII, p. 163-188; GW 10, p. 210-232; SE 14, p. 109-140.

_____ (1915d), "Le refoulement", trad. J. Laplanche et J.-B. Pontalis, in *Métapsychologie*, Paris, Gallimard, 1968, p. 45-63; OCF.P XIII, p. 189-204; GW 10, p. 248-261; SE 14, p. 141-158.

_____ (1915e), "L'inconscient", trad. J. Laplanche et J.-B. Poiitalis, in *Métapsychologie*, Paris, Galliinard, 1968, p. 65-121; OCF.P XIII, p. 205-244; GW 10, p. 264-303; SE 14, p. 159-215.

_____ (1916-1917 [1915-1916]), Leçons d'introduction a la psychanalyse, trad. S. Janltélévitch, Paris, Payot 1973; OCF.P XIV, p. 1-516; GW 11; SE 15-16.

_____ (1917c), "Sur les transformatioiis des pulsions particulièrcment dans l'érotisme anal", trad. D. Berger, in *La vie sexuelle*, Paris, PUF, 1969, p. 106-112; GW 10, p. 402-410; SE 17, p. 125-133.

_____ (1917d), "Complément métapsychologique a la théorie du rêve", trad. J. Laplanche et J.-B. Pontalis, in *Métapsychologie*, Paris, Gallimard, 1968, p. 123-143; GW 10, p. 421-426; SE 14, p. 217-235.

_____ (1917e [1915]), "Deuil et mélancolie", trad. J. Laplanche et J.-B. Pontalis, in *Métapsychologie*, Paris, Gallimard, 1968, p. 145-171; GW 10, p. 428-446; SE 14, p. 237-258.

_____ (1918b [1914]), "Extraits de l'liistoire d'une névrose infantile (L'Homme aux loups)", trad. M. Bonaparte et R. Loewenstein, in *Cinq psychanalyses*, Paris, PUF, 1954, p. 325-420; OCF.P XIII, p. 1-118; GW 12, p. 29-157; SE 17, p. 1-122.

_____ (1919a), "Les voies nouvelles de la thérapeutique psyclianalytique", trad. A. Berman, in *De la technique psychanalytique*, Paris, PUF, 1953, p. 131-141; OCF.P XV, p. 97-108; GW 12, p. 183-194; SE 17, p. 157-168.

_____ (1919e), "Un enfant est battu. Contribution à la genèse des perversions sexuelles", trad. D. Guérineau, in *Névrose, psychose et perversion*, Paris, PUF, 1973, p. 219-243; OCF.P XV, p. 115-146; GW 12, p. 197-226; SE 17, p. 175-204.

_____ (1919h), "L'inquiétante étrangeté", in *L'inquiétante étrangeté et autres essais*, trad. B. Féron, Paris, Gallimard, 1985, p. 209-263.

_____ (1920a), "Sur la psychogenèse d'un cas d'homosexualité féminine", trad. G. Guérineau, in *Névrose, psychose et perversion*, Paris, PUF, 1973, p. 245-270; *OCF.P* XV, p. 233-262; *GW* 12, p. 271-302; *SE* 18, p. 145-172.

_____ [1920g], Au-delà du principe de plaisir, trad. J. Laplanche et J.-B. Pontalis, in *Essais de psychanalyse*, Paris, Payot, 1981, p. 41-115; *OCF.P* XV, p. 273-338; *GW* 13, p. 3-69; *SE* 18, p. 1-64.

_____ (1921c), Psychologie des foules et analyse du moi, trad. P. Cotet et al., Paris, Payot, 1981, p. 117-217; *OCF.P* XVI, p. 1-83; *GW* 13, p. 73-161; *SE* 18, p. 65-143.

_____ (1921e), "Extrait d'une lettre à Claparcde", trad. Y. Le Lay. Genève, Soiior, 1921, p. 69-70; *OCF.P* XV, p. 347-352 (n'existe pas en allemand); *SE* 11, p. 214-215.

_____ (1923a), "'Psychanalyse' et 'Théorie de la libido'", trad. J. Altounian et al., in *Résultats, idées, problèmes II*, Paris, PUF, 1985, p. 51-77; *GW* 13, p. 211-233; *SE* 18, p. 235-259.

_____ (1923b), "Le moi et le ça", trad. J. Laplanche, in *Essais de psychanalyse*, Paris, Payot, 1981, p. 219-274; *OCF.P* XVI, p. 255-302; *GW* 13, p. 237-289; *SE* 19, p. 1-59,

_____ (1923e), "L'organisation génitale infantile", trad. J. Laplanche, in *Lu vie sexuelle*, Paris, PUF, 1969, p. 113-116; *OCF.P* XVI, p. 303-310; *GW* 13, p. 293-298; *SE* 19, p. 139-145.

_____ (1924b), "Névrose et psychose", trad. D. Guérineau, in *Névrose, psychose et perversion*, Paris, PUF, 1973, p. 283-286; *OCF.P* XVII, p. 1-7; *GW* 13, p. 387-391; *SE* 19, p. 147-153.

_____ (1924c), "Le problème économique du masochisme", trad. J. Laplanche, in *Névrose, psychose et perversion*, Paris, PUF, 1973, p. 287-297; *GW* 13, p. 371-383; *SE* 19, p. 155-170.

_____ (1924d), "La disparition du complexe d'Œdipe", trad. D. Berger, in *La vie sexuelle*, Paris, PUF, 1969, p. 117-122; *OCF.P* XVII, p. 27-33; *GW* 13, p. 395-402; *SE* 19, p. 171-179.

_____ (1924e), "La perte de la réalité dans la névrose et dans la psychose", trad. D. Guérineau, Paris, PUF, 1973, p. 299-303; *OCF.P* XVII, p. 35-41; *GW* 13, p. 363-368; *SE* 19, p. 181-187.

_____ (1925d), *Sigmund Freud présenté par lui-même*, trad. F. Cambon, Paris, Gallimard 1984; *OCF.P* XVII, p. 51-122; *GW* 14, p. 33-96; *SE* 20, p. 1-70.

_____ (1925h), "La négation", trad. J. Laplanche, in *Résultats, idées, problèmes II*, Paris, PUF, 1985, p. 135-139; *OCF.P* XVII, p. 165-171; *GW* 14, p. 11-15; *SE* 19, p. 233-239.

_____ (1925j), "Quelques conséquences psychologiques de la différence anatomique entre les sexes", trad. D. Berger, J. Laplanche et al., in La vie sexuelle, Paris, PUF, 1970, p. 123-132; *OCF.P* XVII, p. 189-202; *GW* 14, p. 19-30; *SE* 19, 241-258.

_____ (1926b), "Karl Abraham" (n'existe pas en français); *GW* 14, p. 564; *SE* 20, p. 277-278.

_____ (1926d [1925]), *Inhibition syrnptôme et angoisse*, trad. M. Tort, Paris, PUF, 1951, 1968; *OCF.P* XVII, p. 203-286; *GW* 14, p. 113-205; *SE* 20, p. 75-174.

_____ (1926e), *La question de l'analyse laïque*, trad. J. Altounian, Paris, Gallimard, 1985; *OCF.P* XVIII, p. 1-92; *GW* 14, p. 209-286; *SE* 20, p. 177-250.

_____ (1927c), *L'avenir d'une illusion*, trad. M. Bonaparte, Paris, PUF, 1971; *OCF.P* XVIII, p. 141-197; *GW* 14, p. 325-380; *SE* 21, p. 1-56.

_____ (1927d), "L'humour", trad. M. Bonaparte et M. Nathan, in *Le mot d'esprit et ses rapports avec l'inconscient*, Paris, Gallimard, 1969, p. 367-376; *OCF.P* XVIII, p. 133-140; *GW* 14, p. 383-389; *SE* 21, p. 159-166.

_____ (1927e), "Le fétichisme", trad. D. Berger, J. Laplanche et al., in *La vie sexuelle*, Paris, PUF, 1970, p. 133-138; *OCF.P* XVIII, p. 123-132; *GW* 14, p. 311-317; *SE* 21, p. 147-157.

_____ (1928a [1927]), "Un événement de la vie religieuse", trad. M. Bonaparte, in *L'avenir d'une illusion*, Paris, PUF, 1971, p. 95-100; *OCF.P* XVIII, p. 199-204; *GW* 14, p. 393-396; *SE* 21, p. 167-172.

_____ (1930a [1929]) *Malaise dans la civilisation*, trad. R. M. Zeitlin, Paris, Gallimard, 1984; *OCF.P* XVIII, p. 245-333; *GW* 14, p. 421-506; *SE* 21, p. 57-145.

_____ (1931b), "De la sexualité féminine", trad. D. Berger, in *La vie sexuelle*, Paris, PUF, 1969, p. 139-155; *OCF.P* XIX, p. 7-28; *GW* 14, p. 517-537; *SE* 21, p. 221-243.

_____ (1933a [1932]) *Nouvelles conférences d'introduction ala psychanalyse*, trad. R. M. Zeitlin, Paris, Gallimard 1984; *OCF.P* XIX, p. 83-268; *GW* 15, p. 6-197; *SE* 22, p. 1-182.

_____ (1933b), "Pourquoi la guerre ?", trad. J. G. Delarbre et A. Rauzy, in Résultats, idées, problèmes II, Paris, PUF, 1985, p. 203-215; *OCF.P* XIX, p. 61-82; *GW* 16, p. 13-27; *SE* 22, p. 203-215.

_____ (1933c), "Sándor Ferenczi †"; *OCF.P* XIX, p. 309-314; *GW* 16, p. 267-269; *SE* 22, p. 225-229.

_____ (1936a), Un trouble de mémoire sur l'Acropole (lettre à Romain Rolland), trad. M. Robert, in *Résultats, idées, problèmes II*, Paris, PUF, 1985, p. 221-230; *OCF.P* XIX, p. 325-338; *GW* 16, p. 250-257; *SE* 22, p. 237-248.

_____ (1937a), "Lou Andreas-Salomé" (n'existe pas en français); *GW* 16, p. 270; *SE* 23, p. 297-298.

_____ (1937c), "L'analyse avec fin et l'analyse sans fin", trad. J. Altounian et al., in *Résultats, idées, problèmes II*, Paris, PUF, 1985, p. 231-268; *GW* 16, p. 59-99; *SE* 23, p. 209-253.

_____ (1937d), Constmctions dans J'analyse '', trad. E. R. Hawelka et al., in *Résultats, idées, problèmes II*, Paris, PUF, 1985, p. 269-281; *GW* 16, p. 43-56; *SE* 23, p. 255-269.

_____ (1939a), L'homme Moïse et la religion monothéiste, trad. C. Heim, Paris, Gallimard, 1986.

_____ (1940a [1938]), A brégé de psychanalyse, trad. A. Berman, Paris, PUF, 1949, 1967; *GW* 17, p. 67- 138; *SE* 23, p. 139-207.

_____ (1940e [1938]), "Le clivage du moi dans le processus de défense", trad. R. Lewinter et J.-B. Pontalis, in *Résultats, idées, problèmes II*, Paris, PUF, 1985, p. 283-286; *GW* 17, p. 59-62; *SE* 23, p. 271-278.

_____ (1942a [1905-1906]), "Personnages psychopathiques à la scène", trad. J. Altounian et al., in *Résultats, idées, problèmes I*, Paris, PUF, 1984, p. 123-129. Ne se trouve pas dans les GW; *SE* 7, p. 303-310.

_____ (1950a [1887-1902], *La naissance de la psychanalyse. Lettres à Fliess. Notes et plans (1887-1902)*, trad. A. Berman, Paris, PUF, 1956.

_____ (1950c [1895]), "Esquisse d'une psychologie scientifique", trad. A. Berman, in *La naissance de la psychanalyse. Lettres à Wilhelm Fliess. Notes et plans (1887-1902)*, Paris, PUF, 1956, p. 307-396.

_____ (1965a), *Correspondance Sigmund Freud - Karl Abraham, 1907-1926*, éd. H. Abraham et E. Freud, trad. F. Cambon et J.-P. Grossein, Paris, Gallimard, 1969.

_____ (1968a), *Correspondance Sigmund Freud - Arnold Zweig, 1927-1939*, éd. E. Freud, trad. L. Weibel, Paris, Gallimard, 1973.

_____ (1985a [1915]), *Vue d'ensemble sur Ies névroses de transfert. Un essai métapsychologique*, éd. I. Grubrich-Simitis, trad. P. Lacoste, Paris, Gallimard, 1986.

_____ (1985c [1887-1904]), *The Complete Letters of Sigmund Freud to Wilhelm Fliess 1887-1904*, trad. et éd. J.-M. Masson. Cambridge (Mass.) - London, 1985.

_____ (1987c [1908-1938]), *Correspondance Sigmund Freud - Stefan Zweig*, trad. G. Hauer et D. Plassard, éd. H. U. Lindken, Paris, Rivages, 1991.

_____ (1992 [1908-1938]), *Correspondance Sigmund Freud – Ludwig Binswanger*, éd. G. Fichtner, trad. R. Menahem et M. Strauss, Paris, Calmann-Lévy, 1995.

_____ et Abraham K. (2003), *The Complete Correspondence of Sigmund Freud and Karl Abraham, 1907-1925*, éd. E. Falzeder, trad. C. Schwarzacher, C. Trollope et K. Majthényi King, London, Karnac.

_____ et Breuer J. (1893a [1982]), "Les mécanismes psychiques des phénomènes hystériques : communication préliminaire", trad. A. Berman, in S. Freud, J. Breuer, *Études sur l'hystérie*, Paris, PUF, 1956, p. 1-13; *GW* 1, p. 83-98; *SE* 2, p. 1-17.

_____ et Breuer J. (1895d), *Études sur l'hystérie*, trad. A. Berman, Paris, PUF, 1956; *GWS* 1, p. 77-312; *SE* 2, p. 1-309.

_____ et Ferenczi S. (1992), *Correspondance, t. 1: 1908-1914*, éd. E. Brabant, E. Falzeder et P.

Giampieri-Deutsch, trad. Équipe du Coq-Héron, Paris, Calmann-Lévy.

_____ et Jones E. (1993), *Correspondance complète (1908-1939)*, éd. R. A. Paskauskas, trad. P.-E. Dauzat et al., Paris, PUF, 1998.

_____ et Pfister O. (1963a), *Correspondance de Sigmund avec le pasteur Pfister, 1909-1939*, éd. E. Freud et H. Meng, trad. L. Jumel, Paris, Gallimard, 1966.

_____ et Zweig A. (1968a), *Correspondance, 1927-1939*, éd E. Freud, trad. L. Weibel, Paris, Gallimard, 1973.

Gabbard G. O. et Lester E. (1995), *Boundaries and Boundary Violations in Psychoanalysis*, New York, Basic Books.

Gardiner M. (dir) (1971), *L'Homme aux loups par ses phychanalystes et par lui-même*, trad. L. Weibel, Paris, Gallimard, 1981, p. 268-313.

Gay P. (1988), *Freud. Une vie*, trad. T. Jollas, Paris, Hachette, 1991.

Geissman C. et Geissman P. (1992), *Histoire de la psychanalyse de l'enfant*, Paris, Bayard.

Glover E. (1955), *Technique de la psychanalyse*, trad. C. Laurin, Paris, PUF, 1958; rééd., Paris, Tchou, 2000.

Graf. H. (1972), *Mémoires d'un homme invisible*, supplément au n° 3 de l'Une bévue, 1993.

Gibeault A. (2000), "In response to Otto F. Kernberg 'Psychoanalysis, psychoanalytic psychotherapy and supportive psychotherapy: Contemporary controversies'", *Int. J. Psycho-Anal.*, 81, 379-383.

Green A. (1972), "De l' 'Esquisse' à L'interprétation des rêves: coupure et clôture", *Nouv. Ver. Psychanal.*, n° 5, p. 155-180.

_____ (1973), Le discours vivant, Paris, PUF.

_____ (1983), Narcissisme de vie et narcissisme de mort, Paris, Minuit.

_____ (1986), "Pulsion de mort, narcissisme negatif et fonction désobjectalisante", in *La pulsion de mort*, 1er Symposium de la Fédération européenne de psychanalyse, Paris, PUF, p. 49-59.

_____ (1992), "La psychanalyse et la science", *Médecine et Hygiène*, 50, 2350-2377.

Greenson R. R. (1967), *Technique et pratique de la psychanalyse*, trad. F. Robert, paris, PUF, 1977.

Grinberg L. (1962), "On a specific as pect of countertransference due to the patient's projective identificaton", *Int. J. Psycho-Anal.*, 43, 436-440.

_____, Sor D. et Bianchedi E. de (1973), *Nouvelle introduction à la pensée de Bion*, Lyon, Césura, 1996.

Groddeck G.W. (1921), *Le chercheur d'âme*, Paris, Gallimard, 1982.

_____ (1923), *Le livre du ça*, trad. L. Jumel, Paris, Gallimard, 1963.

Grosskurth Ph. (1986), *Melanie Klein, son monde et son oeuvre*, trad. C. Anthony, Paris, PUF, 1989.

Grubrich-Semits I. (1985), *Retour aux manuscrits*, trad. P. Lacoste, Paris, Gallimard, 1986; rééd., Paris, PUF, 1997.

Grunberger B. (1971), *Le narcissisme*, Paris, Payot.

Hanly C. (1986), "Book review of The assault on truth: Freud's supression of the seduction theory", by Jeffrey M. Masson, 1984, *Int. J. Psycho-Anal.*, 67, 517-519.

Hartmann H., La psychologie du moi et le problème de l'adaptation, Paris, PUF, 1958.

_____, Kris E. Et Loewenstein R. M. (1969), "Noters psychanalytiques sur 'culture et personnalité'", in W. Münsterberger (éd.) (1969), *L'anthropologie psychanalytique depuis "Totem et tabou"*, trad. J. Kalmanovitch, Paris, Payot, 1976, p. 181-211.

Hawelka E. R. (1974), "Introduction et commentaire", in *L'Homme aux rats: Journal d'une analyse*, Paris, PUF, 1974.

Haynal A. (1986), *La technique en question. Controverses en psychanalyse*, Paris, Payot.

_____ (2001), *Un psychanalyste pas comme un autre. La renaissance de Sándor Ferenczi*, Neuchâtel – Paris, Delachaux & Niestlé.

_____ et Falzeder E. (202), "Introduction", in *The Complete Correspondence of Sigmund Freud and Karl Abraham, 1907-1925*, London-New York, Karnac, p. XIX-XXX.

Heimann P. (1950), « À propos du contre-transfert », in P. Heimann, M. Little, A. Reich et L. Tower (eds), *Le contre-transfert*, trad. C. Garrigues et N. Katan-Beaufils, Paris, Navarin, 1987, p. 23-29.

Hinshelwood R. D. (1989), *Dictionnaire de la pensée kleinienne*, trad. G. Nagler, Paris, PUF, 2002.

―― (2002), "Introduction", in *Dictionnaire de la pensée kleinienne*, Paris, PUF, p. 1-3.

Hirschmüller A. (1978), *Joseph Breuer*, trad. M. Weber, Paris, PUF, 1991.

Horney K. (1922), *La psychologie de la femme*, trad. G. Rinzeler, Paris, Payot, 1969 ; rééd., 1971.

Hug-Hellmuth H. (1912a), "Analyse eines Traumes eines Fünfeinhalbjährigen", *Zentralbl. Psychoanal. Und Psychother.*, 2/3, 122-127, trad. George Mac Lean, in Psychiat. J. Univ. Ottawa, 11/1 (1986), p. 1-5.

―― (1921), "A propos de la technique de l'analyse des enfants", *Psychiatrie infantile, "Reflets 1958-1985"*, numéro spécial, 1988, p. 3-22.

Israëls H. (1981), *Schreber, père et fils*, trad. N. Sels, Paris, Le Seuil, 1986.

Jackson M. et Williams P. (1994), *Unimaginable Storms. A Search for Meaning in Psychosis*, London, Karnak.

Jeanneau A. (1990), *Les délires non psychotiques*, Paris, PUF.

Jones E. (1916), "La théorie du symbolisme", in *Théorie et pratique de la psychanalyse*, trad. A. Stronk, Paris, Payot, 1969, p. 82-131.

―― (1927), "Le développement précoce de la sexualité féminine", in *Théorie et pratique de la psychanalyse*, trad. A. Stronk, Paris, Payot, 1969, p. 399-411.

―― (1935), "Sexualité féminine primitive", in *Théorie et pratique de la psychanalyse*, trad. A. Stronk, Paris, Payot, 1969, p. 442-452.

―― (1953-1957), *La vie et l'oeuvre de Sigmund Freud*, 3 vol., Paris, PUF, 1958-1969.

―― (1959), *Free Associations. Memories of a Psychoanalyst*, New York, Basic Books.

Joseph B. (1985), "Transference: A total situation", *Int. J. Psycho-Anal.*, 66, 447-454.

Jung C. G. (1902), "Phénomènes occultes", trad. É. Godet et Y. Le Lay, Paris, Aubier, 1939.

―― (1907), *Über die Psychologie der "Dementia praecox": ein Versuch*, Halle, Marhold.

―― (1911-1912), *Métamorphoses et symboles de la libido*, Paris, Montaigne, 1931.

―― (1921), *Types psychologiques*, trad. et préface de Y. Le Lay, Genève, Georg, 1950.

Kardiner A. (1939), *L'individu dans la société. Essai d'anthropologie psychanalytique*, trad. T. Prigent, Paris, Payot, 1969.

Kernberg O. (1975), *Borderline Condiitions and Pathological Narcissism*, New York, Jason Aronson.

King P. et Steiner R. (1991), *Les controverses Anna Freud - Melanie Klein*, 1941-1 945, trad. E. Prado de Oliveira, Paris, PUF, 1996.

Klein M. (1921), "Le développement d'un enfant", trad. M. Derrida, in *Essais de psychanalyse*, Paris, PUF, 1967, p. 29-89.

―― (1928), "Les stades précoces du conflit oedipien", trad. M. Derrida, in *Essais de psychanalyse*, Paris, Payot, 1967, p. 229-241.

―― (1930), "L'importance de la formation du symbole dans le développement du moi", trad. M. Derrida, in *Essais de psychanalyse*, Paris, PUF, 1967, p. 263-278.

―― (1932), *La psychanalyse des enfants*, trad. J.-B. Boulanger, Paris, PUF, 1959.

―― (1935), "Contribution à la psychogenèse des états maniaco-dépressifs", trad. M. Derrida, in *Essais de psychanalyse*, Paris, PUF, 1968, p. 311-340.

―― (1940), "Le deuil et ses rapports avec les états maniaco-dépressifs", trad. M. Derrida, in *Essais de psychanalyse*, Paris, PUF, 1968, p. 341 -369.

―― (1946), "Notes sur quelques mécanismes schizoides", trad. W. Baranger, in *Développements de la psychanalyse*, Paris, Payot, 1968, p. 274-300.

―― (1957), *Envie et gratitude et autres essais*, trad. V. Smirnoff et al., Paris, Gallimard, 1968.

Kohut H. (1971), *Le Soi. Psychanalyse des transferts narcissiques*, trad. M.-A. Lussier, Paris, PUF, 1974.

Kris E. (1956), "The recovery of childhood memories in psycho-analysis Psychoanal". *Study Child*, 11, 54-88.

Kroeber A. L. (1920), "*Totem et tabou* : une psychanalyse ethnologique" *Rev. franç. psychanal.*, 57, 773-785, 1993.

Lacan J. (1949), "Le stade du miroir comme formateur de la fonction de Je", in Écrits, Paris, Le Seuil, 1966, p. 93-100.

_____ (1953), "Fonction et champ de la parole et du langage en psychanalyse", in *Écrits*, Paris, Le Seuil, 1966, p. 237-322.

_____ (1955), "La Chose freudienne ou Sens du retour à Freud en psychanalyse", in *Écrits*, Paris, Le Seuil, 1966, p. 406-436.

_____ (1957), "L'instance de la lettre dans l'inconscient ou la raison depuis Freud", in *Écrits*, Paris, Le Seuil, 1966, p. 493-528.

_____ (1981), *Le Séminaire*, livre III: *Les psychoses (1955-1956)*, Paris, Le Seuil.

Ladame F. (1991), "L'adolescence, entre rêve et action", *Rev. franç. psychanal.*, 55, 1493-1542.

Lansky M. R. (1992), *Essential Papers on Dreams*, New York - London, New York University Press.

Laplanche J. (1980), *Problématique, I. L'angoisse*, Paris, PUF.

_____ (1987), "La séduction généralisée aux fondements de la théorie et à l'horizon de la pratique psychanalytique", Conférence à Genève, 9 mai 1987 (Compte rendu par J.-M. Quinodoz, *Bull. Soc. suisse psychanal.*, 24, 98-99).

_____ et Pontalis J.-B. (1967), Vocabulaire de la psychanalyse, Paris, PUF.

Lax R. (1992), "A variation on Freud's theme in 'A child is being beaten' - Mother's role: Some implications for superego development in women", *J. Amer. Psychoanal. Assn.*, 40, 455-473.

Le Bon G. (1895), *Psychologie des foules*, Paris, Alcan, rééd. Paris, PUF, 2002.

Lipps T. (1898), *Komik und Humor. Eine psychologish-astetische Untersuchung*, Hamburg, L. Voss.

Lipton S. D. (1977), "The advantage of Freud's technique as shown in his analysis of the Rats Man", *Int. J. Psycho-Anal.*, 58, 255-273.

Little M. (1951), "Le contre-transfert et la réponse qu'y apporte le patient", *in* P. Heimann, M. Little, A. Reich et L. Tower (eds), *Le contre-transfert*, trad. C. Garrigues et N. Katan-Beaufils, Paris, Navarin, 1987, p. 30-47.

Lothane Z. (1992), *In Defense of Schreber: Soul Murder and Psychiatry*, Hillsdale-London, The Analytic Press.

Luquet P. (1985), Introduction à la collection "Le Fait psychanalytique Paris", PUF.

Macalpine I. et Hunter R. A. (1955), "Préface", in D. P. Schreber (1903), *Mémoires d'un névropathe*, trad. P. Duquenne, Paris, Le Seuil, 1975.

Mack-Brunswick R. (1928), "The analysis of a case of paranoia. Delusion and jealousy" *J. Nerv. Ment. Dis.*, 70, 1-22, 155-178.

_____ (1928-1971), "Supplément à Extrait de l'histoire d'une névrose infantile", de S. Freud, trad. M. Bonaparte, in M. Gardiner, *L'Homme aux loups par ses psychanalystes et par lui-même*, Paris, Gallimard, 1981, p. 268-313.

Mahler M., Pine F. et Bergman A. (1975), *La naissance psychologique de l'être humain*, trad. J. Garon Léonard, Paris, Payot, 1980.

Mahony P. (1986), Freud et l'Homme aux rats, trad. B. Vichyn, Paris, PUF, 1991.

_____ (1993), "The dictator and his cure", *Int. J. Psycho-Anal.*, 74, 1245-1251.

_____ (2002), "Remarques sur un cas de névrose obsessionnelle", *in* A. de Mijolla (éd.), *Dictionnaire international de la psychanalyse*, Paris, Calmann-Lévy.

Manzano J. (1989), "La séparation et la perte d'objet chez l'enfant", *Rev. franç. psychanal.*, 53, 241-272.

Masson J.-M. (1984), *Le réel escamoté*, trad. C. Monod, Paris, Aubier-Montaigne, 1985.

Masters, W. and Johnson, V. (1966) Human Sexual Response. Boston: Little Brown.

McDougall W. (1921), *The Group Mind*, Cambridge, Univ. Press.

Messier D. (1988), "Notice terminologique du traducteur", *in* S. Freud, *Le mot d'esprit et ses rapports avec l'inconscient*, Paris, Gallimard, p. 413-424.

Meissner S. J. et Meissner W. W. (1984), *Psychoanalysis and Religious Expenence*, New Haven, Conn., Yale University Press.

_____ (2002), "Religion and Psychoanalysis", in E. Edward (éd.), *The Freud Encyclopedia. Theory, Therapy, and Culture*, London-New York, Routledge.

Mijolla A. de (éd.) (2002), *Dictionnaire de la psychanalyse*, Paris, Calmann-Lévy.

Miller J. A. (2003), "L'avenir de la psychanalyse. Débat entre Daniel Widlocher et Jacques-Alain Miller", *Psychiatrie, Sciences humaines, Neurosciences*, 1/1, 10-18.

Mitchell J. (1972), *Psychoanalysis and Feminism*, Hardsmondsworth, Penguin Books.

Munsterberger W. (1969), *L'anthropologie psychanalytique depuis "Totem et tabou"*, trad. J. Kalmanovitch, Paris, Payot, 1976.

Neyraut M. (1974), *Le transfert*, Paris, PUF.

Niederland W. G. (1963), "Further data and memorabilia pertaining to the Schreber case", *Int. J. Psycho-Anal.*, 44, 208-212.

Obholzer K. (1980), *Entretiens avec l'Homme aux loups : une psychanalyse et ses suites*, trad. R. Dugas, Paris, Gallimard, 1981.

Oraison M. (1950), *Vie chrétienne et problème de la sexualité*, Paris, Fayard, 1970.

Palacio Espasa F. (2003), *Dépression de vie, dépression de mort*, Ramonville-Saint-Agne, Érès.

Parin P. et Morgenthaler F. (1969), "L'analyse du caractère basée sur les schèmes du comportement des 'primitifs' africains", in W. Munsterberger (éd.) (1969), *L'anthropologie psychanalytique depuis "Totem et tabou"*, trad. J. Kalmanovitch, Paris, Payot, 1976, p. 157-178.

Perelberg R. J. (éd.) (2000), *Dreaming and Thinking*, London, Institute of Psychoanalysis.

_____ (2002), "Féminisme et psychanalyse", in A. de Mijolla (éd.), *Dictionnaire de la psychanalyse*, Paris, Calmann-Lévy.

Pfister O. (1928), "L'illusion d'un avenir", *Rev. franç. psychanal.*, 41, 503-545, 1977.

Pragier G. et Faure-Pragier, S. (1990), "Un siècle après l' Esquisse": nouvelles métaphores? Métaphores du nouveau? *Rev. franç. psychanal.*, 54, 1395- 1529.

Quinodoz D. (1994), *Le vertige, entre angoisse et plaisir*, Paris, PUF.

_____ (1999), "Deux grands méconnus: les parents adoptifs d'OEdipe. Du dédoublement des imagos parentales au dédoublement des affects", *Rev. franç. psychanal.*, 63, 103-122.

_____ (2001), "The psychoanalyst of the future: Wise enough to dare to be mad at times", *Int. J. Psycho-Anal.*, 82, 235-248.

_____ (2002), *Des mots qui touchent. Une psychanalyste apprend a parler*, Paris, PUF.

Quinodoz J.-M. (1989), "Female homosexual patients in psychoanalysis", *Int. J. Psycho-Anal.*, 70, 57-63.

_____ (1991), *La solitude apprivoisée. L'angoisse de séparation en psychanalyse*, Paris, PUF.

_____ (1997a), "Transitions in psychic structures in the light of deterministic chaos theory", *Int. J. Psycho-Anal.*, 78, 699-718.

_____ (1997b), "'A child is being beaten'. A seminar with Candidates from the Perspective of Contemporary Psychoanalysis", in *On Freud's "A child is being beaten"*, International Psychoanalytical Association Monograph, 5th Volume, edited by E. Spector Person, 112-132, New Haven - London, Yale University Press.

_____ (2000), "Mélancolie maniaque: quelle issue?", *Rev. franç. psychanal.*, 64, 1825- 1835.

_____ (2001), *Les rêves qui tournent une page*, Paris, PUF.

_____ (2002), "L'identification projective: qu'en pensent les psychanalystes de langue française?", *Bull. Féd. européenne psychanal.*, 56, 148- 156.

Racamier P.-C. et Chasseguet-Smirgel J. (1966), "La révision du cas Schreber", *Rev. franç. psychanal.*, 30, 3-26.

Racker H. (1953), "A contribution to the problem of countertransference", *Int. J. Psycho-Anal.*, 34, 313-324.

Rank 0. (1909), *Le mythe de la naissance du héros*, trad. E. Klein, Paris, Payot, 1983.

_____ (1924), *Le traumatisme de la naissance*, trad. S. Jankélévitch, Paris, Payot, 1928.

Rice E. (2002), "Religion and Psychoanalysis" in E. Edward (ed.), *The Freud Encyclopedia*, London – New York, Routledge.

Ricoeur P. (1965), *De l'interprétation. Essai sur Freud*, Paris, Le Seuil.

Riesenberg Malcom R. (1988), "The mirror: A perverse sexual phantasy in a woman seen as a defence against a psychotic breakdown", in E. Bott Spillius (éd.), *Melanie Klein today*, London - New York, Routledge.

Robert M. (1964), *La révolution psychanalytique*, Paris, Payot, 2 vol.

Robbins T., Cotran R. S., Kumar V. (1974), *Pathologic Basis of Disease*, Philadesphia, Saunders, 6e éd., 1999.

Rodrigué E. (1996), *Freud. Le siècle de la psychanalyse*, trad. P. Rey, Paris, Payot, 2000.

Roiphe J. (1995), "The conceptualisation and communication of clinical facts" *Int. J. Psycho-Anal.*, 76, 1179-1190.

Roheim G. (1950), *Psychanalyse et anthropologie*, trad. M. Moscovici, Paris, Gallimard, 1967.

Rosenfeld H. (1964), *États psychotiques. Essais psychanalytiques*, trad. G. Diatkine, A. et M. Gibeault, Paris, PUF, 1976.

_____ (1971), "Les aspects agressifs du narcissisme : un abord clinique de la théorie des instincts de vie et de mort", *Nouv. rev. psychanal.*, n° 9, 1974, p. 205-221.

Roudinesco E. et Plon M. (1997), *Dictionnaire de la psychanalyse*, Paris, Fayard.

Sandler, A.M. (1966). The psychoanalytical legacy of Anna Freud. *The Psychoanalytic Study of the Child*. Vol 51, p. 11-22.

_____ (2004). Communication personnelle.

Sandler J. (éd.) (1991), *Freud aujourd'hui. L'analyse sans fin et l'analyse avec fin*, Monographie de l'Association psychanalytique internationale, Paris, Bayard, 1994.

Schaeffer J. (1 986), "Le rubis a horreur du rouge. Relation et contre-investissement hystérique", *Rev. franç. psychanal.*, 50, 923-944.

Schaeppi R. (2002), *La femme est le propre de l'homme*, Paris, Odile Jacob.

Schapiro M. (1956), "Léonard et Freud", in *Style, artiste et société*, trad. B. Allan et al., Paris, Gallimard, 1982, p. 93-138.

Schmidt W. (1929), "Der OEdipus-K der freudschen Psychoanalyse und die Ehegestaltung des Bolschevismus. Eine kritische Prüfung ihre ethnologischen Grundlagen", *Nationalwirtschaft*, 2, 401-436.

Schreber D. (1903), *Mémoires d'un névropathe*, trad. P. Duquenne, Paris, Le Seuil, 1975.

Schur M. (1972), *La mort dans la vie de Freud*, trad. B. Bost, Paris, Gallimard, 1975.

Segal H. (1957), "Note sur la formation du symbole", in *Délire et créativité*, trad. J. Vincent-Chambrier et C. Vincent, Paris, Des Femmes, 1987, p. 93-111.

_____ (1979), *Melanie Klein : développement d'une pensée*, trad. J. Goldberg et G. Petit, Paris, PUF, 1982.

_____ (1986), "De l'utilité clinique du concept de pulsion de mort", in *La pulsion de mort*, Ier Symposium de la Fédération européenne de psychanalyse, Paris, PUF, p. 27-37.

_____ (1991), *Rêve, art, phantasme*, trad. A. Comby, Paris, Bayard, 1993.

_____ (1995), Comments on Ruth Riesenberg Malcom's paper UCL Conference on Projective Identification, London, October 1995 (unpublished).

_____ (2002), "Ne rien avoir tiré de l'expérience: Hiroshima, guerre du Golfe et 11 septembre", *Internat. Psychoanalysis*, 11, 33-35.

Sellin Ed. (1922), *Mose und seine Bedeutung für die israelitish-jüdische Religionsgeschichte*, Leipzig.

Sharpe E. F. (1937), *Dream Analysis*, London, Hogarth, 1978.

Sherfey, M.J. (1996) 'The evolution and nature of female sexuality in relation to psychoanalytic theory. *Journal of the American Psychoanalytic Association*, 14: 28-128

Silverman M. (1980), "A fresh look at the case of Little Hans", *in* M. Kanzer et J. Glenn (eds),

Freud and his Patients, New York, Jason Aronson, p. 95-120.

Solms M. et Kaplan-Solms K. (2000), *Clinical Studies in Neuro-Psychoanalysis. An Introduction to Depth Neuropsychology*, New York - London, The Other Press - Karnak.

Spitz R. A. (1957), *Le non et le oui*, Paris, PUF, 1962.

_____ (1965), *De la naissance à la parole*, Paris, PUF, 1968.

Steiner R. (2002), "Ernest Jones (1879-1958)", in A. de Mijolla (éd.), *Dictionnaire international de la psychanalyse*, Paris, Calmann-Lévy.

Stoller R. J. (1968), *Recherches sur l'identité sexuelle*, trad. N. Novodorski, Paris, Gallimard, 1978.

Strachey J. (1957), Editor's introduction (to "Mourning and Melancholia") *SE* 14, p. 239-242.

_____ (1959), Editor's introduction ("Inhibitions symptoms and anxiety") *SE*, p. 77-86.

Sullivan H. S. (1944-1945), *The Psychiatric Interview*, New York, W. W. Norton, 1954.

Taylor E. (2002), "Jung, Carl Gustav (1875-1961)", in *The Freud Encyclopedia*, London-New York, Routledge, p. 298-300.

This B. (2002), Dolto-Marette, Françoise in A. de Mijolla (éd.), *Dictionnaire international de la psychanalyse*, Paris, Calmann-Lévy.

Tous J. M. (1996), "Hysteria one hundred years on. Panel report ", *Int. J. Psycho-Anal.*, 77, 75-78.

Vallet O. (2002), "Religion et psychanalyse", in A. de Mijolla (éd.), *Dictionnaire international de la psychanalyse*, Paris, Calmann-Lévy.

Vassali G. (2001), "The birth of psychoanalysis from the spirit of technique", *Int. J. Psych-Anal.*, 82, 3-25.

_____ (2002), "Erraten ou verraten : deviner ou trahir", trad. M. Bribinski, Penser/Rêver, 2002, p. 211-256.

Vermorel H. et Vermorel M. (1993), Sigmund Freud et Romain Rolland, *Correspondance*, 1923-1936, Paris, PUF.

Weber K. (2002), "Suisse alémanique", in A. de Mijolla (éd.), *Dictionnaire international de la psychanalyse*, Paris, Calmann-Lévy.

Widlöcher D. (2003), "L'avenir de la psychanalyse. Débat entre Daniel Widlocher et Jacques-Alain Miller", *Psychiatrie, Sciences humaines, Neurosciences*, 1/1, 10-18.

Winnicott D. W. (1947), "La haine dans le contre-transfert", in *De la pédiatrie à la psychanalyse*, trad. J. Kalmanovitch, Paris, Payot, 1969, p. 48-58.

_____ (1955-1956), "Les formes cliniques du transfert", in *De la pédiatrie à la psychanalyse*, trad. J. Kalmanovitch, Paris, Payot, 1969, p. 185-190.

_____ (1958), "La capacité d'être seul", in *De la pédiatrie à la psychanalyse*, trad. J. Kalmanovitch, Paris, Payot, 1969, p. 205-213.

Wollheim R. (1971), *Freud*, Glascow, Fontana/Collins.

Yerushalmi Y. H. (1991), *Moïse de Freud. Judaïsme terminable et interminable*, trad. J. Carnaud, Paris, Gallimard, 1993.

Young-Bruehl E. (1988), *Anna Freud*, trad. J.-P. Ricard, Paris, Payot, 1991.

Zilboorg G. (1942), "The catholic doctor", Psychoanal. Quart., 11, 419-421.

ÍNDICE ONOMÁSTICO

A

Abraham, Karl, 89-90, 100, 117, 146-148, 154, 165-166, 239-240, 274-275.
Abraham, R., 110.
Adler, Alfred, 81-82, 111-112, 137-138, 176, 244-245, 299.
Andreas-Salomé, Lou, 154, 192-193, 277, 278.
Andreassen, Nancy C., 38-39.
Anna, O., 22-23-23-24.
Anzieu, Didier, 48-49, 53-54, 130-131, 164-165.
Associação Psicanalítica Americana, 255-256.
Associação Psicanalítica Internacional, 67-68, 87-90, 104, 111-112, 125-126, 129-130, 166, 185-189, 230-231, 254-256, 285.

B

Balint, Michael, 132-133, 150-151, 171-172.
Bauer, Ida, 81-82.
Bellemin-Noël, Jean, 90-91, 92-93.
Bergman, Anni, 150-151, 246-247.
Bernays, Martha, 19-20.
Bernheim, Hippolyte, 20-21.
Binswanger, Ludwig, 23-24, 86.
Bion, Wilfred R., 68-69, 87, 110, 122-123, 130-131, 143, 150-151, 170, 221-223, 262-263.
Blacker, Kay Hill, 110.
Bleger, José, 130-131.
Bleuler, Eugen, 84-85, 89-90, 119-120, 165-166, 249-250.
Bonaparte (princesa Marie), 31, 81-82, 95-96, 105-106, 117-118, 166-168, 176, 185-186, 188-189, 201-202, 250-251, 277-278, 287.

Bourguignon, André, 63-64, 215-216, 257-258, 268-269, 279.
Bowlby, John, 245-247.
Braunschweig, Denise, 143.
Brenman, Éric, 28-29.
Breuer, Joseph, 19-23, 239-240.
Breuer, Robert, 20-21, 239-240.
Brill, Abraham, 255-256.
British, Psychoanalytic Society, 100.
Brücke, Ernst, 19-21.
Burgholzli (hospital), 89-90.
Burlingham, Dorothy, 102, 192, 246-247.

C

Canestri, Jorge, 274, 275.
Charcot, Jean-Martin, 20-21, 26-27.
Chasseguet-Smirgel, Janine, 28-29, 121-122, 164-165, 202, 277, 278.
Chiland, Colette, 202.
Choisy, Maryse, 254-255.
Claparède, Édouard, 71-72.
Clark, University, 89-90, 137-138.
Cooper, Arnold M., 285.

D

Darwin, Charles, 140-141.
Deutsch, Hélène, 201-202.
Devereux, Georges, 143.
Diatkine, Gilbert, 121-122.
Diatkine, René, 254-255.
Dolto, Françoise, 254-255.
Dor, Joël, 61.

Dora (caso), 71, 77-78, 81-84, 200-201, 218-219, 299.
Duparc François, 67-68.

E

Eissler, Kurt R., 113-114, 183.
Eitingon, Max, 205-206.
Ellis, Havelock, 71-73, 113-114.
Emmy, von N. (caso), 23-24, 26-27.
Etchegoyen, R. Horacio, 126.

F

Fairbairn, W. Ronald, B., 121-122.
Faure-Pragier, Sylvie, 37-39, 131-132.
Federação Européia de Psicanálise, 213.
Federn, Paul, 149-150.
Fenichel, Otto, 126.
Ferenczi, Sándor, 84-85, 89-90, 100, 111-112, 129-133, 154, 156-157, 169-172, 175, 185, 187-188, 219-221, 239-240, 277, 279, 282-284.
Flanders, Sara, 54-55.
Flechsig, Paul Emil, 117-121.
Fliess, Wilhelm, 31-35, 44-45, 48-49, 57-58, 63, 71-73, 77-78, 81-82, 89-90, 107-108, 111-112, 120-121, 277, 278.
Foulkes, Siegmund Heinrich, 221-223.
Frankiel, Rita V., 99.
Frazer, Sir James G., 137-138, 140-141.
Freeman, Derek, 141-142.
Freud, Alexandre (irmão de Freud), 100, 102, 166-168, 246-247.
Freund, Anton von, 185, 205-206.
Freud, Jakob (pai de Freud), 48.
Freud, Martha Bernays (esposa de Freud), 101-102.

G

Gabbard, Glen O., 134-135.
Gardiner, Muriel M., 183.
Gay, Peter, 205-206.
Geissman, Pierre, 100.
Gibeault, Alain, 61.
Glover, Edward, 100-101, 126.
Goethe, Johann Wolfgang von, 141-142.
Graf, Herbert (cf. pequeno Hans), 95-95-96.
Graf, Max, 95- 95-96, 99.
Graf, Olga, 95.
Green, André, 28-29, 37-38, 53-54, 150-151, 164-166, 213, 285.
Greenson, Ralph R., 126.
Grinberg, Léon, 87.
Groddeck, Georg, 225-226.
Grosskurth, Phyllis, 100-101.

Grubrich-Simitis, Ilse, 154, 171-172, 272-273.
Grunberger, Béla, 150-151.

H

Hajek, Marcus, 225-226.
Halberstadt, Sophie Freud (filha de Freud), 185-186.
Hanly, Charles, 33-34.
Hartmann, Heinz, 102, 143, 230-231.
Hawelka, E. R., 105-106, 283-284.
Haynal, André, 132-133, 166.
Heimann, Paula, 87.
Hinshelwood, Robert D., 100-101, 274-275.
Hirschmuller, Albrecht, 20-21, 23-24.
Hitler, Adolf, 257-258, 277-278, 287.
Horney, Karen, 201-202.
Hug-Hellmuth, Hermine, 100.
Hunter, R. A., 121-122.

I

International Journal of Psycho-Analysis (The), 187-189, 215-216, 255-256.
Irma (sonho da injeção de), 48, 50-53.

J

Jackson, Murray, 61.
Jeanneau, Augustin, 92-93.
Jensen, Wilhelm, 89-93.
Jones, Ernest, 19-20, 23-24, 47, 68-69, 71, 100, 105-106, 132-133, 154, 185-189, 201-202, 212-213, 215-216, 228-229, 233-234, 249-250, 255-256, 262-263, 277- 278, 287.
Joseph, Betty, 19-20, 87, 239-240, 299.
Jung, Carl Gustav, 77-78, 84-85, 89-90, 111-112, 117, 131-132, 137-138, 146-148, 165-166, 176, 249-250.

K

Kann, Loe, 187-188.
Kaplan-Solms, Karen, 37-38.
Kardiner, Abram, 143.
Katharina (caso), 24-25.
Kernberg, Otto, 150-151.
King, Pearl, 100-101.
Klein, Arthur, 100.
Klein, Melanie, 68-69, 100-102, 110, 113-114, 121-122, 149-151, 166, 169-170, 187-189, 201-202, 212-213, 223, 228-229, 230-231, 246-247, 262-263, 274-275.
Klein, Melitta, 68-69, 100-102, 110, 113-114, 121-122, 149-151, 169-170, 201-202, 223, 228-229, 246-247.
Kohut, Heinz, 132-133, 150-151, 230-231.
Kraepelin, Emil, 119-120, 176.

Krafft-Ebing, Richard von, 44-45, 71-73.
Kris, Ernst, 31, 143, 166-168, 230-231, 245-246.
Kroeber, Alfred L., 141-142.

L

Lacan, Jacques, 59-60, 63-64, 66-68, 88, 121-122, 126, 146, 164-166, 230-231, 245-246, 277-278.
Lacassagne, Antoine, 225-226.
Ladame, François, 92-93.
Laforgue, René, 254-255, 277-278.
Lansky, Melvin R., 54-55.
Lanzer, Ernst (O homem dos ratos), 100-102, 105-110.
Laplanche, Jean, 28-29, 31-32, 41-44, 57, 58, 130-131, 146, 154, 157-160, 165-168, 205-206, 213, 226-227, 236-237, 245-246, 257-258, 268-269, 271-272, 283, 284.
Lax, Ruth F., 196.
Le, Bon Gustave, 216-217.
Lester, Eva, 134-135.
Lipps, Theodor, 63-64.
Lipton, Samuel D., 110.
Little, Margaret, 87.
Loewenstein, Rudolf M., 81-82, 95-96, 105-106, 117-118, 143, 176, 230-231.
Lothane, Zvi, 121-122.
Lucy, R. (caso), 24-25.
Luquet, Pierre, 164-165.

M

Macalpine, Ida, 121-122.
Mack-Brunswick, Ruth, 149-150, 175-176, 182-183.
Mahler, Gustav, 95-96.
Mahler, Margaret, 150-151, 246-247.
Mahony, Patrick, 99, 110.
Malinowski, Bronislaw, 143.
Manzano, Juan, 245-246.
Marejkowski, Dimitri, 111.
Masson, Jeffrey Moussaieff, 33-34.
McDougall, Joyce, 164-165, 277-278.
Meissner, William W., S. J., 294-295.
Messier, Denis, 63-64.
Meynert, Theodor, 165-166.
Mijolla, Alain de, 230-231.
Miller, Jacques-Alain, 88.
Mitchell, Juliet, 202.
Modell, Arnold, 132-133.
Moïse, 143, 249-250, 253-254, 287-295.
Morgenthaler, F., 143.
Moser (baronesa Fanny. (cf. Emmy von N.), 23-24.
Munsterberger, Werner, 143.

N

Nacht, Sacha, 277-278.
Nersessian, Edward, 28-29.
Neyraut, Michel, 87.
Niederland, W. G., 121-122.
Nietzsche, Friedrich, 192, 225-226.

O

Obholzer, Karin, 183.
Oraison Marc, 254-255.

P

Pankejeff, Sergei (Homem dos lobos), 176.
Pappenheim, Bertha (cf. Anna O.), 22-23.
Parin, P., 143.
Perelberg, Rosine J., 54-55, 202.
Pequeno, Hans, 158-160, 241-242.
Pfister, Oskar, 113-114, 249-255, 262-263.
Pine, Fred, 150-151, 246-247.
Plé, Rd P., O. P., 254-255.
Plon, Michel, 66-67, 254-255.
Poe, Edgar, 277-278.
Pontalis, Jean-Bertrand, 31-32, 57-58, 146, 154, 157-160, 165-166, 205-206, 236-237, 271-273.
Pragier, Georges, 37-39, 131-132.

Q

Quinodoz, Danielle, 43-44, 92-93, 149-150, 187-188, 230, 297.
Quinodoz, Jean-Michel, 7-8, 38-39, 53-54, 59-60, 67-68, 131-132, 197-198, 213, 246-247.

R

Racamier, Paul-Claude, 121-122, 164-165.
Racker, Heinrich, 87.
Rado, Sandor, 166.
Rank, Otto, 132-133, 215-216, 233-234, 239-241, 244-245, 277, 279, 288-289.
Rée, Paul, 192.
Rice, Emanuel, 294-295.
Ricoeur, Paul, 294-295.
Riesenberg, Malcolm R., 196.
Rilke, Rainer Maria, 1 95.
Robbins, Stanley L., 213.
Robert, F., 257-258, 268-269.
Robert, Marthe, 297.
Rodrigué, Emilio, 225-226.
Roheim, Géza, 132-133, 143.
Roiphe, Jean, 37-38.

Rolland, Romain, 215-216, 249-250, 257-258, 277-278.
Rosenfeld, Herbert, 68-69, 122-123, 150-151, 170, 285.
Roudinesco, Elisabeth, 66-67, 254-255.

S

Sadger, Isidor, 100.
Sandler, Joseph, 285.
Saussure, Ferdinand de, 66-67.
Schaeffer, Jacqueline, 28-29.
Schaeppi, Rolf, 143.
Schapiro, Meyer, 113-114.
Schmideberg, Melitta, 100-101.
Schreber, Daniel Paul, 117-119, 121-122.
Schur, Max, 205-206, 287, 288.
Segal, Hanna, 53-54, 68-69, 91-92, 100-101, 122-123, 150-151, 170, 196, 212-213, 262-264.
Sellin E., 288, 289.
Sharpe, Ella Freeman, 54-55.
Silverman Martin, Arnold, 99.
Sociedade, Britânica de Psicanálise, 100-101.
Sociedade Psicanalítica de Paris, 277, 278.
Sociedade Psicanalítica de Viena, 100-101, 192-193, 239-240.
Sociedade de Viena, 137-138.
Solms, Hugo, 95-96.
Solms, Mark, 37-39.
Sophocle, 91-92, 187-188.
Spitz, René A., 246-247.
Steiner, Riccardo, 100-101, 188-189.
Stoller, Robert Jesse, 202.
Strachey, James, 154, 166-168, 239.
Sullivan, Harry Stack, 149-150.

T

Tausk, Viktor, 162-163, 205-206.
Taylor, Édith, 89-90.
This, Bernard, 254-255.
Tous, Joana M., 28-29, 63, 198-200, 287
Trotter, Wilfred, 219-220.

V

Vallet, Odon, 249-250.
Vassali, Giovanni, 131-132.
Vermorel, Henri, 215-216.
Vinci, Leonardo da, 106-219.

W

Weber, Kaspar, 117-118, 250-251.
Wells, H. G., 277, 278.
Widlöcher, Daniel, 67-68, 88, 206-207.
Williams, Paul, 61.
Winnicott, Donald W., 87, 100-101, 130-133, 150-151, 246-247.
Wollheim, Richard, 27-28.

Y

Yerushalmi, Yosef Hayim, 294-295.
Young-Bruehl, Elizabeth, 192.

Z

Zellenka Hans e Pepina, 81-82.
Zilboorg, Gregory, 254-255.
Zweig, Arnold, 257-258.
Zweig, Stefan, 23-24, 83-84, 277-278.

ÍNDICE REMISSIVO

A

a posteriori, 31-32, 36-39, 43-45, 178-179, 183.
ab-reação, 19-20, 25-26, 29.
abstinência, 86, 134-135, 136.
abusos sexuais, 27-28.
abutre, 113-114.
ações obsessivas, 106-107.
acting in, acting out (ou passagem ao ato-), 59-60.
adaptação (teoria da-), 230-231.
adolescência, 90-91, 198-200.
afânise, 188-189, 201-202.
afetos, 42-43, 45, 76-77, 82-83, 153, 157-161, 164-166, 169-170, 172-173, 216-217, 242-243.
aflição (*Hilflosigkeit*), 244-245, 247, 251-252, 255-256.
agressividade (v. ambivalência, ódio, instintos agressivos), 97-98, 117, 151, 153, 155-157, 159-160, 166-168, 172-173, 179-181, 215, 217-218, 229-230, 242-243, 263-264.
aliança terapêutica, 106-107.
alucinação, 91-93, 267-268, 284-285.
ambivalência, ambivalência amor/ódio, 84-85, 96-98, 110, 132-133, 138-139, 143, 155-158, 168, 172-173, 182-183, 183, 242-243, 262-263.
amnésia infantil, 73-74, 78-79, 193-194.
amor, 76-78, 82-83, 117, 132-133, 139-140, 145, 153, 155-157, 159-160, 166, 168, 172-173, 215-218, 223, 229-230, 259-261; – genital, 219-220; – homossexual, 200-201; – de objeto, 119-120, 145-146, 148-149; – de objeto total, 166 – objetal primário (Balint), 150-151; – de transferência, 86, 125-126, 133-134, 136.
analidade (v. erotismo anal), 75, 78-79, 110; caráter –, 110.

análise leiga (ou praticada por não-médicos), 104, 249, 250-251, 254-256.
análise selvagem 129-130.
análise: – do analista, 134-136, 282-283, 285; – de crianças, 100; – didática, 67-68, 135-136; – interminável, 277.
angústia, 33-34, 159-160, 185-189, 239-247, 267-268; – de aniquilação, 151; – automática, 239, 247; – de castração, 78-79, 97-98, 104, 179-181, 241-242, 247, 269-270; – do nascimento, 240-241; – de separação na criança, 246-247; – de separação e de perda de objeto, 239, 240-247; – do oitavo mês, 246-247; – sinal, 239, 247.
animismo, 139-140, 143.
anti-semitismo, 277-278.
antropologia psicanalítica, 143.
antropólogos, 141-142, 294-295.
anulação retroativa, 106-107, 110, 242-243, 247.
aparelho psíquico (teoria da-), 53-54.
apego, 97-98 – homossexual, 83-84.
apoio, 38-39, 78-79, 119-120.
apoptose, 213.
arqueologia, 89.
assassinato, 262-263.
assassinato do pai, 77-78, 140-143, 172-173, 215-216, 220-221, 228-229, 287, 290-292, 295.
associações livres, 19, 23-25, 47-48, 49-50, 52-53, 57, 105-106, 129-130.
atenção dispersa, 126-127.
ateu, 292-293.
atividade, 206-207, 244-245.
ativo, ativo-passivo, 155-156, 200-201.
ato (v. *acting in* e *out*), 133-135.

atos compulsivos, 106-107, 110.
atos falhos, 53-54, 57-61, 63, 284-285.
autista, 68-69.
auto-acusações, 108-110, 166-168, 172-173.
auto-análise, 31-34, 48, 53-54.
autodestruição, 263-264.
auto-erotismo, 76-79, 119-120, 145-146.
autopunição, 197-198, 240-241.

B

benefício secundário, 241-242.
bissexualidade, 31, 34, 72-73, 78-79, 99, 112-113, 197, 200-201; – psíquica, 33-34, 78-79, 81-82, 181-182, 191, 198-200, 225, 227-228.
borderline (pacientes), 61, 68-69, 149-150, 151.

C

câncer (de Freud), 225-226, 272-273.
caos determinista (teoria do –), 131-132.
Cartas a Wilhelm Fliess, 31-34.
casos clínicos : Elizabeth von R., 24-25; Emmy von N., 23-24; Katarina, 24-25; "Leonardo da Vinci", 111-114; Lucy R., 24-25; – "o Homem dos Lobos", 175-179, 181-183; – "o Homem dos Ratos", 105- 110; – Anna O., 83-84; – de homossexualidade feminina, 197-198 – do "Pequeno Hans", 95-102; – do "Presidente Schreber", 117-122.
castração (angústia de –), 99, 177-181, 183.
cena primitiva (originária), 175, 177-183, 277.
cenas de sedução, 175, 177-178, 183.
censura, 29, 51-55, 66-67, 159-160, 161-162; – do sonho, 51-52, 149-150.
cerimonial, 108-110, 138-139.
chistes, 63-69; – inocentes, 65-66; – tendenciosos, 65-66.
ciência, 35, 37-39, 53-54, 126, 249, 253-256, 259-261.
ciência determinista, 130-131.
ciúme, 77-78, 269-270.
civilização, 73-74, 141-142, 249-253, 255-264.
clivagem do ego, 89, 168-169, 265-267, 271-275, 279; – em Freud e em Klein, 274-275.
clivagem, clivagens, 139-140, 170, 186-189, 212-213.
cômico, 63-69.
comissão de ética, 134-135.
comitê secreto, 131-132.
complexo de Édipo, 31-33, 71-72, 77-79, 101-102, 137, 141-142, 187-188, 191, 197, 239-240, 242-243, 269-270, 291-292; – direto (ou positivo), 32-34, 77-78, 99, 175, 181-182, 193-195, 227-228; – invertido (ou negativo), 33-34, 99, 175, 194-195; da menina, 227-229, 269-271; – do menino, 227-229, 269-270; – precoce, 101-102, 169-170; – forme completa, 225, 227-231; erotização de objetos incestuosos no – 202.
complexo, 77-79; – de castração, 96-97, 200-201, 268-269, 274-275, 282-283, 291-292; – de virilidade, 198-200.
compreensão mútua, 36-37.
compromisso, 43-45, 51-55, 99.
compulsão de repetição, 86, 136, 185-189, 207-209, 213.
comunicação de inconsciente a inconsciente, 161-162.
concepção (Bion), 47, 171-172.
condensação, 50-51, 53-55, 58, 61, 63-69.
confidencialidade, 81-82.
conflito instinto de vida / instinto de morte, 169, 205-206, 211.
consciência moral, 25-26, 139-140, 143, 148-150, 169, 186-187.
consciência, consciente, 53-54, 159-160, 161-162, 172-173, 225-227.
construções, reconstruções, 181-182, 197-198, 277, 283-285.
conteúdo: – latente, 49-50, 54-55; – manifesto, 49-50, 54-55.
contra-identificação projetiva, 87.
contra-investimento, 161-162, 244-245.
contratransferência, 59-60, 67-68, 86-87, 110, 128-130, 134-136; – em Freud, 86; – após Freud, 87.
conversão, 19, 25-27, 29, 42-43.
corrente sensual, 76-77, 219-220.
corrente terna, 76-77, 219-220.
criação: – artística, 91-92; – literária, 91-92.
criança espancada, 269-270.
cristianismo, 137, 140-141, 249, 290-291, 294-295.
crítica (do ego), 168-169, 172-173.
cultura, 249-253, 257-261, 263-264.
curiosidade sexual infantil, 75, 104, 196.

D

defesas, 26-27, 29, 42-43, 117, 155-156, 158-159, 239, 244-247, 265-266, 271-273; – primitivas, 120-121, 170.
delírio, 89-93, 107-110, 117-118, 120-121, 149-150, 182-183, 267-268, 284-285; – como defesa contra a homossexualidade, 122-123; de perseguição, 117-118; – de grandeza, 146-148; – alucinatório, 92-93, 117-118; – paranóico, 117-118, 121-122, 139-140.
demência precoce, 119-120.
denegação, 170-265-266; – da realidade, 89, 107-110, 120-121, 265-268, 271-272, 274-275, 279; da castração, 274-275.
depressão, 31-32, 169, 172-173, 197-198, 218-219, 282-283; – melancólica, 220-221.

derivados do inconsciente, 157-158, 172-173.
desejo (v. realização de -) : – homossexual reprimido, 117-119; – incestuoso, 77-78; – de morte, 96-97; – passivos femininos, 78-79; – de vingança, 82-83.
desenhos da criança, 102.
desenvolvimento emocional primitivo, 150-151, 246-247.
desenvolvimento libidinal, 169-170.
desenvolvimento psicossocial infantil, 72-73, 75, 77-79, 118-119, 192-193, 200-201; – da menina, 78-79, 97-98, 268-269; – do menino, 77-79, 97-98, 268-269.
deslocamento, 50-51, 53-55, 58, 61, 63, 68-69, 295.
desunião instintiva, 228—230.
devorar, 156-157.
diferença anatômica entre os sexos, 265-266, 268-271, 274-275.
dinheiro, 179-181.
discurso, 67-68.
dissociação, 119-120.
divã, 127-128, 129-130.
dor, 245-246.
dramatização, 51-52, 54-55.
duplicação, 186-187-188-189.
duplo, 188-189; – narcísico, 188-189.
duração da cura, 127-128.

E

Édipo (v. complexo de –), 77-79.
educação psicanalítica, 102.
educação, 73-74, 102.
Egito, 288-289, 294-295.
Ego Psychology, 150-151, 230-231.
ego, 26-27, 35-36, 42-43, 212-213, 215, 223, 225-231, 240-242, 280-281; – autônomo, 230-231; – ideal, 148-149, 230-231; - e não-ego, 155-156; – pele, 130-131, 164-165; - prazer purificado, 169-170, 172-173; – prazer, 156-157, 258-259, 268-269; – realidade, 156-157; – total, 156-157, 220-221.
elaboração, 125-126, 133-134; – secundária, 50-51, 53-55.
elementos α, 170.
elementos ß, 170-172.
equação simbólica, 170, 270-271, 274-275.
Eros, 205.
erotismo anal, 105-110, 179-181, 183.
escolha de objeto, 76-79, 148-149, 249-250; – na mulher, 148-149; – de amor, 77-78; – definitivo, 72-73; – homossexual, 111, 113-114; – narcísico, 145, 148-149, 151; – por apoio, 145, 148-149, 151.
escudo protetor, 207-208.
esquecimento, 53-54, 57-61; – de nomes, 61.
esquizofrenia, 68-69, 119-120, 146-148, 162-163, 170.
esquizoparanóide (posição), 122-123.
estado : – amoroso, 219-220, 223; – hipnóide, 22-23, 25-26; – maníaco-depressivos, 146, 169-170.
estados-limite, 164-165; – narcísicos, 149-150.
estase da libido, 146-148, 151.
ética, 129-130, 132-135.
etnologia, 137-138, 141-142.
etnopsicanálise, 143.
exército, 217-218, 220-221, 223.

F

fálica, 78-79; fase -, 269-270.
falo, 271-272, 274-275.
falocêntrica (teoria -), 97-98.
família, 259-261.
fantasia de fustigação, 101-102, 191-193, 196; – na menina, 193-194; – no menino, 194-195.
fantasia, fantasia inconsciente, 27-29, 31-33, 44-45, 75, 82-83, 91-92, 111, 113-114, 121-122, 186-187, 192-193, 267-268; – homossexual passiva, 112-113, 118-119; – masturbatória, 269-270; – perversa, 202; – precoces, 100; sadomasoquistas, 202; – de sedução, 31-32,34.
fase de latência, 73-74.
fase simbiótica normal, 150-151.
fase, 169-170; – do desenvolvimento, 75-79, 166; – genital, 75-77, 156-157, 166; – do espelho, 146; – narcísica, 118-119, 122-123; – oral, 75, 166; – fálica, 75, 78-79, 271-272; – sádico-anal, 75, 166, 177-178, 193-194; – pré-genital, 75.
fator econômico, 266-267, 280.
fator quantitativo, 158-159.
fé (religião), 249-255.
felação, 111, 112-113.
feminino, feminilidade, 179-181, 191-192, 197-202, 259-261, 270-271, 282-284; – em Freud, 198-202.
fetichismo, 72-73, 92-93, 265-266, 271-275.
filogêse, filogenética, 77-78, 131-132, 141-143, 171-173, 182-183, 228-229, 244-245, 291-292, 294-295.
fixação, 192-193; – infantil da menina à mãe, 198-202.
fobia, fobias, 42-43, 95-97, 99-102, 159-160, 176-179, 183; – infantil, 97-98, 104, 140-141.
fonte do impulso instintivo, 154-155.
forclusão do Nome-do-Pai, 121-122.
formação psicanalítica, 130-131, 135-136.
formação reacional, 241-242.
fracasso terapêutico, 208-209.
freqüência das sessões, 125-126.
função α, 170.
função de julgamento, 268-269.
função desobjetalizante, 151.
funcionamento psíquico (modelo do –), 47-48, 169-170.

G

genital (fase –), 78-79.
Gradiva, 89-93, 108-110.
Grandes controvérsias, 100-101.
grupos artificiais, 217-218.
grupos psicanalíticos, 221-223-223.

H

herança arcaica, 295.
heterogêneos (pacientes), 92-93.
heterossexualidade, 198-200, 202.
hipnose, 19, 20-21, 24-25, 26-27, 135-136, 215, 219-220, 223.
hipnotizador, 223.
hipocondria, 146-148.
histeria, 19-29, 81-82, 105, 285; – de angústia, 158-159, 171-172; – de conversão, 158-159, 171-172.
holding, 130-131, 246-247.
homossexualidade, 71-72, 111-114, 121-122, 183, 197-200; – feminina, 81, 191, 197, 202; – masculina, 97-98, 112-113, 118-119, 179-182, 194-195.
honorários, 128-129, 134-135.
hostilidade (v. agressividade, ambivalência), 139-140, 166, 250-251.
humor, 68-69.

I

id, 169, 225-230-231; – hereditário, 230-231.
ideal do ego, 148-149, 151, 215-216, 218-221, 223, 227-228, 230-231.
ideal, 212-213, 218-219, 223.
idealização, 108-110, 150-151, 223; – do objeto, 219-220.
idéias delirantes (v. delírio), 90-91.
idéias religiosas, 250-253, 255-256, 263-264, 295.
identidade (v. complexo de Édipo, desenvolvimento psicossexual).
identificação projetiva, 87, 101-102, 122-123, 151, 170.
identificação, 153, 155-156, 166-168, 202, 215, 218-221, 223, 225, 227-228, 230-231; – com os pais, 99, 215, 235-236; – feminina, 179-181, 202, 277-278; – histérica, 218-219; – introjetiva, 151; – masculina da menina, 202; – masculina do menino, 99, 197-198; – melancólica, 197-198; – narcísica, 112-113, 168, 172-173, 230-231 – com o objeto perdido, 172-173, 218-219.
Igreja, 217-218, 220-221, 223, 253-254, 287-290.
ilusão, 249-256.
incesto (proibição do-), 76-77, 137-138, 140-141.
inconsciente, 29, 53-54, 57, 59-60, 63, 91-92, 101-102, 131-132, 153-154, 157-170, 172-173, 225-227, 268-269.
incorporação, 156-157, 172-173.
individuação, 246-247.
inibição, 77-78, 105, 111-112, 239-247.
injeção de Irma, 48, 52-53.
inquietante estranheza (sentimento de-), 185-189.
instância crítica, 218-219.
instinto de agressão ou de destruição, 205, 211, 228-229, 280-281.
instinto de morte, 101-102, 108-110, 151, 205, 209-210, 212-213, 225, 228-233, 246-247, 257, 268-269.
instinto de vida / instinto de morte (conflito -), 209-213, 233-237, 257-258, 261-263.
instinto de vida, 108-110, 151, 205, 209-210, 213, 225, 228-233, 257, 268-269.
instinto, instintos, 72-73, 78-79, 137-138, 153-158, 164-165, 169-170, 172-173, 208-209; – agressivos, 150-151, 257, 259-261; – auto-eróticos, 156-157; – de autoconservação, 137-138, 153-155; – destrutivos, 151; – do ego, 172-173; – incestuosos, 99; – libidinais, 150-151; – originários, 172-173; – parciais, 72-73, 76-77; – sexuais, 91-92, 153-155, 257, 259-261; – sexuais diretos e inibidos quanto ao objetivo, 221-223.
integração do amor e do ódio, 169-170.
integração psíquica, 76-77, 212-213, 280-281.
interpretação, 61, 82-83, 106-107, 160-161.
interpretação dos sonhos, 47-54, 125-126.
interrupção do tratamento, 133-134.
introjeção, 131-132, 170, 172-173; – do objeto perdido, 166-168, 219-220, 272-273.
introversão, 146-148.
inveja, 101-102, 151; – do pênis, 78-79, 200-202, 269-270, 277, 282-283, 285.
inversão, 53-54.
investimento de objeto, 227-228.
isolamento, 242-243, 247.

J

Jahrbuch der Psychoanalyse, 89-90.
jogo da criança, 206-207.
jogo repetitivo na criança (bobina), 213.
jogos de palavras, 64-65.
judaísmo, 249, 287, 290-291, 294-295.
judeus, judaica, 287-289, 294-295.

L

lapso, 53-54, 57-61.
latência (fase de -), 73-74, 77-78, 269-270, 289-290, 295.
lembranças encobridoras, 41-42, 44-45, 58.
lembranças, 113-114, 133-134, 193-194; – de infância, 111-113, 283-285; – traumáticas, 19, 26-27, 131-132.

libido, 137-138, 146-148.
ligação-desligamento dos instintos, 230-231.
limitação de idade, 126-127.
linguagem, 67-68, 162-163; – linguagem de órgão, 172-173.
literatura (psicanalítica e -), 89, 91-92.
livre associação, 26-27, 29.
luto (afeto de -), 153, 159-160, 166, 245-247; – normal; 172-173; – patológico, 172-173, 271-272.

M

mãe (v. complexo de Édipo, desenvolvimento psicossexual), 200-201; – genital, 201-202; – pré-genital, 201-202.
magia, 139-140, 143, 146-148.
mania, 166, 172-173, 220-221.
maníaco-depressivos (estados), 149-150, 166.
masoquismo, 155-156, 172-173, 200-202, 205, 209-210, 233-237, 242-243 – erógeno originário, 211; – feminino, 236-237; – feminino no homem, 200-202, 233-237; – moral, 233-237; - primário (erógeno), 209-210, 213, 233-237; - secundário, 211, 236-237.
masturbação, 73-74, 100, 108-110, 118-119, 145, 192-193, 196, 234-235.
maturidade, 76-78; – sexual genital, 259-261; – do ego, 102.
mecanismo dos chistes, 65-66, 68-69.
mecanismos de defesa, 50-51, 157-158, 230, 241-243, 280-281; – evoluídos, 121-122; – primitivos, 121-122, 164-165.
mecanismos do sonho, 47, 50-54.
medo da aniquilação, 246-247.
megalomania, 146-148.
melancolia (ou depressão), 31-34, 153, 166, 172-173, 218-219, 225, 227-228.
memória, 161-162, 291-292.
metapsicologia, 153-154, 157-162, 164-166, 169-173, 280.
método catártico, 22-27, 29.
método psicanalítico, 125-126.
mito de Édipo, 186-187.
mitologia, 137-138.
modelos científicos, 38-39.
modelos de funcionamento do psiquismo, 153.
monismo fálico, 78-79, 200-202, 269-270.
moral, 250-251.
mudança de objeto, 78-79, 201-202.

N

narcisismo, 111, 113-114, 122-123, 139-140, 145-151, 156-157, 164-168, 186-187, 215; – anobjetal, 149-150; – como fase evolutiva, 148-149; – das pequenas diferenças, 261-262; – infantil primário, 150-151; – infantil simbiótico, 150-151; – infantil, 148-149; – primário, 101-102, 145-151, 156-157, 229-230; – secundário, 145-148, 151, 229-230.
Narciso (mito de), 112-113, 145.
nascimento, 239-240.
nazismo, 257.
negação, 57, 265-266, 268-269, 274-275.
neurociências, 37-39, 125-126.
neuropsicoses de defesa, 41-45, 157-158; – narcísicas, 158-159, 266-267.
neurose, 41-42, 44-45, 61, 92-93, 107-110, 243-244, 258-259, 265-268, 273-275, 289-290; – de angústia, 43-45; – infantil, 104, 175-179, 181-183, 191, 202; – narcísica, 86, 146, 149-150, 162-163, 168, 274-275; – obsessiva universal (religião), 252-253, 255-256; – obsessiva, 105- 110, 138-140, 158-159, 171-172, 176-179, 229-230, 241-242, 249; – traumática, 206-209, 213, 242-243; – de guerra, 132-133; – de transferência, 84-86, 146, 153-155, 162-163, 171-172.
neurótica, 31-32, 44-45., 117.
normalidade, normal, 77-78, 92-93, 122-123, 243-244, 273-274.

O

objetivo (do instinto), 154-154-155.
objetos, relações de objeto, 72-73, 75-79, 101-102, 153-157, 162-163, 166, 169-170, 258-259; – do instinto, 154-155; – parcial, 78-79, 169-170, 181-182; – separada e diferente, 150-151; – total, 78-79.
obsessões, 42-43, 105- 107-108, 110; – dos ratos, 106-107; – religiosas, 183.
ódio (v. agressividade, ambivalência), 97-98, 117, 151, 153, 155-157, 159-160, 166-170, 172-173, 201-202, 215, 217-218, 229-230, 259-261.
onanismo (v. masturbação)
onipotência (v. onipotência), 150-151, 170.
onipotência do pensamento, 107-110-110, 139-140, 143, 255-256.
organização da libido, 75.
origem da angústia, 239.
originário, 77-78, 172-173.

P

pacientes, 92-93.
pacientes heterogêneos, 149-150.
pai (v. complexo de Édipo, desenvolvimento psicossexual): – da horda primitiva, 262-263.
pais, 76-77, 235-236.
pansexualismo, 71-72.
paranóia, paranóico, 31-32, 117-123, 182-183, 229-230.
paranóide, 119-120.

passagens ao ato (v. *acting*, ato), 110.
passivo, passividade, 200-201, 206-207, 244-245.
pedagogia psicanalítica, 102.
pênis (primado do), 75, 78-79, 95-96, 112-113, 175, 181-182, 202.
pensamentos obsessivos, 110.
percepção, 226-227, 230.
percepção da castração na mulher, 271-272.
perda de objeto, 239-247.
perseguidor, 212-213.
personalidades narcísicas, 145.
perverso, perversão, 71-72, 75, 78-79, 89, 149-150, 164-165, 191-197, 202, 234-235, 265-268; – masoquista, 196; – sadomasoquista, 191.
polimorfo, 73-74.
ponto de fixação, 119-120, 122-123.
ponto de regressão, 119-120, 122-123.
ponto de vista dinâmico, 159-162; – econômico, 161-162; – tópico, 159-162.
posição depressiva, 68-69, 101-102, 169-170, 212-213, 246-247.
posição esquizoparanóide, 68-69, 101-102, 130-131, 169-170, 212-213, 246-247.
posição feminina no homem, 118-119, 191, 194-195, 200-202, 277, 282-283, 285.
posição passive chez la femme, 177-181, 183.
prazer, 63, 65-67.
prazer-desprazer, 63, 66-67, 154-156, 207-208, 233-234.
pré-concepção (Bion); 143, 171-172.
pré-consciente, 53-54, 159-162, 172-173, 226-227.
predisposição perversa polimorfa, 73-74, 78-79.
primeira teoria da angústia, 43-45.
primeira teoria dos instintos, 153, 164-165.
primeira tópica, 53-54, 153, 164-165, 205-206, 225.
princípio de constância, 35-36, 39, 206-207, 209-210; – de inércia, 35-36, 39; – de Nirvana, 209-211, 213, 233-234, 236-237; – de prazer-desprazer, 154-155, 164-165, 205-206, 233-234, 236-237, 258-259; – de realidade, 154-155, 206-207, 233-234, 236-237.
procedimento de representação, 50-51, 54-55, 63.
processo de separação-individuação, 150-151, 246-247.
processo primário, 35-36, 39, 53-54, 161-162; – secundário, 35-36, 39, 53-54, 125-127, 161-162.
processo psicanalítico, 127-128, 130-131.
projeção, 33-34, 84-85, 117, 120-123, 139-140, 170, 208-209, 212-213.
próton-pseudos, 36-37, 39.
prova : – da dor, 36-37; – da realidade, 35-36, 39, 165-166, 230-231; – da satisfação, 35-36, 39.
psicanálise "selvagem", 125-126, 128-129.
psicanálise aplicada, 89, 92-93.

psicanálise de crianças, 95, 100, 102, 104.
psicofarmacologia, 125-126.
psicologia analítica (Jung), 89-90.
psicologia científica, 35-39.
psicologia de grupos (ou coletiva), 149-150, 215-217, 219-221, 223, 290-291.
psicologia individual, 223.
psicose, 42-43, 89, 92-93, 107-110, 117, 121-122, 135-136, 146, 164-165, 182-183, 258-259, 265-275, 285; – alucinatória, 42-43, 266-267; – simbiótica, 150-151.
psicoterapia, 125-126; – da histeria, 19, 26-27.
puberdade, 37-38, 73-77, 198-200.

Q

quantum de afeto, 158-159.

R

racionalização, 107-108, 122-123.
reação terapêutica negativa, 225, 229-231, 235-236, 280-281, 284-285.
realidade, 31-32, 34, 121-122, 178-179, 186-187; distinção entre
realidade e fantasia, 178-179.
realização (Bion), 143, 171-172.
realização de desejo, 49-52, 66-69, 165-166.
reconstruções, construções, 82-83, 106-107, 181-182, 277, 283-285.
refeição totêmica, 137, 140-141.
regra fundamental, 105-106, 126-127, 129-130.
regressão temporal, 165-166, 172-173; – tópica, 165-166, 172-173.
relações de objeto (v. objetos), 76-79, 153, 155-157, 168-170, 220-221, 246-247; – arcaicas, 101-102.
religião, 137, 140-141, 228-229, 249-256, 258-259, 263-264, 289-291, 295; – de Aton, 287-289; – de Moisés, 289-293; – monoteísta, 287-290, 295; – totêmica, 137, 140-141.
religiosas, 257, 295.
rememoração, 125-126, 133-134.
reminiscências, 21-22.
reparação, 91-92, 169-170.
repetição, 84-86, 125-126, 133-134, 136, 188-189, 213.
representabilidade, 50-51, 54-55.
representação, 26-27, 42-43, 45, 157-158, 160-161, 164-165, 172-173, 226-227 – de coisa, 162-163, 172-173; – de palavra, 162-163, 172-173; – simbólica, 67-68, 170.
representante-representação, 158-159, 172-173.
repressão, 26-27, 29, 36-37, 42-43, 45, 51-52, 57, 91-92, 111, 120-121, 153-163, 166, 170-173, 181-182,

239-245, 247, 267-268, 283-284; – *a posteriori*, 158-159; – originária, 157-158, 161-162; – propriamente dita, 157-158.
reprimido, 24-25, 51-52, 186-187, 207-208, 268-269.
reprimir, repressão, 42-43.
resistências, 19, 26-27, 29, 61, 128-129, 133-134, 226-227, 277, 280.
ressexualização do complexo de Édipo, 236-237.
restos da véspera, 51-52, 54-55.
retorno da agressão sobre si, 241-242.
retorno do – como masoquismo, 155-156.
retorno do clivado, 274-275.
retorno do reprimido, 158-159, 267-268, 292-293.
rivalidade, 77-78.
rocha de origem, 277, 282-285.

S

sadismo, 155-156, 166, 168, 172-173, 191, 205, 209-210;
sedução real, 24-25, 31-32, 34, 73-74, 81-83.
segunda teoria dos instintos, 164-165.
segunda tópica, 164-165, 205, 225.
self, 151.
self disclosure, 88.
Self-Psychology, 230-231.
seminário de leitura cronológica da obra de Freud, 12-13.
sensações, sensações inconscientes, 160-161, 226-227.
sentimento de culpabilidade da menina em relação à mãe, 196.
sentimento de culpabilidade inconsciente, 108-110, 137, 140-141-143, 153, 159-160, 169-170, 172-173, 228-231, 234-235, 242-243, 257, 261-263, 280-281, 290-291.
sentimento oceânico, 257-258, 263-264.
sentimentos, 155-156, 160-161, 172-173; – de perseguição, 138-139.
separação (v. angústia de -), 242-243, 246-247.
sessões (- de análise), 127-128, 129-130.
setting psicanalítico, 125-131.
sexualidade (v. psicossexualidade, complexo de Édipo), 26-27, 28-29, 41-42, 44-45, 71, 259-261; – infantil, 32-33, 44-45, 71-78, 95-96, 99, 101-102, 108-113, 194-195, 234-235, 269-270; – genital, 72-73, 75-77; – feminina, 97-98, 101-102, 188-189, 192, 201-202, 277-278.
significado, 66-67.
significante, 66-67, 121-122, 164-165.
simbiótica (fase –), 130-131.
simbolismo, símbolos, 27-28, 52-54, 61, 66-68, 90-91, 106-107, 121-122, 162-163, 170, 172-173, 240-241, 267-268, 291-292; – primitivo, 68-69; – do sonho, 54-55.
sinal de alarme (angústia como -), 244-245.
sintoma, sintomas, 31-32, 42-43, 82-83, 239-242-243, 244-245-246-247, 267-268, 283-284; – histéricos, 19-22-23, 24-25, 26-27-27-28, 81, 82-83; – obsessivos, 105- 105-106, 108-110.
sistema percepção-consciência, 226-227.
sistemas complexos (teoria dos -), 38-39, 131-132.
situação analítica, 130-131.
situação de perigo, 247.
situação edipiana, 96-98.
situação traumática, 244-247.
situações de angústia, 243-244.
situações de perigo, 243-245.
sobredeterminação, 54-55.
sonhos, 47-55, 63, 82-83, 89-93; – dos lobos, 175, 177-178; – repetitivos, 207-208, 213; – de "mesa de estalagem", 49-50; teoria dos -, 153- 154, 165-166.
sono, 146-148, 165-166, 220-221.
sublimação, 73-74, 111-114, 181-182, 193-194.
substituição, 58, 61.
sugestão 129-130, 215.
sugestão hipnótica, 20-21.
suicídio, 197-198.
sujeito, 67-68, 230-231.
superego (v. censura, consciência moral), 53-54, 108-110, 169, 225, 227-231, 235-236, 257, 261-264, 270-271; – e civilização, 263-264; – do melancólico, 229-231; – precoce, 101-102; severidade do – na criança, 263-264.
superstição, 107-108.
supervisão (formação), 135-136.

T

tabu, 137- 143; – do incesto, 143.
técnica (- psicanalítica), 67-68, 110, 125-136, 212-213, 277; – de análise mútua, 132-133; – dita ativa, 131-133; – do jogo na criança, 100-101.
técnica do chiste : – fundado no pensamento, 65-66; – fundado nas palavras, 64-65.
tendências ativas, – passivas, 99, 175.
tentativa de cura (delírio como -), 118-1121, 162-163.
teoria : – da angústia, 230; – da libido, 89-90; – das relações de objeto, 245-246; – da sedução, 31-34, 44-45; – do simbolismo, 188-189.
teorias sexuais infantis, 71, 72-73, 75, 77-78, 78-79, 96-98, 175, 179-181, 198-200, 201-202.
término da análise, 176-177, 277, 279, 285.

terrorismo, 262-263.
tomada de consciência, 66-67.
totem, totemismo, 137-143.
trabalho : – de análise, 50-51, 54-55; – de luto, 240-241; – de elaboração, 133-134; – do sonho, 50-51, 53-55.
traços mnésicos, 161-162.
tradição, 289-290, 295.
transferência, 27-28, 59-60, 67-68, 81-88, 99, 101-102, 117-119, 125-126, 128-130, 133-134, 168, 181-183, 207-209, 277, 280, 282-284; – amorosa, 86, 125-126, 133-134, 136; – heterossexual, 88; – homossexual, 88; – hostil, 151, 191, 197-198, 202; – maternal, 81, 88, 200-201; – narcísica, 145, 150-151; – negativa, 84-85, 128-129, 132-134, 136, 146, 149-150, 198-200, 280; - paternal, 88; – positiva, 84-85, 128-129, 133-134, 136, 146, 149-150, 198-200, 280.
transformação em seu contrário, 241-242.
transformação no contrário, 155-156.
transformação, 117.
transgressão, 132-135, 138-139.

transmissão filogenética, 141-142; – telepática, 131-132; – transgeracional, 143.
transtornos narcísicos, 149-150.
traumatismo, 24-25, 27-29, 172-173, 213, 239-240; – precoces, 132-133; – sexual, 27-28, 29, 43-44.

U
união-desunião (– instintiva), 228-229.
uretral, 73-74.

V
vagina, 101-102, 179-181, 201-202.
ventre da mãe, 181-182.
verbalização, 67-68.
vertigem, 43-44.
voyeurismo-exibicionismo, 155-156, 196.

Z
zonas erógenas, 72-75, 78-79, 146-148.

IMPRESSÃO:

PALLOTTI
GRÁFICA

Santa Maria - RS | Fone: (55) 3220.4500
www.graficapallotti.com.br